Hartwig Schultz

»*Unsre Lieb aber ist außerkohren*«

Die Geschichte
der Geschwister Clemens
und Bettine Brentano

Insel Verlag

© Insel Verlag Frankfurt am Main und Leipzig 2004
Alle Rechte vorbehalten, insbesondere das der Übersetzung,
des öffentlichen Vortrags sowie der Übertragung
durch Rundfunk und Fernsehen, auch einzelner Teile.
Kein Teil des Werkes darf in irgendeiner Form
(durch Fotografie, Mikrofilm oder andere Verfahren)
ohne schriftliche Genehmigung des Verlages reproduziert
oder unter Verwendung elektronischer Systeme verarbeitet,
vervielfältigt oder verbreitet werden.
Satz: Libro, Kriftel
Druck: Freiburger Graphische Betriebe
Printed in Germany
ISBN 3-458-17229-7
Erste Auflage 2004

1 2 3 4 5 6 – 09 08 07 06 05 04

Inhalt

»Unsre Lieb aber
ist außerkohren«

I

»... daß ich noch lieben kann«
Kindheitserfahrungen im Frankfurter
»Haus zum Goldnen Kopf«

Von dem Besuch eines »fremden Mannes«, in den sie sich spontan
verliebte, berichtet die junge Bettine. Dreizehn oder vierzehn Jahre
war sie alt und spielte noch mit Puppen, als der sieben Jahre ältere
Bruder Clemens in ihr Zimmer trat:»Meine alte Puppe ... mit der
ich mich zum letztenmal unterhalten hatte, als Du zum erstenmal
hierherkamst, *Clemente!* Du weißt noch, wie ich sie geschwind
unter den Tisch warf als Du hereintratst, und ich sah Dich an
und kannte Dich nicht, und hielt Dich für einen fremden Mann,
der mir aber so wohlgefiel mit seiner blendenden Stirne und Dein
schwarz Haar so dicht und so weich, und Du seztest Dich auf den
Stuhl, und nahmst mich auf einmal in Deine zwei Arme, und sagtest weißt Du wer ich bin? ich bin der *Clemens!* Und da klammerte
ich mich an Dich, aber gleich darauf hattest Du die Puppe unter
dem Tisch hervorgeholt und mir in den Arm gelegt, ich wollte aber
die nicht mehr, ich wollte nur Dich. Ach das war eine große Wendung in meinem Schicksal, gleich denselben Augenblick, wie ich
statt der Puppe Dich umhalste. –«
Von der spontanen Zuwendung Bettines überrascht, kehrt Clemens zunächst den vernünftigen älteren Bruder heraus, indem er
die fortgeworfene Puppe für seine Schwester wieder hervorholt.
Doch deutet vieles darauf hin, daß er nach dieser Begegnung, die
vor seinem Aufbruch nach Jena im April 1798 oder während der
folgenden Semesterferien in Frankfurt stattfand, von dem jungen
Mädchen mit dem schwarzen Lockenkopf gleichermaßen fasziniert war. In sein erstes großes Werk, den Roman *Godwi oder
Das steinerne Bild der Mutter*, fügt er ein kleines Porträt der
Schwester ein. Als geheimnisvolle, sanfte Prinzessin der Nacht
»mit allen Zeichen der Gluth« schildert der Romanheld Römer
seinem Freund Godwi die »Rabenschwarze in dem Winkelchen«.

Bettine Brentano, Lithographie von A. Off, ca. 1809

Sie sitzt im Halbdunkel einer Stube des *Goldnen Kopf* – so hieß das
Handelshaus der Brentanos in Frankfurt:»es dämmert schon in der
Stube, und ich hätte sie übersehen mit ihren Locken der Nacht,
wenn ihre schönen Augen nicht leuchteten, und milde, schöne
Blicke aus ihnen stiegen, wie Stralen zweier einsamer Sterne am
Himmel. Kannst du dir ein Mädchen denken, mit allen Zeichen der
Gluth, die sanft und stille ist.« Auch diese Beschreibung wirkt wie
die Darstellung einer ersten, heimlichen Liebe.

Wie ist es möglich, daß zwei Kinder einer Familie sich so als
Fremde gegenübertreten und einander zu lieben beginnen?
Schließlich geht es nicht um ein Theaterstück, in dem zwei Liebende in tragische Verstrickung geraten, als sie erkennen müssen,
daß sie blutsverwandt sind, sondern um eine Familiengeschichte
vom Anfang des 19. Jahrhunderts. Clemens und Bettine gehören
zu den aus Italien eingewanderten Frankfurter Brentanos und
stammen aus der Ehe des am Comer See geborenen Geschäfts-
mannes Peter Anton Brentano mit Maximiliane, einer Tochter
der deutschen Schriftstellerin Sophie von La Roche. Wie kommt
es dazu, daß die beiden sich erst so spät kennen und lieben lernen,
warum »erkennen« die Geschwister einander bei einem überraschenden Treffen und sondern sich in den folgenden Jahren wie
ein Liebespaar aus dem Familienverband ab?

Ein Grund dafür ist sicher in der Tatsache zu suchen, daß diese
Frankfurter Brentanos eine ganz besondere Groß-Familie bildeten
– besonders wegen der Mischung aus italienischen und deutschen,
kommerziellen und künstlerischen Einflüssen in dieser Ehe, besonders aber auch, weil die bürgerlichen Vorstellungen von einem
harmonischen Familienleben kaum zu erfüllen waren, da die Mutter Maximiliane auch die Kinder aus erster Ehe unter ihre Fittiche
nehmen mußte und dann in rascher Folge insgesamt zwölf Kinder
zur Welt brachte. Clemens war ihr drittes, Bettine ihr siebtes Kind.
Ein Kindheitsparadies, in dem alle Kinder unter der Fürsorge ihrer
Mutter gemeinsam aufwachsen und Geborgenheit und Ruhe finden, gab es bei den Brentanos nicht. Man traf sich im *Haus zum
Goldnen Kopf* immer nur auf kurze Frist. Zwar schildert Clemens
in seiner fragmentarischen »Selbstbiografie«, wie er sehnlich auf
den Gutenachtkuß seiner Mutter wartet und schließlich in Tränen
ausbricht, als sie sich ihm zuneigt, doch ist das nur eine Moment-

aufnahme aus der Phase dieser zweiten Ehe des italienischen Groß-
kaufmanns. In der Erinnerung verklärt der besonders sensible, lie-
besbedürftige Clemens seine Mutter, sieht sie als eine Idealgestalt,
die wie ein Engel in der »weiten Kammer« erscheint und ihn tröstet
und behütet. In Wahrheit mußte Maximiliane von La Roche in ihre
Rolle erst hineinwachsen und ihre mütterliche Fürsorge auf eine
Reihe von Kindern verteilen, von denen das älteste nur sieben Jahre
jünger war als sie selbst.

Denn die Maxe, wie sie allgemein genannt wurde, fand bereits
fünf Kinder vor, als sie – nicht einmal 18jährig – von ihrer Mutter,
der berühmten Schriftstellerin Sophie von La Roche, mit dem fast
vierzigjährigen Geschäftsmann in Frankfurt »verheiratet wurde«,
wie Goethe in *Dichtung und Wahrheit* schreibt. Für die attraktive
Tochter hatte der junge Goethe selbst geschwärmt, als er nach seinem *Werther*-Erlebnis eine Wanderung ins Lahn- und Rheintal unternahm und Sophie von La Roche in Ehrenbreitstein besuchte. Bei
einem späteren Aufenthalt in Frankfurt suchte er die mittlerweile
verheiratete Tochter in ihrem neuen Domizil auf: »ob sich gleich
nichts Leidenschaftliches in unsern Umgang mischte«, schreibt er
in seiner Autobiographie, »so war er doch peinigend genug, weil sie
sich auch in ihre neue Umgebung nicht zu finden wußte und, obwohl mit Glücksgütern gesegnet, aus dem heiteren Thal-Ehren-
breitstein und einer fröhlichen Jugend in ein düster gelegenes Handelshaus versetzt, sich schon als Mutter von einigen Stiefkindern'
benehmen sollte. In so viel neue Familienverhältnisse war ich ohne
wirklichen Anteil, ohne Mitwirkung eingeklemmt. War man miteinander zufrieden, so schien sich das von selbst zu verstehn; aber
die meisten Teilnehmer wendeten sich in verdrießlichen Fällen an
mich, die ich durch eine lebhafte Teilnahme mehr zu verschlimmern als zu verbessern pflegte.« Das »Halbverhältnis« zur ehemaligen Freundin, das auch den eifersüchtigen Ehemann Peter Anton
auf den Plan ruft, war offensichtlich nicht die einzige Ursache für
Goethes Distanzierung. Er fühlt sich »eingeklemmt«, von den Fa-
milienmitgliedern mit ihren Problemen bestürmt. Das Familienleben der jungen, geistig aufgeweckten Stiefmutter mit ihren zwischen vier und elf Jahre alten Kindern empfand der junge Verehrer der Maxe offenbar als strapaziös. Es lief nicht so reibungslos
und harmonisch wie im Hause der Wetzlarer Lotte, die ebenfalls

Maximiliane Brentano, Pastell eines unbekannten Künstlers, nach 1774

die Rolle einer Ersatzmutter von immerhin 14 jüngeren Kindern –
ihren Geschwistern – einnahm. Der Umgang mit den Kindern
hatte Goethes Verehrung für die mütterlich agierende Lotte noch
gesteigert. Bei den Frankfurter Brentanos fand er kein ähnlich
idyllisches Familienleben vor, in das er eintauchen konnte.

Zum Teil mag das am quirligen Wesen der Brentanos gelegen
haben. Denn hier ging man anders miteinander um als in der Pfarrersfamilie Brion in Sesenheim oder im Haus des Deutschordens-

Sophie und Michael von La Roche mit der Tochter Maximiliane,
Ölgemälde von A. W. Tischbein, um 1773/74

amtsmanns Buff in Wetzlar. Hier gab es das hektische Treiben eines
international tätigen Handelshauses mit Büro- und Lagerbetrieb
sowie den Geschäftsführer, der das Italienische und Französische
besser beherrschte als das Deutsche und Oberhaupt von Firma und
Familie war. Im Gebäude dieser florierenden Handlung wohnte
auch die junge Maxe mit den Stiefkindern, zu denen sich nach der
Hochzeit fast in jedem Jahr ein weiteres Kind gesellte; 1780 waren
es bereits acht, zehn Jahre später zwölf Kinder, die sich um Maximiliane scharten. Nach heutigen Maßstäben war die Maxe zu diesem Zeitpunkt – nach neun Geburten – immer noch eine junge
Frau, nämlich 34 Jahre alt, doch hatte sie nur noch drei Jahre zu
leben, und in diesen drei Jahren kamen noch einmal drei Kinder
zur Welt, von denen keines das erste Jahr überlebte.

Die Turbulenzen im Familienleben der Brentanos beruhten jedoch nicht allein auf der Zahl der Kinder, sondern ergaben sich aus
dem überschäumenden, zum Teil südländischen Temperament der
Kinder. Die Brentano-Familie galt manchen zeitgenössischen Be-

obachtern geradezu als Muster einer lebendigen Gemeinschaft von
produktiven Individualisten, die nicht immer friedlich miteinander
auskommen konnten. So jedenfalls lassen sich Äußerungen von
Marianne von Willemer und Achim von Arnim deuten.

Arnim verwirft nach seinen Erfahrungen im Kreis der Frankfurter Brentanos sogar die Bezeichnung »Familie« und ordnet das
Wort dem französischen Kulturkreis zu. Als sein Freund Clemens
sich über seine »dummstolze Familie« beklagt, die ihn »so oft
durch ... Verachtung geneckt« habe und »alle ihre Gemeinheit
hatte empfinden lassen, [ihn] geschimpft und gehudelt, ein Lump
ein Vagabund genannt« habe, antwortet er am 22. März 1808 aus
Heidelberg: »so gehts am Ende in den meisten Familien, ich verstehe darunter verschiedene artige Leute, die aus einer wunderlichen Ansicht von Verwandtschaft, sich immer an einander drängen um sich immerdar zu stossen statt zu küssen. In meiner
Familie sollte mir der Name Familie gar nicht ausgesprochen
werden, es ist ein verruchtes Wort, darum komt es auch nicht
aus dem Deutschen.«

Ähnlich klingen die Bemerkungen Marianne von Willemers in
einem Brief an Goethe aus dem Jahre 1829. Über die Brentano-
Familie schreibt sie: »jedes ist in seiner Art ein, wo nicht bedeutend, doch scharf ausgesprochener Charakter, und sie versetzen
sich gegenseitig so viele Püffe und Hiebe, daß sie es nicht lange
miteinander aushalten.«

Gelegenheit zu »Püffen und Hieben« unter den Brentano-Kin-
dern gab es allerdings selten, da die Geschwister nur immer für
kurze Zeit im Elternhaus zusammenlebten oder – wie Clemens
und Bettine – bei Besuchen in Frankfurt zu Weihnachten oder in
Ferienzeiten einander begegneten und erst näher kennenlernten.
Den Frankfurter Familientagen folgten liebevolle Briefwechsel
unter den Geschwistern, die zwar gelegentlich Eifersüchteleien
erkennen lassen, aber keine tiefgreifenden Konflikte.

So schreibt Clemens, bevor er sich der »Rabenschwarzen« besonders zuwendet, in seiner Lehrlings- und Studienzeit phantasievolle, überschwengliche Briefe, die sich an alle Frankfurter Schwestern richten. Von Sophie, die zwei Jahre älter war als er, erhielt er
humorvolle Antwortbriefe, die auf all seine Sprachspiele und
Scherze eingehen. Es sind in der Regel schriftliche Botschaften,

mit denen die Geschwister kommunizieren. Von einer gemeinsamen Kindheit im Schoß der Frankfurter Familie kann gar keine Rede sein. Denn fast alle Kinder aus der zweiten Ehe Peter Antons wurden bereits in jungen Jahren zur Erziehung auf Reise geschickt; sie wurden ausquartiert, da sie auf Dauer nicht im *Haus zum Goldnen Kopf* betreut werden konnten.

Die Mutter Maximiliane war überlastet. Sie mußte sich um die fünf Sprößlinge aus der ersten Ehe kümmern, von denen Anton, der Erstgeborene, und Peter, der Vierte, auch noch behindert waren, und hatte überdies ihre zwölf Schwangerschaften zu verkraften. Als erster wurde Georg 1775 geboren, bereits ein Jahr später folgte Sophie, 1778 Clemens, dann in jeweils etwa zweijährigem Abstand Maria, Christian, Bettine und Ludovica, im Jahresabstand Meline 1788. Drei weitere Mädchen – Caroline (1790), Anna (1791) und Susanna (1793) – starben als Säuglinge.

So kommt es, daß Bettine kaum einen Überblick über die Geschwisterschar gewinnen kann, und ihre kleine »Lebensgeschichte«, die sie für den Bruder Clemens entwirft, wie ein Kindermärchen ausgestaltet. »Es war einmal ein Kind das hatte viele Geschwister. Das Kind hat alle Geschwister zusammengezählt, da warens dreizehn, und der *Peter* vierzehn und die *Therese* und die *Marie* funfzehn, sechzehn, und dann noch mehr, die hat es aber nicht gekannt, denn sie waren alle schon todt; es waren gewiß zwanzig Geschwister, vielleicht waren es gar noch mehr.« Bettine hat gut gerechnet: genau 20 Kinder waren es, die Peter Anton Brentano aus dem Stamme der Brentano di Tremezzo in drei Ehen geboren wurden.

Für eine solche Kinderschar bot auch das geräumige *Haus zum Goldenen Kopf*, das zudem noch Warenlager und Kontor der expandierenden Ex- und Importfirma beherbergte, nicht genügend Raum. Auf dem Lande – in einem Gutshaus oder Schloß, wo Kinder sich ungefährdet in Gärten und Parks, Wald und Wiesen austoben können – wäre ein behütetes Familienleben eher realisierbar gewesen, auf dem Hof eines Stadthauses, das mitten in der beengten Großstadt Frankfurt stand, gab es jedoch kaum Entfaltungsmöglichkeiten für ein harmonisches Familienleben in großer Runde. Hier fuhren die Wagen mit ihrer Fracht zum Portal in der Sandgasse hinein, wurden entladen und verließen den Hof vermut-

Bettina v. Arnim's Geburtshaus in der Sandgasse zu Frankfurt a. M.

Das Haus zum Goldnen Kopf in der Frankfurter Sandgasse, kolorierter Holzstich, 19. Jahrhundert

lich durch eine zweite Ausfahrt in der Rittergasse. Im Erdgeschoß waren die Kontore untergebracht. Spielfläche gab es allenfalls in den oberen Stockwerken, wo auf den Galerien und dem Speicher Leergut und allerlei Krempel gelagert wurde, das die Phantasie der Kinder anregte. Hier konnte Clemens sich in die »Einsiedelei eines leeren Zuckerfasses« zurückziehen, in der »Schachtelkammer« und auf der »Galerie« die »Dekorationen und Maschinerien der Weihnachtskrippen«, »das Modell eines Kriegsschiffes«, »Braut- und Festkleider« und »abenteuerliches Gerümpel« entdecken.

Hier gründete er sein Kinderphantasiereich »Vadutz«, das er in der *Zueignung* des *Märchens von Gockel, Hinkel und Gackeleia* ausführlich beschreibt.

Auch Bettine hatte als junges Mädchen zeitweise ein eigenes Zimmer im oberen Stockwerk des *Goldnen Kopfs*, in dem sie sich genialisch frei entfalten konnte. Aus der Zeit zwischen 1804 und 1806 stammt der Brief ihrer Freundin Karoline von Günderrode, der einen Blick in ihr schöpferisches Chaos gewährt. Wir blicken in eine Welt, für die bei den Geschäftsführern der Firma kaum Verständnis zu erwarten war. Franz und Georg, die nach dem Tode beider Eltern die Firma führten – Franz war zugleich Vormund der jüngeren Geschwister –, tolerierten die eigne Welt von Clemens und Bettine und ließen die beiden schwarzen Schafe der Familie lange Zeit ungeschoren, sahen jedoch Bettines Aktivitäten allenfalls als Vorbereitung für eine standesgemäße Ehe an.

Ob sich Bettine als etwa zwanzigjährige mit den Büchern, den Musik- und Malutensilien, die ihre Freundin in ihrem Studio vorfand, tatsächlich ernsthaft und gründlich beschäftigte, wird schwer zu entscheiden sein. Die etwas ältere, disziplinierte und intellektuelle Freundin Karoline von Günderrode scheint daran zu zweifeln, wenn sie schreibt: »in Deinem Zimmer sah es aus wie am Ufer, wo eine Flotte gestrandet war. Schlosser wollte zwei große Folianten, die er für Dich von der Stadtbibliothek geliehen hat und die Du schon ein viertel Jahr hast, ohne drin zu lesen. Der Homer lag aufgeschlagen an der Erde, dein Kanarienvogel hatte ihn nicht geschont, deine schöne erfundne Reisekarte des Odisseus lag daneben und der Muschelkasten mit dem umgeworfnen Sepianäpfchen und allen Farbenmuscheln drum her, das hat einen braunen Fleck auf Deinen schönen Strohteppich gemacht, ich habe mich bemüht alles wieder in Ordnung zu bringen. Dein Flageolet [eine Schnabelflöte] ... rat wo ichs gefunden habe? – im Orangen-Kübel auf dem Altan war es bis ans Mundstück in die Erde vergraben, du hofftest wahrscheinlich einen Flageoletbaum da bei Deiner Rückkunft aufkeimen zu sehen ... was ich aber mit den Noten anfange die daneben lagen das weiß ich nicht ... Dann flattert das blaue Band an Deiner Guitarre, nun schon seitdem Du weg bist, zum großen Gaudium der Schulkinder gegenüber, so lang es ist zum Fenster hinaus ... Dein Riesenschilf am Spiegel ist noch grün, ich hab ihm frisch Wasser geben lassen ... von Büchern hab ich gefunden auf der Erde, den Ossian, die Sacontala, die Frankfurter Chronik, den zweiten Band Hemsterhuis, den ich zu mir genommen habe ... Siegwart, ein Roman der Vergangenheit fand ich auf dem Klavier das Tintenfaß draufliegend, ein Glück daß es nur wenig Tinte mehr enthielt, doch wirst Du Deine Mondschein-Komposition über die es seine Flut ergoß, schwerlich mehr entziffern. Es rappelte was in einer kleinen Schachtel auf dem Fensterbrett, ich war neugierig sie aufzumachen, da flogen zwei Schmetterlinge heraus die Du als Puppen hineingesetzt hattest, ich hab sie mit der Liesbet auf den Altan gejagt, wo sie in den blühenden Bohnen ihren ersten Hunger stillten. Unter Deinem Bett fegte die Liesbet Karl den Zwölften und die Bibel hervor ... Alles ist jetzt hübsch ordentlich, so daß Du fleißig und mit Behagen in Deinen Studien fortfahren kannst. Ich habe mit wahrem Vergnügen Dir Dein Zimmer dargestellt weil es wie ein optischer Spiegel Deine apparte Art zu sein ausdrückt, weil es Deinen ganzen Charakter zusammenfaßt; Du trägst allerlei wunderlich Zeug zusammen um eine Opferflamme dran zu zünden, sie verzehrt sich, ob die Götter davon erbaut sind das ist mir unbekannt. Karoline.«

Der Bericht zeigt – ebenso wie Clemens' Speicher-Beschreibung – daß es den Kindern an Entfaltungsmöglichkeiten und Anregungen im *Haus zum Goldnen Kopf* nie fehlte. Da gab es den Buchhalter Anton Schwaab, der die Rolle des Märchenerzählers übernahm, und die gebildete Hausdame Claudine Piautaz, die für Clemens und Bettine so etwas wie eine zweite Mutter wurde. Dennoch konnten die Kinder nicht gemeinsam in Frankfurt aufwachsen und während der Schulzeit in Frankfurt bleiben, denn schließlich hatten die Angestellten der Frankfurter Firma andere Aufgaben zu erfüllen, als Kinder zu betreuen. Zwar gab es kein Ladengeschäft – den tüchtigen Einwanderern aus Italien, die zunächst als »Pomeranzengänger« verspottet wurden, hatte man in der Freien Reichsstadt den Vertrieb der Waren in einem Laden untersagt, um die Konkurrenz auszuschalten –, doch war der Großhandel ohne Ladentheke um so erfolgreicher gewachsen: »Die von Peter Anton Brentano geführten Waren, welche er teils aus London ... und aus seinem Einkaufskontor in Amsterdam,

teils aus Marseille, Genua, Venedig und seiner Heimat, dem Co-
mersee, bezog, bestanden in *Gewürzen* aller Art, schwarzem und
weißem Pfeffer, Muskatnüssen, Näglein, Zimmt, Anis, in verschiedenen Sorten *Zucker:* wie holländischem Raffinat, Melis, Kandis,
in Kaffee, Tee, Schokolade, in Rauchtabak, in Lorbeerkörnern,
Korinthen, Citronat, in Safran, Berliner Blau, Bleiweiß, Schwefel,
Hirschhorn, Alaun, in Baumöl und Rüböl, in Schinken, Würsten,
Schweizer und Edamer Käse, in Lichtern, Wein und Steinkohlen.«
Um dieses Warensortiment zu vermarkten, bedurfte es großer La-
ger- und Bürokapazitäten, und ein ruhiges Familienleben war im
Zentrum dieses dynamischen Handelshauses kaum zu realisieren.
So bot es sich an, die Kinder zur Erziehung aus dem Haus zu
geben. Die Kosten brauchten die Brentanos dabei nicht zu
scheuen, denn an materiellen Mitteln fehlte es nicht. Wie groß
das Vermögen war, das die Firma während der Lebenszeit von
Peter Anton bis 1797 erwirtschaftete, ist daran erkennbar, daß
bei der Verteilung des Erbes für jedes Kind soviel Geld zur Verfügung stand, um von den Zinsen leben zu können. Es war Clemens,
der diese Lebensmöglichkeit später ausschöpfen sollte. Für ihn gab
es keine existentiellen Sorgen, er war nicht gezwungen, mit seiner
Poesie Geld zu verdienen. Mit den in Frankfurt bereitgehaltenen
Zinsen seines Erbteils konnte er problemlos ein bescheidenes Leben führen, ohne sein Kapital anzugreifen.

Doch von diesem Reichtum erfuhr er erst, als er »majorenn«
wurde, mit 25 Jahren. Der Vater und die geschäftsführenden Brüder, von denen Franz nach dem Tode von Peter Anton auch sein
Vormund wurde, gewährten ihm zunächst keinen Einblick in die
Vermögensverhältnisse. Seine Jugendzeit gleicht einer Odyssee, er
wurde hin und her geschoben, fühlte sich als heimatloser, unge-
liebter Sohn. 1784 beschlossen seine Eltern, den Sechsjährigen gemeinsam mit seiner zwei Jahre älteren Schwester Sophie nach Koblenz zu schicken. Dort wohnte die Schwester der Maxe, Luise, die
mit dem kurtrierischen Revisionsgerichtssekretär Christian Möhn
verheiratet war. Der Aufenthalt der Kinder wurde zu einem Mar-
tyrium, denn der Onkel war Alkoholiker und scheint seine Frau
des öfteren bedroht zu haben. Als Clemens später seiner Schwester
Bettine über die Zeit dieser »unmütterlichen Zucht« in Koblenz
berichtet, merkt man seiner Schilderung die kindliche Furcht vor

dem unberechenbaren Onkel noch an: »Die Tante ... hat eine lange
Zeit in ihren Jugendjahren ... sich müssen stählen gegen diesen
Mann, der wie ein grobes Ungeheuer vor der Pforte aller Lebens-
genüsse lag ... mit Wuth überwältigte er sie, ich hab in meinen
Kinderjahren oft ihn sehen halbtrunken hinter der Thür lauern
mit einem Messer in der Hand. Die Tante hat damals sich so ernst
zusammengenommen, daß jeder in Coblenz die größte Ehrfurcht
vor ihr hegte ... Hätte sie je mit sich selber Mitleid gefühlt so wär
die Festung der Convenienz in der sie sich verschanzt hielt, wie
Schnee geschmolzen.« Im Frühling 1787 – nach kurzem Aufenthalt in Frankfurt, wo inzwischen die Schwestern Bettine und Lulu
geboren waren – schickt man den kleinen Jungen zur Erziehung
nach Heidelberg. Über diesen Aufenthalt bei einem »alten, sehr
frommen Ex-Jesuiten« ist wenig bekannt. In einem Brief an seine
Braut Sophie Mereau vom Herbst 1803 schmückt Brentano seine
Erinnerungen zu einem Idyll aus und spricht von einer Zeit, »da
ich auf dem Berg bei Heidelberg immer bei einem alten Hirten
[saß] am Abend, wir waren uns beide gut, und sprachen nicht viel,
der alte Hirte lebt nicht mehr und der kleine Schüler Clemens ist
auch gestorben«. Dann geht es zum Schulbesuch wieder nach
Koblenz, wo er seit Herbst 1787 das Gymnasium besucht.

Bei diesem zweiten Koblenzer Aufenthalt verliebt sich Clemens
in die gleichaltrige Nachbarstochter Anna Korbach. Ihr widmet er
ein erstes Liebesgedicht, das er als 15jähriger ins Notizheft seiner
Mutter einträgt:

> Im achten Jahre sah ich sie
> zum erstenmal (ich liebte früh)
> gleich riß der Liebe Taumelsinn
> mich in den süßen Stürmen hin.
>
> Ich liebte sie wie Kinder lieben
> Ich folgte meinen süßen Trieben
> Und stahl mir manchmal einen Kuß
> Doch dießes bracht' mir nur Verdruß
>
> Drei Jahre lang gieng dies so fort
> Ich sah sie hier, bald wieder dort

Clemens Brentano: Entwurf eines Liebesgedichts im Notizheft seiner Mutter, 1793

> Aus Furcht, mit einem Korb nach Haus zu gehn
> konnt' Aennchen ich es nie gestehn
>
> Die Zeit und's Schiksal rissen mich
> Von ihr, Ach Gott, wie weinte ich.
> Ich hatte keine andre Freude
> Man nahm sie mir zum grösten Leide

Nur im Traum kommt es zur Erfüllung seiner Liebessehnsucht, wie die letzten beiden Strophen seines kleinen Liebeslieds verraten, dem es an einer originellen Schlußpointe noch fehlt – Clemens hat es auch in keine Veröffentlichung aufgenommen:

> Ach Jüngling, ja! ich liebe dich!
> sprach sie und küste feurig mich
> Zu viel! ich wache aus dem Schlummer
> Und meine Seele fand statt Küssen nur mehr Kummer
>
> So floß in steter Traurigkeit
> 4 Jahre lang hinweg die Zeit.
> Mit mir wuchs Lieb' und Anne auf
> zu ihr bracht' mich der Dinge Lauf.

Nach einem kurzen Aufenthalt in Frankfurt wird Clemens 1790 – Bettine ist inzwischen fünf Jahre alt – nach Mannheim in das *Kurpfälzische Erziehungsinstitut für Zöglinge des männlichen Geschlechts aller drei christlichen Religionsparteien* geschickt, das Johann Jakob Winterwerber unterhielt. Aus Mannheim stammen die ersten überlieferten Briefe, die an die Lieblingsschwester Sophie gerichtet sind und bereits einen spielerischen Umgang mit Sprache und Sprichwörtern erkennen lassen. Im Internat fällt seine Begabung auf; im Herbst erhält er einen Preis. Die Verhältnisse in diesem *Erziehungsinstitut* scheinen jedoch katastrophal gewesen zu sein, denn Clemens entschließt sich, brieflich einem Onkel sein »Elend zu klagen, und … um Hilfe zu bitten. Wirklich lieber Carl! der Herr Director behandelt mich gar wie ein Kind … Nachts stellt er eine eiserne Stange neben sich, um wenn sich etwa einer von uns in dem Bette Herumdrehen sollte, um Luft

in dem stinkenden, engen, vollgestopften Schlafzimmer zu schöpfen, ihm wie er sagte, Arm und Bein auf seine Verantwortung,
entzwei zu schlagen ... den Ganzen Tag werde ich geschimpft
und gehudelt. Ich verliehre allen appetit und befinde mich so
übel, daß ich fürchten muß wenn ich noch lange da bleibe ich
mich ganz vor Aergerniß zu Grund richte.« Der Hilferuf verhallt
nicht ungehört; ein Verwandter der Brentanos in Mannheim
nimmt sich seiner an und bringt ihn schließlich zurück ins Elternhaus. Am 27. Oktober 1793 trifft er wieder im *Goldnen Kopf*
ein.

Der Tod der Mutter drei Wochen später löst bei dem Fünfzehn-
jährigen ein Trauma aus, das er nie vollständig überwinden wird.
Sogar im Titel seines Romans *Godwi oder Das steinerne Bild der
Mutter* scheint der Schock noch nachzuklingen. Die Schwester
Bettine, die als Achtjährige die Trauer des Vaters zu dämpfen versucht, schildert ihre Erfahrungen ohne metaphorische Umschweife: »Der Vater kanns nicht ertragen, wohin er sich wendet muß er
die Hände ringen, alles scheut seinen Schmerz. – Die Geschwister
fliehen vor ihm wo er eintritt, das Kind [Bettine] bleibt, es hält ihn
bei der Hand fest, und er läßt sich von ihm führen. Im dunklen
Zimmer von den Straßenlaternen ein wenig erhellt, wo er laut
jammert vor dem Bilde der Mutter, da hängt es sich an seinen Hals
und hält ihm die Hände vor den Mund, er soll nicht so laut, so
jammervoll klagen!«

In den wenigen Berichten Bettines über diese Phase der Kindheit
wird deutlich, daß ihre ganze Liebe in dieser Zeit dem Vater gilt,
dessen Lieblingstochter sie offenbar war: »Der Vater hatte das
Kind sehr lieb, vielleicht lieber als die andern Geschwister, seinem
Schmeicheln konnte er nicht widerstehen«, berichtet sie selbst in
einem Erinnerungsbrief an den Bruder und ergänzt: »Wollte die
Mutter etwas vom Vater verlangen, da schickte sie das Kind, und es
sollte bitten, daß der Vater *Ja* sage, dann hat er *nie* es abgeschlagen.«

Dem Bruder Clemens, den der Tod der Mutter in der besonders
sensiblen Phase der Pubertät trifft, scheint sie zunächst keine besondere Aufmerksamkeit zu schenken. Er hält sich auch nur kurze
Zeit in Frankfurt auf, wird jedoch über den Verlust seiner Mutter
niemals hinwegkommen. Seine Odyssee setzt sich zunächst in

Peter Anton Brentano, Pastell eines unbekannten Künstlers, nach 1774

Bonn fort, wo er ein Studium der Bergwissenschaft beginnt und wieder abbricht. Der Vater bemüht sich, ihm zu einer fundierten Ausbildung zu verhelfen und nimmt ihn nach dem Bonner Semester zunächst für kurze Zeit in der eignen Firma auf. Doch die Sonderrolle, die der Sohn des Hauses in der Frankfurter Firma einnimmt, steht einer regulären Lehre dort im Wege, und so finden wir den mittlerweile 17jährigen im Juni 1795 bereits im Kontor des Geschäftsfreunds Christoph Ernst Polex in Langensalza.

Wieder schreibt er launige Briefe an die Schwestern in Frankfurt, kann sich in die kleinstädtische Welt und das Dasein als Lehrling jedoch nicht hineinfinden. In dem zwischen Eisenach und Mühlhausen gelegenen Städtchen fällt der anfangs sehr beliebte Sohn aus gutem Frankfurter Hause durch seinen Hang zu auffällig-bunter Kleidung auf. Es wird berichtet, daß er im »papageigrünen Rock, der Scharlachweste und den pfirsichfarbenen Pantalons eigener Erfindung« aufgetreten sei. Einige respektlos-satirische Bemerkungen über die Frau seines Dienstherrn, die er mit einer »hochbeinigen, durchs Stoppelfeld spazierenden Krähe« vergleicht, führen dazu, daß der extravagante Lehrling bereits nach zwei Monaten, im August 1796, wieder nach Hause geschickt wird.

Notgedrungen nehmen ihn die Brüder in der eigenen Firma auf, denn niemand glaubt bei dem eigenwilligen Clemens an eine erfolgreiche Laufbahn als Kaufmann. Georg, der Erstgeborene aus der zweiten Ehe, erklärt nach seinen Erfahrungen mit dem drei Jahre jüngeren Bruder wenig später energisch: »zum Kaufmann taugst du nichts«. Im Frankfurter Kontor hatte Clemens nämlich einen Skandal ausgelöst, indem er einen wichtigen Geschäftsbrief auf seine Weise ergänzte und poetisierte: »Er malte zur Seite der Unterschrift einen mächtigen Hut, unter welchem zwei Gesichter einander mit gegenseitigem Ingrimme angrinsten. Dabei standen die Worte:

> Zwei Narren unter einem Hut,
> Der dritte sie beschauen thut.

Der Brief ging ab, ohne daß sein Vater etwas von dieser Arabeske wußte.«

Der Streich wäre vermutlich nicht ruchbar geworden, wenn der Geschäftspartner – mit ihm lag Peter Anton wegen eines auf dem Transport von London verlorenen Zuckerfasses im Streit – nicht entsprechend spöttisch geantwortet hätte. Am Rande seines Antwortbriefs skizzierte er eine Festung und notierte die Verse:

> Da ist die Festung von Wesel.
> Wer sie schaut ist ein Esel.

»Peter Anton erzürnte heftig, als er den Urheber dieses Frevels entdeckte und Clemens ihm erklärte, unmöglich länger in einem Stande leben zu können, für den er nun einmal nicht geschaffen sei.« Angeblich soll Franz Brentano, Clemens' Halbbruder aus erster Ehe, der Erziehungsaufgaben bei seinen jüngeren Geschwistern übernahm, »mit Entschiedenheit die Partei des unnützen Kaufmannslehrlings« ergriffen haben. »Er wurde darin von der alten Hausfreundin, Frau Rath Göthe, unterstützt.«

Trotz der Unterstützung von prominenter Seite – Frau Rat Goethe war in Frankfurt eine Institution – rang man sich im Familienrat der Frankfurter Brentanos schließlich doch zu der Erkenntnis durch, daß der phantasievolle Clemens der Firma als Mitarbeiter mehr schaden als nützen würde. Ein Universitätsstudium schien den Brüdern geeigneter. Zunächst scheint ein Studium der Bergwissenschaften vorgesehen, und er wird zur Vorbereitung zu seinem Onkel, dem Bergrat Carl von La Roche nach Schönebeck bei Magdeburg geschickt. Doch dann wird ein ganz anderes Fach gewählt. Am 19. Mai 1797 immatrikuliert sich »Clemens Wenceslaus Brentano« als »Cameralium Studiosus« in Halle.

Auch diese Entscheidung dürfte den Neigungen von Clemens kaum entsprochen haben, denn das Fach beschäftigt sich mit einem langweiligen Stoff, dem Rechnungswesen der öffentlichen Verwaltung. Eine trockne Materie für einen impulsiven, unternehmungslustigen jungen Menschen wie Clemens, und so ist seine erste Nachricht an die Schwester Sophie von Anfang Juni 1797 sehr bezeichnend: »sogleich legte ich des edlen Justis Kameralgeschäfte hinweg ... heute wird nichts mehr getan, morgen geht die Post und ihr hört gerne bald wieder von eurem Bruder der euch so sehr liebt ... Ich besuche hier die Königliche Zeichen Akademie welche gratis ofen steht und sobald ich vom Oncle meinen nächsten Wexel erhalten nehme ich eine englische und eine Klavierstunde. Samstags gehe ich in die Italienische Conversation um mich zu üben.«

Bei einem kurzen Zwischenaufenthalt in Frankfurt vor Antritt des Studiums kommt es nicht zu einer Begegnung mit der Schwester Bettine. Denn auch die Töchter der Brentanos waren zu dieser Zeit fern von Frankfurt. Bettine, Meline und Gunda lebten nach dem Tod der Mutter 1794 im Internat des Ursulinen-Klosters in

Fritzlar. Drei Jahre lang, bis zum Sommer 1797, als der französische General Hoche Fritzlar besetzte und die Brentanos um das
Wohl ihrer Töchter besorgt waren und sie deshalb zurückholten,
blieben die drei Mädchen in Fritzlar.

Erst danach kann es zu dem Besuch von Clemens in der Pup-
penstube seiner Schwester gekommen sein. Die Beschreibung der
Dämmerstunde mit der »Rabenschwarzen« in Clemens' Roman
Godwi ist nicht die einzige Reminiszenz an diese ersten Begeg-
nung, die Bettine als »Wendung in meinem Schicksal« bezeichnet.
Clemens widmet der Schwester den gesamten zweiten Band des
Romans und spricht sie in der mehr als zehn Seiten umfassenden
Dedikazion unmittelbar an:

»Wenn dein holdes Bild vor mich tritt, meine Liebe, so ist mir, als
harrtest du meiner dort, als wohntest du in jenen glänzenden Städ-
ten, sie wären deine Heimath, du sehntest dich nicht heraus: wie
eine schöne wunderbare Blume bewachte dich der Genius der
heiligen Fremde und verehrte dich in geheimnißreichem Gottes-
dienste.

...

Du sollst dies Buch nicht lesen, denn ich liebe dich, und was ich
in dir liebe, ist dieses Buches *Unwerth*, und der Werth des Lebens,
die Poesie – daß ich hier zu dir spreche, ist meines Herzens innrer
Drang, du hast mich gefangen, und bist mir die höchste Lehre. O
ich möchte dichten, wie du da stehst, wie du wandelst und blickst,
ich möchte denken, wie du gedacht bist, und bilden, wie du geschaffen bist.

...

Wohl mir, meine Liebe, daß ich ... noch lieben kann, und fühlen
im Ganzen, ein volles Leben mit vollem Herzen umarmen, und
daß jedes einzelne getrennt vom schönen Körper, und zergliedert,
mich wie todt zurückschreckt. – Erschafft mich die Welt, oder ich
sie? – die Frage sey die älteste und verliere sich in die dunklen
Zeiten meines Lebens, wo keine Liebe war, und die Kunst von
dem Bedürfnisse hervorgerufen ward. – Du bist meine Welt, und
du sollst mich erschaffen, o bewege dich, öffne mir die Augen, oder
sieh nach deinen Lieblingen den Blumen. – «

Der Name Bettine kommt in dieser Zueignung nicht vor, und ein
abschließendes Rollengedicht *Hyazinth* ist dazu geeignet, diese

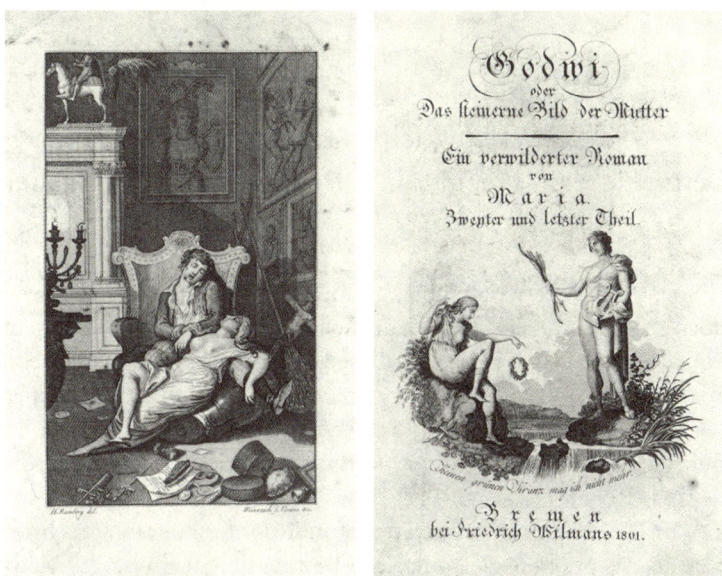

Doppeltitel zum 2. Band von Brentanos Roman »Godwi«

Spur eher zu verwischen. Doch besteht kein Zweifel, daß Clemens seine Schwester anspricht und alle seine Freunde und Geschwister davon wußten. Der befreundete Pfarrer Schwarz spricht Clemens am 25. April 1801 unmittelbar auf die »geistvolle, genialische Zueignung« an und stellt die Frage: »warum sagen Sie diese Gedanken gerade einem Mädchen, dessen Zartheit und Tiefe durch so was gar nicht berührt werden darf … Überhaupt habe ich von diesem zarten Wesen, Ihrer Schwester Bettina, viel Respect; ich meyne immer das Philosophiren u. gerade dieses Reflectiren verletzte eine solche weibliche Blume.«

Bereits vorher, am 24. Februar 1801, hatte Clemens Julie Reichenbach – sie gehörte zu den drei Schwestern, denen er den ersten Band des Romans gewidmet hatte – enthüllt: »jetzt bin ich wieder zufriedener… mit dem Herzen meiner kleinen Schwester Betina in einer Verbindung, die man die heiligste, und reinste nennen könnte.« So darf man diese Widmung des zweiten *Godwi*-Bandes – trotz der eingeflochtenen philosophisch-ästhetischen Diskurse – durchaus als eine Liebeserklärung an die faszinierende »kleine Schwester Betina« verstehen.

II
»Schreib weiter, ich warte mit Sehnsucht«
Bettine lebt und dichtet in Offenbach für ihren Bruder

»Noch einmal leb wohl. Ich habe wie immer auf meinem Rückweg noch recht mit Liebe an Dich gedacht und bitte Dich innig indem Du stets Dich selbst veredelst, diese Liebe zu veredeln, diese Liebe zu veredlen und zu erhöhen von der der größte Theil meines Glückes abhängt.« So beginnt der erste Brief von Clemens an Bettine, den sie in ihrer *Frühlingskranz*-Edition von 1844 veröffentlicht.

Wurde er unmittelbar nach der Stunde der Faszination geschrieben, als das puppenspielende Kind Bettine sich in ein junges Mädchen verwandelte und in ihren Bruder verliebte? Jedenfalls ist von einem Abschied die Rede, und es spricht nichts dagegen, anzunehmen, daß es tatsächlich der erste Brief ist, den Clemens aus Jena, oder noch aus Frankfurt, an die »Rabenschwarze« in Offenbach richtete – möglicherweise im Wortlaut etwas abweichend, weil Bettine die Briefe für die Publikation in einem Abstand von etwa 40 Jahren überarbeitet hat.

Im Antwortbrief beklagt sich Bettine über die Briefzensur der Großmutter. Seitdem sie im Mai 1797 mit ihren Schwestern Lulu und Meline das Ursulineninternat in Fritzlar verlassen hatte, lebte sie in Offenbach, nahe bei Frankfurt, aber doch in einer anderen Stadt. Die betagte Witwe wohnte seit 1788 in der sogenannten »Grillenhütte«, einem Haus in der Domstraße, das ihr die Brentanos finanziert hatten. Gegen Kostgeld kamen die Brentano-Schwestern zu ihr ins Haus, und Bettine wohnte von diesem Zeitpunkt an – bis Franz 1803 ihre Rückkehr nach Frankfurt anordnete – bei ihr in Offenbach. 1807 starb Sophie von La Roche.

Es wurde ein anregender und erfrischender Aufenthalt für die zunächst 14jährige, denn im Haus der Großmutter gingen Bewunderer der weitbekannten, mittlerweile 66jährigen Autorin aus und ein. Man kannte sie als Herausgeberin zahlreicher Zeitschriften für

Sophie von La Roche, Pastell eines unbekannten Künstlers, nach 1774

»Teutschlands Töchter« und Autorin des Romans *Die Geschichte des Fräuleins von Sternheim*. Auch zahlreiche Intellektuelle aus dem Kreis ihres verstorbenen Mannes Michael von La Roche, darunter Franzosen, die nach der Revolution ihr Land verlassen hatten, erschienen in Offenbach.

Für die »poetischen Kinder« ihrer Maxe, für Clemens und Bettine, hatte die liberale Großmutter sehr viel Verständnis, und sie eröffnete dem jungen Mädchen, das nun bei ihr lebte, eine geistige

Welt, wie sie in der kommerziellen Atmosphäre des Frankfurter Handelshauses kaum gedeihen konnte. Clemens hat die Welt seiner Frankfurter Brüder einmal mit einer »ungeheuren Werkstatt der Goldmacherkunst« verglichen und hinzugefügt: »Da ich gestern in den prächtigen Stuben des Georg saß, ward mein Herz immer beklommener, wie doch alles Lebendige zu Gold wird, es war mir als wenn mein Herz auch sich verwandeln sollte, ich mußte heftig weinen und nach meiner Kammer gehen.«

So kam er gern nach Offenbach, um Großmutter und Schwester zu besuchen. Bei Sophie von La Roche fand er eher Verständnis für skurrile Ideen und exaltiertes Benehmen als bei seinen Brüdern in Frankfurt, die ihn bedrängten, nun endlich eine ordentliche Berufsausbildung abzuschließen. Einer seiner schönsten und kühnsten Briefe der Studentenzeit, der sein Innerstes widerspiegelt, ist an die Großmutter gerichtet: »Ich werde nicht glüklich sein, Meine Arme [s]tehn weit offen wie ein Amphiteater, es giebt Stunden wo sie mir in alle Augen gaffen und dann gehn sie wieder. Mein Herz ist ein boudoir, das durch die Wendeltreppe meiner Laune mit meinem Kopfe zusammenhängt, in diesem sieht es izt aus wie in einem Redouten-Saale, die Masken sind verschwunden, der Lezte Akkord des Kehraus dröhnt an den Wänden hin, und es brennen noch ein paar Wachsstümpfchen die die ganze Oede wie der Mond die Gräber erleuchtet.

Im boudoir liegt meine Zufriedenheit sinloß, sie hat einen fürchterlichen Fall auf der Wendeltreppe gethan, sie ist ohne Hoffnung, eine Maske mit einem Anker auf dem sie traurig ruht, steht an ihrem Lager und schüttelt bedeutend das Stralende Haupt, zu ihren Füßen windet sich sterbend ein buntschekichte Figur, der Anker hat ihr das Gewand und das Herz zerißen, es ist mein ehmaliges vermeintes Glük. Die Fenster des boudoirs sind ohne Aussicht, Es sind Gardinen vorgezogen aus goldnen Träumen gewebt, die hie und da einen Sonnenstral durch ihre Täuschung dringen laßen.«

Clemens wußte genau: Einen Brief mit derart kühnen Metaphern hätten seine Frankfurter Brüder nur spöttisch aufgenommen, allein bei der Großmutter, die selbst Dichterin war, konnte er Verständnis erwarten und als Dichter akzeptiert werden. Obwohl Sophie mit ihren Publikationen stets auf der Mittelstraße konventioneller Dichtung geblieben war und nach dem aufsehenerregenden *Sternheim*-Roman hauptsächlich Almanache für Frauen und Töchter aus gutem Hause veröffentlichte, kann sie den exaltierten Literaten, zu dem sich ihr Enkel unter dem Einfluß der Jenaer Romantik zu dieser Zeit entwickelt, doch verstehen, kann sie seine phantastische, verwegene Bilderwelt eher akzeptieren als der Vormund Franz in Frankfurt. Offensichtlich hat die Großmutter auch mehr als einmal im Kreis der Frankfurter Familie für die Belange der poetischen Geschwister Partei ergriffen und damit verhindert, daß sie als unartige Kinder behandelt und ausgegrenzt wurden.

Dennoch vertritt sie gegenüber Bettine, die ihr von der Familie zur Erziehung anvertraut war, auch die Position der Frankfurter. Sie zögert, den Brief von Clemens an die ihr anvertraute junge Bettine weiterzugeben. Vorsichtshalber öffnet und liest sie ihn, und Bettine hat Anlaß, sich zu beklagen: »*Lieber Clemens.* Dein freundlich Abschiedsblättchen hat mir die Großmama nicht gegeben, ich hätte es vielleicht nie erhalten wär ich nicht durch Zufall an den Ort gekommen wo es lag und schon eröffnet war.« Eine kleine, etwas ungelenk formulierte Liebeserklärung an den Bruder schließt sich an: »Sieh ich hab dich so lieb – Du bist so gut – ich möchte Dir alles sagen, um daß Du mir lehrest was mich gut und Dir lieb machen kann … Werde ich Dich denn lange, lange nicht wiedersehen? und stehe weit zurück von allem was ich liebe? – Und andre gehen dazwischen hin und her die gleichgültig sind für Dich und mich! – Die frankfurter Allee hat allen Glanz verloren sie ist ganz öde in der Nebelluft, denn weil Du jezt nicht mit dem Abend dort mir entgegen kommst!« Am Schluß ihres kurzen Briefes kommt Bettine noch einmal auf die Zensur der Großmutter zu sprechen: »Ach wie willst Du mir Deine Briefe schicken, die Großmama giebt sie mir vielleicht gar nicht!«

Clemens versteht es, sie zu beruhigen. Er schickt seine Antwort unmittelbar auf dem Postweg an die Adresse Bettines und erklärt ihr, daß es ohnehin üblich sei, Verwandtschaftsbriefe einander vorzulesen. Damit signalisiert er zugleich der vermutlich mitlesenden Großmutter: Hier handelt es sich nicht um den heimlichen Briefwechsel eines Liebespaares, sondern eben um Verwandtenbriefe. Waren erst einmal die Besorgnisse der Großmutter zerstreut, so konnte Bettine ja immer noch entscheiden, was sie der alten Dame wirklich aus den Briefen des Bruders vorlas und was sie lieber für sich behalten wollte.

Besorgnisse gab es bei Sophie von La Roche tatsächlich, das belegt nicht nur das Abfangen des ersten Briefes. Die Verwandlung, die mit Bettine nach der Begegnung mit dem Bruder vor sich gegangen war, kann der erfahrenen Großmutter, die selbst zwei Töchter großgezogen hatte, kaum entgangen sein, und sie beobachtet die besondere Beziehung des sensiblen Geschwisterpaares nicht ohne Mißtrauen. Noch in einem Brief vom 25. August 1800, in dem sie ihrer Enkelin Sophie nach Oßmannstedt von einem weiteren Besuch des Studenten Clemens in Frankfurt und Offenbach berichtet, schreibt sie: »Il s'est enfermé avec Bettine qu'il imbibe de ses principes, je l'avoue, à mon grand chacrin.« Zu deutsch: »Er schließt sich mit Bettine ein, die er mit seinen Ideen durchtränkt, ich gestehe es, zu meinem großen Kummer.« Die Ideen, oder »Prinzipien«, die Clemens aus Jena mitgebracht hat, betreffen nun keineswegs ausschließlich literarische, ästhetische oder gar wissenschaftliche Fragen aus dem Bereich seines vorgeblichen Medizinstudiums, sondern enthalten die Forderung nach einem neuen »romantisierten« Leben und einer »neuen Liebe«, die sich den Normen der verhaßten Philisterwelt entziehen soll. Sicher kannte auch Sophie von La Roche Friedrich Schlegels *Lucinde* von 1799, wo kühne Vorstellungen einer von bürgerlichen Zwängen freien Liebe formuliert werden. Das Buch hatte einen Skandal ausgelöst, und nicht ohne Grund nahm das Lesepublikum selbstverständlich an, daß Friedrich Schlegel mit Dorothea Veit so lebte wie Julius, der Held seines revolutionären Romans, mit Lucinde.

Und ausgerechnet in diesen Kreis der Schlegels war der junge Student Clemens Brentano geraten. Kaum in Jena eingetroffen, wurde er zu einem Jünger des frühromantischen Zirkels, sog dessen Ideen begierig auf und versuchte sie in seinem Leben konsequent umzusetzen. Seine Parole dieser Zeit steht in einem Brief an Julie Reichenbach und ähnlich auch im *Godwi*:

> Hinunter mit der alten Welt
> Die Neue zu erbauen
> Ich hab' der Liebe mich gesellt
> Will nicht nach Trümmern schauen.

Wer konnte wissen, welche Vorstellungen Clemens in dieser Zeit mit der Bezeichnung »Liebe« verband? Die Großmutter war vermutlich in Sorge, daß die Geschwister in den Tabubereich inzestuöser Liebe gerieten. Als erfahrene Frau und Mutter fürchtet sie, daß die zu diesem Zeitpunkt gerade 15jährige dem jungen Mann, der nun einmal ihr Bruder war, gänzlich verfallen könnte, daß sie alle ihre Emotionen auf Clemens konzentrieren und sich damit dem erzieherischen Einfluß der Großmutter völlig entziehen und der Frankfurter Familie entfremden könnte.

Clemens selbst spricht in einem Brief an Sophie Mereau von einem »Zirkel der aus meiner poetischen Neigung zur Mutter [wohl eine Anspielung auf den *Godwi*], und der gerechten billigen Liebe zur Schwester, gewiße Blutschänderische Anecktoden gebildet hat«. So kann es sein, daß die Großmutter sogar einen Blick durchs Schlüsselloch riskierte, wenn Clemens zu Besuch in Offenbach war. Aus dem Briefwechsel und weiteren schriftlichen Quellen, die uns zur Verfügung stehen, ist erkennbar, daß ihre Sorgen nicht völlig aus der Luft gegriffen waren. Clemens hatte zunächst Erfolg bei seinen Bemühungen, die geliebte Bettine in einer Art geschwisterlichen Verschwörung dem Einfluß seiner Frankfurter Brüder weitgehend zu entziehen. Daß dabei auch eine untergründig erotische Anziehung entstand, die sich vorsichtig in Blicken, Berührungen und gemeinsamen Phantasien entwickelte, ist selbstverständlich. Wer kann schon sagen, welche Gefühlswallungen ein Brief, ein Blick, ein Kuß des Bruders bei der 15-, 16-, 17jährigen Bettine auslösten? Andererseits: Schwärmerische Liebesbekundungen in Briefen und Gesten – Küsse, tränenreiche Abschiedsszenen und Umarmungen – waren im Freundschaftskult des 18. Jahrhunderts auch unter Geschwistern sowie selbstverständlich unter Jünglingen und jungen Mädchen üblich, und von der erotischen Bilderwelt und den verbalen Liebesbekundungen in Briefen und Dichtungen des 18. und 19. Jahrhunderts kann keinesfalls auf eine ausgelebte Sexualität im heutigen Sinne rückgeschlossen werden. Es ist eher das Spiel mit dem Feuer, die verbale Entfaltung erotisch unterlegter Phantasien, die den gesellschaftlichen Umgang junger Menschen kennzeichnet – seien sie nun Freunde oder Verwandte, Geschwister oder unverheiratete Paare, gleichen oder verschiedenen Geschlechts.

Unter diesem Aspekt sind auch die gewagten Bilder zu sehen, die Bettine in einem späteren Brief an Clemens verwendet. Sie schreibt: »Clemens! Weist du wer der Mond ist, er ist der Wiederschein unsrer Lieb, und die Sterne sind Wiederschein der übrigen Lieb auf Erden, aber die Sterne so nah dem Mond lieber, was ist diese Liebe, die mir so nahe geht, unsre Lieb aber ist außerkohren, und groß und herrlich vor allen andern, die Erde aber ist ein großes Bett, und der Himmel eine grose freudenreiche Decke aller Seeligkeit, Clemens, Was sehnst du dich nach mir, wir schlafen in einem Bette.«

Wir wissen nicht, was Clemens auf diesen Brief geantwortet hat, denn Bettine veröffentlicht weder diesen Text noch eine darauf zu beziehende Antwort im *Frühlingskranz* – wir kennen den Text nur, weil Clemens ihn in einem Brief an den Freund Arnim zitiert. Doch an Liebesbeteuerungen, die genausogut einer Geliebten wie der Schwester gelten könnten, fehlt es auch in den veröffentlichten Briefen von Clemens an Bettine nicht. Insbesondere die Ausschließlichkeit und Unbedingtheit, mit der er Zuneigung einfordert, überrascht: »unsre Liebe zu einander [ist] Gott sei Dank das beste und edelste Geschenk des Geschickes«, beteuert er und fordert sie auf: »Schau mir in die Augen, mein Kind, mein treues gutes Kind und störe Dich nicht, was an meiner Seite vor sich geht; es geht uns beide nichts an, wir müssen unser Sein unser Denken mit einander, nicht mit der Welt vermengen, sonst giebt es Schmerzen.« Gemeinsam versuchen die Geschwister, ihr Wolkenreich der Phantasie gegen die banale Realität abzuschirmen, die von ihren Brüdern repräsentiert wird, »diesen Krämern, die für alle ihre Mishandlungen noch viel Dank verlangen«, wie Brentano einmal bissig an Arnim schreibt. In der Gemeinschaft mit Bettine sondert er sich ab, versucht er einen geheimen Liebesbund zu gründen und die jüngere darauf einzuschwören.

Vermutlich verarbeitet Brentano seine Liebe zu Bettine auch in seinem frühen Drama *Cecilie*, in dem Personen aus einem »italienischen Handelshaus« agieren, und baut damit inzestuöse Phantasien ab. Der Held der Geschichte ist ein Sohn aus diesem Handelshaus, Francesco, ein Künstler (Maler), der sich in Cecilie verliebt, die als Pflegetochter der verstorbenen Frau des Hausherrn eingeführt wird. Der Familienvater versucht die Liebesbeziehung zu unterbinden; andere Familienangehörige und Bedienstete der Firma intrigieren, und Francesco schlägt daraufhin eine gemeinsame Flucht mit der Geliebten vor (zunächst aus dem Elternhaus, dann aus dem Kloster, womit der Autor auf Bettines Aufenthalt bei den Ursulinen in Fritzlar anspielen könnte). Als dritter Bewerber tritt ein vom Vater protegierter Mann namens Gerni auf.

Das Drama im italienischen Handelshaus findet keine Auflösung. Mit der Vorbereitung auf die Flucht aus dem Kloster endet das Fragment, und Clemens hat den Stoff verändert als Novelleneinlage in seinen Roman *Godwi* eingebunden. Über das Schicksal von Francesco und Cecilie erfahren wir in dieser aus der Perspektive des Vaters erzählten Fassung, daß die Entführung glückt, Cecilie stirbt und Francesco zeitweise dem Wahnsinn verfällt. Damit wird die Liebesbeziehung, für die es in der Realität kein Happy-End geben konnte, mit einem Schicksalsschlag beendet.

Die Parallelen zur Situation von Clemens und Bettine sind offensichtlich, auch wenn die Namen und Verwandtschaftsverhältnisse verändert sind und der Schluß allenfalls die Ängste von Clemens reflektiert. Denn er glaubte sich tatsächlich zu dieser Zeit dem Wahnsinn nahe und sah auch Bettine kränkeln und an der Familie leidend sterben. Von »tiefer innerer Betrübniß über die täglich wachsende Trennung in der Familie«, spricht er in einem Brief an Arnim und ergänzt: »alles waß die Gewalt hat thut Gewalt an, und die Unschuld leidet, Betine ist ganz verlaßen, man mishandelt sie schmählich ... Diese Bleikugel von Familie zieht meinen Geist nieder, und mein Muth zu dichten geht verloren, unglüklich bin ich durch Betine an Sie gebunden, die ich noch mehr leiden sehe, als mich.«

Auffällig in Clemens' fragmentarischem Stück ist auch der Name des Bewerbers Gerni, denn es ist belegt, daß der Frankfurter Diplomat und Schriftsteller Johann Isaak von Gerning Bettine den Hof machte und von der Familie als Heiratskandidat forciert wurde. In einer 1814 formulierten Familienanekdote schildert sie das Intrigenspiel, das die Brüder eingefädelt hatten, um sie mit Gerning zu verbinden. Franz habe ihr versichert, »dieser Mann habe 15 000 Gulden jährliche Einkünfte, er sey vortrefflich und überall geschäzt ... es sey Herr von Gerning. ich war ganz überrascht daß dieser Mann die Frechheit habe an mich zu dencken ich schimpfte

wie ein Rohrspaz, machte dem Franz die bittersten Vorwürfe mir
so einen Esel als Mann anzutragen.«

So wie sie hier eine arrangierte Hochzeit mit Empörung zurück-
weist, so ist sie auch immun gegen alle »Lehren die jene Leute mir
geben, die mich zu einem angenehmen und liebenswürdigen Mädchen erziehen wollen. Das kommt mir aber gar nicht angenehm
sondern sehr horribel vor, was andre Leute wohlerzogen oder gebildet nennen«, schreibt sie Clemens und fügt in einem weiteren
Brief hinzu: »Und du predigst mir immer Pietät gegen die Großmutter! – Wo und wie soll sich das alles zusammenfinden ohne daß
heuchlerische und kleinliche Furcht sich drein mische!«

Von dem Bildungsangebot, das ihr von Hauslehrern im Auftrag
der Großmutter geboten wird, nimmt sie nur auf, was ihren Frei-
heitsdrang bestätigt und den Ratschlägen ihres Bruders nicht zu-
widerläuft. So wendet sie sich beispielsweise gegen das Regelwerk
der Kompositionslehre, als sie bei ihrem Klavierlehrer zum Komponieren angeregt wird: »Am Generalbaß hab ich auch meinen
Ärger. Ich möchte diese Gevatterschaft von Tonarten in die Luft
sprengen, die ihren Vorrang untereinander behaupten, und jeden,
der den Fluß der Harmonien beschifft, um den Zoll anhalten.« Die
»unumstößlichen Ohrengesetze« nennt sie »verschimmelte Vor-
urtheile … die der Genius mit der Ferse von sich stößt«, und
»Vampyre, die dies Selbstsein des freien Willens heimlich lüstern
aufsaugen«.

Ähnlich selbstbewußt geht sie mit dem Lehrstoff um, den ihr
Geschichts-, Französisch- und Physiklehrer vermitteln: »nicht umsonst hab ich meine französische Aufsätze für Herrn *L'endroit* als
geheime Antworten Fragen und Begeisterungen für diesen *Mirabeau* geschrieben«, meldet sie Clemens, um dann im gleichen Brief
die Ergebnisse ihres naturwissenschaftlichen Unterrichts einzu-
bringen. Die elektrischen Funken bringt sie mit den Ereignissen
der Französischen Revolution in Verbindung: »Gestern hab ich bei
Arenswald eine ganze Stunde Lection gehabt über Electrizität, mir
flimmerts vor den Augen wie tausend electrische Funken. Wenn Du
ein Stück Papier verbrennst, dann laufen diese Funken alle durcheinander wie bei einer Revolution, als wenn sie allesamt die wich-
tigsten Geschäfte hätten so gehts in meinem Kopf; wenns nur nicht
so traurig ausging, zuletzt bleibt einer nur übrig, oder zwei, das ist

noch melancholischer – der läuft ganz allein durch die schwarzen verlaßnen Finsternissen; – flipps ist er weg! – Der andre dort, weg ist er. Gestern Abend hab ich immer wieder ein Papier angezündet um diesen beiden Fünkchen auf ihrem Aschenweg nachzusehen.«
Die traurige Stimmung, die sich bei ihren Beobachtungen einschleicht, ist rasch wieder verflogen, und auch dieser Brief mündet in überschwengliche Liebesbekundung an den geliebten Bruder: »Lieber *Clemens* ich hab Dir alles geschrieben, ich weiß Du würdest zanken, wenn Du schriebst – aber Du schreibst ja nicht, Du kommst ja selbst, da kannst Du nicht, mit meinem Mund geb ich Dir einen Kuß auf Deinen, in welcher Sprache kann ich gebieterischer ausrufen, *halts Maul geliebter Bruder!* O mein lieber *Clemens* wie freu ich mich darauf. – Die Sonne scheint mir eben ins Bett und läßt mich nicht länger träumen von Dir... ich will sehen ob ich ein Veilchen für Dich finde komm bald daß es noch blüht, ich bewahr Dirs am Herzen und wenn ich dann so redselig mit Dir bin, dann duftet Dirs aus meiner Brust.«
Bettines Interesse an dem französischen Revolutionär Mirabeau – von Clemens mit Skepsis betrachtet – teilt Sophie von La Roche; sie hatte selbst Aphorismen von ihm übersetzt, die Bettine lesen konnte. Als das junge Mädchen sich dann mit einem Zitat im Namen des Revolutionshelden gegen die gesellschaftlichen Konventionen der Gegenwart wendet, ist die Großmutter irritiert. Bettine berichtet dem Bruder darüber: »Abends, wenn Alles fort ist spricht die Großmama mit mir, *Mirabeau* sei ein Komet der alles entzündet was sich ihm nähert. Das Große in ihm verstehen lernen adle die Seele, sie macht Auszüge aus seinen Briefen, sie gibt mir eine Nadel damit soll ich ins Heft stechen, welchen Satz ich treffe den soll ich als Gedenkspruch bewahren, sie hatte diese Sätze selbst alle gesammelt und war überzeugt, ich werde mit der Nadel nicht unrecht stechen, aber ich stach in: ›*Die Macht der Gewohnheit ist eine Kette, die selbst das größte Genie nur mit vieler Mühe bricht*‹, und die Großmama stutz ob ich den Satz nicht gar selbst erfunden hab. Nein liebe Großmama hier steht er, ich bin nicht *Mirabeau* aber sein Geist ist mir ins Blut gegangen, er wird mich ewig mahnen nicht von der Gewohnheit abzuhängen. Die liebe Großmama! Adieu mein *Clemens* und schreib daß Du kommst. Deine *Bettine*.«

Clemens reagiert, indem er Bettine seinerseits Lektürevorschläge
macht: »Ich schicke Dir hier *Moritzens* Götterlehre, und wünsche
daß Du sie mit Ruhe, ohne Mühe, und mit Genuß durchlesest ...
diese Götterlehre ist eine solche andre Welt, die sich das gebildetste
Volk, die Griechen erschaffen hatten, und kann Dir selbst und deinem Geiste nur wohlthätig werden, wenn sie in Dir, in ihrer großen
edlen Folge, gleichsam während dem Lesen entsteht.« Bettine
nimmt diese Anweisungen zur klassischen Bildung skeptisch auf
und führt ihren Lehrmeister – auch wenn er Clemens heißt – ein
bißchen an der Nase herum, wenn sie ihre spontane Freude an der
aufblühenden Natur schildert und ihm antwortet: »*Clemente!* Die
Sonne hat Kräuter und Sträucher in sich verliebt gemacht ... so will
ich auch meine Liebeserklärung machen, aber wem? – Ich lege sie in
Dein Herz nieder, bewahre mir sie und wenn Du einmal auf einen
hohen Berg kommst wo man eine weite Aussicht hat geliebter *Clemens*, so kannst Du sie als Denkmal unserer Eintracht stiften, aber
eine weite Aussicht muß meine Liebe haben, dann übersehen wir
beide alles zugleich und fühlen Übereinstimmung in allem wenn
wir auch in manchem verschieden denken, und Deine griechischen
Götter und meine französischen Helden bilden eine Welt.«

Der leicht ironische Ton, mit dem Bettine hier von einem
»Denkmal« der Eintracht und den griechischen Göttern spricht,
verflüchtigt sich rasch wieder, als sie weitere Liebeserklärungen an
ihren Lehrmeister anschließt: »voll ist die Brust von der Fülle die
Du mir all in Deinem Brief spendest, daß ich auch wie die Rosen-
knospen angeschwellt bin und möchte aufbrechen dem Licht und
gar keine andre Rechenschaft mehr geben als den Duft den gleich
der Rose meine Seele aushaucht, weil Du sie wie die Sonne wärmst
und reizest.«

Vollkommen einig sind sich die Geschwister, wenn sie den La-
teinunterricht abwehren, den Sophie von La Roche ihrer Enkelin
zukommen lassen will: »Ich habe heute einen Brief von der Großmama erhalten«, berichtet Clemens seiner Schwester, »sie hält viel
von Dir und möchte alles auf Dich übertragen, was ihr wünschens-
werth scheint, sie hat mir wieder ihren Wunsch geäußert, Du
möchtest Latein lernen. Du kannst es ja ihr zur Liebe eine Zeit
lang lernen. Obschon die Sprache nichts enthält für Menschen und
Vieh, sie ist hölzern und eingebildet, mit einer Wohlbeleibtheit

die in ihrer langen Toga sich auf den Bauch schlägt um auf ihre
Würde anzuspielen, und der Klang der dabei herauskommt ist ihre
ganze Wohlredenheit; die Großmutter läßt von dem Gedanken
nicht los Deine Sprachfähigkeit durch Latein auszubilden, ich
hab ihr vorgeschlagen sie soll Dich lieber die Derwisch-, Faki-
ren-, Bonzen- und Braminensprache lassen lernen, wo soviel gril-
lenhafte Superfeinheit drin ist, die an die mehrere hundert und
zwei und neunzigsylbige Wörter gränzt und eine Rangordnung
eingeführt hat der Consonanten als Aristokraten, die den bürgerlichen Vokalen gar den Eintritt nicht gestatten nd lssn ns s ws hnn
gfllt xpngrn ns brll, s dß mnchml n wrrwrr ntstht dß kn Tfl drs klg
wrdn knn.«

Als Bettine allerdings mehr und mehr ins Schwärmen kommt bei
ihren Naturbetrachtungen, versucht Clemens ihr die »Empfindsamkeit« auszutreiben und macht ihr neue Lektürevorschläge:
»Stelle Dir vor, einiges in Deinem Brief hat mir einen unangeneh-
men Eindruck gemacht, zum Beispiel das mit dem *Rosenstöckel-*
chen. Es kam mir immer wieder vor, als sei es recht artig, eine
gewisse Rührung bei unschuldigen Dingen zu empfinden, ja zur
Noth könne man auch sagen, es war mir als müsse ich es umarmen,
aber es wirklich zu umarmen und noch gar dabei in wehmüthigste
Gedanken zu versinken, das geht etwas in die Wildniß und ist stark
empfindsam, hält auch nicht Stich, stelle Dir vor an welchem knappen Fädenchen die Geschichte hängt; fällt sie, so fällt sie mit der
schönsten Empfindung ins Lächerliche, denn eine gelbe Rübe, eine
Kartoffel sind doch eben so unschuldig als ein Rosenstrauch, und
dennoch wäre Deine ganze Umarmung verunglückt, wenn das
Rosenstöckchelchen sich in eine solche Rübe verwandelt hätte.
Auch hast Du bei näherer Beleuchtung wohl nur einen erdnen
Topf umarmt ... Du weißt wie oft ich Dir über ähnliche Anfälle
gepredigt habe ... Es würde mich freuen wenn Du etwas Geschichte läsest, und außerdem meistens *Goethe,* und immer *Goethe,* und
vor allem den siebenten Band der neuen Schriften, seine Gedichte
sind ein Antidodum der Empfindsamkeit. Aber als Geschichte rathe ich Dir *Müllers* Schweizergeschichte, es ist etwas Himmlisches
... Es sind zwar einige dicke Bände, aber desto länger dauert die
Freude, setze Dir täglich ein Paar bestimmte Stunden wo Du drinnen liesest.«

Bettine reagiert auf diese Empfehlungen mit unverhohlenem Spott: »Geschichte studieren! *Müllers* Schweizergeschichte! *bon!* Aber sie ist vorbei, gedürrte Quetschen, schmackhaft zwar, aber was soll ich mit Backobst! – was soll ich mit euch – ihr krüppeliches Winterausdauerungsprodukt, bin ich ein Hamster, der beide Backentaschen voll in seine Vorrathskammer aufspeichert? – Nein, ich bin eine frank und freie lustige helle Bergquelle vom Zufall oft durch Wüsten und Paradiese hinrauschend mit gleicher Lebendigkeit; gehts über Klippen, dann ist er gleich noch einmal so aufgeregt, da stampft er, da gischt er, da dampft und braust gleich seine Lebenskraft heller aus dem lichten Schaum hervor.«

Ähnliche Bilder beschwört Bettine auch, als die Großmutter ihr vorwirft, sie sei überheblich, sei in Gefahr, sich geistig zu »verklettern«: »Auch im Geist kann man sich versteigen mein Kind, sagte sie ... könnte ich denn nicht auch ein Wolkenschwimmer werden? – Kind meiner *Max* sagte sie, was hast du vor wunderliche Gedanken. Auch darüber kann ich mich trösten wenn meine Gedanken nicht mit der Klugheit der Menschen übereinstimmen; diese Klugheit verträgt sich nicht mit meiner hüpfenden und springenden Natur, die in allem sich selber verstehen will und wie ein Speer sich der Klugheit entgegenwirft. Das weis Gott sagte die Großmama. Aber Kind wie sieht es aus in dir?

Wie es aussieht in mir, liebe Großmama? nicht wie hier in Offenbach ... es ist mir doch, ich komme anders woher! – hoch und niedrig waldumwachsenes Felswerk, an dem der Rasen schüchtern hinaufklettert und das seine eigensinnigen Klippen so trotzig hinausstreckt, an dem die Nebel sich zerreißen. – Wege des Geheimnisses zwischen brausenden Wassern immer tiefer in unverständlichen Windungen, wo der Sonnenstrahl herabblizt ins enge Thal und nährt zärtlich die blauen Blüthen.«

Die Lektürevorschläge, die Bettine erreichen, sind oft konträr und werden von dem jungen Mädchen nur selten befolgt. Der Bruder empfiehlt Homer und warnt vor der Schiller-Lektüre, die von der Großmutter angemahnt wird. Clemens schreibt: »Ich hab dem Buchhändler *Guilhomman* den Auftrag gegeben Dir den Homer zu schicken. Hast Du ihn bekommen? ... Die ästhetischen Briefe von *Schiller* – hast Du sie gelesen? – so bedaure ich Dich für die Pein; sie sind für eine kindliche Seele etwas hölzern. Hiervon schweige gegen die Großmutter, sie thut Wunder der Güte in ihrer Art – und Du sollst sie ehren.« Bettine antwortet: »Die ästhetischen Briefe von *Schiller*? – Freilich hab ich die nicht gelesen, denn ich kann nicht auf Komma und Punkt achtung geben. Der Großmama hab ich wohl draus vorgelesen aber in Gedanken war ich wo anders, aber wo, weiß ich nicht; aber von der Lektüre hab ich nicht profitirt, denn ich weiß nichts davon.«

Eine große Wirkung löst jedoch die von Clemens empfohlene Goethe-Lektüre aus. Bevor er seiner Schwester die Gedichte des Klassikers empfiehlt, hatte er sie bereits auf das Kultbuch der Romantiker, Goethes 1795 erschienenen Roman *Wilhelm Meisters Lehrjahre* aufmerksam gemacht. Es war besonders die Mignon-Figur, die es der Jenaer Gruppe um Ludwig Tieck und die Brüder Schlegel angetan hatte. Man verstand dieses androgyne Geschöpf als Verkörperung einer Naturpoesie, die sich aus eigener Kraft harmonisch und genial entwickelt. Clemens' Versuche, Bettine nach dem Bilde Mignons zu formen – nicht ganz uneigennützig, denn schließlich sollte die Zuneigung dieses Zauberwesens auf Dauer möglichst ausschließlich ihm selbst gelten, so wie sich Mignon gänzlich dem Helden von Goethes Roman ergeben hatte –, waren sehr erfolgreich. Bettine las Goethes Roman, fühlte und kleidete sich zeitweise wie Mignon und brach in Tränen aus, wenn sie über das traurige Ende dieses geheimnisvollen Wesens aus Italien nachdachte.

Clemens hoffte, daß seine Schwester Bettine, in deren Adern ja auch italienisches Blut floß, sich ähnlich wie das junge Mädchen im *Wilhelm Meister* als unschuldig-reifendes Naturgenie entfalten könne. Zwar weist er immer wieder auf die Notwendigkeit von Bildung hin – und ist sich natürlich darüber im klaren, daß Goethes Mignon ein konstruiertes *genie enfant* ist – doch läßt er nichts unversucht, die Talente und schöpferischen Fähigkeiten seiner jungen Schwester hervorzulocken. Nicht zu einer »höheren Tochter«, die brav ein eingelerntes Lied zu Gehör bringt und mit bildungsbürgerlichem Wissen glänzt, soll Bettine sich entwickeln, er wünscht sich ein spontanes, aber doch kunstsinniges Wesen, das seine Kreativität ohne Rücksicht auf die bürgerliche Gesellschaft entfaltet. So bittet er sie bereits in den ersten Briefen: »Sei fleißig in der Musik und Zeichnung es sind die unschuldigsten Organe der

Güte und Schönheit.« »Ich bitte Dich bring alle jene Gedanken die
Dir selbst auffallen zu Papier, es ist eine schöne Gewohnheit und
wenn man einstens in ganz andern Verhältnissen ist, so sind solche
Blätter liebliche Andenken verflossner Frühlinge.« Dann wieder
mahnt er: »vergiß die Muse nicht über der Tonleiter der Revolutionshelden. Schreibe mir öfter und schicke mir Deine Aufsätze«
und »schreibe viel, alles was Du empfindest schreibe nieder, denn
das Ausgesprochene ist lebendig wie meine Liebe zu Dir.«

»Aufsätze« wurden seinerzeit auch kleine Dichtungen genannt,
und so regt Clemens seine Schwester an, nicht nur Essays zu den
Revolutionshelden zu formulieren, sondern auch Erinnerungen an
die Kindheit niederzuschreiben. Bettine fällt das nicht leicht, und
es gelingen ihr nur wenige kleine Erzählungen: »Du hast mir oft
gesagt ich solle meine Erinnerungen aufschreiben aus der Kloster-
zeit, über die ich nun schon mehr als drei Jahre hinaus bin«,
schreibt sie, etwa 16jährig. »Es ist alles noch lebendig in mir, ich
kann aber nicht die Blüthenäste vom Baum abbrechen der ich
selbst bin. Dies Klosterleben hat Knospen in mir angesezt Ahnun-
gen die zur Wahrheit reifen ... alles ist mir ja nicht ein Gegenstand,
ich bin es selber ... Ach ich bin doppelt froh des Lichtes das ich in
Dir sehe, denn alles was ich Dir schreibe und sage kommt mir vor
als gehe es von Dir aus, und ich bin stolz in Dir weil Du oft mich
anredest als ob es die Stimme der Weisheit sei auf die ich lange
gehorcht habe in der Ferne, und jezt ist sie mir so nah in Dir daß
ich sie von mir selber nicht unterscheide. Aber ach! hege keine zu
großen Erwartungen von mir, bedenk daß ja Deine Liebe mir keinen Werth mehr läßt, ich hab ihn alle für sie hingegeben.«

Clemens läßt sich von diesen Argumenten nicht beeindrucken
und verfolgt sein Ziel, Bettine zu einem dichtenden *genie enfant*
auszubilden, mit Nachdruck. Er mahnt sie eindringlich: »Ach
manchmal möcht ich verzweifeln, manchmal ist mirs als müsse
dennoch alles im Rauch aufgehen was mir so gut und schön in
Dir deucht, als könnest Du nicht zu Dir selber kommen, um was
hab ich Dich alles gebeten? – Du hast mir versprochen was mich so
glücklich machen könnte. Versprochen hast Dus, aber wirst Dus
auch halten wo eine lederne Zeit sich Deiner anmaßet? – Du könntest – und doch kannst Du nicht. – Warum nicht? – Frag Dich das! –
Warum hast Du nicht von Deinen Kinderjahren die Erinnerungen

aufgeschrieben? Du hattest mirs versprochen, Du hattest mirs ge-
lobt. Werd ich nicht auf Dich zählen dürfen?«

Daraufhin beginnt Bettine tatsächlich, ihre »Lebensgeschichte«
niederzuschreiben, listet ihre Geschwister auf und berichtet dann
von ihren Erlebnissen mit dem Bruder Peter, die sich ihrem Gedächtnis eingeprägt haben. Das Gespür für eine anrührende Geschichte, wie sie die Erzählerin Bettine später im *Königsbuch* oder
in der Geschichte vom Heckebeutel im *Armenbuch* geradezu pro-
fessionell entwickelt, deutet sich hier bereits an. Bettine versteht es,
ihre Leser mit kleinen Genrebildern einzufangen und zugleich
deren soziales Gewissen zu wecken. Es kommt nicht von ungefähr,
daß es ein behindertes Kind ist, dessen traurige Geschichte sie hier
– ganz ohne Larmoyanz – mit wenigen Episoden in eindringlicher
Form darstellt: »Der Bruder *Peter* ist gestorben wie das Kind drei
Jahr alt war, von dem weiß es aber noch sehr viel. Er hatte schwarze
Augen die ein blendend Feuer von sich strahlten, in die hat das
Kind oft sich ganz verloren vor tiefem Hineinschauen.

Der Bruder *Peter* trug das Kind oft auf einen kleinen Thurm auf
dem Haus, da fütterte der *Peter* allerlei Gefieder, Tauben und eine
Glucke mit jungen Hühnern, da saß das Kind mit ihm, da dichtete
er ihm Märchen vor. Das waren Stunden, die glitzern wunderschön
aus der frühsten Kindheit herüber. Was fing denn der *Peter* noch
für närrische Dinge mit dem Kind an? Er war mißwachsen, und
daher sehr klein, er nahm es am Weihnachttag mit in die Kirche, das
sollte keiner sehen, er nahm einen großen Bärenmuff und hielt ihn
vor sich und das Kind, daß man nicht Kopf nicht Hand sah, nur die
vier Beine trappelten immer vorwärts, die Leute wunderten sich
über das kuriose Rauchwerk, das allein über die Straße lief.« Dann
redet sie den älteren Bruder in der Erinnerung direkt an: »Morgens
wenn es aufwachte, standest du vor seinem Bettchen, und es lachte
mit dir, noch ehe es die Augen öffnete. Es lernte an deiner Hand die
Stiegen erklettern, immer führte es sich an dir.«

Den Tod des 20jährigen Bruders – offenbar Folge eines Trep-
pensturzes mit dem Kinde Bettine – beschreibt sie ausführlich: »Da
wars einmal schon spät, eben wollte die Sonne untergehen, er stand
an der Wendeltreppe mit dem Kind; die lezten Sonnenstrahlen
leuchteten ihm ins Gesicht, er ward so todtenblaß, das Kind klammerte sich fest ihm an, laß los, sagte er kaum hörbar und fiel die

Treppe hinunter, das Kind hatte aber sein Kleid festgehalten und war mit heruntergefallen. Da trug man den *Peter* ins Bett, das Kind sah den liebenden Bruder nicht wieder. Auf seine Fragen war die Antwort der Peter sei begraben; es verstand nicht was das sei. Noch manchmal sehnte es sich nach dem Bruder, und noch manchmal in einem Eckchen saß, des Abends wo das Licht nicht bis hin leuchtete, da sah es in der Dämmerung seine dunkeln Augen es anleuchten oder war das Einbildung?«

An Einzelheiten in ihrem Leben bei den Ursulinen in Fritzlar erinnert sich Bettine erst später, in ihrem *Goethebuch*. In den frühen Briefen an Clemens kommt sie über Ansätze nicht hinaus. »Ich wollte Dir ja vom Kloster schreiben, ich wollte dich überraschen mit der Erzählung dieser einförmigen Tage wo viel träumerische Knöspchen auf feinen Stielchen rankten! – Aber da laß ich mich überraschen vom Schauder über das Gewöhnliche, was die ganze Welt zum Narrenhaus umwandelt.« Nur für einige Sätze gelingt es ihr, die Atmosphäre des Lebens in Fritzlar zu entwickeln: »O ihr Bienen alle, die Ihr mich umsummt habt im Klostergarten. Ihr Nelken- und Lavendelbeete die Ihr mich gedeckt habt mit euren Düften. Ach es ist Winter in mir und der Schnee der Weisheit deckt die Erde. O Erde, laß den Frühling wieder treiben, halte den Athem nicht länger an, hauch deinen süßen Duft aus, er genügt mir statt Paradiesesfreuden.«

Clemens ist mit den ersten Ansätzen ihrer Erzählkunst sehr zufrieden. In seiner Antwort macht er seiner Schwester noch einmal deutlich, daß die »Natur« aus ihr spricht, daß es die von der Romantik ersehnte »Naturpoesie« ist, die in diesen Kindheitserinnerungen zum Ausdruck kommt. So zu »dichten« kann man nicht erlernen, und dennoch entsteht ein Kunstwerk: »Ach, was brauchst Du zu lernen wenn Du so lieb bist beim Nichtlernen. Mag es gehen wie es will, das Bessre und Höhere wird doch Dich all durchströmen und wird sich läutern in Deinem unberührten Wahrheitssinn. So bin ich auch unendlich erquickt von der Beschreibung Deiner Kinderjahre, liebes Kind, wollt ich auch Dir betheuern, sie seien unendlich schön und der tiefste Dichtersinn blicke da heraus, Du würdest es nicht glauben. Du glaubst in solchen Dingen mir nie ... Drum schreibe ruhig fort und mit Pietät, das heißt verwirf nicht, was Du schreibst, beglücke mich damit. Wenn es das ewige

Leben und Weben der Natur ist so einfache Scenen zu bilden, so wolle es nicht besser machen können. Die Natur ist die größere die edlere Bildnerin, und weil Du ihr nachgesprochen hast, so hat Deine Erzählung Styl, sie deckt nämlich den Ausdruck des Begriffs und der Empfindung vollkommen. Leb wohl und schreib weiter, ich warte mit Sehnsucht darauf.«

III
»*Ich selber* zu bleiben, das sei meines Lebens Gewinn«
Bettines Kampf um Unabhängigkeit

Trotz der gegenseitigen Liebesbekundungen, die in den *Frühlings-kranz* der Geschwisterbriefe eingeflochten sind, gibt es bei der jungen Bettine immer wieder Ansätze, ihre innere Abhängigkeit von Clemens, die sie mehr und mehr selbst zu spüren beginnt, zu überwinden. Sie wächst von einem schwärmerischen Teenager zu einem jungen, selbstbewußten Mädchen heran und erkennt, daß die starke emotionale Bindung an den Bruder ihre Entwicklung hemmt und einschränkt. Mit einem geradezu trotzigem Stolz be-tont sie ihre Eigenständigkeit: »Ich soll doch mein eigen werden, dies ist doch der Wille meines Ichs, denn sonst wär ich umsonst; dies eine was mich eigenthümlich aus dem Gesammtsein heraus bildet, das ist der Adel des freien Willens in mir; anders kann ichs nicht ausdrücken«, formuliert sie selbstbewußt.

Bereits in einem der ersten im *Frühlingskranz* veröffentlichten längeren Briefe betont sie – zunächst in Übereinstimmung mit den »Lehren« ihres älteren Bruders – ihren Widerstand gegen jede Form gesellschaftlich festgelegten Benehmens. Ihre Bekundungen von Eigenständigkeit wirken sehr modern, insbesondere, wenn sich ihre Empörung gegen die latente Diskriminierung der Offen-bacher jüdischen Bevölkerung wendet.

Bettine erhielt während ihres Aufenthalts bei der Großmutter Stickunterricht bei einem Mädchen namens Veilchen und schloß das jüdische Mädchen bald ins Herz. Da Veilchen mit Lohnarbei-ten eingedeckt war und unter ärmlichen Verhältnissen lebte, half Bettine ihr gelegentlich bei Haushaltspflichten und fegte beispiels-weise die Straße vor dem Offenbacher Haus. Das kam Bettines Tante, Luise Möhn, zu Ohren, die ihre Nichte daraufhin energisch tadelte. Bettine scheint zu spüren, daß Clemens bei dieser Ge-schichte möglicherweise geneigt war, die Tante zu verteidigen, des-halb beruft sie sich am Anfang ihres Briefes noch einmal auf dessen

Verachtung der bürgerlich-philiströsen Welt und deren Vorurteile: »Ach *Clemens* ... Ich verstehe entweder Deine Briefe nicht, oder alles, was Du willst läuft stracks dem zuwider, was jene heischen! Und ist das nicht eine sclavische Art des Seins, *vor andern Menschen sich zu benehmen,* und wird die Seele sich nicht an das Knechtische gewöhnen die den Convenienzen auf Kosten ihrer reineren Gefühle nachgiebt! – Ich bin so ärgerlich, es hat mich was gekränkt. Das junge Mädchen was uns sticken lehrt ist eine Jüdin, sie heißt *Veilchen,* es ist ein recht liebkosender Name, und ich fand lezt das erste Sträußchen ihrer Namensvettern zusammen, da ging ich ganz früh zu ihr um sie damit zu überraschen, ich fand sie auf der Treppe mit dem Besen in der Hand, sie war beschämt, ich aber gleich nahm ihr den aus der Hand und sagte, ach lassen Sie mich auch ein bischen kehren. Da kam so früh schon denn es war noch nicht sieben Uhr der Hofmeister vom *Eduard Bethmann* vorbei, der mußte es der Tante gesagt haben, daß er mich vor der Hausthür eines Juden auf offner Straße kehrend fand – ich muß jetzt lachen denn es ist auch recht lächerlich – ich will Dir die derbsten Ausdrücke von der Tante ihrer Mercuriale ersparen, sie meinte nur ich sei verloren, für ein besseres Dasein verloren, ich habe mich gänzlich weggeworfen!«

In einem kleinen Genrebild schildert sie ihrem Bruder die Lebensumstände der jüdischen Familie: »Ach und wenn Du wüßtest wie hübsch es bei dem lieben *Veilchen* war! – da war alles schon so sauber im Stübchen, ein kleiner Kaminheerd, auf dem brannte ein Feuerchen, dabei kochte das Frühstück für den Großvater, der saß dabei und strich seinen langen weißen Bart durch die Finger, *Veilchen* stickt ein Goldmuster sehr schön in einen *rosinfarbenen* Sammet, so nennt sie ein sanftes Braunroth in ihrer Judensprache. Die Arbeit ist bestellt, und sie bekommt dann viel Geld, wenn es fertig sein wird. Sie ernährt ihren Großvater und zwei seiner Urenkel, die Waisen von dem gestorbnen Bruder, denen ist die *Veilchen* ganz wie eine Mutter, ich half ihr sticken, es ward recht gut, denn ich hab Augenmaß und mache die Stiche sehr egal.«

Von ihrer Tante, die offensichtlich strenger und standesbewußter war als Großmutter La Roche – Clemens bezeichnete sie in einem Brief als »Festung der Convenienz« – erwartet Bettine nun Sanktionen: »Früh um vier Uhr geht schon die Sonne auf da kann ich

sticken bis acht Uhr, dann muß ich zur Großmama zum Frühstück
– jezt wirds aber die Tante nicht erlauben, denn weil ich die Gass
gekehrt hab – und sollt ichs heimlich thun das wirst Du mir nicht
erlauben, und sollt ichs gar unterlassen? das will ich nicht. Mein
Wort brechen, einem Mädchen, was seinen Großvater ernährt und
seine Geschwisterkinder? – sie weiß nichts davon zum Tanze zu
gehen oder schön gepuzt in Kleidern auf den Freier zu warten.
Und ich wollte da ein kleines unschuldiges Fädchen anspinnen
ins Gewebe der Welt, ein einzig klein Fädchen, und – nein, ich solls
abreißen, weil sichs nicht schickt. Ach! wo soll ich in der ereig-
nißvollen Welt meinen Faden anknüpfen wenn das Einfachste gegen den Anstand ist! – Wer hat diese Lügen gemacht? – denn das
sind wirkliche Lügen nach denen ich mich niemals richten werde!«

Die konsequente Wendung gegen gesellschaftliche Konventionen und »Lügen«, das deutlich hervortretende soziale Engagement
und die etwas hochtrabend wirkende Rede von dem »unschuldigen
Fädchen« im »Gewebe der Welt« könnten zu der Vermutung führen, daß Bettine diese Passagen in ihre frühen Briefe an Clemens
erst bei der Publikation des Briefwechsels hineinmontiert oder gar
die gesamte Veilchen-Episode erfunden hat. Denn in der Zeit des
Vormärz, als sie sich ihre Jugendbriefe wieder vornahm und für die
Publikation aufarbeitete, beherrschten soziale und politische Probleme ihr Denken. In Berlin hatte sie bei der Choleraepidemie viel
soziales Elend gesehen und bemerkt, daß die herrschende Gesell-
schaftsschicht die Probleme der Armut verdrängte. Mit ihrem *Königsbuch* und seiner Polemik gegen die Ignoranz von Friedrich
Wilhelm IV. und seiner Kamarilla knüpfte sie tatsächlich ein Fädchen im Gewebe der Welt. Als der *Frühlingskranz* 1844 – mehr als
40 Jahre nach dem Jugendbriefwechsel mit dem Bruder – als Buch
erschien, arbeitete sie bereits an dem Projekt des *Armenbuchs*, und
in diesen Kontext paßt die Geschichte von der armen Familie der
Stickerin und den Tabus der Brentano- und La Roche-Familie gegen die allzu engen Kontakte mit der ärmeren jüdischen Familie in
Offenbach.

Die Brentanos gehörten zum Establishment der Stadt, Bettines
Bruder Franz war Schöffe der Freien Reichsstadt und vertrat eine
der reichsten Familien in Frankfurt, die Offenbacher Stickerin aber
war niederen Standes und noch dazu Jüdin. Zwar demonstrierte

die Frankfurter Gesellschaft Toleranz, doch gab es unsichtbare Ghettomauern, die es einem jungen Mädchen von Stande verboten, allzu enge Freundschaften zu schließen und öffentlich »niedere Arbeiten« zu verrichten. Die »Mercuriale« [Vorwürfe] der wohlerzogenen Tante waren in bestem Französisch verfaßt: »Vous n'avez point de pudeur, point de respect humain, on vous trouve balayer la rue main en main avec une juive! ... cachez vous devant le monde, qu'on ne lise point sur votre front les deshonorants signes de votre effronterie«, zitiert Bettine und fügte hinzu: »Ach ich mußte noch einmal lachen ... ich fühlte daß ich mich nicht ernsthaft stimmen konnte. Die Bahn war plötzlich gebrochen, ich glaube ich werde nie wieder dazu kommen ihre Anstandsregeln zu respectiren.«

Die Nachricht von Bettines ungebührlichem Benehmen hatte der Hauslehrer von Eduard von Bethmann überbracht. Der Sohn der berühmten Bethmann-Familie, der ein Jahr jünger war als Bettine, lebte wie die beiden Brentano-Schwestern bei Sophie von La Roche in Offenbach. Bethmanns waren eng mit den Brentanos befreundet, und es ist sehr wahrscheinlich, daß der Bericht über Bettines unkonventionelles, als provozierend empfundenes Verhalten auch zu ihrem Vormund, dem Halbbruder Franz gelangte. Denn worauf soll sich sonst dessen Bemerkung beziehen, Bettine sei »étourdi und leichtfertig bis ins Unbegreifliche, sie hasset so ganz alles, was nur eine entfernte Ähnlichkeit mit sittlichem Zwang hat«. Durch leichtsinnige Liebesgeschichten trat sie in Frankfurt und Offenbach nicht hervor, aber »leichtfertig« war Bettines Verhalten in den Augen von Franz, wenn sie die gesellschaftlichen Grenzen und konventionellen Ordnungen verlachte. Franz hatte deshalb schon Anfang 1802 beschlossen, sein Mündel baldmöglichst wieder in die Frankfurter Familie zu integrieren, um sie zu einem wohlgesitteten, heiratsfähigen Mädchen zu formen: »Bettine kann gut werden«, schreibt er Clemens, »wenn sie einfach und natürlich bleibt und nicht eigene Länder entdecken will, wo keine weibliche Glückseligkeit zu entdecken ist ... sobald's sein kann, nimmt sie Toni zu sich und teilt ihre Zeit in Besorgung des Hauswesens und weibliche Arbeit, dieses ist einziger Balsam für Bettine.«

Die Geschichte von der Offenbacher Stickerin und Bettines Ver-

Franz Brentano, Radierung von Ludwig Emil Grimm nach J. K. Stieler, 1817

stoß gegen die Sitten ist so eng mit den zweifelsfrei überlieferten
zeitgenössischen Briefen verknüpft, daß sie als authentisch anzusehen ist und allenfalls in einigen Details von Bettine bei der Publikation der Briefe nachträglich ausgeschmückt wurde. Alle Geschichten, die sie ihrem Bruder in diesen Briefen erzählt, bilden ein
enges Geflecht, und obwohl Bettine nachweislich Einzelheiten bei
der Überarbeitung interpoliert hat, so wird sie kaum wesentliche
Fakten verändert oder Episoden völlig frei erfunden haben. Allzu
oft antwortet der Bruder wortreich auf Einzelheiten aus Bettines
Briefen, allzu eng sind die Blüten in diesem *Frühlingskranz* verflochten und dabei auch mit handschriftlich überlieferten Briefen
aus dem Brentano-Kreis verbunden.

In seinen Antwortbriefen geht Clemens zunächst nur kurz auf
die Veilchen-Geschichte ein. Doch gibt es einen späteren Brief, in

dem er die Schelte der Tante wegen der engen Kontakte zu dem Mädchen aus niederem Stande aufgreift und seiner Schwester schwere Vorwürfe wegen der Weitergabe seiner Briefe macht. In diesem Falle kennen wir die Fakten, die Bettine nicht erfunden haben kann: »Sage Clemens Folgendes, aber nicht geradezu«, schreibt Brentanos Freund Stephan August Winkelmann am 5. September 1802 an Friedrich Karl von Savigny: »Ein Bekannter von Offenbach, Harbaur, erzählt mir hier, Bettine ließt einem Mädchen, die ihr sticken lehrt, die Briefe vor, welche sie von Clemens bekömmt u. an ihn schreibt. Sie soll das nicht thun, denn das Mädchen schwezt dazu.«

Tatsächlich scheint auch Johann Wilhelm Ritter, ein weiterer Bekannter aus dem Umkreis von Clemens, den Namen der Helferin von Bettine zu kennen, denn sein Dankesbrief für das Geschenk eines Täschchens, das Bettine wohl mit Unterstützung von Veilchen gearbeitet hat, wirkt wie eine Variation über ihren Namen: »Das Täschchen hat bereits seine Bestimmungen. Die Pfennige verwahre ich drinnen, wofür ich Veilchen kaufe. Ich habe, seitdem Dein Brief da ist, noch kein Veilchenkind zu sehen bekommen, sonst schickte ich Bettinen sogl. die Ersten mit ... Ihr bekommt auf den heutigen Brief, den mit dem Täschchen, noch eine Menge Antworten. Überhaupt werde ich jetzt zuweilen an Dich u. B[ettine] zus[ammen] schreiben. Eins seid Ihr einmal. Und ich nicht der Zweyte. Nicht wahr, Sie schreiben auch mit dem Clemens zugleich an mich. In zwey Tagen bekommen Sie Veilchen nach Offenbach, u. in vier Tagen ein Mährchen von Veilchen, was ich vor 3 Jahren gemacht, aber bis jetzt noch niemand gezeigt habe.«

Daß Clemens und Bettine »eins« sind – wie der mit Clemens befreundete Ritter schreibt – ist wohl etwas übertrieben, und zu einem gemeinsamen Antwortbrief kommt es auch gar nicht. Gerade die Veilchen-Episode läßt die zunehmende Selbständigkeit Bettines erkennen, die sich nicht mehr von ihren Brüdern gängeln läßt. Sie stellt zwar hin und wieder Geschenke für Freunde ihres geliebten Bruders Clemens her, läßt sich aber durch den Dank Ritters nicht zu einem Brief an ihn bewegen, obwohl Clemens mehrfach mahnt.

Die Geschwister zeigen sich uneins, als es um die Kontakte mit Veilchen und die gemeinsame Brieflektüre der über die Standesgrenze hinweg befreundeten Mädchen geht. Clemens schwenkt

auf die Linie der Frankfurter Brentano-Familie ein und mahnt
seine Schwester:»Ich weiß nicht *Bettine* warum es mich unendlich
unmuthig macht, wenn ich Trätschereien über Dich höre, aber ich
glaube es ist deswegen, weil es eine wirkliche Nachlässigkeit von
Dir ist, sie zu veranlassen«, schreibt er und beklagt sich,»daß Du
dem Mädchen, was Dich Sticken lehrt, Briefe von mir und Dir
vorliest ... So wie Du zu ihr mit Deiner Vertraulichkeit hinab-
steigst, steigt sie wieder hinab, und sofort ist der Weg sehr kurz,
daß unser ganzer Umgang ein Gassenhauer wird.« Clemens fürchtet, daß von der»Mittheilung zu der niedrigsten Klasse kein großer
Schritt ist, sie selbst [Veilchen] mag sein wie sie will, sie darum zu
verwerfen wäre unmenschlich, aber überhaupt in eine vertraute
Freundschaft mit ihr zu gerathen, ist sehr thöricht.« Damit macht
er sich die Bedenken der Frankfurter Familie zu eigen. Seine ursprünglichen Bemühungen, Bettine gegen die Frankfurter Brüder
und die Regelwerke der Frankfurter Philisterwelt widerstandsfä-
hig zu machen, scheinen vergessen:»Du siehst nun ob die Brüder
und Anverwandte keine Ursache haben mit Dir und mir unzufrie-
den zu sein, wenn sie solche Dinge von uns erfahren sollten; ich
glaube sie haben keine Ursache unsern Umgang zu ehren, wenn
Offenbacher Juden sich über ihn unterhalten.«

Der Schelte in Clemens' Brief an die Schwester folgt unmittelbar
der Satz, der Bettines Unabhängigkeit untergraben und ihren ver-
trauten Umgang mit dem Bruder nachhaltig stören sollte:»Ich habe unlängst den *Franz* gebeten Dich nach Frankfurt zu nehmen; er
thäte es gern, nur macht er mancherlei Einwendungen, er begehrt
daß Du der *Toni* gehorchen, reinlich fleißig und häuslich sein sollst;
das ist nun freilich in Etwas gegen Deinen Freiheitssinn, der in Dir
von der Großmutter ordentlich erzogen wurde, aber das wirst Du
ihm doch nicht verdenken ... dies ist eine nothwendige Folge
seines treuen Gemüths.«

Den liberalen Geist der La Roche in allen Ehren, aber er war
keinesfalls die treibende Kraft im Emanzipationsprozeß Bettines
gewesen, wie Clemens hier suggeriert. Eine Reihe von Einflüssen
ergänzt einander und trägt zur Selbständigkeit Bettines bei. Zunächst war es Clemens selbst gewesen, der sie gegen den Einfluß
der älteren Brüder bestärkte. Nachhaltig förderte er ihr Bewußtsein, etwas Besonderes, Eigenständiges, Andersartiges zu sein, das

jenseits der bürgerlichen Erziehungsziele lag und in freier künstlerischer Betätigung und nicht in einer konventionellen Ehe seine Erfüllung finden sollte. Dann kam die Freundschaft mit der älteren Karoline von Günderrode hinzu, die Bettine gegen den Ausschließlichkeitsanspruch des anfangs in die »Rabenschwarze« verliebten Bruders bestärkte. Auch die Kontakte mit den Freunden des Bruders wirken sich auf die eine oder andere Weise auf den Werdegang der Schwester aus: Bettine erhält neue Anregungen und lernt zugleich, sich unter jungen Intellektuellen zu behaupten. Denn Clemens ist unablässig bemüht, seine geliebte Schwester mit seinen engeren Freunden bekannt zu machen.

Es ist nicht nur Achim von Arnim, dem er von seiner Schwester bereits im zweiten Brief vorschwärmt, sondern auch Friedrich Karl von Savigny, den er durch Vermittlung von Sophie von La Roche im Spätsommer 1799 kennengelernt hatte. Savigny sollte tatsächlich ein Berater und Lehrer der jungen Bettine werden, Arnim wurde ihr Freund und späterer Ehemann. In engem Briefkontakt mit beiden gewann sie an Unabhängigkeit und Reife.

Clemens allerdings dachte zunächst daran, eine Ehe zwischen Savigny und Bettine zu stiften. Anders lassen sich seine Briefe vom Herbst 1800 kaum deuten: »Lernen sie sie kennen«, schreibt er dem neugewonnenen Freund, »sie werden sie lieben, sie sind ihrer allein wehrt, und sie ihrer, Savigny schlagen sie ihr Glük nicht aus den Augen, ich bitte sie. Es ist ein Mädchen von Gott gesandt, schüzzen sie die heilige Pflanze.« Im folgenden Brief vom 26. Oktober des gleichen Jahres intensiviert er seine Bemühungen, zwischen beiden eine engere Beziehung zu knüpfen: »O ich bin nicht unintereßirt in ihrem Glück und dem meiner Schwester Bettine. Ich werde aufleben und glüklich sein, wenn ich ein Band geknüpft hätte ... Schreiben sie mir, kommen sie, und wenn sie das Mädchen nicht lieben können, adieu Savigny, so sind sie ein gar armer Schelm ... Ob das Mädchen sie will, sie will nichts, drum ist sie die Herrin von Allem, drum kann sie lieben, und sie ist liebenswürdig ... man wird sie ihnen mit Freuden geben, weil man sie gerne jedem edlen giebt, der sie ernähren kann.«

Noch im Herbst scheint es zu einem Treffen des in Marburg promovierenden Savigny mit Bettine in Frankfurt oder Offenbach gekommen zu sein, denn Bettine schreibt in einem launigen Brief

Friedrich Karl von Savigny, Stich von Ludwig Emil Grimm, Frankfurt,
10. Oktober 1815

aus Offenbach, der vermutlich im Frühjahr 1801 an Savigny ging: »schreiben Sie mir und denken Sie an mich, es ist nun schon ein halbes Jahr, daß Sie mich nicht gesehen haben. Ich will wetten, Sie wissen nicht mehr, wie ich aussehe, ob ich braune oder blaue Augen habe. Ich will es Ihnen sagen, meine Augen sind groß und braun, etwas heller als des Clemenz seine, und ich habe einen kleinen hübschen roten Mund, sonst hatte ich rote Farbe, aber jetzt bin ich sehr braun geworden, überhaupt bin ich sehr garstig.

Sie kenne ich recht gut, Sie haben große blaulichte Augen und einen sehr frommen Mund, übrigens haben Sie einen sehr wunderbaren Kopf, und um diesen sind Sie größer als viele andre und um 3 größer als ich.

Grüßen Sie Clemenz von mir und sagen Sie ihm, ich sei sehr betrübt, daß er mir während der langen Zeit nur 3mal geschrieben habe, er soll ein Beispiel an seinem Freund nehmen.«

Clemens hält sich zu dieser Zeit in Marburg bei Savigny auf. Lebhaft beklagt er sich darüber, daß dieser beharrlich schweigt, insbesondere, wenn er von Bettine spricht: »*Savigny* verstummt dann ganz, wenn ich von Dir rede, ist es eingeborne Antipathie gegen Dich oder gegen meine Art zu sprechen«, fragt er die Schwester und berichtet in einer Nachschrift von einem weiteren vergeblichen Versuch, ihn zum Reden zu bringen: »Ich habe heute Morgen den *Savigny* persuadieren wollen Dein Bild anzusehen, und es schön zu finden, ich machte einen Versuch ihn zum Sprechen zu bewegen, allein er sagt partout nicht[s].«

Bettine antwortet besonnen, indem sie das Wesen des fleißigen und zielbewußten Juristen umschreibt: »Der *Savigny* kann wohl ruhig Dir zusehen wie Du schwärmst für ein Bildchen das zwar nur bemalt auf ein kleines Brettchen doch Deine Schwester Dir lieblicher ins Gedächtniß ruft als sie wirklich ist. – Der Savigny sieht still dem zu, wie Du und Andre ausgreifen nach Glück, und tausend Mißverständnissen dadurch begegnen; seine Glückseligkeitslehre geht ungestört über dem Gewirr Eurer phantastischen Neigungen weg ... Ihm aber wächst im heimlichen Grund eine Blume die nicht verblüht, Du nennst sie seine Studiermaschine, ich nenne sie seine Muse ... seine Muse führt ihn mit freundlichem Anstand die Berge hinan die andre unersteiglich finden und bereitet ihm die Ordnung die er nothwendig fordert, wenn er sich einheimisch bei ihr fühlen soll ... Drum soll dich auch sein Stillschweigen nicht verdrießen, denn Du und ich sind außer aller Ordnung.« Hier zitiert Bettine noch einmal eines der Leitmotive der Geschwisterbeziehung, das Clemens selbst ins Spiel gebracht hatte. Die beiden sehen sich – wie ein Liebespaar im ersten Rausch – außerhalb der bürgerlichen Ordnung. Gemeinsam versuchen sie in einem gegen äußere Einflüsse möglichst abgeschirmten Bereich ihre Liebesutopie zu verwirklichen. Doch Bettine hält länger an dieser Utopie fest als Clemens, der in Jena und bei seinen Rheinreisen bereits diverse Liebeserfahrungen sammelt. Vermutlich ist dies eine der Ursachen dafür, daß er sich so intensiv bemüht, Bettine mit einem seiner Freunde zu verbinden. Denn trotz der auffällig abweisenden Haltung Savignys schreibt er ihm im Mai 1801 noch einmal aus Göttingen: »schreiben sie meiner Schwester«, und ein paralleler Brief an die Schwester Gunda zeigt, daß er das Verhalten seines Freundes immer noch falsch deutet und nach wie vor darauf hofft, daß es zu einer Hochzeit von Bettine und Savigny kommt: »Gott gebe daß Savigny sich mit Betinen verbindet, sie gefällt ihm sehr, doch eigentlich zu sehr, er fürchtet sich vor ihr.«

Es ist wohl mehr die eigene Furcht, die Clemens dazu treibt, sie seinen Freunden als Braut anzutragen. »Die Bettine ist mir so lieb, daß ich mich fürchte sie zu sehen«, hatte er einen Monat zuvor Gunda bekannt, und bei alledem ahnt er nicht, daß Gunda und Savigny wenig später ein Paar bilden werden. Denn schon am 5. Juni berichtet sie ihm aus Frankfurt nach einem Besuch Savignys: »Ich kenne keinen Menschen, der mir einen wohltätigeren Eindruck gemacht hätte. Ich gebe gern jeden meiner Brüder für ihn hin. Er hat gerade das, was mir fehlt: Ruhe und Bestimmtheit.«

Die Hochzeit der 24jährigen Gunda mit dem ein Jahr älteren Savigny fand am 17. April 1804 statt. Es war jedoch nicht Bettine, die ihm Tränen nachweinte, sondern eher ihre Freundin Karoline von Günderrode, die sich ebenfalls lebhaft für den gut aussehenden, karrierebewußten Adligen interessiert hatte. Eines ihrer berühmtesten Gedichte – *Der Kuß im Traume* – bezieht sich auf Savigny und geht vermutlich auf einen Besuch auf dessen Gut Trages – zwischen Hanau und Gelnhausen gelegen – zurück. Die Familientradition der Savignys behauptet sogar, Caroline sei so liebestoll gewesen, daß man sie in einem separaten Gebäude des Anwesens habe unterbringen müssen.

So kommt es dazu, daß sich Bettines Schwestern, ihre Freundin und auch ihr Bruder in Liebesabenteuer verstricken, während sie selbst alle Bewerber – seien es Heiratskandidaten ihrer älteren Brüder, ihre Privatlehrer oder Freunde von Clemens – abblitzen läßt. Ein weiterer ihrer Briefe an Savigny – im Sommer 1802 geschrieben – spricht von Eifersucht, Entsagung und »Untreueinigkeit«, bezieht sich aber primär auf die amourösen Abenteuer ihres Bruders Clemens. »... ich liebe so heftig, so heftig die Geliebte meines einzigen Freundes hier. Gott gebe mir Kraft, daß ich entsagen kann, das Mädchen ist Benedictchen K. –«, hatte er von seiner Rheinreise im Frühsommer 1802 an Bettine geschrieben. »Schreibe dem *Savigny* was ich Dir schrieb, ich kann nicht mehr«, lautete der Nachsatz zu dieser kurzen Epistel, dem Bettine prompt folgt, indem sie den gesamten Text für Savigny kopiert und hin-

zufügt: »Savigny, weine ich oder lache ich, ei Du heilige Dreifaltigkeit (nein, nicht Dreifaltigkeit, Dreieinigkeit, nein, nicht Dreieinigkeit, Treueinigkeit, nicht Treueinigkeit, Untreueinigkeit),
was soll das werden? Bin ich eifersüchtig, bin ich froh? es kühlt
das Leben, es brennt im Herzen, so wird alles zum einfachen Gebrauch im Leben und muß mir immer zur Erleichterung dienen.«
    Beiläufig kommt sie auch auf den unbeweglichen Adressaten des
Briefes zu sprechen, den ihr Clemens so nachhaltig anempfohlen
hatte. Nach wie vor siezt sie Savigny, und es gibt keine Anzeichen
dafür, daß einer der beiden eine tiefere Zuneigung zum anderen
gefaßt hätte. Der Ton von Bettines Brief bleibt daher auch unver-
bindlich. Fröhlich spielt sie mit dem Liebesvokabular, versucht den
stoischen Freund des Bruders aus seiner Gelehrtenwelt herauszu-
locken, indem sie ihn provoziert, weiß aber doch genau, daß dieses
Verhalten nicht zu einer Liebesbeziehung führt: »Clemens schreibt
von Entsagen. Was soll das bedeuten, muß man denn entsagen,
wenn man liebt? Das begreife ich nicht. Muß ich auch entsagen,
wenn ich liebe? Ich habe keineswegs Lust dazu. Savigny, Savigny
rührt Euch, denkt an mich, Ihr habt mich so lieb und seid so still,
Ihr könntet das Posthorn von meinem Reiswagen hören und wüß-
tet nicht, daß ich es bin.«
    Als sich Clemens mit seinem Bruder Christian nach Marburg
aufmacht, gibt sie den beiden einen Brief an Savigny mit und spielt
noch einmal darauf an, daß sie »keine Antwort zu erwarten habe«,
doch wieder ist es ein Brief in lockerem Ton, der zeigt, daß sie
Savigny, den sie wenig später spöttisch »Habihnnie« tauft, wie
einen gutmütigen Onkel liebt und behandelt. Zuallerletzt wirft
ihr Clemens dann auch noch vor, sie habe »ohne dies seiner Kälte
viel schon geschmeichelt« und beschwört erneut die unverbrüch-
liche Geschwistergemeinschaft, als habe er an eine Eheverbindung
nie gedacht: »Du bist überhaubt mein, nicht wahr?« raunt er seiner
Schwester im Februar 1803 noch einmal zu. Tatsächlich ist Bettine
nach wie vor auf den Bruder fixiert. Alle ihre Emotionen sind noch
auf ihn konzentriert. Seine amourösen Kapriolen berühren sie
mehr als das Briefgeplänkel mit Savigny oder ihre noch sehr lok-
kere Brieffreundschaft mit Arnim.
    Clemens' lakonische Nachricht vom Rhein beantwortet sie mit
einem spöttischen Brief, in dem sie ihre Eifersucht nur mühsam

unterdrückt: »›*Schreibe dem Savigny alles, was ich Dir schrieb.*‹
Was ist denn das *Alles* was ich schreiben soll? – Ich habe das Blätt-
chen auf die andere Seite gedreht, es befand sich ganz weiß, und ich
bin in höchster Unwissenheit! – Was soll ich dem *Savigny* schreiben? daß Du glücklich in Wochen gekommen bist mit einer neuen
Liebschaft? – am Rhein, wo's allemal so geht? – ja in Wochen! –
denn so lang wirds kaum dauern, denn Du wirst Dich gewiß schon
früher wieder heraus machen, und wirst gelaufen kommen und
Deinen Kirchgang thun bei mir und von mir Dich aussegnen lassen
wieder, denn das muß ich allemal. Das erstemal *Walpurgis*, das
zweitemal die *Gachet*, und nun *Benediktchen*, hinter all dem steckt
nun noch *Mienchen*, da steckt die *Günderode*, da steck ich auch,
dahinter steckt auch die Eitelkeit.«

Den gemeinsamen Aufbruch zu dieser denkwürdigen Rheinreise mit Achim von Arnim im Sommer 1802 hatte sie selbst erlebt:
»Ich war bei der *Günderode* als ich von Eurer Begleitung nach dem
Mainzer Schiff zurück kam, ich lachte und sie lächelte (sie lächelt
immer nur über Dich, sie lacht nie) wie ich ihr aber die Beschreibung machte von Euch zwei, wie *Arnim* so schlampig in seinem
weiten Überrock, die Nath im Ärmel aufgetrennt, mit dem Zie-
genhainer, die Mütze mit halb abgerissnem Futter, das neben heraus sah, Du so fein und elegant, mit rothem Mützchen über Deinen
tausend Locken, mit dem dünnsten Röhrchen, einen lockenden
Tabacksbeutel aus der Tasche, und wie *Arnim* unterwegs die Bemerkung machte, die Mädchen am Brunnen sähen Dir mit Wohlgefallen nach, daß Du da unterwegs gethan hast als verständest Du
das nicht, und nachher dem *Arnim* zuschobst, aber doch gleich
sehr viel schärfer auftratst, als wenn Dir wer weiß welcher originelle Geist so einfach durch den Leib gefahren wär, und wie Du mit
Deinem zierlichen Sprung ins Mainzer Schiff mit einem so selbstbewußten Genuß hineinsprangst. – Es sei prophetisch, meinte
gleich die *Günderode!* – Und wir verbrachten noch den lezten
Nachmittag in ihrem Stiftskämmerchen mit Glossen über Dich.«

Zu diesen Glossen der beiden jungen Frauen bot Clemens mit
seinen Brieflektionen reichlich Anlaß. Nicht nur die Erlebnisse am
Rhein, auch die seltsam spießigen Lebensregeln, die Clemens
plötzlich seiner Schwester übermittelt, sind Anlaß zu spöttischen
Reaktionen. Ein Brief vom Frühjahr 1803 hat sich im Original

Der Lurley mit dem Salmenfang, Stich, Anfang 19. Jahrhundert

erhalten. Darin versucht er zunächst, seiner Schwester die »Emp-findsamkeit« auszutreiben: »Ich bitte dich um des Kaisers seinen Bart willen, werde nicht empfindsam und laße dich nicht von dem Lied der Kazzen so gar rühren. Gehe spazieren, gebe dich mit der Toni, mit der Lotte ab, und freue dich ihrer vernünftigen Kälte, ich fürchte immer die klagende, kränkliche Gesellschaft der Gundel macht dich täglich zimperlicher ... es ist ein miserables Leben um einen empfindsamen Menschen in der Welt; und zwar grade, weil die Welt nichts weniger als empfindsam ist, und einem kein Baum aus dem Weg geht, oder beweint, wenn man sich ein Loch an ihm in den Kopf stößt. Wenn Du überdem wüßtest, wie man durch Ver-stopfungen im Unterleib zu all diesen wunderlich zärtlichen Emp-findungen kommen kann, und daß die Besessnen und die Hexen in den vorigen Jahrhunderten nicht anders als solche verstopfte Per-sonen waren, so würdest du dich noch mehr hüten, in eine solche Empfindsamkeit zu fallen, dagegen hilft oft, viel Körperliche Be-wegung, Beschäftigung, Vermeidung aller Liebesgedanken und dergleichen.« Bei ihrer Überarbeitung dieses Briefes für den Druck im *Frühlingskranz* mildert Bettine einige drastische Formulierun-gen des Bruders – die »Verstopfung im Unterleib« wird durch »Kränklichkeit« ersetzt, die Bemerkung über die »kränkliche Ge-sellschaft« der Schwester Gunda ganz gestrichen – doch malt sie

die Hilfsarbeiten in der Küche bei ihrer Schwägerin Antonie und
deren Magd Lotte, die ihr Clemens als »Antidotum« gegen Emp-
findsamkeit empfohlen hatte, noch weiter aus. In der gedruckten
Fassung heißt es: »Dagegen hilft oft viel Bewegung, Springen, Singen und Tanzen, Beschäftigung, der *Agnes* helfen in der Küche,
wenn sie allenfalls einen guten Kuchen backt, den auswälchern
[auswellen], kneten und in die Backschüssel hineinrunden, oder
auch einen ordentlichen Aufsatz machen, selbst über die französische Revolution wär mir lieber, und ich bin jetzt sehr bestraft
dafür, daß ich dies Interesse bei Dir untergraben hab.«

Diese ausführliche Schilderung fehlt im Originalbrief des Bruders, aber es finden sich in der Handschrift und der Druckvariante
des Briefes weitere Ausführungen zu den neuen »Pflichten«, die
Bettine auf Wunsch ihres brüderlichen Lehrmeisters nun erfüllen
soll: »Du könntest mir einen großen Gefallen thun, wenn du doch
ohne Übereilung oder Faulheit, ein halb duzzend leinene Stiefelstrümpfe stricktest, aber nichts weniger, als fein, sondern nur stark
und derb, die Toni wird so gütig sein, dir das Garn zu besorgen …
stelle dich nicht so entsezlich heilig, nehme das Leben leicht und
deine Pflichten ernst, lerne mit vernünftigen Leuten, und der Toni
lustig und fröhlich umgehen und habe mich in vernünftigem Andenken dein ehrlicher *Clemens*.«

Ihre Antwort auf diesen »Lehrbrief« übermittelt Bettine in
Form eines fiktiven Briefes an die Freundin Günderrode, »da
kannst Du gleich erfahren, wie zwei Mädchen sich über einen
listigen Jüngling lustig machen. Also denk nur *Günderödchen*,
der *Clemens* ist eifersüchtig über den Gärtner. – Lies nur diesen
Brief von ihm, wo er gleich von vorne herein mir meine Sentimen-
talität mit den Blumen vorwirft, und wirklich die Vergleiche bei
den Haaren herbeizieht, Kartoffel, Gelerüb, Rose! – und dann ich
wär sentimental, und dann mir Heilmittel eingiebt, ein halb Dutzend Paar leinerne Stiefelstrümpf, an denen ich ein halb Dutzend
Jahre knottlen soll, um mich zu kuriren … Von nun an beseitige ich
meine Scrupel, weil ich erst jezt deutlich sehe, daß der liebe liebste
Clemens auch von allerlei ihm selbst nicht recht deutlichen Beweg-
gründen angespornt wird manches zu wollen, zu fordern, zu betheuern. Das Wort ist *Pflicht*. ›Thue deine Pflicht mit Ernst – das
Leben nehme leicht.‹ – Seh ich mich um nach meiner Pflicht, so

freut michs recht sehr daß sie sich aus dem Staub macht vor mir,
denn erwischte ich sie, ich würde ihr den Hals herum drehen! So
erpicht bin ich gegen sie … aber jezt werd ich gleich einmal meine
Pflicht überschreiten und werde ein bischen zum Gärtner gehen,
da es die Abendstunde ist wo er begießt, da hab ich ihm versprochen zu kommen und zwar nicht aus Pflichtgefühl, sondern aus
Lust am lieblichen Geschäft, aus Lust an alle dem frischen Leben
… Ich werde mich da mit meinem Pflichtstrickstrumpf hinsetzen
und etliche Pflichtmaschen stricken, ich werde aus Pflicht gegen
meine Bildung in der alten Schweizergeschichte lesen, daß der
Teutone keine Stiefelstrümpfe trug, als er noch ein freier Mann
war, ich werde also aus Pflichtgefühl am Altar der Freia mein
Strickzeug niederlegen und das Gelöbniß ihr thun, nie wieder Stiefelstrümpfe zu stricken, die dem freien deutschen Charakter Fesseln anlegen! – So weit meine Mittheilungen an die *Günderode*,
lieber *Clemens*, über Deinen Brief.«

Durch ihre Gespräche mit Karoline von Günderrode, deren Ergebnisse in diesen Brieftext eingegangen sind, fand Bettine die
nötige Distanz zu ihrem Bruder. Daß die Freundin vielsagend lächelt, als Bettine auf ihren Bruder, seine Eitelkeiten und sein Gok-
kelgebaren zu sprechen kommt, dürfte mit ihren persönlichen Erfahrungen mit Clemens zusammenhängen. Bereits ein Jahr zuvor
hatte er doppeldeutige, werbende Briefe voll erotischer Phantasien
an sie gerichtet. Da hieß es: »Gute Nacht! Du lieber Engel, ach bist
du es, bist du es nicht? so öfne alle Adern deines weisen [weißen]
Leibes, daß das schäumende Blut aus tausend wonnigen Spring-
brunnen spritze, *so* will ich dich sehen, und trinken aus den Tausend Quellen, trinken biß ich berauscht bin … lägst du nur eine
Nacht in meinen Armen, so solltest du dir meine Liebe an deinen
warmen Brüsten ausbrühen, und du wüßtest alles, waß ich weiß«,
so beginnt ein Brief, den er Ende Mai 1802 an Bettines Freundin
schrieb. Auch ihr gegenüber spricht er von Vernunft, aber nur, um
sich dann wieder in einen Liebesrausch der Worte zu versetzen:
»Schreibe mir recht vernünftige Briefe lieber Engel, und wenn du
mich lieben kannst, so thue es, kein Tropfen solchen Weins soll
verlohren gehn … Wenn du lieb bist, muß ich dich ja lieben, das
ist der Liebe Wesen, mein Wesen und dein Wesen. Lebe wohl, und
habe den Muth nur darum zu weinen, daß du nicht bei mir bist im

Fleische sondern nur in Gedanken, den[n] beide sind eins, und nur im Abendmahl genießen wir den Gott, denn alles Wort muß Fleisch werden, auch das Wort der Liebe.«

Es ist kaum anzunehmen, daß die 22jährige Günderrode der fünf Jahre jüngeren Bettine diesen anzüglichen Liebesbrief vorlas. Sie hielt ja auch ihre Affären mit Savigny und dem Heidelberger Professor Creuzer geheim, brach die Beziehung zu Bettine sogar abrupt ab, als Creuzer sie vor den Indiskretionen der Brentano-Geschwister besonders gewarnt hatte. Doch muß Bettine immerhin von den Werbungen ihres Bruders gewußt haben, als sie in ihrem Abrechnungsbrief zur Rheinreise bei der Auflistung der Freundinnen von Clemens auch die Günderrode nennt. Wenn sie diese Liste abschließt mit der Bemerkung: »hinter all dem … da steckt die *Günderode*, da steck ich auch, dahinter steckt auch die Eitelkeit«, so zeigt sich, daß sie nach ihren Gesprächen mit der Günderrode genügend Distanz gewann, um die Projektionsmechanismen ihres Bruders zu durchschauen. Ihre Freundin hatte ihr dazu verholfen, die Schwärmereien nicht allzu ernst zu nehmen. Schließlich hatte Clemens Gelegenheitsbekanntschaften wie die Rüdesheimer Wirtstochter Walpurgis bereits selbst als oberflächlichen Ersatz für die tiefere Liebesbeziehung zu ihr, zu Bettine, dargestellt: »Dein Gespräch mit der Linde und der herrliche Abendschein über dem Rhein, und das schöne Mädchen *Walpurgis* hier im Wirthshause, haben vor wenig Minuten rings um mein Herz gebuhlt. Ich bin in das Mädchen verliebt wie ein guter Junge, und wenn sie das Papier geschrieben hätte, oder den Abendschein und die Linde verstände wie Du, so wäre kein Treiben und kein Sehnen mehr auf Erden für mich. Aber so ists nicht, ich werde nicht von ihr verstanden … *Walpurgis* hat einige Züge von Dir und die ziehen mich vielleicht am meisten an, die übrigen die Du nicht hast, hast Du in der Seele und sie im Gesicht. Ich denke immer an Deine Seele bei diesen Zügen und sage dem Mädchen schöne Sachen wenn ich an Dich schreibe, und rede Dich an wenn ich ihr Schönes vorsage.«

Nein, solche Briefe können Bettine nicht aus der Ruhe bringen. Sie ist sich der tieferen Zuneigung von Clemens bewußt, wertet diese Erlebnisse ihres Bruders als vorübergehende, unverbindliche Liebeleien und ist sich sicher, daß er nach den kleinen Abenteuern wieder zu ihr zurückkehren wird, um sich von ihr »aussegnen« zu lassen, wie sie in ihrem Brief formuliert. Noch bevor Clemens seinen »Kirchgang« bei ihr getan hat, hat sie oft durch Tratsch und Klatsch erfahren, wie es dem leicht entflammbaren Bruder bei seinen Liebesabenteuern tatsächlich ergangen ist: Von der Affäre mit Benediktchen Korbach weiß sie zu berichten: »Eben kam der Kanonikus *Linz* zur Großmama direkt von Koblenz, erzählt, daß Du dort im *Korbach*ischen Hause Schiffbruch gelitten, daß Dein Freund ein schöner munterer vollblühender preußischer Jüngling [gemeint ist Achim von Arnim] weiter gereist sei, wahrscheinlich um Deiner Liebe keinen Eintrag zu thun, da er dem *Benediktchen*, das auch rothe Wangen habe und blond sei, und voll wie eine Rose und ein Ringelhaar habe bis auf die Erde, diesem habe Dein preußischer Freund besser gefallen; so sei er fort nach Düsseldorf, wo er Dich erwarte, wenn Du würdest Deine Liebeskapriolen fertig geschnitten haben (Ausdruck des Kanonikus *Linz*, Du kannsts ihm nicht übel nehmen, er ist ein geistlicher Herr und muß aus Solidität schon dergleichen Liebeshändel verachten).« Ihr Fazit schließt Bettine diesem Bericht unmittelbar an: »*Clemente* Du bist närrisch!«

Kein Zweifel, Bettine hat nun Distanz zu ihrem älteren Bruder und damit Selbstsicherheit und Selbstbewußtsein gewonnen. Selbst wenn manche ihrer so modern und emanzipiert klingenden Formulierungen Ergebnis einer späteren Überarbeitung des Jugendbriefwechsels sein mögen, die Entwicklung von einem verliebten kleinen Mädchen, das seinen älteren Bruder verehrt und anhimmelt, zu einer eigenwilligen jungen Frau vollzieht sich in der Zeit dieses Briefwechsels. Für Bettines innere Reife spricht, daß sie trotz Anflügen von Eifersucht ihren Bruder, der ihr so verwirrende Ratschläge erteilt hatte, immer noch lieben und achten kann. Es kommt im Verlauf des Briefwechsels zu Verstimmungen, doch nimmt Bettine ihrem Clemente seine widersprüchlichen Anweisungen nicht übel. Dabei laufen diese Ratschläge einmal darauf hinaus, daß sie alle bürgerlichen Normen verachten soll, und ein anderes Mal lautet die Botschaft: Werde nicht empfindsam, widme dich Küchen- und Strickarbeiten. Hatte er zunächst vor Kontakten mit Männern gewarnt und die Besonderheit der geschwisterlichen Beziehung hervorgehoben, so lautete die Parole wenig später: Halte nach einem gutbürgerlichen Mann Ausschau. Dabei sind offen-

sichtlich Clemens' Heiratspläne der Auslöser für derlei Kehrtwen-
dungen eines nicht gerade geeigneten – weil selbst betroffenen –
Lehrmeisters in Sachen Liebe.

Sehr viel konsequenter als ihr Lehrmeister bleibt Bettine ihr
Leben lang auf antibürgerlichem Kurs, strebt sie nach Selbstver-
wirklichung, während Clemens seinen Standpunkt gerade im
Briefwechsel mit der Schwester immer wieder ändert. »Sein Briefwechsel mit Bettina«, schreibt Joseph von Eichendorff nach der
Lektüre des *Frühlingskranzes*, »ist ein merkwürdiges Denkmal
dieser, unablässig in ihm arbeitenden Gegensätze. Er spielt hier
den altklugen Hofmeister gegen seine jüngere Schwester, was
ihm gar wunderlich zu Gesicht steht und offenbar herzlich sauer
wird, weshalb er denn auch oft genug aus der Rolle fällt und von
Bettina derb ausgelacht wurde.« Eichendorff, der Clemens Brentano bewunderte und verehrte, obwohl er das Widersprüchliche
und Inkonsequente in seinem Wesen und seinen Dichtungen wahrnahm, sieht im *Frühlingskranz* einen Dialog mit dem eigenen Ich,
bestimmt von der heimlichen Angst des Dichters, in der Schwester
Bettine dem eigenen Dämon zu begegnen: »Überall aber in dieser
Hofmeisterei ist die heimliche Angst vor dem eigenen Dämon, den
er in der gleichgenaturten Schwester wie sein erschreckendes Spie-
gelbild wiedererkennt, und daher aus allen Kräften niederzukämp-
fen strebt, fast wie der Monolog eines Besessenen, dessen feindliche Geister wechselweis in verschiedenen Stimmen miteinander
streiten.«

Der konservative Schriftsteller Eichendorff, der bei Erscheinen
des *Frühlingskranzes* die politische Rolle von Bettine in dieser Zeit
des Vormärz bereits wahrgenommen und kritisiert hatte, kann die
Genialität und künstlerische Eigenständigkeit der »gleichgenaturten Schwester« – wie er Bettine eher ungeschickt tituliert – nicht
tolerieren. Während er bei Clemens, den er im Gegensatz zu Bettine bereits in jungen Jahren persönlich kennengelernt hatte, einen
Kampf gegen den eigenen Dämon wahrzunehmen meint, interpretiert er Bettines selbstbewußte Äußerungen im *Frühlingskranz* als
Zeichen einer Todsünde, der Hybris, ohne auch nur einen Gedanken daran zu verschwenden, daß hier ein junges Mädchen von
nicht einmal 20 Jahren spricht. Es ist eines der berühmtesten Betti-
ne-Zitate, das Eichendorff in seinem Aufsatz *Brentano und seine*

Märchen 1847 als Beleg für diese Thesen bringt. Bettine hatte formuliert: »meine Seele ist eine leidenschaftliche Tänzerin, sie springt herum nach einer innern Tanzmusik, die nur ich höre und die andern nicht. Alle schreien ich soll ruhig werden, und Du auch, aber vor Tanzlust hört meine Seele nicht auf Euch, und wenn der Tanz aus wär dann wärs aus mit mir. Und was hab ich denn von allen, die sich witzig genug meinen mich zu lenken und zu zügeln? Sie reden von Dingen die meine Seele nicht achtet, sie reden in den Wind. Das gelob ich vor Dir daß ich nicht mich will zügeln lassen, ich will auf das Etwas vertrauen was so jubelt in mir, denn am End ists nichts anders als das Gefühl der Eigenmacht, man nennt das eine schlechte Seite, die Eigenmacht. Es ist ja aber auch Eigenmacht, daß man lebt!« Hierzu Eichendorff: »Wir jedoch in unserer Sprache möchten diese verlockende Naturmusik, diesen Veitstanz des freiheitstrunkenen Subjekts kurzweg das Dämonische nennen, womit eine unerhört verschwenderische Fee beide Geschwister, Bettina wie Clemens, an der Wiege fast völlig gleich bedacht hat.

Bettina jubelt noch bis heute [1847] eigensinnig fort in ihrer Eigenmacht, während Clemens, jene Eigenmacht vielmehr als eine falsche Fremdherrschaft erkennend, mit dem Phantom gerungen bis an sein Ende.«

Mehr als anderthalb Jahrhunderte später möchten »wir« behaupten: Indem Bettine ihre eigenen schöpferischen Kräfte entdeckt und damit das, was die »verschwenderische Fee« ihr in die Wiege gelegt hat, als junges Mädchen erkennt und in mancher Hinsicht bereits auszuleben versteht, hat sie sich selbst gefunden und sich den schulmeisterlichen Anweisungen ihres Bruders weitgehend entzogen. Sie ist ihm längst ebenbürtig, hat zwar die von ihrem Bruder erhofften Qualitäten eines *genie enfant* nicht entwickeln können, ist ihm jedoch – was menschliche Reife betrifft – überlegen. Daß sie dann im weiteren Lebenslauf politisch und künstlerisch einen völlig anderen Weg beschreitet als ihr Bruder, der sich zur Genugtuung von Eichendorff bereits 1817 der katholischen Erbauungsliteratur zuwendet und die »Gesichte« der stigmatisierten Nonne Anna Katharina Emmerick aufzeichnet, während Bettine innerhalb der liberal-kritischen Bewegung eine zentrale Rolle gewinnt, ist für Eichendorff vermutlich entscheidend bei der Wertung der beiden Geschwister. »Wir jedoch« wol-

len uns dieser Wertung nicht anschließen, zumal Clemens seit seiner Dülmener Phase, in der er sich als »Schreiber« der stigmatisierten Anna Katharina Emmerick verstand, zwar die katholische
Erbauungsliteratur bereichert, damit aber auch seine kreativen
Potenzen weitgehend verleugnet hat.

IV
»Sie hat keine *Bettine*, ich habe eine«
Clemens' erste große Liebe im Schatten Bettines

Mit den Liebesabenteuern ihres Bruders Clemens hatte die junge
Bettine rasch umzugehen gelernt, von den Liebeserlebnissen, die
den Jenaer Studenten aus der Bahn werfen und existentiell erschüt-
tern, erfährt sie vermutlich zunächst wenig. Erst spät – in einem
Brief, der vermutlich Ende Januar 1803 geschrieben wurde – taucht
der Name Sophie Mereau im Geschwisterbriefwechsel zum erstenmal auf, obwohl ein Freund ihn schon am 9. Juli 1798 – einen
Monat nach der Immatrikulation – nach »der Geschichte Deines
Herzens« fragt und »von den Revolutionen, die die kleine Mereau
nach und nach darin anrichtet«, weiß. Am 20. Dezember 1798
berichtet Clemens seinem Vormund Franz in Frankfurt von der
Idee, einen Roman zu veröffentlichen, skizziert seine Lebenspläne
und erwähnt auch die Begegnung mit der jungen Frau, deren Faszination er rasch erliegen sollte: »Ich habe soviel schon vorge-
schritten, daß ich meinen Umgang mit Studenten gänzlich abgebrochen habe und nur des Umgangs einiger jungen schon
vortheilhaft bekannter Gelehrten, und der Profeßoren, der vortref-
lichen Dichterinn Profeßor Mereau, die ganz körperlich und geistig das Bild unsrer verstorbenen Mutter ist, insbesondere genieße.
Ich habe bei ihr durch ihre und ihres Mannes Freundschaft den
Mittagtisch erhalten und bringe täglich einige Stunden in der Gesellschaft dieses edlen Weibes zu, deren Zutrauen ich mich zu genießen mit Freuden rühmen kann. Ueberhaupt verbreitet sich mir
über mein ganzes Dasein über meine Kräfte, über meine Hofnun-
gen ein freundliches Licht. Und fest versichert bin ich, wenn ihr
mich nicht in den Weg kömmt, daß ich wo nicht ein groser, doch
ein liebenswürdiger nüzzlicher Mensch werden konnte … Traue
auf mich, denn lieber Franz, wenn ihr nicht wollt wie ich, so kann
mich dies doch nicht ändern denn ich allein weiß nur was mir
nüzzlich möglich und angemeßen ist.«

Diesen Brief gab Franz seiner kleinen, gerade 13jährigen Halb-
schwester Bettine sicher nicht zu lesen. Denn er erhielt auch eine
Generalabrechnung mit dem Leben der »Bürger«, zu denen sich
die Frankfurter Kaufleute selbst nicht ohne Stolz zählten, nachdem
sie sich von »Pomeranzengängern« zu prosperierenden Groß-
händlern hochgearbeitet hatten und zu den angesehensten Familien der Freien Reichsstadt gehörten. Clemens, der bereits nach
den wenigen Wochen in Jena Anschluß bei der frühromantischen
Gruppe um die Brüder Schlegel gefunden hatte, vertrat vehement
deren Ideale und behauptete: »In der izzigen Welt kann man nur
unter zwei Dingen wählen, man kann entweder ein Mensch oder
Bürger werden, und man sieht nur was man vermeiden nicht aber
waß man umarmen soll. Die Bürger haben die ganze Zeitlichkeit
besezzt, und die Menschen haben nichts für sich selbst, als sich
selbst … Ein Bürger werde ich wohl nicht werden, denn es ist mir
zur Freude zum Besizz nichts aus meiner Erziehung geblieben als
mein Herz mein Kopf und die Trümmer meines Charakters. ich
werde ein Mensch werden und zwar ein zufriedner Mensch der
sich soviel zueignet von dem waß den Bürgern fehlt daß sie ihn
durch die Menge ihrer Bedürfniße gezwungen lieben und ehren
müßen und ihn nicht entbehren können.«
Mit Beifall zu solchen Ideen konnte der Student in Frankfurt
kaum rechnen, zumal er im gleichen Atemzug den Abbruch seines
Medizinstudiums andeutet, über »die ungeheuer theuren medizi-
schen Werke« klagt, sein Romanprojekt ankündigt und eine nahezu unbegrenzte Versorgung mit Geld einfordert: »Waß Kosten anbelangt, so müßen sie dasein, Freuden muß ich haben, um frölich
bei meinem izzigen Hang zur Hypochondrie und kränklen zu
sein«, behauptet er. Für den Kaufmann Franz, der sich für sein
Mündel verantwortlich fühlt und der mit seiner gerade geschlos-
senen standesgemäßen Ehe mit der Tochter des österreichischen
Staatsmannes Johann Melchior von Birkenstock sein Ansehen unter den Frankfurter Patriziern noch gesteigert hatte, zeigt sich in
solchen Ideen erneut der Wankelmut seines Bruders: »Clemens ist
hier immer noch Girouette [Wetterfahne, Wetterhahn] und
Schwärmer für die herrschenden Opinionen, etwas, aber sehr wenig gesetzter als sonst. Er wird fortstudieren, aber Medizin«, hatte
er bereits vor dem Jenaer Semester am 17. April 1798 an die Schwe-

ster Sophie nach Wien geschrieben, nicht ahnend, daß auch dieser Ansatz einer Berufsausbildung im Sande verlaufen und das Studium der Medizin ein weiterer gescheiterter Versuch zu einer bürgerlich geordneten Karriere des jüngeren Bruders werden sollte.

Der Vergleich von Sophie Mereau mit Maximiliane in Clemens' Brief ist verräterisch, denn die Ähnlichkeiten der beiden Frauen sind nicht gerade frappierend – sieht man einmal davon ab, daß beide eher zierlich, geradezu zerbrechlich wirken. Der junge Student projiziert offenbar das Bild seiner Mutter, die er als Fünfzehnjähriger verloren hatte, auf die verehrte Sophie Mereau, die in Jena eine Art literarischen Salon führte und Kontakte zu den führenden Dichtern der Klassik und den jungen Begabungen der frühromantischen Szene in Jena unterhielt, aber auch selbst publizierte: *Das Blüthenalter der Empfindung* ist der Titel ihres Romans von 1794, der ihren Ruhm als Schriftstellerin begründete.

Clemens, der zuvor nur wenig erfolgreiche Liebeleien mit jungen Mädchen gehabt hatte, gehörte bald zu den Verehrern der sieben Jahre älteren, erfahrenen Frau, die eine Reihe von Bewunderern um sich scharte. Friedrich Schlegel gehörte ebenso dazu wie Friedrich Schiller, der seit 1791 einige ihrer Gedichte in seinen Zeitschriften veröffentlicht hat: in der *Thalia*, den *Horen* und dem *Musen-Almanach* (für die Jahre 1797 bis 1799).

Sophie selbst trat auch als Herausgeberin einiger »Taschenbücher« hervor, jener kleinformatigen, mit einem Kalender versehenen und mit Gedichten und Erzählungen angereicherten »Musen-Almanache«, die vor allem von Frauen gekauft und gelesen wurden. In ihrem *Kalathiskos* – griechisch für »Blumenkörbchen« – nahm Sophie Mereau 1801 Clemens' Erzählung *Der Sänger* auf, ein Werk, in dem er verschlüsselt seine Beziehung zu der Herausgeberin darstellt. Als »Sänger« der Erzählung bringt er seine Liebessehnsucht in romantischen Liedern zum Ausdruck:

> Werde ich doch bald gesunden,
> Schon die Trauer von mir weicht;
> Habe ich sie doch gefunden ...
>
> Alle Dunkelheit dann fliehet,
> Und der Lichter froh Getümmel,

In dem tiefen blauen Himmel,
Wie ein ganzer Frühling blühet.

Und der Morgen wird ein Küssen,
Mittag wird ein süß Umfangen;
Abendroth ein still Verlangen,
Nur die Nacht werd' ich vermissen.

Mit einer Bitte endet das Lied des »Fremdlings«, in dem Brentano
vermutlich seine Hoffnungen auf die weitere Entwicklung der Liebesbeziehung zu Sophie Mereau zum Ausdruck bringt:

O führ das zarte Leben,
Vertraulich mir zurück.
Will Freude viel erstreben,
Dir alles wieder geben;
Kehrt nur von jenem Glück
Ein stiller Blick.

Obwohl es im *Kalathiskos* zum Schluß heißt: »Die Fortsetzung
folgt«, schreibt Brentano diese Erzählung nicht weiter, sie bleibt
Fragment mit ungewissem Ausgang. Ähnlich entwickelt sich zu
dieser Zeit Clemens' Beziehung zu Sophie. Die ersten überlieferten
Briefe der beiden zeigen ein kurzes Aufflammen von Emotionen.
Sophies Liebe zu ihrem allgemein als grob beschriebenen Ehemann, dem Juraprofessor Friedrich Ernst Carl Mereau, ist längst
erloschen, schon Jahre vorher hatte sie – in kühner Verachtung aller
konventionellen Schranken – eine Liebesreise mit einem Studenten
unternommen. Nun entdeckt sie ihre Zuneigung zu dem halb-
italienischen Studenten aus Frankfurt, der Friedrich Schlegel und
Friedrich Schiller an schwärmerischer Eloquenz und jugendlichem
Glanz übertrifft: »o! *Clemens, Clemens! lieber, schrecklicher* göttlicher, *unmenschlicher Clemens!*« schreibt Sophie in ihrem ersten
erhaltenen Billett, das vermutlich im November 1798 an Clemens
ging.
    Im Dezember ist von einer Schlittenfahrt die Rede, aber bereits
Anfang Februar 1799 zeigen sich erste Spannungen. Der »schreckliche«, »unmenschliche« Liebhaber, der weit davon entfernt ist,

Sophie Mereau, Scherenschnitt

seine Emotionen unter Kontrolle zu haben, verletzt die sensible
und zugleich selbstbewußte Sophie, die sich daraufhin zurückzieht: »Sie haben nicht meinen Stolz, sondern mein Gefühl beleidigt, und daß Sie dies *konnten*, daß ich dabei fühlte, was ich empfand, dies verbreitet für mich eine große Klarheit über uns beide.
Es hat mich ganz unabänderlich bestimmt, eine Idee aus meinem
Herzen zu reißen, die, mir selbst unbewußt, dunkel aber innig
darinnen lebte. Lassen Sie uns nicht weiter davon sprechen.« In
seinem Antwortbrief vom nächsten Tag – der erste Brief an sie, den
wir kennen – beklagt Clemens, daß die Geliebte »ein kaltes strenges Urteil« über ihn fällt, um dann in neues Liebeswerben über-
zugehen: »Es kann nicht Liebe sein, waß ich fühle, oder habe ich sie
nie gekannt, muste ich in der Nähe ihres Zaubers treten, muste ihr
Reiz meinen zur Erde gesenkten Blikk entfeßlen, um in diese Sonne zu schauen, und in mich zurük zu taumeln, in der dunklen
Schwermuth meines Herzens Erholung vom Glanze zu finden.

Es ist ein schrekliches Gefühl zu sprechen, und stumm zu sein, ach glauben sie immer nur aus Mitleid daß ich sie liebe, Schonung, Genügsamkeit, kein kaltes Urtheil, ich bitte um der Göttlichkeit willen, die nur in diesem Gewande den Menschen näher treten kann. O dürfte ich Wahr, ohne Zagen, gewiß mir zuflüstern. Du liebst mich.«

Das ganze Jahr über wechseln Zweifel und Liebeshoffnungen, Kränkungen und Versöhnungen einander ab: »Es ist sonderbar, daß Menschen, die sich so schäzzen, daß sie sich Dinge vertrauen, die sie kaum denken können, über einzelne Züge im Umgange unter einander, sich wundern sich kränken können, ich finde dieß in dießem Augenblike«, schreibt Clemens im Mai 1799. Und wieder läßt er Liebeserklärungen folgen, diesmal verbunden mit einem Appell an die mütterlichen Gefühle der Geliebten: »Wenn sie wüsten wie mir zu Muthe war in der Minute, da ich sie verließ, wie gerade in dieser Minute ich sie so liebte, daß ich vor sie hätte niederknien und beten können ... Indem ich dieß schreibe, weine ich, und das Herz pocht mir fieberhaft, und das nur weil mich der Gedanke ergriff, daß sie in dieser Minute vielleicht an mich denken und mich lieben, ist es denn auch sonderbar? daß ich ihnen dieß schreiben kann.«

Auch Sophie erlebt ein Wechselbad von Gefühlen. So bekennt sie in einem Brief vom Sommer 1799 zunächst, »daß ich nie, mit Niemand, so gewesen bin, wie mit Ihnen; können, wollen Sie das nicht, so – fahre wohl, Herz, Liebe, Leben, Lust – «, um dann fortzufahren: »So wollte ich schreiben, aber ich fühlte, daß es mir auf einmal nicht Ernst war. Das ist eine von den wunderlichen Überraschungen meines eignen Wesens. Ich war sehr unglücklich seit gestern, auf einmal ist alles verschwunden, ich fühle ein überschwengliches Glück in mir. Ich fühle in der ganzen Welt nichts weiter, als ein Herz, eine Liebe, einen Himmel.« Ein unbekannter Brief von Clemens, dem einer der frühen Briefe von Bettine beilag, läßt ihre Gefühle wieder umschlagen, und noch im gleichen kurzen Brief schreibt sie: »Eben erhalte ich Ihren Brief; es ist eine Art von Tod darinnen, doch kein ewiger; Bettinens Brief habe ich noch nicht gelesen. Ich gehe in diesem Augenblick weg, kommen Sie nicht eher zu mir, bis ich es Ihnen sagen lasse, ich tue es so bald als möglich.«

Aus dem August ist ein weiterer, zwiespältiger Brief von Clemens überliefert. Voller Rührung erinnert er sich an einen gemeinsamen Spaziergang an der Trisnitz, bei dem »du mir nahe kamst und mir im Gehen die Hand ein bischen gabst. Ach es wird mir unendlich wohl, wenn sich unsre Seelen begegnen ... In mir, da wars als müste ich dich von den Menschen wegstehlen, und mich vor dich hin knien, und beten wie ich dich liebe. Da gabst du mir deine Hand, das wird dir Gott belohnen, denn ich kann dir wahrlich nicht mehr geben du hast mein ganzes Leben.« Dann bricht Eifersucht auf – höllische Eifersucht, wie Bentano selbst sie nennt. Diese entzündet sich ausgerechnet an Sophies Bruder: »Am Dienstage Nachmittage sahst du mich so schreklich kalt an, als brauchtest du meine Liebe nicht mehr da du deinen Bruder hattest. Du legtest eine Hölle in mir an durch deine tode Behandlung des Lebens eines Menschen, der nur sich ganz verlaßen hat, um bei dir zu sein, und den du nicht verlaßen mußt, weil er dich allein kennt, und doch so innig liebt ... Du drohtest mir und warst so schreklich allgemein in deinen Worten, daß ich dein Liebe verlohr, es wogte in mir der Sturm der gekränkten Liebe, und in dir der Sturm, eines vergnügten Nachmittags, und des schreklichen Empfindungsgemisches, deiner Jugend und deiner Gegenwart.«

Dann macht er seiner Geliebten starke Vorwürfe und projiziert dabei seinen eigenen Gemütszustand auf die Freundin. Eine erneute Beleidigung ist die Folge: »Du hängst noch schreklich am Augenblik, und mit Jammer sehe ich deine Zukunft sterben. Auch mich sehe ich sterben, so elend war mir noch nie ... In deinem ganzen Wesen, liegt eine Zerrüttung, eine Augenbliklichkeit, ein beständiges Retten in kleinen Schritten, die mich fürchterlich ängstigt. Wenn du mich sehen könntest, wie ich gar nichts mehr thun kann, nicht ein mahl mehr Zitter spielen, wie mir die Thränen der Hülflosigkeit aus den Augen stürzen ... Warum, warum? mußt du jede Freude ermorden, die mir aus deinen Armen übrigbleibt. Ach warum konntest du mir vorwerfen, ich sei kalt gegen dich gewesen, da ich 2 Stunden vorher deinen Leichtsinn und deine schrekliche Fähigkeit mich zu vergeßen, in deinen Armen beweinte ... Auch in deinem Umgange mit mir liegt jenes unbestimmte traurige Hinwandlen, oft ist es mir als wagtest du mich langsam zu Tode zu martern, um nicht zu wagen mir auf einmahl meinen Kummer zu reichen.«

Sophie hat für selbstmitleidige Briefe dieser Art, von denen Clemens im Herbst 1799 noch einige an sie geschrieben haben dürfte,
die wir nicht kennen, wenig übrig. Sie überzieht den feurigen und
doch so wehleidigen, ständig nach Mitleid und Fürsorge heischen-
den Liebhaber mit Spott: »Der Freund ist krank. Ach! wie unglücklich er ist! – ein ganzes Leben ohne Liebe, und eine öde,
verengte Brust. Und alles fremd um ihn, nur Pflicht und Menschlichkeit, wenn er es fühlen kann – und er fühlt es – was muß er
leiden!« Danach bedankt sie sich artig für seine Briefe und sieht
offensichtlich in Clemens' Liebe zu Bettine einen Ausweg.

Was ihr Liebhaber zu diesem Zeitpunkt im einzelnen über seine
Schwester berichtet hat, wissen wir nicht. »Ihre Schwester ist mir
durch Ihre Briefe näher und lieber geworden«, schreibt Sophie.
»Wie freue ich mich, daß Sie beide sich finden! was können Sie sich
sein bei Ihrer großen Verschiedenheit!« Im Schlußabsatz des Briefes versucht sie, die Emotionen des stürmischen Verehrers in allgemeine Lebensfreude umzulenken und Clemens Lebensregeln
mitzugeben für seinen weiteren Weg. Dies wiederum muß den
jungen Heißsporn, der alle Höhen und Tiefen einer ersten Liebe
durchlebt, als Verhöhnung verstehen, heißt es doch in Sophies
Brief recht unvermittelt: »Ein schöner Morgen! mir ist ganz heiter
zu Mut. Überall leichtes Gewölk, das mit dem Lichtglanz kämpft.
– Und er siegt! – möchte mein Leben sein wie dies Bild! romantisches Gewölk das in voller Klarheit auffliegt! –

Sei stolz und bescheiden.

Lebe der Liebe und liebe das Leben.«

Die wohlformulierten Formeln können den liebeskranken Clemens nicht trösten. Er ist gar nicht fähig, das »Leben« zu »lieben«
oder einer abstrakten »Liebe« zu »leben«; er leidet unter Leben
und Liebe und begreift vermutlich auch nicht, daß Sophie ihn als
eher lästigen Liebhaber ins Unverbindliche abzuwimmeln versucht. So löst sie bei dem jungen Studenten nur Katzenjammer
aus. Er empfindet ihre freundlichen Worte als schroffe Zurück-
weisung.

Sophie beendet ihre Beziehung zu Clemens denn auch mehr oder
weniger abrupt. Im Sommer 1800 schreibt sie noch zwei freundliche Briefe, mit denen sie Clemens um eine Fortsetzung der Erzählung vom *Sänger* bittet, aber darauf gibt es keine Antwort mehr,

Clemens kann Dichtung und Leben nicht trennen wie seine ihm innerlich überlegene, erfahrene Freundin, und Sophie notiert im August 1800 lakonisch in ihrem Tagebuch: »Festeres Verhältnis mit S. Süße Lust. Gänzlich aufgehobner Umgang mit B. Reise nach Ilmenau und Schwarzburg. Erster Abend. Entzücken – Zärtlichkeit. Stille.« Das bedeutet im Klartext: Sophie Mereau hat sich nun S., höchstwahrscheinlich Friedrich Schlegel, zugewandt; die »süßen Stunden«, die eine Zeit lang Clemens galten, verbringt sie nun mit dem Verfasser der *Lucinde* und Herausgeber der romantischen Programmzeitschrift *Athenaeum*, der gemeinsam mit Dorothea Veit nach Jena gekommen war. Clemens ahnt noch nichts von dieser Beziehung, erst später wird er dahinterkommen, daß der väterliche Freund, dem er bedenkenlos Geld geliehen und arglos auch einen Brief an die Mereau übergeben hatte, ihn hintergeht. Schlegel verzögert die Übergabe dieses Briefes, um der Salonière selbst Avancen zu machen und den »Angebrentano« auszustechen. Es gelingt ihm nur vorübergehend, aber zunächst ist Clemens tief unglücklich und versucht die bittersüßen Erfahrungen seiner Liebesenttäuschung dichterisch zu verarbeiten.

Im Herbst 1800 entsteht ein Sonett, das er Friedrich Karl von Savigny Anfang November aus Frankfurt nach Marburg schickt. Das Gedicht ist als Beschreibung eines inneren Bildes angelegt und gehört zu den kühnsten und bedeutendsten Gedichten des romantischen Autors:

Auf Dornen oder Roßen [Rosen] hingesunken?
– Ob leißer Athem von den Lippen fließt –
– Ob ihr der Krampf den kleinen Mund verschließt –
– Kein Oel der Lampe – oder keinen Funken? –

Der Jüngling – betend – tod – im Schlafe trunken?
– Ob er der Jungfrau höchste Gunst genießt –
Was ist's? das der gefallne Becher gießt –
– Hat Gift, hat Wein, hat Balsam sie getrunken –

Und sieh! des Knaben Arme Flügel werden –
– Nein Mantelsfalten, – Leichentuches Falten
Um sie strahlt Heil'genschein – zerraufte Haare –

Clemens Brentano: »Auf Dornen oder Rosen hingesunken«, Sonett im Brief an
Savigny, Anfang November 1800

O deute die undeutlichen Geberden,
O laß' des Zweifels schmerzliche Gewalten –
Enthüll, Verhüll das Freudenbett – die Bahre.

Leicht verändert hat Brentano dieses »allegorische Bild«, das nach
eigenem Bekunden nicht die Liebe, sondern ihre »unnatürlichen
Geschwister Schönheit und Leiden« schildert, mit dem Titel *Verzweiflung an der Liebe in der Liebe* versehen. Das trifft sehr genau

seine innere Verfassung nach dem Scheitern der Beziehung zur Jenaer »Hexe«, wie er Sophie Mereau später voller Wut seinem Freund Achim von Arnim gegenüber nennen wird.

Was mag Clemens seiner kleinen Schwester bei seinen Besuchen in Frankfurt von seiner gescheiterten Liebe erzählt haben? Bettine ist gerade 15 Jahre alt, und es ist offensichtlich, daß der Bruder gerade bei seinem Aufenthalt im Herbst 1800 – als er den Brief mit dem Sonett formulierte – die »Rabenschwarze in dem Winkelchen« erst eigentlich entdeckt. Wenig wahrscheinlich, daß er ihr über seine Erfahrungen bei der mißglückten Werbung um Sophie in Jena Einzelheiten erzählt. Nur mit allgemeinen Klagen über die kalte Schönheit von Sophie wird er Trost und Zustimmung bei ihr gefunden haben, ähnlich wie er sich Luft macht in seinen Briefen an Julie Reichenbach: »Mich mit ihr zu verbinden, den schönen Traum voll Gift, hatte ich längst aufgegeben, denn wer darf sich mit einem Weibe verbinden, die nur schön ist.« Behauptungen dieser Art sind offensichtlich Selbstschutz des unglücklichen Clemens, der alles darum geben würde, wenn er Sophie wiedergewinnen könnte. Er behauptet, »daß sie an mir zur Verbrecherin geworden war, und so ist es dann geschehen, waß mir lange schmerzlich durchquälte Jahre, in denen ich ihrenthalben, mit der ganzen Welt zerfallen war, als leer und verlohren hinwarf.«

Es sind nicht nur die Schwestern Reichenbach, bei denen er Ablenkung sucht, es ist auch Bettine, der er seine Emotionen nun verstärkt zuwendet. Der in Marburg an Julie Reichenbach geschriebene Brief, in dem er von der »heiligsten« und »reinsten« Verbindung mit seiner »kleinen Schwester Bettina« spricht, stammt vom Februar 1801. Auch im Mai des folgenden Jahres spricht er von Bettine als dem Engel und bestätigt Arnim gegenüber: »nur dieses Engels Liebe konnte mir das Gift aus der Wunde saugen, die mir die schöne Hexe in Jena biß.« Zur gleichen Zeit bekennt er Savigny: »Das Herrlichste und Traurigste in meinem Leben bleibt doch Betine.« Traurig scheint ihm das Leben Bettines, weil sie nach wie vor unter dem Einfluß von bürgerlichen »Philistern« – im Frankfurt-Offenbacher Familienverbund – leben muß.

Wie tief ihm trotz aller Flüche und Tröstungen die gescheiterte Beziehung zu Sophie unter die Haut geht, wird deutlich, als er seinen Freunden und Verwandten umgehend die »feierliche, oeffentliche, freundliche Trennung der Mereau von ihrem Manne« mitteilt. Als er in Göttingen durch seinen Kommilitonen Wilhelm Rehbein von der Scheidung erfährt, berichtet er postwendend, am 20. Mai 1801, Savigny und Kunigunde in getrennten Briefen darüber. Kunigunde bekennt er drei Wochen später sogar: »Du kannst nicht glauben, wie mich die Scheidung der Mereau erschüttert hat«, und setzt in einem späteren Brief hinzu: »Es giebt kein Weib in der Welt zu Liebe als die Mereau, und von ihrem Bußen sieht man weiter als vom Kaukasus über das glückliche Arabien. – Nichts verdamme ich mehr als meine unzeitige Keuschheit bei der Mereau, denn wahrlich man besizzt sich ohne dieß nicht, und hätte ich sie einmahl umschlungen, sie wäre auf ewig mein geweßen. Ich liebe dieß Weib noch immer, wie vorher, sie verdient es, obschon ich nicht verdiene in dieser Liebe mich zu verzehren… Ich habe nichts mehr von ihr gehört, seit ihrem lezten Brief, der so arm war, und so kalt … meine stürmische Liebe hat sie kalt und mit Resignation zurückgewießen.«

Damit wird nur allzu deutlich, daß Clemens trotz aller Lästereien im Freundschaftsbriefwechsel mit Arnim seiner Geliebten immer noch nachtrauert. Die Nähe zu seiner Schwester Bettine kann diese Liebessehnsucht nicht vollständig stillen, obwohl einige Äußerungen in Briefen an Savigny andeuten, daß seine Beziehung zu Bettine einer Liebesbeziehung sehr nahe kommt. »Zwischen Betinen und mir ist eine Vereinigung, eine ruhige brennende Liebe, deren Wohlthätigkeit und Unschuld mir ein glükliches Leben verspricht, alle Schwärmerei nach außen ist uns wechsels weiße untersagt, aber wir arbeiten an einem festen Bunde, uns einander nicht zu überleben, so möge denn Gott den am längsten leben laßen, den er am meisten liebt, damit es ihm leichter werde, ihm den Selbstmord zu verzeihen. Mein tägliches Zusammensein mit diesem Engel hat etwas des Meinigen vor meine Augen gebracht, das mir unbekannt war, ich habe mich lieber, und bin für Vieles gut genug.« Diese Worte finden sich in einem Brief, den Clemens in der ersten Aprilhälfte 1803 an Savigny richtet, als sich eine Wiederannäherung an Sophie bereits andeutet.

Clemens weiß, daß die Affäre von Sophie mit Schlegel nicht von Dauer war. Seinen Bruder Christian – sechs Jahre jünger als er – schickt er vor, um das Terrain zu sondieren. Dessen Brief beginnt:

»Madame! Ein Auftrag von meinem Bruder Clemens macht mich so frei, Ihnen zu schreiben. Er ermahnt mich, ihn mit Ruhe und Bescheidenheit auszuführen.« Dann zitiert er aus einem Brief von Clemens aus Düsseldorf. »Von einer Schauspielerin ... schreibt er mir: ›Was mich besonders ans Theater fesselt, ist die Gestalt und die ganze Manier einer Schauspielerin, die der Mereau bis auf den Kopf ganz gleicht, vortrefflich singt und spielt; ich liebe in ihr noch immer jenen Engel‹ ... Mehr sage ich nicht.«

Als Sophie reagiert, gibt Clemens sich in seinen Berichten an Achim von Arnim noch immer überlegen lässig, doch läßt sich unschwer eine Art Selbstschutz in diesen Äußerungen erkennen. Er wertet die Partnerin ab, zählt sie zu den Naturen, »die alle ihre Gemüthsevolutionen schon unzählige Mahl gemacht haben« und Damen gleichen, »die sich mit wohlriechenden Salben schmieren, und sich dabei scherzend geölten Ringern vergleichen, ohne zu wißen, daß das Oel bei Ihnen schon durchschlägt, und man alles gar gut sehen kann, waß Sie schlechtes im Leibe haben«. Verzweifelt versucht er mit solchen unflätigen Äußerungen, sich selbst vor einer erneuten Enttäuschung zu schützen: »mit Füssen soll sie mich nicht wieder treten«, ist der Kernsatz in einem der Briefe an Arnim.

Nur mühsam vertuscht er, wie nahe ihm die Sache geht. Den Auftragsbrief Christians verschweigt er seinem Freund und behauptet: »Merkwürdigkeiten meines Lebens sind: Ein kleiner etwas fader Brief der Mereau ohne Veranlassung, in dem sie mich auffordert ehrlich und ohne Wizz mich gegen Sie zu erklären, Meine Antwort hierauf aus vollem wahren Herzen ohne Schonung für mich und sie, wie ein geistreicher dritter, Alles mit den scharfsinnigsten Nuancen ausgeführt, ihre Geschichte in dreierlei Gestalten, voll Muthwill, wahr biß zur Zote, Erklärung meines großen Lusten, sie zu beschlafen, Trauer über ihr Alter, und ihre unendlich schlechten Verse, überhaubt der freiste, kühnste, und glücklichste Brief, den ich je geschrieben, und der längste, er schloß in einigen brünstigen Handwerksburschen liedern.« Dieser »glücklichste Brief« vom 10. Januar 1803 umfaßt 19 eng beschriebene Handschriftseiten und schließt mit leidenschaftlichen Liebeserklärungen, denn den erwähnten Handwerksburschenliedern folgt noch der Schlußabsatz: »Adieu liebe, liebe Sophie vergiß mich

nicht, o wüstest du wie ich liebe, dich und so unglüklich, daß ich
die seltsamsten traurigsten Künste anwenden muß mich zu betrügen, und zu glauben ich hielt dich in meinen Armen, ach wenn ich
dich sehen könnte, küßen könnte, könnte – könnte

> Ewig dein treuer
> armer unbegreiflicher
> *Clemens.*«

Sophie antwortet nicht sofort, sie läßt Clemens noch einige Wochen zappeln und deutet dann erst im März an: »Es ist nicht unmöglich, daß wir uns wieder sehen; hier in Weimar aber niemals.
Überlassen Sie es dem Schicksal oder ihrer Gottheit, wenn Sie eine
anerkennen.« Es folgen noch zwei werbende Briefe von Clemens,
bevor sie Anfang Mai einen Termin für ein Rendezvous in Aussicht
stellt: »Nun – so geschehe es denn ohne alle Vorbereitung! Kommen Sie nach Weimar; vom 25ten Mai bis 24ten Junii bin ich gewiß
hier; später aber kann ich nicht dafür stehen. Lassen Sie mir ihre
Ankunft wissen, und erwarten Sie meine Antwort.«

Während Clemens ungeduldig auf die Wiederbegegnung wartet,
werden seine Briefe an den Freund Arnim immer ordinärer. Im
Studentenjargon spricht er von einer »Quarte in den Unterleib«
und tut so, als ob ein Rendezvous für ihn nur eine Lappalie sei. Den
Briefwechsel mit Sophie stellt er als Katz- und Mausspiel dar und
beschreibt seine Pläne so großsprecherisch wie ein unerfahrener
Schuljunge, der sich vor seinen Klassenkameraden brüsten will:
»Gott gebe, daß sie noch der Mühe werth ist, ihr eine Quarte in
den Unterleib zu stossen, dann stelle ich ihr sicher ein Bein, und
probire erst den Wein, um den ich so viel geweint, ehe ich den
Weinberg kaufe, ich räche mich wie eine Biene stechend aber den
Stachel nehme ich wieder mit.«

Solche Äußerungen sind kaum ernst zu nehmen, sie deuten nur
darauf hin, daß sich Clemens geradezu verzweifelt dagegen wehrt,
der immer noch geliebten Frau erneut zu verfallen. Im Grunde hat
er große Angst, erneut zurückgewiesen zu werden; deshalb versucht er sich selbst einzureden, daß er immun sei gegen ihren Liebreiz. Auch in einem Bericht an Savigny gibt er sich überlegen: »ich
bin NB wie ein Stük Holz so kalt, und freue mich sehr auf das
ordinaire der Sache.« In Wirklichkeit hat dieses »Stük Holz« längst
zu glühen begonnen, bevor es zu der ersehnten Begegnung kommt.

Der erste Brief an Arnim nach dem Zusammentreffen mit Sophie Mitte Mai 1803 klingt dann völlig anders. Sophie ist es bereits beim ersten Rendezvous gelungen, das vertraute Verhältnis zu ihrem jungen Liebhaber wieder herzustellen: »Mein Streit ist aus. Sophie M. liebt mich, das heist sie liebt zum erstenmahl, mit einer Heftigkeit, daß wäre sie ein Lockichtes Haupt, ich nicht weiß, ob ihr die Haare zu Berg stehen würden. – Ich kam nach Weimar, wir sahen uns ... bald fand sich Alles, nach langem Kampf stehn wir uns nahe, sie liebt mich so, wie ich sie einst geliebt, sie liebt mich so sich selbst vernichtend, daß ich nicht weiß, woher ich alle den Liebreiz aufbringen soll, den sie mir findet, ach Arnim, und auch ich finde mehr göttliches in dieser Sklavinn, als ich einstens in dem göttlichen Bild der Vicktoria fand, so ist der Streit dann aus, ich werde geliebt und bin ruhig, habe kein Ziel mehr als die Kunst, und Freundschaft, beide sind mir mehr, als alle Liebe, alle Bitten des Vater unsers sind mir gewährt, ich habe nichts mehr zu verlangen und werde nun arbeiten, dichten, und dich mitleben ... So werde ich dann alle natürlichen Dinge bald haben, die auch Göthe begehrt hat, und wie will ich dichten. Wenn Sophie einen Jungen kriegt so soll er Achim heißen, ist es ein Mädchen so heist es Betine, der Grund ist gelegt, vielleicht wächst dein Pathe schon unter ihrem Herzen, drum ehre sie und denke mit Liebe an sie.«

Als Brentanos Bericht über das geplante Rendezvous Arnim auf seiner Kavalierstour erreicht, zeigt er sich (im Brief vom 7. März 1803) zunächst irritiert: »Dein Verhältniß zur Mereau verstehe ich nicht, ich gestehe es, ihr habt euch gegenseitig so potenziert daß ich nicht recht weiß, ob Deine Liebe realistisch oder idealistisch ist. Wer Dich nicht kennte, würde Dir geradezu sagen, Du liebst sie nicht mehr als eine Romanenperson.« Wenig später (am 5. Mai) nimmt er den lässigen Ton des Freundes auf und empfiehlt im Studententon: »kannst Du es also noch möglich machen hieher [nach Paris] zu kommen, so kann ich wenigstens vierzehn Tage Dich sehen, nur verlasse darum nichts Angenehmeres, keine Quarte oder Sekunde in den Unterleib.«

Auf seinen Bericht von der Versöhnung mit Sophie – geschrieben am 23. August 1803 in Weimar – erhält Clemens keine Antwort aus London, deshalb wiederholt er seinen Bericht leicht variiert am 12. Oktober aus Frankfurt. Neben dem berühmten

Freundschaftsgedicht *Der Jäger an den Hirten* enthält dieser zweite Brief auch ein Gedicht, das bereits die Schwangerschaft Sophie
Mereaus andeutet. Es ist eines der anrührenden Gedichte von Clemens Brentano und trägt den Titel *Meine Liebe an Sophien die ihre
Mutter ist*:

> O Mutter halte dein Kindlein warm
> Die Welt ist kalt und helle
> Und leg' es sanft in deinen Arm,
> An deines Herzens Schwelle.
> –
>
> Leg still es, wo dein Busen bebt,
> Und treu herabgebücket,
> Harr' liebend, biß es die Äuglein hebt,
> Zum Himmel seelig blicket.
> –
>
> Du strahlender Augen himmel, du,
> Du thaust aus Mutter augen,
> Ach Herzenspochen, ach Lust, ach Ruh!
> An deinen Brüsten saugen!
> –
>
> Ich schau zu dir so Tag als Nacht,
> Muß ewig nach dir schauen,
> Du mußt mir die mich zur Welt gebracht,
> Auch eine Wiege bauen.
> –
>
> Um meine Wiege laß Seide nicht,
> Laß deinen Arm sich schlingen,
> Und nur deiner milden Augen Licht,
> Laß zu mir nieder dringen.
> –
>
> Und in deines keuschen Schooses Hut,
> sollst du dein Kindlein schaukeln,
> Daß deine Worte so mild und gut
> Wie Träume um es gauklen.
> ...
>
> O Mutter halte dein Kindlein warm
> Die Welt ist kalt und helle

Und leg es sanft, bist du zu arm,
Hin an des Todes Schwelle.
–

Leg es in Linnen die du gewebt,
Zu Blumen die du gepflücket,
Stirb mit, daß wenn es die Äuglein hebt,
Im Himmel es dich erblicket.
–

So lallt zu dir mein frommes Herz,
Und nimmer lernt es sprechen,
Blickt ewig zu dir, blickt himmelwärts,
Und will in Freuden brechen.
–

Brichts nicht in Freude brichts doch in Leid,
Bricht es uns alle beiden,
Denn Wiedersehen geht fern und weit,
Und Nahe geht das Scheiden.

Damit war für Arnim die Situation klar, zumal Brentano nun schreibt: »sie liebt mich gränzenlos, sie verläßt alle ihre Verhältniße, und folgt mir nach ... diesen Winter schon wohnt sie in Marburg bei mir, in sechs Wochen erwarte ich sie, wir sind noch nicht einig uns zu heuraten, sie will es nicht, um mich nicht zu beschränken, ich will es, um mich zu befreien, denn Ruhe, Unbemerktheit von der Welt ist mein innigstes Bedürfnis ... ich knüpfe nun ein neues Band, ich lebe und dichte neben einem guten freundlichen Weibe, die durch Erfahrung Geduld, und das ihr vielleicht außer dir eigne Talent mir das Leben zu beflügeln, alles in mir ausgleicht und beruhigt.«

Die Nachricht von der Hochzeit kommt für Arnim dennoch überraschend, und er reagiert mit einem langen, mit improvisierten Dichtungen angereicherten, verworrenen Brief, den er auf »London Christnacht 1803« datiert. Die Ehe war am 29. November 1803 in Marburg geschlossen worden, und Arnim beginnt mit der Anrede: »Du lieber vereheligter ehemaliger Ehestandstürmer! Du heiliger Schwerenöther! Zum erstenmal aufgebothen, zum zweytenmal, zum drittenmal – war etwas einzuwenden rede jezt und schweige nachher! Einreden soll ich, nein einspringen an ei-

nem Springstock über Wasser, Kobold schiessen, den Fuß in den
Mund, dem Himmel einen Trit geben. – Frevler!«

Bettine wird von der Entwicklung noch mehr überrascht. Clemens
erwähnt die neuerliche Annäherung zunächst nur in einem Nebensatz und spricht von einem »Vorfriedensvertrag«, angeblich ausgelöst durch einen langen Brief der Mereau – die eigene Initiative und
den viel längeren provokativen Anknüpfungsbrief, den er in der
ersten Euphorie formuliert hatte, verschweigt er dabei: »Grüße die
Gundel, sage ihr mein Mitleid mit ihrem Unwohlsein, wie auch
daß ich einen großen Brief von der *Mereau* habe und daß zwischen
uns ein artiger Briefwechsel, eine Art Präliminair-Friedensartikel
sich zu erheben scheint.«

Dann bittet er Sophie – noch vor der Versöhnung –, ihre Antwort an die Adresse von Bettine in Marburg zu schicken, und
betont zugleich: »Etwas betrübt mich manchmahl, Betine liebt
sie nicht, aber sie wird es, wenn sie nur dieses Kind durch mich
kennen lernen, so haben Sie mir vieles zu danken, und ich kann nie
ihr Schuldner werden. Daß Betine sie nicht liebt, mag wohl daher
kommen, daß sie eine so wunderbare Liebe, zu mir hat, die nicht
begreifen konnte, wie sie sich je von mir wenden konnten, aber sie
ist zu unschuldig, um irgend eine Nothwendigkeit, als die mich zu
lieben, begreifen zu können.«

Den in Marburg eingetroffenen Brief leitet Bettine an Clemens
nach Frankfurt weiter. Sie scheint zu ahnen, daß Sophie darin ihr
Einverständnis zu einem Treffen mit Clemens ausspricht, denn ihr
Brief ist nicht frei von Irritationen. »Jetzt, da es geschehen soll,
zittre ich Sie zu sehen, und doch wünsche ich es törichterweise …
o wie lebe ich Sie zu sehen«, steht in diesem kurzen Brief von
Sophie – vielleicht hat Bettine ihn gelesen? Jedenfalls schickt sie
ihn mit den Worten nach Frankfurt: »*Lieber Clemens*. Hier ein
Brief von Md. *Mereau*, der an mich adressirt war; Du hast sie vielleicht jezt schon gesehen und mit ihr gesprochen, sage mir, ob sie
noch schön ist oder vielmehr, ob Du sie noch lieb hast … Weil Du
jezt fort bist, so hab ich mich gar nicht mehr besinnen können, wie
ich Dir sonst schrieb, der *Mereau*-Brief will doch zu Dir, ich muß
ihn schicken und schreiben!«

Die Geschwisterliebe scheint auch beim Versöhnungstreffen eine Rolle gespielt zu haben, denn kurz nach der Begegnung in Weimar schickt Clemens seiner Geliebten »Betinens Brief nochmals«, dann verlangt er diesen Brief am 8. Juni zurück und betont: »Betinens Herz mußt du gewinnen, Sie muß dich mir geben, Sie muß dich lieben, wie mich.« Parallel dazu schreibt er Savigny, in dessen Hofgut Trages er zunächst mit Sophie Quartier beziehen will, in gleichem Sinne, er wolle Sophie »nur aus Betinens Händen empfangen«. Savigny gegenüber hatte er diese Bedingung bereits vor der Wiederversöhnung mit Sophie recht drastisch formuliert: »Betine hasst die Dichterinn, ich glaube, ich werde sie nicht wieder lieben können, aber ich will wetten, die Dichterinn wird mich lieben, Betine wird die Sache entscheiden, ich fühle deutlich, es kann mir neben ihr kein Weib mehr als Beischläferinn und Haushälterinn werden.«.

Im Juni hält sich Clemens in der Nähe seiner Geliebten auf, und die Liebesbeziehung scheint sich zu stabilisieren, wenn wir Clemens' Darstellung Glauben schenken dürfen. »Sophie wird täglich liebevoller, inniger, einfacher und liebt mich bald, bald gewiß, wie sie nie liebte«, berichtet er Savigny am 14. Juni 1803: »Ich schreibe jezt täglich ein Lied an Sie, in dem ich Etwas Gutes oder Schlechtes von ihr zum schönen erheben suche, ich sehe sie alle Tage, und wir sind in inniger Vertraulichkeit ... ihre Begierde Betinen zu kennen, ist aufs höchste gespannt, und wo kann die Berührung verschiedner vortreflicher Menschen schöner vor sich gehen, als auf ihren irdischen Gütern, wie in ihrem Herzen lieber Freund.«

Doch neigt Clemens dazu, in seinen Briefberichten an die Freunde ins Positive oder Negative zu übertreiben. Wir können aus seiner Darstellung kaum erschließen, wie Sophie zu der übersteigerten Geschwisterliebe stand. Sollte sie wirklich gar nicht eifersüchtig gewesen sein? Sollte sie wirklich Clemens' Bedingungen, die er nicht müde wurde zu wiederholen, widerspruchslos und zustimmend aufgenommen haben? Manches spricht dagegen, und selbst die sanftmütige, harmoniebedürftige Sophie verliert schließlich die Nerven: »mein Blut kocht«, schreibt sie am 13. September, anderthalb Monate vor dem Hochzeitstermin, »o, Clemens, bist du wirklich mündig?«

Auffällig ist, daß bereits im Juli ausschließlich Briefe von Clemens an Sophie überliefert sind. Es sind werbende, glühende Lie-

besbriefe darunter, doch Sophie erwidert sie nicht, offensichtlich
betroffen von den seltsamen Bedingungen ihres Liebsten, der ihre
Liebe der Geschwisterliebe unterordnet und von der Zustimmung
Bettines die weitere Entwicklung ihrer Beziehung abhängig macht.
Einer dieser Briefe beginnt und endet mit Gedanken über Bettine.
Clemens scheint ihr göttliche Kräfte beizumessen: »Ich habe nicht
geschlafen, ich habe weinend den Morgen kommen sehen, es war
Bettine die über die Dächer zu mir stieg, mich zu trösten, aber sie
hat mich nicht getröstet, in dieser Minute erhalte ich ihre Briefe,
und das Zusammentreffen meiner Worte und ihrer Ankunft erschüttert mich heftig … Meine Seele ist ein biegsames Kind, ich
liebe meine Seele, sie ist die Seele eines Engels, Betinens Seele, und
ich will sie göttlich erhalten. *Clemens.*«

Kein Wunder, daß Sophie auf seine Liebesbriefe nicht reagiert
und insgeheim darüber nachdenkt, ob sie das Verhältnis zu Clemens abbrechen soll, um das Kind, das sie von ihm erwartet, in-
kognito an einem geheimen Ort zur Welt zu bringen. Später wird sie
ihm diese Pläne enthüllen. Doch Clemens ahnt vorerst nichts von
diesen grundsätzlichen Zweifeln seiner Geliebten und forciert seine
Bettine-Verehrung immer mehr. Am 22. Juli übermittelt er Sophie
ein ganzes Konvolut von Bettine-Briefen mit den Worten: »ich
glaube mehrere davon läßt [lasest] du noch nicht, ließ sie doch,
und freue dich ihrer, wie glüklich wäre ich, wenn du in einem vollen
Liebevollen Momente deines Herzens Betinen schriebst, so recht
innig wie du mich liebst, waß würde ihr das eine Freude sein.«
Keine Antwort. Clemens kann den Grund für Sophies Schweigen
nicht denken, sonst würde er auf ihr Stillschweigen nicht ausgerechnet mit einem Vergleich der beiden Frauen reagieren und sie
»um Betinens willen« dringend um ein Lebenszeichen bitten. Nach
einem gemeinsamen Besuch bei Sophies Freundin Charlotte von
Ahlefeld, bei dem sich Sophie offensichtlich nicht so verhalten hat,
wie Clemens sich das wünschte, hält er ihr vor: »Gestern Abend
war ich recht betrübt, du bist doch in der Liebe lange nicht so
wohlthätig als Betine, die würde sich bei Ahl[efeld] nicht so in einen
Winkel gesezzt haben, daß ich hätte fern von ihr sein müßen, die
hätte das nicht ausgehalten, sie wäre stolz gewesen, vor allen Leuten
hätte sie sich zu mir gesezzt, auch wäre sie nicht so lustig nach Hauß
gegangen, und hätte mich hinterdrein gehen laßen, auch wäre es ihr

unmöglich gewesen so froh über ihrer Thür hineinzuschlupfen, aber solch Vernachläßigungen sind es, die mich schwer verwunden. Ich schwöre dir, liebe, so lange du nicht öffentlich vor allen Menschen mit mir einsam zu sein verstehst, und so lange dir dies nicht eine rechte Wollust ist, so lange liebst du mich nicht, ich erschrecke oft darüber, daß die Liebe dir noch immer etwas Verbotnes scheint ... du kennst mich nicht Sophie, rühre dich, ich bitte dich um Gottes willen, um Betinens willen.« Dann – vermutlich nach einem weiteren Treffen – ein Liebesbrief von Sophie, den wir nicht kennen, und Clemens antwortet wiederum mit Bezug auf Bettine: »Ja es ist wahr, es ist möglich, du liebst mich, (in diesem Augenblick erhalte ich dein eignes Geständniß) Gott! welche Begegnung! Du antwortest mir, ehe ich dich anredete, es ist das erstemahl, es ist Gott gelungen, du bist in die Ordnung eingegangen, du liebst mich. wie ich und Betine lieben.« Es ist die Ordnung von Clemens und Bettine, der sich Sophie nach Meinung von Clemens nun gefügt hat.

In einem Anfang August geschriebenen Brief (vom 5. oder 6. August 1803), schreibt er das eigenartige Dreiecksverhältnis fest: »O der wunderschöne Brief Betinens, suche die schönsten Stellen Schakespärs und Göthens und immer noch der wunderschöne Brief, o welche Wahrheit, Unschuld und Tiefe, du weist nicht, wie mir bei einem solchen Brief wird, es sind meine Worte, meine Gefühle in einem Klaren See abgespiegelt, ich schwöre dir bei Gott, ich bin, wie dieser Brief Betinens. Ich werde ihr heute schreiben, daß du mein Weib nicht wirst, daß wir Freunde sein wollen, wie glüklich wird sie dadurch wieder werden. O schicke mir diesen Brief wieder. Für deine lieben Worte innigen Dank, wenn ich von Hause gehe, geht Bettine immer bis zur Thüre mit, gestern lehrte dich es der Zufall, aber du sahst außer mir auch noch den Mondschein, der Musick nach, du warst aber dennoch natürlicher, als je – Lebe wohl«.

Während dieser Zeit modelliert Friedrich Tieck (ein Bruder des Dichters) in Weimar eine idealisierende Büste in antiker Manier, die Clemens zeigt, »wie ich aussehen würde, wenn ich das Ziel meiner Kunst erreicht hätte«. Savigny und Arnim teilt er im Sommer 1803 mit, sie würde »für Betinen gemacht«. Erst am 12. Oktober korrigiert er nachträglich in einem weiteren Brief an den Freund: »für Betinen, Sophien und dich«.

Clemens Brentano, Gipsbüste von Friedrich Tieck, 1803

Bettine, die sich in Frankfurt oder Marburg aufhält, ist im Bewußtsein ihres liebsten Clemens auch in Weimar immer präsent, das ist
für Sophie nicht zu übersehen. So wundert es auch nicht, daß sich
die Geliebte immer wieder Clemens entzieht: »du bist befangen
und hast kein Vertrauen zu mir«, wirft er ihr vor und lebt für

Bettine, wechselt ständig Briefe mit ihr und versucht sie zu einem
Brief an Sophie zu bewegen: »schreibe doch der Mereau ein paar
Worte und liebe sie, wie ich es um Dich verdiene, daß Du die liebst,
die mich versteht.«

Doch Bettine schmollt ebenfalls: »An die *Mereau* soll ich schreiben? – was denn? – ich kenne sie nicht, sage mir, was sie ist, so will
ich einen Stein in den Brunnen werfen, ob sie versteht, was der
ankündigt.« Ihr hellsichtiger und kluger Rat an Clemens ist: »Übertrage meine Liebe zu Dir auf die gute *Sophie*! Ich werde dann
kommen und naschen wie ein Kätzchen von dem was ehmals mein
war! – Adieu doch! ich bin schon ganz froh daß ich nichts mehr zu
hüten habe mit saurem Schweiß. Lieber ein Bettelmann sein, als
ein Hüter von etwas was einem doch nicht gehört! *Bettine.*«

Dann reagiert sie ähnlich wie Sophie auf die Zumutungen dieses
Dreiecksverhältnisses, indem sie die Briefe des Bruders nicht beantwortet. Clemens ist irritiert und setzt seine Schwester mit den
Hinweisen auf die »betrübte Sophie« noch stärker unter Druck.
Seine Schilderung von Sophies Gefühlen ist in diesem Zusammenhang kaum ernst zu nehmen. Er weiß nicht, was Sophie fühlt und
denkt, will die Wahrheit gar nicht wissen und läßt seinen Brief
wieder in Liebeserklärungen münden. Sie gelten nicht Sophie, sondern Bettine: »Ich bin sehr betrübt daß Du mir gar nicht schreibst,
ich bin immer in Ängsten, Du mögest krank oder unwillig auf mich
sein, auch *Sophie* ist betrübt darüber, denn sie liebt Dich gar sehr,
ich habe mir alle Deine Briefe von Marburg schicken lassen und sie
ihr vorgelesen, Du glaubst nicht Liebe wie sie das rührt, und täglich
wenn ich vertraulich mit ihr zusammen sitze und uns recht wohl
wird, spricht sie: ach wenn doch *Bettine* bei uns wäre! sie wird
durch Deine Freundschaft recht glücklich werden, bis jezt hat sie
auf Erden noch keine Seele gehabt die sie so recht lieben konnte, sie
ist ihr ganzes Leben durch, wohl grausamer getäuscht und mißhandelt worden, als irgend ein anderes gütiges und schuldloses Wesen,
und allen hat sie vergeben, alles hat sie vergessen, ist nicht men-
schenfeindlich gesinnt, ist immer freundlich, mild und unendlich
anmuthig, ich habe eine ruhige herzliche Empfindung für sie, die
ich vorher nie gehabt, und auch sie liebt mich täglich mehr und
inniger, und wir vertrauen unserm Geschick, daß uns von einander
gerissen, um uns einander besser wieder zu geben.« Dann folgen

erneut Liebeserklärungen an die Schwester: »Liebe *Bettine*, ich habe Dich so unendlich lieb, so lieb, als ich Dich je liebte, ich fühle immer mehr daß Du mein Herz genährt und erhalten hast, Du hast mich zu dem Menschen erzogen, den meine Geliebte achten und lieben muß, ohne Dich wäre ich verzweifelt am Leben und an dem Heil. Ich wollte Du könntest mich verstehen.« Im letzten Abschnitt von Clemens' Brief wird allerdings deutlich, daß er auch die Gefühle der Schwester nicht richtig einschätzt, denn seine Vision vom Glück schlägt in eine bieder-bürgerliche Lebenslehre um, wie sie Bettine haßt: »Liebes Kind, wir werden noch einstens sehr glücklich sein auf Erden, denke Dir, wenn Du die Gattin eines einfachen vortrefflichen Mannes wärst, der mich liebt, und ich und *Sophie*, wir alle viere leben in inniger Verbindung und theilen alles, und ehren uns gegenseitig und lernen uns einander das Vortreffliche ab.«

Als Bettine dann nicht mit dem gewünschten Brief an Sophie reagiert, steigert Clemens noch einmal seinen Druck: »*Liebe Seele!* Schon viele Tage war ich sehr betrübt gar keinen Brief von Dir zu haben, ich war oft recht ängstlich Du mögest mich nicht mehr recht lieben, und ich wäre doch so recht unglücklich ohne Dich. Heute wollte ich Dir nun mein Leid über Dich recht kläglich beschreiben, und da erhielt ich denn Deinen einzig lieben Brief, der mich wieder ein bischen traurig macht auf eine andere Weise. Daß Du *Sophien* nicht recht leiden magst, oder vielmehr Dich gegen sie verschließt, betrübt mich wie sehr! – Deine Liebe ihr übertragen? – O mein Kind das ist auch wunderbar – wem auf Erden könnten wir unsre Liebe zu einander übertragen? – Ich schwöre Dir liebe *Bettine*, ich würde nie ein Weib nehmen können, bei dem ich Dich entbehren könnte. Ich werde glücklich sein mit ihr, wenn Du mit glücklich sein willst.«

Dann enthüllt er der Schwester die weiteren Pläne: »sie wird mit mir in meine Einsamkeit nach Marburg ziehen, – den Winter schon wird sie mein Weib sein, st – st – kein Wort davon geredet ... sie ist sehr gut und resignirt auf alles um meinetwillen. Doch lerne sie kennen, und dann liebe sie, dann hasse sie, Du wirst überhaupt entscheiden über uns. Schreibe mir noch immer hierher, aber um Gottes und des Himmels willen schreibe mehr das Unmittelbare, was mich und *Sophie* angeht; wenn Du es nicht thust das kränkt mich unendlich. Nochmals aber bitte ich Dich der *Mereau* selbst zu schreiben!« Wieder bleibt die erhoffte Antwort aus, und Clemens reagiert ungehalten und weist erneut auf Sophies Ängste hin, die er vermutlich falsch interpretiert: »Was hat Dein Brief mir und der armen *Sophie* für eine Angst gemacht, ich begreife Dich nicht! – Hab ich Dir nicht mehrmals gesagt daß von Dir meine Zukunft abhänge, daß es Dein Wille ist, ja Deine Neigung, die mich bewegt zu allem, die mich lenkt! – Und ich sage Dir nun daß ich *Sophien* nie heirathen werde, wenn Du sie nicht lieb haben kannst, das ist auch ihre feste Entschließung, und sie opfert mehr dabei auf als ich, denn sie liebt mich mehr als ich sie liebe, sie hat keine *Bettine*, ich habe eine, die ich ewig mehr lieben werde als alle Menschen!« Am Schluß dieses Briefes wiederholt er mit Nachdruck: »Ich sage Dir daher nur noch einmal, *Sophie* wird nicht mein Weib wenn Du sie nicht lieben kannst, aber Du wirst sie lieben, das ist gar nicht anders möglich, sie wird deinetwegen expreß nach Trages kommen, sie hat eine Begierde nach Dir wie noch nie nach einem Menschen.«

Allen Ernstes – so will er Bettine weismachen – erwägt er für den Fall, daß sie nicht zustimmt, eine Eremitenexistenz. »Liebe *Bettine*«, schreibt er, »wenn Du es verlangst, so will ich das einzige Weib, was mich als Gattin glücklich machen kann, verlassen und will ein Einsiedler werden! Sei doch ruhig und setze mich nicht in Angst. Ich weiß mir nicht zu rathen und zu helfen, wenn Dir es nicht wohl wird.« Wer die schier unerschöpfliche Eloquenz von Clemens Brentano kennt, wird diesen Ausweg als leere Drohung oder Witz verstehen – niemals hätte er eine solche Existenz ohne Gesprächspartner auf Dauer vertragen, kann er es doch selbst mit dem einsilbig-ernsten Savigny kaum auf Dauer aushalten. Doch es gehört zu den Eigenarten von Clemens, daß er an seine Phantasien selbst glaubt; realisieren könnte er sie damit noch lange nicht. Auch Bettine wird das gewußt haben.

Bettine reagiert auf diesen Druck mit psychosomatischen Störungen. Sie behauptet, sie sei »krank gewesen blos von der Gottphilosophie die mir *Günderödchen* wollte eintrichtern, das regte mir die Galle auf, und machte mir so fürchterlich Schwindel«. Ihr Brief kommt aus Schlangenbad, wohin sie mit der Frankfurter Familie zur Kur gefahren ist. Dreimal setzt sie an, um die Angelegenheit mit Sophie zu klären, ohne jedoch direkt auf Clemens'

dringende Bitten einzugehen: »*Lieber Clemens.* Nur ein Wort, ich
bin in Schlangenbad und habe so eben Deinen Brief bekommen,
ich kann Dir nur erzählen daß ich morgen ausführlich schreiben
will, wenn der Genuß auf die Höhen zu steigen und in die Ferne zu
spähen mich dazu kommen läßt.

Sophie ist wunderbar daß sie mich so gern sehen will, ich weiß
nicht was ich von mir denken soll, daß ich bis jezt noch gar nicht
daran gedacht hab.

Bettine.

Grüße sie von Herzen und sag ihr ich hoffe mein möglichstes von
unserer Zusammenkunft, aber so bald wirds nicht sein können, da
wir sechs Wochen hier bleiben! –

Clemens Du bist artig! und *Sophie* ist fein, ihr wollt Euren
Brautkranz von *mir* geflochten haben, darum ist es daß Ihr ihn
wieder aufbündelt und mir alle aufgelösten Blumen in den Schoß
schüttet! – Geschwind Wasser her, daß sie mir frisch bleiben, und
dort auf der Wiese breche ich noch viele dazu, und alle Ihr kleinen
Geschlechter, die Ihr die Augen noch nicht dem Licht öffnet, seid
zum Reigen im Hochzeitskranz gebeten. Ihr sollt an euren feinen
Stielen nicken auf der Braut ihrem Köpfchen und Ja sagen, wenn
allenfalls die Braut zagt, denn! – es ist wahr – ich würde ja auch gar
sehr zagen – wenn ein wonneträumender Trunkener vor mir stände
und wollt mich fragen: Willst du mich glücklich machen? – Und:
Nein! würde ich sagen viel eher, aber nicht: Ja, und der Pfarrer
wurde sich wundern; und weiter würd ich sagen: Seh wie du fertig
wirst, wenn du durchaus und mit Gewalt dein Glück Dir willst
bequem einrichten, damit es sich bei dir niederlasse!«

In seinem Antwortbrief enthüllt Clemens zum erstenmal, was
Sophie wirklich – und nicht ohne Grund – fürchtet: »*Sophie* weint
oft Tage lang, sie glaubt sie werde mich durch Dich verlieren.«

Dann folgt erneut einer von Clemens' unglaublichen Lehrsät-
zen. Nach wie vor versucht er seinen »Anspruch« auf Bettine und
ihre Liebe geltend zu machen und warnt sie vor jeglichen Männer-
kontakten, die sich seiner Kontrolle entziehen könnten: »Um alles
in der Welt willen verliebe Dich in niemand, den ich nicht kenne.
Die Männer sind außer mir, *Arnim* und *Wrangel* nichts wert, und
Savigny, der aber einen starken Naturfehler hat, daß er Dich nicht
versteht.« Offensichtlich hat Sophie inzwischen seinem Druck

nachgegeben und einen Brief an Bettine gerichtet, denn Clemens mahnt Bettine in seinem Schlußsatz: »Schreibe der lieben *Sophie*, antworte auf ihren lieben Brief!«

Ein weiterer Brief Bettines an Clemens entspannt die Situation. In Schlangenbad hat sie tatsächlich ihre innere Ruhe wiedergefunden. Mit großer Gelassenheit und doch sehr liebvoll macht sie dem älteren Bruder klar, daß er allein über seine Beziehung zu Sophie entscheiden muß und die Forderungen nach Zustimmung in dieser Situation vollkommen unangemessen ist: »Liebster *Clemente*, ein wahrhafter Zug nur aus meiner Seele gebe Dir Licht über mein Zurückhalten gegen Deine Verbindung mit *Sophie*! – Du schwebst also immer noch im Irrthum, als könne es mich unglücklich machen? – Hab ich Dir das gesagt? – Nein! – Meine Krankheit, ein Gallenfieber – hat wahrhaftig keine Beziehung zu Dir! – Die *Günderode* hatte mich geplagt mit Philosophie; ich mußte ihr *Schelling* vorlesen, – das hat mich krank gemacht … Und sag nicht Du willst um meinetwillen jezt nicht heirathen und willst lieber mit Deiner *Sophie* zusammen unglücklich sein! – Ich würde Dir gleich hierher schreiben: ›*Du sollst, sie heirathen!*‹ wenn ich nicht fürchten müßte, Du glaubtest am Ende gar, Du habest sie nur um meinetwillen geheirathet. Nein, so was muß man thun aus sich, für sich und wegen sich, aber keinen andern zu Gefallen weder lassen noch thun.«

So löst sich die Spannung. Bettine ist wieder versöhnt und hat doch ihrerseits dem älteren Bruder eine kleine Lektion erteilt: »traue mir mehr wie Dir«, heißt es in diesem Brief, was bedeutet: Erkenne endlich, daß du gelegentlich deinen wechselnden, kaum kontrollierten Gefühlen erliegst und absurde Forderungen an mich gestellt hast.

Man könnte diese reifen Äußerungen Bettines der späten Überarbeitung des Briefwechsels durch Bettine zuschreiben, doch gibt es eine Parallelstelle in einem überlieferten Brief an Gunda: »An Clemenz habe ich heute geschrieben, wie ich glaube, einen ganz ordentlichen Brief. Übrigens überlasse ich es dem Schicksal, wenn Clemenz nicht glücklich durch ein Weib werden kann, so hat er die gerechtesten Ansprüche auf mich zu machen und ich werde ihm alles zu versüßen suchen, weil ich überzeugt bin, er würde das Nämliche tun. Wird er aber glücklich, so hat er nichts mehr an mich zu begehren und ich sehe dann mit Ruhe seinem Lebenslauf zu und freue mich des Anteils, den ich daran habe.« Immerhin scheint sie hier durchaus nicht sicher, ob sich Clemens für Sophie oder eben doch für ein Leben mit ihr entscheiden wird.

V
»Vom heurathen sprich mir nicht«
Clemens' erste Ehe

Die Zustimmung Bettines ist nicht das einzige Hindernis auf dem Wege zur Hochzeit von Clemens und Sophie. Als der Plan in seiner Familie bekannt wird, kommt es in Frankfurt zu einem Aufruhr. Die älteren Brüder wissen, wie leicht Clemens zu beeinflussen ist und wie unreif und kurzlebig seine Entscheidungen zur Lebensplanung in den Jahren zuvor waren. Mit allen Mitteln versuchen sie, eine feste Verbindung des Studenten mit der sieben Jahre älteren Frau zu verhindern. Sophie Mereau war geschieden, hatte eine siebenjährige Tochter und war freischaffende Schriftstellerin ohne festes Einkommen. Nach den Maßstäben der Frankfurter Kaufleute war ihr Vermögen nicht bedeutend, und so war sie keine gute Partie für Clemens, der zunächst selbst keinen Einblick in seine eigenen Vermögensverhältnisse hatte.

Erst am 9. September 1803, seinem 25. Geburtstag, wird er »majorenn«. Vorher konnte er sich nicht einmal eine Reise zu seinem Freund nach Paris leisten, ohne die Einwilligung seines Halbbruders und Vormunds Franz in Frankfurt einzuholen: »Zu dir lieber kann ich nicht kommen«, klagt er Arnim: »Daß du in deiner Stube gemeßen hast, und keinen Plazz gefunden, ist nicht Schuld daran ... Von künftigen Plänen, von meiner Liebe zu dir, soll ich noch von ihr sprechen, da die kleine Reiße, von hier nach Pariß, schon außer meinen Kräften liegt, meine Brüder haben mich ausgelacht, da ich Geld dazu von ihnen begehrte, und in drei lumpichten Monaten bin ich Majorenn, ihre Schmähungen gegen mich, bei meiner billigen Forderung will ich nicht wiederholen, denn sie schmähen immer mich und die arme Betine zugleich.«

Welche Summen Clemens als Sohn des reichen Frankfurter Handelshauses nach diesen »drei lumpichten Monaten« erwarten kann, verschweigen die Brüder auch bei der Diskussion um die geplante Eheverbindung. Ihr Plan ist es zunächst, den Bruder

von seinem Vorhaben abzubringen. Die jüngeren Geschwister Kunigunde und Christian stiften sie dazu an, ihm seinen Plan auszu-
reden. So schreibt die 23jährige Kunigunde am 5. Juli 1803 im
Sinne der Frankfurter Brentano-Familie: »laß mich ein wenig die
Vernunft in deiner Geschichte spielen ... Überlege ob das Mißbilligen dieses Verhältnißes, von all deinen Geschwistern, nie einen
Augenblick deine Ruhe und noch deine Zufriedenheit stören
wird ... Ob die Ungleichheit in Eurem Alter dir nie unangenehm
sein wird.« Ähnlich altklug äußert sich Christian im gleichen
Monat: »Ich will es nicht entscheiden, ob Du Deiner Eigentüm-
lichkeit nach unserer Familie oder Deiner Geliebten näher verwandt bist ... Willst Du eine neue Perle an die Schnur reihen, so
untersuche sie wohl und verlängere mit Bedacht den Faden, sonst
fallen die anderen aus, – darunter doch auch Kleinode die Dir lieb
und der Liebe wert sind; ich will nur die Bettine nennen, die uns
unauslöslich verbunden ist; und Du wirst doch nicht alles zerreissen wollen?«

Christian ist zum Zeitpunkt dieses Briefes keine zwanzig Jahre
alt, ein Student, der in seiner Kindheit ähnlich wie Clemens von
Schule zu Schule geschickt wurde und nun nach einem Lebensziel
sucht. Unter dem Einfluß des Vormunds kehrt er nun den Moralapostel heraus, obwohl er nur wenige Monate zuvor – von Clemens angestiftet – den Postillon d'amour gespielt und damit den
entscheidenden Schritt zur Erneuerung der Liebesbeziehung getan
hatte.

Was Clemens von den Frankfurter Initiativen hält, faßt er in
einem Brief an Arnim am 23. August 1803 zusammen: »Christian,
der in Marburg ist, schreibt täglich gravitätische Briefe, meine Familie meine Grosmutter, ist in Allarm, denn wir haben uns vier
Wochen *öffentlich* eingebildet, wir würden uns heurathen, das hat
nun einen Lärmen hier im Lande gemacht, der bis nach Frankfurt
erscholl, wie meine Freunde und Verwandte gegen Sie, so die ihrigen gegen mich mit einer Wuth, einem Fanatismus, und das Lu-
stigste ist beide Partheien kennen ihre Gegner nicht, und so bin ich
denn seit 3 Monden das Gespräch der Hiesigen schönen Welt und
des Hofs.« Dann schildert er seinem Freund die Schwankungen,
denen sein Verhältnis mit Sophie seit der Versöhnung unterworfen
ist: »Meine Absicht war anfangs mit Sophien nach Marburg zu

ziehen und sie förmlich zu heurathen ... unsre Vermögungs Umstände sollten sich keineswegs vermischen nur unsre Leiber, das
ganze sollte ein mit dem Sakrament besiegeltes Piquenique sein.
Sophie hatte gleich anfangs nach unsrer Versöhnung mir erklärt, sie
wolle mich nie besizzen ... ich aber war fest entschloßen, sie heurathen, Sie willigte ungern mit Trähnen ein, und so hatten wir diese
Idee einige Wochen schwankend lieb, in diesen Wochen nun sind
wir unendlich viel klüger geworden, meine Fantasie glaubte wirklich schon in dieser Ehe zu leben, und fühlte sich gebunden und das
Leben schwehrfällig, ich äußerte nichts davon, aber neulich in der
Nacht saß ich mit ihr auf einer Garten Banck, da tratt der Mondschein und ein Apfelbaum mit in unser Consilium, und Sie erklärte
feierlich, sie könne mein Weib nicht werden, sie fühle, wie sie nie
den Gedanken ertragen könne mich irgend zu unterdrüken ... und
es ist also beschloßen, in einigen Tagen gehe ich nach Marburg
zurück, und Sophie wird auch bald ganz dahin ziehen, dort leben,
und lieben, und arbeiten, unter meiner und Savignys Aufsicht gute
oder bescheidnere Sachen schreiben. Ob ich sie dort dann und
wann küßen werde, daran zweifle ich kaum.«

Bei diesen Vorstellungen zum zukünftigen Zusammenleben ohne Trauschein folgen die beiden den Vorbildern im Kreis der Jenaer
Romantik. Friedrich Schlegel lebt mit der neun Jahre älteren, ge-
schiedenen Dorothea Veit und deren Sohn Philipp zusammen, sein
Bruder August Wilhelm ist mit Caroline verbunden, die aus ihrer
Ehe mit Böhmer geflohen war und ein Kind von einem französischen Soldaten ausgetragen hatte, von dem ihr Bräutigam wußte.
In Jena bahnt sich auch Carolines Verbindung mit Schelling an, der
sogar zwölf Jahre jünger ist als Caroline.

Wenn man Clemens glauben darf, so ist in der Jenaer »Clique«
sogar eine freizügige Sexualität auch außerhalb der gerade aktuellen Paarbeziehungen nicht ungewöhnlich. Mehrfach berichtet er
Savigny mit drastischen Worten über Dorothea Veits Freizügig-
keit: »Von der Infamie und Geilheit der Veit höre ich täglich mehr
Geschichten, Maiern hat sie den Coitus förmlich als Einweihung in
die Clique angeboten, Ritter ist durch diese schmuzzige Pforte
unzälche Mahl gezogen, und ich verstehe jezt auch viele ihrer
Wendungen gegen mich.« Das klingt völlig anders als sein erster
Bericht über die Jenaer Romantikergruppe, in dem er dem Bruder

Franz von »jungen schon vortheilhaft bekannte[n] Gelehrten
und … Profeßoren« vorgeschwärmt hatte. Sollte Clemens nun –
im Zorn über die zunächst gescheiterte Beziehung zur Mereau –
ähnliche Einzelheiten und Gerüchte in Frankfurt gestreut haben
oder Savigny dort einiges kolportiert haben, so ist die erschreckte
Reaktion seiner Brüder auf den Plan einer Verbindung mit Sophie
durchaus verständlich.

Denn die Welt der Großbürger in Frankfurt ist – jedenfalls nach
außen hin – »in Ordnung«, und die Familie Brentano muß auch
bestrebt sein, sich den Normen dieser Stadtgesellschaft möglichst
anzupassen und kein Aufsehen zu erregen. Bettine und Clemens
sind für die Geschäftsführer der Firma, für Franz und Georg –
beide seit kurzem ordnungsgemäß verheiratet – bereits die schwarzen Schafe der Familie. Die beiden außergewöhnlich begabten,
aber zugleich sehr eigenwilligen Geschwister machen von sich reden. Bettine lehnt die von ihren Brüdern lancierten Bewerber von
Stand ab, Clemens wählt eine ältere geschiedene Frau mit Kind
und ohne solides Vermögen zur Partnerin. Der mühsam über ein
Jahrhundert aufgebaute Ruf der aus Norditalien eingewanderten
Familie in Frankfurt scheint damit gefährdet.

So gibt schließlich neben dem Termin von Brentanos Mündig-
keit die nahe Geburt eines Kindes den Ausschlag für die Zustimmung der Brentano-Familie zur Verbindung mit der Mereau. Eine
»Mesalliance« mit der Jenaer Literatin und die Schande eines unehelichen Kindes sind nun – nachdem die Schwangerschaft feststeht – im bürgerlichen Normensystem gegeneinander aufzuwie-
gen, und Brentano kann nach Einblick in seine Konten seiner
Geliebten am 22. September 1803 erleichtert mitteilen: »Unsre
Freiheit ist nicht größer zu wünschen, übrigens können wir, wenn
wir zusammenleben, recht bequem von meinen Intressen [Zinsen]
leben, und was wir [durch Publikationen] gewinnen, das wenden
wir zur Lust.«

Doch geht es Sophie Mereau überhaupt um diese finanzielle
Absicherung? Muß sie nicht auch nach Klärung des Lebensunter-
halts befürchten, ihre persönliche Freiheit in einer Ehe mit dem
unausgeglichenen Clemens zu verlieren? Anfangs ist sie entschlossen, keine zweite Ehe einzugehen; auf ihren Wunsch hin planen die
beiden unverheiratet als unabhängige Künstler miteinander zu le-

ben. Clemens jedoch ist hin und her gerissen: »Ich zeige Ihnen hiermit meine Heirath mit Sophie Merau – nicht an, sondern ab«, beginnt er einen Brief an Savigny Anfang August 1803. Und dann wiederholt er die idyllische Geschichte aus seinem Brief an Arnim und behauptet sogar – vermutlich nicht ohne Selbstironie – eine platonische Beziehung anzustreben: »Wir haben uns gestern Abend im Beisein des Mondes und eines Apfelbaumes entschloßen uns nicht zu heurathen, aber wir haben uns recht lieb, und wollen unsre Liebe auf einen vertraulichen Umgang – das heist keuschen – beschränken ... Sophie will nach Marburg ziehn, um uns beiden einen angenehmen Zirkel zu formiren, denn stellen sie sich vor, sie kann nicht ohne mich leben. – Nach Trages kommen wir also nicht.«

In Marburg angekommen, wo Clemens für Sophie eine Wohnung mieten und teilweise einrichten soll, schreibt er Sophie nach Dresden und Weimar glühende Liebesbriefe, die zu den schönsten der deutschen Literatur gehören. Bereits im zweiten kommt er auf seine Idee, sie zu »heurathen«, wieder zurück: »Liebe Sophie! Mein Herz schlägt nicht gleich und ruhig, oft pocht es heftig, oft leise, wie ein Gläubiger oder ein Bettler, und wie im Druck liebender Hände die Gewalt steigt, so habe ich Minuten, wo ich es bestimmt fühle, daß ich doch nicht gut ohne dich leben kann, daß ich dich lieben muß, nach dir verlangen, wie nach Trost und Hülfe. Ach das Leben wird so leicht neben dir, an mir zieht Alles mit Gewichten, ich kann keinen Menschen finden, der mich so recht lieben kann, kannst du es lieber Engel? o so sprich laut, so laut du kannst, damit auch Echo es mir wiedersagt, ich sei glücklich ... Seltsam scheint es mir, daß meine Idee, dich zu heurathen, mir seit ich dich verlaßen mir wieder unendlich lieb, und theuer ist, und ich bitte dich herzlich, laße deinen Entschluß nicht unauflösbar sein, so, wie wir es jezt vorhaben, wird unser Verhältniß doch manches drückende durch das Gered der Menschen mit sich führen, und wir müßen alle unsre Liebe mit Flüstern, Scheu und Mühseeligkeit genießen. Allein kann ich ohnmöglich leben, und schon die Einsamkeit mit Savigny zerdrückt mich oft.«

Schon am nächsten Tag schlägt seine Stimmung wieder um, Melancholie bestimmt den Brief an die Geliebte vom 1. September: »Ich bin wieder sehr melancholisch ... ich fühle ich gehe zu Grund

ohne die ewige Nähe eines treuen mich allein innig liebenden Wesens. Oft habe ich Momente, die andern Menschen die Haare
sträuben würden … sie rauschen wie ein drohender Kranz um
meine Stirne, und sind traurige Gedanken, diesen Kranz liebe Sophie, sollst du verwandlen oder lösen. Ich fühle täglich deutlicher,
daß ich nur im fantastischsten, Romantischsten Leben Ruhe finden
kann, du must mir dazu helfen, du mußt mir dies Leben erfinden
helfen, sonst muß ich sterben.«

Auf diese zwei Briefe – den himmelhochjauchzenden und den
zutodebetrübten – antwortet Sophie am 6. September: »Ich habe
nun deinen zweiten Brief, und muß es freilich billig und natürlich
finden, daß in meine helle Stimmung nun wieder ein Schatten fällt.
Da ich törigterweise deine lezte Stimmung für gediegner hielt als
sie war, so war mir deine jezige Unzufriedenheit befremdlich, ja,
ich empfand auf einen Augenblick jenes grauenvolle Zurückbeben
vor dir, was ich sonst wohl zuweilen gefühlt habe … Ja, Clemens es
ist nicht möglich, daß dieser gottlose Mismuth … wirklich in dir
sein kann – in dir, den ich anbeten mus, weil ihn die Natur so
herrlich ausgestattet.« Auf die Schilderung der grundstürzenden
Melancholie ihres Liebhabers reagiert sie wie ein behutsamer The-
rapeut unserer Tage und empfiehlt körperliche Aktivitäten: »Glaube mir, Lieber, es ist Krankheit, ich beschwöre dich, frage einen
Arzt, lerne pflügen und holzsägen wenn es sein muß, du bist wirklich krank, ein gesunder kann in deiner Lage nicht so fühlen.«
Dennoch lehnt sie den Plan einer Ehe entschieden ab: »Vom heurathen sprich mir nicht. du weißt ich thue Alles Alles, was du
begehrst, und wovon du glaubst, es könne dich glücklich machen,
aber wolle nichts, was dich nicht zufriedner macht – und mich auch
nicht. Sag jezt den Leuten, was du willst, und überlaß mir das
übrige ganz; ich werde alles schon einzurichten wißen. Vertraue
mir ganz, ich verdiene es, liebe die Menschen und sei lustig. Was
soll ich mit einem so unzufriednen Liebhaber anfangen?«

Sophies Brief kreuzt sich mit einem weiteren von Clemens, in
dem er die Hochzeit noch dringlicher anmahnt: »ich habe die
ernstliche herzliche Bitte an dich, dich ganz mit mir zu vereinigen,
und jeden Moment des Lebens mit mir zu theilen, deine grosmü-
thige Liebevolle Idee unehlich mit mir zu leben, laß sie vorüber
gehen, sie hat das ihrige redlich vollbracht … führe mich in ein

neues schönres Leben, in das vertraute unzertrennliche Zusammenleben mit dir … o Sophie, führe mich ins Leben, führe mich in die Ordnung, gieb mir ein Hauß, ein Weib, ein Kind, einen Gott.« Um seiner Forderung Nachdruck zu verleihen, nimmt er immer wieder Bezug auf die Meinung seiner Frankfurter Verwandten: »Bedenke, wie ich die Zucht meiner Geschwister, die Unschuld Betinens beleidige, wenn ich so mit dir lebe, wird sie nicht dann erst Ursache haben, dich nicht zu lieben, wenn sie wähnen kann, du habest mich in ein moralisches Verderben gezogen, und dein Ruf, der biß jezt dein ungeschickter gröster Feind war, wirst du ihm nicht eine gerechte Waffe in die Hände geben, ich bitte dich, geliebtes einziges Weib … laß uns eine Familie bilden … Ich will durch diesen meinen Vorschlag nichts hervorbringen, als unsre Ehre retten, und den Ruf meiner Schwester schonen, unsre Verehligung selbst brauchen wir niemand anzuzeigen, biß sie vollzogen ist, meine Familie wird dann sicher Nichts mehr dagegen haben, denn sie hat schon jezt nichts dagegen, das ganze war ein Geschwäzz, und ich bin versichert, wenn ich nach Frankfurt gehe, wird Niemand davon reden, ich kenne diese Menschen, die sich leider mehr zu wenig, als zu viel um einen bekümmern.«

Es sind diese Passagen seines fast zehnseitigen Werbebriefs, auf die Sophie energisch und verärgert reagiert. Nicht ohne Grund zweifelt sie an der inneren Reife ihres Geliebten und zitiert empört aus seinem Brief: »*Die Zucht deiner Geschwister, der Ruf deiner Schwester!* – erst erfodert ihre *Ruhe* daß ich dich *nicht* heurathe – jezt will ihr *Ruf* das Gegentheil! – Clemens, erinnere dich daß ich *für dich* lebe, für niemand anders als für dich! – Deine Familie würde *nichts dagegen* haben! mein Blut kocht, wenn ich mir das sage. Diese Menschen, die mir nichts sind, die mir ewig fremd sind – o, Clemens, bist du wirklich mündig?«

Mit dieser Frage bringt Sophie Mereau die Sache auf den Punkt; die hervorgehobenen Wörter aus dem Werbebrief Brentanos sind für sie ein Zeichen dafür, wie leicht ihr Geliebter zu beeinflussen ist. So zweifelt sie mit Recht, ob er denn wirklich innerlich »mündig« ist, zumal in seinen Briefen immer wieder deutlich wird, daß er auch bei seiner Geliebten mütterlichen Trost und mütterliche Geborgenheit sucht: »zweimahl schon hörte ich dich aus der Ferne ein süßes liebes Schlummerlied für deinen Klemens singen«, behauptet er im selben Brief an Sophie und phantasiert sich auch in seinem Lied *Meine Liebe an Sophien die ihre Mutter ist* in die Rolle des im Mutterschoß geborgenen Kindes zurück. Zum wiederholten Male spielt er zugleich auf die besondere Beziehung zur Schwester Bettine an, deren »Unschuld« er durch seine außereheliche Verbindung gefährdet sieht.

Auf den intensiven Wunsch nach einer ehelichen Verbindung geht Sophie zunächst nicht noch einmal ein, obwohl Brentano fast in jedem Brief darauf zurückkommt und bettelt und bittet. Auch Bettine, die sich immer wieder spöttisch über das philiströs-langweilige Eheleben äußerte, wird nun als Fürsprecherin beschworen. Clemens reist eigens für einige Tage von Marburg nach Wiesbaden und Frankfurt, um sie zu gewinnen: »Das Stillschweigen Betinens ängstigt mich so, daß ich morgen hin reisen werde, in wenigen Tagen bin ich zurück«, kündigt er Sophie am 10. September im Postskriptum eines Briefes an, und drei Tage später meldet er aus Wiesbaden: »Vorgestern Abend bin ich hier angekommen, wo ich endlich Betine gesund und zufrieden angetroffen habe ... Ich habe noch nichts mit ihr als von dir gesprochen, und sie kann sich nicht satt hören, sie findet auch, daß du mich heuraten müstest, und ich zweifle nicht, daß ihr euch sehr lieben werdet, denn ihr habt beide die rechte Art von Verstand, ich glaube auch, du würdest durch ihren Umgang noch viel lebendiger und leichter werden, denn sie ist eigentlich in sich leichter als du, in dem ich dir hier schreibe, sizt sie mir gegen über ... Doch denke nicht, daß meine Empfindung für dich sich in ihrer Gegenwart in mindesten verändert, wenn sie meine Schwester nicht wäre, und du wärst im gleichen Alter mit ihr ... so würde ich in dich toll verliebt sein, und nach dir verlangen, sie aber würde mich erringen und ich würde dich nicht bei ihr vergessen.« Bettine war mit Franz und seiner Familie zur Kur nach Wiesbaden gereist – das Haus in Winkel war zu dieser Zeit noch nicht in Brentano-Besitz. So kann Clemens, der seinen Verwandten nachreist, auch die Widerstände der Frankfurter Familie bei dieser Gelegenheit zerstreuen und meldet Sophie: »Die Angst und Noth in Frankfurt wegen dir ist gar nicht so arg als du denkst, und ist eine reiche Ausbeute einer unendlichen Klätscherei, von Weimar durch die Löwenstern und Laroche, kein Mensch wendet auch etwas gegen meine Ehe ein, man intressirt sich gar weiter nicht drum, und der ganze Lärm war nur ein Frosch der in einem vielfachen Echo quaxt.«

Gemeinsam mit Franz, Antonie und Bettine reist Clemens dann von Wiesbaden nach Frankfurt und meldet sich eine Woche später aus der »ungeheuren Werkstatt der Goldmacherkunst dem Comtoir meiner Brüder«. Der Blickwinkel des Literaten, der kurz zuvor in einer Satire die Philister mit »ihrer Reise vom Buttermarkt nach dem Käsemarkt« verhöhnt hatte, wird hier deutlich. In der Welt der reichen Kaufleute seiner Familie fühlt er sich fremd und verloren, und wieder ist es nur Bettine, die auf seiner Seite steht und ihn tröstet: »ich mußte heftig weinen und nach meiner Kammer gehn, Betin[e] saß allein bei mir, und an dich dachte ich, lieb Her[z].« Ob solche Stimmungsbilder Sophie umstimmen und trösten konnten, bleibt mehr als fraglich, denn auch sie wird kaum frei von Eifersucht gewesen sein, weil Clemens mit Nachdruck auf seine Sonderbeziehung zu Bettine hinweist.

In Wiesbaden oder Frankfurt gibt er der inzwischen 18jährigen Bettine auch die Briefe von Sophie zu lesen und teilt seiner Geliebten herablassend mit: »Betine ist dir nun herzlich gut, nachdem sie deine Briefe an mich gelesen, hat sie dich sehr lieb, sie ist fest überzeugt, daß du allein mich nur glüklich machen wirst, und besonders wohl hat ihr die kleine Lekzion, die du mir in deinem lezten Briefe giebst, gefallen.« Dann kommt er erneut auf sein Thema zu sprechen und behauptet: »Dein Widerwille gegen die Ehe wird sich legen, waß du mir dagegen sagst, heist sich auf dem Absazz herum drehen und Schnippchen schlagen, waß ein artige Frau, wie du wohl darf, aber du entgehst mir nicht, ich will um dich anhalten, bei deiner Mutter der Liebe, und deinem Vatter dem Muth. Du hast mich vermuthlich nicht recht verstanden, und mündlich mit Küßen, werde ich deutlicher werden, als je.«

Anfang Oktober hält sich Clemens noch immer in Frankfurt auf und trifft dort auch mit Bettine zusammen, deren munteres Wesen er Sophie gegenüber noch einmal herausstellt: »Ueber Betinen kann ich jezt ganz ruhig sein, sie hat sich durchaus zu ihrem Glüke gewendet, ihre Trauer, ihr Tiefsinn haben sich in eine unzerstörbare Munterkeit verwandelt, sie treib[t] ihren Muthwill mit dem ganzen Hauß, und läßt bei allen Gelegenheit[en] eine Vortreflichkeit des Gemüths erblicken, die mich herzlich rührt, liebe Sophie, was kann

Sophie Mereau, Federzeichnung eines unbekannten Künstlers

der gute Mensch, wo er nicht helfen kann, anderes, als Lieben, so
erschien dir auch meine Liebe zu Betinen oft der deinigen nach-
theilich, wenn ich gleich deutlich fühle, sie konnte es nie sein ...
jener tiefere uns selbst oft unendlich drückende Bund zwischen Ihr
und Mir, hat sich gelöst, in reine Freude an unserm Leben ... Nun
da du mich liebst, da Betine glüklich und ruhig in sich ist, bin auch
ich ruhig und froh.«

Eine direkte Reaktion Sophies auf diese Klärung bleibt aus, und wir wissen nicht, ob sie nun auch so »glüklich und ruhig« ist wie die Brentano-Geschwister. Die Frage der Ehe jedenfalls ist weiter in der Schwebe. Der zurückgewiesene Liebhaber droht im gleichen Brief:»Wenn du nun, wie du jezt gesinnt bist mein Weib nicht werden willst, kannst du mir es verargen, wenn ich es vor Mistrauen von dir halte, o liebes Weib, wie machst du uns umsonst das Leben so sauer! Es könnte Alles so einfach sein, ich heurathe dich vor Gott und der Welt, so ist alles Geziere, als Gerede aus, und wir sind glücklich.« Obwohl ein Brief mit Vorwürfen und Distanzierungen von Sophie inzwischen eingetroffen ist, insistiert er noch in seinem Brief vom 8./9. Oktober:»o ich habe alle Ursache dich zu lieben, aber um Eines nur werde ich dich nie zu bitten aufhören, ich werde dich immer bitten mein Weib zu werden.«

Erst als für Sophie die Schwangerschaft zweifelsfrei feststeht, reagiert sie auf Clemens' Drängen. Offenbar behagt ihr die Aussicht nicht, mit einem unehelichen Kind in freier Künstlergemeinschaft mit dem Dichter zu leben:»Clemens, ich werde dein Weib – und zwar so bald als möglich. Die Natur gebietet es, und so unwahrscheinlich es mir bis jezt noch immer war, darf ich doch nun nicht mehr daran zweifeln. Meine Gesundheit, deine Jugend, meine jezige Kränklichkeit – ist dir, Unbefangnen, denn nie etwas dabei eingefallen? – Ich weiß nicht, warum es mir kostet, dir zu sagen, und doch kann ich nicht länger schweigen ... Geheimnisvollstes Wunder, so auf Erden, die Götter thun, was nie enthüllt, nie kann verborgen werden – so rathe nun! Denk Schmerz, Lust, Leben, Tod, in Einem Wesen, verschlungen ruhn, denk, daß ein ahnungsvoller Sänger du gewesen – erräthst du's nun?«

Zugleich deutet sie an, daß sie trotz der Anzeichen einer Schwangerschaft immer wieder erwog, die Verbindung mit Brentano ganz zu lösen, denn sie fährt nach ihrer Enthüllung im gleichen Brief fort:»Wärst du in deine vorigen Grausamkeiten zurückgefallen, so war ich fest entschlossen, eine Diebin zu werden, und mit deinem Eigenthum an einen Ort zu flüchten, den ich mir schon ersehen hatte, wo du mich nie, nie wieder gefunden hättest; so aber, da deine Briefe in schönen Zusammenhang, sich wie ein Kette von goldnen Blumen um mich geschlungen, und mich ununterbrochen

immer näher zu dir geführt haben, will ich dir dein Eigenthum
zurückbringen, und sorgsam bewahren.«

Als »Grausamkeiten« empfindet die Mereau insbesondere Klat-
scherei und üble Nachrede, für die beide Brentano-Geschwister –
Clemens wie Bettine – weithin bekannt waren. Sophie hatte dies
nach der Abreise ihres Geliebten zu spüren bekommen und ist tief
enttäuscht und verletzt: »Ich bin zu sehr vernichtet, als daß ich
mich verstellen könnte«, schreibt sie am 20. September aus Weimar.
»Jezt, jezt erst trefen mich die tödlichen Pfeile, die du, verhüllt von
dem Zauber der Gegenwart, auf mich abdrücktest. O! ich war
noch nie unglücklich – jezt bin ich es erst geworden! Beschimpft
zu sein von dem was man liebt, das ist das einzige, größte Unglück
des Weibes – die einzige Schande, die einzige üble Nachrede, die sie
trefen kann!«

Was war geschehen? Sophie hatte erfahren, was Clemens an
Bettine nach Frankfurt geschrieben haben soll, und zitiert in ihrem
Brief diese »schneidenden, verachtenden, schrecklichen Worte«
ihres Liebhabers: »Das ist nun auch vorbei, schriebst du deiner
Schwester, ich habe die M geliebt, ich liebe sie nicht mehr; an
Heurat ist gar nicht zu dencken, aber sie will meine *Freundin* –
dies Wort zweideutig unterstrichen – sein, und sie wird mir durch
die ganze Welt nachlaufen.« Brentanos Großmutter Sophie von La
Roche hatte Sophie, wie sie schreibt, das Zitat übermittelt. Die
Nachrichtenbörse funktioniert so gut, daß man auch in Weimar
davon ausgeht: »er verschmäht sie – sie verfolgt ihn mit ihrer Liebe,
die er verachtet.«

Clemens dementiert nur halbherzig und wenig überzeugend:
»Ich habe alle meine Briefe an Betinen durchlesen, keiner enthält
eine Silbe, von dem, waß dir wiedergebracht ist, es müßte, denn
einer aufgefangen sein, keiner enthält überhaubt Etwas, waß dich
drücken könnte, sie selbst hat nie etwas davon geäußert, doch ist es
möglich, daß während ihrer Krankheit, man ihr theils aus Neu-
gierde theils aus Begierde die Ursache ihrer Melancholie zu er-
gründen, einige der Briefe entwendet hat ... Doch das Ganze lang-
weilt mich.« In den überlieferten Briefen an Bettine findet sich
tatsächlich fast ausschließlich Positives über Sophie, aber das besagt nicht viel, da Bettine im *Frühlingskranz* als Herausgeberin der
Briefe ihres Bruders bestrebt ist, ein freundliches Licht auf die

Affäre zu werfen. Sollte ihr ein diffamierender Brief von Clemens vorgelegen haben, hätte sie ihn keinesfalls unverändert publiziert.

Der Vergleich der verschiedenen Briefwechsel, die erst heute durch Publikationen zugänglich sind, läßt erkennen, daß für Sophie nur die Spitze eines Eisbergs sichtbar ist. Das Lästern über Menschen, die ihm lieb und teuer sind, gehört zu den Eigenheiten von Clemens' Briefstil. Oft äußerst er sich scharf satirisch oder herablassend, während er zugleich – in parallel entstandenen Briefen – die freundlichsten Komplimente oder gar Liebesgeständnisse macht. In den bereits zitierten Briefen an den Freund Arnim reißt er Zoten über die heißbegehrte Frau, stellt sein Werben als »Jungenstreich«, als »Mausefalle« dar, tut so, als wäre die Initiative von ihr ausgegangen, während er doch mit allem Ernst um sie wirbt und die zur gleichen Zeit an Sophie geschriebenen Briefe von großer Leidenschaft zeugen. Als Sophie nicht sofort bereit ist, eine Ehe mit ihm einzugehen, ist sein Stolz so verletzt, daß er nach Frankfurt meldet, sie laufe ihm nach, obwohl es umgekehrt ist: Clemens ist es, der Sophie ohne Unterlaß umschmeichelt und mit allen verbalen Mitteln um ihre unbedingte und ausschließliche Liebe wirbt.

Die Erfahrung von Brentanos »Redesucht« trifft Sophie so tief, daß sie Trennung und Freitod erwägt. Zugleich deutet sie im Brief vom 20./21. September 1803 bereits dezent an, daß sie schwanger sein könnte: »Ich bin wohl krank, daß dies alles so auf mich wirckt. Der Arzt sagt, meine Nerven litten – es kann wohl sein, ich dencke, es muß sich bald entscheiden – daß meine Gesundheit nicht in ihrem natürlichen Zustand ist, fühle ich wohl. ... ich bin nicht mehr frei, ich kann mein Leben nicht mehr der Liebe opfern, wie ich es im Sinn hatte, denn, das, was nur von zwei Seelen gekannt, das heiligste Verhältniß geweßen wäre, ist durch deine – Redesucht zur Schande geworden. Ja, fast unwiderstehlich zieht es mich fort – alle die einsamen Thäler sagen: vertraue dich uns, verlaß die Menschen, du selbst kannst nichts mehr für sie sein, indeß sie nur dein armes Herz verwunden, das nur bei uns sich erholen kann. – So lebe wohl, – lebe du und mich laß sterben.« Am Tag darauf ist sie jedoch bereit, ihm zu vergeben und schreibt »wieder mit versöhntem, stillen friedlichen Gemüth«.

Knapp einen Monat später dann also Gewißheit und – trotz aller Bedenken – Sophies klare Entscheidung für eine reguläre Hoch-

zeit, obwohl ihr Brief vom 28. Oktober erneut Zweifel an der
Dauerhaftigkeit einer zukünftigen Eheharmonie andeutet: »Ich
habe deinetwegen schon wieder Streit gehabt. Es ist sonderbar,
daß auch nicht Ein Mensch ist, der nicht deine Talente bewundert
und deinen Carackter fürchtet. – Nur ich, ich fürchte ihn nicht; es
macht mich ganz frölich, mich ei[n]mal so ganz allein, keck der
ganzen Welt entgegen zu stellen. Ich werde mit dir glücklich *sein*,
das weis ich; ob ich es *bleiben* werde, das weis ich nicht, aber was
geht mich die Zukunft an? – Kann ich nicht sterben, eh' ich unglücklich werde?« Im selben Brief schlägt sie eine Trauung schon
auf der Reise nach Marburg vor, in einem Dorf unterwegs oder auf
der Wartburg. Brentano antwortet am 3. November; er zeigt sich
»wunderbar überrascht«, aber doch vergleichsweise nüchtern:
»Heute erhalte ich deinen Brief, der dich mir giebt, und waß ich
auf Erden vom Himmel begehrte ein Kind, diese Botschaft hat
mich so wunderbar überrascht, daß ich nicht denken, nicht fühlen
kann, wenn ein Geist neben mir steht, muß es so sein, und Ver-
kündigung des Engels, ave maria. Ich habe nur wenige Minuten
Zeit biß die Post geht, die so eben gekommen … ich erwarte nun
die bestimmte Anzeige deiner Abreiße, und ob ich biß Eisenach,
oder Hersfeld entgegen kommen soll und auf welchen Tag, mit
bestimmten Datum, ich dich … an diesem oder jenem Ort treffen
soll, waß die Copulation angeht … sie könnte eben so gut hier
abgethan werden bei meinem Freund Bang auf dem Dorf … Grüße
mein Kind, ich bin glüklicher als ich es verdiene, es ist glüklicher
als es verdient, von dir unterm Herzen getragen zu werden.«
    Nach der grundsätzlichen Zustimmung geht es nur noch um den
Ort der »Copulation«. Brentano erwägt eine Trauung von dem
befreundeten Pfarrer von Goßfelden Johann Heinrich Christian
Bang, entscheidet sich jedoch schließlich aus praktischen Erwägungen für Marburg, wo nur zweimal das Aufgebot verlesen werden muß. Am 29. November 1803 in der Pfarrkirche findet die
Zeremonie statt, bei der Clemens, der »privatisirende Gelehrte«,
wie es im Kirchenbuch heißt, und die »Frau Professorin Mereau
aus Jena« ihren Segen erhalten.
    Über das Zusammenleben der beiden wissen wir nicht viel, denn
im Frühjahr 1804 schreibt Brentano nur wenige Briefe, und seine
Berichte an den Freund Arnim sind mit Vorsicht zu betrachten.

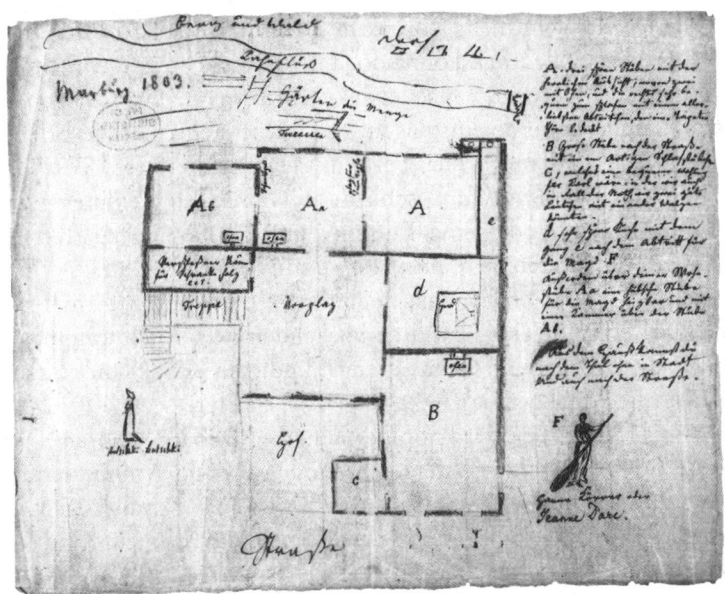

Clemens Brentanos Grundrißzeichnung zur angemieteten Marburger Wohnung
in einem Brief an Sophie Mereau

Seine Neigung zur satirischen Übertreibung führt dazu, daß er
Spannungen zu großen Katastrophen aufbauscht, um sich dabei
zugleich als Leidender, Betrogener, Unverstandener in Szene zu
setzen. Seine Behauptung, er habe seit seiner Hochzeit kein Wort
gedichtet, ist stark übertrieben. Allerdings kommt es auch nicht zu
der erhofften inspirierenden Zusammenarbeit, einem »poetisierten« Leben zu zweit. Möglicherweise hilft Clemens seiner Frau
bei der Zusammenstellung von Almanachen und der Auswahl
und Ausführung von Übersetzungen spanischer Novellen. Aber
im Nachlaßmaterial finden sich nur wenige Blätter, die gemeinsames Arbeiten dokumentieren: Handschriften seiner Frau, die er
stilistisch korrigierte.

Auch das Verhältnis der beiden frisch Verheirateten zu Bettine
ist schwer abzuschätzen. Eine Nachschrift in einem Brief an Antonie vom 22. Februar 1804 läßt erkennen, daß der Kontakt mit der
Schwester für Clemens nun zunächst an Bedeutung verloren hat:
»Sage Betine, da sie in Verlegenheit zu sein scheine, was sie auf
meine Briefe und meine große Liebe zu ihr antworten solle, so

wolle ich sie nicht mehr stören, ihr lezter Brief habe etwas Müh-
sames oder Undeutliges, ohne doch etwas gedachtes zu enthalten,
sie thue mir Unrecht, ich sei etwas wehrt, was sie nicht erkennen
wolle, und sie werde einstens zu mir zurückkehren.« Die Briefe,
auf die sich Clemens hier bezieht, scheinen verloren. Bettines
Sammlung *Frühlingskranz* schließt mit ihren Empfehlungen an
Clemens, selbständig eine Entscheidung für Sophie zu treffen,
und auf der letzten Seite heißt es: »Ende des ersten Bandes«. Ein
zweiter wird nie erscheinen, doch deutet diese Schlußformel an,
daß Material für einen zweiten vorhanden war. Auch kommt es
tatsächlich zu der von Clemens angekündigten »Rückkehr« dieser
Liebe, die Anfang 1804 zunächst gestört scheint.

Am 11. Mai 1804 wird Sophies Kind in Marburg geboren. Der
erste Brief des stolzen Vaters geht an den Freund Arnim, der als
Pate ausgewählt ist, aber noch nicht von seiner Kavalierstour in
England zurückgekehrt ist: »In der selben Stunde da mein Kind ein
Knabe, der am eilften Mai mit grosen Schmerzen gebohren, mit
deinem Nahmen belehnt worden ist, kam dein Brief, und machte
mir und der Mutter durch diese Zufälligkeit eine größere Freude«,
teilt Clemens seinem Freund mit. Sophie dichtet zum Dank ein
Sonett für Arnim, das beigefügt wird. Am Schluß des Briefes kündigt er den Umzug aus Marburg und eine baldige Reise zu Arnim
nach Berlin an. Offensichtlich zeichnen sich hier bereits Ermü-
dungserscheinungen in der jungen Künstlerehe ab: »Ich gehe in
zwei Monaten von hier weg«, schreibt Clemens, »zuerst nach
Frankfurt zu den Meinigen, um Betinen Frau und Kind zu zeigen,
wohin dann, das weiß ich nicht, das muß ich von dir erfahren, wir
müßen uns wieder sehen, und wieder lieben; ich bin verändert,
stiller, ernster und begieriger nach dir, vielleicht liebst du mich
nicht mehr, wenn du mich wieder siehst, das gebe Gott nicht.
Waß du von Vaterland sagst muß sich zeigen, ich habe kein Vaterland, Arnim nur um dich könnte ich den Süden Deutschlands aufopfern, sobald du [aus England] abreisest schreibe mir wenige
Worte, und deine Adresse in Berlin, vielleicht findest du mich dann
schon zu Berlin, wenigstens meine Briefe. Mein Kind heist Achim
Ariel, es ist sehr schön, und ruhig. aber ich kann in diessem Augenblick wegen ihm nicht mehr schreiben, es weint sehr laut, lebe wohl
du Engel. Clemens«.

Clemens ist von dem jungen Geschöpf fasziniert: »das Kind weint wenig, hat sehr große schwarze Augen, einen Mund mit einem Kreuzer zu bedecken, eine Nase vorne zwei Löcher zum riechen, ein Bauch, einen kleinen Hintern und Allerlei. – o wie freue ich mich, wenn ihr es bewundern werdet«, schreibt er an seine Schwägerin Antonie am 28. Mai nach Frankfurt, und wenige Tage später berichtet er auch Bettines Freundin Karoline von Günderrode in zwei Briefen: »Ich habe ein Kind, einen niedlichen schönen Knaben, wenn er nicht schreit, bin ich ihm recht gut, seine grose Schönheit gefällt mir besonders«, und: »Eine rechte Freude ist es, zu sehen, wie diese Frau vierzehn Tage nach einer sehr gefährlichen Niederkunft vier Stunden lang die beschwerlichsten Berge mit mir beklettert und mich immer zurücklässt. Meine Frau ist ein tüchtiges Weib, an Leib und Seele gesund, und mehr noch rüstig, gewandt, und bis zur Kunst an beiden gelangt durch Anlage, Lust und Uebung; wenn man sie auf den Kopf stellt, fällt sie immer wieder auf die Füße . . . Mein Kind gefällt mir im ganzen sehr wohl; wenn ich es in den Händen habe, habe ich eine große, geschwätzige Freude an ihm; es recht mit allem Apparat zu lieben, wage ich nicht, denn es wäre im stande und packte diese Liebe ein und ginge mit ihr in die andere Welt.«

Knapp sechs Wochen nach der Geburt, am 19. Juni, stirbt Achim Ariel. Das Ölporträt, das Arnim in London von Peter Eduard Ströhling hatte anfertigen lassen – es wird heute im Museum des Frankfurter Goethehauses gezeigt – war als Patengeschenk gedacht. Eine Kantate zu Ehren des neuen Erdenbürgers brachte der Freund ebenfalls auf seiner Rückreise aus England mit. Doch als er in Deutschland eintrifft, ist Clemens' Kind bereits tot, und Arnim überläßt das Patengeschenk seinem Freund zum Trost.

Der Tod des Kindes, den Clemens in seinem Brief an die Günderrode bereits zu ahnen scheint – erschüttert ihn tief. Bei seinen forcierten Plänen zu einem Gemeinschaftsprojekt mit Arnim versucht er seinen Kummer zu vergessen. Ein »wohlfeiles Volksliederbuch« schlägt er dem Freund vor, der nach kurzer Überlegung einwilligt. Mit Eifer und Begeisterung gehen die beiden ans Werk und sammeln, was ihnen geeignet scheint. Eine gedruckte Aufforderung wird an ausgewählte Adressaten geschickt. Insbesondere von Pfarrern, Lehrern, Bibliothekaren, Volksliedsammlern, Verwandten und Freunden wird Volksliedmaterial erhofft.

Sophie, zu der Arnim bald ein freundschaftliches, vertrauliches Verhältnis entwickelt hat, wird jedoch in diese Arbeit nicht einbezogen, die poetischen Sphären der Eheleute bleiben weitgehend getrennt, während Bettine später auch am *Wunderhorn* mitarbeiten wird.

Clemens und Sophie entschließen sich zu einem Umzug nach Heidelberg; Marburg scheint – seit der Abreise Savignys im Frühjahr 1804 – als Wohnsitz nicht mehr interessant. Der Schwager hat einen Ruf nach Heidelberg erhalten (den er dann nicht wahrnimmt), das löst vermutlich den Umzug dorthin aus, wo sich mit der Berufung des Altphilologen Georg Friedrich Creuzer und der Ankunft von Joseph Görres eine Gruppe Heidelberger Romantiker formiert und Clemens wieder Anregungen finden kann. Ab Ende Juli 1804 hält sich Brentano dort auf, Mitte August folgt seine Frau mit ihrer Tochter Hulda. Sophie, die bald erneut ein Kind erwartet, bleibt in Heidelberg, als Clemens Ende Oktober nach Berlin aufbricht, um Arnim zu besuchen.

Die Ankündigung zu dieser Reise steht schon in Clemens' Brief vom 28. August 1804, in dem er seinem Freund auch über den Tod seines ersten Kindes berichtet und andeutet, daß es mit seiner Ehe nicht zum Besten steht: »Lieber Arnim! Ich komme bald zu dir, da dein Bild vor mir stand, da ich dich wiedersah, mußte ich schrecklich weinen, mein Kind ist nur fünf Wochen alt geworden, Gott hat es zu sich genommen, es würde auf Erde keine Heimath gehabt haben im bürgerlichsten Sinn, du hast eine Große Reiße durch die Welt gemacht, ich durch mein Inneres, du warst so krank armer Junge, ich war der unglüklichste Ehemann; seit Achim tod ist, auf den ich meine Hofnung ganz gelehnt hatte, ist alles Glück von mir gewichen, mein Armes Weib kann nicht Glücklich mit mir sein, aber ich weine nicht mehr, ich bin froh, ich bin genesen, wie du, denn auch ich habe nicht gefrevelt. Seit ich weiß, daß du mir wieder im Vaterlande bist, bin ich fröhlich. Lieber Junge ich will zu dir nach Berlin kommen, sobald du mir es schreibst, und will mit dir reden, über das, waß mir gut und würdig ist.«

Arnim ist von dieser Entwicklung der Ehe überrascht und versucht, seinem Freund mit aller Vorsicht den Kopf zu waschen,

indem er ihn darauf aufmerksam macht, daß solche Äußerungen
die eheliche Harmonie erst recht untergraben: »Ein anderes Wort
von Dir verwundert mich, es betrifft Deine eigene Wiege, Deinen
Ehestand; Du scheinst hinausgewachsen? Ich kann darüber nichts
errathen noch Dir rathen, es scheint aber in dem Knaben die Nabelschnur Eurer Liebe gerissen: nur um eins bitte ich Dich, störet
darum Euer *Vertrauen* nicht, es ist eine höhere Durchdringung als
Liebe und die Liebe hat nur darin ihren Werth, Vertrauen ist die
höchste Leidenschaft und die höchste That zugleich, so daß Leiden
und Schaffen darin als That sich figurirt.«

Die freundschaftlichen Mahnungen scheinen Clemens Verzweiflung noch zu steigern, denn im folgenden Brief heißt es:
»muthlos bin ich zwar nicht, nein so ist es nicht zu nennen, sondern tief in Innern unmuthig, in Fesslen liege ich, die mich nicht
halten, alle Schlößer meiner Kette sagen, gehe, und das ist traurig,
sie liebt mich nicht, und wenn ich mit ihr spiele, klingt sie unmelo-
disch und ruht sie, dann ists still und öd im Kerker, kein Schall, so
brennt die Lampe Abends nieder, ich sinne, wähne mich noch jung,
und spreche handlend von der goldnen nie geweßnen Zeit, da klirrt
das kalte Eisen, und weiter nichts.«

Drastisch schildert er die Auswirkung seiner Frustration auf
seine poetische Schaffenskraft: »Ein Jahr ist es nun lieber Arnim,
daß ich keine Zeile gedichtet, ohne Umgang, ohne Liebe, in steten
häuslichen Kämpfen, fühle ich meine Kraft erlahmen, und nun das
mir, mir der alles so zerreißend empfindet, Stumpfheit wäre wohl
das Ende, und soll es doch nicht sein. Doch fürchte dich nicht vor
mir, ich kann so leicht vergessen, und du wirst keinen trüben trägen
Freund in mir finden, neben dir bin ich besser wohl noch als sonst,
denn ich höre lieber und rede weniger, als vorher. Ich kann wohl
erst zu Ende des Oktobers, aber ich komme gewiß … Oft drückt
mich die Idee erniedrigend, daß ich so gemeine Leiden tragen muß,
die der schlechteste Romanschreiber schildern könnte; Glaubst du
wohl Arnim, daß es schmerzt, mit einem kalten Wesen täglich
zusammen zu sein, die welche die Häuslichkeit verachtet, ohne
zu einem andern Dasein Talent zu haben.«

Dann fällt er in seinen Studentenjargon zurück und formuliert
unreife Maximen zum Zusammenleben mit »Weibern«: »Man kann
nur mit zweierlei Weibern leben, entweder mit der frommen häus-

lichen begränzten Frau, oder mit der beflügelten Gedankenerwek-
kenden Fantastischen, und beide müßen unergründlich sein. Sophie ist immer traurig launenvoll und hart, ihr poetisches Streben,
welches nie ein ächtes war, ist mit ihren Leiden und meiner Nähe
zu Grund gegangen ... Alles wendete ich auf rastlos, hoffend, alle
meine Wunderbaren südlichen Feenschlößer riß ich ein, und spülte
die glänzenden Cristalltrümer hin auf den Sand, ich warf alle reich-
beladnen Schiffe auf die Banck hin, und waß mein Schoß verbarg,
Alles, Alles gab ich hin. Arnim Öde ist das Feld, muthlos, trüb, und
liebt mich nicht.«

Schließlich teilt er seinem Freund mit, daß sich die Eheleute zu
einer Trennung entschlossen haben: »Sie fühlt das, so wie ich, wir
haben oft ruhig drüber gesproche[n.] Alles weiß sie, meine Erfindung an ihr ist nicht erschöpft, aber so nuzlos, daß Sie sich dieselbe
selbst verbittet. Wir haßen uns nicht, aber wir töden uns, durch
unsere fruchtlose Bemühung Mann und Weib zu sein. Sie haßt den
Ehestand, ich liebe keinen solchen Haß. Wir haben viel zussammen
gelitten, ich kann von Allem Rechenschaft ablegen vor Gott. Scheiden wollen wir uns nicht, aber trennen wollen wir uns, um uns zu
nüzzen.«

Daß Clemens seine Frau nicht einmal drei Tage entbehren kann,
zeigen die Briefe von seiner Reise nach Berlin, die über zahlreiche
Stationen führt. Am 27. Oktober 1804 bricht er auf und schreibt
seiner Frau bereits unterwegs aus Würzburg, Neustadt, Gotha und
Leipzig, bis er am 14. November seine Ankunft in Berlin melden
kann. Je weiter er sich von Sophie entfernt, desto intensiver spürt er
Sehnsucht nach ihr. Plötzlich ist der alte, werbende, liebevolle Ton,
der so gar nicht zu seinen Briefberichten an Arnim passen will,
wieder da. In Leipzig scheint er ernsthaft eine Umkehr zu erwägen,
die Sehnsucht nach Sophie überwältigt ihn, und er ist von der
Intensität seiner Gefühle selbst überrascht. Die Ehe hat ihn im
Grunde nicht verändert, er ist in mancher Hinsicht unmündig geblieben und steigert sich nun aus der Entfernung wieder in die
Phantasien jener euphorischen Liebe hinein, die er in der Nähe
von Sophie verloren hatte: »lange habe ich nicht die innige Zau-
bernde Begierde nach Dir empfunden, die so wie Muttermilch um
das Herz leppert, ich kanns nicht anders ausdrükken«, schreibt er
am 9. November an sie, »ich fühle mich arm und elend ohne

dich ... In keinem Falle werde ich deine Ordre abwarten, zurück-
zukommen ... ich werde kommen, wenn mein Herz es mich heist,
ach und in diesem Augenblick möchte ich schon umkehren, aber
ich würde mich vor Arnim schämen, ich schwöre dir Sophie, du
kannst nicht so dich sehnen nicht so lieben, wie ich, ich armer
innerlich entzündeter Junge.«

Im ersten Brief aus Berlin schlägt er seiner Frau vor, nachzurei-
sen, und wieder wirbt er um sie mit erotischen Bildern. Seine Liebesbekundungen verraten allerdings, daß er nach wie vor seine
Traumbilder auf das geliebte Wesen projiziert: »ich kenne dich
und liebe dich ... bist du mir doch, und wirst mir ewig bleiben
die höchste Annährung an jenes Weib, das ich in dir gesehen, wie
(um in der Ferne meine Begierde wenigstens wörtlich zu erfüllen)
eine gewisse Narbe in deinem Leib alle seine Anmuth um-
schränckt, welche mir ist, und ewig sein wird die süßeste Annäherung, an jenes Weib, das ich in dir geküßt.« Clemens ist nicht in der
Lage, die Individualität seiner Geliebten wahrzunehmen und zu
akzeptieren, seine Liebe bleibt selbstbezogen, narzißtisch.

Sophies Reaktion, die Clemens in der Antwort übergeht, zeigt,
daß sie Clemens' Art zu lieben längst durchschaut hat. Die reife
Frau, die immer bereit ist, ihren kindlichen Ehemann wieder bei
der Hand zu nehmen, schreibt ihm am 17. September 1804 nach
Berlin: »Soll ich weinend oder lachend auf deinen lezten Brief
antworten? – einen größern Don Quichote wie dich, trug gewis
nie die prosaische Erde! ... Deine Begierde *nach* mir ist eben das
was du oft *bei* mir empfunden, was dich jezt zu mir zieht, zog dich
oft von mir weg, es ist ein allgemeines Gefühl ein stetes Sehnen
nach dem entfer[n]ten; das mich eigentlich ins besondre gar nichts
angeht. Ich bitte dich, lieber Fremdling, kom doch endlich einmal
nachhauße, du bist stets nicht bei dir, und es ist so hüpsch bei dir;
versuch es nur, und kom zu dir selbst, du wirst die Heimath finden,
sie lieben, und dann immer mit dir tragen!« Auch hier schimmert
die Erkenntnis durch, daß Projektionen das Verhalten Brentanos
bestimmen und Sophie sich trotz der Schmeicheleien ihres entfernten Ehemanns ungeliebt und unverstanden fühlt, denn sie fährt
fort: »Es ist wahr, ein Gefühl ist in mir, ein einziges, welches nicht
dein gehört. Es ist das Gefühl der Freiheit: Was es ist, weis ich
nicht; es ist mir angebohren, und du verletzest es zuweilen.«

Eine Antwort darauf fällt Clemens nicht ein. Vielmehr steigert er seine Emotionen weiterhin zu einer »gewaltthätigen Sehnsucht nach Liebe« und entwirft erneut sein Traumbild von einem ruhigen, paradiesischen Zusammenleben mit Sophie: »Ach daß mich Gott segne, daß uns Liebe, Ruhe und Friede werde in einander, daß die große Liebe in mir zu dir von dir deutlicher verstanden, empfangen, und wieder gebohren werde, o Sophie! in welcher unsäglichen Angst lebe ich jezt so weit, so weit von dir.« Selbstverliebt zeichnet er wieder das Bild des Verlassenen, Vereinzelten, Einsamen, Untröstlichen. Für diese innere Situation, die er in seiner Unfähigkeit, sein Gegenüber als Individuum zu lieben, immer wieder selbst evoziert, erfindet er die schönsten dichterischen Bilder. Je mehr seine Freunde mitleidig darauf eingehen, desto einsamer wird er tatsächlich, weil er die hilfreich ausgestreckten Hände nicht ergreifen, die Liebe nicht erwidern kann. So gibt es keine Anzeichen dafür, daß die vorsichtige Kritik von Sophie ihn zu Einsicht und Selbstkritik führt. Das Verhältnis zu Sophie ändert sich auch nach der Rückkehr aus Berlin nicht grundlegend.

Es ist nicht auszuschließen, daß die gemeinsame Freude an einem Kind zu einer wirklich neuartigen Beziehung der Eheleute geführt hätte. Doch das Verhängnis nimmt seinen Lauf. Auch das zweite Kind des Paares lebt nur kurze Zeit: Am 13. Mai wird Joachime Elisabeth in Heidelberg geboren; am 17. Juni stirbt die Tochter an Scharlach. Sophie macht sich nun Selbstvorwürfe, und als Clemens das »gesundeste kindischste Kind« seines Bruders Georg beschreibt und traurig hinzufügt, »daß mir [nicht: uns!] schon zweimal ein solcher Schazz untergegangen« sei, und auch noch das gerade geborene Kind Savignys erwähnt, antwortet sie: »Was du von Savigny schreibst, rührt mich am meisten. Ich fühle einen Schmerz im Herzen, wenn ich es lese, es kränkt mich, daß du nicht so glücklich wie Savigny bist, das ist wohl, was ich eigentlich fühle.«

Spätestens bei der Feier zur Taufe von Savignys Kind, die in großer Familienrunde der Brentanos – jedoch ohne Sophie – auf Trages gefeiert wird, ist auch das vertraute Verhältnis zwischen Clemens und Bettine wieder hergestellt. Davon zeugt nicht nur die fröhliche Stimmung in Trages, sondern auch die Mitarbeit Bettines am *Wunderhorn*-Projekt von Arnim und Brentano. »Schon vor

Juli 1805 hat sie zehn Liedaufzeichnungen beigesteuert ... und vor
allem mit Umfragen im Sinn Brentanos bei Pfarrern und Lehrern
begonnen«, recherchiert Heinz Rölleke und zitiert eine undatierte
Beischrift: »Lieber Clemens ich habe hier alle Lieder hingeschrie-
ben worin nur etwas war was Dir interessant sein könnte ... Ich
habe jezt große Correspondence durch ganz Fuld durch ganz Hessen durch einen Theil von Saxen mit Pfarrern Advocaten und
Schulmeistern, versteht sich, durch mehre bekannten die ich dafür
interessiert habe.« Bei mehr als zwanzig Liedern der Sammlung
spielen nach Röllekes Forschungen Vorlagen Bettines eine Rolle.

Während die dichterische Zusammenarbeit von Clemens und
Sophie eher kärglich ist, ergibt sich bei dem größten Projekt der
Heidelberger Romantik eine intensive Zusammenarbeit des Geschwisterpaares, wobei sich Bettines Leistung nicht allein auf
wichtige Hilfs- und Sammelarbeiten beim *Wunderhorn* beschränkt. Die raffinierte Überarbeitung der alten Lieder, die teils
behutsam modernisiert und ergänzt, teils mit einer künstlichen
Patina überzogen werden, ist zwar die Leistung von Clemens, aber
zur *Zeitung für Einsiedler* konnte Bettine immerhin ein Gedicht,
das *Seelied*, beisteuern.

Befriedigt von der gemeinsamen Arbeit mit Schwester und
Freund kann er nun wieder Liebesbriefe an seine ferne Frau schreiben. Der Gewalt seiner Worte (im zweiten Brief aus Trages) kann
sich selbst der heutige Leser kaum entziehen: »Ach Sophie ... daß
ich dich so treulich lieben muß, lieben über alle Weiber, du bist
doch das beste, liebste, wie du jezt bist, wie du immer mehr
wirst ... dann freue ich mich, daß ich dich lieben kann und will
und muß, ohne Verderben, ohne Sünde, ohne Betrug, daß es recht
ist vor Gott und der Welt und vor dem Gewissen, ich freue mich,
daß diese Liebe frei ist, das heist, daß sie garantirt ist von der Natur,
von der Religion, und von der Gesellschaft, diese beiden gehören
in die Natur, denn sie sind ihre höchsten Werke ... ich weiß nur,
daß ich dich von Grund meines Herzens tief ewig hervorquellend
liebe, und daß ich diesen Quell höre in meiner Brust mit unsägli-
cher Freude und Wehmuth, wie er immer quillt und sich dir ent-
gegenströmen mögte, und wie ich so oft leide, und traure, es ist nur,
daß du oft sein Bett verschüttest oder ihn hemmst, biß er übertritt
in Trähnen, oder alles Zerreist und uns beide rächend verdirbt, ach

es ist nur Liebe, und geht wieder bald ruhig zu deinen Füßen, ein
Spiegel, ein treuer Spiegel, der versiegen möchte, wenn du über ihn
zürnst, daß er ein *treuer* Spiegel ist.«

Clemens lügt nicht, jedes Wort seines Briefes ist voll von tief
empfundenem Gefühl, doch er braucht Distanz zu seiner Geliebten, um sie zu »denken«, ihr Bild zu imaginieren. Die Gegenwart
Sophies verstört ihn, führt ihn in eine Realität zurück, mit der er
nicht umgehen kann. Sophie ist nur allzu bereit, ihren wankel-
mütigen, unreifen Geliebten zu tolerieren, es scheint, als habe ihre
innere Überlegenheit im letzten Jahr ihres Lebens noch zugenom-
men. Rücksichtsvoll meidet sie die Erwähnung ihrer Affären aus
der Vorehezeit, um seine Eifersucht nicht zu reizen: »ich bete alle
Tag«, schreibt sie am 30. August 1805, »daß Gott mich klüger
mache, um dir gefällig und nüzlich zu sein. Was kann ich für mein
armes, voriges Leben? glaub mir, ich fange an, es herzlich zu hassen, weil es dich oft quält.«

In ihrem letzten Brief an Clemens – sie ist zum dritten Mal in
den drei Jahren ihrer Ehe hoch schwanger – bekennt sie, in einem
seiner Briefe etwas Göttliches wahrzunehmen, gerade weil er seine
Emotionen so »herausschreit«. Am 20. Juni 1806 schreibt sie aus
Heidelberg: »Ich kann dir es nicht leugnen, Clemens, daß mich
dein Brief ganz unendlich gerührt hat. Eine heilige Flut von Glauben, hofen und lieben drang so gewaltig in mein Herz, daß ich in
süßer Wehmut vergehn zu müßen glaubte. Ich weis nicht wie ich
das nennen soll, was zuweilen aus dir spricht, mit wunderbarer
Stimme aus dir heraus schreit, aber es mag wohl etwas göttli[ches]
sein, weil es so viel Gewalt hat, und man so viele Schmerzen darum
[ver]geßen kann. Und wenn es auch in der Erscheinung vorüber
gehend ist, so weiß ich doch so gewiß daß es wahr, und eigentlich
unvergänglich ist, daß ich darauf sterben wollte.« Die letzten
Worte wirken geradezu prophetisch, denn tatsächlich sollte Sophie
bei der Geburt des Kindes sterben.

»Sophie, die mehr zu leben verdiente als ich, die die Sonne liebte
und Gott, ist schon lange tod, Blumen und Graß wachsen über ihr
und dem Kind welches getödet durch Sie Sie tödete, Blumen und
Graß sind sehr traurig für mich«, berichtet Clemens seinem
Freund Arnim und schließt eine ausführliche Schilderung der Ereignisse vom 30. Oktober an – von dem Tag, an dem Joseph Görres

mit Frau und Schwiegermutter per Schiff in Heidelberg eintrafen und die tragischen Ereignisse ihren Lauf nahmen: »Sie war froh und gesund den 30 8ctober [Oktober] 1806, wir waren auf dem Schloß, sie sah in die Sonne mit den Worten, ich will dir einen Jungen gebähren, wie die Sonne so feurig … ihre Stube hatten wir selbst noch deckorirt, ich hohlte noch dein Bild und eine Madonna die hängte ich hinein, es war Abends acht Uhr, nimm die Hulda und gehe mit Görres auf das Schiff, damit sie nicht jammert, wenn ich schreie … ich wartete … und da ich nach Haus kam, hörte ich Sophien jammern, sie sagte lieber Klemens, rufe den Akkoucheur, ach Gott, ach Gott stärke mich, und ich rief den Doctor Mai, und sie jammerte lang und ich hatte eine eiserne kalte Hand im Gehirne, die zerriß es, da kam um zwölf Uhr, die Mutter Lassaulx, und sagte das Kind ist da, es ist ein Knabe, man sucht es zu beleben … ihr Weib ist sehr schwach – da hörte ich Sophien schwer schwer Athmen, sie sagte lebt mein Kind, und starb, und die Erde starb, alles starb, und ich schrie Arnim, Arnim, und rang die Hände nach deinem Bild – und Schwarz und Zimmer und der Professor Fries trugen mich zu Görres auf das Schiff, und Görres drükte mich fest fest ans Herz und ich schrie immer Sophie … und also erfüllte ich den Fluß und die Ufer mit Geschrei und den andren Tag brachte mich Görres biß Darmstadt … Betine trauerte mit mir, aber sie konnte meine Verzweiflung nicht ertragen … und also gieng ich zurück und saß ein halb Jahr noch auf meiner Stube auf dem selben Stuhl und weinte.«

»Alles, alles ist hin«, schreibt er an den Schwager Savigny kurz nach dem 2. November 1806, »ich hatte alles in Sophie wiedergefunden, waß ich in ihr liebte, in ihr verlohr, waß sie war, ach ich war unaussprechlich glücklich … einsam muß ich zurück kehren in das Hauß, das verlassen ist, ich werde leben mit der toden.«

Einen Tag später schreibt Clemens' Schwester Meline an Savigny und gibt einen Bericht über Clemens' Ankunft in Frankfurt: »der Clemens weint und schreit immer überlaut weh weh o weh und das zehnmal hintereinander. Er tobt ganz unvernünftig, weiß nicht, was er mit sich und der Hulda anfangen soll. Die Bettine ist nun immer bei ihm und ich fürchte, es wird ihr nicht wohl tun … Görres … hat Clemens beigestanden, ihn erhebt er wie einen Gott.«

Görres, der in Heidelberg seinen Lehrverpflichtungen nachkommen muß, kann Clemens nicht auf Dauer beistehen, und so
ist es wieder die Schwester Bettine, die Clemens in Frankfurt tröstet. Sie ist es, die in der Familie seine extremen Gefühlsschwan-
kungen am ehesten verstehen kann und die sich ihm nun erneut
zuwendet. Und Clemens ist aufnahmebereit, während Meline vermutlich die Sorgen der anderen Familienmitglieder formuliert,
wenn sie in ihrem Brief an Savigny die Befürchtung ausspricht,
ihre drei Jahre ältere Schwester könne nun wieder völlig dem unseligen Einfluß des Bruders erliegen.

VI
»Unergründlich genial unschuldig«
Bettines Annäherung an Goethe

»...sie hat den Wilhelm Meister wieder gelesen«, schreibt Clemens
seinem Freund Achim von Arnim am 1. Januar 1806 und berichtet
dann, was Bettine nach dieser erneuten Lektüre von Goethes Werk
empfunden habe: »Als ich ihn zum erstenmahle laß, hatte mein
Leben Mignons Tod noch nicht erreicht, ich liebte mit ihr, ich
nahm mit ihr keinen Antheil an dem übrigen Leben des Buchs,
sah nur ruhig zu, ergriff alles, waß die Treue ihrer Liebe angieng,
nur in den Tod konnte ich ihr nicht folgen. –. Jezt fühle ich, daß ich
weit über diesen Tod ins Leben hineingerückt, aber auch um Vieles
unbestimmter bin, schon so früh drükt mich mein Alter, wenn ich
daran gedenke.«
    Ein halbes Jahr nach diesem Brief nimmt Bettine Kontakt mit
Frau Rat Goethe auf, sie will die in Frankfurt lebende Mutter des
großen deutschen Dichters, dessen Werke sie auf den Rat ihres
Bruders hin mehrfach gelesen hatte, kennenlernen. Daß dabei
der Wunsch im Vordergrund stand, nach dem Tode von Karoline
von Günderrode eine neue Freundin zu gewinnen – wie Bettine
später behauptete, scheint eher zweifelhaft. Gemeinsam mit der
jüngeren Schwester Meline macht sie sich jedenfalls zum Roßmarkt auf, wo die 75jährige Witwe Goethe in einer kleineren Wohnung lebte. Das Haus am Großen Hirschgraben, in dem ihr berühmter Sohn aufgewachsen war, hatte Catharina Elisabeth
Goethe verkauft, nachdem ihr Mann gestorben war.
    Über den Besuch bei »Frau Rat Goethe« berichtet Meline ih-
rem Schwager Karl Friedrich von Savigny am 10. Juli 1806: »Ich
habe vergessen, Dir zu schreiben, daß ich am Dienstag [dem 8. Ju-
li] mit der Bettine bei Frau Rat Goethe war. Wir sind auf unsere
Faust hingegangen und werden, da sie uns gut aufnam, die Besuche erneuern.« Um dieselbe Zeit meldet Bettine ihrem Schwager diesen Besuch, verschweigt aber, daß sie gemeinsam mit der

Frau Rat Goethe, Scherenschnitt

Schwester zum Haus am Roßmarkt aufbrach, um die berühmte
Frau Aja aufzusuchen: »ich habe mir die R[at] Göthe statt ihrer
[der Günderrode] zur Freundin gewählt«, behauptet sie, »und bin
nun bei ihr wie ihr Kind und laß mir wohl sein bei ihr wie Göthe,
und von ihren mütterlichen Lippen fließt die Geschichte von Göthes Mai in herrlichen Worten mit jedem kleinen Umstand, Anekdoten tausendfältig; sie hat noch viele Briefe von ihm, obschon
sie manchen zerrissen hat, vielleicht gibt sie mir diese zu lesen.«
    Alles deutet darauf hin, daß sie ihre drei Jahre jüngere Schwester
tatsächlich bei den folgenden, nahezu täglichen Besuchen nicht
mehr mitnimmt. In einem weiteren Brief an Savigny heißt es:
»Ich bin täglich bei der Göthe, sie hat mir das ganze junge Leben

ihres Sohns erzählt und soll es mir erzählen, solange sie lebt. Es gibt nicht Schöneres auf Gottes Welt, von dem Moment, als er auf die Welt kam, wie er nachher anfing zu schreiben, wie er in die Schweiz reiste, Berlichingen schrieb, Egmont, Werther, bei jedem Buch besondere Anekdoten, was er sprach, dachte, wie und was er tat, was er für Urteile fällte, über die Urteile in seinen Büchern. Sie weiß noch Verse von ihm auswendig, die er über Werthers Tod machte und die nicht aufgeschrieben sind.« Später wird sie ihr Anekdotenmaterial, das sie zunächst in einem Folioband sammelt, an Goethe weitergeben, der es teilweise in seine Autobiographie *Dichtung und Wahrheit* einarbeitet, teilweise separat unter dem Titel *Aristeia der Mutter* zusammenfaßt und für eine Veröffentlichung vorsieht.

Bettine und Frau Aja verstehen sich von Anfang an sehr gut. Frau Rat erzählt gern über die Kindheit und Jugend ihres berühmt gewordenen Wolfgang und genießt es, daß Bettine für ihren Sohn und seine Werke schwärmt. Hier treffen sich zwei Seelenverwandte, und es gibt kaum eine Eigenschaft, die nicht für beide Frauen zutrifft: Beide geben sich volkstümlich, schwatzen gern, wie ihnen der Schnabel gewachsen ist. Weder Frau Aja noch Bettine nehmen dabei ein Blatt vor den Mund, wenn sie die Spießbürger der Stadt oder die politischen Entscheidungen des Rats kritisierten. Zivilcourage und ein gesundes Maß an *common sense* wird man den beiden eigenwilligen und selbstbewußten Frauen ebenfalls zugestehen. Sie sperren sich gegen die Konventionen, haben das Herz auf dem rechten Fleck und äußern sich spontan und emotional, was sich bis in die Diktion ihrer Briefe auswirkt, die keine geregelte Orthographie und Interpunktion kennen.

Die erhaltenen Briefe von Catharina Elisabeth Goethe an Bettine zeigen, daß sie schreibt, wie sie spricht – oft mit phonetischer Umschrift Frankfurter Dialekts und mit dicht gesetzten Gedankenstrichen. Ohne Umschweife und komplexe Satzstrukturen kann sie auf diese Weise ihre Emotionen zum Ausdruck bringen. Bereits der erste erhaltene Brief an die jüngere Freundin zeigt die spontane Zuneigung zur jungen Bettine. Er datiert vom 19. Mai 1807:

»Gute – Liebe – Beste Betina!

Was soll ich dir sagen? wie dir dancken! vor das große Vergnügen

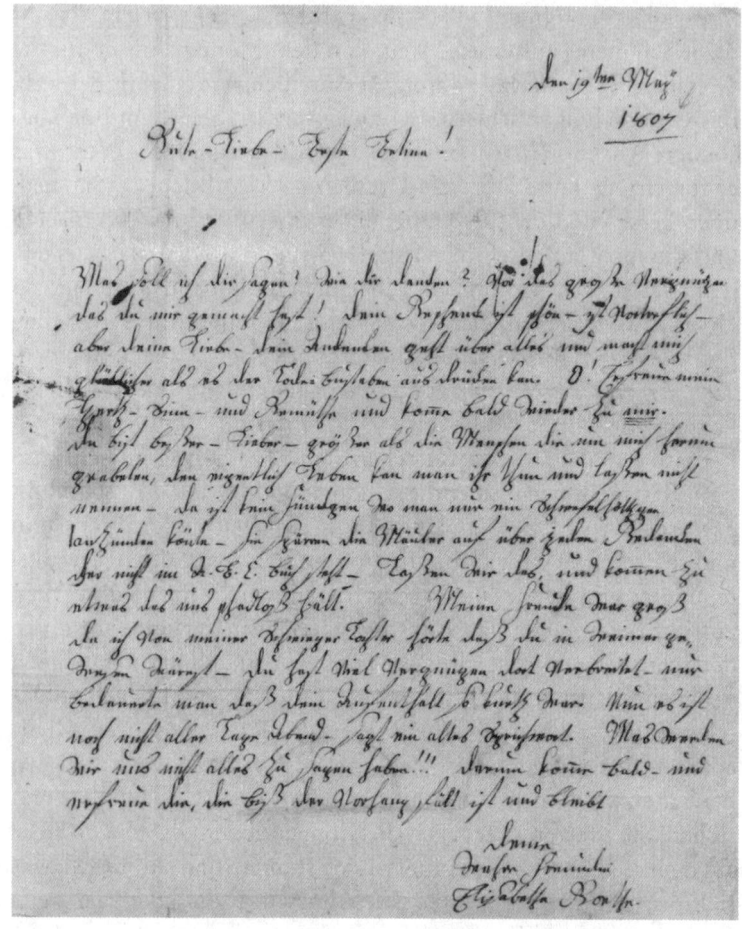

Catharina Elisabetha Goethe: Brief an Bettine Brentano, 19. Mai 1807

das du mir gemacht hast! Dein Geschenck ist schön – ist vortref-
lich – aber deine Liebe – dein Andencken geht über alles und macht
mich glüklicher als es der Tode=bustaben aus drücken kan. O!
Erfreue mein Hertz – Sinn – und Gemüthe und komme bald wieder zu *mir*.«

Gemeint ist hier das Geschenk vom »ersten Pfingstfest«, das
Goethes Mutter in einem Brief nach Weimar am gleichen Tag
beschreibt. Bettine schicke ihr – so teilt sie Christiane Vulpius-
Goethe mit – »2 Schachtelen – mit 2 Süperben Blumen auf Hauben

so wie ich sie trage – und eine prachtige porzelänerne Schocolade Taße weiß und gold«. Der Brief, in dem Bettine eines dieser Geschenke aus Kassel ankündigt (datiert auf den 17. Mai), enthält bereits eine knappe Schilderung ihres ersten Besuchs bei Goethe in Weimar:

»Eine Schachtel wird Ihr mit dem Postwagen zukommen, beste Fr. Mutter darinn sich eine Tasse befindet es ist das sehnlichste Verlangen Sie wieder zusehen, was mich treibt Ihr solge unwürdige Zeichen meiner Verehrung zu senden ... Den Sohn hab ich endlich gesehen, aber ach? was hilfts, Mein Herz ist geschwellt wie das volle Seegel eines Schiffes, daß fest vom Anker gehalten ist am ausländischen Boden, und doch so gern ins Vaterland zurück mögte.«

Frau Rat, die einem mündlichen Bericht Bettines zur Weimar-Reise mit großen Erwartungen entgegensieht, reicht das knappe Brieflein an Christiane nach Weimar weiter und betont: »Hirbey kommt ein Briefelein von der kleinen Brentano – hiraus ist zu sehen daß Sie noch in frembten Landen [gemeint ist Kassel] sich herum treibt – auch beweißen die Ausdrücke ihres Schreibens – mehr wie ein Alvabeth wie es ihr bey Euch gefallen hat – auf ihre Mündliche Relation verlangt mich erstaunlich – wenn sie nur die allerkürtze Zeit bey Euch war; so weiß ich zuverläßig daß kein ander Wort von ihr zu hören ist als von Goethe – Alles was Er geschrieben hat, jede Zeile ist ihr ein Meister werck – ... sie hat hir im eigentlichen Verstand niemand wie mich – alle Tage die an Himmel kommen ist sie bey mir das ist ihre beynahe einzige Freude.«

An Bettine schreibt sie am gleichen Tage:

»Du bist beßer – Lieber – größer als die Menschen die um mich herum grabelen, den eigentlich Leben kan man ihr thun und laßen nicht nennen – da ist kein Fünckgen wo man nur ein Schwefelhöltzgen anzünden könte – sie spärren die Mäuler auf über jeden Gedancken der nicht im A.B.C. buch steht – Laßen wir das, und kommen zu etwas das uns schadloß hält. Meine Freude war groß da ich von meiner Schwieger Tochter hörte daß du in Weimar gewesen wärest – du hast viel vergnügen dort verbreitet – nur bedauerte man daß dein Aufenthalt so kurtz war. Nun es ist noch nicht aller Tage Abend – sagt ein altes Sprichwort. Was werden wir

uns nicht alles zu sagen haben!!! Darum komme bald – und erfreue
die, die biß der Vorhang fält ist und bleibt
                                    deine
                                    wahre Freundin
                                    Elisabetha Goethe.
N.S. Daß das Bustawiren und gerade Schreiben nicht zu meinen
sonstigen Talenten gehört – müßt Ihr verzeihen – der Fehler lage
am Schulmeister.«

Auf die »Mündliche Relation« »der kleinen Brentano« wartet
Frau Rat, der das Schwatzen mehr liegt als das Buchstabieren, auch
einen Monat später noch mit Ungeduld. Bettine hält sich noch
Mitte Juni in Kassel auf. Daher drängt Frau Rat am 13. Juni noch
einmal:

»Liebe – Liebe Tochter!

Nenne mich ins künftige mit dem mir so theuren Nahmen Mutter – und du verdinst ihn so sehr, so gantz und gar – mein Sohn sey
dein inniggeliebter Bruder – dein Freund – der dich gewiß liebt und
Stoltz auf deine Freundschaft ist ... Auf deine Herkunft freue ich
mich gar gar sehr, da wollen wir eins zusammen Schwatzen – denn
das ist eigendlich meine Rolle worinn ich Meister bin – aber
Schreiben! so Tintenscheu ist nicht leicht jemand.«

Der Plan zu einem Besuch in Weimar muß bei den ersten Besuchen Bettines am Roßmarkt bereits aufgekommen sein. Vermutlich
ist die Hoffnung, den großen, weltberühmten Autor des *Werther*
und des *Wilhelm Meister* einmal kennenzulernen, der eigentliche
Anlaß für Bettines Besuche, denn Frau Aja berichtet: »vorigen
Winter hatte ich ofte eine rechte Angst über das Mägchen« und
begründet ihre Sorge im Brief an ihre Schwiegertochter »Da hat
den[n] doch die kleine Brentano ihren Willen gehabt, und Goethe
gesehen – ich glaube im gegen gesetzten fall wäre sie Toll geworden.« Was hat Bettine alles unternommen, um der Erfüllung ihres
sehnlichen Wunsches näher zu kommen, »denn so was ist mir noch
nicht vorgekommen«, setzt Frau Goethe ihren Bericht fort, »sie
wolte als Knabe sich verkleiden, zu Fuß nach Weimar laufen – ...
dem Himmel sey Danck daß sie endlich auf eine musterhafte art
ihren willen gehabt hat.«

Um die Vorgeschichte der Weimar-Reise für die Leser ihres
Briefwechsels darzustellen, stellt Bettine in ihrem *Goethebuch*

einen *Anhang zum Briefwechsel mit Goethe's Mutter* voran, den die Forschung wohl mit Recht für fingiert hält. »Liebste Frau Rat«, beginnt Bettine dort, »Ich warte schon lange auf eine besondere Veranlassung, um den Eingang in unsere Korrespondenz zu machen.« Ein Antwortbrief der Frau Rat scheint ebenfalls von Bettine formuliert, und das kurze Postskriptum von Bettines fingiertem Brief dient der Autorin allein dazu, die Vorbereitungen für die Reise nach Weimar zu schildern, um so den Leser einzustimmen: »Nach dem Wolfgang frägst Du ja gar nicht«, soll Frau Rat angemerkt haben, worauf Bettine formuliert: »Geh' Sie doch mit Ihren Vorwürfen; das antwort' ich Ihr auf Ihre Nachschrift, und sonst nichts.

Jetzt rat' Sie einmal was der Schneider für mich macht. Ein Andrieng! – Nein! Eine Kontusche? – Nein! Einen Joppel? – Nein! Eine Mantille? – Nein! Ein paar Boschen? – Nein! Einen Reifrock? – Nein! Einen Schleppenrock? – Nein! Ein paar Hosen? – Ja! – Vivat – jetzt kommen andre Zeiten angerückt, – und auch Weste und ein Überrock dazu.«

Gäbe es nicht andere Berichte zu dieser Reise, auf der Bettine ihren Schwager Jordis zunächst nach Berlin begleitet, um auf der Rückreise in Weimar Station zu machen, so könnte man diese Verkleidung durchaus für eine frei erfundene Phantasiegeschichte Bettines halten. Aber auch zu dieser abenteuerlichen Reisegeschichte, die von umherziehenden Soldaten und einem Achsbruch erzählt, gibt es – wie für die meisten Anekdoten, die von der Forschung zunächst als Lügen eines überspannten Mädchens angesehen wurden – zweifellos einen wahren Kern. Dem Freund Arnim beschreibt sie später die Kleidung, die sie zur Erinnerung aufbewahrte: »Zuweilen sehe ich meine Kleider an, in denen ich nach Berlin gereist bin, es sind Bubenkleider, ein gelbes Westlein, graue Beinkleider, und brauner Überrock; die Lulu war auch so gekleidet, außer daß sie eine grüne und ich eine schwarze Kappe hatte.«

Aber erst in der Publikation des Goethe-Briefwechsels fügt Bettine 1834 die Episode mit der Kleiderwahl mit einem erfundenen Brief ein. Denn als Schriftstellerin, die rasch ihr Metier gelernt hat, ist ihr klar, daß der Leser eines unverändert nachgedruckten Briefwechsels vieles nicht verstehen kann, weil essentielle Fakten in den Brieftexten gar nicht vorkommen oder sehr viel später nur im Rückblick erwähnt werden. Ihren Besuch in Weimar kündigt sie Goethe und Goethes Mutter brieflich nicht an. Heimlich und innerlich erregt bereitet sie sich in Frankfurt auf dieses Abenteuer vor. Dem Leser des *Goethebuchs* versucht sie die spannungsgeladene Atmosphäre vor der Abreise zu übermitteln, indem sie nachträglich einen Brief an Goethes Mutter erfindet.

Den Ton des echten Briefwechsels mit Goethes Mutter trifft sie dabei recht genau, und da Frau Rat von der abenteuerlichen Verkleidung ebenfalls wußte, geht der erfundene Brief möglicherweise auf ein Frankfurter Gespräch der beiden zurück. In der Nachschrift des fingierten Briefes an Frau Rat Goethe faßt Bettine zusammen: »Aber das muß ich doch noch sagen, wie's gekommen ist. Mein Schwager kam und sagte, wenn ich seine Frau überreden könne, in Männerkleidern mit ihm eine weite Geschäftsreise zu machen, so wolle er mich mitnehmen, und auf dem Rückweg mir zu Lieb' über Weimar gehen. Denk' Sie doch, Weimar schien mir immer so entfernt, als wenn es in einem andern Weltteil läg', und nun ist's vor der Tür.«

Während Goethes Mutter zunächst keinen ausführlichen Bericht über die Weimarer Begegnung erhält und von Bettine, die in Kassel zunächst vergeblich auf die Chance zu einem zweiten Weimar-Besuch wartet, vertröstet wird, erhält der Bruder Clemens noch aus Kassel einen begeisterten Bericht: »von Berlin kann ich dir wenig sagen ... Aber jezt kommen wir zu Göthe. Ey preiße mich glücklich Guter Clemens, nur erst einmal auf die Treppe, die zwei freundlichen Marmorbilder die dir entgegenwinken, und so still und würdig ist das Hauß – Ich wartete in einem Zimmer daß voll kleiner Holzschnitte und Zeichnungen hängt ... in dem tratt er herein, grüßt mich, führt mich auf sein Zimmer, nach dem ich saß, rückt er sich einen Stuhl herbey. Nun da sind wir ja, jezt wollen [wir] schwäzen bis Nacht ist ... wer vor ihm steht ohne Pretension, mit aufrichtiger Liebe, dem muß es wohl gehen bey ihm ich plauderte alles was mir auf die Zunge kam, und er war damit zufrieden, ich sagte ihm daß ich seine Lebensgeschichte schreiben wollte, dieß freut ihn, er eiferte mich ordentlich dazu an Er war so ehrend in allem was er sprach, ich konnte nicht begreifen, wie ihm alles so ernst war, was wir gegenseitig sprachen, ich fragte ihn darum, es ist

Goethes Haus am Weimarer Frauenplan, kolorierte Radierung

einmal nichts anders und kann nicht anders sein, sagte er, nicht alle Menschen haben ein Recht auf mein Herz. –

Lieber Clemens wer ihn einmal gesehen hat wie ich, und ihn nicht liebt wie ich, der ist seinen Anblick nicht werth, und wenn die ganze Welt ihn nicht erkennt so will die Bettine Jubel rufen über seine Herrlichkeit Und Arnim der ihn auch liebt ohne viel zu spindisieren der soll die Fahne schwingen. als ich weg ging steckte er mir einen Ring an den Finger, und erinnerte mich nochmals an seine Biografie. sein Leben will ich nicht schreiben das kann ich nicht, aber den Duft seines Lebens will ich erschwingen und auffassen, und zum ewigen Andenken seiner, bewahren. Ach lieber Clemens, was mir so wohl gefiehl – ich war so ruhig bei ihm, er war mit mir wie mit einem Jugendgespielen.«

Ausführlich begründet sie, warum sie noch nicht nach Frankfurt zurückkehren möchte, wobei die Aussicht, noch einmal nach Weimar zu fahren – trotz ihrer Klagen über das langweilige Leben in Frankfurt – wohl der Hauptgrund dafür ist, daß sie noch in Kassel bleiben möchte: »Nach Frankfurth mag ich nicht gern lieber Clemens ... Wenn ich an Frankfurth denke wirds mir übel, die Menschen sollen meinetwegen vergnügt und lustig leben, ich mag nicht mit dem zu thun haben, ich bin schon auch gut und habe sie alle recht Herzlich lieb, aber die Dächer und Straßen und Langeweile und besonders mein *dortsein* ist mir immer traurich [?], wenn ich könnte ging ich nie wieder hin, komm du her, es kostet dich hier

nichts, du wohnst bei uns in einem schönen Garten, bleib einmal
ein paar Wochen ohne Bücher und hab nichts als mich … ich
dencke aber in 8 Tagen ungefehr mit einer hiesigen Stiftsdame
und noch einer alten Madame in einem sehr engen Wägelgen auf
ungefehr 4 Tage nach Weimar zu gehn, du kanst indessen doch
gleich kommen wenn du nicht befürchtest dich während meiner
Abwesenheit zu langweilen.«

Clemens erhält den Auftrag, Frau Rat über das Ausbleiben der
Weimar-Berichte und ihrer Besuche hinwegzutrösten: »Den einzigen Gefallen thue mir und geh zur alten Göthe sage ihr daß ich
hundert mal ihrer gedacht habe bei ihrem Sohn, daß ich sie um
seiner und ihrer Natur willen tausendmal lieb habe. sage ihr daß
seine Liebenswürdigkeit, alle Erwartung alles Zutrauen weit über-
troffen daß ich ihr die Freude all die ich bei ihrem Sohn genossen in
Fr: wieder vergelten will.«

In einem weiteren Brief vom 6. Juni 1807 beschwört sie Clemens noch einmal, doch nach Kassel zu kommen, und schwärmt
erneut von ihren Weimarer Erlebnissen, die sich mit dem Ring
verbinden: »komme bald, ja gleich! Dem Menschen ist es nicht
gut lange Einsam, zu sein, und dieß bin ich Hier gewißer Maasen,
denn das Leben, das ich führe, hat ein fragiles tonloses Wesen an
sich, so wie in Frankfurth leider auch, nur daß es hier nicht so viel
rappelt wie dort. Das einzige, worauf ich meinen Blick zu weilen
noch mit inniger Liebe wende, ist der Ring den mir Göthe an den
Mittelfinger meiner rechten Hand gesteckt hat eine Figur nicht
größer als der dritte Teil einer Stecknadel und auch nicht dicker
welche halb nackt ihre Haare auf dem Kopf bindet ist in einem
blauen Stein geschnitten… nun du wirst ihn ja bald mit eignen
Augen sehen.«

Schwager und Schwester nahmen in Weimar durchaus die Aufgaben von Aufsichtspersonen wahr, die über die Eskapaden der
kaum berechenbaren, zu allerlei Streichen aufgelegten Bettine wachen. Das wird besonders in einem Bericht deutlich, den Bettine
Savigny von ihrem Besuch gibt. Offensichtlich fürchtet man, daß
sich die 22jährige Bettine, die sich wie eine Mignon gebärdet, in
ihrer Schwärmerei für den berühmtesten deutschen Dichter völlig
verlieren und zu allerhand unkonventionellen Äußerungen und
spektakulären Taten fähig sein könnte, wenn sie ihrem Traumbild

nahekommt. Die Vorstellung, daß sie ohne Aufsicht der Familie unter seinen Augen in Weimar längere Zeit leben und lernen könnte, war für die Frankfurter Familie, der es darum ging, die Tochter möglichst rasch unter eine bürgerliche Haube zu bringen, ein Alptraum.

Der Brief an Savigny zeigt, daß die Befürchtungen nicht unbegründet waren. Bettine reagiert wie ein junges Mädchen, das sich am Ziel aller Träume sieht, da es seinem lange verehrten Idol nun persönlich begegnet. Sofort hat sich bei der Begegnung eine innere Nähe und Vertrautheit mit dem Dichter eingestellt. Da Goethe ganz selbstverständlich mit ihr umgeht, ist ihre innere Unruhe schlagartig von ihr gewichen. Sie gibt sich ganz dem Glück hin, nun ihr Ziel erreicht zu haben, und ist überwältigt davon, wie spontan und selbstverständlich der berühmte Mann auf sie zukommt. Bettine meint, sie habe nun zu sich selbst gefunden. Wie mit einem Prinzen auf einer einsamen Insel fühlt sie sich und schmiedet »einen künftigen Lebensplan« mit Goethe: »Bei Göthe war ich! Das hat Dir Meline erzählt ... ich trage einen Ring von Göthe am Finger, der ist mir sehr lieb ... Er kam auf mich zu, gleich im ersten Augenblick, küßte mich auf die Stirn und behandelte mich wie eine lang verheißene Freude, die nun endlich erscheint. Auch war er mir gar nicht fremd; wie zwei Prinzen, die miteinander auf einer einsamen Insel erzogen sind, die an dem Ufer des Meeres ihren künftigen Lebensplan miteinander ersonnen haben, so war ich mit ihm, er selbst würdigte mich mit jedem Worte, was er gegen mich aussprach, und ich durfte die Wahrheit meines Gefühls nur ausdrücken, um ihn zu erfreuen. Nun denk Dir, er sagte mir, ich sollte bei ihm bleiben so lange, bis wir uns ausgeschwätzt hätten, und das dauert lange, setzte er hinzu, er wollte mich lesen lehren und meine übrige Studien dirigieren. Das durfte ich aber alles nicht annehmen. Du weißt ja, wie alles zusammenhängt.«

Während sie mit der Schlußformel dieses Briefes nur andeutet, daß in Weimar möglicherweise etwas geschah, was den Anstand verletzte und Ärger in der Brentano-Familie auslösen konnte, ist Bettine als Autorin von *Goethes Briefwechsel mit einem Kinde* freier und nimmt es in Kauf, daß die Leser ihres Buches bereits die Schilderung der ersten Begegnung mit Goethe als skandalös empfinden mußten. Wieweit die im Buch (innerhalb eines fiktiven

Briefes an Frau Aja) geschilderte Szene allerdings tatsächlich so bei
der ersten Begegnung in Weimar stattfand, ist kaum zu entscheiden. In den Briefberichten, die an Clemens, Arnim, Savigny – und
auch an Goethes Mutter – gingen, sieht alles viel harmloser aus als
in der Buchversion, und es ist nicht auszuschließen, daß Bettine
von ihrer Goethe-Begeisterung in Weimar selbst oder beim Verfassen des Buches in eine Phantasiewelt getragen wird, der sie sich
gern überläßt, weil sie auf diese Weise ihre geheimen Wünsche
artikulieren kann. Es ist aber auch möglich, daß die Autorin Bettine ihre Leser absichtlich provoziert, um Neugier, Widerspruch
und Spannung zu erzeugen.

Jedenfalls schildert sie im *Goethebuch* den Besuch am Frauenplan in der Form eines Briefberichts an Goethes Mutter so: »da
ging die Tür auf und da stand er feierlich ernst, und sah mich
unverwandten Blickes an; ich streckte die Hände nach ihm, glaub'
ich – bald wußt' ich nichts mehr, Goethe fing mich rasch auf an sein
Herz. *Armes Kind, hab' ich Sie erschreckt*, das waren die ersten
Worte, mit denen seine Stimme mir in's Herz drang; er führte mich
in sein Zimmer und setzte mich auf den Sopha gegen sich über. Da
waren wir beide stumm … ich auf das fatale Sopha gebannt, so
ängstlich. Sie weiß daß es mir unmöglich ist, so wohlerzogen da zu
sitzen. – Ach Mutter! Kann man sich selbst so überspringen? – Ich
sagte plötzlich: hier auf dem Sopha kann ich nicht bleiben, und
sprang auf. – Nun! sagte er, machen Sie sich's bequem; nun flog ich
ihm an den Hals, er zog mich auf's Knie und schloß mich an's Herz.
– Still, ganz still war's, alles verging. Ich hatte so lange nicht geschlafen; Jahre waren vergangen in Sehnsucht nach ihm, – ich
schlief an seiner Brust ein; und da ich aufgewacht war, begann
ein neues Leben. Und mehr will ich diesmal nicht schreiben.«

Es ist eine Mignon-Geschichte, die sie hier erzählt, denn in
Goethes Roman darf das Naturkind dem Meister immer nahe sein,
das androgyne Wesen aus Italien schläft in der Nähe seines Herrn
und Meisters. Hätten nicht die Konventionen der Weimarer Gesellschaft und die Aufsicht der mitreisenden Verwandten es verhindert: Bettine hätte sicher lieb und gern bei Goethe geschlafen, auf
seinem Schoß – wie sie in ihrem Buch schildert – oder wie Mignon:
auf der Schwelle vor dem Zimmer des Verehrten.

Clemens ist von dem vertraulichen Umgang seiner Schwester

Johann Wolfgang von Goethe, Lithographie von Karl Bauer

mit Goethe zunächst begeistert, wird von dem erträumten Schlaf seiner Schwester auf dem Schoß des Dichters allerdings erst hören, als Goethe längst tot und seine Schwester zur Schriftstellerin avanciert ist. Auf die Briefberichte zum Weimar-Besuch reagiert er 1807 unter anderem deshalb enthusiastisch, weil er hofft, daß der Kontakt seinen literarischen Plänen nützen könnte. Gerade hatte Goethe eine euphorische Rezension des ersten *Wunderhorn*-Bandes veröffentlicht. Nun erhoffte er sich, daß auch die weiteren Pläne, die er mit seinem Freund Arnim gemeinsam entwickelte, Unterstützung in Weimar finden.

Mit druckfrischen Fahnen war der Freund im Dezember 1805

Bettine Brentano, Pastell des Malers Achim von Arnim (1848-1891), nach dem
Medaillon eines unbekannten Künstlers vom Anfang des Jahrhunderts

nach Weimar gereist und hatte alle Lieder der Sammlung *Des Knaben Wunderhorn* einzeln mit ihm durchgesprochen. Daraufhin hatte Goethe jedes dieser Lieder in der *Jenaischen Allgemeinen Literatur-Zeitung* kurz charakterisiert – was einer Sensation gleichkam – und darüber hinaus die Herausgeber ermuntert, weitere Bände folgen zu lassen. Nun träumt Clemens von einer glänzenden klassisch-romantischen Zusammenarbeit. Er glaubt, daß Bettine so etwas wie eine Verjüngungskur in Weimar ausgelöst und Goethe zur Spontaneität seiner Sturm-und-Drang-Zeit zurückgefunden hat.

Als Clemens gerade dabei ist, dem Freund Arnim brieflich über den Weimar-Besuch Bettines zu berichten, taucht Bettine selbst in Frankfurt auf. Sie hat das Warten auf eine zweite Chance für einen Weimar-Besuch aufgegeben und ist von Kassel ins ungeliebte Frankfurt zurückgekehrt. Am 14. Juli 1807 trifft sie dort ein: »ich höre im Moment jemand auf der Treppe«, schreibt Clemens, »ich – muste sehr weinen Sie wieder zu sehen, am Finger die schöne Anticke von Göthen ein Weib das sich verschleiert, ich habe Sie unendlich lieb, aber über meinem Haubt steht das Leben wie ein unendliches Labirinth von Gewittern erbaut. Bettine ist ruhig wie ein Engel, sie ist geistreicher als je ein Mensch vielleicht gewesen, unergründlich genial unschuldig, ihr Gesang ist viel, viel mehr geworden, sie ist nicht mehr gespannt, sie ist ein Genius, der die Flügel öfnet und senkt o lernte sie bereits, nicht im Kasten mehr zu flattern und die schönen Farben zu verlieren. O hätte ich ewigen Frieden mit ihr, und erbaute mich! O Arnim, wie sehr liebt sie dich ... Göthens Gespräche mit Bettinen sind ein Schatz für uns Freunde, er war wie ein Kind, er gestand ihr, daß er mürrisch und kalt oft sei, daß er sie ewig um sich wünsche, daß er dann nie alt geworden, daß er nie einen Jüngling so schnell geliebt wie dich, daß sie um ihn bleiben möge, er wolle sich wieder wiegen laßen, er hat ihr erlaubt sein Leben nach den Aussagen seiner Mutter zu schreiben, er wolle ihr noch viel dazu sagen, das solle seine Biografie werden, einfältig wie die Heimonskinder, sie war mit ihm, wie der Genius mit dem Dichter im Hans Sachs spricht. Sie hat ihn gezankt, gestärkt, und gebessert und verjüngt, in drei Stunden; und alles ist so in ihm, wie wir es uns gedacht. *Von der Biografie, das Verschweige.* es giebt ein göttlich Buch.«

Arnim hatte freilich bereits von Bettine selbst aus Kassel über ihre Weimarer Erlebnisse gehört. Es ist bezeichnend und bedeutet für die weitere Entwicklung ihrer freundschaftlichen Beziehung zu Clemens' Freund Arnim einen Wendepunkt, daß sie in diesem Brief etwas mehr verrät über ihr Treffen mit Goethe, als in den Berichten an Bruder und Schwager steht. Die Begegnung in Weimar hat Bettine so befreit, daß sie dem Freund des Bruders nun geradezu eine Liebeserklärung machen kann und in ihre Liebe zu Goethe nun Achim einbeziehen möchte: »in Weimar ward mir ein einziger Wunsch erfüllt, die vier Stunden, die ich dort zubrachte, schaute ich in Göthes Antlitz, der mich wieder so freundlich ansah, so freundlich! Kein Wesen in der ganzen Natur war mir so angemessen, gab so, was ich begehrte, als eben das seinige … Mit Göthe sprach ich viel von Ihnen, er hat Sie lieb, er kann es sehr gut begreifen, daß ich Sie auch lieb habe. Ich wundre mich, daß ich so ruhig war bei ihm, bei ihm allein, daß ich auf seiner Schulter lag und beinah schlief, so still war die Welt um mich her, und er ließ sichs gefallen und war auch still und war so ehrend in dem wenigen, was er zu mir sprach«, heißt es im Brief Bettines vom 13. Juli.

Arnim, der beim Vormarsch von Napoleons Truppen mit dem preußischen Königshaus ins ferne Königsberg geflüchtet war, hatte zu diesem Zeitpunkt nur sporadischen Kontakt mit Bettine und Clemens. Zudem hatte er fern der Heimat auch noch eine persönliche Niederlage erfahren, weil seine erste Liebe, Auguste Schwinck, sein Liebeswerben ignorierte und ihm die kalte Schulter gezeigt hatte. So kommt es, daß er aus dem Brief Bettines zunächst nur herausliest, was sein Selbstbewußtsein wieder aufrichtet: »mit welcher Freude habe ich immer wieder gelesen, daß Sie von meinem Wesen etwas halten, das mir selbst überdrüssig wird«, schreibt er zurück und geht erst in seinem Brief vom 6. August auf die Weimar-Reise Bettines ein. Der deprimierende Abschied von Auguste nimmt ihn zunächst gänzlich gefangen: »Gestern erhielt ich Ihren Brief«, meldet er Bettine, »heute ging ich hin zu ihr mit meinem Stammbuche und bat sie, sich einzuschreiben und zu vergessen, wenn ich ihr unangenehm gewesen, mir schnitt das durch die Seele, sie lächelte und fragte, wie man so etwas reden könnte.«

Die offnen Worte Arnims über seine Liebeserfahrungen haben sicherlich das Verhältnis zu Bettine verändert, denn er zieht sie ins

Vertrauen, berichtet von der Liebschaft, die er zunächst als Ver-
vollständigung seines ABC empfunden hatte – »so ist mein ABC
fertig aus Auguste, Bettine und Clemens«, hatte er noch in seinem
Brief vom 27. März 1807 an Bettine geschrieben. Nun ist er enttäuscht, und seine traurigen Berichte an Bettine münden unwill-
kürlich in eine Liebeserklärung an die Adressatin: »ich weiß nur,
daß ich etwas in der Welt bedarf, was ich lieben muß, und so
wandre ich in der Himmelsglut in meinem Blumengarten ... alles
gedeiht und wird, nur die Menschen nicht, doch *Sie* wurden ja, aber
Sie werden durch Sich und sehen jedem vertrauend in die Augen;
nur eine der Locken wünschte ich mir von denen, die zu mir her-
wallen, und ich wäre glücklich, meine Augen damit zu decken und
in dieser Nacht meinen schönsten Tag zu finden.«

Erst in einem weiteren, am 6. August geschriebenen Briefteil
kommt er zum Schluß auf Bettines Goethe-Bericht zurück und
schließt nun seinerseits Goethe und Bettine in seine Liebe ein:
»Und da strahlt mir zum Schlusse aus Ihnen ein Widerschein
von Göthe und aus Göthe ein Widerschein von Ihnen, und Sie
beide spiegeln sich in einander so unendlich, daß ich es nicht lassen
kann, außerdem wie ich jeden für sich liebe, noch jeden in dem
andern zu lieben. O könnte ich Sie beide zusammen sehen!«

Als Arnim dann noch länger in Königsberg bleibt, kommt Bettine im Briefwechsel noch einmal auf die unglückliche Beziehung
Arnims zu Auguste Schwinck zurück und bestätigt selbst, daß nun
der Weg frei sein könnte für eine tiefere Annäherung: »Nein wahrlich, die Zeit war nicht verloren in Ihrer Liebe; werden Sie es lächerlich oder übermütig finden, wenn ich sage, daß auch um meinetwillen diese Liebe sein mußte?« fragt sie Mitte September 1807
und fährt fort: »Ehmals wußte ich nicht recht, was es in mir war,
daß ich Ihrem Schicksal nachziehen mußte, und doch nie zur Erkenntnis kam, jetzt ist mir die letzte Zeit – die letzten Briefe – ein
wahrer Hintergrund, von dem mir Ihr Gemüt wie das meinige
gleich hell zurückstrahlt ... Ach, wenn wir uns wiedersehen, wird
alles anders sein. Aber wie?« Diesen Reflexionen über die veränderte und vertiefte innere Beziehung zu Arnim folgt unmittelbar,
nur durch einen Gedankenstrich getrennt, ein Bekenntnis der
»himmlischen Freude« ihrer Liebe zu Goethe: »Göthe hat mich
durch seine Mutter bitten lassen, ihm zu schreiben, er will mir

antworten, diesen hab ich so lieb! so ganz ohne Wache, ohne Ring-
mauer, ohne Schloß und Riegel; vielmehr sind die Türen ausgeho-
ben wie in Italien; seht, so muß es sein, bei solch einer kräftigen
Natur, ich kann mir mein Wesen gar nicht mehr denken ohne diese
Säule, um die meine Lebenskette sich schlingt. Es wäre ja dem
schönen Land, dem herrlichen belebenden Strom abgeschnitten,
wenn ich ohne diese himmlische Freude im irdischen Leben sein
müßte.«

Während Clemens noch über die Wirkung von Bettines Besuch
in Weimar und seine möglichen literarischen Folgen nachdenkt,
kommt es im Briefwechsel des Freundes mit seiner Schwester zu
einem Durchbruch. Bettine hat sich bei ihrem Goethebesuch innerlich befreit, Arnim hat die erste große Liebesenttäuschung seines Lebens erfahren. Einander ansehen und miteinander reden
können sie zunächst nicht, aber ihre Feder ist gelöst: Im Namen
und unter Einschluß Goethes offenbaren die beiden zögerlich und
versteckt einander ihre Zuneigung, die sich seit der ersten Begegnung stetig entwickelte. Clemens, der die beiden zusammenge-
führt hatte, bekommt diese Briefe nicht zu lesen und wird sich
später bitter beklagen, daß er in diesen Liebesbund nicht eingeschlossen wurde.

Noch im gleichen Jahr 1807 kommt es zu einem zweiten Weimar-Besuch Bettines. Arnim und Brentano reisen ebenfalls dorthin, es ist ein rechtes Familientreffen, denn auch die Schwestern
Meline und Gunda samt deren Mann Friedrich Karl von Savigny
treffen sich in Weimar. Für Bettine steht zunächst die erneute Begegnung mit dem verehrten Dichter im Zentrum, und die weitere
Annäherung an ihr großes Idol vollzieht sich, als die Verwandten-
schar noch gar nicht eingetroffen ist. Vom 1. bis 10. November
halten sich Bettine und Meline in Weimar auf, sicher eine Maßnah-
me der Familie, um diesen Besuch als Familienbesuch mit Begleitung zu tarnen und nicht als den Besuch einer jungen Geliebten bei
dem berühmten Goethe erscheinen zu lassen. Ob allerdings Meline
ihre Rolle als Anstandsschwester nun erfüllen konnte, ist mehr als
fraglich. Nach allem, was wir wissen, war die jüngere Meline keinesfalls stets bei den Treffen Bettines mit Goethe dabei. Bettine ist
offensichtlich alleine »täglich bei Goethe und erwirbt sich seine
Duz-Freundschaft«, erst am 3. November trifft Savigny mit seiner

Gunda von einem Wien- und Salzburg-Aufenthalt in Weimar ein. Der Reiseverlauf war offensichtlich zunächst anders geplant: »Ich empfange Ihren Brief in dem Augenblick, als ich in den Wagen steigen will, um nach Cassel zu reisen und dort die Savignys zu erwarten, welche drei bis vier Wochen dort bleiben wollen«, hatte sie noch im Oktober 1807 Arnim aus Frankfurt gemeldet. Am 22. Oktober trifft sie in Kassel ein, um dann erst in Weimar mit den Savignys und – wenig später – auch mit Arnim und Brentano zusammenzutreffen.

Am 4. November hält sich Bettine mit Goethe in der herzoglichen Bibliothek auf und küßt in seiner Gegenwart das Marmorantlitz von dessen Kolossalbüste, die Alexander Trippel 1790 angefertigt hatte. Auch dieses Tête-à-tête können die Savignys nicht überwachen: Denn erst am 8. November stößt die Gruppe aus Giebichenstein hinzu: Arnim, Brentano und der befreundete Komponist Johann Friedrich Reichardt.

Bettine kann also zunächst ganz allein ihre Begegnungen mit Goethe genießen; die familiäre Aufsicht ist gegenüber dem ersten Weimar-Besuch gelockert. Der Bruder Clemens ist zudem durch seine unglückliche Ehe mit Auguste Bußmann weitgehend blokkiert. Arnim hilft ihm dabei, seine Verzweiflung über die auswegose Situation zu überwinden oder jedenfalls vorübergehend zu verdrängen. So dürfte es zu einer weiteren persönlichen Annäherung zwischen Arnim und Bettine während dieses Aufenthalts kaum gekommen sein; Bettine ist nun ganz von Goethe eingenommen, verfolgt ihre eigenen Ziele, und die Hoffnung von Arnim und Brentano, durch die Annäherung Bettines den Klassiker als Beiträger für die Programmzeitschrift der Heidelberger Romantik, die *Zeitung für Einsiedler*, zu gewinnen, sollte scheitern.

Ende November – nach der gemeinsamen Rückreise der gesamten Gruppe nach Kassel – schreibt Bettine an Goethe und erhält danach mehrere Liebessonette, die Goethe »während seiner gleichzeitigen Zuneigung zu der jungen Jenaerin Minna Herzlieb ... um die Jahreswende 1807/08 dichtet«. Minna war nur noch vier Jahre jünger als Bettine, und man kann davon ausgehen, daß der über Fünfzigjährige die Verehrung der jungen Frauen genoß. Dabei dürfte es bei Blicken und einzelnen Berührungen geblieben sein, wobei aber keinesfalls auszuschließen ist, daß sich Bettine erneut auf seinen

Johann Wolfgang von Goethe, Gipsbüste von Alexander Trippel, 1789/90

Schoß setzte. Zu derart unkonventionellen Gesten war sie jederzeit aufgelegt.

Welcher der beiden jugendlichen Verehrerinnen das folgende Sonett dann wirklich gilt, ist dabei von geringer Bedeutung. Bettine bekam eine Reinschrift und sieht sich mit Recht als Angesprochene, da Goethe zahlreiche Motive aus ihren Briefen aufnimmt

und ihr diese Sonette auch zweifelsfrei schickte – sie befinden sich
noch heute in dem New Yorker Handschriftenmaterial zu ihrem
Buch. Nur die Überschrift *An Bettine* fügte sie bei der Publikation
im *Goethebuch* hinzu:

> War unersättlich nach viel tausend Küssen,
> Und mußt’ mit Einem Kuß am Ende scheiden.
> Bei solcher Trennung herb empfundnem Leiden
> War mir das Ufer, dem ich mich entrissen,
>
> Mit Wohnungen, mit Bergen, Hügeln, Flüssen,
> So lang’ ich’s deutlich sah, ein Schatz der Freuden.
> Zuletzt im Blauen blieb ein Augenweiden
> An fern entwichnen lichten Finsternissen.
>
> Und endlich als das Meer den Blick umgränzte,
> Fiel mir’s zurück in’s Herz mein heiß Verlangen,
> Ich suchte mein Verlornes gar verdrossen.
>
> Da war es gleich als ob der Himmel glänzte,
> Mir schien, als schiene nichts mir, nichts entgangen,
> Als hätt’ ich alles, was ich je genossen.

VII
»Ohne zu lieben falle ich in eine Art von Fieber«
Clemens' zweite Ehe

Keine neun Monate waren seit dem tragischen Tod von Sophie vergangen, als Clemens sich erneut verliebte. Bereits die erste Begegnung mit der erst 16jährigen Auguste Bußmann erregte derart Aufsehen in Frankfurt, daß sich Clemens – glaubt man seinem Bericht an Arnim – wie »am Pranger« fühlte. Seinem Brief läßt sich entnehmen, daß die Schwester Bettine dabei war, als es am 22. Juli 1807 im Angesicht Napoleons am Palais Thurn und Taxis so »toll zärtlich« zuging: »entschloßen wie ein Mann, jungfräulich schüchtern wie eine Nonne, wirft sich mir Auguste ... mit erschrecklicher Gewalt, nach einigen poetischen Galanterien, die ich ihr von allen ihren Umständen ununterrichtet, gemacht, an den Hals ... ich stehe neben ihr im Taxischen Hof auf der Treppe da Napoleon und die andern Fürsten auf und ablaufen, in einer Nische mit Claudine [Piautaz] und Betine, wie eine Bildsäulengruppe, vor den Augen aller Frfter ihr Betragen ist so toll zärtlich und Aufsehen erregend daß alles auf uns sieht, ich stehe wie am Pranger, mit unaussprechlicher Angst und trauriger Empfindung, war mir es nur eine dunkle Empfindung, das die Arme die mich öffentlich umschlangen mir wirklich ein Halseisen werden könnten, hier kömmt sie endlich ganz außer sich, sie sagt mir, daß sie versprochen sei, daß die Königinn darein verwickelt sei, mit Mühe halte ich Sie zurück, daß sie nicht dem Bonaparte gar zu Füßen fällt und meine arme Person in die Weltgeschichte hineinflicht, alles rings um flieht mich mit schrecklicher Trauer, ich bin meiner nicht mehr mächtig, die ganze Stadt redet von mir, und ich liebe eigentlich nicht, sondern ehre nur den Muth und entsezlichen Karakter des Mädchens, der sich mit solcher Gewalt liebend zeigt, und wie ich immer nur das Herrlichste glaube, scheint mir blos Liebe und herrlicher Enthusiasmus in einem durchaus scheuen züchtigen Mädchen, waß Fanatismus in einer eigensinnigen von Jugend auf intriguanten heimlichen romanhaften Dame war, ohne zu lieben falle ich in eine Art von Fieber, daß mich wie eine Feurige Wolke umgiebt.«

Clemens schrieb diesen Bericht für Arnim am 22. Oktober 1807, als er Auguste bereits – nicht einmal einen Monat nach den öffentlichen Zärtlichkeiten – geheiratet hatte und die Arme seiner jungen Geliebten schon als »Halseisen« empfand. Vorausgegangen war eine Ver- und Entführungsgeschichte, ein ständiger Wechsel von Beißen und Küssen, Liebesnächten und handgreiflichen Auseinandersetzungen, der tatsächlich reif für einen Roman – einen skandalösen Liebesroman – war. Die Darstellung aus Brentanos Feder ist denn auch auf Pointen eines solchen Romans angelegt, doch versucht er zugleich, sein naives Verhalten dem Freund gegenüber zu rechtfertigen; deshalb nennt er Auguste eine »intriguante … romanhafte« Dame. Dabei war sie nach heutigem Vokabular eher ein unglücklicher, durch die Umstände ihrer Erziehung verstörter Teenager, der sich nach schlechten Zeiten nun gute in den Armen eines Dichters erhoffte, den er anhimmeln konnte.

Die Zärtlichkeiten am Palais Thurn und Taxis (unweit der Frankfurter Zeil) waren nicht die einzige spektakuläre Aktion, mit der Auguste aus der Bethmannschen Familie auszubrechen versuchte. Clemens spielt in seinem Brief an Arnim auf die Vorgeschichte an. Auguste war Nichte und Mündel von Simon Moritz von Bethmann, dem wohlhabenden Bankier, der zugleich Hausfreund und Geschäftspartner der Brentanos war. Auguste wuchs in seinem Haus auf, ihre Mutter (Maria Elisabeth) – die Schwester Bethmanns – lebte nicht in Frankfurt. Nach dem Tode ihres Mannes – Auguste war zu diesem Zeitpunkt sechs Jahre alt – war sie 1797 eine neue Ehe mit Aléxandre Vicomte de Flavigny eingegangen, und so gab es in Frankfurt für Auguste keine Bezugspersonen: ihr leiblicher Vater war gestorben, die Mutter hatte ihr Kind einem neuen Ehepartner zuliebe verlassen, und ihr Onkel, der die Rolle eines Ersatzvaters spielte, war ein reicher Geschäftsmann, der als stadtbekannter Lebemann dem kleinen Mädchen sicher nicht die Geborgenheit einer Familie bieten konnte. Unter diesen Umständen ist es nicht verwunderlich, daß die junge, eigenwillige Auguste bereits in der Pubertät alles unternahm, um diesen häuslichen Verhältnissen, die nur materiell glücklich waren, zu entfliehen. Eine

frühe Ehe war damals der einzige Ausweg für eine Heranwachsen-
de, die sich zu Hause nicht heimisch fühlte, und schon bevor sie
sich Clemens Brentano buchstäblich an den Hals warf, hatte sie
eine Flucht versucht, denn Auguste war bereits verlobt, als sie mit
dem Dichter anbändelte; auch diese Vorgeschichte war in Frankfurt Stadtgespräch. Goethes Mutter jedenfalls weiß von den kleinen Sensationen in den Frankfurter Patrizierfamilien Bethmann
und Brentano und meldet die neue Entwicklung sogar ihrem Sohn
nach Weimar. Sie ist darüber informiert, daß Auguste bereits einem
Bräutigam versprochen und daher gehalten war, auf ihn zu »warten«, als sie sich Clemens nähert – nach einigen Avancen von seiner
Seite, die er als »poetische Galanterien« bezeichnete.

Frau Rat Goethe, die für ihre volkstümlich-drastischen Äußerungen in Frankfurter Mundart bekannt ist, macht »ganz allein«
die Hitze in der Stadt verantwortlich für die Romanze des ungleichen Paares, dem sie nichts Böses oder Anzügliches unterstellt:
»Demoiselle Busmann Enckelin von Frau Bethmann Schaff [Mo-
ritz von Bethmanns Mutter] hat einen Bräutigam – soll nur noch
etwas warten läßt sich aber von Clemens Brentano entführen – die
Hitze ist gantz einlein Schuld – denn wenn es schlechte Menschen
wären ja da wäre es ein anders.« Der »Bräutigam«, mit dem Auguste bereits verlobt war, hatte sich ein Jahr zuvor nur kurz in
Frankfurt aufgehalten: Es war der Adjutant des Königs von Holland, der anschließend mit Napoleons Truppen weitergezogen war
und seine junge 15jährige »Braut« in Frankfurt zurücklassen mußte. Ob er wirklich auf eine Hochzeit wartete, wie Augustes Onkel
in einem späteren Drohbrief behauptet, ist nicht überliefert. Bekannt ist nur, was auch Clemens berichtet, daß bereits diese erste
Verlobung unter spektakulären Umständen zustande gekommen
war. Auguste hatte die Einwilligung ihres Vormunds »durch einen
Fußfall vor der Königinn auf dem Riedhof [dem Jagdhaus der
Bethmanns] bewürckt«, wie Clemens schreibt, also die Verlobung
auf einem Ball – einem Maskenball bei den Bethmanns, wie Bettine
an Arnim schreibt – ihrem Vormund mehr oder weniger abge-
trotzt.

Auch bei der »Flucht« mit dem zweiten Verlobten – mit Clemens – scheint Auguste die Initiative ergriffen zu haben, obwohl
Frau Goethe davon spricht, daß Clemens es war, der sie entführte.

Zunächst allerdings hatte der junge Witwer – drei Tage nach der demonstrativen Umhalsung im Eingangstor des Palais Thurn und Taxis – das Gespräch mit dem Vormund Augustes gesucht. Nachts erschien er bei Simon Moritz von Bethmann, um ein klärendes Gespräch über die Angelegenheit zu führen. Auch darüber berichtet er Arnim in seinem kleinen Briefroman, als wäre es das selbstverständlichste von der Welt, einen Frankfurter Bankier nach Mitternacht an seinem Bett heimzusuchen, um ihm über Liebesnöte zu berichten und Rat zu erbitten: »ich gehe ruhig Nachts ein Uhr zu Moriz auf den Riedhof erzähle ihm im Bett, die ganze Sache, und begehre seinen Rath, er ist freundlich, versichert mich nichts gegen uns in der Sache zu thun, spricht weitläufig über die Intriguen und den Karakter dieses seltsamen Geschöpfs [Auguste], ich verspreche ihm zu dir zu reisen und der Zeit die Bewährung dieses Verhältnißes zu überlassen, ich bin von seiner Freundlichkeit recht gerührt, er erzählt mir seinen ganzen Lebenslauf, und wir scheiden uns augenscheinlich viel näher.«

Vier Tage später aber, am 29. Juli 1807, kommt es zu einem spontanen nächtlichen Aufbruch des Paares. Die Einzelheiten schildert Clemens dem Freund so: »Nun dachte ich zu dir zu reißen, ach Gott, immer auf dem Weg zu dir, packt mich das Schicksal! Aber Moriz war nur freundlich mich auszulocken, Auguste dringt nun troz aller Hinderniße mit Gewalt auf mich ein, sie macht mir Vorwürfe sie spricht, man sei auf dem Punckt sie ins Kloster zu sperren, man stößt ihr die grösten Schändlichkeiten gegen mich ins Gesicht, und nach dem ich mich stets gewehrt und immer den Weg der Ausdauer vorgeschlagen, läßt sie mich plötzlich durch eine Magd bescheiden (Abends um 10 Uhr bei Tisch) auf den Paradeplatz an ihr Hauß zu kommen, sie wolle mich nochmals sehen, ich gehe hin, wie ich stehe und gehe, und siehe, das 17 jährige Mädchen, mit dem Bündelchen unter dem Arm, läuft mit mir, dem es ganz ordinair dabei zu Muthe dem Thor hinaus Christian der bei mir war, bestellt eine Postschaise die uns an der Wahrte einholt, so fliehen wir nach Kassel.«

Wieweit diese angeblich von Auguste spontan arrangierte Abreise von den Brüdern Brentano (Clemens und Christian) doch vorbereitet war, wissen wir nicht. Das Ziel der Reise – die Kasseler Wohnung von Brentanos Schwester Lulu und deren Mann Jordis –

ist um so merkwürdiger, da der Hausherr Jordis am Tisch in Frankfurt saß, als die beiden entschieden, ausgerechnet nach Kassel in die
Wohnung des frisch vermählten Jordis-Paares zu reisen. Unterwegs auf der Poststation Marburg, die auch Jordis auf der Heim-
fahrt passieren mußte, hinterlegt Clemens einen Brief an den
Bankier, in dem er recht selbstbewußt um Asyl ersucht: »Marburg
29 Juli Mittag 11 Uhr« ist dieser Brief datiert: »Daß ich mit Augusten geflohen bin, kann Ihnen nicht mehr unbekannt sein, diese
Flucht selbst war von so unendlicher Raschheit, und so unvermu-
thet, als die heftige Liebe ... hinaus getrieben von einer Leidenschaft, die mir und jedem Trefflichen stets achtungs wehrt sein soll,
wenn sie gleich unbesonnen erscheint, schreibe ich ihnen hier von
Marburg.« Dann appelliert er an die »gütige brüderliche Gesinnung« des Schwagers und verkündet: »ich habe mich daher entschloßen, mit Augusten Schutz und Trost in ihrem Hauße zu Kassel zu suchen, ich fordre Sie bei ihrer Ehre und Liebe auf, zwei
Menschen, die troz einiger Unbesonnenheit sich dennoch selbst
achten können, die ihr Zuflucht bei Ihnen suchen, nicht zu ver-
stossen ... Jordis ich fahre jezt fort, und laße den Brief hier bei dem
Postmeister, daß er Ihnen denselben bei ihrer Durchreise gebe ...
die Gewalt, die uns hinausgetrieben, die Liebe, sie wird nicht todt
sein in ihnen und Luisen [Ludovica], und wird uns schützen ...
adéé, und sei menschlich dein Clemens Brentano«.

Zwei Tage später, noch bevor ein Bericht aus Kassel nach Frankfurt gelangt ist, schreibt Georg an seinen Schwager, den Bankiers-
kollegen Jordis, und ist sich offensichtlich mit Bethmann bereits
darüber einig, daß die beiden Flüchtlinge sofort zu heiraten haben.
Auf den 31. Juli ist dieser Brief von Clemens' älterem Bruder datiert: »Ich hoffe dich glücklich in Cassel«, schreibt er an Jordis:
»Ich habe heute mit Moritz gesprochen, er sagte mir daß ein Rei-
sender, der hier angekommen Clemens und Christian mit einem
Frauenzimmer, zwischen Marburg und Caßel gesehen habe, folg-
lich wirst du solche antreffen, er sagte mir ausdrücklich, ich sollte
dich ersuchen, daß solche gehörig copulirt [verheiratet] würden,
du solst für die Bescheinigungen so dazu nöthig sind stehen, und
solche sollen dir verschafft werden.«

Von Marburg war das Paar weiter in die Wohnung der Jordis
gereist. Vermutlich empfingen Bediente die beiden, und sie rich-

teten sich umgehend häuslich in dem Kasseler Domizil ein. Als Lulu eintraf, steckte Auguste bereits in ihren Kleidern. Über den Schock bei der Ankunft gab Brentanos Schwester erst im Alter detailliert Auskunft. In einem kürzlich entdeckten Brief an ihre Schwägerin Emilie (die Frau von Clemens' Bruder Christian) schildert sie am 27. Februar 1854 im Rückblick ihren Eindruck bei der Ankunft in Kassel. Auguste erscheint ihr wie eine »collossale« »Vogelscheuche«; die Kleider der zierlichen Lulu waren dem jungen, etwas fülligen Mädchen offensichtlich zu eng, denn sie platzten aus allen Nähten. »Du wünschest etwas über Clemenz zu hören, von der Epoque die man am liebsten mit Stillschweigen übergehn möchte«, schreibt sie ihrer Schwägerin, die mit einem Essay zur Biografie Clemens Brentanos befaßt war, »ich kann dir wenig davon sagen da mein Gedächtnis für Zahlen daten ect sehr geschwächt ist. Ich glaube es war anno 6-7 als er mit der Vogelscheuche Auguste *un*verheirathet bei mir einkehrte wärend ich abendeßend in Frankfurt war, ich fand sie zum meinem nicht geringen Schrecken bei meiner Rükkehr in meiner Wohnung, ja sogar in meinen Kleidern etablirt die sie aus allen Näthen geplatzt hatte, da es eine fünfzehn jehrige collossale Figur war.«

Wie nahm Bettine diese Liebesgeschichte ihres Bruders auf, den sie noch kurz zuvor über den Verlust seiner ersten Frau hinweggetröstet hatte? Mit relativ nüchternen, aber doch kritischen Worten berichtet Bettine im August 1807 Arnim nach Königsberg über die neue Liebe von Clemens. Die Einleitung zu ihrem Brief läßt erkennen, daß es ihr nicht leicht wird, über die wenige Tage zurückliegende Hochzeit ihres Bruders – die Trauung fand am 21. August in Fritzlar statt – zu erzählen. Möglicherweise war sie aus Eifersucht – oder Mitleid? – darüber krank geworden. Doch sie nimmt sich Arnim gegenüber zusammen, vermeidet eine drastische Schilderung der Ereignisse und verweist auf Clemens' Briefberichte (die jedoch erst sehr viel später Arnim erreichen sollten): »Ihren Brief, lieber Arnim, erhielt ich in einem Anfall von Krankheit, der mich beinah acht Tage im Bett hielt; so ungeduldig ich dabei war, nicht gleich mit allem Vertrauen, das durch Ihre freundliche Worte erweckt ward, antworten zu können, so schwer wird es mir nun, da ich bedenke, was ich Ihnen alles erzählen *muß* von Clemens, dessen Schicksal sich gedreht hat wie ein Wetterhahn. Sie

Ludivica (Lulu) Jordis, geb. Brentano, farbige Miniatur, 1810

haben den Brief von ihm, worin er Ihnen über seine Frau [die bei der Geburt in Heidelberg gestorbene Sophie] schreibt, vielleicht noch nicht in Händen gehabt, da er durch eine andre schon wieder seinen Verlust ersetzt hatte, Gott weiß eine Liebesgeschichte von acht Tagen, die sich mit einer Entführung nach Hessen-Cassel endigte. Seit dem 20. August ist er verheiratet mit einer Nichte von Moriz Bethmann, Sie kennen sie vielleicht, Auguste Busmann, und ist weiter nichts merkwürdiges dabei vorgefallen, Clemens wird Ihnen gewiß selbst darüber geschrieben haben oder noch schreiben. Meine Reise nach Weimar und Giebichenstein mit ihm ist also nicht wohl möglich, er hat sich in Cassel eingerichtet, um dort noch eine Zeit lang zu bleiben, und wenn mir das Glück nicht besonders schmeichelt, so wird noch manche Welle dem Main hinunterfließen, ehe ich Sie wiedersehe.«

Noch im gleichen Brief spricht sie von einer »so oft wiedergekäuten Geschichte« und kann sich dann doch nicht enthalten, ausführlicher über die von ihr zunächst heruntergespielte, angeblich gar nicht »merk-würdige« Angelegenheit zu berichten, die ihr gleichwohl Kummer bereitet. Einzelheiten decken sich dabei mit Clemens' Darstellung, doch macht sie aus ihrer Abneigung gegen das Mädchen keinen Hehl: »So viel kann ich Ihnen sagen, daß sie nur sechzehn Jahr alt ist, mir kein angenehmes Antlitz hat, denn es hat keine straffe, reine Züge, sondern vielmehr etwas angeschwollen. Sie war versprochen mit einem Mann, der wunderschön sein soll; auch dieses Bündnis war gegen den Willen ihrer Eltern und auf eclatante Weise geschehen, indem sie der Königin von Holland, in deren Dienst er steht, hier auf einem Masquenball einen Fußfall tat; Sie können sich also vorstellen, daß sie viel Energie hat. Sie war auch noch in vertrautem Briefwechsel und nannte ihren Geliebten mon cher époux, als sie sich in Clemens verliebte.« Von den demonstrativen Zärtlichkeiten scheint Bettine nicht viel mitbekommen zu haben, denn sie ist von dem Fackelumzug und dem Auftritt Napoleons völlig eingenommen und geradezu gerührt vom Blick des Kaisers. Die angeblich aufsehenerregende Szene in der Nische, deren Zeugin sie gewesen sein soll, schildert sie nur mit wenigen Worten aus der Perspektive ihres Bruders. »Clemens versicherte mich nachher«, so heißt es in diesem Brief, »daß er alle mögliche Mühe gehabt, sie [Auguste] zurückzuhalten, ihm einen Fußfall zu tun. Ich war nur mitgegangen dem Clemens zulieb, der ohne mich nicht gehen wollte. Als aber der Kaiser kam die Treppe herunter, die Fackeln leuchteten ihm ins Gesicht, ich hatte mich übergebogen aus der Nische und hing wie ein brauner Eichenast dicht über seinem Kopf – er blieb stehen, blickte in die Höhe und sah mich starr an, es stürzten mir die Tränen aus den Augen, ich zitterte und konnte mich nicht erhalten … Als ich zu Haus war, allein, und der Schlaf mir endlich die Pein, stumm und kalt, gelöst hatte, so fürchtete ich mich vor der Erinnerung. Ich frage Sie, was ist das, so einen plötzlich ergreift ohne Ursache, ohne Vorbereitung, und so wieder verschwindet.«

Arnim geht auf diese Fragen nicht ein. Die Berichte von Clemens über die Hochzeit haben ihn noch nicht erreicht, als er Bettine am 7. Oktober aus Giebichenstein antwortet: »Ihre Nachrichten von Clemens haben mich betrübt, ich fürchte, die beiden Leute kennen einander noch gar nicht und werden sich sehr verwundern, wobei er aber wieder viel mehr leiden wird wie sie, und das wird schon mit dem widrigen Aufsehen der ersten Ereignisse anfangen. Und wozu diese Entführung? bedurfte es dieser Würze, um sich in einer Verwirrung zu betäuben? Ich hoffte so sicher, daß ihn der mannichfaltige Schmerz endlich davon geheilt haben würde, im Gewöhnlichen ungewöhnlich zu erscheinen. Oder waren Hindernisse vorhanden, die Sie vergessen mir zu schreiben? Von Clemens habe ich noch kein Wort seit der Zeit, sein Casseler Aufenthalt ängstet mich, denn es ist kein Ort für ihn diese Raritätenkammer.«

Die Entwicklung in Kassel ist tatsächlich beängstigend, zumal die drei Menschen, zu denen Clemens am meisten Vertrauen hat – Bettine, Arnim und Savigny – außer Reichweite sind. Die Hochzeit ist von den Bankiers in Frankfurt und Kassel beschlossen und wird mit den umgehend beschafften Papieren vorbereitet. Auf den Brief von Georg antwortet Jordis eine Woche später (am 8. August) mit Überlegungen zu einer bürgerlichen Perspektive von Clemens, die darin gipfeln, daß man ihn weiter beobachten müsse und – erziehungshalber – eine eventuelle Mitgift aus dem Hause Bethmann auf keinen Fall zu seiner Verfügung stehen dürfe: »die ganze Woche habe ich mich bemüht«, klagt Jordis seinem Schwager, »ihm durch Vernu[n]ft Gründe jeder Art zu überzeigen wie sehr nöthig es sei ein stetes Leben zu führen und sich irgend einem bestimten Stand zu widmen um künftig eine angenehme und réele Existenz zu haben … allein umsonst! er hat mich stets durch bizare Sophismen überschrien, und muß ich zu meinem grösten Kummer schon bald eine Reise nach Königsberg [zu Arnim], bald eine nach Italien und dergleichen Thorheiten mehr projectiren hören … so glaube ich daß es nicht gut sein würde wenn Clemens solches [ein gewisses Vermögen] in die Hände bekäme, selbst die Intereßen [Zinsen] müsten ihm erst dann werden, wenn die Familie Ursache hätte mit seinem Benehmen zufrieden zu sein, denn so wie ich ihn kenne, so hat der Wohlstand doch grosen Reitz für ihn, wird ihn die Unmöchlichkeit seine Capricen zu befriedigen von manchen Thorheiten abhalten.«

Es ist ein regelrechtes Komplott, das die Bankiers gegen Clemens schmieden. In den Briefen an Georg vom 11. und 15. August verlangt Jordis noch schärfere Abmahnungen aus Frankfurt für das junge Paar: »Wenn Ihr und Moritz an Clemens und Auguste schreibt so müst ihr noch böser thun die lezte Briefe waren zu gelinde und haben einen übelen Effect gemacht, diese leichtsinnigen Menschen sind jezt schon ganz oben hinaus und ist nichts mehr mit ihnen zu machen. – *Nur durch Furcht* kann man Clemens in Respect setzen und anders legt er sich nie zum Ziele, merkt Euch dieses, ich mache leider täglich traurige Erfahrungen davon.« Über die Vermögensverhältnisse von Clemens sollen – so schlägt Jordis vor – falsche Angaben gemacht werden, um den Übermütigen zu disziplinieren: »auch soll ihm Franz, wenn er ihm schreibt, sagen sein Einkommen sei durch die starken Simpli [Steuern und Abgaben] u. s. w. sehr vermindert, damit er auch von dieser Seite ins Gedränge komme und ihm wenigstens vorerst der Reiselusten – den er immer noch hat – vergehe, die Bethmännsche Familie muß (wie schon gesagt) wenn sie was für Augusten thut, es auch nur bedingungsweise thun.«

Jordis fühlt sich von dem antibürgerlichen Verhalten des jungen Paares offensichtlich provoziert, denn er klagt: »Das schlimste bei dem ganzen Handel ist, das Auguste (ohnezweifel der Neuheit wegen) einen ebenso grosen Hang als er zum Poetischen Leben hat und ihn – da sie sich nicht so leicht wie er schreken läst – immer darin befestiget und so oft was wir in einem ganzen Tag mit vieler Mühe aufbauten in einem Moment wieder niederreist.«

Die Überlegungen, den Bräutigam in einen ordentlichen Beruf zu drängen, an denen sich – so berichtet Jordis – auch Clemens' Bruder Christian beteiligt, gehen in Richtung Bibliothekar oder Vorleser. »Grand-Lecteur« am Hofe von Jérôme von Westfalen, dem Bruder Napoleons, der in Kassel erwartet wird, könnte Brentano nach Jordis' Vorstellung werden, doch reiche sein Französisch dafür wohl leider nicht aus. Auch eine Anstellung beim Fürst Primas Dalberg in Frankfurt schiene ihm denkbar – falls die Familie Bethmann die Nähe des sündigen Paars in Frankfurt überhaupt zuließe, denn: »Nach Haus wird ihn die Bethmännische Familie nicht haben wollen«, vermutet Jordis wohl zu Recht.

Bettine dürfte diese Briefe nicht zu Gesicht bekommen haben.

Sie schaltet sich erst sehr viel später ein, als sie von einem Brief
Augustes an Moritz von Bethmann gehört hat, in dem diese die
Brüder Grimm für die unglückliche Entwicklung der Verbindung
mit Clemens verantwortlich mache. Daraufhin ergreift sie die Initiative und entwirft einen langen Brief an Clemens, den sie vermutlich auf Rat von Savigny nicht abschickt: »An Clemens schreib
ich immer noch an einem langen Brief«, teilt sie Arnim am 25. März
1808 mit, »Savigny meint, ich soll ihn ihm nicht schicken, weil ich
ihm meine Ansicht über Auguste so mitgeteilt, als ob er dabei
garnicht zu schonen oder freundschaftlich zu betrügen sei. Ich
meine aber, daß, da ich durch Spitzfündigkeit nichts durchsetzen
mag und kann, und es mich doch drängt an ihm teil zu nehmen, die
überzeugende Wahrheit das allein erlaubte ist.«

Doch was ist die »Wahrheit« in dieser schwierigen Ehe von Clemens, kann Bettine das tatsächlich beurteilen? Sie führt in ihrem
vermutlich nicht abgeschickten Brief an den Bruder aus: »Daß dein
bisheriges Leben mit deiner Frau sehr unglücklich war, lieber Clemens, ist keineswegs zu bezweifeln ... indessen fällt mir es doch oft
auf's Herz, ob Du selber ganz frei zu sprechen bist ... das Gute was
in Dir liegt bestreitet Dich, wie auch Augustens Verkehrtheit Du
selbst aber wiederstrebst ihm zu weilen, wie sie auch Du; weil Dir
die Last der Ketten zu schwer wird, mit denen es Deinen freien
Willen bindet ... Darum fühl ich auch deutlich daß Dein Leben mit
Auguste Dir nicht Gut ist, weil es Dich täglich zu nichts anders als
zu solchen Explosionen reizt, ohne Deine zerstreite zersprengte
Kräfte, (die für sich rein und herrlich aus des Schöpfers Hände
gekommen sind) wieder auf dem Schlachtfeld zu sammlen und
Dich immer nur mehr schwächt.«

Soweit mag es mit der »Wahrheit« angehen, sieht man einmal
davon ab, daß Bettine Augustes Verhalten ohne weiteres Federle-
sen als »Verkehrtheit« bezeichnet. Im nächsten Absatz des Briefes
aber ordnet sie Auguste flugs dem »Schlechten« und »Gemeinen«
zu, und das Unangemessene ihres Vokabulars, das bar jeder psychologischen Einsicht ist und davon ausgeht, daß Gott den Menschen in unterschiedlichem Maße mit dem »Guten« versehen hat,
wird bei ihrer Wertung deutlich: »Auguste wiederstrebt dem Guten, daß Du nicht einmal durch eignen Willen ihr entgegenstellst,
aus wahrhaft schlechter Natur, die auf keine Art Gewallt hat irgend

etwas zu halten was man ihr dar reicht, die Hände ihres Gemüths sind lahm worden, durch ein Convulsivisches Klettern und Klammern, am Gemeinen, das öftere Zurückkehren und Bitten, und Bessern, ist Poltronerie [Feigheit], denn Gott läst solche Thränengüße nicht sich zu Ehren fliesen, ohne Barmherzigkeit und Gnade zu gewähren.«

Welche Charakterzüge hatte dieses junge Mädchen Auguste tatsächlich? Es ist nicht nur Bettine, die vorschnell Wertungen vornimmt, auch die Literaturwissenschaft hat »die Bußmann« lange als verwirrte, völlig ungebildete und unreife Freundin des großen Dichters abgetan, und die Brentano-Familie versuchte bis ins 20. Jahrhundert, sie aus den Familienannalen zu tilgen. Bettine, die nach ihrer Rückkehr nach Frankfurt einmal von Moritz von Bethmann, dann von der Hausdame der Brentanos, Claudine Piautaz – einer Geliebten Moritz von Bethmanns, die offensichtlich in Kassel zu Besuch war – dann wieder von ihren Brüdern und Schwestern informiert wird, deren Erkenntnisse meist ebenfalls aus zweiter Hand stammen, fehlen objektive Informationen und ein rechter Maßstab, um über die Ereignisse in Kassel zu urteilen, denn alle Informanten sind in dieser Sache von Anfang an Partei, und Bettine selbst ist ebenfalls voreingenommen.

Gerade die Frankfurter Verwandten der Betroffenen, von denen Bettine ihre Nachrichten erhält, sind in gewissem Sinne schuld am unglücklichen Verlauf des »Liebesromans«. Denn nach dem abenteuerlichen nächtlichen Aufbruch des Paares, der von der Brentano- und Bethmann-Familie treffend als »romanhaft« und »unnütz« bezeichnet wird, weil die beiden kaum einen konkreten Grund haben zu fliehen und auch gar nicht verfolgt werden, ist man der Meinung, diesen jungen Leuten – und namentlich dem unreifen Poeten Clemens – müsse eine Lehre erteilt werden. Insbesondere Moritz von Bethmann ist offensichtlich der Meinung, eine sofortige Legitimation dieser Beziehung sei erforderlich und Clemens müsse danach seinen Pflichten als Ernährer der damit gegründeten Familie nachkommen. Daß damals in der Frankfurter Gesellschaft ein solcher Schritt zur Rettung des guten Familienrufs tatsächlich erforderlich war, ist eher unwahrscheinlich. Hätte Clemens beispielsweise in Jena mit einer Freundin zusammengelebt – wie dies die Brüder Schlegel taten –, so wären sicher gar keine

Nachteile für die Frankfurter Brentanos entstanden. Kein Hahn
hätte danach gekräht, was der mündige und finanziell selbständige
Clemens für Liebesabenteuer unternimmt, und mit der Moral, auf
die sich gerade der Lebemann Moritz von Bethmann beruft, nahm
man es in den Frankfurter Patrizierfamilien nicht so genau. Hatte
nicht der alte Herr von Willemer die junge, unmündige Schauspielerin Marianne Jung ihrer Mutter sozusagen abgekauft und im
Hause aufgenommen, um sie zunächst als Adoptivtocher und Mä-
tresse zu gewinnen und schließlich – sehr viel später – zu heiraten?
Gab es im Hause der Brentanos nicht die bildhübsche Erzieherin
und Hausdame aus gutem Hause, Claudine Piautaz, die zur Geliebten Moritz von Bethmanns wurde, insgeheim ein uneheliches
Kind zur Welt brachte und später nicht nur Hausdame sondern
auch – wie sicher in Frankfurt bekannt war – Lebensgefährtin des
verwitweten Georg Brentano wurde? Und interessierte sich dieser
Geschäftsführer der Brentano-Firma, der gute Freund Bethmanns,
nicht im Alter nach dem Tode seines »Clödchen« auch noch für
Bettines Tochter Maxe von Arnim, die als Kind fünf Jahre in seinem Haus gelebt hatte und mit ihm verwandt war? Nein, streng
nach den bürgerlichen Normen ging es in diesen Frankfurter Kreisen nicht zu, und die beiden Hauptakteure, die über das junge Paar
ihr strenges Urteil sprechen, sind selbst Angehörige eines eher
lasziven Frankfurter Großbürgertums.

Es muß schon andere Gründe dafür geben, daß die beiden im
Fall von Clemens und Auguste so scharf reagierten. Manches deutet darauf hin, daß Moritz von Bethmann für sein Mündel Auguste
mehr empfand als nur väterliche Liebe, daß er geradezu eifersüchtig und jedenfalls tief in seinem Stolz gekränkt war, als ihm Auguste diesen Streich spielte und sein Haus bei Nacht und Nebel verließ. Er war nicht bereit, über diese Provokation hinwegzusehen,
wollte Genugtuung haben für die Beleidigung. Statt diese »Flucht«
als törichtes Abenteuer oder Fehltritt eines unerfahrenen – wie er
wußte: sehr eigensinnigen – Mädchens einzustufen, setzte er alle
Hebel in Bewegung, um den beiden eine Lektion zu erteilen und
sie mit einer raschen Eheschließung in die Pflicht zu nehmen.

Die Frankfurter Brüder Brentano spielen dieses fragwürdige
Spiel mit, obwohl sie wissen mußten, daß auch Clemens labil
und zu unbedachten Handlungen jederzeit fähig war. Gemeinsam

wird Druck ausgeübt und eine Trauung erzwungen, die nur kirchlich sein konnte, da es ein Standesamt damals noch nicht gab. Und im Falle eines Scheiterns dieser Verbindung war eine reguläre Scheidung – das wußten alle Beteiligten – damit ausgeschlossen, die Bindung galt tatsächlich bis zum Tode, sofern nicht außergewöhnliche Tatbestände (wie der Nichtvollzug der Ehegemeinschaft oder böswilliges Verlassen) nachgewiesen werden konnten. Die katholisch in Fritzlar geschlossene Ehe, bei der außer dem Brautpaar Karl Jordis und Clemens' Geschwister Christian und Lulu anwesend waren, ließ sich später auch nur mit derlei Tricks scheiden, wie sie noch heute in der katholischen Kirche notwendig sind, wenn die Partner nach einer Trennung im Schoß der Kirche bleiben wollen. Angesichts dieser Perspektive, die den Beobachtern in Kassel binnen weniger Tage als mögliches Ende dieser »Entführungsgeschichte« klar sein mußte, war es unsinnig, im Hinblick auf die bürgerliche Moral eine Blitzhochzeit zu erzwingen.

Vermutlich war der Zorn des Vormunds, dessen Eitelkeit und möglicherweise heimliche Liebe zu der ihm anvertrauten Auguste gekränkt war, die treibende Kraft, und die Frankfurter Brentanos konnten es sich nicht leisten, die Rache ihres mächtigen Geschäftspartners auf sich zu ziehen. So lesen die beiden Familien gemeinsam den beiden Flüchtlingen die Leviten und arrangieren die rasche Trauung, obwohl die beiden sich erst einen Monat kannten und bereits kurz nach der Ankunft in Kassel heftig stritten. Es ist grotesk, wie Moritz von Bethmann dabei mit seinem Mündel umgeht, das er angeblich so umsorgt und geliebt hat. »An mein durch Ausartung abgestorbenes Mündel, genannt Auguste Bußmann in Caßel« überschreibt er seinen Brief vom 3. August 1807 an Auguste. Mit hehren Worten schildert er dann zunächst die Entwicklungsgeschichte des Mädchens, um die Bedeutung des uneigennützigen Erziehers und Vormunds herauszustreichen: »Rasch und mächtig wuchs Auguste zum Mädgen heran … Sanftmuth, Liebe und Rechtlichkeit umschatteten sie in ihren Familien Verhältnißen, und es war besonders mir eine entzückende Freude, den Wünschen meiner Pflegebefohlnen zuvorzukommen; Mein Sinnen und Trachten war stets dahin gerichtet Ihr Glük zu gründen und zu befestigen.« Aber dann, so behauptet er, brachen sich »Egoißmus«, Triebhaftigkeit und »Herrschsucht« Bahn: »Mit zärtlicher Besorgniß, ja oft mit Schrecken bemerkte ich, daß die Heftigkeit Ihrer Triebe, die Härte ihres Karakters sie wenig theilnehmend am Schmerze wie an der Freude anderer machte, ein aufbrausender, sich selbst verzehrender Egoismuß, verschloß ihr Herz für sanfte, wahrhaft vertrauliche Mittheilung, empört durch den mindesten Wiederstand, wälnte sie sich geschaffen die despotischte gefühlloseste Herrschsucht auszuüben über alle die sie umgaben. – Auguste dünkte sich der Mittelpunkt, um den die ganze Welt sich drehen müste.« Dann folgt eine Schilderung der ersten Affäre Augustes, ihrer Verlobung mit dem »wackern Krieger«, den die »Pflicht militarischer Ehre ... zu seiner Fahne« gerufen habe und der nun kämpfe – »seiner Liebe für Auguste treu eingedenk ... mit Muth und Talent, in der Hofnung sein künftiges häusliches Glük beim Frieden durch Augustens Besitz begründet zu sehen«.

Während der Adjutant für Bethmann ein »wackerer Krieger« ist, bezeichnet er Clemens Brentano in seiner Darstellung der Frankfurter Ereignisse am Palais Thurn und Taxis abschätzig als »bunten Schmetterling«: »In dem Augenblick wo die Rükkehr Napoleons nach Frankreich, dem festen Lande Europens den Frieden verkündet, in demselben Augenblik umflattert Auguste ein bunter Schmetterling. Scheu wie dieses Ephemerische Wesen ist er geblendet von dem Licht ihres blitzenden Geistes, wie bald wird er mit verbranten Flügel unter ihren Füßen zertreten werden, und dieses Loos hatte er doch nicht verdient, denn er war nicht treulos, wie Auguste.« Nach dieser Standpauke behauptet er zudem, einer ehelichen Verbindung mit Clemens hätten sich die Frankfurter Familien nicht widersetzt; Auguste habe vielmehr bewußt einen »gemeinen Roman« inszeniert und sei damit zur »Buhldirne« geworden, eine vollkommen überzogene Behauptung: »mit diesem schlichten, offenen Gang schien Auguste nicht gedient zu sein, sie bedurfte eines albernen, sehr gemeinen Romans in ihrer Lebensgeschichte, die so stolze Auguste würdigte sich zur Buhldirne herab, die mit dem ersten besten Mann das Land durchstreicht, denn fliehen kann ich es nicht nennen. Niemand verfolgte sie, es sei denn sie habe ihrem Glük auf immer entfliehen wollen.«

Dann hagelt es noch einmal Vorwürfe, »Lug und Trug« wirft er Auguste vor und schließt: »Lügen und Falschheit können nur die tiefste Verachtung erregen. Auguste ist tod für mich, und ich traure

um das was sie sein könte, und hätte sein sollen.« Auch der Brief an
Clemens, den Moritz von Bethmann vier Tage später abschickt,
beschwört noch einmal die Verdienste des Pflegevaters. Hier stellt
Bethmann zugleich das »Ungesetzliche« von Brentanos Verhalten
heraus: »Gesetze und Blutsverwandtschaft haben mir auf Auguste
Vaterrechte ertheilt, Sie haben mir mein unmündiges Kind geraubt,
während sie kein Hinderniß fanden, ihren Besitz als Gattin recht-
mäsig zu begehren und zu verlangen. Diese Handlung ist nach
bürgerlichen, und moralischen Gesetzen strafbar und inkonse-
quent.«

Schließlich geht es ihm um die Möglichkeit, »das alberne Ihres
Romans in den Mantel der Vergeßenheit zu hüllen«, und Bethmann
erinnert Clemens an seine »heiligen« Ehepflichten und die Notwendigkeit, nun ein nützliches Glied der bürgerlichen Gesellschaft
zu werden: »Nicht so leicht wird es Ihnen werden Ihre nunmehr
übernommenen heiligen Pflichten zu erfüllen. Sie sind Gott, Ihrem
Gewißen und mir für Augustens Glük nicht allein verantwortlich,
sondern Sie müßen auch Muth, Kraft und Beharrlichkeit genug
besitzen, dieses stürmische, unbiegsame Mädchen für [vor] neuen
Thorheiten und Ungebührlichkeiten zu hüten ... Die Fähigkeit ein
nützliches, achtungswerthes Glied, in der menschlichen Gesellschaft zu werden, ist Ihnen von der Natur nicht versagt, Ihre Kraft
zwekmäßig anzuwenden muß Ihr Bestreben sein, und nur durch
Beharrlichkeit können Sie dazu gelangen. – Ergreifen Sie einen
Stand, wozu Sie sich durch Neigung, und Vorkentniß auszuzeich-
nen wißen, ich verwerfe keinesweges Eigenschaften, weil ich sie
nicht in hohem Grade besitze, auch die poetische Phantasie erscheint mir als ein Mittel, welches zu einem edlen Zweck führen
kann.«

Solche Vorschläge, die angesichts von Clemens' poetischen Neigungen und seiner allseits bekannten Vorgeschichte mit den zahlreichen abgebrochenen Ansätzen zu bürgerlicher Berufsausbildung in Lehre oder Studium grotesk anmuten, kommen von
Bettine und Arnim nicht. Bettine läßt jedoch keinen Zweifel, daß
auch sie die Verbindung als Mesalliance sieht, und so versucht sie
ebenfalls Einfluß zu nehmen. Sie will, wie sie Arnim schreibt, am
Schicksal ihres Bruders »teilnehmen« und etwas »durchsetzen«.
Diese Formulierungen verdeutlichen, daß es ihr primär darauf an-

kommt, ihren Clemens aus seiner unglücklichen Lage zu befreien. Entschieden ergreift sie für ihn Partei, um ihn aus der Verbindung mit dem jungen Mädchen, die für sie auch eine Art Konkurrentin ist, zu lösen. Dem Bruder die Wahrheit zu sagen heißt aus ihrer Perspektive ohne Zweifel: Sie will ihm klarmachen bzw. bestätigen, was er selbst mehr und mehr zu glauben beginnt, nämlich, daß diese Frau verrückt oder böse und seiner nicht wert sei. Daher macht Bettine aus ihrer Abneigung gegen Auguste keinen Hehl und liegt damit in wesentlichen Punkten auf der Linie der Frankfurter Brüder, als es um die unvermeidliche Trennung des Paares geht. Die Schuld wird einseitig bei Auguste gesucht, sie wird als nicht normal, als aufmüpfig und gewalttätig angesehen, und Clemens soll befreit werden von dieser »Besessenen«. Schwer zu sagen, wieweit dabei auch Bettines Hoffnung, erneut die verstärkte Zuneigung von Clemens zu gewinnen und eine Rivalin in seiner Gunst zu verdrängen, das treibende Element ist.

Die überlieferten Briefe Augustes zeigen, daß in Frankfurt das Bild dieser jungen Frau mehr oder weniger bewußt verfälscht wird. Sie wird zur bösen, primitiven, intriganten, geradezu geistesgestörten Verführerin stilisiert, wie sie allerdings Clemens selbst in seinen zornigen und zugleich hilflosen Briefen darstellt. Dabei ist kein Zweifel, daß Auguste in Clemens heftig verliebt ist und mit allen Mitteln eines jungen, sinnlichen Mädchens kämpft, um ihren Geliebten an sich zu binden oder nach krisenhaften Zuspitzungen neu zu gewinnen. Die wenigen Briefe von Auguste, die überliefert sind, ergeben das Bild eines freundlichen, nach Meinung von Jacob Grimm sogar »sanften« Mädchens.

Arnim erhält von Auguste einen flehenden Brief, der zeigt, daß sie bereit ist, alles in Kauf nehmen, um Clemens zu versöhnen. Ihr Brief ist auf den 11. September 1807 datiert und läßt erkennen, daß sie sich redlich bemüht, die Abkühlung, die sich zu diesem Zeitpunkt bereits eingestellt hat, zu verstehen und zu tolerieren. Schon jetzt – keine drei Wochen nach der Hochzeit – deutet sie an, daß ihr ein dauerhaftes Zusammenleben nahezu unmöglich scheint: »Er glaubte mich lieben zu können – er liebte mich – und fühlt sich nun in allen seinen Erwartungen getäuscht, an ein Geschöpf gekettet das ihn nicht versteht. Fühlen Sie wie schwer solch ein Verhältniß ihn dünkt? Was mir begreiflich an ihm ist, wird mir es durch die Liebe – und so begreife ich daß er schnell mich verlassen muß um sich vor Unmuth, Ekel zu bewahren ... Kennen Sie mich nicht? Hier ist mein ganzes Wesen: ich will nur Clemens Glück, aber meine unglückliche Liebe zu ihm quält ihn oft und so muß ich ihn mit eben der Gewalt von mir entfernen mit der ich ihn an mich zog. Sie helfen mir! es ist schändlich wie seine Ruhe durch meine Thorheiten leidet. – Helfen Sie eine große Unbesonnenheit verbessern, und sie erwerben sich meinen innigsten Dank.«

Persönlich lernt Arnim Auguste erst im November 1807 bei seinem Besuch in Kassel kennen und ist danach mit Schuldzuweisungen und Wertungen weitaus vorsichtiger als Bettine. Eine dauerhafte Versöhnung zu stiften, auf die nach seinem konventionellen Eheverständnis hinzuwirken ist, gelingt ihm jedoch auch nicht. Clemens und Auguste geraten nach Phasen der Annäherung wenige Tage später immer wieder in heftigen Streit. Die Verliebtheit von Clemens und seine Bewunderung für die demonstrativen Zärtlichkeiten des jungen Mädchens scheinen rasch vergangen, und die unterschiedlichen Charaktere und Bedürfnisse der ungleichen Partner kommen zutage. Als Auguste sieht, daß sie nicht mehr im Zentrum von Clemens' Interesse steht und er lieber zu den Brüdern Grimm geht, um sich über Sagen und Märchen, Lieder und Dichtungen zu unterhalten, statt mit ihr zu turteln und zu tanzen, versucht sie den Geliebten durch Selbstmorddrohungen wieder an sich zu binden, ein Versuch, der bei Clemens nur Hohn und Spott auslöst.

Dem Freund Arnim schildert er die Ereignisse nach dessen Abreise: »In meinem grosen Elend ist das neuste, daß die zu Zeiten ganz verrückte Auguste vor drei Tagen mit einem Federmeßer und einer Scheere aus langerweile sich zwei Stiche gegeben hat, die ein kollosaler Floh auch hätte vollziehen können ... die Scene war komplett, Lulu und Claudine saßen zwei Tage an ihrem Bett, in welchem sie aus Scham, nicht lieber lebendig geblieben und hineingepißt zu haben liegen blieb, gleich nach der Vollziehung ihrer schrecklichen That, habe ich den Jakob Grimm als Kurier nach Fft an Bethmann geschickt, und stehe jezt in Erwartung seiner Rückkehr.« In dieser Situation liegt die Erklärung dafür, daß Auguste nun gerade die Brüder Grimm zu hassen beginnt.

Dabei hatte sich der unbestechliche, nüchterne Jacob ausnehmend positiv über Auguste geäußert, als das junge Paar in Kassel

Kassel, Blick »Aus dem Wilhelm seinem Zimmer«, Aquarell von Ludwig Emil
Grimm, 1827

eingetroffen war. Seinem Bruder Wilhelm meldet er am 7. August
1807: »Bettina ist in Frankfurt geblieben, dafür aber ist Clemens
mitgekommen, und zwar mit einer jungen schönen Frau, die er
eben geheirathet hat und welche sehr sanft und gut scheint und
wie ich glaube beßer zu ihm gehören wird, wie seine vorige.«

Möglicherweise ist die Entscheidung von Clemens, gerade Jacob als Boten nach Frankfurt zu schicken, gut gemeint, doch muß diese Mission aus der Perspektive von Auguste so wirken, als werde hier ein Spion zu den Bethmanns geschickt, der – ausgerechnet in der delikaten Situation nach dem versuchten oder vorgetäuschten Selbstmord – als Abgesandter des spöttelnden Clemens über ihre Verzweiflungstat berichten soll, und so schreibt sie ihrerseits einen erbosten Brief an Bethmann, um die Grimms anzuschwärzen.

Die Tatsache, daß Clemens und Auguste nicht miteinander in Frieden auskommen konnten, daß Augenblicke der Zuneigung und Lust im Turnus von wenigen Tagen mit Zank und handgreiflichem Streit wechselten, war für alle Beobachter in Kassel bereits kurz nach ihrer Ankunft klar. Schon nach wenigen Tagen scheint Lulu – wie der Rückblick in ihrem Brief belegt – zu ahnen, daß diese zwei Menschen nicht miteinander auskommen konnten. Doch kam sie offensichtlich bereits mit der Überzeugung aus Frankfurt nach Kassel, eine sofortige Trauung sei aus Gründen bürgerlichen Anstands unbedingt erforderlich, und die Bedenken, daß eine erzwungene Hochzeit die Tragödie der ungleichen Beziehung geradezu heraufbeschwören muß, kommen ihr erst, als es zu spät ist.

Zu ihrer Rechtfertigung weist sie in ihrem späten Brief darauf hin, daß sie erst 19 Jahre alt war, als sie von Frankfurt nach Kassel reiste und den älteren Bruder mit der Geliebten vorfand, die jünger war als sie selbst. »Meine erste Sorge war es möglich zu machen sie sobald es nur immer sein konnte trauen zu lassen. In diesem so kurzen Zeitraume, fielen aber schon solche scandalöse Scenen häufig vor, daß es besser gewesen wäre wenn sie wieder von einander gegangen wären. Ich war damals 19 Jahre alt und hatte also eben so wenig Erfahrung als Urtheil, sonst hätte ich die Hände zu dieser Verbindung nicht geboten. Beide hatten Unrecht ich weiß nicht wer am meisten und ich meine das Klügste ist sich in keine details darüber einzulassen, da man wenn die Wahrheit nicht verletzt werden soll, nichts erbauliches sagen kann, ich habe noch immer einen wiederlichen Eindruck wenn ich an diese Geschichte denke, denn der Ehestand artete bald in unaufhörliche Zwistigkeiten aus, die nicht immer bei den Worten stehen blieben von ihrer Seite.«

Aus dem Rückblick wird dem heutigen Leser der erhaltenen

Korrespondenzen zunächst nur klar, daß Auguste die Rolle einer fügsam-züchtigen Bürgersfrau nicht annehmen, daß sie dem vorherrschenden Ideal einer passiven, alles duldenden Frau nicht entsprechen will. Aber schließlich war sie ja auch ein unerfahrenes junges Mädchen, das sich ausleben wollte und zugleich eigenen Träumen und Illusionen nachhing. Wer will ihr verdenken, daß sie in ihrem Bräutigam einen romantischen Poeten sah und keine Ahnung davon hatte, wie es im Innern von Clemens aussah. Daß dieser Dichter, der die Philisterwelt kritisch sah und der Idee eines »poetisierten Lebens« nachhing, selbst viele philiströse Züge hatte und zugleich ein Egoist war, der auf seine Partnerinnen nur in begrenztem Maße einging und seit seiner Kindheit eigentlich nur einen Ersatz für die früh verlorene Mutter suchte, konnte sie nicht ahnen. Die Selbstinszenierungen, bei denen Clemens den Hilflosen spielte, um fürsorgliche Liebe zu gewinnen, durchschaute sie nicht. Sie nahm ernst, was Clemens ihr erzählte, und versuchte zugleich, die Liebe, die sie für ihn empfand, auszuleben.

Dabei scheitert die Ehe auch an der Ähnlichkeit der Charaktere: Auguste läßt sich ähnlich wie Clemens allein von ihren Liebesgefühlen tragen, beide können ihre Emotionen kaum im Zaum halten. Auguste versucht gelegentlich, den dominierenden, aktiven Part in dieser Beziehung zu übernehmen. Doch spielt sie keine fürsorgliche Mutterrolle, wie Clemens es erträumte, sondern nimmt Züge einer Domina an. Es gelingt ihr, Clemens auf diese Weise aus der Reserve zu locken, sie provoziert ihn, wird gelegentlich sogar handgreiflich. Diese Szenen als Prügeleien zu bezeichnen, wie Clemens dies in seinen Briefen mit Vorliebe tut, ist wohl übertrieben. Vielmehr setzen provokative Neckereien von Zeit zu Zeit bei beiden Aggressionen frei, die sie dann nicht zu steuern vermögen.

So klagt Clemens seinem Freund: »Auguste hat mich mit ihrem Wesen bereits mehrmal zur Verzweiflung gebracht, zweimahl hat sie mich geschlagen, und mich endlich dahin gebracht, daß ich Sie auch einmahl gewalkt, daß würckte auf einige Tage wunderbar, sie ward, wie ein Engel.« Ganz offensichtlich geht es in der jungen Ehe hoch her. Zuneigung und Zärtlichkeiten schlagen unvermittelt in Haß um, und der »Engel« Auguste verwandelt sich – zur Überraschung von Clemens – unversehens in einen Racheengel: »dann hat sie mir den Trauring liebreich abgeschwäzt und dann zum Fenster hin aus geschmissen, am nähmlichen Tag an dich heimlich nach Giebichenstein geschrieben, mich von Ihr zu trennen, ich habe den Brief ohne ihr Wissen gelesen.«

Nach Clemens' Bericht folgt darauf eine Phase gegenseitiger Verachtung und trotzigen Schweigens: »wir reden oft sechs, sieben Tage kein Wort zusammen und ich bin ganz lustig alle ihre Verkehrtheiten machen mir den Eindruck, als sei sie simpel oder Wahnsinnig, ich lasse sie gehen, und bekümmere mich auch um ihre Familie nichts, oft ist ein paar Stunden recht gut Wetter, aber dann ist mirs nicht wohl, denn gleich ist der Teufel wieder los, welches mir am allerliebsten ist, ich lasse ihn tanzen.« Ein wenig Spaß scheint Clemens doch an diesem wilden Treiben seiner tollen, kaum berechenbaren, aber sehr vitalen Geliebten zu haben, doch der Ton seines Briefes schlägt erneut in Klagen und Selbstmitleid um: »ach Arnim, daß ich dir nicht schrieb, daß ich keinem aller meiner Freunde schrieb, daran ist tiefe innere Schaam über meine unwürdige unglückliche Lage schuld, wie ich hineingekommen weiß ich nicht, und wenn ich dich sehe, so sollst du hören, wie man mich auf die fatalste Art in diese Geschichte hineingehezt, waß ich nur mündlich sagen kann.«

Bei seinen Überlegungen zum Umgang mit der eigensinnigen Geliebten greift Clemens auf ein literarisches Modell zurück. Im Brief an den Freund spielt er auf Shakespeares »Widerspenstige« und ihre Zähmung an, die in den ersten deutschen Übersetzungen Widerbellerin genannt wird: »Ich habe bei alle meinem Kreuz doch noch die gegründete Hofnung diese Wiederbellerinn zu zähmen und es scheint hier zu nur die rechte Art, jene welche Schäkespear auch gegen das böse Katrinchen angewendet, es ist schon auf gutem Weg, aber du Gott, wenn es auch ganz gut wird, so ist das doch ein schlechter Trost, aber ich will das beste hoffen.«

Wirklichen Trost schöpft Clemens aus der Hoffnung, zusammen mit seinem Freund das *Wunderhorn* fortzusetzen. Die Anwesenheit der Brüder Grimm in Kassel eröffnet dafür neue Perspektiven: »Es ist äußerst nothwendig, daß du mit mir zusammen und zwar hierher kömmst, um den ewig auf geschobenen zweiten Theil des Wunderhorns zu rangiren, ich hoffe, daß du deinen Liederkasten bei dir hast, ich habe einen ganzen Karren voll, wir können es hier

außerordentlich gut und besser noch als damals in Heidelberg,
denn ich habe hier zwei sehr liebe, liebe altteutsche vertraute
Freunde Grimm genannt, welche ich wie früher für die Alte Poesie
interessirt hatte und die ich nun nach zwei Jahrelangem fleisigen
sehr konsequentem Studium so gelehrt und so reich an Notizzen,
Erfahrungen, und den vielseitigsten Ansichten der ganzen Romantischen Poesie wieder gefunden habe, daß ich bei ihrer Bescheidenheit über den Schatz den sie besitzen erschrocken bin, sie wissen,
bei Weitem mehr als Tieck von allen den Sachen ... ihr jüngerer
Bruder [Ludwig Emil], der sehr schön schreibt wird uns die Lieder
abschreiben, sie selbst uns alles, waß sie besitzen noch mittheilen,
und das ist viel, du wirst diese treflichen Menschen, welche ruhig
arbeiten, um einst eine tüchtige teutsche poetische Geschichte zu
schreiben sehr lieb gewinnen. Ich bitte dich, bei Allem, waß dir
theuer ist, entziehe mir nicht, waß mir Allein noch im Sonnenschein liegt ... *ich aber reiße morgen mit der fahrenden Post allein
zu dir nach Halle, um dich wieder zu sehen.«*

Da ein Besuch Arnims in Kassel zunächst nicht möglich scheint,
wird dieser am Schluß des Briefes spontan entworfene Plan umgesetzt, allerdings nicht gleich am nächsten Tag. Bis zur Abreise nach
Giebichenstein am 23. Oktober sind noch einige Tage durchzuste-
hen. Ein Brief Augustes, dessen Adressat unbekannt ist, läßt erkennen, daß sie bereits bei vorübergehender Abwesenheit von Clemens Verlustängste entwickelt und in Panik gerät: »Schicken Sie
mir Clemens – Es ist mir als ob dieser Tag uns auf immer trennen
könnte – Ich habe nur einen einzigen Wunsch ihn zu sehen, und
eben darum kann ich ihn nicht länger bitten. Sie können ihn be-
reden, und ich darf es von Ihnen fordern.« Ein Brief an Arnim, der
ihre Verzweiflung und Angst erkennen läßt, Clemens könne sich
endgültig von ihr trennen, wirkt wie ein Hilferuf. Noch immer
liebt sie Clemens mit ganzer Seele und ist verzweifelt bemüht,
seine Liebe immer wieder zu erwecken: »Arnim lassen Sie mich
nicht in der fürchterlichen Ungewißheit – bleibt mir eine Hoffnung? Wenn Clemens Herz ihm sagt daß ich nicht schlecht bin –
daß ich ihn liebe, daß es gut mit uns werden kann, o so hat er mich
genug gefoltert! Er ist gut, er soll sich nicht zu einer unmensch-
lichen Härte zwingen. – Ich soll einige Tage ruhig vor ihm erscheinen sagt Bettine – dann würde er Mitleid für mich empfinden –

Georg Brentano; Ölporträt von Rausch, 1833

o macht mich nicht so irr – ich soll glauben er sey so grausam. Lieber Arnim es ist entsetzlich daß ich vor ihm heucheln soll um ihn zu versöhnen – aber ich will es, – ich will mir alle Mühe geben, aber nicht umsonst – sagen Sie mir, schwören Sie mir ich werde ihn erweichen. Rathen Sie mir wahr – rathen Sie mir wie ein Freund – was soll ich thun? Mein Leid ist schrecklich, Clemens, Clemens verlaß mich nicht – ich will ewig verdammt seyn wenn du es bereuest – O Mitleid, Mitleid ich muß schreyen vor Schmerz; ende meine Qual. Clemens ich knie vor dir – kannst du mich wegstoßen – ich liebe dich und du hast mich geliebt.«

Über die Reaktion Augustes bei Clemens' Aufbruch nach Giebichenstein ist nichts bekannt, doch löst die Abreise erneut heftige Reaktionen in Frankfurt aus. Georg Brentano droht im Brief vom 30. Oktober: »Du bist von Caßel abgereist, und hast dadurch einen Schritt gethan, der dir von den nachtheiligsten Folgen seyn kann; M[oritz] ist gestern express zu mir gekommen, und so sehr ungestümm gewesen, daß ich ihn nicht befriedigen konte, als durch die Versicherung du würdest ohne allen Verzug zurük kommen.« Clemens hat einmal mehr gegen Anstand und Moral der bürgerlichen Gesellschaft verstoßen, und Georg fügt in einer Nachschrift an: »Wie kannst du nur deine so junge, so christlige Frau, für die du sorgen, wachen must, so allein auf einmahl unter fremden Menschen lassen, welche inconsequenz, wie muß diß alles in den Augen derer erscheinen, die ohne hin gegen dich aufgebracht sind, ich kann warrlich dises Benehmen von dir mir nicht erklären … Komm so gleich zurük.«

Etwa zwei Wochen bleibt Clemens mit Arnim bei dem Komponisten Reichardt und seiner großen Familie auf dessen Landgut Giebichenstein bei Halle, das sich zu einem Treffpunkt von Poeten und Musikern der Klassik und Romantik entwickelt hatte. Während dieser Zeit ist Bettine mit Meline von Frankfurt nach Kassel gereist, wo sie Auguste nun zum erstenmal als Ehefrau ihres Bruders sprechen kann, während der Ehemann Clemens ausgeflogen ist. Von Halle brechen Arnim, Brentano und Reichardt am 8. November 1807 nach dem nahegelegenen Weimar auf, wo kurz zuvor auch die Schwestern Bettine, Meline und Gunda und der Schwager Savigny eingetroffen waren. Hier also kommen Clemens und Bettine, aber auch Bettine und Arnim wieder zusammen, wobei alle Beteiligten den Ehezwist für einige Tage verdrängen können, da Auguste in Kassel geblieben ist.

Doch die ganze Gesellschaft reist wenige Tage später dorthin weiter, da Reichardt auf Anweisung Napoleons eine Kapellmeisterstelle erhalten hat, die ihn in die französische Kulturpolitik im neugegründeten Königreich Westfalen einbinden soll, wo Napoleon seinen Bruder Jérôme als König eingesetzt hat. Dort steht Auguste dann wieder im Zentrum: Savigny und Arnim sehen sie wohl zum ersten Mal, und auch Bettine kann nun erleben, wie sich das Zusammenleben von Clemens und Auguste gestaltet. Alle drei werden nach diesem Aufenthalt in Kassel zu Ansprechpartnern beider Eheleute und setzen sich mit aller Kraft als Berater und Vermittler ein, um die Verhältnisse in dieser Ehe zu ändern oder bei einer Trennung behilflich zu sein.

Auguste wendet sich zunächst an Savigny und fleht ihn um Hilfe an, als Clemens von Scheidung spricht. Ihr Brief ist voller Selbstanklagen. Zugleich verspricht sie »Besserung« und läßt keinen Zweifel daran, daß sie Clemens nach wie vor liebt: »Savigny, retten Sie mich vor Verzweiflung! Clemens will sich von mir scheiden lassen. Meine Unvernunft, von ihm geliebt zu werden, hat mich schlecht gemacht. Ich war eigensinnig, launisch, leichtsinnig, aber dies ist nun vorbei ... ohne ihn kann ich nicht leben, er ist mir alles. O gebt mir ihn wieder.«

Am gleichen Tag begründet Clemens dem Schwager brieflich seine Scheidungspläne und liefert eine Art Fortsetzung zu seinem Liebes- und Skandalroman: »Die Sache hat ihren Gipfel erreicht, ich kann nicht mit ihr bleiben, an dem Abend deiner Abreise schon, gieng die Misere wieder los, und biß auf den heutigen Tag war ein steter Wechsel zwischen Versöhnung und Rükfall, ihre Seele ist lahm und krampfhaft zwischen der ordinairen Pflicht und der Schlechtigkeit. Ich habe alles gethan waß ein Mensch und ein Christ thun kann. Ich habe erwartet und entsagt, dann belehrt und nicht erhört, dann gebeten, geweint, und Verzweifelt ... ich habe mir beinahe den Schedel eingerennt an diesem Fels.« In seinem Brief an Savigny folgen weitere drastische Szenen aus dem Eheleben, die ohne weiteres aus dem Roman *Reisen in die mittäglichen Provinzen von Frankreich* von Thümmel stammen könnten, den Brentano – unterstützt von Arnim und Bettine – für obszön erklärt hatte. Auguste ließ sich von der Lektüre jedoch nicht abbringen, wie Brentano seinem Schwager schildert: »Nachdem sie es durch nächtliches Aufbleiben biß gegen Morgen, durch lautes Heulen und Stampfen in ihrem Bette dahin gebracht hat, daß ich mein Nachtlager in meiner Stube nehmen muste, um doch nur wenige Stunden zu ruhen und nicht dem aufgepeinigten Fluch und Grimm zu erliegen, ward sie endlich einige Tage wieder leidlich ... mein schwaches Gemüth, das immer glaubt und hofft und endlich zerbricht, hat auch da wieder gehofft, aber sieh da, meine Dame wird von neuem brutal, und mürrisch, sie schleppt sich allerlei Bücher zusammen, endlich kömmt sie mit Thümmels Reisen

an, ich sage ihr höflich, und Arnim und Betine sagen ihr, es sei ein
obscönes Buch, sie möge es nicht lesen, sie ließt aber ruhig alle acht
Bände durch, erklärt zugleich mehrmal sie müße und werde sich
von mir scheiden lassen. Ich ward stumm, sie schäkerte und scherz-
te mit Arnim bei Tisch über Hof und Stadtgeschichten und zer-
schnitt mir die Seele mit frechem Gelächter.«
    Wieder ein sprachlich schönes, kühnes Bild des Dichters für eine
schlimme Sache. Das ungleiche Paar kann sich nur noch im Haß
lieben; jeder versucht den anderen möglichst tief zu verletzen.
Auguste provoziert Clemens, indem sie offenbar mit Arnim flirtet
und ohne die Begleitung ihres Ehemanns Bälle besucht, was bei
den damaligen Sitten einem Skandal gleichkommt, zumal es sich
um »Franzosen Bälle« handelt, bei denen Soldaten der französischen Besatzungsmacht nach leichten Mädchen Ausschau halten:
»Acht Tage vorher hatte sie mir auf den Knien geschworen nicht
mehr gegen alle Sitte und zum Skandal der Leute Franzosen Bälle
in Häußern zu besuchen, wo ich nie hinkomme oder hinkommen
werde. Nun plötzlich wieder geht das elende Geschöpf, dem es
gebührte, um das Elend seines Mannes zu trauren, in dieser lezten
Zeit der Trauer, ohne mich und meinen Willen heimlich auf den
Picotschen Ball und raßt und koquettirt die Nacht hindurch, die
ich durchweine, den folgenden Tag gestern fand ich sie en grande
Parade ohne Halstuch waß ich ihr auch verboten, mir zum Trotz
am Tische gegenüber lächelnd und frech mit dem armen verlegnen
Arnim plaudern, zanken, zürnen konnte ich da nicht mehr, denn
auch der Zorn ist bessern Ursprungs, da gieng es auseinander, ich
will nicht mehr mit ihr sein.« Mag sein, daß bei Clemens auch
Eifersucht beteiligt ist, zumal er wahrnimmt, daß Auguste sich
seinem Freund nähert. Aber der drastischen Schilderung nächt-
licher Tränen wird man nicht unbedingt Glauben schenken müssen. Immer wieder stilisiert er sich zum Betrogenen, Verlassenen.
Auch der Entschluß »ich will nicht mehr mit ihr sein« ist nicht so
endgültig, wie die Formulierung vermuten läßt. Als Savigny seinen Antwortbrief am 22. Dezember formuliert, hat er bereits von
Bettine erfahren, daß es inzwischen wieder zu einer Versöhnung
gekommen ist.
    Auch die wohlmeinenden Freunde und Verwandten können das
Hin und Her in dieser Ehe auf Dauer nicht nachvollziehen, denn

jeder, der hilfreich einzugreifen versucht, muß feststellen, daß die Stimmung in kürzester Frist umschlägt und Hilfsmaßnahmen bereits nicht mehr erwünscht sind. Savigny bringt es in seinem Antwortbrief an Clemens auf den Punkt: »Gestern habe ich Ihren verzweiflungsvollen Brief erhalten, heute höre ich von Bettine, daß Ihr Leben in diesem Augenblick wieder leidlicher ist. Ich brauche Ihnen also nicht mehr zu sagen, was Sie gestern wissen wollten.«

Arnim geht es nicht viel anders. Als er in Heidelberg von den Scheidungsplänen erfahren hat, ist er zunächst erleichtert und schreibt Bettine: »Auguste ist endlich entschlossen, sich scheiden zu lassen. – Ich habe in diesem Augenblicke einen unsäglichen Überdruß an der Welt durch diese Geschichte, und die heilige Ehe, die mir sonst so wunderbar herrlich erscheint, kommt wir wie ein eisernes Halseisen vor, das mit Myrten umwunden ist. Und wenn ich mir nun denke, das ist Gesetz, daß die beiden einander ihre Existenz abfoltern, und ich sehe die Natur rings in ewigen Gesetzen, wie mag der erst zu Mute sein, die grünen möchte mit Lust und Willkür.«

Als Clemens ihn dann zu einer Vermittlungsaktion bei der Familie Bethmann nach Frankfurt schickt, schlägt die Mission fehl. Er habe »zweymal bei Bettmann gegessen«, berichtet er seinem Freund, »und schlug es zum drittenmal ab, weil es mich zu sehr langeweilte und ich doch in Deinen Angelegenheiten nichts zu bessern vermochte. Ich sprach vergebens mit Moritz und mit der Frau von Flavigny [Augustes Mutter], sie blieben beyde der Meinung, daß ein Briefwechsel mit der Mutter ihnen beyderseitig nachtheilig, sie fürchteten das Dramatische darin; ich stellte umsonst vor, es gebe noch Fälle des Zutrauens, ich setzte alles Mögliche, sogar den Fall des Scheidens, Moritz blieb dabey, daß Deiner Frau immer die zutrauliche Verbindung mit ihm bleibe; er schien in der ganzen Sache seinen ganzen Haß auf Christian geworfen zu haben, dessen brüderlicher Hülfleistungen er durchaus eine Bosheit und Schadenfreude gegen ihn unterlegt.«

Während dieses vergeblichen Vermittlungsversuchs kam es erneut zu einer Versöhnung des Paares, die Clemens für endgültig hält, da Auguste nun wider »gut und folgsam« ist: »Ich war noch ungefähr drei Tage in Marburg«, schreibt er seinem Freund aus Kassel, »dann bin ich über Allendorf wohin mich Christian beglei-

tete zu Pferd zurück, zu Hauße … fand ich, was das beste ist,
Augusten in allen Stücken recht gut und folgsam und lebe jezt recht
vergnügt mit ihr, ich zweifle auch nicht, daß sie radickal kurirt ist,
denn ich fühle, ein recht innerliches Zutrauen zu ihr, wir bedauren
beide theurer, geliebter Mensch, daß du unsre Einigkeit nicht ansehen kannst, es ist ein rechter verhärteter Fond von Güte in ihr wie
ein Gesundbrunnen aufgebrochen, und ich will ihn sobald nicht
einfassen, ich will sie eine Zeitlang unter Wasser stehn lassen.«

Wenig später kommt es wieder zu einer Eskalation, und es ist
der juristisch erfahrene Savigny, der den Fall nun aufrollt. »Die
Grundempfindung aller Ihrer Briefe«, schreibt er Clemens am
11. März 1808, »ist diese: A. schwebt zwischen Schlechtigkeit
und Verrücktheit; Sie stehen ihr gegenüber fromm und rein mit
dem besten Willen sie zu heilen, zu leiten, zu bessern, aber frucht-
los. L. Cl., wer zweifelt daran, daß Sie es gut und rein mit A gemeint haben? aber eben so gewiß bin ich, daß A von Herzen gerne
glücklich mit ihnen gelebt und Sie glücklich gemacht hätte. Sie war
ungeschickt dazu. Nun also, von Ungeschicklichkeit ist die Rede,
und ungeschickt waren Sie gegen A. nicht minder. Daß Ihr Gemüt
von Natur reicher und fruchtbarer ist, macht hierin keinen Unterschied, am wenigsten zu Ihrem Vorteil. – Nichts ist verderblicher,
als jene Übertreibung im eigenen Gefühl, und so lange Sie darüber
nicht Herr werden, werden Sie alles schief und schlecht angreifen,
sei es Scheidung oder eheliches Leben.«

Es ist Savigny zugute zu halten, daß er keine Schuldzuweisungen
macht und anerkennt, daß beide besten Willens waren, ein gemeinsames glückliches Zusammenleben zu erreichen. Seine Stellungnahme klingt sehr modern, sehr moderat. Als es aber dazu kommt,
die Trennung zu organisieren, zeigt sich, daß auch Savigny sehr
konventionell denkt und mit aller Macht eine höchst einseitige
Lösung durchsetzen will. Allerdings bewegt er sich mit seinen
Vorschlägen stets im Rahmen der damaligen Rechtsprechung
und orientiert sich an den bei Trennung oder Scheidung üblichen
Verfahren. Das ist nicht überraschend, denn schließlich war der
Schwager einer der herausragenden Juristen seiner Zeit, der es
später in Preußen bis zum Justizminister bringen sollte. So geht
er selbstverständlich davon aus, daß der Mann nach einer gescheiterten Beziehung sein bisheriges Leben ohne Einschränkungen

weiterführen kann, während die Frau – notfalls unter Zwang – für eine längere Zeitspanne aus der Gesellschaft entfernt wird und ihre Rechte weitgehend verliert.

Heute fehlt uns für solche Überlegungen das Verständnis, und ein Brief Savignys, in dem er Arnim seine Überlegungen zum weiteren Verfahren am 15. März 1808 vorträgt, scheint uns heute absurd. »Etwas geschehen muß nun, sie müssen wenigstens für den Augenblick auseinander«, schreibt er und erwägt dann zunächst die Rückkehr Augustes in ihre Familie: »Sie zu sich zu nehmen ist ihre Mutter durchaus nicht zu bewegen: sie habe sie sonst nicht bändigen können und werde es jetzt noch viel weniger können. – Dagegen sieht ihre Familie alles Verkehrte und Zügellose an ihr wohl ein. Nur offenbare Gewalt, sagen sie, könne sie bändigen. Clemens solle sein Recht gebrauchen und sie mit Gewalt in ein Kloster bringen, um sie vorläufig zu verwahren. Was der Clemens von gewaltsamen Mitteln für schlimme Folgen befürchte, sey eitle Furcht. Entlaufe sie dann, so wollen sie sie gefangen nehmen und einsperren.« Bis hierher scheint Savigny nur die Meinung der Familie Bethmann zu referieren, mit der er in Kontakt steht. Doch dann folgt ein verräterischer Satz, der so gar nicht zu seiner abwägenden Darstellung im Brief an Brentano paßt und drastisch deutlich macht, wie brutal die bürgerliche Gesellschaft auf Verstöße gegen ihre Normen reagiert: »Mir scheint allerdings das Kloster für den nächsten Augenblick das einzig schickliche Mittel.« Zwar spricht er sich danach gegen Zwangsmaßnahmen aus und bittet Arnim um Vermittlung und »Leitung« dieser »Sache«. Doch bleibt der Weg in ein Kloster – gerade für die kontaktfreudige, sinnliche, junge Frau – eine absurde Idee. Glaubt Savigny wirklich, daß sie damit »Aussicht hätte, durch gutes Betragen auf diese Weise wieder zu Ihrer Familie zu kommen«, wie er formuliert?

Tatsächlich scheint Savigny von dieser Idee einer mehr oder minder erzwungenen Klosterisolation Augustes bald wieder abgerückt zu sein. Vielleicht hat ihm Arnim klargemacht, daß die Trennung des Paares auf diese Weise nicht friedlich und fair zu bewerkstelligen sei, denn drei Tage später – nach einem Gespräch mit Arnim und Ergebenheitsadressen Augustes an Bethmann – schlägt er zwei Orte vor, »an welchen sich Auguste recht schicklich und nicht unangenehm einige Zeit aufhalten könnte: in Gotha bey

Geisler oder in Coblenz bei der alten Lassaulx«, der Schwiegermutter von Joseph Görres.

Arnim meldet Clemens am gleichen Tag Überlegungen zu möglichen Gasteltern für Auguste. Als sich keine Lösung abzeichnet,
bricht er seine Vermittlungsaktion jedoch zunächst ab und reist
ratlos von Frankfurt nach Heidelberg zurück. Die von Savigny
genannten Personen und auch die Schwester von Claudine Piautaz,
der Hausdame der Frankfurter Brentanos, sind nicht bereit, Auguste aufzunehmen: »an Scheidung ist jezt wohl nicht zu denken,
komt euch beyden einmal die ruhige Ueberzeugung von einer
Nothwendigkeit dazu, so ist das wenigstens nicht jezt der Fall.
Auf der anderen Seite fühlten wir, daß das gräßliche Verwischen
von Haß, Neigung Trennen und Verbindung auch in dem steten
Zusammenleben zu keiner klaren Uebersicht kommen lasse, es
schien uns durchaus gut euch auf einige Wochen von einander zu
entfernen und der Vorschlag gefiel uns, deine Frau mit Deiner
Einwilligung zu vermögen nach Göttingen mit Claudine zu Piau-
tas zu ziehen, ich wollte mich des wegen mit Claudine und Grimm
nach Cassel auf den Weg machen. Alles war verabredet, ich sprach
mit M. Bettmann, er schien es sehr zufrieden, Claudine war be-
reitwillig wir wollten heute reisen. Inzwischen hatte Moritz Bettmann mit Claudine geredet und ihr versichert daß sie nun auch alle
Verbindlichkeit auf sich nehme, ihnen für alles zu stehen, was Deiner Frau begegnen könnte; er hatte ihr vorgesprochen von den
Studenten, Liebeshändeln, u. s. w. seine eigne sehr harte Ansicht
von Deiner Frau. Claudine kündigte mir am Abend den Handel
auf, ich hatte mich umsonst aus der Dringenden Geschäftigkeit in
Heidelberg losgerissen, es war für den Moment uns unmöglig einen fertigen Ort aufzufinden, wo Du Deine Frau auf einige Zeit
mit Annehmlichkeit und Anstand hinbringen könntest, ich kehre
also heute nach Heidelberg zurück und muß Dir suchen brieflich
meine Gedanken über das Weitere, Nothwendige zu entwickeln.
Daß Du einige Zeit in einiger Entfernung von Deiner Frau lebst
scheint uns noch mit gleicher Nothwendigkeit einleuchtend, die
Farben wollen nicht mehr halten, so frisch und dick sind sie auf-
getragen. Daß Du Cassel verläst ist durchaus nicht rathsam, Deine
Frau bliebe verlassen und ohne zutrauliche Bekanntschaft.«

Die Frankfurter Mission führt Arnim zu der Erkenntnis, daß die

Brentano-Familie für Clemens kaum Verständnis aufbringt, dessen Lebensschwierigkeiten auch auf diesem mangelnden Rückhalt in der Familie beruhen. Am 22. März übermittelt er Bettine ein Stimmungsbild aus dem *Haus zum Goldnen Kopf*, das Bettine nur allzu vertraut gewesen sein dürfte, das sie aber doch nicht so distanziert und kritisch sehen konnte wie der scharf beobachtende junge Arnim. Ihm ist auf einmal klar, daß sein Freund im Kreis der kommerziell orientierten, strikt bürgerlich denkenden Brüder doch recht isoliert dasteht und manche »Verwirrung seines Lebens« auf dieser Ausgrenzung beruht: Clemens »kommt mir erstaunlich unglücklich vor, seitdem ich die verschiednen Stimmen über ihn im Goldnen Kopfe gehört habe, ich kann jetzt manches von ihm begreifen, was er mir sagte, wie da der Keim zu mancher Verwirrung seines Lebens liege; ich fühle hier in der Ruhe, daß er bei aller Ungeschicklichkeit, womit er sich alles verleidet, doch tief menschlicher und also edler sein Leben führt, als ihn die andern beurtheilen. Wenn sie geradezu sagten, sein Wesen ist mir unangenehm, er verletzt auf barbarische Art, wo ich Zartheit fordre, so hätte ich nichts gegen, wer so etwas nicht ertragen kann, wird ihn nicht lieben; aber die Ansichten, die sie sich von seiner Seele machen, um ihren Widerwillen gegen ihn zu erklären, das ist eine Lüge gegen sich, zu der man aber bei Brüdern und Schwestern leicht kommen kann, weil man sich den Widerwillen nicht zugeben will. Darum sind die verschiednen Tragödien über feindliche Brüder sehr lehrreich, wo das größte Unglück entsteht, wenn die Brüder wegen der Erinnerung ihrer Verwandtschaft ihre wirkliche gegenwärtige Feindschaft aufgeben.« Bettine geht auf diese Überlegungen nicht ein. Statt dessen bezieht sie weiterhin empört gegen Auguste Position wie die Frankfurter Brüder. In ihrem Antwortbrief an Arnim nimmt sie Bezug auf einen Brief Augustes an Bethmann, der angeblich »das elendste schändlichste ist was ein Weib die noch schlechter ist als alle Menschen mit denen sie von jeher gelebt hat, schreiben kann. Aber Moriz hat einen Wohlgefallen, an diesem Brief, und jezt ist es Clemens der Unrecht bei ihm hat … grad als ob Clemens der Sünder sey.« Alles kann sie denken, nur nicht dies. In ihren Augen bleibt Auguste die Hauptschuldige.

VIII
»Ach du liebes Kind, sag mir, wo kauf ich das Vertrauen?«
Arnims zögerliche Liebe und hilfreiche Freundschaft

Der Briefwechsel Bettines mit Arnim, der während der Königs-
berger Zeit fast gänzlich zum Erliegen gekommen war, gewinnt
nach seiner Rückkehr an Intensität, wobei das Mitleid mit Clemens
und die Überlegungen, wie man ihm aus seinem Ehezwist heraus-
helfen könnte, nur eine untergeordnete Rolle spielen. Arnim und
Bettine kommen sich innerlich immer näher, ihre bereits sechs
Jahre währende herzliche Freundschaft geht in vorsichtige Liebesbekundungen über. Arnim hat seine Abfuhr bei seiner Werbung
um Auguste Schwinck überwunden; er hat einsehen müssen, daß er
bei dem konventionellen Mädchen nicht auf Gegenliebe hoffen
konnte.

Bettine fühlt sich seit ihrer Begegnung mit Goethe gestärkt; sie
hat gespürt, daß sie auch von außergewöhnlichen Menschen ernst
genommen wird. Das Thema Clemens–Bußmann stimmt beide –
Arnim und Bettine – nachdenklich, doch dieses Nachdenken betrifft auch die eigenen Neigungen und Hoffnungen, und so finden
sich mehr und mehr indirekte und versteckte Liebeserklärungen in
ihrem Briefwechsel, aber auch Vorbehalte gegen eine endgültige
Bindung.

Bereits nach dem ersten Weimar-Besuch, als die Hoffnung
schwindet, gemeinsam mit Clemens erneut nach Weimar (zu
Goethe) und auch nach Giebichenstein (zu Arnim) zu reisen, bekennt Bettine ihre Sehnsucht, Arnim wiederzutreffen: »ich blicke
den Wellen mit besonderer Wehmut nach und allem, was sich bewegt und weiter zieht, und denke: könnte ich auch weiter, ich wäre
sicher Arnim entgegen gezogen. Wieviel mal stelle ich mir innerlich vor, wie Sie wiederkommen, was ich sagen will etc.; es ist mein
Spielwerk, mit dem ich mich ergötze, so oft ich allein bin, es ist
mein Lieblingskind, das mir Sorge und Freude macht, es ist ein

Zwillingsbruder von der Begierde, wieder mit Göthe zu sein ...
Wenn ich an Sie denke, so tut mirs leid, daß ich nicht gleich kann
meine Reitstiefel anziehen, mein Pferd besteigen und in vollem
Galopp dem lang ersehnten Freund entgegen, ihm dann alles erzählen und jetzt bei einander bleiben, alle Gefahren und Abenteuer
geteilt; in der Tat, ich wollt, ich wär Ihr Bruder oder Freund, wir
könnten denn innig verbunden recht unabhängig von einander
leben.« Die letzte Wendung scheint darauf hinzudeuten, als wünsche sich Bettine einen zweiten Clemens – nachdem dieser »sich in
Cassel eingerichtet« hat und sie feststellen muß: »wenn Clemens
sich wohl befindet, bin ich ihm vielleicht wert, aber doch leicht
entbehrlich.« Doch dann beginnt sie ihren nächsten Brief an Arnim
mit einem ausführlichen Bekenntnis: »ich war oft entzweit mit mir,
daß ich nichts anders ins Aug fassen konnte, während Sie vor mir
im Nebel standen, den ich doch bei aller Sehnsucht um der Welt
willen nie durchdrungen hätte; zu kalt wars mir, wenn ich nur die
Hand darnach ausstreckte ... wie kalt die Welt mir wird, als hätte
ich selbst meine Liebe verloren ... Ach, wenn wir uns wiedersehen,
wird alles anders sein.«

»Ich bin Ihnen hundert und zehn Meilen näher, meine werte,
meine getreue Freundin ... und fühlte es schon auf dem Wege, den
mir Ihr letzter lieber Brief verkürzte«, beginnt Arnim seinen Antwortbrief aus Giebichenstein am 7. Oktober 1807, und als die beiden sich dann in Weimar wiederbegegnet und gemeinsam nach
Kassel gereist waren, um sich dann in Frankfurt noch einmal zu
sehen, redet er die langjährige Freundin nun endlich mit Du an:
»Da liegen schon wieder ein paar Blätter an Dich, liebe Bettine«,
beginnt er seinen Brief vom 28. Januar 1808 aus Heidelberg und
läßt den Abschied in Frankfurt noch einmal lebendig werden: »Ich
habe recht viel an Dich gedacht, wie Du mich einmal angesehen, als
Du vor mir standest am letzten Abende in Frankfurt, ich habe fast
allein an Dich gedacht; hätte ich jetzt nur eine von den süßen
Feigen, die ich so in Gedanken bei Dir heruntergeschluckt habe,
Du lieber reicher Fruchtbaum. Es möchte mich wohl sehr unglücklich machen, wenn ich Dich immer so lieb hätte wie in diesem
Augenblicke, denn Du hast Vergnügen am Abschiednehmen ...
aber wer kann aus seiner Haut, wir müssen erst viel miteinander
tanzen, um miteinander in Takt zu kommen, bis endlich Mutwille

und Ernst sich verstehen, wie Messer und Gabel, so daß wir die Gabel nicht mehr zum Schneiden brauchen wollen. Ich möchte Dir eben noch viel Schönes schreiben, da fürchte ich aber, kommt irgendein schwärmender Schäfer, dem Du es zum Frühstück vorliesest. Ach du liebes Kind, sag mir, wo kauf ich das Vertrauen? Wehe! da kommts mir vor, als drehtest Du Dich eben auf einem Absatz herum und sagtest: ›Es ist doch alles nichts!‹ Oder Du hättest zur Erhabenheit einen Trieb und fändest es schöner, einen Brief nicht zu lesen, worin man etwas Liebes erwartet, weil man es sich besser denken könne. Oder zum Mutwillen, und Du machtest daraus eine Papierknalle. Siehe, wie kommt das? – es muß mir doch schon so manches kleine Unnatürliche der Art mit Dir begegnet sein, daß mir das einfällt, was mir noch nie bei Mädchen eingefallen, die viel ungütiger gegen mich gewesen sind als Du, Du reine heilge Güte, Du naiver Tyrann.«

Arnim hat die überraschenden Wendungen im Verhalten Bettines genau beobachtet, dennoch nimmt er am Schluß des Briefes seine dunklen Bilder wieder zurück: »ich wollte, Du wärest hier, und ich würde Dir zeigen, daß ich doch eigentlich nicht so denke, das ist das Dunkel, wenn ich meine Fackel putze, und ich habe Dich lieb, mich hat niemand lieb wie Du. Achim Arnim«. »Wie wenig kennst Du mich, Arnim! Ach wie wenig kennst Du mich«, antwortet Bettine. »Selig sind, die nicht sehen und doch glauben ... Freilich ward der Trieb zur Erhabenheit, wie Du Dich ausdrückst, recht mächtig in mir, denn ich mußte mit flüchtigen Gedanken einen Stoßseufzer zum Himmel schicken, noch eh ich den Brief erbrach, aus Freude, daß Du mir zuerst geschrieben hattest. Freilich, freilich ward mein Mutwille im höchsten Grade rege, was kann mich lustiger machen, was kann mich mehr ergötzen, als der Augenblick, in dem Du mich liebst und den Du mir so freiwillig gestehst ... schäm Dich! weißt Du, warum Dir nur bei mir einfällt, was Dir nie bei andern Mädchen eingefallen ist? Weil ich Dich nicht lieb hab wie andre Mädchen, und weil Du das noch nicht verstehst, und weil Du mich nicht lieb haben *sollst* wie *andre*, sondern ganz allein wie *mich* ... Geh! glaubs doch, daß ich Dich lieb habe, mehr als von einem menschlichen Herzen erwartet wird ... überhaupt hab ich den unwillkürlichen Zweck, Dir in meinem Herzen eine sichre Wohnung zu erbauen.«

Parallel schreibt sie an Goethe, versucht aber im Brief an Arnim, die Bedeutung ihrer Liebeserklärungen an das Weimarer Idol herunterzuspielen: »Gestern habe ich an Göthe geschrieben, mit mehr Eifer als je; was will das heißen? Ich denke, wenn man ein Herz recht ernsthaft liebt, so liebt man die ganze Welt, und sie wird nur ein Spiegel für das geliebte, wie der Strom für seine Ufer. Du lieber, bester, Du wunderbarer – dem ich gern noch viel sagen möchte!«

Die Briefe Bettines treffen offenbar mit Verzögerung in Heidelberg an, und sie beklagt sich, daß Arnim nicht antwortet. Doch dann löst sich die Spannung: »Wie Stammernde plötzlich in eine lange Periode ausbrechen, so erbreche ich nach langem übeldeutigem Stillschweigen zwey liebe Brief von Dir, meine liebe neue 🎵 ... Wär ich doch bei Dir, Bettinchen, Du müßtest mir Unterricht geben, sieh, ich wäre so gelehrig in diesem Augenblick, und wenn Du mir beföhlest, ich sollte ein Pfund Federn durch ein Schlüsselloch blasen Dir zu Liebe, ich täts nicht, sondern ich küßte Dich, daß Du kein Wort sagen könntest. Sag mir nur, was soll ich denn so besonders tun, ich bin doch auch nur ein Mensch, wenn ich gleich wunderbar sein soll ... Sieh, ich lege Dir alles zum Schlimmsten aus, und das macht, weil ich Dir so gut bin ... Kaum habe ich noch Zeit, Dich zu küssen, Achim Arnim«.

Obwohl die Zeit reif scheint für eine regelrechte Werbung Arnims, kommt es dazu vorerst noch nicht. Bettine umschreibt ihre unabhängige Position am 25. März 1808, scheint aber doch ein wenig traurig darüber zu sein, daß Arnims beruflich-finanzielle Situation so unsicher ist: »Ich hab mir oft vorgenommen, meine Liebe Unabhängig von Deinem Schicksal zu erhalten, ich hoff auch es gelingt mir so mit der Zeit, daß ich durchaus nichts von dir begehre, mein Lieben ist ja mein Wesen, und was will ich denn von Dir mir zueignen, du gabst von jeher das ganze Vermögen deiner Seele, so herrlich aus, das es schändlich wär mehr von dir zu verlangen, doch bin ich zuweilen so traurig über dich.« Die beiden werden sich noch mehrfach treffen und zahlreiche liebevolle Briefe wechseln, bevor es im Juli 1810 zu einem formellen Werbebrief und heimlicher Verlobung kommt. Für dieses Zögern ist sicher nicht allein die unklare Zukunftsperspektive Arnims verantwortlich. Angeregt durch die Lektüre von Goethes *Wahlverwandtschaften* formuliert er noch Ende August 1809 grundsätz-

liche Zweifel, ob er in eine bürgerliche Ehe-Ordnung paßt, und
betont, für die Gegenwart ratlos zu sein: »Es ist mir zuweilen, als
sollten wir beyde zusammen in alle Welt gehen, aber wo liegt alle
Welt und fast ermüde ich. Passte ich in irgend eine bürgerliche
Ordnung und könnte eine Frau ernähren, so könnten wir uns
wie andre ehrliche Leute dreymal aufbieten lassen, Gäste laden,
kochen und backen und heirathen. Ungeachtet wir einander noch
nie vom Heirathen vorerzählt, womit andre sonst anfangen, so
meine ich doch, daß Dir so wenig wie mir der Gedanke sehr fremd-
artig ist, wenn ich es gleich mit grosser Verwunderung vor mir
geschrieben sehe. Es ist ein eigen Ding mit der Vernunft, die fast
nur sich umsieht, das Vergangne zu bedauern, die Zukunft zu
fürchten, für die Gegenwart aber keinen Rath weiß.« Wenn er dann
in der Bibel alle Stellen nachschlägt, »die vom Heirathen handeln«,
und auch »im Landrechte« darüber nachliest, ist sicher auch die
Beobachtung der gescheiterten Ehe seines Freundes sowie die Arbeit am Eheroman *Dolores* Ursache für die Recherchen.

Doch wie mag auf Bettine sein Fazit gewirkt haben, das aus
heutiger Sicht selbstverständlich und modern klingt, obwohl es
aus Ordensregeln abgeleitet ist? »Novizen müssen erst ein ganzes
Probejahr probieren ehe sie mit einem so guten Manne wie Christus verlobt werden, da meine ich nun es wäre eine durchaus
zweckmässige Einrichtung, wenn die Menschen einander erst zur
Probe heiratheten, wie sie sich mit einander vertrügen, z. B. auf
vier, acht, sechzehn Wochen; weise den Vorschlag nicht so von
der Hand, in bessern Zeiten könnten wir einmal ernstlich daran
denken.«

Vielleicht verstecken sich in diesem Zögern auch Zweifel, ob die
sprunghafte, emotionale Freundin geeignet ist für eine Ehe, die
dem hohen Ideal einer heiligen, treuen, endgültigen Verbindung
entspricht, wie es Arnim stets vorschwebt. Welche unheilvollen
Folgen eine spontane, allein von intensiven Augenblicksgefühlen
getragene Liebe haben konnte, war ihm bei seinem Freund Clemens klar geworden. Bettine – das wußte er – war in vielem ihrem
Bruder sehr ähnlich. Arnim, der sorgfältige, vorsichtige und le-
benskluge Beobachter, hatte gelernt, mit den plötzlichen Kehrt-
wendungen seines Herzensbruders fertigzuwerden und hilfreich
beizuspringen, wenn dieser sich verrannt hatte. Doch war er mit

Clemens nicht verheiratet, und ob er solche überraschenden Wendungen auch in einer Ehebeziehung verkraften und akzeptieren würde, war ihm noch nicht klar. So war er auf der Hut, wartete erst einmal ab, wie sich Bettines Beziehung zu Goethe entwickelte und ob ihre Zuneigung und ihre brieflichen Liebesbekundungen tatsächlich mehr waren als eine vorübergehende Schwärmerei.

In gewissem Sinne wirkte sich so die unglückliche Ehe zwischen Clemens und Auguste auf die weitere Entwicklung der Liebesbeziehung mit Bettine aus. Denn die Vertiefung der Freundschaft mit Bettine und die allmähliche Auflösung der unheilvollen Ehe ihres Bruders vollzogen sich im Jahre 1808 synchron. In den Liebesbriefen des Paares sind Diskussionen über das Auf und Ab, das Echte und Falsche, das Böse und das Gute in dieser »verfluchten Ehestandzankschaft«, wie Arnim sie einmal nennt, eingeflochten. Unmittelbarer Auslöser für die Grundsatz-Diskussion zur Institution Ehe war auch ein Brief Bettines, in dem sie ihrerseits eine Leier in den Text einzeichnet und auf die ewige Wiederkehr der Streitsituation in Clemens' Ehe anspielt: »Wir haben Briefe von Claudine [Piautaz] über Clemens es ist nichts Tröstliches darin sie meint es würde nie etwas gutes oder viel mehr nur erträgliches werden, es fing allen Tag von vorne an, immer die alte 𝄢 gelt die ist gut gemahlt«.

Anfang 1808 sind Clemens und Auguste auf sich selbst gestellt. Nur die Brüder Grimm halten sich noch in Kassel auf, Arnim lebt in Heidelberg, korrespondiert eifrig mit Clemens über die Fertigstellung der *Wunderhorn*-Bände und widmet sich dem gemeinsamen Projekt einer programmatischen Zeitschrift, die sich kritisch mit dem Lesepublikum der etablierten Blätter auseinandersetzen und Proben der romantischen Poesie bieten soll. Als Titel schlägt Clemens zunächst *Zeitung von und für Einsiedler* vor, denn seit Tiecks Eremitenfigur in dem Roman *Sternbalds Wanderungen* gilt der Einsiedler als Prototyp eines neuen »romantischen« Menschen, der abseits der Städte in Harmonie mit Gott und der Natur lebt.

Bettine ist zu dieser Zeit wieder in Frankfurt, und die Briefe laufen im Dreieck Heidelberg–Frankfurt–Kassel. Im Januar sind die Nachrichten aus Kassel noch positiv: »Auguste Grüst sehr, sie liebt dich herzlich«, schließt Clemens Ende Januar einen Brief an

Arnim, »Auguste wird besser«, heißt es wenig später sogar, und auch in einem Brief, der spätestens am 6. Februar aus Kassel abgeht, lautet die Schlußformel: »Auguste grüßt, sie hat dich sehr lieb.« Dann aber ändert sich die Situation im Laufe des Februar wieder: »Mir geht es wie immer schlecht, die Scenen haben sich seit deiner Abreise nicht aufgehört, aber ich rede jezt kein Wort mehr, und laße alles gehn ... Daß ich nicht öfter an dich schrieb, aber vielleicht ununterbrochen an dich dencke, daran ist mein häusliches Unglück schuld, gestern habe ich ganz einfach unsren Zustand an Bethmann geschrieben. Gott weiß, waß daraus wird, wenn du mich nur nie verläßst, wenn du stirbst mag ich nicht mehr leben ... So eben höre ich von der [Magd] Fränz, daß Auguste heute Nacht theils viel gelacht, theils etwas geweint habe, und ihr zugleich die Proposition gemacht mit ihr durchzugehen, Gott weiß, waß noch aus dieser Geschichte wird, bleibe du mir nur getreu, bleib du nur mein; ich habe diese Entdeckung auch an Moritz [von Bethmann] geschrieben.« Die Nachricht gibt Arnim am 27. Februar 1808 an Bettine weiter: »Von Clemens hab ich einen sehr traurigen Brief, er fühlt sich in einem unnatürlichen, widersinnigen Elende, in einem ekelhaften Leben; erkundige Dich doch genauer bei Deiner Schwester Jordis, was die alte sumpfige Grundmasse in diesem ehelichen Teiche umgerührt hat, ob ein alter oder ein neuer Karpfen gewirbelt hat. Ob sie nicht reif ist in sich zur Scheidung? Ich sehe jetzt nach so tausendfachen Streitigkeiten, Versöhnungen keine andre Rettung. Böse ist es, daß Clemens immer das Ärgste und Verzweifeltste mit dem Munde zuerst ausspielt; wenn es zum Schluß kommen soll, fehlt es ihm am Trumpf.«

Bettines Gegenbrief, der sich vermutlich mit Arnims Informationen kreuzt, enthält eine ähnliche Nachricht. Sie referiert für Arnim: »Er sagt mir, daß es seit jener Hauptscene schon wieder einigemal auf demselben Fleck war, daß *sie* nun mit großer Erfindung neue Unmöglichkeiten anfängt. Die Tante, welche einige Zeit in Cassel war, erzählt auch allerlei, selbst öffentliche Scenen von Schlägereien; ich bin wahrhaftig betrübt darum.« Vielleicht hat Bettine auch die Briefe zu sehen bekommen, die Clemens zu dieser Zeit an Moritz von Bethmann richtete. Wir kennen diese Briefe nicht und können nur aus einem zusammenfassenden Antwortbrief Bethmanns erschließen, was Clemens aus Kassel an den Stief-

vater Augustes schrieb. Offenkundig hat er mit satirischen Darstellungen und Wortspielen die »Verkehrtheit und mannigfaltige
Verirrungen« seiner Frau (Bethmanns Formulierung) beschrieben.
»Ich habe nun drei Briefe von Ihnen erhalten«, bestätigt Bethmann
am 8. März 1808 und spielt höhnisch auf die nächtliche Aussprache
vor der »Entführung« an: »ich würde Sie wahrhaft bedauern müßen, sich in dieser Höllen Qual auf Erden zu finden, hätte ich Sie
nicht, als ob Sie mein Bruder wären, treu und redlich in jener
stürmischen Nacht auf meinem Jagd Haus gewarnt. Sie haben
demohngeachtet das gefährliche Wagestük unternommen, und
nunmehr müßen Sie alle Ihre Kraft als Mann und Gatte aufbieten,
um den begonnenen Kampf ehrenvoll zu bestehen ... Ich kann in
meiner ganzen Handelsweise nur eine Absicht haben, diese ist,
Augusten glüklich zu sehen, und da mein Mündel nun einmal aus
eigner Wahl ihr Schiksal mit dem Ihrigen, Clemens, unzertrennlich
verkettet hat, so erscheint mir das Glük des Gatten und der Gattin
nur wie ein[e] Einheit. Ich muß Sie aber auch ernstlich aufrufen,
dazu mit Thätigkeit, Beharrlichkeit und Eifer mitzuwürken ... Sie
haben einmal gewaltsam Auguste ihrer Familie, und *zwar ohne
Noth*, nur aus Leichtsinn, entrißen, Sie sind mir nunmehr auch
für Augustens Aufführung als Hausfrau verantwortlich. Mit dem
Einkerkern in ihre Studierstube ist es nicht gethan, und Sie müßten
sich beeifern Augusten Ersatz der Opfer zu liefern, die sie Ihnen
gebracht hat.

Ich verstehe darunter nicht den Glanz der Welt, und sonstiger
eitlen Tat. Ich weis wohl, daß wenn Liebe in Augustens Herz für
Sie erloschen ist, sie diese Leidenschaft nicht wieder zu entflam-
men vermögen, allein *Achtung* läst sich in allen Verhältnißen erzwingen. Sie müßen ihr durch Ihre Handlungen beweisen, daß
Ihnen Pflichten heilig sind, und Sie werden nunmehro, vielleicht
leider zu späth, empfinden, wie gefährlich und verwerflich es ist,
nichts in der Welt *heilig* genug zu achten, um es nicht schalem Witz,
Wortspiel und spötischer Laune preis zu geben.«

Bettine und Arnim steuern nun einen anderen Kurs als Bethmann. Sie versuchen, mindestens eine Trennung des Unglücks-
paares zu erreichen. Bettine spricht in einem Brief an Arnim nun
ebenfalls von Scheidung: »Mit Clemens ist es sehr traurig; ich meine, es sei ganz in der Ordnung, wenn man ihm endlich den Strick

vom Hals los machte, aber wie? Ich sag Dir, ich wollte gern alles
Elend einst verantworten, das aus dieser Scheidung entstehen
könnte; aber wie und was kann man tun? Da fühl ich nun wahrlich
eine totale Ohnmacht, bei ungebundnen Händen.« Daraufhin
kommen Arnim Bedenken; er glaubt nicht daran, daß Clemens
dazu bereits reif und bereit sein könnte: »Du sprichst von Scheidung«, antwortet er am 2. März aus Heidelberg »er sagt davon kein
Wort; wenn er entschlossen ist, diene ich ihm mit Freuden, die
Sache zu besorgen; anregen dazu kann ich ihn nicht, das ist gegen
alles göttliche Recht, ich kann dadurch wohl den Fluch mit auf
mein Haupt ziehen, aber nie das Elend ihm abnehmen, was daraus
entstehen könnte. Du willst es verantworten, liebe Bettine, das
Elend; freilich, wenn es sich in Briefen beantworten ließe, um einen
lieben Brief von Dir gäbe das Schicksal schon etwas von seinen
Rechten auf, aber da ist keine Adresse und keine Post zu finden.«
Dann folgt noch einmal eine erstaunlich hellsichtige Stellungnahme zur Entwicklung der unglücklichen Beziehung: »Ohne
Christians und Jordis Stärkung hätte Clemens nie entführt, wir
lebten in diesem Augenblicke wahrscheinlich sehr vergnügt hier
und er wäre mannigfaltig tätig, während ihm diese verfluchte Ehestandzankschaft alle Gedanken und Beschäftigung zu Küssen und
Prügeln wegzehrt. Aber ebenso wenig und eben darum soll er
durch meine Stärkung sich nicht scheiden; wer kann vorauswissen,
wie er sich nach der Scheidung die Frau denkt, ob er nicht tausend
Vortrefflichkeit in ihr entdeckt und eine dreifach schlechtere
nimmt, um die Lücke zu füllen. Ehe er nicht die geistige Größe
alles Wirklichen fühlen und achten lernt, von dem er sich doch
nicht losreißen kann, mit dem er aber immer noch wie ein Kind
spielen möchte, während es der Zweck unsres Lebens ist, älter zu
werden ... Darum verhehle ihm nicht Dein Gefühl über seinen
Zustand, nur rate ihm nicht, wenn Du Dich nicht in allem mit
ihm und zu jeder Zeit übereinstimmend gefunden, sonst übersiehst
Du leicht Folgen.«
Als es mit den Trennungsplänen ernst wird und Savigny ihn ein-
schaltet, versucht er zu helfen, ist jedoch zunächst ebenso erfolglos
wie Jacob Grimm: »Mit Auguste konnte ich gar nicht reden«,
schreibt dieser am 25. März an Savigny. »Sie hält mich für ihren
ärgsten Feind, und muß von meiner Reise nach Frankfurt wissen.

Kaum erblickte sie mich Abends in der Theaterloge, so lief sie sogleich bloß darum allein nach Haus. Sie irrt sich wahrhaftig in mir, ich tue nichts aus Haß zu ihr und gewiß weniger aus Liebe zu Clemens, als aus Betrachtung der höchsten Widerwärtigkeit eines Verhältnisses, welches sie beide verderbt, und jedem Bösen blossetzt.«

Im gleichen Brief berichtet Grimm über den neusten Plan der Trennung, der dann in die Tat umgesetzt wird: »Was den Ort angeht, so hält Clemens die Vorschläge mit Gotha und Coblenz für durchaus untunlich und hat daher nicht dahin geschrieben, er könne diesen Leuten die schreckliche Last nimmermehr anmuten, sie werden es unmöglich tun. Dagegen ist ihm eingefallen, den Vorschlag einem Pfarrer Mannel zu machen, in der Gegend von Ziegenhain, einem sehr gefälligen Mann, mit einer liebenswürdigen Familie, welche Clemens seit einem halben Jahr durch den Christian kennen gelernt hat ... Ich riet ihm ohne Verschub die Sache mit dem Pfarrer in Richtigkeit zu setzen.«

Auguste ist zunächst nicht einverstanden. Jacob berichtet: »Gestern Morgen früh kam der Clemens in ganzer Mutlosigkeit. Sie habe ihm eben erklärt, daß sie nur höchstens 3 Wochen zum Pf. Mannel gehen werde, alsdann aber wolle sie wieder hierher zurück, eigentlich brauche sie gar nicht zu verreisen. Darüber war Clemens so mißmütig und aus aller Entschließung herausgekommen, daß er nichts anders im Sinn hatte, als allein abzureisen und sie hier sitzen zu laßen, denn er halte sich gewaltsam gegen sie zu verfahren für unberechtigt.« Den Plan »allein abzureisen« verwirklicht Clemens nicht, statt dessen wird Pfarrer Mannel mit Extrapost um Einverständnis gebeten.

Für den Fall, daß er nicht zustimmt, sieht Grimm – wie schon sein Lehrer Savigny – einen Klosteraufenthalt Augustes als Notlösung: »Sollte sich der Mannel zu nichts verstehen, und Ihnen dort kein anderer ähnl. Ort einfallen, so muß dennoch an ein Kloster gedacht werden, und ich bitte Sie unterdessen, Erkundigung zu nehmen, auch über die dabei nötigen Maasregeln, damit auf allen Fall ein Ausweg geöffnet bleibt.«

Glücklicherweise ist die Pfarrersfamilie in Allendorf bereit, Auguste aufzunehmen. In den drei Wochen bis zur Abreise kommt es noch einmal zu wüsten Szenen, denn am Tag vor der Abreise mel-

det Clemens Savigny: »das grund böße Weib … hat trotz aller
reuigen Briefe, die ganze Zeit ihre niederträchtige wahnsinnige
Rolle fortgespielt, ich bin auch ihres Anspeiens und Tretens satt
geworden und habe sie einigemal mit dem besten Gewissen und
kaltem Blut tüchtig durchgeprügelt; denn sie ist ein Hund und ein
sehr schlechter böser Hund, sie ist besessen und ich prügle den
Teufel mit rechter Lust … Savigny! ein schlechtes böses Weib ist
einem armen Schelm wie mir mehr als die Hölle, diese Bestie
ruinirt mich ganz an Leib, Seel und Vermögen. Ich habe nie geglaubt, daß die ordinaire Menschenluft solche Kielkröpfe ernähren
könne, bei alle dem lebt sie von den sogenannten fürchterlichen
Schreckensromanen, während sie in ewiger Quälerei stumpf wird
liest sie ein halb Duzend Bände alle Tage … aber Gott, es ist genug
in wenig Tagen kann ich ja athmen.« Als Leserin »fürchterlicher
Schreckensromane« stellt Clemens hier seine Frau dar. Die Germanisten folgten seiner Darstellung und leiteten daraus die These ab,
Auguste sei durch die Lektüre von schlechten Romanen »verdorben« worden. Motive und Gefühle der jungen Frau und ihr Schicksal schienen vergleichsweise uninteressant. Ein Mädchen, das
primitive Romane las, den berühmten Dichterehemann nicht verstand und sich dann noch in Szene setzte, wer sollte das schon
sein?

»Unter Peitschenhieben des Kutschers, unter Murren und
Schimpfen der Frau, unter ärgerlicher Ziererei der Fränz kam ich
bei den trefflichen Leuten an, blieb zwei Tage dort, Madam konnte
dem unaussprechlich lieben Wesen Friederickens nicht wiederste-
hen, sie mußte sie lieben wider Willen, Madam weinte, wimmerte,
ahndete von Nimmer wiedersehen, ich sprang mit dem heiteren
Pfarrer übern Zaun und hinter mir war ein Gespenst verschwunden, die Welt war mir lieb, wie einem Invaliden.« So beschreibt
Brentano – in der Art eines lustigen Schelmenromans – Ankunft
und Abfahrt bei der Pfarrersfamilie Mannel im entlegenen Allendorf, das bei Marburg im hessischen Mittelgebirge zwischen Treysa
und Ziegenhain liegt. Auguste ist mit dem Landleben bei den
freundlichen Pfarrersleuten sehr zufrieden und verträgt sich gut
mit den Kindern der Familie, mit der 25jährigen Tochter Friederike und dem 22jährigen Sohn Heinrich. Mit der neu gewonnenen
Freundin badet sie gemeinsam im Fluß und freut sich an dem Früh-

ling. Drei Wochen nach ihrer Ankunft berichtet die Pfarrerstochter Wilhelm Grimm: »Auguste wurde freudig und herzlich von uns aufgenommen, wir lieben sie alle, besonders ich. Sie glaubte in ihrer Heimath zu sein, nichts glich ihrer Freude, ihrer Rührung. Und sie sollten sie jetzt sehen! So freundlich, so theilnehmend, so hingebend in unsre Verhältnisse könnte kein Weib sein. Sie ist wohl nicht glücklich, aber keine Klage, keine finstre Laune trübt uns das Leben. Ihr Dank für jede kleine Freundlichkeit ist so lebhaft, so zart, sie ist so zufrieden, so ganz zu uns gehörend, daß wir sie einen guten Geist unsrer Familie nennen müssen.«

Bettine kann zwar nur berichten, was sie von Christian über den Allendorfer Aufenthalt erfahren hat, gestaltet ihren Bericht an Arnim jedoch zu einem ländlichen Idyll aus: »Christian erzählt mir, daß Auguste sich sehr wohl in Allendorf befinde, auch der Pfarrer sei sehr zufrieden mit ihr: Sie hat einen jungen Geißbock, den schleppt sie mit großer Behendigkeit die hohen Berge hinauf, er darf keinen Augenblick von ihr, sie ruft ihm den ganzen Tag ›Selim! Selim! Selim!‹ Ich glaube, daß sie sich den Clemens drunter vorstellt, denn Selim und Clemens gleicht sich doch sehr im Klang. Sie schneidet auch in alle Bäume des Clemens seinen Namen und spricht, er sei doch ein Gott!«

Ähnlich idyllisch stellt sich Auguste selbst bildlich auf einem kleinen Liebesbrief dar, der in diesen Tagen an Clemens geht. Es ist das einzige Bild Augustes, das wir besitzen, ein winziges Selbstporträt mit dem besagten Geißbock Selim, das sie an einer Quelle, dem Haselbrunnen unterhalb der Landsburg bei Allendorf, zeigt. Die Verwechslung mit Landshut führte zu einer Fehldatierung dieses Briefes, der nur die Angabe »Freytag Morgen« trägt: »Hier ist der Haselbrunnen meine Lieblingsstelle auf der Landsburg«, schreibt Auguste, »ich habe es letzthin für dich gekrizelt heute hätte ich nicht die Geduld dazu, es treibt mich fort ich kann an keinem Orte bleiben, ich gehe jetzt spazieren und werde den ganzen Tag ausbleiben. O du abscheulicher garstiger böser hassenswerther gehaßter geliebter Herzensklemens warum thust du mir solche Qual an? Ich küsse dich heute nicht, ich schlage dich, ich beisse dich, ich kraze dich, ich drücke dich tod aus Liebe wenn du kommst.« Auf der Rückseite dieses Billetts ist die rührend-laienhafte Selbstdarstellung.

Auguste Brentano: Billett an Brentano mit Selbstporträt, Allendorf, Sommer 1808

Solange Auguste sich als Mädchen gibt, das an seiner Liebe leidet –
wie in dem zitierten Brieflein –, ist sie bei Clemens und Bettine
hoch angesehen. Clemens fühlt sich geliebt und geschmeichelt,
und Bettine kann immerhin nachvollziehen, daß ein Mädchen seinem Liebsten nachtrauert – vor allem, da es sich um einen Menschen handelt, dem auch ihre Liebe gilt. Gewinnen jedoch Augustes Verlustängste die Oberhand und führen zu emotionalen
Ausbrüchen, so gilt sie bei den Geschwistern sofort wieder als
»böse«. Auch die erneute Annäherung von Clemens und Auguste
in einem liebevollen Briefwechsel wird von Bettine und den Freunden Brentanos mit Argwohn beobachtet. Denn rasch spricht es
sich herum, was auch das Billett verrät: Die beiden wechseln wieder Liebesbriefe.

Wir kennen auch aus dieser Phase nur einen Teil von Augustes
Briefen und wissen nicht, was Clemens antwortete. Überliefert ist
eine Serie von vier rührenden Briefen Augustes, die sie an drei
Tagen schreibt, vom 21. bis 23. Juni 1808. Sie bestätigen die Berichte von Christian und Bettine, daß sie in der Erinnerung an
gemeinsames Glück lebt, als sei der geliebte Clemens ständig in
ihrer Nähe: »Ich denke jetzt nur immer an die Zeit wenn du bey
mir sein wirst, lieber süßer Clemens, gehe ich spazieren so gehe ich
auf dem Rand des Pfädchens um Platz für dich zu lassen, denn
neben mir mußt du gehen, sonst muß ich immer rücklings gehen
um dich zu sehen, bey Tische meine ich immer ich müßte deine
eine Hand halten und von deinem Fuß getreten werden, und wenn
ich mich kämme wie du mir die Haare ordnen willst, und wie ich
dann im Spiegel meinen freundlichen Jungen ansehe und seine

Hand küsse, küsse, und wenn ich Abends unter mein Bett leuchte ob kein Mensch drunter steckt fällt mir ein wie du mich so einmal in Kassel erschrecktest und wie du es wieder thun könntest, und mir armen furchtsamen Kinde das Licht ausblasen, und wenn ich zitterte, mich in die Arme nehmen wo ich doch keine Ruhe fände an deiner schönen Brust.«

Am nächsten Morgen schreibt sie weiter: »Mittwoch früh. O mein Clemens was soll aus mir werden, ich bin so bewegt, keine Ruhe nirgends zu keiner Stunde, ich kann dir nicht einmal lang schreiben, denn ich möchte mit Küssen schreiben und die Hand zittert mir vor Ungeduld. Mein Brief hat dich so glücklich gemacht, und doch schreibst du mir darauf nur einen ganz kurzen aber mit vieler Liebe, und sagt du hättest viel zu thun, da ist mir nun als eiltest du dich sehr, und als könntest du mir auf einmal am Herzen liegen. Junge so sage doch wann du kommst und reiße mich aus der Qual, ich denke immer jeder Brief soll es mir sagen und alle sprechen nur unbestimmte Sehnsucht aus, komm komm oder du findest mich so in Sehnsucht abgehärmt, daß ich die unendliche Freude gar nicht mehr fühlen und tragen kann, und wenn ich dann nur weinen könnte, und nicht in deine Arme fliegen, und dich seelig ansehen und ewig dürstend küssen, und mit starken liebenden Armen umschlingen daß unsre Herzen aneinander pochen, und so ungestüm und mächtig daß sie die Lippen übertäuben, und kaum die Augen noch süße Blicke geben können, und deine heiße wallende Brust glühend mir sagt du liebst mich unendlich... O lieber Junge wie warst du so unglücklich vor meinem Brief, deiner hat mich sehr gerührt und daß du so innig an mir hängst. Ja ich liebe dich unendlich, aber daß ich es besser sagen kann wie du ist nicht wahr.« Angesichts dieser Resonanz seiner Briefe kann Clemens nicht lange widerstehen. Gegen die Ratschläge seiner vernünftigen Freunde macht er sich nach Allendorf auf. Die Erfahrung, daß den kurzen friedlichen und glücklichen Phasen stets – geradezu zwanghaft – entsetzliche Szenen gefolgt waren, verdrängt er; Augustes Liebesbriefe tragen ihn wieder in die Welt romantischer Träume. Die imaginierte, idealisierte Auguste, die nicht ordinär, nicht aggressiv, nicht beleidigt reagiert, kann er wieder lieben. Mit ihren liebevollen und vergleichsweise naiven, ungekünstelten Briefen inspiriert sie ihn erneut. Der Wortlaut seiner

Botschaften an Auguste ist – wegen einer Vernichtungsaktion der Familie – unbekannt, doch werden sie ähnlich geklungen haben wie die werbenden Liebesbriefe an Minna Reichenbach, Sophie Mereau, Luise Hensel oder Emilie Linder. Als Wortkünstler versteht er es, seine Liebessehnsucht in bestrickend schöne Bilder zu fassen und die Adressatinnen von der Tiefe und Ehrlichkeit seiner Gefühle zu überzeugen. Es ist kaum zu bezweifeln, daß Clemens sich selbst in die Liebesgefühle beim Schreiben hineinsteigert und dann auch an die Dauerhaftigkeit seiner Gefühle glaubt.

Daß diese Werbebriefe dennoch oft nur eine »unbestimmte Sehnsucht« aussprechen, haben beide Frauen, mit denen Brentano verheiratet war, schließlich erkennen müssen. Auguste benutzt ähnliche Worte wie Sophie. Aber auch sie hat nicht die Kraft, sich den »zauberischen« Worten des Dichters zu entziehen: »du lieber Dichter kannst zauberisch das geheimste sinnen, schweben, wünschen und ahnen der Liebe aussprechen, und ich mögte denken du habest dein Herz ausgesprochen... O du einziger – mir schwindelt vor meinem Loos, ich kenne den herrlichsten Menschen und er liebt mich!«

Die Veröffentlichungen des »lieben Dichters« beginnt Auguste nun auch der Romanlektüre vorzuziehen. Clemens schickt ihr aus Heidelberg die Nummern der *Zeitung für Einsiedler*, an denen er selbst mitwirkte, und Auguste schlägt Lieder vor, die aufgenommen werden sollten. Dabei weist sie besonders auf »Verzweiflung in der Liebe an der Liebe« hin. Das bis dahin ungedruckte Gedicht war ursprünglich auf Sophie Mereau bezogen, doch erkennt Auguste ohne Zweifel die Aktualität dieser Dichtung im Hinblick auf ihre Situation, denn die fiktive Gemäldebeschreibung bringt die Nähe von Liebe und Tod zum Ausdruck. Tatsächlich hat Clemens das Gedicht zweimal überarbeitet und damit indirekt auf die Wiederholung tragischer Liebessituationen in seinem Leben hingewiesen.

Auch mit bereits veröffentlichten Dichtungen ihres Clemens und weiteren Publikationen der Romantiker beschäftigt sich Auguste in Allendorf: »Ich bin ein bischen böse«, schreibt sie, »daß ich die Bücher noch nicht habe die ich von [dem Verleger] Zimmer verlangte, besonders deine poetischen Spiele [die Satire Gustav Wasa von 1801]. Ich lese außerordentlich wenig, und viel das

nehmliche, im Godwi, Ponce, Tiecks Phantasien, Schleiermachers
Monologen, und kenne alle Lieder im Wunderhorn … ich lese nur
was ich ja schon kenne, und mögte es nur genau wissen und in den
schönen Worten in denen es gesagt ist. Ich mögte aber alle Welt
läse deine Gedichte mit solcher Liebe wie ich und liebte auch so
den Dichter drum – die Menschen bewundern dich doch sehr
kalt.«

Arnim hat von dem Briefwechsel zwischen Clemens und Auguste erfahren und bleibt skeptisch. »Es steht übrigens alles blüme-
rant zwischen Clemens und seiner Frau«, meldet er am 26. Juni
Bettine aus Heidelberg, »Liebesbriefe, eigentliche, begegnen sich
auf der Post, es ist mir sehr ängstlich dabei; ich fürchte, sie werden
einander so viel Staub oder Puder zuwerfen, daß sie sich beim
Wiedersehen garnicht wiedererkennen oder anfassen mögen. Er
war fast entschlossen, als ich so lange ausblieb, sie zu besuchen;
ich habe ihm sehr geraten, sich mit ihr in Winkel zu begegnen, Ihr
könnt dann dem Onkel Moritz bestellen: Umarmungen, es regnet
Gold, daß alle Taschen platzen. Die Zicklein und die Eslein sind
schon da zur Bewillkommnung des kommenden ›Selim‹.« Sein
Fazit ist, man könne »die Geschichte nicht mehr ernsthaft nehmen«. Görres äußert sich am 3. Juli ähnlich skeptisch und weiß
bereits von Clemens' Abreise: »Brentano ist seit acht Tagen von
hier weg. Es hat sich doch allmälig wieder von hier aus eine Liebschaft mit seiner Frau angesponnen, und nun ist er hin um sich
wahrscheinlich in den ersten Tagen wieder mit ihr herumzuprü-
geln, ich bin neugierig auf seine ersten Briefe.« Auch Bettine ist der
Meinung: »Es ist ganz wahrscheinlich, daß sie es nicht vierzehn
Tage miteinander aushalten werden.«

Auf ein zunächst harmonisches Wiedersehen in Allendorf deuten allein Augustes Erinnerungen an diesen Besuch, die sie später
Friederike Mannel übermittelt: »Wie ich den ersten freundlichen
Brief von ihm bekam, wie er den Abend des Tages ankam, wo ich in
stillem Schmerz nach Treise [Treysa] gelaufen war, um durch Ermüdung mich zu betäuben, wie wir den Abend uns nur sprachlos
umarmen und anschauen konnten – er vermochte nicht zu scherzen, und war selig.«

Nach Berichten von Christian, die Bettine Ende Juni aus Schlangenbad an Arnim weitergibt – hatte Pfarrer Mannel schon bald

»sehr viel von den schlechten Scenen zwischen Auguste und Clemens ... leiden müssen«. Clemens selbst schreibt am 5. August aus
Allendorf an Savigny: »Während Ihr alle Gesellig in Freude lebt,
bin ich in stetem eckelhaften Kampfe mit dem Bösen und fühle
meine Muse ersterben, ich habe es mit dem elendesten Menschen,
der verkehrter und dummer als Auguste selbst ist, mit Bethmann
zu thun, der mich mit Schimpfnahmen überhäuft, während meine
Geschwister mit ihm essen und trincken.«

Die Pläne von Clemens, Savigny nach Landshut zu folgen und
Auguste dorthin mitzubringen, deuten nicht auf eine Entspan-
nung: »daß ich nach Landshut ziehen will, ist durchaus nöthig;
denn ich muß an Ihnen einen Zeugen haben für meinen verzweifelten Zustand, Auguste ist eine Epilepsie, die ich habe, und die
mich plötzlich mitten in jedem gültigen und gleichgültigen Zustande des täglichen Lebens niederwirft«, behauptet er Savigny gegenüber und ergänzt: »sie meint es gut, aber sie taugt nichts durch und
durch, die Kinder solcher Familien sind geboren, wie Maden aus
verdorbenem Konfeckt, und das wird nie anders werden.« Während Clemens sich zu dieser Zeit in Heidelberg aufhält, hat sich
Auguste nach Frankfurt begeben und versucht nun, mit ihrer Mutter und dem seit 1797 mit ihr verheirateten Aléxandre Vicomte de
Flavigny ins reine zu kommen.

Ihr Stiefvater scheint sich mehr für sie einzusetzen als ihre leib-
liche Mutter, denn Flavigny plädiert dafür, Auguste wieder in die
Familie aufzunehmen. Darüber schreibt sie an Clemens: »Mir ist
ganz seelig zu Muthe über die viele Liebe die mir hier bewiesen
wird ... Die trübe Aussicht in die Zukunft ist verschwunden –
wenn du willst Lieber. Flavigny empfing mich freundlich ... Er
sprach mit mir sehr gütig über alle meine Verhältniße. Meine Mutter ist tief gekränkt und was er für mich thut, geschieht aus eigenem
Antrieb und gewissermaßen ohne ihren Willen, besonders wenn
wir nach Landshut ziehen wovon sie gar nichts hören will ... wie er
mir Gute Nacht sagte, nahm er mich plötzlich heftig in die Arme,
weinte lange ganz still, und sagte dann ich verdiente nicht die viele
Liebe, die er noch für mich hätte, er hätte sich stets vorgenommen
gehabt mir sie nicht zu äußern, aber mein Zustand bräche ihm das
Herz, und er gestehe mir, daß er mich von ganzer Seele liebe und
bedaure, und alles thun werde was ich zu meinem Glück verlangen

könnte. Er nannte mich sein Kind wieder und verlangte selbst daß ich wieder ganz herzlich mit ihm würde.«

Unter dem Einfluß des Stiefvaters wird in Frankfurt der Plan geschmiedet, Brentano müsse für drei Wochen nach Frankfurt kommen, um öffentlich die Einigkeit mit Auguste zu demonstrieren. Danach soll Auguste wieder in Gnaden aufgenommen und finanziell abgesichert werden. So jedenfalls stellt es Auguste in ihrem Brief an Clemens dar: »Und nun sein Wunsch und mein Wunsch. Du sollst herkommen er empfängt dich durchaus freundlich, und du wirst erstaunen zu sehen wie liebreich er mit mir ist, als wenn gar nichts vorgefallen wäre. Du bleibst etwa drei Wochen hier damit jedermann weiß daß wir ganz versöhnt sind, und wir überall gesehen werden. *Dann hast du völlige Freyheit nach Landshut wohin du willst zu reisen.* Du kommst wieder zu mir, oder nimmst mich nach ein paar Monaten wohin du willst, nur daß ich wieder hier ganz aufgenommen bin ... Und Clemens ist denn dieser Vorschlag unangenehm für dich? du kehrst mit Liebe in deine Familie zurück, von der du mir oft vorwarfst daß ich dich trennte ... Unsere sehr verbesserten Vermögensumstände setzen dich in den Stand öfter zu reisen, und hier selbst wirst du doch oft Menschen finden die dich intereßiren ... Ach Clemens, willst du mich denn auf immer unglücklich machen ... Clemens – dies Jahr war hart – meine Jugend ist hin, laß mich noch Zufriedenheit finden. Bedenke es wohl darum bittet dich mit heißen Thränen die Frau, die so heilig auf deine Liebe traute! Auguste«.

Clemens ist offenbar zu dem vorgeschlagenen Schaulauf als Paar auf dem glatten Frankfurter Parkett nicht bereit, wäre wohl auch nicht fähig gewesen, drei Tage Harmonie vorzuspiegeln. Doch trifft er sich noch einmal mit Auguste, bevor sie nach Allendorf zurückkehrt. Schon bei diesem Treffen muß es zu neuerlichen Streitigkeiten gekommen sein, denn Augustes Zuversicht ist im folgenden Brief wieder in Verzweiflung und Resignation umgeschlagen: »Als ich dich mit einem Herzen voll unaussprechlicher wiedergekehrter Liebe erwartete, da dachte ich nicht an eine Möglichkeit von Uneinigkeit zwischen uns denn deine Briefe waren ja auch so lauter Liebe! Aber jeden Augenblick fast hast du mich tief gekränkt ... Man stirbt nicht von solchen Schmerzen, sonst wollte ich mich ihnen hingeben. So strebe ich mich gegen sie zu bewaffnen … Du wirst mich verwunden bis ich nicht mehr verwundbar bin, und dahin muß es kommen … Ich mache keinen Anspruch mehr auf dich eine Bitte noch liegt mir am Herzen und du kannst mir sie leicht bewilligen. Spreche mir nicht mehr von deiner Liebe, du wolltest mich manchmal davon überzeugen, thue es nicht mehr … Deine Briefe nahm ich einmal vor – Gott weiß warum es war dumm, aber sie schadeten mir nicht – ich legte sie weg als gutgemeynte Lügen ich konnte sie wirklich nicht lesen – sie entweyhen die Wahrheit. – Am 21ten da es ein Jahr um war daß wir uns verheyratheten fuhren mir alle Erinnerungen wie Messer ins Herz ich vergoß so viele Thränen daß ich am Abend ganz blind war, nachts hatte ich Fieber und war ein paar Tage krank – Mein Leben ist jetzt gar traurig.« Als Geburtstagsgeschenk für Clemens kündigt sie einen Beutel an, auf dem als Devise stehen soll: »Du hast mich verlassen o Liebster mein muß dennoch ewig dein eigen seyn!«

Ohne rechte Hoffnung versuchen die beiden noch einmal einen Neuanfang in Landshut, hauptsächlich, weil es – wie Flavigny wohl zu Recht in einem Brief an Clemens behauptet – auf der Welt kein Gericht gibt, »das nach nur einjährigem Bestehen der Ehe und in Anbetracht Ihres Alters die Trennung aussprechen könnte. Wie wollen Sie es wagen, Ihren Richtern ein Begehren auf folgender Grundlage vorzulegen: Vor etwa einem Jahr hat uns die Heftigkeit unserer Leidenschaft gezwungen, uns über alle Gesetze und allen Anstand hinwegzusetzen, und jetzt bringen wir eine Klage auf Trennung vor. Ein solches Begehren wäre der reinste Hohn, und es würde kein Gehör finden. – Es bleibt Ihnen also meiner Ansicht nach nichts anderes übrig, als alles zu versuchen, um mit Ihrer Frau auszukommen, und wenn Ihnen das absolut nicht gelingt, einen Privathaushalt oder irgendeine Anstalt zu finden, wo sie mit Ehre und Anstand von der Pension leben kann, die ihre Mutter ihr ausgesetzt hat.«

IX
»Mit Clemens und Auguste geht es auf den schlimmsten Pfaden« Im Schatten der Eheszenen von Clemens entdeckt Bettine ihre Freiheit

Als unverheiratetes junges Mädchen hatte Bettine nur eine Chance, ihrem Frankfurter Umfeld zu entfliehen: indem sie Verwandte besuchte oder sich bei Reisen und Wohnsitzwechsel ihren älteren Geschwistern anschloß. Das Leben in Frankfurt bot ihr nicht genug Abwechslung und stand zu sehr unter der unmittelbaren Aufsicht der Geschäftsführer der Firma Brentano, Georg und Franz, die versuchten, ihr eine vermeintlich sorgenfreie Existenz »unter der Haube« zu ermöglichen. Nicht zuletzt deshalb begann Bettine Frankfurt und seine bürgerliche Gesellschaft zu hassen. Ihrem Schwager Savigny, den sie freundschaftlich mit »Alter« anredet und als Berater eher akzeptiert als ihre älteren Brüder, schreibt sie bereits Anfang August 1807: »Frankfurt ist mir verhaßter als je und ich kann mir eine Zeit denken, wo ich mich mit Gewalt aus allen Verhältnissen reiße, wenn mir Gott nicht auf andre Weise Hülfe leistet.« Tatsächlich war es gerade die Familie Savigny, deren Wohnsitzwechsel und fürsorgliche Hilfsangebote immer wieder ermöglichten, daß die alleinstehende Bettine in den Jahren 1808 und 1809 Familienanschluß fand und zugleich neue Perspektiven für ein eigenständiges Leben außerhalb von Frankfurt entwickeln konnte. Als der begabte und ehrgeizige Savigny einen Ruf an die wiedergegründete bayrische Universität Landshut erhielt, nahm sie ihre Chancen wahr und konnte von dort aus auch im nahen München eine ganz neue Welt entdecken.

Dreiundzwanzig Jahre war sie alt und damit nach den damaligen Vorstellungen bereits in der Gefahr, als alte Jungfer angesehen zu werden. Bereits vor der Übersiedlung nach Bayern hatte sie jede Chance wahrgenommen, der verhaßten Enge im *Haus zum Goldnen Kopf* zu entfliehen. Aufenthalte in Trages, Weimar, Kassel und

Bettine Brentano, Federzeichnung von Ludwig Emil Grimm, München 1809

Marburg boten Abwechslung und Freiräume, und 1807 ergibt sich für sie mehrfach auch die Möglichkeit, sich Erholungs- und Badereisen der Frankfurter nach Winkel und Schlangenbad anzuschließen. Beim Kuren trafen sich damals die betuchten Bürger und Adligen, aber auch erfolgreiche Autoren und Komponisten. Bettine wird später versuchen, Beethoven und Goethe bei einem Kuraufenthalt in Karlsbad miteinander bekannt zu machen. Derart prominenten Besuch trifft sie in den Taunusbädern der Frankfurter

Umgegend nicht an, aber es sind doch immer wieder angesehene Persönlichkeiten, die ihr Gelegenheit geben, neue Kontakte zu knüpfen und sich dabei auch in Szene zu setzen. Von Ende Mai bis zum 20. Juni 1808 kam außerdem Arnim aus Heidelberg zu Besuch nach Winkel, später im Jahr besuchte er sie auch in Schlangenbad.

Manche ihrer kleinen Abenteuer, die sie dort erlebte, entwikkelte sie zu pointierten Kurzgeschichten, die sie später in ihre Brieferinnerungsbücher einbettete. Die Anregungen von Clemens, ihre Begabung als Schriftstellerin bei der Aufzeichnung von Erlebtem zu erproben, trugen nun Früchte. Der *Frühlingskranz*, *Die Günderode* und *Goethes Briefwechsel mit einem Kinde* enthalten solche Geschichten, bei denen die Wahrheit zur Anekdote ausgeschmückt wird.

So berichtet sie von einem Ausflug, der von Winkel, dem Weingut ihres Halbbruders Franz, über den Rhein zur gegenüberliegenden Rochuskapelle oberhalb von Bingen führte. »Warst Du schon auf dem Rochusberg?« fragt sie Goethe in einem ihrer Briefe, die sie in ihrem *Goethebuch* später veröffentlicht, und fährt fort: »Er ist mir der liebste Platz im Rheingau; er liegt eine Stunde von der Wohnung; ich habe ihn schon Morgends und Abends, im Nebel, Regen und Sonnenschein besucht. Die Kapelle ist erst seit ein paar Jahren zerstört, das halbe Dach ist herunter... Gestern Abend ging ich noch allein auf den Rochusberg, und schrieb Dir bis hierher, dann träumte ich ein wenig... Hinunter traute ich mich nicht, ich hätte keinen Nachen gefunden zum Überfahren... bald war ich eingeschlafen – dann und wann weckten mich irrende Lüftchen, dann dacht' ich an Dich; so oft ich erwachte, rief ich Dich zu mir, ich sagte immer im Herzen: Goethe sei bei mir, damit ich mich nicht fürchte... da erwachte ich im Morgenroth... Der Nachtthau hatte mich gewaschen; der scharfe Morgenwind trocknete mich wieder; ich fühlte ein leises Frösteln, aber ich erwärmte mich beim Herabsteigen von meinem lieben sammtnen Rochus.«

Schon die Feststellung, der Rochusberg sei »eine Stunde von der Wohnung«, dem Winkeler Weingut von Franz, entfernt, zeigt, daß Bettine es mit den Fakten nicht so genau nimmt. Auch die Behauptung, sie habe allein in der Ruine der Kapelle übernachtet, ist nicht wörtlich zu nehmen. Das zeigt der Vergleich mit ihrer Schilde-

Rochuskapelle bei Bingen, kolorierte Aquatinta, 19. Jahrhundert

rung in einem Brief an Arnim vom 23. Juni 1808, denn dieser Briefbericht kommt der Wahrheit sicher noch weit näher als die an-
ekdotische Verarbeitung dieses Erlebnisses in *Goethes Briefwechsel mit einem Kinde*: »Wir gingen den Abend vor unserer Abreis
noch auf den Rochus«, schreibt sie an Arnim. »Wir fuhren gegen
6 Uhr auf Deinem Stuhlwäglein nach Rüdesheim, ließen uns von
da überfahren, es war der erste warme Abend, den ich dort erlebte.
Gott weiß, warum es mir auch am wärmsten ums Herz war; ich
dachte Deiner und freute mich so meiner Sehnsucht, daß ich sie
kaum um Deine Gegenwart getauscht hätte. Auch an Göthe dachte
ich mit wahrem Eifer, Euer beider Andenken loderte in meiner
Brust wie zwei kräftige Vulkane, vor deren Glut alles andre lebendige flieht ... Ich sang laut und schlug lange Triller vor regem
Leben in mir, was ich lange nicht so stark gefühlt hatte. Wir nahmen aus Unbedachtsamkeit einen viel steileren Weg auf den Rochus, als der erste war. Wir mußten grad auf, über die Hecken; bei
allen Mühseligkeiten unterließ ich doch nicht, noch einen großen
Blumenstrauß zu brechen, den ich nach Deinem Beispiel opfern
wollte. Als ich aber auf den Altar stieg, fiel mir das Haupt Jesu in
zwei Stücken vor die Füße, welches mich nicht wenig erschreckte;
[der Bruder] George band es mit Zweigen wieder fest.«

Details dieser Beschreibung zum Innern der Ruine stimmen mit dem Bericht an Goethe vom 20. Juni überein, der ebenfalls in der brieflichen Urform überliefert ist. Dieser Originalbrief an Goethe steht zwischen dem Brief an Arnim und der Fassung in *Goethes Briefwechsel mit einem Kinde*, er bildet eine Zwischenstufe zwischen dem noch relativ nüchternen Bericht an Arnim und der romanartigen Verarbeitung im Buch. Zwar ist in allen drei Stufen von den Gedanken an Goethe die Rede, doch enthalten nur die Goethe-Fassungen – in Brief und Buch – die hinzuerfundene Nacht in der Kapelle. Allein für den verehrten Dichter werden ihre Hoffnungen einer erträumten Gemeinsamkeit ausphantasiert, während die vermutlich sehr viel intensiveren Gedanken an den greifbaren Geliebten Achim von Arnim Goethe gegenüber verschwiegen werden.

Bettine fabuliert, und es gehört zu ihren ausgeschmückten weiteren Legenden um den Rochusberg, daß sie Goethes Briefe dort wie ein Heiligtum verstaut und versteckt haben will, am Altar der Ruine Reben pflanzte und mit den Bienen, die sich dort eingenistet hatten, freundschaftlichen Kontakt pflegte. Von den zwei »kräftigen Vulkanen« in ihrem Innern – Goethe und Arnim – ist in den üppig wuchernden Phantasiegeschichten dann nicht mehr die Rede, in ihrem Buch ist alles auf den Dichterfürsten ausgerichtet.

Anfang Juli reist Bettine nach Trages bei Hanau, wo sich Savigny und Gunda aufhalten, bevor sie nach Landshut aufbrechen. Clemens, den sie dort zu treffen hoffte, kommt jedoch nicht, er ist noch in geheimer Liebesmission in Allendorf. »Hier bin ich, etwas mißvergnügt über meinen Aufenthalt, besonders wenn ich bedenke, daß vielleicht ein Brief von Dir in Frankfurt meiner wartet«, schreibt sie Arnim von dort am 2. Juli 1808. Statt des erwarteten Clemens taucht Christian dort auf: »Ich habe auf dem Trages auch den Sohn des Pfarrers [Heinrich Wilhelm Mannel] gesehen, bei dem sie ist, er war mit Christian einen Tag dort, der sagt, daß sie sich ganz wohl befinde, aber noch lange nicht genug von Clemens getrennt sei.«

Am 14. Juli meldet sich Bettine aus Winkel, am 16. aus Schlangenbad. Dort hört sie weitere Gerüchte: »das seltsamste ... ist, daß Jordis ihr den Vorschlag gemacht hat, sie nach Cassel zu nehmen, wenn sie kein Vergnügen an ihrem jetzigen Aufenthalt [in Allen-

dorf] habe. Auguste aber hat es ihm abgeschlagen und gesagt, sie
dürfte nicht gegen den Willen ihres Mannes.«

Am 1. August hält sich Bettine immer noch in Schlangenbad auf
und wartet ungeduldig auf einen Besuch von Arnim: »zu jeder
Stunde wünsche ich Dich her, Arnim, und reut mich jeder Tag,
der ohne Dich hier vorübergeht.« Statt dessen ist der Schwager
Savigny nun eingetroffen: »Ich ging mit Savigny auf der Terrasse,
hielt allerlei angenehme Gespräche mit ihm, er mit mir, wünschten
Dich sehnlichst zu uns ... Wir wünschten immer, Du möchtest
Nachts ankommen, weil es dann gar lieblich hier ist. Also bis
Donnerstag? – An Göthe hab ich vorgestern einen langen Brief
abgeschickt. – Adieu, nur auf kurze Zeit.«

In zwei Briefen an Goethe – einer datiert vom 13., der andere
vom 30. Juli – beschreibt Bettine einen abenteuerlichen Ausflug
mit dem Freund: »Arnim ... hielt es nicht lange im edlen Müssig-
gang aus er machte während seinem Aufenthalt kleine Reißen von
5 bis 6 Stunden mit mir, die ich zu den liebsten Vergnügen rechne,
einmal gingen wir durch ein Thal einen Fluß entlang den man die
Wisper nent, wahrscheinlich wegen seinem Rauschen, da er sich
über lauter platte Felßensteine windet auf beiden Seiten gehen
hohe Felsen her, auf denen alte Burgen stehen, die mit alten Eichen
umwachsen sind, das Thal wird oft so enge daß man genötigt ist im
Fluße zu gehen, es wird immer enger und enger die Berge um-
klammern sich endlich, die Sonne kann nur noch die Hälfte der
Berge beleuchten ... das Ziel unsrer Reiße war ein Sauerbronnen,
der in einer wüsten Wildniß liegt, als wir dort ankamen, schlug
Kukucks Uhr in dem Hauße das dabei ist und mahnte mich an
den Rückweg, ich marschierte also gleich wieder zurück ohne auszuruhen und kam Nachts um 1 Uhr zu Hauß an, in allem war ich
12 Stunden unterwegs gewesen und durchaus nicht ermüdet, auf
dem Rückweg schrieen eine menge Eulen und Käuzlein im Wald,
das machte mir bang ich hatte es noch nie gehört.«

In ihrem *Goethebuch* schmückt Bettine diese Geschichte nach
der bekannten Art noch weiter aus, nennt jedoch den Namen Arnim nicht. Als die beiden am Brunnen ankommen, schlägt die
»Kukuksuhr in der einsamen Hütte« acht Uhr, heißt es im auf-
bereiteten Brief-Roman, »zu essen war nichts, auch kein Brot, nur
Salat mit Salz ohne Essig und Öl. Eine Frau mit zwei Kindern

wohnte da; ich frug, von was sie lebe; sie deutete in der Ferne auf den Backofen, der zwischen vier majestätischen Eichen auf einem freien Platz in voller Glut stand. Ihr kleines Söhnchen schleppte eben ein Reiserbündelchen hinter sich heran; sein Hemdchen hatte noch Ärmel, die Hinterwand und den Knopf vom Kragenbund, mit dem es befestigt war; vorne war es weggerissen; seine Schwester-psyche wiegte sich quer über einen Block auf einem langen Backschieber ... Wir gaben der Frau ein Geldstück; sie frug, wie viel es wäre; da sahen wir, daß es nicht in unserer Macht war, sie zu beschenken, denn sie war zufrieden und wußte nicht, daß man mehr brauchen könne, als man bedürfe.«

Bettine liebt es, derart idyllisch-rührende Genrebilder mit ärmlichen Familien zu entwerfen, die ein wenig an Spitzweg oder ein Grimm-Märchen erinnern. Im publizierten Briefwechsel mit ihrem Bruder, dem *Frühlingskranz*, ist es die Begegnung mit der reinlich-fleißigen Familie des jüdischen Mädchens Veilchen in Offenbach, die zu einer kleinen Milieustudie ausgearbeitet wird und an das soziale Gewissen des Lesers appelliert, im *Armenbuch* trägt die Geschichte vom Heckepfennig ähnliche Züge, wobei die pädagogisch-aufklärerische Absicht im Vergleich zum *Goethebuch* noch mehr zutage tritt. Was im Detail dabei der beobachteten Realität entspricht, was inszeniert oder später der Pointe wegen noch hinzugedichtet wird, läßt sich im einzelnen schwer entscheiden. Sicher hat es ein ärmliches Haus am Sauerbrunnen gegeben, doch ob hier Arnim und Bettine tatsächlich »Salat mit Salz« aßen und vergeblich versuchten, den armen Leuten ein Geldstück zu übergeben, steht dahin. Im Kontext des Buches – das spürt die Autorin Bettine sehr wohl – ergibt die Episode einen kleinen Höhepunkt, ebenso wie eine vorhergehende Szene, bei der sich Bettine auf einen flachen Felsen im Flußbett ausstreckt und überraschend vom Wasser der Wisper überspült wird, um danach die Wanderung mit nassen Kleidern fortzusetzen.

Der Rückweg aus dem Wispertal wird im *Goethebuch* ebenso bündig beschrieben wie im Brieftext, doch danach schließt Bettine eine im Originalbrief noch fehlende Szene an, in der sie sich selbst noch effektvoller in Szene setzt – wobei auch hier schwer zu entscheiden ist, was tatsächlich – vermutlich in Schlangenbad – vorgefallen ist oder später frei hinzuerfunden wurde, um eine weitere

Pointe zu setzen. In der Erzählstrategie des *Goethebuchs* erreicht sie diesen weiteren überraschenden Höhepunkt mit einer Schilderung des Abends nach der Wanderung. Möglicherweise ist jedoch ein anderer Abend in Schlangenbad das Muster, oder sie hat ihr abendliches Bad mit Weinflasche bei anderer Gelegenheit an einem anderen Ort erlebt.

In *Goethes Briefwechsel mit einem Kinde* bildet die Episode einen spektakulären Höhepunkt des Wandertags: »Ich marschierte also wieder links um, ohne auszuruhen und kam Nachts um ein Uhr zu Hause an; in allem war ich zwölf Stunden unterwegs gewesen und durchaus nicht ermüdet. Ich stieg in ein Bad das mir bereitet war, und setzte eine Flasche Rheinwein an, und ließ es so lange herunterglucken, bis ich den Boden sah. Die Zofe schrie, es könne mir schaden im heißen Bad, allein ich ließ mir nicht wehren; sie mußte mich ins Bett tragen; ich schlief sanft, bis ich am Morgen durch ein wohlbekanntes Krähen und Nachahmen eines ganzen Hühnerhofs vor meiner Tür geweckt wurde.«

Musterbeispiel für die Verbreitung und schriftstellerische Pointierung von spektakulären Geschichten ist Bettines Bericht über den Selbstmord der Freundin Karoline von Günderrode. Ihre Geschichte im *Goethebuch* bettet sie in ein Stimmungsbild von einer Reise in den Rheingau ein und führt den Leser Goethe damit an den Ort des Geschehens: »Über die Günderode ist mir am Rhein unmöglich zu schreiben, ich bin nicht so empfindlich; aber ich bin hier am Platz nicht weit genug von dem Gegenstand ab, um ihn ganz zu übersehen; – gestern war ich da unten, wo sie lag; die Weiden sind so gewachsen, daß sie den Ort ganz zudecken, und wie ich mir so dachte, wie sie voll Verzweiflung hier herlief, und so rasch das gewaltige Messer sich in die Brust stieß, und wie das Tage lang in ihr gekocht hatte, und ich, die so nah mit ihr stand, jetzt an demselben Ort, gehe hin und her an demselben Ufer, in süßem Überlegen meines Glückes ... Nein, es kränkt mich und ich mache ihr Vorwürfe ... daß sie die schöne Erde verlassen hat; sie hätt' noch lernen müssen, daß die Natur Geist und Seele hat und mit dem Menschen verkehrt, und sich seiner und seines Geschickes annimmt, und daß Lebensverheißungen in den Lüften uns umwehen; ja, sie hat's bös' mit mir gemacht, sie ist mir geflüchtet, grade wie ich mit ihr teilen wollte alle Genüsse.«

Die danach folgende Schilderung zum Leben der Günderrode im Frankfurter Cronstetten-Hynspergischen adeligen evangelischen Damenstift gehört zu wenigen Quellen, die häufig zitiert oder gar filmisch aufbereitet wurden. Da es in diesem Stift sehr liberal zuging, dürfte diese Darstellung jedoch zu der von Bettine initiierten Legendenbildung um die Freundin gehören. Bettine schreibt: »Sie war so zaghaft; eine junge Stiftsdame, die sich fürchtete, das Tischgebet laut herzusagen; sie sagte mir oft, daß sie sich fürchtete, weil die Reihe an ihr war; sie wollte vor den Stiftsdamen das Benedicite nicht laut hersagen; unser Zusammenleben war schön, es war die erste Epoche, in der ich mich gewahr ward ... wir alle Tage beisammen, bei ihr lernte ich die ersten Bücher mit Verstand lesen ... wie gern ging ich zu ihr!«

Der Dolch, den die Günderrode sich ins Herz stach, ist das Stichwort zu einer weiteren Erzählung, die beim Leser wieder einen Schauer über den Rücken laufen läßt. Wenn Bettines Bericht nicht in allen Einzelheiten wahr ist – weitere Zeugnisse zu dieser Dolchepisode gibt es nicht – so ist es doch eine gut erzählte Anekdote: »Einmal kam ich zu ihr, da zeigte sie mir einen Dolch, mit silbernem Griff; den sie auf der Messe gekauft hatte, sie freute sich über den schönen Stahl und über seine Schärfe; ich nahm das Messer in die Hand und probte es am Finger, da floß gleich Blut, sie erschrak, ich sagte: O Günderode, Du bist so zaghaft und kannst kein Blut sehen, und gehest immer mit einer Idee um, die den höchsten Mut voraussetzt, ich hab' doch noch das Bewußtsein, daß ich eher vermögend wär', etwas zu wagen, obschon ich mich nie umbringen würde; aber mich und Dich in einer Gefahr zu verteidigen, dazu hab' ich Mut; und wenn ich jetzt mit dem Messer auf Dich eindringe – siehst Du wie Du Dich fürchtest? – sie zog sich ängstlich zurück; der alte Zorn regte sich wieder in mir, unter der Decke des glühendsten Mutwills; ich ging immer ernstlicher auf sie ein, sie lief in ihr Schlafzimmer hinter einen ledernen Sessel, um sich zu sichern; ich stach in den Sessel, ich riß ihn mit vielen Stichen in Stücke, das Roßhaar flog hier und dahin in der Stube, sie stand flehend hinter dem Sessel und bat, ihr nichts zu tun; – ich sagte: eh' ich dulde, daß Du Dich umbringst, tu' ich's lieber selbst; mein armer Stuhl! rief sie; ja was, Dein Stuhl, der soll den Dolch stumpf machen; ich gab ihm ohne Barmherzigkeit Stich auf Stich, das ganze Zimmer wurde eine Staubwolke; so warf ich den Dolch weit in die Stube, daß er prasselnd unter das Sopha fuhr.«

Goethe allerdings entwickelte bereits im Todesjahr der Günderode in einem Brief an Wilhelm von Humboldt eine eher philosophische Deutung des Freitods. Er behauptete, daß bei der jungen Dichterin mit dem Pseudonym Tian »die idealen Ansichten, wahrscheinlich in Gesellschaft irdischer Leidenschaften, ein gar hübsches Gefäß zerstört haben. Die unter dem Nahmen Tian Ihnen gewiß bekannte Fräulein von Günterrode, die uns noch vor kurzem ein paar merkwürdige kleine Gedichte in dramatischer Form gegeben, hat ihre eigene Form zerbrochen.« Auch als er Anfang September an den Ort des Geschehens geführt wird, äußert er sich distanziert: »Man zeigte mir am Rhein den Ort wo Fräulein von Günderode sich entleibt. Die Erzählung dieser Catastrophe an Ort und Stelle, von Personen welche in der Nähe gewesen, und Theil genommen, gab das unangenehme Gefühl was ein tragisches Local jederzeit erregt.«

Vielleicht hätte Bettine, die bei Goethes Rheingaubesuch nicht anwesend war, Goethe mit Erläuterungen zum »tragischen Local« mehr Eindruck gemacht, denn sie verstand es, bei jeder Gelegenheit, vor Personen aller Gesellschaftsschichten, insbesondere aber in höheren Kreisen der Gesellschaft, mit denen sie in den Kurorten in Kontakt kam, durch spontane Aktionen und Erzählungen Eindruck zu machen. Im Mai und Juli 1808 war dies auch in Winkel und Schlangenbad der Fall. Dabei war sie besonders stolz, wenn sie Mitglieder des Hochadels beeindrucken konnte. Einmal ist es der Herzog von Gotha, dem sie – im *Frühlingskranz* – von der Günderode erzählt und auf ihrer »Guitarre mehrere Präludien zu seinen Liedern componirt«, dann die »junge Fürstin von Baaden«, die »mit der Gesellschaft auf der untersten Terrasse« saß und Tee trank, schließlich die »Kurprinzessin von Hessen, der hab ich alle Nacht aus dem Fenster vorgespielt«. Durch kühne Aphorismen überrascht sie die Prinzessin: »sie hat mich in Affection genommen und ist oft mit mir allein spazierengegangen … von meinem Aufenthalt bei der Großmama und von manchen ernsten Geschichten und Gesichten der französischen Revolution war die Rede; da wunderte sie sich, daß ich so ernste Dinge berühre schon in der Jugend.

Kolorierter Kupferstich, frühes 19. Jahrhundert

Ich weiß, was Jugend ist: Inniges, unzerstreutes Empfinden des eignen Selbst. – Die Einsamkeit aber ist eine Quelle sich selbst zu trinken. Dieser Gedanke gefiel der Kurprinzeß, ich mußte ihn ihr in ein Denkbüchlein schreiben; und ich setzte noch hinzu. Denken ist, die Wege Gottes beschreiten – durch Denken gelangt man zu Gott! Und dies gefiel der Kurprinzeß so, daß sie mich dafür auf die Stirne küßte.«

Vielfach wurden derlei Episoden in Bettines Büchern angezweifelt, doch meist haben sie sich im Kern dann schließlich doch als wahr erwiesen, und es würde nicht überraschen, wenn sich die hier zitierten Sprüche tatsächlich in einem Poesiealbum von Friederike Christiane Auguste von Hessen nachweisen ließen.

Clemens war an den Familientreffen der Brentanos in Winkel und Schlangenbad im Jahre 1808 nicht beteiligt, und so konnte sich Bettine bei diesem Intermezzo ganz ihren Goethe-Schwärmereien widmen und die Probleme des himmelhochjauchzend streitenden Paares vorübergehend vergessen. Als jedoch der Wechsel nach Landshut anstand und Clemens und Auguste sich anschlossen, geriet Bettine erneut in das Zentrum des dramatischen Ehegeschehens. »Gestern war ich in Trages, hab da den Clemens geholt, welcher von hier nach Allendorf gereist ist, um da seine Frau zu holen«, berichtet sie Ende August Arnim aus Frankfurt. »Weil du nicht schreibst, so glaube ich, daß Du bald wieder hier sein wirst«, heißt es wenig später. Ihre Vermutung ist richtig, Arnim kommt aus Heidelberg nach Frankfurt, als seine Redaktionsarbeiten an der *Zeitung für Einsiedler* abgeschlossen sind, und hält sich dann bis Mitte September dort auf, als die Reisegesellschaft nach Landshut aufbricht. Er schließt sich der Gruppe seiner Freunde sogar zunächst an. Gemeinsam führt der Weg bis Aschaffenburg, dann reisen Savignys, Clemens, Auguste und Bettine über Würzburg nach Osten weiter, während Arnim sich nach Süden, zurück nach Heidelberg wendet.

Bereits in Würzburg schreibt Bettine den ersten Brief an ihren Geliebten: »Da bin ich, hab keinen Moment Zeit gehabt, meiner Trauer über unsere Trennung nachzuhängen. Auguste hielt mich mit unnützen Erzählungen sehr peinlich davon zurück, aber die zurückgehaltnen Tränen haben mir heiß aufs Herz gebrennt; ich hab Dich oft mitten im Gespräch durchgefühlt, jetzt aber, wo ich allein bin und wo die Stunde geschlagen hat, da wir gewöhnlich zu Trages uns freundlichst küßten, jetzt bin ich ganz in Gedanken und Deine Arme versunken, jetzt lieg ich noch einmal zu Deinen Füßen, jetzt küß ich noch einmal Deine Hände und bin Dein … freu Dich meiner Liebe und bleib Deinem schläfrigen Kind, Deinem treusten, besten Kind gut. Bettine.«

Arnim hat die Abschiedsszene in Aschaffenburg in der *Zueignung* seiner im Sommer 1809 publizierten Novellensammlung *Der Wintergarten* auf seine Weise dichterisch verarbeitet:

> Es war an des Orangengartens Pforte,
> Wo Dich der Wagen donnernd von mir riß; –
> Ich sah ihm nach, – so blieb an diesem Orte
> Noch etwas mir auf weiter Welt gewiß, –
> Der Wagen schwand, der Schmerz kam nun zu Worte,
> Es drückte mich der Thränen Finsterniß:
> All was mir lieb, es sind nun bloß Gedanken,
> Und was mir nah, es sind der Aussicht Schranken.

Achim von Arnim, Zeichnung von Ludwig Sigismund Ruhl

Der Schluß dieser *Zueignung* erinnert an einen gemeinsamen Ausflug im Rheingau, zum sogenannten O-Stein oberhalb von Rüdesheim, unweit der Stelle, wo heute die Germania Touristen anzieht.
Die Erwähnung des Tempels und der »Frucht des Gartens« macht
aus Arnims Gedicht eine Phantasie zu einer festeren Bindung:

> Wenn wir vereint zum Tempel wieder steigen,
> Wer scheidet dann, was *jedem* lieb am Rhein,
> All, was uns lieb, das wird sich unser zeigen!
> Wird Dir die Frucht des Gartens lieblich seyn,
> So ist sie ohne Zueignung Dir eigen
> Und wird in Deiner Lust dann doppelt mein;
> Des Fernen Trost must Du mit Lust nun lesen,
> Denn mir gilt *nichts,* was mir *allein* gewesen.

Diese versteckte Liebeserklärung in der Novellensammlung ver-
deutlicht, daß sich am Schluß der Begegnungen im Rhein-, Main-
und Wispertal nun ein entscheidender Durchbruch in dieser Liebesbeziehung vollzogen hat. Beide sind so erfüllt und gefangen in
ihrer wechselseitigen Zuneigung, daß die formelle Werbung Arnims und der Beschluß zu Verlobung und Ehe nur noch eine Frage
der Zeit ist.

Die Entwicklung in Richtung Ehe vollzieht sich parallel zu dem
von beiden intensiv miterlebten Verfall der ehelichen Gemeinschaft von Clemens und Auguste. Für sie ist die gemeinsame Reise
in einer Kutsche – allein mit der verliebten Bettine – kein guter
Start in eine neue Lebensphase. Bettine schwelgt in ihren Erinnerungen an den Liebesabschied in Aschaffenburg und empfindet
Augustes Äußerungen als »unnütze Erzählungen«. Die Vorausset-
zung für vertrauliche Gespräche unter den jungen Frauen sind damit denkbar ungünstig, denn Auguste reist mit Ängsten und Sorgen nach Landshut. Bereits die Entscheidung von Clemens, sie mit
der Schwester in eine Kutsche zu setzen, mußte sie als schlechtes
Zeichen für das weitere Eheleben verstehen. Denn für sie geht es
immer noch und immer wieder darum, Clemens' Liebe zurückzugewinnen, ein Ziel, für das Bettine – die schon vorher ihre Überlegungen zu einer Scheidung deutlich ausgesprochen hatte – kaum
noch Verständnis aufbringt.

Von den weiteren Stationen der Reise schreibt sie kurze Liebesbriefe an Arnim, aus Nürnberg am 18., aus Neumarkt am 20. und
Regensburg am 21., 24. und 25. September. Von Landshut geht die
Reise gleich weiter nach München, weil die vorgesehenen Quartiere in Landshut noch nicht bezugsfertig sind. Aus München meldet sie sich am 29. September: »Die Gegend in Landshut ist so
angenehm, lieber Arnim, daß ich nicht glaub, Dir abraten zu dürfen [auch dort zu wohnen], obschon manches andre Dir vielleicht
nicht behagen würde. Die Straßen sind breit, am Ende sticht der
Schloßberg mit großen Bäumen sehr schön hervor. Savignys Wohnung hat zwar nicht sehr viel Annehmlichkeiten, besonders ist sie
nicht heimlich [anheimelnd, gemütlich] durch die vielen Türen; ich
aber werde in meinen zwei Zimmern alle übrige Türen zumachen
mit Tapeten. Dein Zimmer hat Gunda schon bestimmt, Clemens
bekömmt eine viel schönere Wohnung mit ungemein lieblicher
Aussicht auf die Isar. Er war im Anfang so traurig und mutlos,
daß er gleich wieder fortwollte und sogar weinte; ich hab ihn aus
allen Kräften getröstet, er findets auch jetzt schon viel besser und
wirds bald herrlich finden. Ich weiß nicht, ob es der Gedanke ist,
daß Du wohl zu uns kömmst, der mir alles erträglich macht.«

Von Auguste ist in all diesen Briefen mit keinem Wort die Rede,
doch scheint sie zunächst ebenfalls nach München weitergereist zu
sein, denn Clemens stimmt in einem Brief, der etwa am 13. Oktober an Arnim geschrieben sein dürfte, wieder sein Klagelied an:
»ich möchte verzweifeln, über mein verfluchtes Weib, die mir einen Jammerkübel nach dem andern übergießt, wohin ich flüchten
soll, weiß ich nicht, ich glaube nicht, daß ich lange in diesem Lande
existiren werde, ich will fortlaufen, Gott weiß wohin, alle Menschen um mich nehmen mein Elend so leicht, das bringt mich gar
um, ich lebe nur, um mich zu ecklen. Schreiben mag ich nicht mehr,
denn waß soll ich schreiben, immer, immer, das elende schändliche
Weib!«

Allerdings enthalten seine folgenden Briefe an Arnim keine weiteren Hiobsbotschaften, und Bettine weiß Ende Oktober aus
München nur zu berichten, was sie von Savigny gehört hat: »Mit
Clemens und Auguste geht es auf den schlimmsten Pfaden der
kümmerlichsten Reise; sie sind in einer kalten Erbitterung gegen
einander in Landshut, wie mir Savigny schreibt.« Als sie Weih-

LANDSHUT.

Zeitgenössische Radierung

nachten selbst nach Landshut kommt – wo Clemens und Auguste
nun wohnen – und sich ein Bild von der Situation machen kann,
scheint sich das Blatt bereits wieder gewendet zu haben, denn nun
ist ihr Bericht an Arnim überraschend positiv: »Auguste, welche
jetzt auf dem Fuß ist, den Clemens wiederzugewinnen, hat ihm
den Abend vor Christtag ein sehr schönes Krippchen gekauft mit
Felsen, Bergen und Wasserfällen: Palmbäume, alte Ruinen, Paläste
und Hütten, Muschelgrotten, ungemein vielen Figuren, die mit
Gold, Perlen und Edelsteinen geschmückt sind ... Du kannst Dir
also vorstellen, wie sehr es ihm Freude macht.« Allerdings geht es
ihr primär um das Wohlergehen ihres Bruders, wichtig ist ihr, daß
es *ihm* Freude macht! Dann beschreibt sie den Spaß, den sie mit
ihm hat, ohne Auguste auch nur zu erwähnen: »Die drei Wochen,
welche ich dort zubrachte, waren recht angenehm, ich lernte alle
Abend zum Zeitvertreib Spanisch mit Clemens. Er brachte in den
letzten Tagen alle Abend eine von seinen Romanzen, die er ausgearbeitet hatte, und las sie nach dem Nachtessen vor, ein jeder
sagte ihm dann seine Meinung; dies eiferte ihn an, daß, wenn es so
fortgeht, sie gewiß bald fertig werden.«
Andere Briefe berichten von ihren Späßen während des Aufenthalts in München. An Goethe schreibt sie: »jezt ist es ein Jahr

vorbei, daß ich Dich gesehen habe, Du sollst schöner geworden seyn Carlsbad soll Dich erfrischt haben; Du lieber Gott! wie geht es mir doch so übel, muß ich die Zeit so kalt und tod vor mir weg streichen lassen, kann nicht einen Funken erhaschen an dem ich mir eine Flamme anblasen könnte. Doch soll es kein halb Jahr mehr währen bis ich Dich wieder seh, dann will ich nur einmal Dich immer und ewig in meinen Armen festhalten

Diese lezten Monate hab ich mit Jacobi beinah alle Abende zugebracht, wenn ich sie hätte aufspahren können, so würde ich sie zu etwas anderm verwenden seine beiden Schwestern verpalisadieren ihn auf eine unangenehme Art. Ich wünschte von Herzen wieder einmal ein Wort von Dir selbst zu hören, ja es beruht ein großer Theil meiner Zufriedenheit darauf; in diesem Augenblick ist mein Aufenthalt in Landshut, in kurzem werde ich wieder nach München gehen wegen der Musick, und besonders wegen dem Singen, welches ich mit Capellmeister Winter studire ... Dir innigst ergeben   Landshut den 18 Dzb. Bettine Brentano
bei Profesor Savigny. Landshut«.

In der Buchausgabe weitet sie auch diese kurze Darstellung ihrer Kontakte mit dem angesehenen Philosophen Friedrich Heinrich Jacobi und seinen Schwestern zu einer längeren, satirisch eingefärbten Geschichte aus:»Seine beiden Schwestern verpalisadieren ihn ... Er ist duldend bis zur Schwäche und hat gar keinen Willen gegen ein paar Wesen die Eigensinn und Herrschsucht haben, wie die Semiramis. Die Herrschaft der Frauen verfolgt ihn bis zur Präsidentenstelle an der Akademie, sie wecken ihn, sie bekleiden ihn, knöpfen ihm die Unterweste zu, sie reichen ihm Medizin, will er ausgehn so ist's zu rauh, will er zu Hause bleiben so muß er sich Bewegung machen. Geht er auf die Akademie so wird der Nymbus geschneuzt damit er recht hell leuchte: Da ziehen sie ihm ein Hemd von Batist an mit frischem Jabot und Manschetten und einem Pelzrock mit prächtigem Zobel gefüttert, der Wärmkorb wird vorangetragen, kommt er aus der Sitzung zurück, so muß er ein bißchen schlafen nicht ob er will; so geht's bis zum Abend in fortwährendem Wiederspruch, wo sie ihm die Nachtmütze über die Ohren ziehen und ihn zu Bette führen.«

Schließlich spielt sie in einem anderen fiktiven Brief des *Goethe-*

Friedrich Heinrich Jacobi, Porträt aus Lavaters Sammlung,
Foto mit Tuschzeichnung 1895

buchs sogar auf Erzählungen Goethes über die Eitelkeiten des jungen Jacobi an und beschreibt ihre »kleine Liebesgeschichte« auf einer Kahnpartie, an der außer den Jacobi-Schwestern auch Graf Westerholt teilnimmt: »Die untergehende Sonne rötete die weißen Spitzen der Alpenkette und Jacobi hatte seine Freude dran, er deployierte alle Grazie seiner Jugend, Du selbst hast mir einmal erzählt, daß er als Student nicht wenig eitel auf sein schönes Bein gewesen, und daß er in Leipzig mit Dir in einen Tuchladen gegan-

gen, das Bein auf den Ladentisch gelegt, und dort die neuen Bein-
kleidermuster drauf probiert, bloß um das Bein der sehr artigen
Frau im Laden zu zeigen; – in dieser Laune schien er mir zu sein;
nachlässig hatte er sein Bein ausgestreckt, betrachtete es wohlge-
fällig … ich wußte es ihm begreiflich zu machen, daß ich ihn
liebenswürdig finde, als auf einmal Tante Lehnens vorsorgende
Bosheitspflege der feinen Gefühlscoquetterie einen bösen Streich
spielte; ich schäme mich noch wenn ich dran denke; sie holte eine
weiße langgestrickte wollne Zipfelmütze aus ihrer Schürzentasche,
schob sie in einander und zog sie dem Jacobi weit über die Ohren,
weil die Abendluft beginne rauh zu werden; grade in dem Augenblick als ich ihm sagte: heute versteh ich's recht daß Sie schön sind,
und er mir zum Dank die Rose in die Brust steckte die ich ihm
gegeben hatte. Jacobi wehrte sich gegen die Nachtmütze, Tante
Lehne behauptete den Sieg, ich mochte nicht wieder aufwärts sehen so beschämt war ich. – Sie sind recht Coquett, sagte der Graf
Westerhold, ich flocht still an meinem Kranz, da aber Tante Lehne
und Lotte einstimmend mir gute Lehren gaben, sprang ich plötzlich auf, und trappelte so, daß der Kahn heftig schwankte, um
Gotteswillen wir fallen! schrie alles, ja, ja! rief ich, wenn Sie noch
ein Wort weiter sagen über Dinge die Sie nicht verstehen … Das
war meine kleine Liebesgeschichte jenes schönen Tages, ohne welche der Tag nicht schön gewesen sein würde.«

In einem kleinen satirischen Drama, das Bettine und Clemens
gemeinsam schreiben – in Band 12 der Frankfurter Brentano-Aus-
gabe erstmals veröffentlicht – treten die Geschwister selbst auf,
und neben Jacobi, der sich weltfremd philosophierend im Wald
verirrt, kommen auch Lene und Graf Westerholt zu Wort. Wie
wir aus einem Briefbericht Brentanos an Arnim erfahren, gehen
diese Späße auf einen gemeinsamen Besuch von Bettine und Clemens in der Münchner Akademie zurück, deren Präsident Jacobi
war. Bettine spuckte dem prominenten Philosophen und Akade-
miepräsidenten angeblich auf den Kopf.

Auguste bleibt bei dieser Wiederannäherung der Geschwister,
die sich bei gemeinsamem Schabernack und fröhlichem Dichten
vollzieht, abseits; offenbar begleitet sie ihren Ehemann Clemens
meist nicht einmal bei seinen Stippvisiten nach München. In
Landshut aber fehlt für Brentano das geistige Umfeld, das ihm in

Kassel die Brüder Grimm, in Heidelberg Arnim und die romantische Gruppe um Creuzer und Görres an der Universität geboten
hatten. Bereits wenige Wochen nach der Übersiedlung klagt er
Arnim, er lebe in Landshut »auf die Zähne beißend unthätig, biß
die Kinnlade niederfallen wird, und Alles auf einmal aus sein wird.
Heute erhielt ich deinen Abschiedsbrief von Heidelberg, so ist
dann die Poesie dort auch abgezogen, es ist doch schade um das
herrliche Land, daß es auch dießeits des Abendroths liegt und
diesseits der schönen blauen Berge, hinter welchen aller Trost, alles
verhießenes, gelobtes Land.«

Von den Grimms war der jüngere Bruder Ludwig Emil nach
Landshut gekommen, der in München als Zeichner und Kupfer-
stecher ausgebildet werden soll. Skizzen und Stiche von Bettine,
Gunda und Savigny sind in dieser Zeit in Landshut entstanden.
Offenbar gelingen ihm diese Studien nach lebenden Objekten
besser als die Kopie eines Arnim-Bildes, die Clemens bei ihm in
Auftrag gegeben hat: »Grimm sizzt seit 5 Tagen auf meiner Stube
und hat deine Nas schon ein dutzendmahl gerückt und gedreht,
weil er sie aber gar nicht herauskriegen kann, flucht er und nennt
sie pestalozzisch. Ich laße ihn nehmlich dein liebes Bild kopiren,
um Betine, wenn Sie von München kömmt damit zu überraschen.«

Unter den Landshuter Professoren ist lediglich Johann Michael
Sailer, der später Bischof von Regensburg wird, ein anregender
Gesprächspartner für Clemens. Auch Bettine lernt ihn kennen
und schildert ihre Begegnung Goethe. Sailer hat ein offenes Ohr
für die Ideen der Romantiker; im letzten Lebensabschnitt Brentanos – nach dessen Rückbesinnung auf den katholischen Glauben –
gehört er zu seinen engsten Freunden. Sailer ist einer der liberalen
Katholiken, die – ähnlich wie später Brentano – die Zukunft des
katholischen Glaubens in einer Erweckungsbewegung sehen, die
vom Volk ausgeht und die Kirche von unten erneuert.

Die Begegnung in Landshut schildert Brentano so: »Hier ist die
Universität nichts als eine Gesellschaft katholischer Pfarrer, sie
kommen Abends alle zusammen bei einem guten Mann und mo-
dernen Mysticker dem Religionsschriftsteller Sailer und spielen
Schach oft zu zehend, wenn man sie einzeln fragt, warum Sie
Schach spielten immer und ewig und nie miteinander diskurirten,

so sagt jeder einzelne, dieser und jener wüßten gar nichts zu sprechen, und waß man spreche, werde alle wieder bekannt und so
spielte man lieber Schach ... Ich wollte, Görres wäre hier.«

Brentano liest in diesem Kreis aus den *Romanzen vom Rosen-
kranz* vor, in denen er – ähnlich wie im *Godwi* – Freunde und
Verwandte abbildet. In der 11. Romanze ist es Savigny, der als
Jakopone im Kreise seiner Studenten erscheint:

> Von Folianten rings umgeben
> Sizzt der stolze Jakopone,
> Hochgeehrt von den Klienten
> Ist der junge, weiße Dockter,
>
> Aus getreten seine Schwelle,
> Denn mit vollen Händen kommen
> Tausend um in ihren Rechten
> Weise Sprüche sich zu holen.
> . . .
> Hätte damals er gelebet,
> Die drei Codices zu ordnen
> In den Justinianschen, neben
> Tribonian würd er genennet.
>
> Und die sechzehn, die mit jenem
> Die Pandeckten ausgeboren,
> Wären siebzehn dann gewesen,
> Also war sein Geist zu loben
> . . .
> Und kaum dreisig Jahre Zählt er,
> Um die hohe Stirne locken
> Wallen braun aus dem Barete,
> Und sein Bart ist schön geor[d]net.
> . . .
> Und so ganz in Ehre schwebend
> Lebte er in seinem Stolze,
> Seinem Ruhm sind nah und ferne
> Tausend Schüler nach gezogen.

Radierung von Johann Friedrich Bolt nach Karl Friedrich Schinkel, 1812

Bettine aber durchlebt in dieser Zeit – der Aufsicht der älteren Brüder in Frankfurt entzogen – wichtige Phasen ihrer geistigen Entwicklung. In München erhält sie Gesangs- und Kompositionsunterricht und versucht sich sogar an *Faust*-Kompositionen. Doch der Bruder erkennt, daß sich damit noch keine klaren Lebensperspektiven für sie entwickeln, und schreibt ihr aus Landshut nach München: »bedencke aufrichtig, wie du dem *lokalen* SingIntresse dein kostbares Leben opferst, du liebst unsern alten Göthe so, er liebt dich so herzlich, und er, der am Rande des Lebens steht, stirbt vielleicht plözlich hin, während du in München singst.« Er empfiehlt der Schwester, nach Weimar zu reisen, und bietet an mitzufahren und auch Arnim einzubeziehen: »ich hoffe nicht, daß du es dir, verzeihen könntest, seine lezten Jahre ohne ihn gelebt zu haben, da du es kannst, da du frei bist, und ich dir alle meine Hülfe anbiete dich hinzubringen, wo du hin willst, du könntest etwa in Weimar bleiben, und mich mit Arnim von Berlin zurück erwarten … dencke herzlich drüber nach, waß kann dir ersetzen, deine Tage in dieser traurigen Welt, nicht neben den herrlichsten Sonnen gelebt zu haben.« Bettine weist in ihrer Antwort zunächst darauf hin, daß sie noch nicht mündig ist und deshalb bei ihren Planungen auf den Schwager Savigny Rücksicht nimmt: »Du magst es nun Schwachheit nennen oder was Du willst so bin ich durchaus unfähig etwas, was dem Savigny, Anstössig ist zu unternehmen, er hat mich auf meine Ehrlichkeit trauend mit genommen, ist zum Theil schuldig, dem Franz und Consorten dem dieß allerdings nicht als etwas honetes einleuchten würde, Rechenschaft über mich abzulegen … indessen vergehen noch ein paar Monate, ich rücke meiner Majorenität … näher, Savigny kömmt dadurch daß ich mein wirklich eigner Herr werde, aus aller Verantwortlichkeit, weil ich meiner Freiheit brauchen werde ich mag seyn wo ich will und dieser brüderliche freundschaftliche Plan könnte zum Theil realisrt werden.« Allerdings hat sie auch grundsätzliche Bedenken und will sich weder an Goethe noch an Arnim dauerhaft binden: »lang, viel weniger immer mögte ich bei Goethe nicht seyn, ich hab meine Ursachen dazu, auch nicht bei Arnim, nur im zusammen leben, wenn nicht ein wichtiges (nicht nur für mich sondern auch für die Welt) Geschäft mit ihm bände.«

In einem weiteren Brief kommt sie noch einmal auf den Vorschlag ihres Bruders zu sprechen: »Du irrst Dich wenn Du meinst mein Wille sey, nicht nach Weymar zu gehen, wahrhaftig er quält mich so wie ich einen freien Augenblick habe, und sollte Goethe sterben so bin ich verlohren; nur mögte ich nichts verlezen, dann auch mögte ich nicht lange da seyn 2 Monat oder 3, doch jezt ist nicht daran zu denken, Savigny würde in diesem Augenblick mit mehr Recht gegen die ganze Reiße seyn. vielleicht klärt sich der Himmel bis in 6 Wochen auf, und dann, ohne, allein mit festem Willen trete ich die Reiße an. wenn dann deine Person mich gegen die Welt schüzen würde, so würde ich dankbar seyn. auch dem Arnim dessen Gemüth sich so leicht auf einfachen Accorde, ein bezauberndes Lied vorspielt, mögte ich erquicken.«

Der Hinweis auf ein »wichtiges Welt Geschäft« im ersten Brief korrespondiert mit einer Passage im zweiten Brief, in der sie von einer »neuen Morgenröthe« spricht: »wenn einmal eine Gluth vom Himmel fällt, die die Ketten schmilzt, aber den Sclaven nicht verlezt, dann könnte es kommen daß ich – *ich* alle einzelnen Blätter, eines zurückgehaltnen Frühlings mit bedächtiger Sorgfalt entwickle.«

Die dunklen Anspielungen beziehen sich auf den Freiheitskampf der Tiroler, der in Landshut mit Sympathie verfolgt wird. Es sind politische Ambitionen, die Bettine in Kontakt mit Baron Max Prokop von Freyberg entwickelt. Aus berechtigter Angst vor der Zensur wagt sie nicht, im Brief deutlicher darüber zu sprechen, denn Bayern war mit Napoleon verbündet und an den Kämpfen gegen die Tiroler unmittelbar beteiligt. Den jungen Freyberg, der bereit ist, sich gegen Napoleon zu engagieren, verehrt sie zu dieser Zeit wie einen Helden und macht sich vermutlich Hoffnungen, mit ihm in gemeinsamem Freiheitskampf »ein wichtiges Welt Geschäft« zu beginnen.

Freyberg war Schüler Savignys. Er schreibt ihr Briefe, in denen sich sein glühender Patriotismus mit der aufkeimenden Liebe zu Bettine verbindet. Goethe gegenüber stellt sie ihn als den »bedeutendste[n] unter allen« Landshuter Studenten vor: »20 Jahr alt, eine Gestaldt als ob er 30 Jahr hätte, groß und stark, ein Gesicht wie eine Römische Gemme, die Liebe und das Wohlwollen leuchtet aus allen Bewegungen; spricht beinah nie … verträgt die härtesten Anstrengungen, schläft wenig … hat gar nicht das, was man äuserlich

Max Prokop von Freyberg, Ölgemälde von Electrine von Freyberg, 1824

Bildung nent, geht doch mit Fürsten um, ändert nie sein Wesen in
Gesellschaft, ist von den andern als der Erste angesehen, obschon
er weder Verstand noch Wiz äusert, aber was der Freiberg will, das
muß geschehen ... bei ihm ist aber ein Wort, wie der Anschlag in
einem Bergwerk: eine Schichte führt zu andern, und ist nimmer des
Schazes ein End, so wie die Erd durchdrungen ist mit tausend
verborgnen Adern, also sein Herz mit Liebe.«

Aus dem ersten erhaltenen Brief Freybergs an Bettine geht hervor, daß sich in Landshut aus Gefühlen der Ehrfurcht und Bewun-

derung allmählich tiefergehende Gefühle entwickeln, die auf Ge-
genseitigkeit beruhen. Freyberg schreibt Bettine am 12. Mai 1810
aus München einen sehnsuchtsvollen Brief nach Wien, als sie mit
den Savignys nach Berlin aufgebrochen ist:

»Liebe Freundin!

Seit ich Sie verließ, war mein Leben ein einziger langer Traum
von Ihnen ... O wie unaussprechlich viel dank' ich Ihnen! ... Oft
hab ich die schönen Stunden durchgedacht die wir zusammen lebten, so recht eines Sinns, recht wie Morgenboten eines Frühlings.
Ich schwöre Ihnen daß sie wiederkehren sollen diese Stunden meine Seele dürstet nach Ihrer Freundschaft trostreichem Wort; Sie
sind die Braut meines Gemüths. O versprechen Sie mir daß Sie mir
ewig klar ins Auge sehen wollen, den freundlichen Händedruk nie
versagen«.

Dann vertraut er ihr eine Passage aus seinem Tagebuch an: »Jezt
lauf ich wieder ... finde Savigny wieder nicht. Es war Abend die
Sonne schon hinab. Bettine saß am Fenster, ich segnete sie; erblike
dein Aug in den Sternen. Sie bemerkt mich – mich dürstet nach
freyem Raum ich schreite durchs Thor und erblike Savigny – Meine
Seele wird beklommen mein Herz strömt über; an dir Mein Mädchen richt ich mich auf, schwöre dir ewige Liebe ...« Nach den
vielsagenden Punkten, die das Tagebuchzitat schließen, ermahnt er
Bettine im Brief zum Stillschweigen: »Halten Sie den Brief geheim;
Bleiben Sie meine Freundinn. Leben Sie wohl ihr Max.«

Zwei Briefe Bettines aus Wien vom 16. und 19. Mai handeln fast
ausschließlich von Liebe: »i[ch] liebe, was Sie lieben« und »Ich
erinnere mich der Zei[t d]a ich Ihnen mit den Augen mehr sagen
konnte als jezt mit dem besten Willen ... Die Veilgen Trag ich
immer noch auf dem Herzen in der Nacht leg ich sie u[nter] mein
Kopfkissen«, heißt es im ersten Brief, und der zweite geht über
derartige Andeutungen noch weit hinaus: »Ich werde den Plaz
nicht vergessen wo Wir uns zum leztenmal sahen, ich werde ihn
nie vergessen.

Alle Gewohnheit, alle Ängstlichkeit verschwindet vor der Liebe, sie gehet nicht irre ... Die Welt ist leer und unbedeutend, diese
Welt für die man alles thun will; wen sie führt, den führt sie irre;
wer sie leiten will, den zertrümmert sie. Guter Freyberg bleiben Sie
nur immer *über* der Welt stehen ... und dencken Sie nur, daß in der

Welt *Ich* bin wie ein Feuer im Leuchtthurm dem Seefahrer im Sturm ein Trost und sichere Leitung ist, so ich –.« Dann folgen einige Bemerkungen über die traurige Stadt Wien, die sich aufhellen, als sie am »Abend allein im Garten« wieder an Freyberg denkt: »Oft hab ich tausend Dinge Ihnen mitzutheilen oft meine ich, ich müßte sie führen … aber wie die Liebe ihre Flügel ausbreitet und alles Elend des Menschlichen Lebens verdeckt, so verdeckt sie mir hier allen Zweck, alle Einsicht, allen Plan über Dich, und es ist recht, sie ist der Führer, der beste Trost, die beste Berechnung für die Zukunft … Was sag ich alles noch? ich hab mein Herz erleichtert in diesen Zeiten es war schwehr von Liebe, wie eine Blume schwehr vom Thau ist.«

Arnim, den Bettine seit dem Juni 1802 kannte, erwächst in dem vier Jahre jüngeren Bewerber, der Bettines Vorstellung eines »Helden« vermutlich näher kommt als Arnim, dessen Gemüt sie mit »einfachen Accorden« vergleicht, ein durchaus ernsthafter Konkurrent, und noch als Bettine ihrem Bruder in Bukowan und Berlin wiederbegegnet, glaubt Clemens daran, daß Freyberg ihr Bräutigam ist.

Clemens und Auguste gelingt auch im idyllischen Landshut kein neuer Anfang. Nun ist es Auguste, die Clemens für »wahnsinnig« erklärt und ihm zugleich die Zähne zeigt: »du hast mich mißhandelt du jagst mich mit wahnsinnigen Reden zu deinem Zimmer hinaus …! Wenn ich frage was denn meine Verbrechen sind so heißt es: der Teufel ist in dir … Noch halte ich dich für wahnsinnig – bin ich nicht überzeugt daß dein Herz schlecht ist, ja dann ist es wohl möglich daß ich unsere Ehe trenne, aber laß es dir gesagt seyn: es geschieht nur wann ich will! … Ich kann öffentlich klagen: daß du mich *verläumdest, ohne alle Ursache, manchmal aus Wahnsinn mißhandelst, daß du mich entweder ganz vernachlässigst, oder kränkst.*«

Anfang Februar 1809 bereits eskalierte der Ehekrieg. An zwei Tagen schreiben sich die Eheleute neun Briefe, streiten sich um Hausinventar, einzelne Bücher und den Lebensunterhalt. Die romantische Liebe ist nun endgültig in Haß und Neid umgeschlagen, die sich in alltäglichem Kleinkrieg immer von neuem entzünden. Einige Stichworte aus diesem brieflichen Dialog:

Clemens: »Es ist sehr brav von dir, daß du den Skandal vermeiden willst, ich bin deswegen bereit, auf einige Zeit zu verreißen, so
lange nehmlich, als dir es nöthig dünckt, um deine Abreise zu veranstalten ... du wirst die Delikatesse haben, waß du an Büchern,
Noten, Bildern und überhaupt *von mir* hast mir zuzustellen.«

Auguste: »wenn du doch ein so elender Schurke wärst eine Frau
die du allen Hoffnungen auf Lebensglück entrissen hast, nun zu
mißhandlen, so solltest du wenn es dein Gewissen es dir erlaubte,
eine anständige Trennung einleiten. Eben so wenig hättest du mich
daran erinnern sollen *dich nicht zu bestehlen!* ... Das Böse verschwindet. Ein Mädchen wird getäuscht, man wird sie satt, um sie
los zu werden verläumdet man sie während 18 Monaten eben so
albern als boshaft, so das eines das andere aufhebt, endlich wirft
man die Larve ganz ab, man verjagt sie – sie mag sterben, verzweiflen, oder *lesen* wirst du sagen – Ja ich werde lesen, ich habe
allerhand Briefe von dir.«

Clemens: »Du weist wohl am besten, daß du Comoedie spielst
... Du willst dich anstellen, als zwänge ich dich nach F[rankfur]t zu
gehen.«

Auguste: »Du Armer, willst mich nicht fortgejagd haben, willst
dich rein waschen – nun ja du treibst mich stumm zur Thüre hinaus
und rufst dann: warum bist du gegangen?«

Clemens: »laße mir nur die Linnen, die wir in Kassel machen
laßen, vom Uebrigen, will ich mich rein halten ... Du wirst mir
meine 3 Bilder auch hier laßen, und den Trösteinsamkeit [die Buchausgabe der *Zeitung für Einsiedler*] kannst du in Fft haben, ich aber
hier nicht.«

Auguste: »Wenn du es nun aus Trotz nicht willst, wirf alles zum
Fenster hinaus, ich bekümmere mich nicht mehr drum ... Seh es als
meine letzte Laune an, Tröst-Einsamkeit behalten zu wollen. Ich
wünsche es auf der Reise zu haben.«

Clemens: »Wenn du unter dem Wechsel auf 300 Gulden ... etwas
anders begehrst, als die 300 Gulden, deines Mütterlichen Jahrgel-
des, die du drei Wochen vorher hier empfangen willst, so muß ich
das ablehnen, wie auch Alle Vermischung mit deinem sämmtlichen
Mobiliare ... um das Leinen, das wir in Kassel gehabt, bitte ich
daher zu meinem Gebrauch, mir es zu senden.«

Auguste: »Die dreyhundert Gulden begehrte ich dir von dem

Werth des Claviers ab ... Von dem Linnen aus Cassel behalte ich sechs Handtücher.«

Auch in einem französisch verfaßten Briefentwurf an Augustes Stiefvater Flavigny in Frankfurt versucht Clemens sich Luft zu machen in bösartig deftigen Formulierungen: »alle Mühe, die ich mir gegeben habe, mit dieser perversen Person zusammenzuleben, waren unnütz ... Sie werden mir zugeben, daß das eheliche Zusammenleben weder ein Irrenhaus noch eine Besserungsanstalt sein kann. Eine Frau, die ich nicht daran hindern kann, sich an Opium und Romanen zu berauschen, die sich die Augen verdirbt, indem sie bis zum frühen Morgen Romane und Komödien liest und die dann Opium nimmt, um bis mittags zu schlafen; die sich dann darüber beklagt, daß sie keinen Appetit hat ... aber es ist ein Ding der Unmöglichkeit, alle ihre ekelhaften« – hier bricht Brentano mitten im Satz ab.

Dann kommt es zu einem End- und Höhepunkt in diesem Ehedrama. Auguste verschiebt ihre geplante Abreise nach Frankfurt, Clemens flüchtet zu Bettine nach München. Auguste bringt noch einmal, vermutlich Ende Februar, einen sehnsüchtigen Brief an Clemens zu Papier, der kaum verhüllte Selbstmorddrohungen enthält. Insgeheim hat sie sich offenbar entschieden, freiwillig aus dem Leben zu scheiden, und formuliert einen Abschiedsbrief an Clemens, den sie hinterlassen will: »Und doch, doch mußt du mich noch einmal sehen mein Clemens. Seelig wär ich letzthin gestorben, aber ist mir der Tod heute treulos so bin ich unsterblich. Ich werde den Tod schon im Herzen tragen wenn ich dich sehe, und zögert er dann so werde ich ihn beschleunigen – O Clemens ohne allen Groll scheide ich ... Grüße meine Friederike, sie hätte uns nicht getrennt, ich weiß daß sie immer mit Liebe meiner gedenken wird. – Ich bitte Sie 1000 Gulden zur Aussteuer zu empfangen. Royet soll eben so viel bekommen. Christiane 500. – Behalte du meine Sachen, du wirst einst darunter die suchen die dich glücklich hätte machen können, wenn du es gewollt hättest – O du wirst mich lieben.«

Die Vergiftungsszene, die von den Brentano-Geschwistern höhnisch kommentiert wird, ist ein Verzweiflungsakt. Noch einmal sendet sie einen Hilfeschrei an Clemens. Statt der im Brief erhofften Reaktion erntet sie nur Spott. Schon die Formulierung, sie habe

»ohne alle Veranlassung Vergiftens« gespielt, zeigt, daß sich die Beobachter nicht ernsthaft mit der inneren Situation der verzweifelten Auguste beschäftigen. So meldet Savigny Arnim: »Clemens ist wieder in großen Verwirrungen. Seine Frau hat hier plötzlich ohne alle Veranlassung Vergiftens gespielt, er ist dann ganz in der Stille nach München gegangen, sie ihm nach, er noch zeitig genug avertiert, hierher zurück, und ist jezt ganz heimlich bey einem Pfarrer 1½ Stunden von hier. Sie hat in München sich wieder vergiftet (ein Arzt hat es für starkes Gift erklärt, Sömmering für gar nichts) in dem Gasthaus solchen Skandal gemacht, daß alle Leute zusammen gelaufen sind pp. Die arme Betina hat dabei Krämpfe bekommen, während sie selbst Convulsionen spielte.«

Der Vorfall wird zu einem öffentlichen Spektakel, denn Ärzte – darunter der Leibarzt des Königs von Bayern – werden herangezogen, und Polizisten finden sich im Gasthaus ein. Savigny gehört nicht zu den Augenzeugen, es ist Bettine, die als Mitbeteiligte und zugleich begabte Erzählerin von pointierten Anekdoten zur Informantin wird. Zur »verdrießlichsten Geschichte meines Lebens« bauscht sie das Ereignis in einem Brief an Savigny auf: »Auguste hat hier eine ähnliche Geschichte gemacht wie in Landshut mit Vergiften, nur daß es hier in einem Wirtshause war und daher mehr Aufsehen machte. Als ich zu ihr kam, fragte sie nach Clemens; nach Abredung sagte ich ihr, er sei vor zwei Tagen nach Frankfurt. Darauf nahm sie eine Strohflasche, schüttete mit Bedeuten in ein Glas mit Malaga und setzte es an. In diesem Augenblick übernahm mich Zorn und Angst so, daß ich ihr das Glas aus der Hand schlug … Sie nahm die Flasche, wollte trinken mit Gewalt. Wir, ich und Friederike, wurden ihr endlich Meister, jedoch hatte es mich so angegriffen, daß ich eine Art Krämpfe davon bekam, die mich laut schreien machten und zittern am ganzen Leib. Das ganze Haus versammelte sich, ich ließ den Hausarzt kommen und den Gift untersuchen, er sagte, es sei sehr stark … Sie lag in Clemens' Zimmer, welches sie sich hatte öffnen lasen. Hartz [der Leibarzt des Königs] ging hin, richtete aber im Guten nichts aus. Er nahm das übrige Gift, um es als Corpus delicti zu gebrauchen, er sagt, er habe es auch bei der Polizei angezeigt. Sömmering [ein weiterer Arzt in München] untersuchte das Gift, fand, daß es nichts war. Unterdessen wußte ich nichts davon, sie paradierte daher mit allen möglichen Krankheitszufällen, endlich begehrte sie einen Geistlichen, weil sie fühle, in einer halben Stunde müsse sie sterben; ich schickte ihr den Hofprediger Schmid ... Dem Sömmering spielte sie Convulsionen vor; er verstand sie recht gut. Der Abend kam herbei, keine Wirkung vom Gift zeigte sich; nun hat sie noch gar die ganze Nacht geschlafen wie ein Mehlsack. Sie will morgen oder übermorgen nach Landshut ... Ich werde von heute mich ganz von ihr abziehen ... Sie sagte mir: Dir verzeihe ich und besonders der Gundel [Gunda von Savigny], in kurzem werde ich sterben pp. – Es ist die verdrießlichste Geschichte meines Lebens. Geht sie von hier nicht weg, so werde ich wegmüssen, es wäre doch nicht der Mühe wert um dies Untier.«

Die Bezeichnung »Untier« für die bedauernswürdige Auguste läßt aufhorchen. Bettine ist keine neutrale Beobachterin; im Grunde ist sie froh, daß die Auseinandersetzung des Paares nun einen End- und Höhepunkt erreicht hat. Mit Clemens weiß sie sich bei der radikalen Verurteilung nun völlig einig, und Auguste erreicht nicht das, was sie mit dem vorgetäuschten Selbstmord mehr oder weniger bewußt anstrebte: Aufmerksamkeit und Zuwendung von Clemens. Die Geschwister wenden sich statt dessen mit Hinweis auf den »Betrug« der Auguste angeekelt ab.

Clemens urteilt nach dieser Aktion Augustes noch schärfer: »sollte das nicht Verrücktheit sein? ... aber wäre es nicht nöthig, die Sache an irgend einem Gericht anzuzeigen, eine Art Verrückung muß doch da sein«, fragt er Savigny. Dessen Antwort lautet: »Es ist hier nicht mehr die Rede von ehelicher Uneinigkeit, sondern von einem tollen Weibe, das gezähmt werden soll. Wer soll das tun? Nach dem Buchstaben des Gesetzes allerdings der Clemens; das ist aber absolut unmöglich, schon deswegen, weil die Auguste sich in der Gewalt hat und also überall, wo man Gericht und Polizei gegen sie gebrauchen wollte, den Schein für sich und gegen Clemens haben würde, wie sie jetzt wieder in München viele Menschen gewonnen hat ... Geschieht nichts, so bleibt dem Clemens nichts übrig, als wegzugehen und sie ihrem Schicksal zu überlassen.« Clemens folgt diesem Rat. Um Augustes Abreise abzuwarten und um vor weiteren Überraschungen sicher zu sein, versteckt er sich bei einem Insektensammler in Stallwang und korrespondiert nur mit eingeweihten Freunden unter dem Namen »Bennone«.

Aus »einem Kabinett voll Blattläusen und Holzböcken« meldet er sich und schreibt dem Schwager: »Auguste kann mir hier nichts thun; denn ich bin ganz umgeben von einigen tausend Holzraupen«, dann fügt er noch hinzu: »Meine ganze Lage ist höchst Jean Paulisch. Eine Buteille Rack, etwas Thee, wie man ihn in Landshut bekommt, eine Große Wurst, oder Rohn Schincken wünsch ich auch.« Dem Freund Arnim beschreibt er sein Leben »im Gebirg 2 Stunden von Landshut sehr einsam und abgelegen bei einem ex Benedictiner [der] auf einem adlichen Geschößl, das so groß wie eine Laterne ist wohnt, und von allen Holzarten Bücher macht, worin wie in kleinen Kasten das Blatt, die Blüthe, die Inseckten, ect sind, hier sitze ich bereits seit 6 Wochen und helfe theils ihm seine Kasten voll verschiedener Baumwanzen, Schmaalböcke ect sortiren, theils leimen wir die Zerbrochenen Käfer und Schmetterlinge aneinander, und ich habe schon manchen Kukenkreitis gemacht.« Vergeblich hat sich die Brentano-Forschung bislang bemüht, den seltsamen Schmetterlingsphantasievogel »Kukenkreitis« zu identifizieren, den Brentano für diese – ansonsten bis heute existierende – Sammlung des Exbenediktiners zusammenfügt. Allerdings behauptet Enzensberger in einer Anmerkung, es handle sich um eine »Verballhornung des Dialektausdrucks ›Vogel Gucken g'reut dich‹«.

Der Ehekrieg ist nach dem inszenierten Selbstmord und der Flucht von Clemens entschieden. Auguste kehrt nach Frankfurt zurück, und wir hören, daß sie später gemeinsam mit ihrem Onkel und Vormund Moritz von Bethmann nach Berlin reist, wo sie auffällt, weil sie mit ihm »in Mannskleidern als Uhlane in der Stadt herum« reitet. Nach Wilhelm Grimm kursiert in Berlin eine »satirische Zeichnung«, die darstellt, »wie ihr der Bethmann mit einem Wechsel von 1000 Tlr. die Hosen am Leib abwischt«. Arnim weiß zu berichten, sie habe »des österreichischen Gesandten Frau … in grosse Verlegenheit gesetzt … da hier nur die ärgsten Huren männliche Kleider tragen«. Später verdichten sich Gerüchte, daß sie ein Kind von dem Sohn des Pfarrers Mannel erwartet – von einem Kind »aus der Zwischenzeit« (zwischen ihren beiden Ehen) spricht Arnim 1820 in einem Brief an Bettine.

Auguste hat 1820 bereits zwei Kinder und ist zum zweiten Mal verheiratet. Da die Familie Bethmann bei einer unehelichen Geburt erneut einen Skandal befürchten mußte, sorgte sie dafür, daß ein Geschäftsfreund namens Johann August Ehrmann, der in Paris und Frankfurt als Bankier tätig war, die geschiedene Auguste 1817 ehelichte und das Kind der »Zwischenzeit« – vermutlich gegen einen entsprechenden Vertrag mit finanziellen Regelungen – akzeptierte. Noch drei weitere Kinder bringt Auguste in dieser zweiten Ehe zur Welt. Über ihren inneren Zustand in dieser Lebensphase sagt dies wenig aus. Vielmehr deutet ihr Freitod im Main darauf hin, daß sie psychisch labil blieb und ihre Selbstmorddrohungen und -versuche auch in der Beziehung zu Brentano kein Spiel waren. Seinem Bruder Christian berichtet Clemens am 21. April 1832:»Die unglückliche Auguste hat sich am Dienstag in der Charwoche ihrem Haus gegenüber an der Kleeblatt'schen Schwimmanstalt [im Main] ertränkt; man hat sie am Mittwoch Morgen am sogenannten Knöpfchen, der Spitze des Wehrs, mit zwei Gewichtsteinen am Hals gefunden ... Auguste hinterläßt 4 Kinder, die sie mit Affenliebe liebte. Die Geschichte ist ganz in ihrer alten Art. Ihr Mann hatte ihr gesagt, wenn sie ihre Kinder nicht vernünftiger behandelte, so müsse er sie in Pension tun; da wurde sie still ... man hat sie am Quai spät gesehen ... man beginnt zu suchen mit Tagesanbruch, findet bei Kleeblatt ihren Mantel und Hut zusammengelegt, ein Papier draufgesteckt, Adresse ... und 15 Xz [Kreuzer] für den Überbringer. Nun suchte man mit Schiffen und fand sie. Greulich!«

Die Erinnerung an Auguste Bußmann und die unglückliche Eheverbindung verfolgt Brentano noch bis zum Tode. Als *Nachtrag zu meinem letzten Willen* formuliert er in Aschaffenburg – sechs Tage bevor er stirbt – ein Dokument, das eventuellen Erbansprüchen von Augustes Kindern vorbeugen soll. Vermutlich nach Einrede der Frankfurter Verwandten verfügt er, daß dieser versiegelte und amtlich bestätigte Nachtrag nur im Falle einer Anfechtung seines Testaments geöffnet werden dürfe. Die Kinder von Auguste machten jedoch keine Ansprüche geltend, und so blieb das sonderbare Dokument unter Verschluß und wurde auch von der Brentano-Forschung lange Zeit übersehen.

X
»Clemens will nun zu Dir; ich könnte ja mit«
Die kreativen Herzbrüder in Berlin

Während Clemens' zweite Ehe in der Landshuter Zeit zerbricht, scheint sich für Bettine eine Ehe mit Arnim anzubahnen. Doch es sollten weitere Monate vergehen, bis sich der langjährige Freund entschließt, um die Hand von dessen Schwester anzuhalten. Während Bettine zwischen Landshut und München pendelt und ihre künstlerischen Fähigkeiten beim Singen, Komponieren und Briefeschreiben entfaltet, macht sich Arnim, der in Berlin zur Schule ging und stets überzeugter und patriotischer Bürger Preußens war, aus Heidelberg auf den Weg nach Berlin. Mit seinem Brief aus Frankfurt vom 17. November 1808 teilt er Bettine seine Berliner Adresse mit: »Du mußt jetzt nach Berlin, abzugeben an Frau von Labes, Viereck N. 4, schreiben; ich muß lange fasten, ehe ich wieder etwas von dir höre.« Die prominente Adresse am Brandenburger Tor ist die seiner Großmutter, die ihn an Mutterstelle erzogen hatte, es ist seine erste Anlaufstelle in Berlin. Er fährt über Marburg und Kassel, wo er bei den Brüdern Grimm eine Verletzung auskuriert, die er sich in Frankfurt bei einem Sturz aus dem Wagen zugezogen hatte.

Clemens und Bettine halten sich um diese Zeit noch in Bayern auf, in Landshut und München. Erst im August 1808, als Auguste zu ihrem Onkel nach Frankfurt gereist ist und er sein Versteck in Stallwang verlassen kann, wendet sich auch Clemens nach Berlin, um dort gemeinsam mit seinem Freund Arnim zu leben. Bettine wird sich später ebenfalls in der preußischen Metropole einfinden, aber sie reist auf getrenntem Wege im Gefolge der Savignys mit einem großen Umweg über Wien und Bukowan. Erst in der zweiten Augusthälfte 1810, also ein weiteres Jahr später als ihr Bruder, trifft sie in Berlin ein.

Zu Weihnachten 1808 erreicht Arnim Weimar. Von Goethe wird er dort mit »zwei Küssen« empfangen: »er fragte mit vieler Freund-

lichkeit nach allen Ereignissen, besonders nach Dir«, schreibt er
Bettine. »Er versicherte, daß Deine Briefe aus Winkel ihm besondre
Freude gemacht, er habe sie oft gelesen, sie hätten ihn in alle Gänge
wieder eingeführt.« Erst Jahre später wird er Bettines Bruder Franz
in Winkel aufsuchen und die Wallfahrt zum Rochus erleben, die er
in seinem Aufsatz *Sanct Rochus-Fest zu Bingen. Am 16. August
1814* darstellt, doch kannte er die Örtlichkeiten des Rheingaus bereits aus der Jugendzeit im nahen Frankfurt.

Am 30. Dezember meldet Arnim sich aus Berlin, wo er vier
Briefe Bettines vorfindet: »so viel Zeilen, so viel liebe Erinnerun-
gen, ich dank Dir für alle gesammt mit einem Vaterunser.« Seine
von einem Schlaganfall getroffene »Großmutter fand ich wenig
gealtert, das Sprechen ist ihr ein wenig erschwert, sie bewillkomm-
te mich gar freundlich mit einer kleinen Pastete, die sie mir in den
Mund schob; dann kamen gleich Leidensgeschichten, endlich
Streitigkeiten mit Einquartirten, die ich zu heben suchte. Mein
Bruder [Pitt] ist wohl, die Geldnot groß, die Hoffnung klein, der
Himmel trüb und Du sehr lieb.«

In Berlin bemüht sich Arnim, über Wilhelm von Humboldt eine
Anstellung im Staatsdienst zu erhalten: »aber denk Dir«, meldet er
Bettine am 10. März 1809, »daß Humboldt mir zur ersten Bedingung machte, als ich mich um Anstellung bewarb, daß ich die
verfluchten Gesellschaften besuchen sollte, um den Leuten einen
andern Begriff von mir zu geben, die mich für einen Wilden halten,
der mit Gott und Welt trotzt, da ich doch eigentlich den Hauptfehler habe, daß ich zu weich bin.«

Humboldt hatte erwogen, Arnim als seinen Nachfolger bei der
preußischen Gesandtschaft in Rom vorzuschlagen, aber bereits am
28. Februar in einem Brief an seine Frau Caroline davon Abstand
genommen und dies ähnlich begründet wie im Gespräch mit dem
Kandidaten: »Auch an den Achim von Arnim, den Wunderhorn-
mann, der wirklich in Dienst gehen will, habe ich gedacht. Allein er
hat so grobe Streitigkeiten mit Voß und Jacobi und geht in solcher
Pelzmütze und mit solchem Backenbart herum, und ist so verru-
fen, daß nicht daran zu denken ist.« Weitere Pläne Arnims, z. B. an
der Universität »kuriose Geschichte« zu unterrichten und zuvor in
Heidelberg zu promovieren, zerschlagen sich.

Das Sondieren und Erwägen verschiedener Betätigungen zeigt,

daß Arnim sich zunächst über seine weitere Zukunft noch nicht im klaren ist und vorläufig nicht ans Heiraten denkt. Doch auch Bettine wirkt in dieser Zeit orientierungslos. Glaubt man ihren Briefen, so wird man davon ausgehen können, daß auch sie schwankte. Dem »Helden« Max Prokop von Freyberg, der seinen patriotischen Emotionen lebte, und dem großen deutschen Dichter Goethe brachte sie kaum weniger Gefühle entgegen als Achim von Arnim, dem Dichterfreund ihres Lieblingsbruders. Von Liebe ist in all den Episteln der schreibgewandten Bettine zu dieser Zeit viel die Rede, doch bleibt ihre Zuneigung und ihre schwärmerische Verehrung recht diffus und geradezu abstrakt: »Ich könnte Dir noch manches sagen, was man sündlich finden dürfte, wie: daß ich Dein Kleid lieber hab wie meinen Nebenmenschen, daß ich die Stiege küßen mögte auf der Deine Füße auf und niedersteigen pp. Dieß könnte man Abgötterei nennen ... behalte Dein Kind lieb im trüben wie in hellen Tagen und lerne immer mehr Dich meiner zu freuen, da ich ewig und ganz Dein bin«, schreibt sie in einem Brief an Goethe, der auf Februar oder März 1810 datiert wird. »Deine Liebe leuchtet mir wie ein Karfunckel durch die Brust«, beginnt sie am 11. Juni des gleichen Jahres einen Brief an Freyberg und setzt hinzu: »Du hast mich, und – darf ichs sagen? – du hast einen großen Schaz in mir errungen.«

Von Goethe dürften kühne Formulierungen Bettines von vornherein als kokettes Spiel ohne wirklich ernsten Hintergrund verstanden werden, denn schließlich war der 60jährige mit Christiane Vulpius verheiratet und genoß die abgöttische Verehrung der jungen mignonähnlichen Bettine, ohne dabei an eine ernsthafte Liebesbeziehung oder gar Lebensgemeinschaft zu denken. Wenn sie sich jedoch dem Prokop von Freyberg gegenüber, der vier Jahre jünger war als sie, als »großen Schaz« bezeichnet, den er errungen habe, so konnte der junge Adlige dies mit Recht als Aufforderung zur Werbung verstehen. Die Gerüchte und Vermutungen, die auch ihr Bruder später formuliert, Freyberg sei ihr Bräutigam, kommen deshalb nicht von ungefähr. Bettine selbst fördert solche Spekulationen, denn sie neigt dazu, ihre Vorlieben auch zu zeigen und im täglichen Umgang ihre Zuneigungen gelegentlich provozierend zu demonstrieren. Auch ohne Einblick in ihre Briefe war deshalb ihr Schwärmen für Freyberg und die alten Herren Jacobi und Ludwig

Tieck in München für zeitgenössische Beobachter augenfällig. Selbst ihre abgöttische Verehrung Goethes war ein offenes Geheimnis, das sie selbst immer wieder stolz ausplauderte.

Im Vergleich zu den mehr oder weniger ernst gemeinten Liebesangeboten in den Briefen an Goethe und Freyberg sind einige Passagen ihrer Briefe an Arnim seit dem Sommer 1809 recht kühl. Am 30. Juni 1809 schickt sie ihm »nur ein Flugblatt«, wenige Tage später erläutert sie ihm: »Wenn ich verliebt wäre [!], so würde ich leichtlich die Fesseln, die mir die Musik hier anlegt, zerreißen können, die Mauren, die Krieg und Zufall vor mir aufbauen, überklettern und allem Wetter und Ungemach trotzend mein Ziel erreichen oder doch im Streben dahin mich aufopfern. Also wer sagt, die Liebe sei traurig und furchbar, der irrt! Sie ist auf dem großen Meer ein großes Segel, um alle Winde der guten Gelegenheit zu benutzen; und kömmt endlich das scheiternde Unglück, so mag sich leicht noch die letzte Hoffnung derselben als Leichentuch im nassen Grab bedienen. O Arnim! o Göthe! Ihr seid mir zwei werte Namen! Hätte die Welt gleich hinter Euch ein End gehabt, so wär ich auf ewig bei und mit den Guten geblieben; aber so mußte ich noch in die leere, wüste Ferne, die dahinter lag, mußte mit gespaltenem Herzen die heilenden Kräuter auf dürren, sandigen Klippen, für die Krankheit *nimmer Rast, nimmer Ruhe* suchen ... wenn ich mich nur finden könnte, ich möchte recht gern mancherlei mit mir abhandlen, aber hier in München bin ich gar nicht zufrieden, Ich weiß wohl, daß ich manchmal in Berlin auf Deinem Kopfkissen sitze um Mitternacht, wenn Du schläfst; gelt, es ist noch nicht lange, daß ich bei Dir war, geb mir doch Nachricht von mir! Dann bin ich auch noch zuweilen auf einem verlaßnen Feld gegen Stralsund hin [wo Ferdinand Schill gefallen war] ... ja dieser Held hat sich einen Tempel in der Seele eines jeden edlen Menschen aufgebaut!«

Arnim reagiert mit Verwunderung auf diese Äußerungen zu Musik, Liebe und Politik, erkennt aber sehr wohl, daß er in Bettines Welt zu dieser Zeit nicht mehr einen zentralen Platz einnimmt, trotz aller Erinnerungen an gemeinsame, glückliche Zeiten, die auch in dem zitierten Brief nicht fehlen. Am 12. Juli antwortet er auf eine Reihe von Episteln dieser Art. Es ist ein bemerkenswert hellsichtiger Brief, denn Arnim sieht das Vage, Unverbindliche,

aber auch Ratlose und Gefährliche in Bettines Wortkaskaden und
versteht es zugleich, Bettine behutsam den Kopf zurechtzurücken:
»Liebe Bettine! Es ist heute Sonntag und ich wähle zum Text:
Deine Rede sei ja, ja und nein, nein; was darüber, ist vom Übel.
Da sitze ich seit mehreren Tagen vor dreien Deiner Briefe ... aber
es läßt sich nicht vereinigen, das heißt, *ich* kann es nicht vereinigen;
zum Schlusse sage ich mir immer, daß Du es doch gut und wahr mit
mir meinst, daß Du mich doch lieb hast, wie ich Dich lieb habe ...
Nein, liebe Zuhörerin, wohl ist nicht ein Tag wie der andre, aber
das möchte ich doch beschwören, daß selbst ein Apriltag nicht in
einer Viertelstunde *einen Helden beweinen* und *sich nicht zufrieden geben*, die *Welt für ein gutes Kind* halten, mit dem *Haupt in
den Wolken wandeln* kann; und das soll *alles die Kunst tun*! Ei,
Fluch aller Kunst, wenn sie weiter nichts kann, als dem armen
Menschen den würdigsten Gedanken, das herrlichste Bild, seinen
letzten Schatz, die Trauer um vergangene Herrlichkeit entreißen,
um ihn in die Wolken hineinzuschaukeln, bis es sich im Kopfe
dreht und im Magen dehnt ... Viel ärger ist es aber, wenn ich
den zweiten und dritten Brief vergleiche. In dem einen willst Du
hieher oder *nach Weimar dringen* – ich denke gleich nach, wie das
einzurichten wäre; den andern Tag lese ich, daß Du als Fledermaus
im Zelte eines jungen *Helden* herumflatterst, der Gott um seinen
Segen bittet für etwas, das er gar nicht kennt.«

Dann versucht er die Position zu bestimmen, die er selbst im
Denken Bettines einnimmt, und distanziert sich von ihrem Hel-
denideal:»für mich ist es entschieden, so ein junger Held ist mir gar
nichts, ist mir durchaus nicht *kindlich verwandt* ... ich bin ein
Feind von allem Curiosen und so einem curiosen jungen Held
zumal, der mit Gott und seinem Degen blind drein geht ... Mit
Deinem Briefe voll Reiseplänen hattest Du alle Geigen angestri-
chen, die am Himmel hängen; hätte ich gleich geantwortet, ich
hätte Dir weitläufig alle meine Verhältnisse entwickelt ... Hier
ein Auszug. Weite Reisen verstatten mir zwei Umstände nicht,
meine eignen und die meines Landes; beide könnten meine Gegenwart fordern ... Was wollten wir nun, wenn wir beisammen wären? Die Sterne zählen und Abschied nehmen? Oder wollen wir
versuchen, wie lange wir mit einander uns vertragen, wie viel oder
wie wenig wir einander sein können in Rast und Ruhe?«

Bettine erhält diesen Brief – in erbrochenem Zustand, wie sie empört schreibt – erst mit Verzögerung über Landshut und antwortet am 3. August 1809 aus München: »Ach Arnim, wenn Du wüßtest, wie ich betrübt bin, seit ich diesen Brief von Dir habe … ich stand am Fenster und dachte, daß, wenn es so ein Wetter wäre, wir beide wahrscheinlich nicht einmal *die Sterne zählen* könnten, wenn wir beisammen wären. Wenn wir beisammen wären, so würde ich meinen Kopf an Deine Brust verstecken und würde dich allein zählen lassen … das wäre schon ein großes, nicht allein sein am Abend … Ich spreche Dir nicht mehr vom Kommen in Deine Gegend; es hängt jetzt von Dir ab, ob Du mich sehen willst.«

Obwohl in die Briefe der beiden immer wieder zärtliche Erinnerungen eingeflochten sind und liebe Grüße und verbale Küsse niemals fehlen, so verliert ihr Briefwechsel doch rasch an Dichte und Intensität; manche der liebevollen Sätze wirken nun formelhaft, und die Lücken in der Korrespondenz nehmen zu. Im Dezember 1809 beklagt sich Bettine: »Was soll ich halten von Deinem langen Stillschweigen? Du seist krank oder sonst wohl vergessen auf mich, ist mir gar zu traurig zu glauben«, und Anfang Januar 1810 heißt es: »Lieber Arnim! Jetzt wirds aber zu lange! Drei Wochen sollten nie vergehen, ohne daß einer von dem andern etwas erfahre. Von verschiedenen Seiten schreibt man mir von Krankheiten, Heuraten usw. ähnlichen Unglücksfällen; da muß mir denn natürlich an trüben Tagen eine ähnliche Sorge um Dich kommen. Ich kann zu gewissen Stunden einer heftigen Melancholie nicht widerstehen; ich denke hundertmal: wer wird kommen, mich von der Last zu erlösen?«

Die seltsame Perspektive, die das Heiraten in eine Reihe mit Krankheit stellt, überrascht. Und dann die Frage nach einem »Erlöser«, der sie von der Last befreit. All dies deutet darauf hin, daß Bettines Stimmung von schweren Depressionen grundiert ist, die sich auch in den euphorisch klingenden Briefen an Goethe und Freyberg – trotz aller theoretischen Erörterungen zum Thema Liebe – kaum aufhellen. Bettine ist innerlich allein, sucht nach Geborgenheit, wobei sie ihre Freiheit keinesfalls aufgeben will. Deshalb scheint ihr das »Heurathen« nun als Unglücksfall.

Arnim schreibt derweil an einem Eheroman, *Der Gräfin Dolores Armut, Reichthum, Schuld und Buße. Eine wahre Geschichte, zur*

lehrreichen Unterhaltung armer Fräulein aufgeschrieben, wie er
das Projekt in einem Brief an Bettine nennt. Ob er Bettine bereits
als »armes Fräulein« einstuft? Ob er sich beim Schreiben selbst
klarwerden will über Sinn und Gefährdung eines zukünftigen Ehe-
lebens? Sind die schlimmen Erfahrungen mit Auguste und Clemens oder die Skepsis zum weiteren Verhalten Bettines Auslöser
für die zentrale Thematik seines Werkes? Die spärlich gewechselten Briefe geben darüber keine Auskunft.

Als fruchtbares Thema des Briefwechsels von Arnim und Bettine erweisen sich eher die Diskussionen über ihre geplanten und
ausgeführten Kompositionen, von denen Arnim einige in die
Dolores aufnehmen wird (»Der Kaiser flieht …«) und andere –
Goethes *Faust* betreffend – teils im Entwurf steckenbleiben (wie
die Ouvertüre zu einer geplanten Oper), teils als separate Lieder
erst sehr viel später von Bettine selbst veröffentlicht werden. Doch
Arnims Roman, ein zweibändiges Werk, das er mit Sorgfalt ausar-
beitet, gerät zu einem Plädoyer für die Ehe, während die Chancen
der beiden, sich ehelich-friedlich zu vereinen, zunächst eher zu
schwinden scheinen.

Am 6. April 1809 berichtet Arnim Bettine über seine Wohnung
bei den Pistors in der Mauerstraße 34. Der Geheime Postrat Carl
Philipp Heinrich Pistor war sein Schulfreund und zugleich Kom-
militone Brentanos in Halle gewesen. »Ich hatte eine Wohnung in
Pistors Hause gemietet, um des Gartens froh zu werden, und jetzt
werde ich nicht einmal der ausgekälteten Zimmer froh … Die
Nähe von Pistors ist mir sehr wert, auch schon wegen mancher
Besorgung, da ich meinen [Diener] Frohreich abgeschafft habe und
also ganz allein bin.« Zum Genießen der Gartenidylle bleibt nicht
viel Zeit, denn Bettine meldet am 17. Juli 1809 aus München: »Clemens will nun zu Dir; ich könnte ja mit, nicht wahr? Er stellt mirs
auch noch obendrein so leicht vor, und könnte Dich doch so vergnügt machen, hm? Ich wär dann bei dem Oncle Carl [von La
Roche], Du kämst Abends.« Aus Bettines Erwägungen, gleich
mit dem Bruder zu reisen, wird nichts, aber Grimm begleitet Clemens, und Arnim meldet am 5. September: »Grimm wird mit ihm
kommen, und dann wird meine Wohnung bewohnt sein wie eine
Caserne. Ich sehe schon das Laufen durch die Zimmer, die durch-
kreuzenden Plane.«

»Seit fünf Tagen wohnen Clemens und [Wilhelm] Grimm bei mir, jener rechts, dieser links, Staublawinen stürzen vom Sprechen herunter«, heißt es dann am 16. September. »Wir sind recht froh, lesen, wenn uns alles fehlt; zum Schreiben bleibt mir nur diese kurze Zeit, wo Clemens einen Besuch abstattet. Er hat sich hier neu gekleidet, wie ich, in polnischem Laufrock und Sammetmütze, ein vortrefflicher ... Anblick.«

Was er an Berichten über Bettine aus Landshut und München mitbringt, dürfte Arnim in seinen Vorbehalten gegen Bettines ruhe- und orientierungsloses Leben bestätigt haben. Er referiert darüber in seinem Brief an Bettine und erteilt ihr erneut eine kleine Lektion in Sachen Glück: »Viel hat er mir von Dir erzählt, von wem hörte ich lieber! Doch hat mich manches gekränkt, ich bin in manchem wunderlich; das ist meine Schuld, somit sei es vergessen. Nur eins möchte ich Dir vorwerfen, daß Du eben dem Tieck, von dem Du nach dem letzten Brief auf immer Abschied genommen, so oft Dein Haupt in den Schooß gelegt und den Jacobi, den Du nicht mehr sehen magst, gleich geduzt. Liebes Kind, wer sich so auf gut Glück anhängt, nach Überzeugung zurückzieht, der läßt immer ein Teil seines Glückes hängen und fühlt sich endlich sehr zerrissen. Glaube mir, ich habe es auch gefühlt. Clemens will mich durchaus hin zu Euch führen; ich mag ihm die Unmöglichkeit demonstriren, er hat gleich die Demonstration vergessen, und doch scheint es mir bis jetzt ganz unmöglich, außer manchen andern Verhältnissen hält mich die Krankheit meiner Großmutter. Bei dem wahrscheinlichen Ausbruche des österreichischen Krieges wär es ein unverzeihlicher Leichtsinn von mir.«

So bleibt es also zunächst bei der Wohngemeinschaft ohne Bettine im Hause Pistors. Wie die beiden Dichter im Hause des Postrats, der später eine Firma für optische Geräte gründet und als Tüftler und Bastler im gleichen Berliner Haus wirkt wie die beiden *Wunderhorn*-Poeten, wirtschafteten, verrät ein Brief Wilhelm Grimms, der die geistige Werkstätte von Arnim und Brentano folgendermaßen beschreibt: Brentano »richtete sich ... die Stube so ein, daß das eine Fenster vollends zugehängt wurde, daß nur eine Scheibe offen blieb, darnach stellte er die Commode mitten in die Stube, ein paar Kasten darum, welche als Tisch und Stuhl dienen mußten, denn den einzigen Stuhl, der sich darin befand, hatte er zerbrochen und fest-

gebunden, um bequem sitzen zu können, und so waren alle Geräth-
schaften zur Dichtung vorhanden ... Freilich beim Arnim wars am
schlimmsten und so arg, daß Brentano, der doch eine gute Unordnung verträgt, es nicht mehr aushalten konnte und drei Tage lang an
der Ordnung der Bibliothek arbeitete. Allein Arnim klagte nun
über die entstandene Unordnung, und wie er nichts mehr finden
könne. Die Commode war mit Röcken, Wäsche, Büchern pyrami-
denförmig aufgehäuft, alle Schubladen waren herausgezogen, in
den Ecken waren Gewehre aller Art aufgepflanzt, die zwei vorhan-
denen Stühle waren besetzt mit Büchern, Briefschaften, Hausge-
räth, z. B. Gläsern, Messern, wozwischen rothe Tücher als Frie-
densfahnen heraushingen und Ruhe unter dem verschiednen
Zeug hielten. Der einzige Tisch war auf dieselbe Art versorgt. Arnim sitzt nie und schreibt an einem Pult, auf einem Brett, auf dem
nichts liegen konnte, aber hier schreibt er mitten in dieser Unordnung die herrlichsten und göttlichsten Dinge.«
    Von der fröhlichen Stimmung in dieser Zeit weiß auch Joseph
von Eichendorff zu berichten, der in seinem Tagebuch des Jahres
1810 notiert: »Im Februar besuchte uns einmal der herrliche Brentano. Sein Weltauslachen und sogenannte Grobheit bis zum göttlichen Wahnsinn. Er spielte Guitarre. Sein Bettler, blau, blau,
König von Thule etc. himmlisch. Er schickte mir Bücher, als: [Ben-
venuto] Cellini [von Goethe], 2 Theile des herrl. Simplicissimi
[Grimmelshausens Roman] einen chines. Roman etc.« Gemeinsam
mit Clemens besucht Eichendorff am 3. März 1810 die berühmten
Panoramabilder Friedrich Schinkels, die dem Publikum mit musikalischer Untermalung vorgeführt werden. Dazu notiert er: »Das
plötzl. (Brentano so gefallende) Zuklappen der erleuchteten Avisos
zu beiden Seiten. Mehrere Vorstellungen (die hintere Wand nem-
lich ein perspectivisches, herrliches Gemälde) mit Kirchenmusik.
Die einsame Ansicht des morgenrothen Aetnas (im tiefen Vorder-
grunde die öde Ruine) mit Waldhorns-Echo. Das Innere der alten
Domkirche zu Mantua ... Kreuzeserleuchtung in der Peterskirche
etc.« Nach dieser Multi-Media-Show des 19. Jahrhunderts, von der
auch Arnim Bettine begeistert berichtet, erzählt Brentano »fast
2 Stunden lang in einem fort den Plan zu seinen Romantzen. (Rosa
blancha, nera e rosa. Studenten zu Bologna. Talmud von der Ent-
stehung der Welt. Der Engel Gabriel über die arme, weinende Erde

schwebend. Proffesor Abo etc.) ... Ich begleitete Brentano noch
bis an die Eke des königl. Schloßes.«

Brentano berichtet seinerseits Wilhelm Grimm nach dessen Abreise etwas herablassend spöttisch über die Kontakte mit den
Eichendorff-Brüdern, die er als Anhängsel von Heinrich Graf
von Loeben darstellt, einem Literaten von zweifelhaftem Ruf,
der in Heidelberg Mentor der Brüder Eichendorff gewesen war:
»Sodann ist an unserm Horizont aufgetreten der Lyricus misticus –
Graf Loeben – sonst Isidorus orientalis genant mit zwei ihm noch
von Heidelberg anhängenden Freunden zwei Herren von Eichen-
dorf, sämtlich sehr gutmüthige etwas sehr üblige gute arme Schluk-
ker, sie stecken in einer kleinen Stube haben abwechselnd das Fieber, daß immer einer zu Haus bleibt, ich möchte schier fürchten,
weil die drei Leute nur zwei Röcke haben, und gar keine Woll-
koooort Hosen.«

An Anregungen und Kontakten fehlt es dem Freundespaar Arnim–Brentano, das nun zum erstenmal sehr eng miteinander lebt,
in Berlin zweifellos nicht. Das reiche Musik- und Theaterleben,
das trotz der napoleonischen Besatzung noch blüht, und der vertraute Umgang mit den führenden Intellektuellen der Stadt inspirieren die beiden und geben Anstöße für eine Fülle schriftstelleri-
scher Arbeiten. Es herrscht eine kreative Atmosphäre, nicht nur im
Hause Pistor. Daß Clemens jedoch trotz aller Ablenkungen die
gescheiterte Ehe mit Auguste weiterhin beschäftigt, zeigen die
Spuren, die seine Erlebnisse in seinem literarischen Werk hinterlassen haben, z. B. in seinem Romanprojekt *Der schiffbrüchige
Galeerensklave vom todten Meer.* Auch in einzelnen Liedern, die
als Dirnengedichte in die Literaturgeschichte eingehen, aber auch
als sinnbildliche Darstellung der »falschen«, »sündigen« Poesie
gedeutet werden, könnte ein Reflex auf die Erfahrungen mit Auguste verborgen sein.

»Wohlan so bin ich deiner los / Du freches lüderliches Weib«,
dichtet Clemens, wobei er sicher nicht nur eine Absage an die
»Dirne Poesie« meint, für die das »lüderliche Weib« steht. Das
Gedicht führt – ähnlich wie die Treulieb-Ballade, die vermutlich
durch Begegnungen mit einer Berliner Dirne, dem »verfluchten
Luischen«, angeregt ist – das Scheitern romantischer Liebeshoffnungen vor und beruht damit auch auf Clemens' Erfahrungen in

der zweiten Ehe. In einer Schimpfkanonade in Gedichtform macht
sich Brentano verbal Luft und versucht die unbewältigte Beziehung zu Auguste dichterisch umzusetzen.

Als zweite Quelle dieser Gedichte kommen die erotischen
Abenteuer Brentanos mit leichten Mädchen in Berlin hinzu, auf
die der ansonsten sehr diskrete Arnim in einem später im Zorn
geschrieben Brief hinweist, wenn er seinen Freund an die »Reisen
nach dem Hallischen Thore und zu der Nichtjungfer« erinnert.
Arnim merkt an, daß er sich in dieser Zeit von seinem Freund
etwas distanzierte und etwas Befremdendes (»Angeklebtes«) in
dessen Charakter wahrzunehmen begann: »daß das Angeklebte
zu Dir gehöre, versteh mich recht; daß du deiner Geilheit den
Willen gethan, an einer feilen Dirne kann mir leid thun, aber ich
hätte es Dir nicht verargt, Entsagung ist nicht jedermann gegeben,
daß du aber das Mädchen von unten herrauf zu bessern meintest,
daß du statt das Schöne (was durch Gottes Güte selbst dem ärgsten
Laster zu seiner Erweckung nicht versagt ist) aufzufassen und der
unschuldigen Freude poetisch zuzuwenden, diese fatale wirkliche
Geschichte mit dem Bessren Schönren in dir auszustaffieren such-
test, um auch dies in den Mist zu ziehen, daß du das schlechte und
unglückliche Mädchen zu lieben glaubtest, indem du sie wie eine
Gliederpuppe mißbrauchtest um allerley Experimente mit ihr zu
machen, daß du deine schönere reichere Jugendleidenschaft ge-
ringschätzen konntest gegen dieses Spiel aus Geilheit und Langeweile und Wunsch nach etwas Besserem, das hat mich damals
von Dir entfernt und wenn ich Dirs nie so klar ausgesprochen, wie
eben jezt, so hielt mich die Rücksicht, daß du Dich gerade aus
Eigensinn noch tiefer festbeissen möchtest.« Clemens kommt wenig später auf die Affäre zu sprechen: »ich glaube nichts mehr, seit
mich das sechsmal verfluchte Luischen so betrogen und belogen,
stellt euch mein infames Naturell vor, noch jezt träume ich manchmal von diesem Unthier, und habe sie heimlich alle zweimal 24
Stunden ein wenig lieb.«

Varnhagen weiß zu berichten, daß Clemens selbst im Gespräch
seinen Roman *Der schiffbrüchige Galeerensklave vom todten
Meer* mit Erlebnissen im Berliner Prostituiertenmilieu in Zusammenhang gebracht habe: »Von seinem letzten Aufenthalt in Berlin
erwähnte er zweier leidenschaftlichen Verhältnisse, die er in so

reichen und abenteuerlichen Schilderungen darlegte, daß ich oft in
Zweifel stand, ob nicht alles bloß ein dichterisches Spiel gewesen.
Eine heiße Liebe, die er zu einem unwürdigen Mädchen gefaßt,
wurde nicht erwidert, und das täglich vor seinen Augen sich er-
neuernde Unwürdige floß mit seiner Liebe und deren Verschmä-
hung in ein so gräßliches Gemisch zusammen, daß man glaubte
eine Hexenlauge überkochen zu sehen, wenn er davon erzählte
oder vorlas; denn er hatte angefangen, diesen Greuel in einem
Roman darzustellen, dessen Titel schon ein Ärgernis war.« Zu
dieser »Hexenlauge« gehören die Treulieb-Ballade und das Gedicht über das »freche lüderliche Weib«:

> Wohlan so bin ich deiner los
> Du freches lüderliches Weib!
> Fluch über deinen sündenvollen Schoß
> Fluch über deinen feilen geilen Leib,
> Fluch über deine lüderlichen Brüste
> Von Zucht und Wahrheit leer,
> Von Schand' und Lügen schwer,
> Ein schmutzig Kissen aller eklen Lüste.
> Fluch über jede tote Stunde
> Die ich in ekelhafter Küsse Rausch vollbracht

Die Schilderungen in der Treulieb-Ballade mit ihren vielen Episo-
den, in denen Treulieb nach erotischen Eskapaden den jeweiligen
Geliebten stets wieder betrügt und verläßt, gehören in den gleichen
Zusammenhang:

> Mein lieber Jäger sage mir
> Hast Du mein Lieb gesehen,
> Sie wollte in das Waldrevier
> Zu Hirsch und Rehen gehen.

> Treulieb lag heut in meinem Arm
> Im Schatten kühler Eichen
> Wir herzten uns, es ward ihr warm,
> Sie gieng ins Bad zu steigen.
> Treulieb, Treulieb ist verloren!

Der Mühlbursch hell ein Liedlein pfiff
Da tauchte Treulieb unter,
Und tauchte auf, sprang in sein Schiff,
Ohn' Hemd doch frisch und munter.
Treulieb, Treulieb ist verloren!

So wandert Treulieb in schnellem Wechsel von einem Liebhaber
zum andern, vom Hirten zum Jäger, vom Jäger zum Müller, vom
Müller zum Reuter, vom Reuter zum Bettelstudenten – und so
weiter über 125 Verse dieser wüsten Ballade. Schließlich ist sie
sogar beim Teufel zu Gast und übertrifft ihn noch an Verlogenheit:

Nun lieber Teufel sage mir
Hast du Treulieb gesehen
Sie kam allein herauf zu dir,
Dich kämpfend zu bestehen.
Treulieb, Treulieb ist verloren!

Treulieb sie küßte mich unterm Schwanz,
Ich war ihr wohlgewogen,
Doch hat sie mir beim wilden Tanz
Ein Ohr schier abgelogen.
Treulieb, Treulieb ist verloren!

Eine ausschließlich metaphorische Deutung solcher Gedichte wird
nicht überzeugen können, obwohl Brentano selbst gerade in dieser
Ballade in der letzten Strophe davon spricht, daß es sich um poetische Träume handelt:

Treulieb, Treulieb sie sitzt allhie
Auf mir dem falschen Schwure,
Treulieb ist Dichterphantasie
Und ich bin deine Hure.
Treulieb, Treulieb ist verloren!

Während in dieser Ballade die Anspielungen, was einen möglichen
biographischen Hintergrund betrifft, auf das »verfluchte Luischen« deuten, finden sich im Text vom »lüderlichen Weib« auch

Hinweise, die auf eine Verarbeitung der Auguste-Erfahrungen hindeuten könnten. So spielt Brentano auf Selbstmorddrohungen an, die sich am ehesten auf Auguste beziehen lassen, auch wenn die Spree als Ort des Geschehens im Gedicht zunächst dagegen spricht:

> Du drohst, du elend Weib, dich zu ermorden,
> O könntest du's, es stürb dein ganzer Orden,
> Doch spar' die Mühe nur, denn du bist längstens tot,
> Längst faulst du in dir selbst, in Sünd' und Lügenkot.
> Schneidst du den Hals dir ab
> Und springst du in die Spree,
> Du findest nie ein Grab
> Die Spreu schwimmt in der Höh'.

Der Fluß Spree kann in diesem Zusammenhang als Anspielung auf einen Aufenthalt Augustes in Berlin gedeutet werden, über den Clemens seiner Schwester Bettine Ende Oktober 1809 berichtet: »Du kannst Dir dencken, wie uns Augustens Ankunft mit Bethmann hier überraschte ... sie hat sich übrigens von ihrer Besserung nichts merken laßen, und hier einen Algemeinen Skandal erregt, indem sie nicht nur bei den Restaurateurs, sondern auch im Theater mit Bethmann in Mannskleidern und Cha[p]ot auf dem Kopf erschien, sondern auch so durch die Strasen ritt, ich habe sie so mehrmals begegnet, ohne von ihr bemerkt zu werden, Bettmann erzählt hier er habe sie auf seiner Reise verlaßen und ins Elend gestoßen auf einem erbärmlichen Dorf gefunden, und ich hätte mich nie an ihn gewendet um Sie loszuwerden, sondern habe sie schändlich verlaßen ... sie hat sich übrigens bei allen Ministern und Prinzessinen presentiren laßen, aber überall durch Frechheit und Gaucherie verhaßt gemacht.«

Sicher ist auch diese Darstellung anekdotisch zugespitzt. Dazu neigten beide Brentano-Geschwister. Doch deutlich wird zugleich, daß Clemens Auguste zur Verkörperung des Gemeinen und Lächerlichen, zur Erzhure stilisiert, um Distanz zu halten, um sie abzuwehren. Als sich die ausgemalte niederträchtige, zügellose Person dann in der Realität ganz unspektakulär verhält und ihn ignoriert, ist er überrascht. Im Berliner Theater war es aus Augu-

stes Loge heraus mit dem Opernstecher zu einem Blickkontakt
gekommen. Brentano verließ die Aufführung und behauptet, ihr
Verhalten habe skandalös gewirkt. Die befürchtete – vielleicht insgeheim auch erhoffte – Reaktion am folgenden Tag blieb jedoch
aus, und Brentanos Enttäuschung spricht noch aus seinem Brief an
Bettine. Er ist irritiert, weil ihm das angeblich so aufdringliche,
schamlose Mädchen nicht mehr nachläuft. Die unerwartet friedli-
che Abreise Augustes läßt ihn völlig ratlos: »sie mag übrigens keine
Begierde mehr nach mir haben, denn ich habe nichts vor ihr empfunden, als einmahl, da sie mich im Theater bemerkte, und durch
ein Stundenlanges Hervorlegen und lorgniren nach mir, ein solch
Aufsehn machte, daß ich hinaus muste. Den folgenden Tag fürchteten wir eine Szene, aber alles blieb ruhig, und nun ist Sie seit
5 Tagen fort mit Betmann nach Böhmen«, schließt sein Bericht
an Bettine.

Das Auftauchen Augustes in Berlin beschäftigt Clemens nur
vorübergehend, und die Dirnengedichte gehören nicht zu den zentralen Werken der Berliner Zeit. Gemeinsam mit dem Freund Arnim entwickelt er in der Kulturszene der preußischen Hauptstadt
eine Fülle von Aktivitäten. Heinrich von Kleist hält sich in Berlin
auf und gründet 1810 die *Berliner Abendblätter*. Die beiden Freunde, die ihn persönlich kannten und des öfteren trafen, wurden zu
eifrigen Beiträgern dieser Tageszeitung, in der Kleist Polizeiberich-
te und Anekdoten mit Rezensionen und Aufsätzen bunt mischte.

Am 19. Dezember 1810 erschien ein Nachruf auf Philipp Otto
Runge aus der Feder Brentanos unter dem Titel *Andenken eines
trefflichen Deutschen Mannes und tiefsinnigen Künstlers*. Mit Runge hatte Clemens kurz zuvor korrespondiert, um ihn zu Randzeichnungen für seine *Romanzen vom Rosenkranz* zu inspirieren,
nun lobt er die »vier Simbolischen Blätter, die Tagszeiten in Um-
rißen darstellend« und die Arabeskenkunst des Malers: »hat Runge
doch zuerst gezeigt daß die Arabeske eine Hieroglyphe ist, und
ihre Verknüpfung eine eben so tiefsinnige Bildersprache der stum-
men mahlenden Poesie, als das Werk der Poesie selbst eine gespro-
chene sein soll, und von Allem, dessen Rand er mit seiner kunst-
reichen Hand geschmückt hat, kann gesagt werden, es versteht sich
am Rande, sollte es sich im Innern selbst gleich nicht immer verstehen.« Der Nachruf mündet in ein hymnisches Gedicht.

Ein weiterer Beitrag, der gleichfalls von der Beschäftigung mit der zeitgenössischen bildenden Kunst zeugt, erscheint im gleichen Jahrgang der *Abendblätter*. Es handelt sich um eine Kunstbetrachtung, die Brentano gemeinsam mit seinem Freund Arnim formuliert. Der Titel der überlieferten Mischhandschrift lautet: *Verschiedene Empfindungen vor einer Seelandschaft von Friedrich, worauf ein Kapuziner*. Das so umschriebene Bild Caspar David Friedrichs ist heute unter dem Titel *Mönch am Meer* bekannt und wurde auf der Berliner Akademieausstellung 1810 gemeinsam mit Friedrichs Werk *Abtei am Eichwald* gezeigt. Brentano und Arnim beziehen sich in ihrem Entwurf zunächst auf beide Bilder, die namentlich bei Brentano einen tiefen Eindruck hinterlassen haben – wie ein separat überliefertes Huldigungsgedicht an Caspar David Friedrich bezeugt:

Nicht alle wissen so wie du zu schauen
Du Landschaftsmahler bei dem Docktor Faust,
Der du den Hexen Nebelbrücken baust
Durch winterlichen Kirchhofs frostig Grauen

Zwei Lichter schimmern irre bei der Wahrheit
Die Todeskreuze starren auf den Hügeln
Gefroren ist der Athem, den man hauchet
Zu ernst zum fliehen und zu kalt zum Knien
Und Oben liegt des Himmels blaue Klarheit

Du gleichst der Schwalbe, die mit grauen Flügeln
Den Himmel streift, die Brust ins Wasser Tauchet
Warum Willst du denn nimmer mit ihr ziehen.

Dieses Gedicht und ein weiterer Entwurf von Clemens mit dem Titel *Portrait der 2 Mahler Kügelchen* gehen auf den gleichen Ausstellungsbesuch zurück, über den die beiden Freunde in Kleists *Abendblättern* berichten wollten. Vermutlich in Absprache mit Kleist beschränken sie sich dann ausschließlich auf die Seelandschaft Friedrichs und verfassen eine kleine dramatische Szene, in der verschiedene Ausstellungsbetrachter zu Wort kommen.
Der Herausgeber der Zeitung reduziert den vorgelegten, zum

Teil satirischen Text auf seinen ersten Abschnitt, was ihm die Autoren verübeln. Kleist veröffentlicht eine Richtigstellung: »Der Aufsatz ... war ursprünglich dramatisch abgefaßt [und hat] seinen
Charakter dergestalt verändert, daß ich, zur Steuer der Wahrheit
... erklären muß: nur der Buchstabe desselben gehört den genannten beiden Hrn.; der Geist aber, und die Verantwortlichkeit dafür,
so wie er jetzt abgefaßt ist, mir. H. v. Kl.«

Die Kürzung wirkt allerdings einschneidend und verändert Ten-
denz und Sinn der »dramatisch abgefaßten« Vorlage von Arnim
und Brentano radikal. Die komischen Dialoge mit zum Teil unbe-
darften Äußerungen der Ausstellungsbesucher fehlen in den
Abendblättern, und nur die von Brentano formulierte Einleitung
bleibt im Zeitungstext erhalten. Von dem grandiosen Bild Friedrichs begeistert, verfaßt er eine kongeniale romantische Prosahym-
ne, in der die sprichwörtliche »romantische Sehnsucht« umschrie-
ben wird: »Es ist herrlich, in unendlicher Einsamkeit am Meeres
Ufer unter trübem Himmel auf eine unbegrenzte Waßerwüste hin-
zuschauen, und dazu gehört, daß man dahin gegangen, daß man
zurück muß, daß man hinüber mögte, daß man es nicht kann, daß
man alles zum Leben vermißt, und seine Stimme doch im Rauschen
der Flut, im Wehen der Luft, im Ziehen der Wolken, in dem einsamen Geschrei der Vögel vernimmt; dazu gehört ein Anspruch,
den das Herz macht, und ein Abbruch, den einem die Natur tut.«
Dann kommen zwei wenig kunstsinnige Ausstellungsbesucher zu
Wort:

Erste Dame: Hast du gehört, Louise? das ist Ossian.
Zweite Dame: Ach nein, du mißverstehst ihn, es ist der Ozean.
Erste Dame: Er sagte aber, er schlüge die Harfe.
Zweite Dame: Ich sehe aber keine Harfe. Es ist doch recht grau-
lich anzusehen. (Ab)

In einem weiteren Gespräch treten eine »junge Frau mit zwei
blonden Kindern und ein Paar Herrn« auf:

Herr: Herrlich, herrlich, dieser Mann ist doch der einzige, der in
seinen Landschaften ein Gemüt ausdrückt, es ist eine große Individualität in diesem Bilde, die hohe Wahrheit, die Einsamkeit,
der trübe schwermutsvolle Himmel, er weiß doch was er malt.
Zweiter Herr: Und malt auch, was er weiß, und fühlt es, und
denkt es, und malt es ...

Erstes Kind: Es ist wohl so ein Kapuziner, der das Wetter an-
zeigt, wie der vor unserm Fenster?

Zweiter Herr: Nicht ein solcher, mein Kind, aber auch er zeigt
das Wetter an, er ist die Einheit in der Allheit, der einsame Mittelpunkt in dem einsamen Kreis.

Erster Herr: Ja, er ist das Gemüt, das Herz, die Reflexion des
ganzen Bildes in sich und über sich ...

Dame: Ach, es war mir vor dem Bilde wie zu Haus, es rührt mich
recht, es ist doch recht natürlich, und als Sie so sprachen, war es
mir gerade so undeutlich wie sonst, wenn ich mit unseren philosophischen Freunden am Meere spazieren ging; nur wünschte
ich, daß eine frische Seeluft wehte und ein Segel herantriebe, und
daß ein Sonnenblick niederglänzte und das Wasser rauschte; so
ist mirs als wie Alpdrücken und Sehnsucht nach dem Vaterland
im Traum; kommt weiter, es macht mich traurig. (Ab)

Vorbild für die »Dame« mit ihren zwei Kindern dürfte Charlotte
Pistor, die Wirtin von Arnim und Brentano sein, die mit den beiden
Autoren – dem Herren-»Paar« des Textes – die Ausstellung besucht. Darauf deutet auch der von Brentano geschriebene letzte
Satz der kleinen Satire: »Diese Rede gefiel mir so wohl, daß ich
mich mit demselben Herrn sogleich nach Hause begab, wo ich
mich noch befinde und in Zukunft anzutreffen sein werde.«

XI
»Am Ende geht es denn doch
auf eine Heirat mit Arnim aus«
Bukowan und Teplitz

1810 ist auch das Jahr des Wiedersehens mit Bettine. Gemeinsam mit Savignys trifft sie am 10. Mai in Wien ein, um Anfang Juni nach Bukowan bei Prag weiterzureisen. Im Juni schreibt Clemens: »Ich bin im Begriff, nach Böhmen zu reisen mit Arnim, wo ich und meine Geschwister ein Gut haben, das mein jüngerer Bruder bewirthschaftet; wir gehen dort meinem Schwager, dem Juristen Savigny entgegen, der von Landshut den Ruf an die hiesige Universität angenommen. So habe ich nun endlich alle, die ich liebe, auf einem Fleck, denn meine Schwester Bettina kommt mit hieher.«

Ein Gut in Böhmen zu erwerben galt wegen der Bedrohung durch Napoleon als geschickter Schachzug, um Vermögenswerte über die Kriegs- und Besatzungszeiten hinwegzuretten. Neben den Brentanos, die 1809 Bukowan kauften, erwarben auch Bethmanns eine entsprechende Immobilie, die im Falle unmittelbarer kriegerischer Bedrohung auch noch als Fluchtburg dienen konnte. Savigny, der über seine Frau Gunda an Bukowan beteiligt war, schickte 1813 seine Familie dorthin, als es in Berlin brenzlig wurde, und auch Ludwig Tieck und Rahel fanden sich in Böhmen ein, während Clemens zu diesem Zeitpunkt bereits dort lebte und sich noch weiter nach Süden – nach Wien – wandte.

Die Verhältnisse auf diesem Gut der Brentanos, als dessen Gutsherr eine Zeitlang Christian Brentano mehr poetisch als ökonomisch wirkte, beschreibt Clemens in zahlreichen Briefen sehr drastisch. Zunächst schildert er die wildromantische Gegend: »In Bukowan ist eine Wilde, wunderbare Gegend«, heißt es in einem Brief an die Brüder Grimm, »das ganze Terrain liegt so hoch, daß 10 Minuten hinter dem Schloß auf einem Berg Ptetsch genannt, ein Panorama von 300 Stunden im Umkreiß zu sehen ist, eine Stunde

Bukowan, Randzeichnung auf dem Entwurf zu einer Aktie

von uns berührt unser Terrain die Moldau mit einem Dorfe in tiefem Felsengrund, und wenn wir hin wollen, und immer bergab gegangen treten wir endlich in ein kleines romantisches Jäger hauß, auf der Spitze eines steilen Felsens, von dem etwa 8 Minuten herab wir auf unsere Dorfs Tichnitzch Dächer und die wunderbar gekrümmte Wilde Moldau sehen.« Dann kommt er jedoch auf die allgegenwärtigen Korruption in Bukowan zu sprechen: »Uebrigens ist außer dem Erstaunen an der Natur keine Freude dort zu holen, die Böhmen, welche kein Wort Deutsch können sind ein ganz unbeschreiblich häßliches, boshaftes, dummes, und diebisches Volck, wir können kaum die Räder am Wagen behalten und die Pflüge werden oft gestohlen, auf dem Schloße ist täglich Execution [Strafvollzug], und Knechte und Mägde gehen in Eisen auf den Acker, die Oestreichische Justitz ist die elendste und niederträchtigste … Christian ist dabei in einen traurigen Zustand, von Hoffarth, Faulheit, und Bißarerie gefallen, daß schwer mit ihm umzugehen ist, und daß er einem innerlich leid thut.«

Christian, der im Wesen den poetischen Geschwistern Clemens und Bettine ähnelt, ist sicher nicht der geeignete Ökonom, um diese böhmische Wirtschaft zu steuern. Hier hatte man den Bock zum Gärtner gemacht: Trotz aller guten Vorsätze bringt es Clemens' Bruder nicht einmal fertig, die fälligen Abrechnungen für die Geschwister pünktlich zu erstellen. Mit immer neuen, kaum sorgfältig abgewogenen Projekten, wie einer Zuckerfabrikation aus Rüben, versucht er das Gut in die Gewinnzone zu manövrieren und läßt sich dabei auf zweifelhafte Spekulanten aus Prag ein. Als Clemens 1811 nach Bukowan geschickt wurde, um seinem Bruder auf die Finger zu sehen, gibt er Savigny eine Schilderung der Zu stände. Bereits in Prag hatte er von abenteuerlichen Plänen gehört: »Altmann sagte mir in Prag Christian lege große Zuckerfabriquen in Bukowan an, er wiße von nichts, nur fürchte er, er möge sich garstig dabei verbrennen … Als ich nach Buckowan kam, sah ich im Herabfahren gleich ob die Schmiede eingefallen sey, sie steht noch aber ohne Fenster und Etwas delabrirter, als sonst. Im Hof, da niemand im Hauß war, wartete ich eine Stunde lang, und betrachtete mancherlei neuerfundenes Akergeräthe mit einiger Traurigkeit, Christian empfieng sehr fröhlich und ließ mich seinen zolllangen Bart sehr empfinden, er hatte eine neue Prager Huterfindung auf dem Kopf, einen infamen mit schwarzer Leimfarbe überschmierten Strohhut.«

Bei Christian »zu Gast ist Herr v Hillmer aus Prag ein Destillateur, derselbe der Hier die RunkelrübenZuckerfabrick anlegt, ein Mensch von einem anscheinend gutmüthigen Wiener Schmatzcharakter, entsetzlich Kauderwelsch, der immer von Pomaden, Philosophie, Senf, Lebensgenuß, Brantweinbrennerei, Phantasmagorie, und Runkelrüben so durcheinander spricht, daß man anfangs in beständigem Lachen, hernach in ziemlichem Eckel ist, doch ist er sehr geschäftig und emsig. Dieser ist es der hier Runkelzucker fabriziren soll, wozu ihm Christian den ganzen unteren Theil des Schloßes und die lezten Stuben neben dem Saal vermiethet hat … wo er nun baut und einreißt … Gott weiß, waß es wird, ich fürchte der Prager Hanswurst wird den Vortheil haben.«

Clemens' Befürchtungen sollten sich bewahrheiten. Die hochfliegenden Pläne lassen sich nicht verwirklichen, »da die Runkelrüben aber zu spät gepflanzt und also sehr schlecht stehen«, kommt die für Oktober geplante Zuckerproduktion nicht in Gang, zumal sich der Kompagnon als windig erweisen sollte. Eine geplante Aktienemission kommt nicht zustande, und Clemens muß schließlich erkennen, daß sich Christian buchstäblich in Marginalien verliert: »Es war mir ganz rührend eckelhaft«, heißt es in Clemens' Bericht an Savigny, »als ich gestern, eine ungeschickte Rungische Randzeichnung um die Buckowaner Acktien, die er gemacht und in Prag hat in Kupfer stechen laßen vorlegte, da aber die Ochsendumme Prager Censur ihm Beschwerden darüber gemacht, kann er sie nicht ausfüllen laßen und ist diese Tollheit auch

Christian Brentano, Radierung von Ludwig Emil Grimm, 1817

umsonst, wenn ich bedencke, daß der Mensch, der mir klagt, er habe noch nicht zur Abrechnung Zeit finden können, derselbe von dem ich kaum mein Obligation erhalten konnte, Zeit hat, zu einem Gut, das nichts einträgt, Randzeichnungen um Aktien in Kupfer stechen zu laßen, mögte ich des Gukuks werden.«

Die erhaltenen Probedrucke zu den Aktien zeigen eine Darstellung des Gutes am oberen Rand. Der Vergleich dieses Entwurfs mit

Runges Arabesken ist eine dichterische Übertreibung, auch die
drastische Beschreibung von Christians Faulheit dürfte übertrieben sein, doch ist Clemens' Skepsis, was die Eignung des jüngeren
Bruders zum Ökonomen betrifft, vollkommen berechtigt: »übrigens sagte mir Christian, daß er jetzt ein leidenschaftlicherer Oe-
konom als jemals sey, waß sich mit dem beständigen Liegen und
Schlafen gar nicht reimen kann, ich wünsche alles Gute, und daß
ich helfen könnte, es ist keine Hoffnung für mich hier.«

Die Geschichte eines Wagenkaufs in Prag, bei dem der welt-
fremde Christian »ein zweiräderichtes original englisches Wägel-
chen« erwirbt, das jedoch wegen abweichender Spurweite »nur im
flachsten Land« und also nicht in der Umgebung Bukowans »fahren kann« und daher erst nach Berlin geschafft werden müßte,
rundet Brentanos Bericht an den Schwager ab.

Bei ihrem gemeinsamen Besuch in Bukowan kamen Arnim und
Brentano etwa am 10. Juni 1810 auf dem malerisch-abgewirtschaf-
teten Gut an. Wieder treffen die beiden auf Spuren Augustes, da
sie in Böhmen das Gut der Bethmanns besuchte. Die neueste Anekdote über die inzwischen schwangere Auguste – sie erwartete
ein Kind von Heinrich Mannel, dem Sohn des Allendorfer Pfarrers – gibt Brentano sogleich an die Brüder Grimm weiter: »Zu
den vielen Mirackeln der Auguste gehöret noch, daß Sie in Böhmen auf den Bethmänischen Gütern Hirsch und Hasen geschoßen. Sie die doch so blind ist, und in Prag zum Erstaunen aller
Husaren auf einer so steilen Straße, als irgend eine in Marburg
Carriere bergab geritten.« Zu einer Begegnung mit Auguste
kommt es jedoch nicht, zumal sich die Freunde nur kurze Zeit
in Böhmen aufhalten.

Zur Wiederbegegnung von Bettine und Achim in Böhmen gibt
es keine Berichte, denn der gesamte Freundes- und Verwandten-
kreis, der sonst alle Ereignisse in einem Geflecht von Briefen
schriftlich festhält, trifft nun an einem Ort zusammen. Es fehlt
daher an authentischen Berichten über die Tage der Begegnung
auf dem Gut. Wir wissen nicht, wie und ob es überhaupt dazu
kam, daß sich Arnim und Bettine nun endlich näherkamen. Alle
Anzeichen deuten auf einen eher mißglückten Annäherungs- und
Werbeversuch Arnims hin, und Ende Juni reisen die Freunde bereits wieder nach Berlin zurück.

Erst in Berlin formuliert Arnim seinen offiziellen Werbebrief an
Bettine. Aus dem Brieftext ist zu schließen, daß es in Bukowan
noch nicht zu einem heimlichen Versprechen kam, das lediglich in
Schriftform zu besiegeln war. Denn Arnim betont in diesem Brief
vom 10. Juli 1810, er habe schon mündlich in Bukowan sein Anliegen vorgetragen, doch da »wurde ich aber ganz anders von Dir
empfangen als ich gemeint und erwartet hatte« – eine Enttäuschung also, keine spontane Verlobung gab es in Bukowan für
Arnim. Bettine setzt danach auch ihren Briefwechsel mit Freyberg
fort und intensiviert nach der Abreise von Arnim und Brentano
ihre Kontakte mit Goethe.

Als auslösendes Element für seinen Wunsch zu heiraten nennt
Arnim den Tod seiner Großmutter, die allerdings schon im Frühjahr (10. März 1810) – also fast drei Monate vor dem Aufbruch der
Freunde nach Bukowan – gestorben war. Das Testament verpflichtet ihn indirekt zur Ehe und Vaterschaft, denn das beträchtliche
Erbe – insbesondere die Güter Wiepersdorf, Bärwalde und Zernikow – unterlag einer Fideikomißregelung. Das bedeutet, Achim
von Arnim und sein Bruder Pitt konnten über die geerbten Güter
nicht sofort frei verfügen. Diese unterstanden zunächst einem »Pu-
pillenkollegium«, denn erst legitime Kinder konnten über den Besitz verfügen, was wegen der Verschuldung der Güter besonders
prekär war. Teilverkäufe oder Zukäufe zur Sanierung konnten nur
mit Zustimmung des Kollegs erfolgen.

Die Großmutter Caroline von Labes, die Arnim und seinen
Bruder Pitt aufgezogen hatte – Arnims Mutter starb bei Achims
Geburt und sein Vater kümmerte sich nicht um die beiden Söhne –
fürchtete offenbar, die beiden Enkel würden wie der Vater ein
liederliches Leben führen und den Besitz gefährden. So zwang
sie ihre Enkel gleichsam zur Ehe, und Achim von Arnim sah sich
veranlaßt, eine Mutter für erbberechtigte Kinder zu suchen. Diesen Umstand erläutert er ohne Umschweife in seinem kuriosen
Werbebrief an seine langjährige Brief- und Herzensfreundin Bettine vom 10. Juli 1810: »Meine Großmutter entriß der Tod, sie hat
mir viel Gutes getan, und ich ehre dankbar ihr Andenken ... Ihr
Vermögen hätte mich selbst in dieser Zeit, wo nur der tätige Gebrauch eines Vermögens eigentliche Sicherheit gewährt, reich gemacht, wenn sie nicht durch eine Fideicommißeinrichtung, die sich

erst zum Besten meiner Kinder auflöst, mich und meinen Bruder
und Onkel beschränkt hätte. Da ich aber alle Beengungen meines
Lebens zu Erweiterungen meiner Natur ausgebildet habe, so war
mein Entschluß nach der Eröffnung des Testamentes bald gefaßt,
das Meinige zu tun, um rechtmäßige Kinder zu haben. Da brauchte
es nicht langer Zweifel, ich wußte niemand auf der Welt, von der
ich so gern ein Ebenbild besessen hätte ... und auch keine, mit der
ich auch ohne diese Verdoppelung so gern mich erfreut, gestritten,
gewacht und geschlafen hätte, als Dich.« Auf diesen Brief antwortet Bettine zehn Tage später – nicht gerade begeistert und bestimmt, aber doch dem kuriosen Werbebrief angemessen – mit
der Parole: Warum nicht? Ihr Brief beginnt mit der ausführlichen
Schilderung eines Traumes. Dann heißt es: »Da weckte mich Dein
Brief, und im Bett noch sprach ich viel mit Dir ... Du bist unendlich gut und herrlich, das weiß ich, aber Du bist noch besser, als ich
es weiß und fühlen kann ... In Deinem Blick hat sich oft was
größeres gemalt, als was der Erde angehört, ich habs gesehen, denn
alle Lieb gehört dem Himmel.« Erst am Schluß des Briefes folgt ihr
verklausuliertes und eingeschränktes »Jawort«: »Wir wollen Gott
vertrauen und abwarten, was er fügt; wir wollen uns fassen und
nicht loslassen. Ich kann Dir nicht alles sagen, aber ich hoffe, daß
Du aus diesem wenigen erkennest, daß ich nicht schlecht bin und
das Gute will. Liebes Kind meines Herzens, warum soll ich nicht
Dein sein? warum, wenn Du an mich verlangst, soll ich Dir nicht
geben? ... Sei von mir geliebt, sei mein, sei getrost. Bettine«.

Wenige Tage später setzt Bettine ihren Briefwechsel mit Freyberg fort. Vom 20. bis 26. Juli schreibt sie in Bukowan einen Brief,
der kein einziges Wort über Arnim und ihre geplante eheliche
Verbindung enthält. Statt dessen schwärmt sie weiter von der
Freundschaft: »was dem einen Jahrhunderte sind, daß sind dem
andern Augenblicke, mir ist unsere Freundschaft, seit sie ist, *ein
Augenblick, ein Funke Nur,* der aber Ewigkeit in sich begründet,
der aber das Herz bis in den tiefsten Grund erhellet«, heißt es am
20., »Elf Uhr abends«. Am nächsten Tag entscheidet sie: »Ich habe
mir vorgenommen über Unsere freundschaft wenig mehr zu sagen,
wir kennen sie beide, daß sie der Worte nicht mehr bedarf –«; am
24. notiert sie: »deine ganze Natur hat mich tiefer erfaßt als es zu
begreifen ist, du hast mich gereinigt wie eine Flamme; – Du hast

mir herrliche Augenblicke gegeben die ich längst geahndet aber
noch nirgend gefunden hatte; – Du bist mein geliebter Bruder mein
höherer ... tausend Menschen wird das nicht, was Uns geworden
ist, und wenn ich mein Leben lang kein Glück mehr erkennen soll,
so wird mir durch diese kurze Zeit die dein Herz in sich faßt, ein
reichlicher Schaz, von dem ich königlich leben will.«

Es ist, als wollte Bettine sich kurz vor ihrem Eintritt ins Eheleben noch einmal richtig ausleben – allerdings nur in der Phantasie: verbal und emotional. Denn auch die Beziehung zu Goethe
erreicht in dieser Zeitspanne bis zu ihrer Fahrt nach Berlin noch
einmal einen ungeahnten Höhepunkt. Arnim und Brentano waren
bereits abgereist, als Bettine vom 9. bis 12. August Goethe im
böhmischen Badeort Teplitz besucht. Darüber berichtet der Dichter recht lakonisch seiner Frau in Weimar, wobei der letzte Satz –
unter Vorbehalt – Bettines Versprechen an Arnim immerhin erwähnt: »Vor allen Dingen muß ich Dir ein Abenteuer erzählen.
Ich war eben in ein neues Quartier gezogen und saß ganz ruhig
auf meinem Zimmer. Da geht die Tür auf, und ein Frauenzimmer
kommt herein. Ich denke, es hat sich jemand von unsern Mitbe-
wohnern verirrt; aber sieh, es ist Bettine, die auf mich zugesprun-
gen kommt und noch völlig ist wie wir sie gekannt haben. Sie geht
mit Savignys nach Berlin und kommt mit diesen auf dem Weg von
Prag hier durch. Morgen gehen sie wieder weg. Sie hat mir Unendliches erzählt von alten und neuen Abenteuern. Am Ende geht es
denn doch auf eine Heirat mit Arnim aus.«

Was tatsächlich »in Töpplitz anno 10« – so Bettines Überschrift
in ihren handschriftlichen Schilderungen der Begegnung mit dem
verehrten Dichter – geschieht, läßt sich aus dieser knappen Botschaft Goethes nicht ermessen, und ihre Briefberichte an Arnim
und Freyberg sind recht karg. Aus diesem Grunde – und um das
hehre Bild des Dichterfürsten nicht zu beeinträchtigen – wurde
Bettines Schilderung meist als pubertäre Phantasie abgetan. Aus
den handschriftlichen Befunden mit vielfachen, immer anzüglicher
geratenden Fassungen dieser sogenannten »Töplitz-Fragmente« ist
zu schließen, daß Bettine ihre Darstellung tatsächlich erst nachträglich – als Arnim und Goethe längst gestorben waren und sie an
ihrem Buch *Goethes Briefwechsel mit einem Kinde* arbeitete –
formuliert hat. Das bedeutet allerdings keinesfalls, daß die Einzel-

Die Stadt Teplitz in Böhmen.

Kolorierte Radierung von A. Buchema, Ende 18./Anfang 19. Jahrhundert

heiten dieser Erlebnisse völlig frei erfunden sind. Bettine hat sie vermutlich nur dichterisch überhöht und pointiert, wie alle zur Publikation vorgesehenen Berichte über ihre Begegnungen mit Goethe.

Es war in der Abenddämmerung im heissen Augustmonat, er saß am offnen Fenster, ich stand vor ihm, und hielt ihn umhalst den Blick scharf wie ein Pfeil ihm ins Aug gedrückt blieb drin haften. Vielleicht weil er's nicht länger ertragen mochte fragt er ob mir nicht heiß sei, und ob ich nicht wolle daß mich die Kühlung anwehe; ich nickte, so sagt er: »mach doch den Busen frei daß ihm die Abendluft zu Gut kommt.« – Da ich nichts dagegen sagte obschon ich roth ward so öffnet er meine Kleidung; und sah mich an und sagte: »das Abendroth hat sich auf deine Wangen eingebrennt.« – und küßte mich auf die Brust; und senckt die Stirne drauf. – Kein Wunder, sagt ich, meine Sonne sinckt mir ja im eigenen Busen unter. – Er sah mich lang an und waren beide still. – Er fragt: »Hat dir noch nie jemand den Busen berührt?« – Nein, sagt ich, mir selbst ists so fremd daß du mich anrührst. – Da drückte er viele viele und heftige Küsse mir auf den Hals; mir bangte er solle mich los lassen und war doch so gewaltig schön, ich mußte lächeln in der Angst daß mirs galt, diese zuckenden Lippen dies heimliche Athem suchen wie der Blitz wars erschütterte mich, meine Haare die sich natürlich locken hingen herunter. Er wollte Ruhe wieder, ich sah in seinem Gesicht wie er sich faßte, er sammelte mein zerstreutes Haar in der Hand, und war immer wieder still, als wolle er sprechen und hatte nicht Athem Dann sagt er so leise erst: »Du bist wie das Gewitter, die Haare regnen die Lippen wetterleuchten und die Augen donnern.« – Und du wie Zeus winckst mit den Brauen und der Olymp erzittert. – »Wenn du künftig abends dich entkleidest und die Sterne leuchten dir in den Busen wie jezt, willst du da meiner Küsse gedenken?« – Ja! – »und willst denken daß ohne Zahl wie die Sterne ich tausendfach das Siegel meiner Liebe dir in den Busen drücken möcht?« – Ja! – Und dencken daß es Unvergessliches ist, unsterbliches, was ich in dir erlebe, willst du das glauben?« – Ja! – sagt ich, ich wills glauben. – Er – ja wie wars doch? – Er seüfzte – so tief – und lehnt den Kopf an mich, und verzeih mirs, sagte er, daß ich so ganz stark nicht bin! – und sah zu mir hinauf und drückte mir den Busen fest. – ich reichte über ihm weg nach dem Weinlaub am Fenster, ich riß eine Weinranke ab und schlug ihn auf die Hände: Wenn künftig die Reben Laub gewinnen und du stehst bei sinkender Nacht bei Sternhellem Himmel am Fenster, einsam, willst du da meiner gedenken? – fragt ich – er sagte auch: Ja! – und willst du denken meiner Wehr gegen dich kühner Mann, und daß ich keine Macht hab dir zu widerstehen mit so feurigem Blick und mächtigen Liebesreden und Schönheit so groß die ich noch nie geahnt hab, daß sie das Antlitz durchleuchten könne, und willst dieser Schläge dich erinnern für dein unritterlich Betragen, dem unbewaffneten Knappen solche Schmach anzuthun? – er lachte laut auf, er ließ mich los und rief: »so bändigend deine Unschuld! solche Gelassenheit in solcher Leidenschaft! Süsses, süsses Weib!« – Nun muß ich sagen dir dem ichs erzehle wie er diese Worte ausrief das machte mich Taumlen vor Wonne und Wehthum, und meine Seufzer wurden Laute ich umklammerte ihn fest. – er war bewegt glaub ich wie wenn er Thränen verhalte und sagte: »Komm ich will dir den Busen wieder zudecken. er liebkoste aber wieder und fragte: »Warum meinst du daß dies Strafe verdient? – soll man nicht das

Johann Wolfgang von Goethe, Ölbild von Heinrich Christoph Kolbe, 1822

Schöne umfassen, und ists nicht meine Lebensaufgabe, bin ich
nicht darum der Dichter?« – ich war wieder ruhig, ich war wieder gelassen, ich war wieder Listig. ich lächelt ihn an und besann
mich auf die Antwort. – »Nun was hast du für Schelmerei im
Sinn?« –
Umfaßt denn Gott die Welt, oder die Welt Gott? – »Ei freilich,
Gott umfaßt die Welt, und ich bin der seelige Gott den es durch-
dringt, daß seine Welt ihn emfinde wenn er sie umfaßt. – So ists

denn nicht wie du meinst, und trägst und umfassest die Sünde
der Welt die sich vergißt und dich strafen will und läugnen daß
du der Gott bist der sich zu ihr herabläßt. – Ach ich war heimlich
sehr bewegt bei dem Scherzen, und mußte mich zusammen nehmen daß ich meine Worte hinwarf mit klopfendem Herzen. Du
der es lesen wird könntest wohl denken ich sei kokett gewesen?
Nein ich war voll heiliger Scheu in diesen Scherzreden die wie
Funken all aus göttlichem Leben zwischen uns Beiden aufflö-
gen. Ich hab mir dies Gespräch wohl tausendmal wieder vorge-
betet jeden Abend vor dem Einschlafen, und erlebte in Gedancken dann noch manches was mehr mir Leben war wie
alles Wirkliche; – aber es war noch nicht alles. – Jezt streckte
er die Arme wieder nach mir und sagte: Komm! – und zog mich
aufs Knie und drückte meinen Kopf ans Herz, und spielt mit
meinem Ohr und mit der Stirne lehnte er an meiner Stirn, und so
lange Zeit, wo ihm die Schweißtropfen nieder rannen; ich küßte
sie auf, und dann bekam ich wahrhaftigen Durst danach, der
Schweiß perlte über seinem herrlichen Mund so herb geschlossen, und nezte ihm die Wimpern mit meinen Lippen. – Er seufzte
tief, mich störte es nicht, alle Schweißtropfen sammelt ich, und
biß ihm ganz leise in die Lippen, er drückte mich an seine Wange
und meine Thränen liefen ihm übers Antlitz. – er sagte wieder:
»Weib! Weib! wüßtest du wie süß du bist? dann erst könntest dus
begreifen wie streng die Fesseln sind die deine Unschuld mir
anlegt, daß ichs nicht vermag sie zu zerreissen.« –
O wie oft hab ich die Worte: Weib! Weib! wenn du wüßtest wie
süß du bist, für mich hingesagt, laut träumend bei Tag und bei
Nacht. Wie hat der Eindruck dieser Stunde mich heimlich ge-
fesselt und lauschte allem abgewendet nur auf den innern Widerhall dieser Worte und alles störte mich, alles schien mir Eingriff in
den Nymbus den die Liebe von mir ausströmte und scheute das
Zusammensein mit andern, gekochte Speisen waren mir zuwider,
ich mochte nur Früchte essen, der rothe Wein im Glas in den
vertiefte ich den Blick wie damals in sein Auge, als lausche da der
Kuß von ihm ja so wars – als lausche eine heimliche Macht voll
Feuer, ja im rothen Blut der Traube da badeten sich die Sinne die
wurden Geist und schwärmten mit dem Gott im Wein und nippte
nur Perlenweis und sah tief ins feurige Roth, und das Tröstete

mich daß ich nicht bei ihm war. Ich spielte mit einem Reh das im Nachbarsgarten frei umherlief; ich brach eine Blanke weg damit es seinen Kopf durchstecke; in der Nacht im Mondschein ging ich in den Garten, in den Winkel wo es hinkam, es rief nach mir wenn ich nicht gleich kam und ihm die jungen Knospen brachte. Da hatte ich so meine eigenthümliche Religion; ich betete zu Ihm die ich nicht getraute laut zu sprechen, und sagte innerlich zu Ihm: »Hör doch in die Ferne die Stimme vom Reh, hör doch wie es beweglich bittet um die jungen Knospen, wie die Sehnsucht danach ihm das Herz sprengen möcht; – es ist meine Stimme, die von Menschen nicht als menschlich erkannt eine Zuflucht in deinem Busen sucht, du hast mir die ersten Knospen auf die Lippen gelegt ich gebe drum auch dem Reh die Knospen zu deiner Erinnerung und zwar die schönsten, lauter Blüthenknospen. – so einfältig war ich daß ich überzeugt war er emfinde es, und denke zu dieser Stunde an mich, ja er fühle sich dadurch gezwungen mich zu küssen, und so einfältig bin ich noch, und die Emfindung die Erinnerung zerreißt mich von allen Seiten ich möcht in Thränen wie eine Wolke mich in diesen auflösen. Verschweige was ich dir hier in einsamer Nacht vertrau, ich habs noch niemals irgendeinem gesagt

Die Fortsetzung zu diesem Text fehlt, doch ist ein »Schluß« überliefert, der die Episode abrundet. Nach einer Störung durch eine ungenannte Person, bei der sich Bettine auf Geheiß Goethes schlafend stellt, kommt es angeblich zu weiteren verfänglichen Avancen des Dichters:

Aber von jenem Abend will ich noch weiter sagen; da kam jemand und störte uns der wollte mit ihm sprechen; im Gespräch ging er bis zu dem Ort wo das Bett stand er nahm ein Kissen vom Bett und warf mirs zu aufs Soffa, da legt ich mich drauf und that als schlafe ich ein und der Besuch dauerte Wohl eine halbe Stunde und wie wir wieder allein waren da rief er weil ich mich nicht regte: »Nun schläft das Häschen« Da sprang ich auf und legte das Kissen wieder zurecht auf dem Bett und dann hing ich mich an seinen Hals der vor mir stand, und lauschte den lauten Schlagen in seiner Brust Da sagte er: »Ach lägst du diese Nacht da mit mir!« Wie freudig war ich daß er meiner begehre ich konnt es kaum glauben daß ich ihm so lieb sei, und: O! dacht ich, was wär

das für Seeligkeit ohne Ende eine ganze Nacht seinem Athem
lauschen seinen süssen Reden, und Liebkosungen erfinden mit
Ihm dem die irdische Wirklichkeit keine gröbere war, der er
beim Höchsten hätte entsagen mögen sondern der die süsseste
Nahrung der Unsterblichkeit aus ihr sog. – Ich war so freudig,
ich sagte ich will kommen; »ja willst du kommen? – « O ich will
kommen rief ich, und küßt ihn, und lief rasch über die Gänge
weg hinauf in mein Zimmer und kniete vor mein Bett und verbarg das Gesicht in den Kissen und kniete so, lange und dann
ging ich zu den Andern Da rief der Savigny: Aber Bettine dir
Trönen Pauken und Trompeten aus den Augen, wo kommst du
her was hast du vor, ich schwieg, ich war so lustig, ich konnt auf
der Erde nicht stehen ich kletterte von einem Ort zum anderen
über Stühle Tisch und Schränke immer heimlich wie ein Kätzchen auf das kein Mensch achtet die andern saßen bei Tisch,
dann endlich ging ich hinauf in mein Schlafzimmer, dort zog
ich die Oberkleider ab und in den Pelz gewickelt, (ich erinnere
mich noch der Pelz war mit Silber grauem Kragen der mir gar
wohlstand,) schlich ich die Stiege hinunter in den Hof, um zu
sehen ob sein Licht noch brenne, im Hof war ein kleiner Garten
abgeschlossen mit Blancken mit vielen Beeten voll Blumen Nelken und Astern, da hatte ich Mittags eine Katze zwischen durch
streifen sehen, und sich zwischen den Blumen hin und wieder
durchdrängen, das that ihr gar zu wohl, und ich wär so gern im
Gärtchen gewesen um mit der Katze zu spielen aber die Wirthin
hatte es nicht erlauben wollen, jezt in der Nacht wo niemand
mehr auf war kletterte ich schnell über die Blanken und legte
mich mitten ins Asternfeld und die Blumen nickten alle um
mich, und es war mir so wohl, da sah ich nach seinen erleuchteten Fenstern, und konnte dem süssen inneren Seeligsein nicht
widerstehen ich träumte und Träumte, vielleicht schlief ich? – ja
ich schlief, aber ich fühle daß dort über hinter jenen Fenstern
einer heiß an mich dachte, und so dachte ich nicht im Traum der
Zeit die verging und als ich die Augen wieder öffnete da wars
kühl geworden, und die Nacht war nur noch grau und dort am
Horizont wie wenn es sich röthe. Aber ich war schnell aufge-
sprungen und die Blumen die Nelken wollte ich mitnehmen
denn ich dachte die würden ihm so gefallen, und ich nahm mich

noch in Acht den Thau nicht abzuschütteln wie ich herüber-
kletterte und so kam ich leise auf den Fußspitzen bis zu seiner
Thür, die war geklefft und lehnt mich an den Thürpfosten, und
dachte gewiß schläft er, und glaubt nicht mehr daß ich noch
komme, und wenn er nun im Schlaf nicht so schön wär wie
gestern Abend, ich stritt lang mit mir ob ich herein gehen solle,
und dann endlich ging ich herein aber rückwärts um ihn nicht
anzusehen, und so nahm ich das Kopfkissen was er auf dem
Stuhl am Bett hatte liegen lassen, das legte ich auf die Erde am
Fußende des Bettes dalegte ich mich drauf in meinen Pelz ein-
gehüllt mit meinem großen Blumenstrauß im Arm, so schlief ich
wieder ein. plözlich da Tönte ein Posthorn, ich fuhr auf es war
Tag geworden das Posthorn war das unsre wir sollten am jenem
Morgen abreisen ich schlich zur Thür legte den Strauß auf die
Schwelle zum Wahrzeigen daß ich da gewesen war, aber ich sah
ihn nicht an. vor der Thür rief er mich beim Namen Bettine rief
er, ich blieb draus stehen, und sagte: Goethe ich hab heute Nacht
bei dir geschlafen Ich weiß es sagte er, ich hab die ganze Zeit auf
dich gesehen. Aber nun komm nicht wieder herein, sonst bist du
und ich verloren.

Sehr deutlich schimmert hier wieder das literarische Vorbild dieser
geschilderten Szene durch: Bettine verhält sich wie Mignon; sie
verbringt eine Nacht im Freien, um ihrem Geliebten nahe zu sein
wie das androgyne geheimnisvolle Wesen in Goethes *Wilhelm-
Meister*-Roman. Durch die Erwähnung Savignys und des korrek-
ten Abreisedatums (am nächsten Tag nach der Begegnung) erweckt
sie jedoch den Anschein, authentisch in allen Details zu schildern,
was tatsächlich in Teplitz passierte. Dem Verdacht, sie habe eine
Episode erfunden, beugt sie auf diese Weise vor. *Goethes Briefwechsel mit einem Kinde* soll authentisch wirken.

Doch Bettine wußte wohl um das Provozierende dieser nächtlichen Szene und schreckte offenbar dann doch davor zurück, diesen
Text zu veröffentlichen. Die Mignon-Szene mit der Übernachtung
im Freien ähnelt zwar dem hinzugedichteten nächtlichen Besuch
in der Rochus-Kapelle, aber das Angebot Goethes, eine Nacht bei
ihm zu verbringen, bedeutet eine Grenzüberschreitung, die das
zeitgenössische Publikum ihres Buches wohl doch nicht toleriert
hätte. Bettines Phantasie war mit ihr durchgegangen, und sie ver-

warf den Text. Vielleicht wurde diese Entscheidung durch die Vorbehalte ihres Bruders ausgelöst, der nach dem Lesen der ersten
Druckbogen seine Bedenken gegen die freizügige, aber doch vergleichsweise harmlose Darstellung der ersten Begegnung Bettines
mit Goethe – in Weimar – äußerte.

Auch die Reaktion Goethes nach der Begegnung in Teplitz läßt
darauf schließen, daß Bettine arg übertreibt und ihre Schilderungen nachträglich ausgeschmückt und zugespitzt hat. Der knappe
Brief jedenfalls, den er noch kurz vor seiner Abreise aus Teplitz am
17. August an Bettine schreibt, deutet nicht darauf hin, daß sich in
der Beziehung des ungleichen Paares eine entscheidende Verände-
rung vollzogen hätte. Goethe hat mitgebrachte Blätter von ihr, wie
er schreibt, »fleißig gelesen« und schließt mit der Formel »Gehe
dir's wohl!« Auch Bettine geht in ihrer Antwort nur mit einem Satz
auf die Begegnung in Teplitz ein: »seitdem wir in Töpliz zusammen
gesessen haben, kann ich keine Complimente mehr mit Dir machen, Buchstabier Dich Durch, wie damals durch mein Geschwäz.
schreib ich denn nicht immer was ich schon hunderttausendmal
gesagt habe?«

Wie geht es nach dem Zwischenspiel in Bukowan und Teplitz
weiter? Bettine trifft in der zweiten Augusthälfte mit Savignys in
Berlin ein und wohnt bei Schwester und Schwager am Monbijou-
Platz Nr. 1, trifft sich häufig mit Clemens und Achim, hält jedoch
den brieflichen Kontakt mit Goethe und Freyberg aufrecht. Am
25. Oktober bittet Goethe sie um »einen großen Gefallen«: »Ich
will dir nämlich bekennen daß ich im Begriff bin meine Bekennt-
nisse zu schreiben, daraus mag nun ein Roman oder eine Geschichte werden, das läßt sich nicht voraussehn; aber in jedem Fall bedarf
ich deiner Beyhülfe. Meine gute Mutter ist abgeschieden und so
manche andre die mir das Vergangne wieder hervor rufen könnten,
das ich meistens vergessen habe. Nun hast du eine schöne Zeit mit
der theuren Mutter gelebt, hast ihre Mährchen und Anecdoten
wiederhohlt vernommen und trägst und hegst alles im frischen
belebenden Gedächtniß. Setze Dich also nur gleich hin und schreibe nieder was sich auf mich und die Meinigen bezieht und du wirst
mich dadurch sehr erfreuen und verbinden. Schicke von Zeit zu
Zeit etwas und sprich mir dabey von dir und deiner Umgebung.
Liebe mich bis zum Wiedersehn.«

Bettine antwortet am 4. November und schickt ihm das ge-
wünschte Material in mehreren Sendungen mit dem Kommentar:
»was Du verlangst hat für mich immer den Werth daß ich es der
Gabe würdig achte; ich gebe daher die Nahrung das Leben zweier
regen Jahre gern in Deine Gewahrsam es ist wenig in Bezug auf
viel, aber unendlich, weil es einzig ist ... Deine Mutter gebahr Dich
in ihrem 17ten Jahr, und im 76ten konnte sie alles noch mitleben,
was in Deinen ersten Jahren vorging ... sie war damals ... 1 Jahr
verheirathet, 3 Tage bedachtest Du Dich eh Du ans Weltlicht
kamst, und machtest der Mutter schwehre Stunden; aus Zorn
daß Dich die Noth aus dem eingebohrnen Wohnort trieb, und
durch die Mißhandlung der Amme kamst Du ganz schwarz und
ohne Lebenszeigen. sie legten Dich in einen so genannten
Fleischarden [eine Fleischmulde] mit Wein und bäheten Dir die
Herzgrube, ganz an Deinem Leben verzweiflend. Deine Großmutter stand hinter dem Bett, als Du zuerst die Augen aufschlugst
rief sie hervor: Räthin! er Lebt! ›da erwachte mein mütterliches
Herz und lebte seit dem in fortwährender Begeistrung bis zu dieser
Stunde‹ sagte sie mir in ihrem 75ten Jahr. Dein Großvater der der
Stadt ein herrlicher Bürger und damals Syndicus war, wendete stets
Zufall und Unfall zum Wohl der Stadt an, und so wurde auch
Deine schwehre Geburt die Veranlaßung daß die Stadt einen Ac-
coucheur für die Armen einsezte. ›schon in der Wiege war er den
Menschen eine Wohlthat‹, sagte die Mutter. sie legte Dich an ihre
Brust allein Du warst nicht zum Saugen zu bringen. Da wurde Dir
eine Amme gegeben: ›an dieser hat er mit rechtem Appetit und
Behaagen getruncken, da es sich nun fand‹ sagte sie ›daß ich keine
Milch hatte, so merckten wir bald daß er gescheuter gewesen war
wie wir alle, da er nicht an mir trinken wollte.‹

———

Siehst Du nun bist Du einmal gebohren, nun kann ich schon immer
ein wenig pausieren. nun bist Du einmal da, ein jeder Augenblick ist
mir lieb genug um dabei zu verweilen, ich mag den zweiten nicht
herbei rufen daß er mich vom ersten wegdräne ... Räthin er lebt
das Wort ging mir immer durch Marck und Bein so oft die Mutter es
im erhöhten FreudenTon vortrug das Schwerdt der Gefahr, hängt
oft an einem Haar, aber der Seegen einer Ewigkeit, liegt oft in einem
Blick der Gnade, kann man bei Deiner Geburth wohl sagen.«

Goethes Geburtshaus in Frankfurt, Stich von F. W. Delkeskamp, 1824

Erst im Weihnachtsbrief 1810 berichtet Bettine in einem kurzen Absatz über ihre Verlobung mit Arnim in Berlin: »am 4ten December war kalt und schauerlich Wetter, es wechselte ab im Schneien, regnen und Eisen; da hielt ich Verlobung mit Arnim unter freiem Himmel um 9 Uhr Abends in einem Hof wo hohe Bäume stunden, von denen der Wind den Regen auf uns herabschüttelte, es kam von ungefehr. – Was hab ich nun besser zu thun, als Dein Herz warm zu halten! Die Unterweste hab ich so schmeichelnd warm gemacht als mir nur möglich. Denk an mich.«Auf die mitgeschickte »warme Glanzweste«, auf die Bettine hier anspielt, reagiert Goethe in seinem Brief vom 11. Januar 1811 mit Dank, auf die lakonische Anzeige der Verlobung mit Arnim mit keinem Wort.

Dabei war die Verlobung, ebenso wie die heimliche Hochzeit ein Vierteljahr später (am 11. März 1811) mit der anschließenden Rückkehr der Verheirateten in das jeweilige Domizil, zumindest sehr ungewöhnlich. Auch Savignys, bei denen Bettine in Berlin wohnte, erfuhren nämlich erst nach Tagen von der vollzogenen Trauung und glaubten zunächst, Bettine habe wieder einmal eine ihrer Phantasiegeschichten erzählt, als sie darüber berichtete. Allerdings war man seit der Weihnachtsfeier bei Savignys 1810 grundsätzlich von dem Eheplan unterrichtet, und auch Franz Brentano in Frankfurt war informiert, da er die notwendigen Papiere beschaffen mußte; allein Clemens war nicht eingeweiht und fiel aus allen Wolken.

Da Arnim den Hang seines Freundes kannte, Klatsch und Tratsch mit hämischen Kommentaren weiterzugeben, verriet er Clemens weder sein Bettine gegebenes Versprechen noch die geplante Hochzeit, und diese Verschwiegenheit nahm Brentano Freund und Schwester zunächst sehr übel. Später bat er – vergeblich – darum, als dritter in diesen Bund aufgenommen zu werden.

Zur Verlobung kam es – so Arnims Bericht an seinen Onkel Schlitz – »vor einem Haus, wohin ich sie zu einer langweiligen Gesellschaft führte«. Das junge Paar war zu Gast bei Sara Levy, »einer der großen Jüdinnen von Berlin, in deren Haus Hinter dem Packhof 3 Arnim einmal kurze Zeit gewohnt hatte«. Hildegard Baumgart schildert, was bei diesem Besuch geschah: »Madame Levy wurde gerade frisiert, als das Paar kam – sie war sehr konservativ und trug daher wahrscheinlich noch die Perücke, die Vorschrift für die verheirateten Jüdinnen war, damit kein anderer Mann ihre Haare sah. Kamen sie also zu früh – oder war es der legere Stil der Berliner Salons? ›Hör Er, Friseur! bau Er der Madame Levy nur heute was Ordentliches auf, denn ich hab' unten eben mit dem Arnim Verspruch gehalten!‹ rief Bettine und löste damit die Feierlichkeit der Stimmung und vielleicht die Peinlichkeit des zu frühen Erscheinens auf.«

Bettines Äußerungen, die aus Fanny Lewalds *Erinnerungen* stammen, zeigen, wie unbefangen Arnim und Bettine zu diesem Zeitpunkt in dem berühmten Salon auftraten. Zur Bedeutung dieses Salons heißt es in einem Standardwerk zur Geschichte der Berliner Salons: »Um 1800 hatte sich das gastfreundliche Levysche Haus zu einem Salon entwickelt, der ein halbes Jahrhundert lang bestand. In den Jahren 1800 bis 1820 verkehrten besonders viele interessante Gäste dort, u. a. Schleiermacher, Zelter, E. T. A. Hoffmann und Fichte.« Drei der genannten Gäste gehörten auch zu Arnims *Christlich-deutscher Tischgesellschaft*, die nach ihren Statuten keine Juden aufnahm. So stellt sich die Frage, was es mit dem plötzlich in Berlin virulenten Antisemitismus auf sich hat? Ist es Arnim allein, der hier mit Gründung der Tischgesellschaft eine fatale Entwicklung auslöst? Inwieweit sind Bettine und Clemens bei dieser Gründung involviert?

Bettine setzte sich ihr Leben lang für die Belange der Juden und die Eigenständigkeit ihrer Kultur und Religion ein. Sie tritt in den Briefen des *Frühlingskranz* für das jüdische Mädchen Veilchen ein und wendet sich in ihrem Spätwerk *Gespräche mit Dämonen* energisch gegen die Diskriminierung der Juden in Preußen und plädiert für Gleichberechtigung und Bewahrung jüdischer Traditionen, von denen Christen nach ihrer Meinung viel lernen könnten. Arnim dagegen formuliert bald nach diesem Verlobungstermin die Ausgrenzungsformel der *Christlich-deutschen Tischgesellschaft*. Auch nach deren Gründung besucht er den Salon von Sara Levy, gerät aber dort im Juni 1811 mit ihrem Neffen Moritz Itzig aneinander.

Mit der Familie Itzig hatten die Arnims schlechte Erfahrungen gemacht. Frau von Labes, Arnims Großmutter, hatte 1808 einen Wechsel unterschrieben und sich damit »in der Juden Hände gebracht«, wie sie ihrem Enkel schreibt. An diesem Geschäft waren die Berliner Bankiers Alexander und Berend Itzig beteiligt, und Arnims Problem war es, die fällig werdenden Wechsel in Höhe von 20 000 Reichstalern abzulösen. Auf 43 635 Reichstaler soll sich die Gesamtschuldensumme der Arnimschen Güter um diese Zeit belaufen haben, und der Gutsherr mußte immer wieder Verhandlungen mit jüdischen Bankiers führen.

Der Streit Arnims mit Moritz Itzig, der nicht unmittelbar mit der Verschuldung zu tun hat, zeigt, wie angespannt die Stimmung in Berlin nach Gründung der *Christlich-deutschen Tischgesellschaft* ist. Moritz Itzig behauptet, Arnim sei in den Salon seiner Tante gar nicht eingeladen worden, was in den Berliner Salons allerdings gar nicht üblich war. Es gehörte zum Prinzip der literarischen Salons, daß formelle Einladungen nicht ausgesprochen oder verschickt wurden. Als Gründungsvater der Tischgesellschaft war Arnim nach Meinung des Neffen jedoch unerwünscht, und es entstand eine »lächerliche Streitigkeit«, wie Arnim Wilhelm Grimm berichtet: »Ein junger Jude, Moritz Itzig, nahm die Gelegenheit eines Mißverständnisses, wodurch ich zu seiner Tante, Mad. Levi, gekommen war, indem ich glaubte, eingeladen zu sein, es aber nicht gewesen bin, mir zu schreiben, daß ich mit unritterlichen Waffen gegen seine Glaubensgenossen fechten thäte, ich möchte mich ihm als Mann zeigen. Ich wies ihn sehr gelinde zurecht, der Kerl wurde grob, ich schrieb ihm, daß ich ihn fordern würde, wenn meine Familie es nicht zu schimpflich hielte, daß ich mich mit einem Juden schlüge.«

Als Arnim die Duellforderung ablehnt – Juden galten nicht als satisfaktionsfähig – greift ihn Itzig bei einem Besuch im Badehaus mit einem Stock an: »Ich sass im Badehause und lass in der Zeitung von den Schnürbrüsten, es war am Tage wo Du abreistest, war mit drey hundert Thalern bepackt und hundsmüde, trit ein fremder Mensch herein, springt mit erhobnem Stock auf mich schimpfend los, ich habe meinen Stock zum Glück an der Hand, pariere aus, haue nach, er taumelt und blutet, ich drück ihn an die Erde, übergeb ihn den Badeknechten in der Meinung, es sey ein Wahnwitziger, er aber schreit mir zu, er sey der Moritz Itzig, worauf ich die Sache der Justiz übergeben, die an dem Juden nach Herzenslust examinirt. Mir ist die Katastrophe das Liebste, denn die Geschichte

hat mich innerlich in der Hitze durch das dumme Gerede so tief
gekränkt, dass sich meine Natur endlich in einer Ruhr Luft machte,
von der mich Dr. Meyer kurirte.«

Alle vierzehn Tage versammelt sich die Anfang 1811 von Arnim
gegründete *Christlich-deutsche Tischgesellschaft*. Die Gründungs-
mitglieder gehören zur intellektuellen Elite Berlins. Künstler, Gelehrte, Politiker, von denen die meisten bis heute einen guten
Namen haben, finden sich zusammen: Alberti, Arnim, von Barde-
leben, Beckedorff, Brentano, Brühl, Bülow, Bury, Clausewitz,
Dohna, Eichhorn, Fichte, Gerlach, Göschen, Kleist, Lichnowsky,
(Adam) Müller, Pistor, Pfuel, Radziwill, Reichardt, Reimer,
Savigny, Schleiermacher, Staegemann, Zelter.

Stefan Nienhaus, der sich gründlich mit der Geschichte dieser
Gesellschaft und den erhaltenen Dokumenten beschäftigt hat, faßt
zusammen: »In der Tischgesellschaft waren Spitzenfunktionäre
der Regierung Hardenberg wie Staegemann und von Raumer versammelt, künstlerisch tätige Adelige wie der Fürst von Radzivill,
die führenden Köpfe der Berliner Universität wie Savigny, Fichte
und Wolfart und der Hofprediger Schleiermacher, die Scharnhorst-
Schüler von Clausewitz und von Hedemann, der Baumeister und
Goethe-Vertraute Zelter, schließlich auch ›freischwebende‹ Intellektuelle wie Adam Müller oder Clemens Brentano ... Insgesamt
kommt man auf 82 Namen.«

Der Ausschluß von Juden – auch der getauften – zeigt die Ver-
änderung des politischen und geistigen Klimas in Berlin seit der
französischen Besetzung an. Die liberale Tradition eines Mendels-
sohn – Vorbild von Lessings *Nathan dem Weisen* –, die noch in
dem Salon seiner Tochter Dorothea oder bei deren Freundin Rahel
Levin nachwirkte, schien vergessen. In Arnims *Tischgesellschaft*
waren diese Frauen nicht erwünscht, und selbst Künstler wie Felix
Mendelssohn-Bartholdy oder Heinrich Heine hätten ausgeschlossen werden müssen.

Wie Bettine zur Gründung ihres Mannes stand, ist nicht bekannt. Clemens nahm opportunistisch die antijüdischen Tendenzen der Tischgesellschaft in seiner *Philistersatire* auf und orientier-
te sich dabei offensichtlich an Arnims kurz zuvor entstandenem
Doppeldrama *Halle und Jerusalem*, in dem behauptet wird, daß
die Philister »mit allen Juden unter einer Decke« stecken. Die

Konzeption seiner bereits in Jena vorgetragenen frühromantischen
Satire wird damit radikal verändert, das Werk verliert an Über-
zeugungskraft, da es abenteuerlicher Begründungen bedarf, um
Philister und Juden, die der Bibel zufolge zwei verschiedene, ver-
feindete Stämme bilden, nun miteinander zu identifizieren. »Juden
und Philister sind entgegengesetzte Pole; was bei den ersten in den
Samen, ist bei den letzteren ins Kraut geschossen«, formuliert
Brentano, und in den Erläuterungen zur beigefügten Kupfertafel
heißt es: »Diese Figur stellt einen Kompaß vor ... Der Philister
macht mit dem Unterteil des Juden den Nordpol, der Jude mit dem
Unterteil des Philisters den Südpol, beide treten die Welt mit Füßen, und umarmen sich allein selbst, um sich ihren ineinander verliebten Widerwillen gegeneinander zu bezeigen, und halte ich diese
Figur für das Abbild aller Schlangen in allen Paradiesen.« Recht
gewaltsam und auch künstlerisch wenig überzeugend stellt Clemens in den hinzugedichteten Rahmenteilen seiner Jenaer *Natur-
geschichte des Philisters* eine Verbindung von Juden- und Philister-
thematik her und erreicht es, daß die Tischgesellschaft – wie
Varnhagen zu berichten weißt – nach seinem Vortrag »jubelte
und schrie vor Vergnügen ... Alle Mitglieder erhoben sich, um-
drängten Brentano und schmeichelten ihm wahrhaft huldigend. Es
war sein größter Triumph.« Von Julius Eduard Hitzig und Friedrich de la Motte-Fouqué allerdings soll der Dichter nach dieser
Lesung als »welscher Teufel« bezeichnet worden sein.

Brentanos Dichtungen, die in dieser Zeit entstehen und die sich
an der politischen Stimmung in Preußen orientieren, kommen an.
Vielleicht war er nie in seinem Leben so populär wie in dieser
Berliner Zeit, als er in rasch publizierten Werken Themen aufnahm,
die alle bewegen. Bereits im Jahr vor Gründung der Tischgesellschaft schreibt er Kantaten, die fast so etwas wie Staatsaufträge
sind und zugleich der Stimmung in der Stadt entgegenkommen.
Allerdings gibt es in diesen Texten keinerlei antijudaistische Tendenzen, nur der Patriotismus feiert fröhliche Urständ. So verfaßt
Brentano nach dem Tode der preußischen Königin die *Kantate auf
den Tod ihrer Königlichen Majestät, Louise von Preußen,* und
verklärt die bei den Berlinern beliebte Luise zu einer engelgleichen,
reinen Lichtgestalt, zur Märtyrerin in »eiserner Zeit«:

Ach, des Leides Maß, voll war es nicht
In eiserner Zeit
Sind die Schwerter unzählige
Und überschwenglich
Ist der Becher der Not!

Die Tränen brechen aus,
Sollen wir sprechen aus,
Wie Sie gewesen ist,
Die nun genesen ist,
Von allem Leid,
   Die in der Krone Glanz,
   Die in der Blumen Kranz
   Glorreich und huldreich war,
   Die ein Gestirne klar
   Stand in der Zeit.

Als Reichardts Vertonung dieser Kantate bei den Proben in Berlin wenig Beifall findet, wendet sich Brentano an Beethoven, der jedoch den preußischen Luisen-Kult von Wien aus distanziert betrachtet und ablehnt.

Ein zweiter Kantatentext, zu dem Reichardt ebenfalls die Musik komponierte, ist eine Auftragsarbeit zur Eröffnung der Berliner Universität am 15. Oktober 1810. Die auf den Geburtstag des Kronprinzen gelegte offizielle Einweihungsfeier wird jedoch abgesagt, Brentanos Text erscheint lediglich im Druck. Vielleicht befürchtet die Berliner Verwaltung nationalistische, die preußische Tradition stärkende Demonstrationen, die das Verhältnis zur französischen Besatzungsmacht, mit der es einen offiziellen Friedensvertrag gibt, stören könnten. Die Kantate, die zwar patriotisch die deutsche Geschichte darstellt, aber keinerlei französenfeindliche Tendenzen entwickelt, darf zum vorgesehenen Termin in Berlin nicht aufgeführt werden, doch erscheint der Text in den *Berliner Abendbättern* – gleichzeitig mit einem von Kleist bearbeiteten Gedicht Arnims: *Der Studenten erstes Lebehoch bei der Ankunft in Berlin am 15ten Oktober.*

Die für Clemens überraschende Hochzeit Arnims mit Bettine am 11. März 1811 beendet das Gemeinschaftsleben der beiden Freun-

de abrupt. Arnim lebt mit Clemens im Hause der Pistors auf eng-
stem Raum zusammen, verschweigt ihm jedoch die Verlobung und
den Hochzeitstermin. Der Freund nimmt diese Geheimhaltung
zunächst übel, und es kommt nach Hochzeit und Auszug Arnims
zu einem überraschenden Zusammentreffen auf einer Berliner Gesellschaft, die von beiden als peinlich empfunden wird.

Beide schreiben einander am 20. April 1811 versöhnliche Briefe,
die zu einer raschen Wiederannäherung führen. Arnim entschuldigt sein Verhalten mit seiner Befürchtung, Clemens hätte durch
Klatschereien die geplante Ehe noch gefährden können. Zur »Ursach meiner Aengstlichkeit in Beziehung auf meine Frau« erläutert
er: »in Hinsicht dessen was Du von meiner Frau erzählst, so muß
ich Dich an manche Erzählung erinnern, die du verschiednen von
ihr gemacht und die nicht wenig zu dem fatalen Aufsehen beyge-
tragen hat, worunter sie im Anfange ihres hiesigen Aufenthaltes
hat leiden müssen und was sie von den meisten Gesellschaften zu-
rückschreckte, ferner denk daran, daß du in dem bedeutensten
Wendepunkte meiner innern Geschichte und meines Verhältnisses
zu Bettinen durch eine ganz falsche Erzählung von ihr und Freyberg das Glück, was mir jezt geworden, fast gänzlich zerstört hättest; die traurigen Tage, die du mir damals damit gemacht hast, sind
dir längst vergeben und vergessen, doch wirst du meine Vorsicht
natürlich finden.«

Dann formuliert er weitere schwere Vorwürfe und macht seinen
Freund dafür verantwortlich, daß es immer wieder zu Entfrem-
dungen zwischen Bettine und ihm gekommen war: »Denk daran,
wie Du Bettinen oft durch Erzählungen wie ich ausschweifend sey,
wovon Du nie etwas ersehen hast, geärgert und von mir abgewendet hast, doch alles das hat sich gegenseitig erklärt, es ist vorbey,
aber es darf nicht ungenutzt vorbeygegangen seyn es muß Dich
überzeugen, daß die blosse Gleichgültigkeit das Heimlichere zur
Unterhaltung zu machen, was einem gesagt allen zu überlassen, oft
ebenso viel oft mehr als böse Absicht schaden kann, das Ungewisse
nimmt den Schein der Ueberzeugung an und die Menschen lassen
sich nie leichter darstellen, als wie mans gänzlich mißversteht.
Genug davon für immer, was ich in dir geliebt habe und liebe ist
von je an ganz unabhängig gewesen von dem, was ich nie in Dir
geliebt habe.«

Clemens antwortet noch am gleichen Tage und gebärdet sich als »verzweifelter Emigrant«, der nun – von aller Welt verlassen – nach einer Bleibe suchen müsse: »Ich bin nicht gestern schnell von dir weggegangen, weil du mich gekränkt, sondern weil ich in meiner Seele so tief kranck und traurig bin, als ich es jemals in meinem Leben geweßen, ich trat schon in dein Hauß mit einer Betrübniß, die mich seit mehreren Wochen zerreißt, und deren Ende ich nicht absehe, da ich nun so still in deinem Garten stand, und die [Pistorschen] Kinder sah und dich und Betine herumhandthieren, und mich mit meiner ganzen Seele, mit meinem Leben tief traurig und erstickt fühlte, und wie ein eingeschlafenes Glied, stieß mich deine Anrede zurück, nicht von dir, nur von der ganzen Welt, ich war ganz vernichtet, ganz zertreten, aber ich habe noch keinen Augenblick gelebt, ohne dich innig und aufrichtig zu lieben. Es war mir wie dem verzweifelten Emigranten, dem unser Vater eine Bouteille Wein schenckte, und der, da er die dunckle Treppe in seine Kammer hinauf gieng, ausglitt, und sie zerbrach, sich aus Betrübniß drüber das Leben nahm.«

Dann geht er auf Arnims Vorwurf mangelnder Diskretion ein: »Daß meine Äußerungen, die ich je über Betinen gethan ... ihr geschadet, für diesen Glauben in dir kann Sie dich mit aller Liebe nie belohnen ... Ich habe nie etwas von ihr gesagt, als daß Sie sehr geistreich, sehr talentvoll sehr gut, aber in ihrer Erscheinung kindlicher und naiver sey, als dieß sich sonst wo zußammen paße. Daß die Leute verkehrt von ihr sprachen, werde ich Ihnen nie verdencken, habe ich Sie doch, seit ich sie kenne und liebe, häufiger in Gesellschaft so gesehen, daß ihr Wesen mir durch die Möglichkeit, es falsch aus zu legen, das Herz zerriß, als anders, und ich habe mich dadurch ja selbst oft geängstet gefunden, nur mit ihr auf der Straße zu gehen.«

An eine geplante Hochzeit von Freyberg und Bettine habe er wirklich geglaubt, bekennt Clemens seinem Freund: »Daß ich dir von Freiberg und ihr sprach, habe ich damals von ganzer Seele gethan, wenn es mich gleich viele Mühe gekostet, ich wuste damals nicht, daß du Sie heurathen wolltest, du hattest dich nie drüber erklärt, sie selbst hatte mir ein mahl auf ihre Art erklärt, dich zu heuraten habe sie nie gedacht ... ich glaubte Gott weiß warum, sie liebe dich etwa wie den Göthe, und war fest versichert, sie werde den Freiberg heurathen.«

Zum Abschluß schildert er eine Szene, die verdeutlichen soll, daß ihm die Beziehung zwischen Bettine und Arnim schon seit langem seltsam und »drückend« schien. Seiner Schwester habe er bei dieser Gelegenheit Vorwürfe gemacht, weil er Mitleid mit seinem frustrierten Freund empfand: »Ich fuhr mit Bettinen in einer Kutsche; ihr hattet noch nie erklärt, daß ihr euch wolltet, mir schien das Verhältniß drückend in dem du als ein Fleisch und Bein mit ihr lebtest, ich fragte sie, ob sie dich nicht bald heurathen würde, sie äußerte sich auf ihre Art, da dencke sie gar nicht eigentlich dran, so sagte ich ihr, müße Sie auch nicht so handgreiflich zärtlich mit dir sein, sie fragte mich warum, ich sagte ihr, du seyst doch so ein gesunder und starker Mann, und es wäre mir fatal, daß ich dich in einer so unbefriedigten Erregtheit sehe, sie sagte, das verstehe Sie nicht, worauf ich erwiederte, wenn sie es nicht verstehe, sey sie kein Mensch, hierauf sagte sie mir: Sie glaube, du seyst gar nicht sinnlich, das kam mir übertrieben vor und darum unwahr, und als Sie mich weiter ausholte, ob du je ausschweifend gewesen, sagte ich ihr, daß ich das nicht wüste, daß ich aber glaube, wie ein gesunder und lebendiger und schöner Mann, der sich in edelmännischen Verhältnißen reisend in der Welt herumbewegt hätte, nicht eben eine Jungfer geblieben seyn könne, ich sey auch nie ausschweifend gewesen, wenn ich gleich von der Natur manches genoßen hätte, waß Sie mir gegeben. Vielleicht ist es unvernünftig geweßen, daß ich dies zu ihr sagte, aber sie hat mich auch dazu verführt, mit ihrer oft zu besonnenen Naivität. Dies Wäre meine Beichte, mein Freund, Sünden, die mich nur drücken, weil Sie dich gedrückt, meine Seele zu dir ist klar und rein, nimm sie, wie du kannst, sie läßt es sich gefallen, es verdient niemand deine ganze Liebe, am öftesten niemand als du.«

XII
»Sooft ich Deiner denke,
gehn mir tausend Herzen auf«
Berlin und Wiepersdorf, Weimar und Teplitz

Das junge Arnim-Paar lebt zunächst in Berlin, und alle Anzeichen
deuten darauf hin, daß dieses Zusammenleben trotz der langen und
nicht immer problemlosen Zeit der Freundschaft in eine Phase
nahezu unbeschwerten Glücks mündet. Die beiden schreiben einander zärtliche Billette. »Sooft ich Deiner denke, gehn mir tausend
Herzen auf und tausend Stimmen reden aus mir, und wo ich etwas
Liebes höre denke ich Dein, so sei Dir denn in Deinem Namen
B. B., liebe Bettine Brentano, liebe Beans Beor, tausendfach Glück
gewünscht von Deinem Amans Amor«, heißt es in einer undatier-
ten Nachricht Arnims, die auf die Scherznamen anspielt, die Arnim und Bettine aus ihren Initialen entwickelten. »Beglückend
werde ich beglückt« ist das lateinische Beans Beor zu übersetzen,
und »Liebend werde ich geliebt« ist die deutsche Übersetzung von
Amans Amor. Noch auf einem Brief von 1815 führt Bettine das
»Beans Beor« auf einem ihrer Siegel.
   Am Hochzeitsmorgen, dem 11. März 1811, schreibt der Bräutigam auf sein Billett:

                    An
           Fräulein Bettine Brentano
           Hiebey ein Hase
Sicher war es kein Betthupferl aus Schokolade, das Arnim hier
Bettine übermittelt, denn er war angehender Gutsherr mit einer
eignen Jagd. Vermutlich war es ein angestellter Jäger aus Wiepersdorf oder Zernikow, der das Jagdwild nach Berlin geschickt hatte,
wie Arnim selbst später Hasen, Rehe und Geflügel nach der Jagd
per Kutsche in die Großstadt expedierte. Für das Mädchen aus der
Großstadt Frankfurt war dieses Geschenk sicher eine deftige
Überraschung. Doch Arnim wäre nicht Dichter gewesen, wenn
er seinem Präsent nicht mit einigen anspielungsreichen Zeilen Be-

deutung verliehen hätte. Er schreibt:»Wem ein Hase vors Bette
kommt, dem bedeutets Glück, so ist mir heute geschehen und
ich sende ihn Dir, meinem Glücke; Der Jäger schreibt dabey, daß
die Jagdzeit geschlossen sey, wohl dann so beginnt die Liebeszeit
im Freyen und so folgen auch wir unbewust dem allgemeinen
Sinne und indem wir unsre Aerme um einander schlagen heben
wir sie beten zum Herren und fangen seine Gaben auf. – Ich bin
vor 11 Uhr mit dem Wagen vor Deiner Thüre.«

Dem Freund Wilhelm Grimm, der eine Zeitlang der dritte in der
Berliner Wohngemeinschaft von Arnim und Clemens gewesen
war, berichtet der junge Ehemann einen Monat später über die
Hochzeit, und am 11. Mai 1811 informiert Bettine Goethe. Aus
dem Brief Arnims geht hervor, wie die beiden vorgingen, um das
große Ereignis vor Clemens geheimzuhalten:»Nach der Trauung
führt ich eilig Bettinen nach Hause [zu Savignys] ... Erst abends
kam ich wie gewöhnlich zu Savigny ... Zum Glück für unsre
Heimlichkeit war Clemens schon seit einiger Zeit gewöhnt, weil
ich gern mit Bettinen noch etwas zusammenblieb, voran nach
Hause zu gehen; ich mußte ihm meinen Schlüssel geben, er wollte
ihn aufs Fenster für mich legen. Als er fort war, gingen Savignys
auch zu Bette, ich tat, als wenn ich Abschied nähme, trabte die
Treppe in Begleitung der kleinen Kammerjungfer herunter, als ob
ich schwerbeschlagene Hufeisen trüge, unten aber schlug ich die
Tür scheinbar zu, zog dann die Stiefel schnell aus und war in drei
Sprüngen in Bettines Zimmer, das mit großen Rosenstöcken und
Jasminen, zwischen welchen die Nachtlampe stand, sowohl durch
den grünen Schein der Blätter wie durch die zierlichen Schatten an
der Decke und Wand verziert war. Die Natur ist reich und milde,
was aber von Gott kommt und zu Gott kehrt, ist das Vertrauen.
Früh schlich ich mich unbemerkt fort.«

Ende März bezieht das Paar seine erste gemeinsame Wohnung in
einem Gartenhaus des Gräflich Vossischen Palais im Zentrum von
Berlin, das damals selbst in der Gegend der Prachtstraße Unter den
Linden noch recht ländlich war:»der Weg zu uns ist etwas be-
schwerlich und hält die überlästigen Seelen ab«, berichtet Arnim
Wilhelm Grimm. Auch Clemens zählt Arnim zu dieser Zeit wohl
als »lästige Seele«, denn die beiden fürchteten, daß er sich als Dritter in die junge Ehegemeinschaft hineindrängen oder Klatsch über

die junge Ehe in die Berliner Gesellschaft tragen könnte. Trotz des versöhnlichen Briefwechsels der beiden Freunde, der äußerlich den Frieden wieder hergestellt hatte, waren die Eheleute nicht gewillt, den »Exilierten« in die Hausgemeinschaft im Vossischen Gartenhaus aufzunehmen.

Für Clemens bedeutet die heimliche Hochzeit einen doppelt schmerzhaften Einschnitt: Mit einem Schlag hatte er seine Sonderrolle und den dominierenden Einfluß bei seiner Lieblingsschwester und bei seinem Busenfreund zugleich verloren. Die wenig später forcierte Freundschaft zu Friedrich Schinkel und seiner Frau Susanne dürfte sich zum Teil aus dieser Situation erklären. Er sucht Anschluß und Geborgenheit in einer neuen, unbelasteten und zugleich inspirierenden Künstlerfreundschaft, wie er sie mit seinem Herzbruder ein Jahrzehnt gepflegt hatte.

Bereits Anfang Juni stellt er Schinkel, den er vermutlich an der Liedertafel Zelters im Frühjahr 1811 näher kennengelernt hatte, dem Verleger Zimmer als einen »herrlichen kindlichen ernsten wundergeschickten Landschaftsmahler und Architeckten« vor und kündigt an, mit diesem »Geheimen OberBauAssesor Schinkel und seiner Frau eine kurze Reiße an den Rhein zu machen«. Der Plan wird nicht verwirklicht; statt dessen besuchen die beiden im Juli eine Versteigerung in Köpenick, über die Brentano einen launigen Bericht an Susanne Schinkel schickt, die sich vorübergehend in Stettin aufhält: »Geliebte Mitgenößin meines höchsten Gutes Geschwisterblume aus den berauschten Gärten unsres süßen Freundes! Süßere Doppelkirsche seines Weisheit tönenden Mundes«, beginnt sein Brief vom 17. Juli 1811, dem ein in Notenschrift aufgezeichnetes »Smorzando mit Schwebenden Pausen« als Motto vorausgeht. »Schöne und tugendhafte Unvernünftige«, heißt es in einem wenig später ebenfalls an Schinkels Ehefrau geschriebenen Brief, »wie konnten sie sich nur entschließen ihren Gatten, der jezt ganz meiner brennenden Leidenschaft hingegeben da er kein Gartenthürchen von Barets mehr vor sich hat, durch das er entwischen könnte, ach wie werden Sie den angenehmen bekehrten Wilden wiederkennen, stellen sie sich vor, er hat seit ihrer Abwesenheit erst einmahl von Fichtens, und zweimahl von Ihren Verdiensten mit mir gesprochen.«

Gemeinsam mit Schinkel reist Brentano im Juli 1811 nach

Karl Friedrich Schinkel, Bleistiftzeichnung von Wilhelm Hensel, 1824

Bukowan. Erste Station dieser Reise ist Muskau, wo sie einen »wunderlichen Aufenthalt bei dem Grafen Pückler« einlegen, der später für Bettine und ihr *Goethebuch* von großer Bedeutung werden sollte. Die Bezeichnung »wunderlich« kommt nicht von ungefähr, denn Fürst Pückler machte mit allerlei spektakulären Aktionen von sich reden. In Berlin soll er mit einem von weißen Hirschen gezogenen Gespann Unter den Linden gesehen worden sein. In Muskau verwandelte er riesige Ländereien zu beiden Seiten der Neiße in einen phantastischen Landschaftspark mit erweitertem Schloß und zahlreichen Gebäuden, die über Sichtachsen verbunden sind. Die dadurch aufgehäuften Schulden hoffte er durch einen kleinen Betrug loszuwerden. Pro forma ließ er sich von seiner Frau Lucie scheiden, um danach in England nach einer vermögenden Braut zu suchen – vergeblich, denn auch in England machten die Gerüchte über den heiratswilligen verarmten deutschen Fürsten die Runde, noch bevor er eintraf.

Von Muskau reisen die beiden in das böhmische Bad Teplitz weiter, wo Clemens Karl August Varnhagen von Ense, den Freund und späteren Ehemann Rahels, kennenlernt. Am 4. August schließlich treffen Brentano und Schinkel in Bukowan ein. Wenig später fährt der Freund nach Wien weiter, während sich Clemens in der kommenden Zeit abwechselnd in Bukowan und Prag aufhält.

Die Familie hatte ihn mit einer schwierigen Mission betraut: Er sollte die dilettantisch-poetische Gutsverwaltung seines Bruders Christian prüfen. Aus seinen Berichten, die u. a. an seine Schwäger Savigny und Arnim gehen, ist ersichtlich, daß er rasch die Überzeugung gewann, nur eine Ablösung von Christian könne den Weg frei machen für eine profitable Verwaltung des Gutes, und in diesem Sinne wendet sich Clemens aus Prag auch hilfesuchend an Arnim, der ja wegen Bettines Anteil an Bukowan ebenfalls betroffen ist. Er beschreibt ihm das sich abzeichnende Debakel und dringt darauf, »daß Christian Buckowan verläst, der sich und uns dort total ruinirt ... dein bestimmtes Urtheil über unsre Lage, deine Mitwirkung den Christian zu irgend einem Entschluß zu bringen, uns allen, und besonders mir, den man mit all seinem Hab und Gut in diese leere Mausefalle gelockt [ist] äußerst nöthig ... du bist nun einmahl unser Bruder, nun zeige dich uns als solcher in diesem Geschäfft, erscheine bald, du könntest ja Betinen auf die Vierzehn Tage in Weimar laßen und ich reise sodann mit dir biß auf die Gränze zurück, wenn du wüstest, wie ungemein nöthig es ist, so zögertest du keinen Augenblick.«

Arnim, der sicher ebenfalls ungeeignet war, die schwierige Situation auf dem Gut endgültig zu bereinigen, gelangt mit Bettine nur bis Weimar. Mit seiner Angetrauten war er am 18. August aus

Berlin über Halle nach Weimar gereist, was sicher auf Bettines
Wunsch zurückging, den verehrten Goethe erneut zu besuchen.
Doch die Visite gerät zu einem kleinen Skandal. Denn nun trifft
Bettine nicht auf den legeren Kurgast Goethe, der allein und ent-
spannt seine junge Verehrerin empfangen kann und sich die
Schmeicheleien der Mignon-Bettine gerne gefallen läßt, sondern
sie bekommt es zum ersten Mal mit Goethes Frau Christiane zu
tun.

Bei einem Ausstellungsbesuch treffen die beiden aufeinander,
und es kommt zu einem »heftigen und pöbelhaften Streit«, wie
Pauline Gotter an Schelling schreibt. Nach dieser Schilderung wurde Christiane handgreiflich, es entstand ein »Handgemenge ... in
dem sie der unglücklichen Bettina die Brille von der Nase gerissen
und auf dem Boden zertrümmert hat«. Bettine selbst reicherte den
Weimarer Klatsch noch zusätzlich an, indem sie – vermutlich auf
ein enges Kleid Christianes anspielend – kolportierte, »es wäre eine
Blutwurst toll geworden und hätte sie gebissen«.

Goethe selbst schweigt sich über diese Weimarer Begegnung aus,
aber er zieht seine Konsequenzen und antwortet danach auf Bettines Briefe nicht mehr, empfängt die Arnims auch nicht, als sie nach
einem Aufenthalt in Frankfurt Ende Januar 1812 erneut in Weimar
Station machen.

Bettine versucht daraufhin eine Klärung über Goethes Schwiegertochter Ottilie: »ich hätte es ihm unmöglich machen, sich von
mir loszusagen, durch mich mußte ihm nur harmonische Empfindung zuwachsen, und ich habe ihn vielleicht tausendfältig gestört,
doch ich weiß nichts davon, und mir ist es eine Erleichterung, mich
von Ihm gestraft und zu sehr gestraft zu empfinden, sagen Sie ihm
dies, und auch, daß die Quelle seines Unwillens, woher sie auch
immer fließe, verfälscht sei.« Goethe reagiert nicht.

Während der ersten Weimarvisite mit Arnim leidet Bettine bereits an »entsetzlichen Uebelkeiten«, die durch eine Schwangerschaft ausgelöst sind. Dieser Umstand mag zu den provozierenden
Überreaktionen Bettines beigetragen haben und führt auch dazu,
daß der Ehemann alle Pläne, von Weimar aus allein nach Bukowan
weiterzureisen, aufgibt. Über das Befinden seiner Frau meldet er
Clemens am 14. September aus Weimar: »hier entschied es sich mit
entsetzlichen Uebelkeiten, daß sie gesegneten Leibes, das ist nun

Christiane, Goethes Ehefrau

herrlich, aber es muß mit mancher Sorge errungen werden ... sie
wäre in der elendesten Einsamkeit hier geblieben, wenn ich nach
Böhmen gereist wäre. Dazu kam noch, daß ich wirklich sehr wenig
Gutes in Bukowan zu stiften wuste.« Danach meldet er sich bei
seinem Freund wieder aus Frankfurt und kann am 24. November
berichten: »Meine Frau, die Dich grüst, wird schon rundlich,
schlägt das Kindchen erst den Tackt, wenn sie singt, dann wollen

wir uns auf den Reisewagen setzen und nach Berlin ziehen, etwa in vier Wochen.«

Seine Ansicht zum Weimarer Eklat formuliert er in einem Brief an Savigny: »Ich muß damit anfangen, daß ich Euch meine Verwunderung mit einem Ausrufungszeichen! melde, in welchem schrecklichen Verhältnisse ich Göthe mit seiner ganzen umgebenden Welt angetroffen habe, ich hatte ihn bisher nur immer ein Paar Tage gesehen und die Leute in Weimar waren nicht recht aufrichtig geworden, diesmal aber eröffnete sich alles bey einer ärgerlichen Veranlassung. Die Geheimräthin [Christiane] wurde gegen meine Frau auf der öffentlichen Ausstellung von Zeichnungen ohne deren Veranlassung so grob, daß auf der einen Seite ihr heimlicher Groll hervorging, weil meine Frau wahrscheinlich mit ihren häufigen Besuchen ihrer Hurerey mit Schauspielern Hindernisse in den Weg legte; vielleicht auch, weil sie ihre Art Erzählerey und Offenherzigkeit fürchtete, während sie Göthe's Briefe heimlich erbricht, die Leute ohne sein Wissen abweist, auf der anderen Göthe's Schwäche, daß er, nachdem sie und ich ihm die Geschichte geschrieben, gar nichts weiter von sich hören ließ, da doch wahrhaftig alle Liebe, die meine Frau ihm bezeugt, wohl ein Paar entschuldigende freundliche Worte verdient hätte. Es hat sie tief gekränkt und alle brave Leute in Weimar fühlten ihre Kränkung so tief mit, daß jeder mit Trostgründen aus seiner eignen Geschichte kam ... Nachdem er meiner Frau in keiner Art irgend eine Genugthuung gegeben ging ich nicht mehr zu ihm ... daß er seine Frau nicht bändigt tuth mir leid, weil ich des wegen nimmermehr wieder mit ihm persönlich in nähere Bekanntschaft kommen mag: am Hofe sah ich ihn zum letztenmal, er grüste so freundlich, als wäre gar nichts geschehen, aber er vermied es durch die künstlichsten Märsche, daß ich ihn nicht anreden konnte.«

Die Darstellung Arnims mag sehr einseitig sein, denn er erklärt sich rückhaltlos solidarisch mit seiner Frau und charakterisiert die Weimarer Gesellschaft mit bösen Worten, doch ist vermutlich einiges wahr an seinem Bericht. Um den Fürsten Karl August und seinen Minister Goethe hatte sich eine Art Hofstaat gebildet. Bettine, die seine Exzellenz Goethe ohne jede Rücksicht auf Etikette provozierend duzte und umschwärmte, sah man als lästige oder gar gefährliche Rivalin um die Gunst des Hofdichters. Obwohl Christiane anfangs selbst vom Weimarer Adel und insbesondere von den Goethe-Verehrerinnen am Hofe geschnitten worden war, fiel sie nun ihrerseits über die jüngere Freundin ihres Mannes her und ließ ihrer Wut bei der ersten Gelegenheit einer persönlichen Begegnung freien Lauf.

Was genau bei dem Ausstellungsbesuch geschah, bleibt dennoch im dunkeln. Insbesondere ist unklar, was den Wutanfall der temperamentvollen Christiane auslöste. Eine Aufklärung der Vorgänge ist heute aber kaum noch möglich, weil mannigfache Übertreibungen die Wahrheit verdunkeln und der Hofklatsch der Residenzstadt die Tatsachen in kurzer Zeit überwucherte. Die wenigen schriftlichen Zeugnisse stammen nicht von Augenzeugen, und Briefe, die Bettine in dieser Sache an Goethe selbst schrieb, sind bis heute verschwunden, obwohl in der Regel in Weimar jedes Zettelchen des Meisters aufbewahrt wurde. Zu Arnims Brief hat sich lediglich ein Konzept (oder Exzerpt) erhalten, die Reinschrift fehlt ebenso wie jede Spur von Bettines Brief.

Sollte Arnim hier mit seinen Verdächtigungen zu Unterschlagungen der Korrespondenz durch Christiane recht haben, oder war es der Bettine ganz und gar nicht wohlgesonnene Goethe-Sekretär Riemer oder der Nachlaßverwalter Kanzler von Müller, die später vermeintlich diskriminierende Zeugnisse zur Korrespondenz Bettine–Goethe vernichteten? Der Eintrag Goethes in den ein Jahrzehnt später rückblickend geschriebenen »Tag- und Jahresheften« zu 1811 klingt jedenfalls versöhnlicher als alles, was der Weimarer Klatsch verbreitete, und verrät den Kern der Sache. Goethe ist es wohl tatsächlich leid, sich von den spontanen Liebesbekundungen Bettines, von ihrer gespielten Mignon-Naivität, die sich raffiniert mit weiblich aufreizenden Elementen paart, umschmeicheln zu lassen. Keinesfalls möchte er, daß sie mit ihren gezielten Provokationen seine Weimarer Kreise nachhaltig stört. Und so notiert er diplomatisch: »Das Ehepaar von Arnim hielt sich eine Zeitlang bei uns auf: ein altes Vertrauen hatte sich sogleich eingefunden; aber eben durch solche freie, unbedingte Mitteilungen erschien erst die Differenz, in die sich die ehemalige Übereinstimmung aufgelöst hatte. Wir schieden in Hoffnung einer künftigen glücklichen Annäherung.«

Am 4. Februar sind die beiden Arnims wieder in Berlin, am

5. Mai wird Bettines erster Sohn, Freimund geboren. Eine Darstellung der schwierigen Geburt gibt Bettine in ihrem letzten Brief an den Sohn im Jahre 1856, wobei die inzwischen 71jährige Mutter sich beim Geburtsjahr und Alter des Sohnes um ein Jahr irrt: Freimund wurde 1812 geboren und war 44 Jahre alt, als Bettine ihm die dramatische Geburtsgeschichte beschrieb.

Lieber Freimund!

Heute am 5ten May bist du auf die Welt gekommen das war anno 1813 [!] also bist du Heute 43 [!] jahr alt geworden Anno 13 habe ich viel Schmerzen um dich ausgestanden, der Accoujeur fragte deinen Vater »*wer soll gerettet werden, das Kind oder die Mutter?*« ich nahm das Wort und rief Laut, das Kind soll gerettet werden; denn dein Vater war in so großen Ängsten das er nicht sprechen konnte.

du kamst mit einer Glückskappe auf die Welt welche der Accoujeur in seine Tasche stecken wollte der Vater aber entriß sie ihm und vergrub sie in den kleinen Garten im Vossischen Gartenhaus, es war an einem Flek wo die Sonne hinschien, da sagte die Wartfrau dass Kind wird Sommersprossen bekommen und du hast auch viele Sommersprossen gehabt; der Vater hatte dich schon so lieb daß es ihm unmöglich war über Dich auszusprechen darum mußte er mein Wort gelten lassen wie einen Orakelspruch und so sind wir ihm beide gerettet worden; du hast mir dies alles tausendfach vergolten denn du bist mir Vater und Bruder und Sohn, behalte mich lieb.

Mutter

geschrieben am 5ten Mai.

1856

Was Bettine hier als Glückskappe beschreibt, ist ein Teil der Eihaut, der wie ein Helm des Neugeborenen mitgeboren und als Glückszeichen gewertet wurde.

Arnim beschreibt die wunderbare Erscheinung und die komplizierte Geburt mit der Geburtszange, wie er sie erlebte, in einem Brief an den Freund:

Lieber Clemens!

Sechs schwere Stunden – ein gesunder Knabe, Bettine nach den Umständen wohl. Doch wie es in so eiserner Zeit geht, der Knabe muste wegen seines dicken Kopfes und verwickelter Nabelschnur mit eisernen Zangen zur Welt gebracht werden, doch litt die Mutter dabey weniger als an den voraus gehenden vergeblichen Wehen. Aber denk dir, wie mir die Thränen flossen, als ich mit der einen Hand den Kopf der Bettine stützte, mit der andern Hand ihren Leib drückte und etwas hervorscheinen sah, das mir wie ein zerstücktes Kind erschien. Es brachte aber das Kind auf dem Kopfe einen Glückshelm zur Welt, den ich hochgepriesen habe, sobald ... das Haupt davon befreyt war, es ist ein wunderliches Symbol. Was ich gelitten, gebetet, und daß ich mich nach all der Noth des Kindes erst nur wenig erfreuen konnte, das weiß Gott und wirds mir nicht anrechnen

Berlin den 5 May 1812   Dein Achim Arnim

Mit der Geburt des ersten Kindes wird der Familienfideikommiß des Testaments von Arnims Großmutter wirksam. Savigny hatte sich bereits erleichtert gezeigt, als er von Arnim die Nachricht der Schwangerschaft erhielt: »Ich gesteh Dir, daß ich schon manchmal bekümmert war, ob denn das tiefdurchdachte System der guten Großmutter in Ermangelung des Enkels, auf welchen alles künstlich berechnet war, zu Schanden werden sollte, doch wird nichts zu Schanden als meine Sorge«, heißt es in seinem Brief vom 14. September 1811, der an den werdenden Vater ging.

Im Sommer des Jahres 1812 – also wenige Monate nach der Geburt von Freimund – reisen die beiden Arnims mit ihrem Kind noch einmal nach Böhmen, zu einem Badeaufenthalt in Teplitz. Zur gleichen Zeit ist Goethe dort, aber er meidet den Kontakt mit den Arnims. »Denk Dir«, schreibt Arnim am 26. Juli an Savigny, »Göthe und Beethoven hier und meine Frau doch nicht sonderlich amusirt, der erste will aber gar nichts von ihr wissen und der letzte kann gar nichts von ihr hören, der arme Teufel wird immer tauber und sein freundliches Lächeln dazu ist wirklich schmerzlich. Göthe wurde von meiner Frau im Garten angeredet, wandte sich aber mit einem Lebewohl fort. was man sich lange nicht eingestehen will, muß man amende [am Ende] wie eine Verwandlung annehmen daß seine Freundschaft ein mit Schmeicheleien und Geschenken mühsam erkauftes Weiberlehen war.« Dieser Bericht korrespondiert mit Goethes Nachricht an seine Frau: »Von Arnims nehme ich nicht die mindeste Notiz, ich bin sehr

Ludwig van Beethoven

froh, daß ich diese Tollhäusler los bin.« In die gleiche Richtung zielt sein Epigramm *Den Zudringlichen*:

> Was nicht zusammengeht, das soll sich meiden!
> Ich hindr' euch nicht, wo's euch beliebt, zu weiden:
> Denn ihr seid neu, und ich bin alt geboren.
> Macht, was ihr wollt, nur laßt mich ungeschoren.

Neben Goethe war – Arnim erwähnt es – noch ein anderer berühmter Mann in Teplitz, den Bettine bereits aus Wien kannte: Ludwig van Beethoven. Die drei Briefe, die er an Bettine schickte, veröffentlichte und verarbeitete sie mehrfach, nicht nur in den Briefromanen *Goethes Briefwechsel mit einem Kinde* und *Ilius Pamphilius und die Ambrosia*, sondern auch in zwei Zeitschriften, dem Nürnberger *Athenäum für Wissenschaft, Kunst und Leben* im Januar 1839 und im Berliner *Athenäum. Zeitschrift für das gebildete Deutschland* am 9. Januar 1841, wobei sie offensichtlich den Herausgebern der Journale die Originalhandschriften zeigte oder sogar zum Abdruck überließ, ein Verfahren, das für die stets von ihr unter Verschluß gehaltenen Goethe-Briefe, die nur als Bearbeitungen unter die Leute kommen sollten, nicht gilt. Dennoch wurden gerade diese Briefe Beethovens immer wieder als Fälschungen bezeichnet.

Die neuesten Recherchen zu diesen Ereignissen in Teplitz und zur Echtheit von Bettines mehrfach publizierten Autografen belegen, daß insbesondere eine hämische und weitgehend falsche Darstellung Oscar Fambachs aus dem Jahre 1971 zur Aussonderung von zwei vermeintlich gefälschten Briefen führte. Die Fakten sprechen inzwischen eindeutig für die Echtheit der Briefe, nicht nur bei den beiden Wiener Episteln von 1810, sondern auch bei dem nach der Teplitzer Begegnung von Beethoven geschriebenen und am meisten angefochtenen Brief des Komponisten.

Beethoven traf am 5. Juli 1812 auf halbem Weg von Prag nach Dresden in Teplitz ein. »Am 19., 20., 21. und 23. Juli traf er dort mit Goethe zusammen und verließ Teplitz am 25. oder 26. Juli. Bettina kam am 23. Juli mit Arnim, anderen Verwandten und ihrem neu geborenen Kind Freimund in Teplitz an. Das heißt, sie, Beethoven und Goethe befanden sich vom 23. Juli bis zu Beethovens Abreise am 25. oder 26. Juli zu gleicher Zeit in Teplitz.« Auch der Aufenthalt des »Hofes« entspricht der Datierung.

Ausschlaggebend für die Weigerung, Bettines Briefen gegen jede Wahrscheinlichkeit die Authentizität abzusprechen, ist offensichtlich bei Fambach das durch Bettines separate Publikation entstandene, eher negative Goethebild, die »Legende vom ›tiefgebückten‹ Goethe am Wege der Fürsten und Schranzen«. Fambach geht es als Goetheforscher wie den idealisierenden Hölderlin-Forschern, die dessen uneheliches Kind trotz aller Belege nicht wahrhaben wollten, weil nicht für möglich gehalten wurde, was dem hehren Dichterbild zu widersprechen schien. Er gehört zu den Klassikverklärern, die eine weiße Weste des wissenschaftlich erforschten Genies um jeden Preis nachweisen wollen. Dabei nimmt das Goethebild keinen Schaden, wenn die indifferente Haltung

Goethes in politischen Dingen und namentlich seine Eitelkeiten im Umgang mit den fürstlichen Hoheiten mit Beethovens leidenschaftlichem Fürstenhaß konfrontiert werden. In der Bettine-Ausgabe des Klassiker Verlags urteilt man differenzierter, schließt sich jedoch dennoch dem Votum Fambachs an: »Während der Brief vom 10. 2. 1812 authentisch ist, sind die beiden anderen – auf den 10. 8. 1810 und auf August 1812 datierten – wohl unecht und allenfalls aus originalen, heute verschollenen Briefen kompiliert« – eine Behauptung, die neuerdings mit gutem Grund von C. Edward Walden bestritten wird.

»Briefe von Beethoven«, berichtete bereits Moriz Carriere 1890, »hatte ich selber bei ihr in Händen und rieth zur Herausgabe. Sie wurden angezweifelt, es gelang mir, einen in der Handschriftensammlung von Philipp Nathusius aufzufinden, er entsprach dem Abdruck.«

Unbestritten ist, daß Bettine eine persönliche Bekanntschaft zwischen Goethe und Beethoven vermittelte. Denn Beethovens Brief, mit dem er sich bei Goethe einführte, und die Antwort Goethes sind gar nicht über Bettine überliefert und zweifellos authentisch. Beethovens Brief vom 12. April 1811, mit dem er bei Goethe anklopft, beruft sich sogar auf Bettine: »Bettine Brentano hat mich versichert daß Sie mich gütig ja sogar freundschaftlich aufnehmen würden, wie könnte ich aber an eine solche Aufnahme denken, indem ich nur imstande bin, Ihnen mit der größten Ehrerbietung, mit einem unaussprechlichen tiefen Gefühl für ihre herrlichen Schöpfungen zu nahen – Sie werden nächstens die Musik zu Egmont ... erhalten, diesen herrlichen Egmont, den ich, indem ich ihn eben so warm als ich ihn gelesen, wieder durch Sie gedacht, gefühlt und in Musik gegeben habe.« Goethe antwortete am 25. Juni 1811 mit der Einladung, gelegentlich nach Weimar zu kommen: »Die gute Bettine Brentano verdient wohl die Theilnahme, welche Sie ihr bewiesen haben. Sie spricht mit Entzücken und der lebhaftesten Neigung von Ihnen, und rechnet die Stunden, die sie mit Ihnen zugebracht, unter die glücklichsten ihres Lebens.«

Ende Juli 1812 kam es zu Begegnungen von Goethe und Beethoven in Teplitz, dann Anfang September noch einmal in Karlsbad: »zusammengefaßter, energischer, inniger habe ich noch keinen

Künstler gesehen«, stellt Goethe in seinem Brief an Christiane vom 19. Juli 1812 fest. Beethoven freilich äußerte sich in einem Brief an Breitkopf & Härtel am 9. August 1812 kritisch über seinen Gesprächspartner: »Göthe behagt die Hofluft sehr Mehr als einem Dichter ziemt, Es ist nicht vielmehr über die Lächerlichkeiten der Virtuosen hier zu reden, wenn Dichter, die als die ersten Lehrer der Nation angesehen sein sollten, über diesem schimmer alles andere vergessen können.« Diese Darstellung korrespondiert mit der Schilderung in Beethovens Brief an Bettine, der in dem Geruch steht, eine Fälschung zu sein. Die Bettine-Edition sieht den Zusammenhang der beiden Briefe so: »Bettine, die wahrscheinlich während dieses Sommers ebenfalls mit Beethoven zusammengetroffen war ... entwickelte wohl aus solchen Äußerungen einen Text, den sie bei der Erstveröffentlichung 1839 als Originalbrief Beethovens vom August 1812 ausgab.« Hier wäre zunächst zu klären, ob Bettine Beethovens Brief an Breitkopf & Härtel überhaupt im Wortlaut kennen konnte!

Der von Bettine veröffentlichte Text lautet:

Liebste, gute Bettine! Könige und Fürsten können wohl Professoren machen und Geheimräthe etc. und Titel und Ordensbänder umhängen, aber große Menschen können sie nicht machen, Geister, die über das Weltgeschmeiß hervorragen, das müssen sie wohl bleiben lassen zu machen, und damit muß man sie in Respect halten; wenn so zwei zusammen kommen, wie ich und der Göthe, da müssen diese großen Herren merken, was bei unser einem als groß gelten kann. Wir begegneten gestern auf dem Heimweg der ganzen Kaiserlichen Familie. Wir sahen sie von weitem kommen, und der Göthe machte sich von meiner Seite los, um sich an die Seite zu stellen; ich mochte sagen, was ich wollte, ich konnte ihn keinen Schritt weiter bringen, ich drückte meinen Hut auf den Kopf, knöpfte meinen Oberrock zu und ging mit untergeschlagenen Armen mitten durch den dicksten Haufen. – Fürsten und Schranzen haben Spalier gemacht, der Herzog Rudolph hat mir den Hut abgezogen, die Frau Kaiserin hat gegrüßt zuerst. – Die Herrschaften *kennen* mich. – Ich sah zu meinem wahren Spaß die Prozession an Göthe vorbei defiliren. Er stand mit abgezogenem Hut tief gebückt an der Seite. Dann hab ich ihm den Kopf gewaschen, ich gab kein Pardon und hab' ihm all seine Sünden vorgeworfen, am meisten *die* gegen Sie, liebste *Bettine*, wir hatten gerade von Ihnen gesprochen. Gott! hätte ich eine solche Zeit mit Ihnen haben können, wie *der*, das glauben Sie mir, ich hätte noch viel, viel mehr Großes hervorgebracht. Ein Musiker ist auch ein Dichter, er kann sich auch durch ein paar Augen plötzlich in eine schönere Welt versetzt fühlen, wo größere Geister sich mit ihm einen Spaß machen, und ihm recht tüchtige Aufgaben machen. Was kam mir nicht alles in den Sinn, wie ich Dich kennen lernte, auf der kleinen Sternwarte, während des herrlichen Mairegens, der war ganz fruchtbar auch für mich, die schönsten Thema's schlüpften damals aus Ihren Blicken in mein Herz, die einst die Welt noch entzücken sollen, wenn der *Beethoven* nicht mehr dirigirt. Schenkt mir Gott noch ein paar Jahre, dann muß ich Dich wieder sehen, liebe, liebe *Bettine*, so verlangt's die Stimme, die immer Recht behält in mir. Geister können einander auch lieben, ich werde immer um den Ihrigen werben. Ihr Beifall ist mir am liebsten in der ganzen Welt. Dem Göthe hab ich meine Meinung gesagt, wie der Beifall auf unser Einen wirkt, und daß man von seines Gleichen mit dem Verstand gehört sein will; Rührung paßt nur für Frauenzimmer (verzeih mir's), dem Mann muß Musik Feuer aus dem Geist schlagen. Ach liebstes Kind, wie lange ist's schon her, daß wir einerlei Meinung sind über alles!!! – Nichts ist gut, als eine schöne, gute Seele haben, die man in allem erkennt, vor der man sich nicht zu verstecken braucht. *Man muß was sein, wenn man was scheinen will*; die Welt muß einen erkennen, sie ist nicht immer ungerecht. Daran ist mir zwar nichts gelegen, weil ich ein höheres Ziel habe. – In Wien hoffe ich einen Brief von Ihnen, schreiben Sie bald, bald und recht viel; in 8 Tagen bin ich dort, der Hof geht morgen, heute speisen sie noch einmal. Er hat der Kaiserin die Rolle einstudiert, sein Herzog und er wollten, ich solle was von meiner Musik aufführen, ich habs beiden abgeschlagen, sie sind beide verliebt in chinesisch Porzelan, da ist Nachsicht von Nöthen, weil der Verstand die Oberhand verloren hat, aber ich spiele zu ihren Verkehrtheiten nicht auf, absurdes Zeug mach' ich nicht auf gemeine Kosten mit Fürstlichkeiten, die nie aus dieser Art Schulden kommen. Adieu,

Adieu Beste, dein letzter Brief lag eine ganze Nacht auf meinem
Herzen und erquickte mich da, Musikanten erlauben sich alles.
Gott wie lieb ich Sie!

Teplitz, August 1812   Dein treuster Freund und
                              tauber Bruder
                              Beethoven.

Was Bettine dann in ihren Briefen – den Originalen – über Beethoven an Goethe schreibt, steht zum Teil in starkem Kontrast zu
Zelters Meinung über den Komponisten und könnte zur Verstimmung im Verhältnis Bettine–Goethe sogar beigetragen haben. Aber
auch hier ist Bettines Ansicht heute zweifellos recht zu geben, und
Zelter, dem Goethe in musikalischen Dingen rückhaltlos vertraute,
ist als Komponist Beethoven derart unterlegen, daß man seinem
Urteil nicht folgen kann. Für ihn gehört Beethoven – so erklärt er
Goethe im Briefwechsel – zu den modischen »romantischen«
Komponisten minderer Qualität. Bettine aber hat das richtige Gespür für diese neue Musik und erkennt den Unterschied zu den
eher kargen Kompositionen des ehemaligen Maurermeisters Zelter.

Was steht in den überlieferten Briefen Bettines an Goethe? Ihre
Verehrung für den Komponisten verschweigt sie nicht. Im Brief
vom 28. Juli 1810 heißt es: »ich bin herrlich in mir selber, wo etwas
gutes ist da entwickelt sichs schnell an mir, und so auch dieser
Beethoven von dem ich Dir jezt sprechen will. man sagt er sey
hässlich; aber die Liebe die er zu Dir trägt hat ihm einen Panzer
angelegt indem er alle äusserlicher Schwachheit gegen mich gebor-
gen ist. jezt geb acht! an diesem geht die ganze Welt auf und nieder
wie«. Leider reißt die Handschrift hier ab und gerade die angekündigten Seiten mit Berichten über Beethoven fehlen. In der publizierten Fassung – in *Goethes Briefwechsel mit einem Kinde* –
lautet die Fortsetzung: »Beethoven, von dem ich Dir jetzt sprechen
will, und bei dem ich der Welt und deiner vergessen habe; ich bin
zwar unmündig, aber ich irre darum nicht, wenn ich ausspreche
(was jetzt vielleicht keiner versteht und glaubt), er schreite weit der
Bildung der ganzen Menschheit voran, und ob wir ihn je einholen?
– ich zweifle; möge er nur leben bis das gewaltige und erhabene
Rätsel, was in seinem Geiste liegt, zu seiner höchsten Vollendung
herangereift ist, ja, möge er sein höchstes Ziel erreichen, gewiß

dann läßt er den Schlüssel zu einer himmlischen Erkenntnis in unseren Händen, die uns der wahren Seligkeit um eine Stufe näher rückt ... Das ganze menschliche Treiben geht wie ein Uhrwerk an ihm auf und nieder, er allein erzeugt frei aus sich das Ungeahnte, Unerschaffne ... er selber sagte: ›wenn ich die Augen aufschlage, so muß ich seufzen, denn was ich sehe ist gegen meine Religion, und die Welt muß ich verachten, die nicht ahnt daß Musik höhere Offenbarung ist als alle Weisheit und Philosophie, sie ist der Wein, der zu neuen Erzeugungen begeistert, und ich bin der Bacchus, der für die Menschen diesen herrlichen Wein keltert und sie geistestrunken macht, wenn sie dann wieder nüchtern sind, dann haben sie allerlei gefischt was sie mit auf's *Trockne* bringen. – Keinen Freund hab ich, ich muß mit mir allein leben; ich weiß aber wohl daß Gott mir näher ist wie den andern in meiner Kunst, ich gehe ohne Furcht mit ihm um, ich hab ihn jedesmal erkannt und verstanden, mir ist auch gar nicht bange um meine Musik, die kann kein bös Schicksal haben, wem sie sich verständlich macht, der muß frei werden von all dem Elend, womit sich die andern schleppen.‹ – Dies alles hat mir Beethoven gesagt wie ich ihn zum erstenmal sah, mich durchdrang ein Gefühl von Ehrfurcht wie er sich mit so freundlicher Offenheit gegen mich äußerte, da ich ihm doch ganz unbedeutend sein mußte; auch war ich verwundert, denn man hatte mir gesagt, er sei ganz menschenscheu und lasse sich mit Niemand in ein Gespräch ein. Man fürchtete sich mich zu ihm zu führen, ich mußte ihn allein aufsuchen.«

Der Brief an Goethe dürfte in dieser Form für den Druck erweitert und aufbereitet sein – was allerdings die Frage der Authentizität der Beethoven-Zitate und der vollständig separat publizierten Briefe nicht berührt.

Ein Vergleich von Beethoven mit dem beim Komponieren eher dilettierenden Zelter ist im Originalbriefwechsel ebenfalls erhalten und wird Goethe nicht gefallen haben, war er doch der Meinung, daß Zelters schlichte Lieder weitaus höhere Qualitäten hätten als die Kompositionen der Romantiker. Bettine schreibt despektierlich: »Zelter läutet und bummelt mir Deine Lieder vor, wie eine Glocke die von einem faulen Küster angeläutet wird; es geht immer Bim, und zu späth wieder: Bam. sie fallen alle über einander her und zanken sich auß Zelter den Rigini, dieser den Reichardt, dieser den Himmel, und dieser wieder den Zelter, es könnte sich ein jeder selbst ausprügeln, so hätte er immer den andern einen größern Gefallen gethan, als wenn er ihn zum Conzert eingeladen hätte, nur die Toden sollen sie mir ruhen lassen, und den Beethoven, der durch seine fromme Natur schon auf ihr Erbtheil verzicht gethan hat. Das gilt aber alles nichts. lieber Freund! wer Dich lieb hat wie ich der singt Dich im tiefsten Herzen; daß kann aber keiner mit so breiten Knochen und so langer Weste. Schreib bald, schreib gleich, wenn Du wüstest wie in einem einzigen Wort von Dir oft ein schwehrer Traum gelöst wird; ruf mir nur zu: Kind ich bin ja bei Dir; dann ist alles gut. Thu es.«

Auch Passagen, die das Geniale von Beethoven darstellen, finden sich in den Originalbriefen und zeigen, daß Bettine hier ein sicheres Urteil besaß, das sie auch dem Zelter-Freund Goethe gegenüber frank und frei äußerte: »ein heimliches Gewahr-werden und wieder-verschwinden, thut seine Wirkung im Gemüth ohne seinen Ursprung mitzutheilen, – daher die plötzlich reife Erscheinung des Genies, das lang in ungebundner Verworrenheit zerstreut war, jedoch Stuffenweise erhöht ward, – (Beethoven). Dieß ist jezt der Zustand der Musick, daher das Genie immer einzelner, unerkanter dasteht, weil es seinen Weg nicht offenbar, sondern gleichsam ohne Rechenschaft, sich selber bewustloß macht.«

Am 11. Mai 1811 schreibt sie Goethe aus Berlin und zitiert aus einem ihrer Beethoven-Briefe: »Beethoven hat mir geschrieben, viel von Dir: ›wenn Sie Ihm schreiben so sagen Sie doch alles von mir was machen kann, daß er mir gut wird, denn ich ringe nach nichts als nach dieses Mannes Liebe; seit ich eine Vorstellung von ihm habe, bin ich nicht mehr so unglücklich als sonst; und ich dencke nicht mehr daß die Wellt wüste ist‹ seine Ouverture aus Egmont ist so herrlich, daß ich sie das beste mögte nennen Du wirst die ganze Musik schon haben denn er schrieb: ›ich schicke sie (die Musik) nächstens an Goethe, die ich aus Liebe, aus reiner Liebe zu ihm gemacht habe. – ich weiß es drängt sich alles an Dich, jeder will Dir nah gewesen seyn, jeder sucht sich zu beweisen durch die Ehrfurcht die er vor Dir hegt, *mit leerer Brust gehen sie umher und schallen Deinen Nahmen* – ich will keinen verderben, den Du Freund nennst aber Beethoven ist keiner von diesen, er ist unbefangen und reichen Seegen hat er durch Dich, mit allen

Kräften einer freien Natur hat er Dich aufgefaßt, er ist ein lebendiger Zeuge Deiner Herrlichkeit.«

Mit diesen knappen Zitaten aus Beethovens Briefen und positiven Äußerungen zum musikalischen Genie Beethovens läßt Bettine es in ihrer Publikation nicht bewenden. Hier gerät sie ins
Schwärmen und ist sicher auch durch die mittlerweile publizierten
Beethovendichtungen beeinflußt, die Clemens nach seinem Wien-
aufenthalt 1814 veröffentlichte. Den Zyklus beginnt Brentano mit
der Darstellung des »einsamen Genies« Beethoven:

> Einsamkeit, du Geisterbronnen,
> Mutter aller heil'gen Quellen,
> Zauberspiegel innrer Sonnen,
> Die berauschet überschwellen,
> Seit ich durft' in deine Wonnen
> Das betrübte Leben stellen,
> ...
>
> Hab zu tönen ich begonnen,
> Und nun klingen all die hellen
> Sternenchöre meiner Seele,
> ...
>
> Gott, dein Himmel faßt mich in den Haaren,
> Deine Erde zieht mich in die Hölle,
> Gott, wie soll ich doch mein Herz bewahren,
> Daß ich deine Schätze sicherstelle,
> Also fleht der Sänger und es fließen
> Seine Klagen hin wie Feuerbronnen,
> Die mit weiten Meeren ihn umschließen;
> ...
>
> Selig, wer ohne Sinne
> Schwebt, wie ein Geist auf dem Wasser,
> ...
>
> Selbst sich nur wissend und dichtend
> Schafft er die Welt, die er selbst ist,
> ...
>
> Einsam ist er und dient nicht,
> So auch der Sänger!

Brentano sieht in Beethoven einen verwandten Geist, er kann sich – anders als Goethe und sein Freund Zelter – dieser romantischen Musik öffnen und stellt in seinem Gedichtzyklus *Nachklänge Beethovenscher Musik* die ungeheure Wirkung von Beethovens Kompositionen kongenial dar. Das entspricht Bettines Blickwinkel, und manche Passagen ihres *Goethebuchs* nehmen Leitmotive – wie die Einsamkeit des Genies – aus dem Zyklus des Bruders auf, der im übrigen auch das Heroische und die Freiheitsthematik am Beispiel der Schlachtenmusik und der 7. Sinfonie Beethovens darstellt. Aufführungen der beiden Kompositionen hatte er in Wien erlebt, und er feierte nun *Wellingtons Sieg bei Vittoria* in seinem lyrischen Zyklus.

Die ausführliche Kritik an Goethe, wie sie der später separat abgedruckte Brief Beethovens enthält, erscheint weder in ihren überlieferten Briefen an Goethe noch in ihrer Goethe-Publikation, die ja lediglich Auszüge aus ihren Beethovenbriefen aufnimmt. Sie nimmt Rücksicht auf den Adressaten und ihr Lesepublikum, denn dieses Buch ist als Hymne auf den großen Dichter angelegt, und Beethovens dekuvrierende Äußerungen hätten dieses Goethebild beschädigt. Daraus resultiert Bettines sehr kluge, in ihrer Buchstrategie konsequente Entscheidung, diese Briefe des Komponisten später zu veröffentlichen – bezeichnenderweise in Publikationsorganen der goethekritischen Junghegelianer, die vorher ihr *Goethebuch* gegen den Strich gelesen und in Rezensionen als Destruktion Goethes gewertet hatten.

Dagegen finden wir im *Goethebuch* weitere hymnische Passagen, die Beethoven und Goethe als Künstler gleichen genialen Ranges darstellen. Nur ein Bruchteil davon findet sich in den überlieferten Originalbriefen an Goethe. Angeblich war Bettine schon in Offenbach von Beethovens Musik beeindruckt, denn sie nennt ihn unter anderen bekannten Komponisten bereits in ihren Erinnerungen an die Kindheit bei der Großmutter La Roche: »Wie ich aus dem Kloster kam nach Offenbach, da lag ich im Garten auf dem Rasen und hörte Salieri und Winter und Mozart und Cherubini und Haydn und Beethoven. Das alles umschwärmte mich; ich begriff's weder mit den Ohren noch mit dem Verstand, aber ich fühlte es doch.«

Vernichtend ist das indirekte Urteil über den »gelehrten« Komponisten, den »Holzbock« Zelter: »Sonderbares Schicksal der Musiksprache nicht verstanden zu werden. Daher immer die Wut gegen das was noch nicht gehört war, daher der Ausdruck: unerhört. Dem Genie in der Musik steht der Gelehrte in der Musik allemal als ein Holzbock gegenüber (Zelter muß vermeiden dem Beethoven gegenüber zu stehen), das Bekannte verträgt er, nicht weil er es begreift sondern weil er es gewohnt ist, wie der Esel den täglichen Weg. Was kann einer noch, wenn er auch alles wollte, so lang er nicht mit dem Genius sein eignes Leben führt da er nicht Rechenschaft zu geben hat, und die Gelehrsamkeit ihm nicht hinein pfuschen darf.« Das ist starker Tobak für einen Zelter-Freund – und Bettine formulierte und veröffentlichte dieses scharfe, aus heutiger Sicht aber zutreffende Urteil erst nach Goethes Tod.

XIII
»Bettine führt die Haushaltung selbst«
Abschied vom Berliner Leben

Am 16. März 1813 erklärt Preußen Frankreich den Krieg. Am
nächsten Tag erläßt Friedrich Wilhelm III. seinen Aufruf *An mein
Volk*, und wenig später wird in Berlin der Landsturm formiert.
Unter den Verwandten und Freunden Bettines schließen sich fast
alle Männer – Savigny, Arnim, Schinkel – diesem Verteidigungs-
verband patriotischer Bürger an, die den gut ausgebildeten, kriegs-
erfahrenen Truppen Napoleons allerdings wenig entgegenzusetzen
haben. Einzig Clemens, der sich in Prag aufhält und als Bürger der
Freien Reichsstadt Frankfurt keinen preußischen Patriotismus
entwickelt, entfernt sich noch weiter vom möglichen Kriegsschau-
platz und siedelt nach Wien über. Seine antimilitärische Haltung
hatte er Arnim gegenüber bereits drastisch zum Ausdruck gebracht, als dieser bei seinem Besuch in Weimar Ende 1805 erwog,
sich den Truppen des preußischen Prinzen Louis Ferdinand anzuschließen. Nach Brentanos Auffassung war die eigentliche
Schlacht für Dichter wie Arnim auf dem Pegasus zu schlagen,
und er mahnte den Freund: »Alles hat zwei Seiten, lieber Arnim,
der Kerl, der hinter dir steht, steht hinter manchem braven Soldaten, aber nicht oft hinter dem Dichter... Göthens Dasein, das sich
so from entzückt, ist es nicht herrlicher, größer, ewiger, ich möchte
sagen tapferer, als jenes des herrlichsten Siegers, und ist denn die
Lage unsers Vaterlands so schrecklich, da es des Tods seiner Götter
bedarf, um es zu erlösen ... lieber Arnim, sei doch eine Minute
eitel, und bleibe ein Dichter; Göthe hat einstens zu Friedrich Tieck
gesagt, er wundre sich, daß Preußen keinen Dichter habe, als [Karl
Wilhelm] Rammler, Gott segne dich, lieber, rette doch dein Vaterland, steige auf dein Flügelroß, und mache eine Bresche in Göthens
Litterairgeschichte.«
Als im Mai 1813 die Einnahme Berlins durch die französischen
Truppen droht, haben die meisten Familien der höheren Kreise die

Hauptstadt bereits verlassen. »Nun kam die Zeit«, schreibt Bettine rückblickend 1816, »wo alle Frauen flüchteten, meine Schwester [Gunda] drang in mich, mit ihr zu gehen; es war mir unmöglich, eine Stunde auf meine Sicherheit anzuwenden, die ich in Arnims Nähe noch verleben konnte, und wenn es auch nur noch höchstens 8 Tage währen konnte, daß wir ungetrennt blieben, so waren ja diese Tage um so köstlicher überfüllt, und es war gerade darum die heiligste, bedeutendste Zeit meines Verhältnisses zu ihm, die ich um keinen Preis wegschleudern durfte.« Gunda wandte sich mit ihren Kindern ins Böhmische, nach Bukowan, doch Bettine, die ihr zweites Kind erwartete, harrte in Berlin aus.

Am 17. Juli wird der Landsturm, bei dem Arnim den Rang eines Hauptmanns und Vizechefs eines Bataillons einnahm, bereits wieder aufgelöst. Der enttäuschte Patriot formuliert am 28. Juli ein Schreiben an den preußischen König, in dem er ihn bittet, »ein Ehrendenkmal auf den Landsturm ... auf einer der vom Landsturm errichteten Schanzen« anzulegen. »Das Denkmal sollte eine Zusammenstellung der Waffen des Landsturms unter einer Krone darstellen ... Eine Inschrift müßte in Deutlichkeit und Kürze die Tage dem Gedächtnisse bewahren, an welchen sich das französische Heer aus Furcht vor dem Landsturme zurückzog.«

Es waren wohl eher strategische Überlegungen und nicht »Furcht«, die Napoleons Entscheidung beeinflußten, Berlin nicht anzugreifen. Das erkennt schließlich auch der Verfasser dieser Petition, denn es folgt eine eher realistische Darstellung der Lage. Die Berliner Truppe hätte, so formuliert Arnim, »bei unsrer damaligen Ungeübtheit, bei dem Mangel an Waffen, unter der Führung alter hinfälliger Offiziere, die der ganzen Sache höchst abgeneigt waren ... einem, wie es uns schien, unvermeidlichen Untergange« entgegengesehen. Denn trotz der Schwächung in Moskau war Napoleon den Berliner Freiwilligen allemal überlegen. Nun galt ein brüchiger Waffenstillstand. Einen Tag nach Ablauf der Waffenstillstandsfrist, am 11. August, erklärt jedoch auch Österreich Napoleon den Krieg, und vom 16. bis 19. Oktober kommt es in der Völkerschlacht bei Leipzig zur Niederlage der Franzosen.

Ein koloriertes Flugblatt, auf dessen Rückseite Arnim seinen Brief an Clemens vom August 1813 schreibt, weist auf dieses Ende voraus. Es zeigt zwei Soldaten, die über Napoleons Rußlandfeldzug spotten, mit der Unterschrift: »Wer zuletzt lacht, lacht am besten.« Am 14. September 1812 hatten die Franzosen Moskau erreicht, nach dem Brand von Moskau trat die Große Armee am 19. Oktober ihren entbehrungs- und verlustreichen Rückzug aus Rußland an, und es begann die Serie von Niederlagen, die Napoleons Herrschaft in Europa beendete.

Am 2. Oktober 1813 wird der zweite Arnim-Sohn geboren. Bettine plant einen Namen, der die Zeitumstände widerspiegelt. Wenn Elisabeth von Staegemanns Bericht stimmt, so wollte sie ihren Sohn zunächst auf den Namen »Dreizehntche« oder »Landstürmerche« taufen. »Der Prediger Rietschel habe sich aber geweigert, ihn so zu taufen, unter dem Vorgeben, daß es keine christlichen Namen wären«, heißt es. So entschloß sich das Paar, auf das siegreiche Ende der Auseinandersetzungen mit Napoleon Bezug zu nehmen, und der Sohn erhielt den Namen Siegmund.

Einen Lagebericht zur persönlichen Situation der Familie schickt der Vater Mitte November an Clemens nach Wien: »Meine Vermögensumstände sind in hohem Grade drückend, ich bin fast ohne Einkommen und ernähre mich von der Heraugabe des Preuss: Correspondenten bis zu Niebuhrs Rückkehr, der bringt mir monatlich für unzähliges Laufen und Schmieren 30 rtl [Reichstaler] ein, dennoch kann ich ehrenhalber meine hiesigen Verhältnisse nicht aufgeben, auch muß ich auf zwey Söhne denken. Der zweyte Lucas Siegmund ist den 2ten Oktober während des Umziehens hieher in Savignys Quartiere geboren, hat schwarzes Haar, wird Bettine ähnlich, er ruft den Sieg tag und nacht aus, das ist eine von den Plagen. Dann giebt es noch viele Plagen, die in doppelten Haushaltungen wohl häufig vorkommen mögen, genug, ich sehne mich nach einem eignen Heerde und denke im Frühlinge Beerwalde zu beziehen. Eben denke ich daran, daß ich des Postgelds wegen enger schreiben muß.«

Der sprichwörtliche »eigene Herd« in Berlin ist für die Arnims – das macht er seinem Freund klar – zunächst nicht zu finanzieren. Die vierköpfige Familie zieht in die Wohnung Savignys, Oberwallstr. 3 ein, doch kündigt Arnim bereits die geplante Übersiedlung nach Wiepersdorf an, das zu Arnims »Ländchen Bärwalde« bei Jüterbog gehört. Es ist ein Aufenthalt auf Probe für die Sommerzeit, denn vorerst hat Arnim noch nicht entschieden, ob die

Familie auf Dauer in dem 80 Kilometer von Berlin entfernten ländlichen Wiepersdorf ihren Wohnsitz wählen wird.

Grund für die vorläufige Entscheidung ist die angespannte Finanzlage. Die Einnahmen der Güter reichen nicht aus, um der Familie ein standesgemäßes unabhängiges Leben in Berlin zu ermöglichen. Zahlreiche Prozesse, die Arnim mit Unterstützung Savignys zu führen hat, tragen zur unsicheren Lage bei, und die Mitgift Bettines aus dem Brentano-Erbe will Arnim nicht in Anspruch nehmen. Alle seine Versuche, im Staatsdienst Fuß zu fassen, haben sich ebenso zerschlagen wie die vagen Pläne, eine Universitätskarriere einzuschlagen. Mit seinen Publikationen kann Arnim keinen Blumentopf gewinnen, die vorübergehende Redaktion der patriotischen Zeitschrift *Der preußische Korrespondent* mag seinen literarisch-patriotischen Neigungen entgegenkommen, bringt ihm aber nur einen Hungerlohn ein. Auch mit poetischen Büchern ist in den schweren Krisenzeiten kein Lebensunterhalt zu gewinnen.

Dabei hatte es Arnim an Fleiß nicht fehlen lassen; in dichter Folge waren Bücher von ihm erschienen: 1809 die Novellensammlung *Der Wintergarten*, 1810 der zweibändige Roman *Armuth Reichthum Schuld und Buße der Gräfin Dolores*, 1811 die Gryphius-Bearbeitung *Halle und Jerusalem. Studentenspiel und Pilgerabentheuer*, 1812 erneut eine Novellensammlung und 1813 schließlich ein *Schaubühne* betitelter Band mit einer Reihe von Bühnenstücken.

Als Clemens von den vermeintlich aussichtsreichen Perspektiven am Wiener Theater berichtet, schickt ihm Arnim seine *Schaubühne* mit dem Kommentar: »wenn Du mit den Theaterdirektoren dicke dran bist, so frag sie doch ob sie nicht die Befreiung von Wesel, den Jann oder die Mißverständnisse« – alles Titel seiner Theaterstücke – »aufführen wollen, doch möglich ohne meinen Namen, und mit der Bitte mir noch viel Geld dafür zu geben, denn seit der Landsturm aufgehoben ists mein Eigenthum.«

Clemens findet drei Stücke, nämlich: »Wesel, Appelmänner und Auerhahn ... ganz ungemein vortrefflich, Wesel ganz Klassisch ... wäre es nicht gedruckt, ich würde es gewiß mit kleinen Veränderungen die Religion und Croaten betreffend, auf die Bühne bringen können, aber für gedruckte Stücke erhält man nichts, auch hier ist die Bühne Geldarm, doch ist der Kreiß der Schauspiele weit

größer als in Berlin ... Die Appelmänner sind ganz herrlich, sie
müßten bei Beschränkung der Rede, und mit einem tragischen End
von der ungeheuersten tragischen Wirkung sein.«

Offensichtlich macht sich Brentano sogar daran, die *Befreiung
von Wesel* für die Wiener Bühne zu überarbeiten: »Waß den Wesel
angeht, habe ich es jezt abschreiben laßen, und die Stellen die das
Lutherthum betreffen, weggestrichen, um es vielleicht als Mspt
[Manuskript] auf die Bühne zu bringen. Der Gewinn wird klein
sein, denn die Bühnen sind durch liederliche Wirthschaft hier so
herunter, daß dem Direktor Lobkowitz von den Schauspielern,
die seit 11 Monat keine Gage erhalten, 6 Staatskutschen, alle Mö-
bel, aller Wein, kurz waß er hat Konfiszirt ist, es ist ein Skandal,
und doch sind 6 hiesige Theater täglich angefüllt, es ist eine Thea-
terwuht im Volk, das bei der gänzlichen Verbotenheit, jeder ge-
schloßenen Gesellschaft, jedes Kränzchens und Picknicks und
Gastmahls ... kein anders Vergnügen hat.« Neben der Vettern-
und Mißwirtschaft an den Theatern ist es die politische Situation,
die sich auch in Wien als eine lastende »Schwühle der Zeit« nieder-
schlägt und die Behörden zu Zensurmaßnahmen im Bühnenbe-
trieb veranlaßt. Metternich befürchtet, daß sich patriotische Bestrebungen – wie in Tirol – gegen die Regierungsmacht wenden
könnten. In Wien hat sich bereits eine nationalistische, antifranzö-
sische Stimmung ausgebreitet, die nicht gefördert werden soll, solange die Lage in Europa so unübersichtlich und Napoleon noch
gefährlich ist. Metternich taktiert, er will Österreich vor einer In-
vasion bewahren, aber auch Frankreich als Gegengewicht gegen
Preußen erhalten. So ist sein geheimes Ziel, das Reich Napoleons
auf das französische Kernland zu reduzieren.

Unter diesen besonderen Umständen finden die Themen von
Brentano und Arnim auch bei einer oberflächlichen Anpassung
der Texte auf die Wiener Situation bei den Zensoren keinen An-
klang. Auch war Clemens, dem diplomatisches Verhalten grundsätzlich nicht lag, sicher nicht der geeignete »Agent« für seinen
Freund. Dennoch macht er ihm sogar vage Hoffnungen, die von
ihm selbst erhoffte Stelle des in den Befreiungskriegen gefallenen
Theaterdichters Theodor Körner anzutreten: »Wärst du hier, es
könnte dir bei deiner Schnelligkeit der Produckzion sehr leicht
sein, die Stelle des bei Wallmoden gebliebenen Hoftheaterdichters

Körner zu erhalten, er hatte fix 1500 fl und stand sich auf 3000 unter den angenehmsten Verhältnißen, dafür lieferte er 3 Stücke jährlich, die noch extra honorirt wurden. Man sucht einen neuen, ich bin zu ängstlich, zu persönlich, zu langsam, zu ungeschickt im Connexionensuchen, mich drum zu bewerben, ich bin versichert, ja gewiß, wenn du hier wärst, nur 6 Wochen, du hättest die Stelle schon für Wesel und die Misverständn[i]e, willst du emigriren, so thue es hierher, ich bringe dann auch meine Bibliothek her, und arbeite mit, fürs Theater könntest du viel, hier alles thun. Aber es fodert einen baldigen Entschluß, ich bin versichert, so etwas würde dich bei deinem Character, und deinem Talent glücklich machen und ganz deine Spähre sein.«

Daß der aufrechte und patriotische Preuße Arnim »im Connexionensuchen« in Wien mehr Erfolg gehabt hätte als Brentano, ist unwahrscheinlich. Auch die Idee, Arnims Stücke mit der Aufschrift »von einem preusischen Landsturmmann« einzureichen, war in Wien – jedenfalls bei der Zensurbehörde – kaum erfolgsträchtig. Vermutlich lenkt Clemens mit seinem fragwürdigen Angebot an den Freund hauptsächlich davon ab, daß er selbst auf die Position des Hoftheaterdichters spekulierte.

Doch sosehr er sich auch bemüht, patriotisch und volkstümlich zu schreiben und die Dramen des Freundes und seine eigenen zu »verwienern«, ein durchschlagender Erfolg stellt sich nicht ein. Für die Außenseiter aus dem Norden ist das schnelle, leichte Geld auf der Wiener Bühne nicht zu verdienen. Kein einziges Stück Arnims wird angenommen, und es gelingt Clemens auch nicht, seinen rasch zusammengeschusterten patriotischen Texten zu den Siegen über Napoleon zum Erfolg auf der Bühne zu verhelfen.

Dabei sind die verschiedenen Projekte, die er Anfang Dezember auflistet, dieses Mal tatsächlich so weit gediehen, wie er in seinem Brief an den Freund behauptet. Das »Intrigenstück«, das er Goethe 1802 geschickt hatte, *Ponce de Leon*, ist unter dem Titel *Valeria oder Vaterlist* für die Bühne überarbeitet, in wenigen Details auch »politisiert«. Am 18. Februar 1814 kommt es – unzureichend geprobt – im Burgtheater zur Aufführung, fällt aber beim Publikum bereits bei der Premiere durch. Der Autor veröffentlicht eine Reihe von Artikeln, um dieses Desaster zu erklären, verläßt zum Schluß Wien jedoch im Zorn, zumal auch die weiteren Theaterprojekte kaum erfolgreich sind: *Viktoria und ihre Geschwister* hatte Clemens Ende Oktober 1813 bereits abgeschlossen. Er beschreibt das Stück Arnim gegenüber als »groses Festspiel, das einen ganzen Abend füllt, voll Leben und Getümmel und in recht braven Versen auf den Leipziger Sieg«. Nach seiner Angabe ist es »in Vierzehn Tagen, mit einer Anstrengung, die ich nicht gekannt bis jezt, geschrieben«. Gedruckt wird dieses Festspiel erst 1817 in Berlin; zur Aufführung der Gelegenheitsdichtung scheint es nie gekommen zu sein.

In seinem Brief an Arnim listet Clemens weiter auf: »mit der Bearbeitung der Libussa [Die Gründung Prags] für die Bühne bin ich ... fertig« – das Stück gerät zu einem opulenten Lesedrama ohne Chancen auf eine Bühnenrealisation – »ein Festspiel die Siegsfeier Deutschlands am Rhein hab ich eingereicht.« Diese Siegsfeier dürfte eine erste Fassung des Festspiels der Flußgötter sein, die erst 1841 unter dem Titel *Am Rhein, am Rhein* in Wilhelm Gubitz' Taschenbuch *Blätter und Blüthen* im Druck erscheint. Einen ähnlichen Text – als Kantate angelegt und auf die Kriegserklärung Österreichs an Napoleon vom 11. August bezogen – trägt den lustigen Titel *Österreichs Adlergejauchze und Wappengruß in Krieg und Sieg* und wird immerhin 1814 im Wiener *Taschenbuch für die vaterländische Geschichte* publiziert. Nach Auseinandersetzungen mit der Zensur war eine erste Fassung vom *Adlergejauchze* auf der Leopoldstädter Bühne vorgetragen worden.

Trotz der problematischen Zusammenarbeit mit der Theaterdirektion macht Clemens seinem Freund im Dezember 1813 immer noch Hoffnungen: »Die Befreiung von Wesel habe ich, wie auch die Mißverständniße zweimahl abgeschrieben ... Bei alle dem ist jezt Geld mit dem Theater hier zu verdienen, und du thust dir wohl, wenn du schnell mancherlei Arbeitest ... ich verwienere es eben so schnell und kann dir alle Monate wenigstens so viel als der Correspondent eintragen, und habe selbst den Vortheil in schnellere Berührung mit der Bühne zu kommen ... Willst du oder kannst du mir aber nichts senden, so schreibe mir wenigstens einige Sujets.« Dann setzt er jedoch zu einer allgemeinen Schelte auf die Wiener Theaterszene und ihren allmächtigen Grafen Pálffy an. Ferdinand Graf Pálffy von Erdöd gehörte zu der 1806 in Wien gegründeten *Gesellschaft der Cavaliere*, die die Hoftheater in Wien führte. Zwischen 1813 und 1825 leitete er das Theater an der Wieden.

Brentano gelingt es rasch, mit ihm in Kontakt zu kommen. Ob er die Sympathien des undurchsichtigen Grafen gewann, ist allerdings fraglich. Auch fehlt ihm jegliche Erfahrung bei der praktischen Theaterarbeit, und er vermag die Widerstände und Skepsis bei Schauspielern und Bühnenpersonal nicht zu überwinden, sondern scheint den Intrigen hinter den Kulissen zu erliegen: »Wo ich mich noch mit dem Theater berührte, habe ich es niederträchtig gefunden. Graf Palfi, ein in Händen von Wucherern, Kammerdienern, Regisseuren, lebender verschuldeter Roué, ohne Treu und Glauben, ja selbst ohne Unterschrifts Glaubwürdigkeit, hat das Wiedner Theater, ich war mit ihm zussammen, ich habe die grösten Versprechungen und Maulverehrungen und die grösten Kränckungen durch Unwahrheit und Zerstreuung und Verlumptheit erfahren ... nachdem ich ihm unter der Arbeit Scene vor Scene [des Festspiels] vorgelesen, keine Zeile ohne seinen Willen geschrieben, geriethen seine Meister die Kammerdiener u. s. w. in Sorge, weil ich ihm vertrauter nahte, und dachten ich könnte dem verlohrnen Sohn ein Licht aufstecken, und es ward beschloßen, meine Arbeit zu unterdrücken, ich erfuhr es, während er mir immer zu schwor sie entzücke ihn, sie werde ihm viel Geld eintragen, und somit ward ich von ihm geprellt, daß ich nach sechs Wochen kaum mein Manuskript, das mich meine Gesundheit gekostet zurück erhielt, bei Allem dem drängt er mich um Stücke, und weiß nicht, waß er will, dein Wesel und die Mißverständniße hat er noch, nach der gemachten Erfahrung suchte ich sie ihm durch zwanzigerlei Mittel zu entreißen; da er sie nicht erkauft, sondern nur zur Ansicht hatte, jezt scheint er sie aufführen zu wollen, den Erfolg erwarte ich.«

Die Darstellungen der Wiener Theaterszene in Clemens' Brief dürften Arnim amüsiert haben. Der alte, vertrauliche Ton des Briefwechsels hat sich bei der räumlichen Distanz wieder eingestellt, doch kann Brentanos – durch ein beträchtliches Vermögen abgesicherte – »poetische Existenz« keine Perspektive für Arnim sein. Es sind die drückenden finanziellen Verhältnisse, die ihn dazu bewegen, weitere Überlegungen zu einer Ausbildung für den Staatsdienst anzustellen und eine Verlegung des Familienwohnsitzes auf eines seiner Güter zu planen. Davon handelt auch ein Brief an Wilhelm Grimm vom 11. Februar 1814: »Sehr bald denke ich der Ersparnis wegen auf mein Gut Wiepersdorf zu ziehen, vielleicht besuchst Du mich dort, an Berlin verliere ich eigentlich nur Savignys Umgang, eine Gewohnheit mit Pistors und Albertis, man vereinsamt hier sehr schnell.«

Die Nachsätze lassen verschiedene Deutungen zu, die auch bis heute die Arnim-Forscher bewegen. Arnim scheint den Umzug aufs Land, wo er zwangsläufig noch einsamer sein wird als in der Metropole Berlin, nicht zu bedauern, wobei seine Ausführungen dazu allerdings auch eine Art Schutzbehauptung und Selbstrechtfertigung sein könnten, da sich für ihn keine klare Perspektive in Berlin abzeichnet. Er hat keine Alternative und muß sich daher nolens volens auf eine Existenz als intellektueller, dichtender Gutsherr einstellen.

Andererseits ist er tatsächlich kein Gesellschaftsmensch, der auf ein intensives Literatenleben in der Großstadt angewiesen ist, sondern eher ein in sich gekehrter, ruhiger Zeitgenosse. Damit unterscheidet er sich grundlegend von den Brentano-Geschwistern mit ihrem überschäumenden Temperament. Clemens und Bettine hatten das städtische Leben im weltoffenen Frankfurt bereits als Kinder kennengelernt und brauchten es als Lebens- und Schaffenselixier.

Das enge Zusammenleben Arnims mit den Brentano-Geschwistern bietet für ihn Vor- und Nachteile. Einerseits sind die beiden so etwas wie ein Katalysator seiner schöpferischen Potenz. Mit seiner Hyperaktivität versteht es Clemens, den Freund aus der Reserve zu locken, ihn zu immer neuen dichterischen Projekten anzuregen. Andererseits ist Arnim im geselligen Leben Berlins aber auch in der Gefahr, von den beiden in den Schatten gestellt zu werden. Denn Bettine und Clemens verstehen es, sich in geselliger Runde in den Vordergrund zu spielen. Zunächst ist es Clemens, der mit brillanten Auftritten auf Tischgesellschaften, in Literaten- und Musikkreisen (wie der Singakademie Zelters) die Zuhörer zu faszinieren versteht. Später wird es Bettine sein, die auf ihre Weise in Berlin Kontakte zu den Größen von Politik und Kunst knüpft. Arnim kann in diesem Gesellschaftsspiel nur eine zweite Geige spielen und fühlt sich dementsprechend auf dem

Berliner Pflaster im Troß der Brentano-Geschwister nicht recht heimisch. Der Augenzeugenbericht eines Stiefsohns von Schleiermacher, der besagt, daß Arnim in Berlin Gesellschaften verließ, wenn seine Frau Bettine auftauchte, belegt dies eindrucksvoll.

Dabei sind die Brentanos im menschlichen Bereich und auch in der praktischen Lebensführung immer wieder auf die Unterstützung von Arnim und Savigny angewiesen. Sie bilden die ruhenden Pole, bringen die Brentano-Geschwister immer wieder auf den Boden der Tatsachen zurück und sind stets bereit, geduldig und verständnisvoll zuzuhören, wenn es zu krisenartigen Entwicklungen kommt. Gerade Savigny, der als Gründungsvater der Universität, als Hochschullehrer und Berater des preußischen Königs eine traumhafte Karriere macht und auf allen Ebenen in Berlin über großen Einfluß verfügt, ist für Clemens und Bettine eine Art Ersatzvater. Er strahlt Sicherheit und Vernunft aus. Arnim, der ihm artverwandt ist, tritt in seine Fußstapfen und übernimmt bei den Geschwistern Brentano ebenfalls sehr häufig die Rolle des lebensklugen Beraters, kommt dabei aber selbst manchmal zu kurz.

So waren es wohl eher gemischte Gefühle, die seine Übersiedlung nach Wiepersdorf begleiteten. Einerseits konnte er dort die Ruhe finden, die er für seine literarischen Arbeiten und sein seelisches Gleichgewicht brauchte. Zugleich erwarteten ihn als Gutsherrn neue, durchaus attraktive Aufgaben, denen er sich verantwortungsvoll stellte und die ihn auch befriedigten. Andererseits war abzusehen, daß Bettine sich nur schwer mit dem Leben als Hausherrin auf einem entlegenen Gut würde anfreunden können. Der Alltag im bäuerlichen Umfeld bedeutete für sie eine große Umstellung, zumal die Verhältnisse in Wiepersdorf ärmlich waren.

Es ist erstaunlich, daß sie die lange verachtete Rolle als Hausfrau und Mutter dann aber doch zunächst klaglos und mit erstaunlicher Entschlossenheit annimmt, obwohl alle Abwechslungen des städtischen Lebens wegfallen. Allerdings sind vorschnell gezogene Vergleiche mit der Situation heutiger Hausfrauen in Deutschland kaum tragfähig, denn natürlich gab es Personal auf dem Gut, die Arnims konnten über Mägde und Kutscher, Jäger und Förster verfügen. Für Bettine wurde gekocht und gewaschen. Der Baron und seine Baronin – wie Bettine nun im ländlichen Wiepersdorf angeredet wurde – konnten sich aber dennoch kein bequemes Leben

Gutshaus Wiepersdorf, Zeichnung unbekannter Hand in einem Album
der Bettine-Töchter

machen; sie mußten tatkräftig mit anfassen. Arnim kümmerte sich
intensiv um die Landwirtschaft, legte beim Pflanzen und Bauen
selbst Hand an, als Garten und Ställe zu erneuern waren. Nur so
konnte er hoffen, den Schuldenberg seiner Güter allmählich ab-
zutragen.

Bettine nähte die Kleider für ihre Kinder selbst und plagte sich
mit unzuverlässigem und diebischem Personal. Wilhelm Grimm
liefert seinem Bruder Jacob am 13. Juni 1816 ein anschauliches Bild
von der Wiepersdorfer Situation: Arnim »fühlt sich wohl durch
seine Lage gedrückt ... Er hat mancherlei Widerwärtigkeiten gehabt und am meisten betrübt ihn wohl, daß noch keine Aussicht da
ist aus seiner verwirrten Lage herauszukommen ... Arnims Haus
ist geräumig und der Garten daran und der Wald von Birken dahinter schön, doch ist jenes inwendig ziemlich verfallen, war aber
mit Pracht und eigentlich fürstlich eingerichtet. Zimmer mit pur-
purseiden Tapeten und reichen Goldleisten und getäfelter Boden.
In seiner Stube liegt alles ziemlich untereinander, die Bettine führt
die Haushaltung selbst, hat alles Schwere z. B. gutes Kochen leicht
erlernt, hat aber keine Lust an diesem Wesen, daher wird ihr alles

sauer und ist doch in Unordnung. Dabei wird sie betrogen und
bestohlen von allen Seiten. Beiden wär zu wünschen, daß sie aus
dieser Lebensart herauskämen; obgleich Arnim an seinen Pflan-
zungen im Garten Freude hat, so würde ihm die eigentliche Landwirtschaft doch schwer fallen, wenn er sie übernehmen sollte. Das
ganze Ländchen, das aus drei Gütern besteht, die ihm und seinem
Bruder gehören, trägt an Pacht 8000 Tl. ein, die aber für, glaube ich,
150,000 Tlr. die Zinsen ausmachen, so daß ihm sehr wenig übrig
bleibt.«

XIV
»Wir wollen uns wieder recht lieb haben«
Das wiedervereinigte Terzett in Wiepersdorf

»Für deine Briefe an Bettine bis zu deiner ersten Verheirathung habe ich Dich oft in Gedanken geküsst, deine Liebe zu ihr hat ihre Liebe erzogen und so geniesse auch ich von deiner Saat.« Mit diesen Worten umschreibt Arnim seinem Freund Clemens, was er beim Lesen der Geschwisterbriefe im Herbst 1811 empfand. Allerdings entging ihm beim Stöbern in den Papieren seiner Braut nicht, daß in diesen Briefen auch Spannungen zu Tage treten, insbesondere, als Clemens seine erste Frau – Sophie Mereau – kennengelernt hatte und Bettine sich mehr und mehr seinem Einfluß zu entziehen beginnt. Er beobachtet, daß sein Freund im Umgang mit der Schwester zwischen unverdienter Kritik und Verehrung schwankt: »Nachher wird der Briefwechsel ängstlich«, schreibt er, »Mißverständnisse von beyden Seiten, man fühlt daß Sophie, die mit ihrer Sanftheit alles hätte vermitteln können von Deiner Familie nicht recht aufgenommen und verstanden worden, du trittst mit ihr aus dem näheren Verkehr mit den Deinen heraus und greifst dann doch wieder aus Gewohnheit zum alten Verkehr, da findest du manches verändert, du meinst Bettinen weniger zärtlich, sie aber ist nur unabhängiger in ihrem Kreise geworden und mag ihrerseits wohl zuweilen in einen ungeziemenden Lehrton gefallen seyn, da verehrst du sie bald abentheuerlich, bald schiltst du sie unverdient aus. Der Tod deiner Frau scheint den engeren Verkehr die Vertraulichkeit mit Bettinen wieder herzustellen, da trit Frankfurt und die Eitelkeit der Welt und die Lüge der Kunst unter dem Namen Auguste zwischen euch und es hört aller Verkehr zwischen euch auf.«

Arnim ist ein gründlicher Leser dieser Korrespondenz. Er hat mehr psychologischen Durchblick als die beiden Geschwister, und so ist er auch – wenn es um Clemens und Bettine geht – zugleich ein vorsichtiger Diplomat. Sein Brief umschreibt mit aller Vorsicht, was er wahrgenommen hat, und verrät doch nur einen kleinen Teil seiner Erkenntnisse. In einem seiner Sudelbücher äußert er sich viel offener und kritischer über den Einfluß seines Freundes auf die sieben Jahre jüngere, von Clemens im Hinblick auf romantische Ideale geformte und zugleich abgöttisch geliebte Schwester, die nun seine Frau geworden ist: »Wenn ... ein älterer fertiger Mensch die Empfindungen [der Jugend] beobachtet, ohne sie zu würdigen, das heist ohne ihnen anders als mit der Kritik des Ausdrucks oder der Gesinnung zu begegnen, das ist ein schlimmer Honigthau und wenn tausend Worte der Liebe dabey stehen. Dieses ist der Hauptfehler in Clemens Briefen, es ist eine lieblose Seite an ihnen, alles übrige, wo sie irren, selbst wo sie boshaft sind, ist so menschlich und individuell, daß man es lieben kann, sie vergüten so oft die Inkonsequenzen Uebereilungen und Eitelkeiten seines Betragens, durch eine strenge Wahrheit, die über ihm und andre steht, die Briefe, wo sie rathen sind durchaus wohlthätig und ohne Anmassung ... Daß ihm das Bedürfniß sich recht auszulieben den Streich spielt auch in der Schwester etwas Ausschließliches besetzen zu wollen ist leicht zu verzeihen, es verstimmt das Verhältniß beyder und macht es da traurig, wo er indem er heirathet der selbstgeschaffenen Illusion geradezu widerspricht, nachher ist der Briefwechsel in abwechselndem Ungenügen und ist selten was werth, er möchte zum ersten Verhältnisse zurück und merkt nicht, daß er tausendmal selbst gegen diese Empfindung gestritten und gespottet, sie fühlt sich durch manches Betragen, das er selbst gleich wieder vergessen, gekränkt und sucht es ihm zu verstekken.«

In der Zusammenfassung dieser komplexen Würdigung des *Frühlingskranz*-Materials, wie er sie seinem Freund im Brief mitteilt, klingt alles viel positiver. Arnim weiß um die Empfindlichkeiten und Eitelkeiten der Geschwister, er hat ein erstaunliches Maß an Menschenkenntnis und diplomatischem Geschick im Umgang mit den exaltierten Geschwistern. Und so verrät er dem Freund nur einen kleinen Teil seiner Überlegungen – verpackt sie sorgfältig, und Clemens fällt es auch nicht schwer, positiv auf den Brief seines Freundes zu reagieren. Geradezu überschwenglich nimmt er den Faden auf und glaubt die Zeit gekommen, endlich sein Herzensanliegen vorzutragen: Er möchte wieder in die Vertrauensgemeinschaft der beiden aufgenommen werden, möchte aus der Exilsituation des Ungeliebten, Einsamen, zu dem er sich stilisiert, befreit werden.

Mit großer Eloquenz trägt er den Wunsch vor, wieder »Tischgenoße« Arnims zu werden, also in die junge Familie, die zu diesem Zeitpunkt gerade ihr erstes Kind erwartet, aufgenommen zu werden. Ganz auf sich bezogen, stellt er diesen Plan als Rettungsaktion für seine vereinsamte, kranke Seele dar: »sehr hat mich die liebvolle schöne Erkenntniß meiner aus der Lecktüre meiner Briefe an Bettinen, der ganze schöne Hitzanflug der Erinnerung unsres Jugendbundes erquickt und gerührt ... Dergleichen kannst nur du, und weiß nur unsereiner recht zu verstehen. Wir wollen uns wieder recht lieb haben, wenn wir zusammen kommen, ich will dir alles sagen und klagen, waß mich drückt und manchmal erstickt hat, von dir, du mußt aber auch helfen und Luft machen, wem auf der Welt kann ich denn etwas verdancken wollen und dürfen als dir; aber waß will ichs länger zurückhalten, ich will es jezt gleich thun. Ich habe einen innigen einzigen Wunsch jezt auf der Welt, von dessen Erfüllung ich allein einige Rettung für meine ganze Person auf Erden erwarte. Es ist der, wieder mit dir zußammen zu wohnen, und dein Tischgenoße zu werden. Du bist nicht eitel genug, um recht deutlich begreifen zu können, waß ich innerlich verlohren, als du von mir weg zogst; die dunckle Stube, die ich blos gern bewohnte, um dich manchmal mit deiner Hackennase am Fenster silhouettirt zu sehen, lag mir traurig auf dem Leib, und ich mochte sie in einen noch so abentheuerlichen Zauberstall umbauen, alle Zauberei war hinaus. Mir that es innerlich weh, mit der festen Ueberzeugung höchstens wie ein Thier ein eignes Leben haben zu können, dir mit allem meinem Gerümpel nachgeflüchtet zu sein, und dich wie einen blosen guten Bekannten im Luftballon der Liebe von mir abfahren zu sehen, und nichts vor mir zu haben, als die Bäncke und garstigen Füllfässer, an denen ich schon so früh mit dir selber gestanden. Ich kam mir vor, wie ein Zambekari, oder ein Claudius dem die Polizei verboten, nie wieder Unglück oder Spektackel zu machen, und meine veruchte Liebschaft, in die ich mich nun hinein warf mit allen Kräften und Schwächen hat viel Ähnlichkeit mit des lezteren Flugmaschiene.«

Die Freundschaft mit Schinkel scheint ihm nun bereits fade, und

er vergleicht sie mit einer Zufallsbekanntschaft im Reisewagen:
»Schinkels Freundschaft hat mir viel ihm vielleicht manches ge-
nutzt, und ich setze sie parallel mit der Gesellschaft eines Herrn-
huter priesters, den ich seines weisen Mantels und einfach langer
Nase wegen für Kampe hielt, in der ich einmahl von Fft nach
Heidelberg reißte und den ich immer lieben werde.«

Dann beschwört er »Liebeserinnerungen« an die gemeinsame
Rheinreise und relativiert auch gleich alle anderen Freundschaften
im Vergleich mit der »poetischen Nähe«, die ihn allein bei Arnim
und Bettine »erwärmt« und »gegen Gemeinheit« abgeschirmt habe: »Mein theurer Freund und Bruder! überlege doch mit Betinen,
die mir und ich ihr doch auch manches gegenseitig gelehrt und
genützt, ob es euch schädlich sein würde, mich armen Ausschüß-
ling in eurer poetischen Nähe wieder zu erwärmen und gegen
Gemeinheit zu isolieren, daß die Freude einem Bruder, Freund
und guten Jungen etwas aufzuhelfen es nicht aufwöge ... Du
glaubst nicht, wie es mich in meinem Leben nach und nach erbit-
tert und abgestumpft, bei fremden, Grimm, der Rudolphi, Pfarrer
Mannel, Savigny, dir, Görres, Reichards, Pistors, Schinckels, immer mehr wirckliche Liebe, das heist thätige, als bei den meinigen
zu erleben, und ich erinnere dich nochmals hier an die Minute zu
Giebichenstein, wo ich dein Rechtfertigungs Memorial an die
Schwincke abgeschrieben, und dir unter Thränen sagte, du wirst
einstens mit Bettinen freudig durch die Welt fliegen, und ich, der
dir gern die Stiefel putzte, werde das Nachsehen haben. Wozu hast
du denn das göttliche Gedächtniß des Herzens, und alle die schönen Liebeserinnerungen, wie z. B. die an unsre Rheinfahrt, lieber
Bruder, thue etwas für mich, hast du doch solange den dir unan-
genehmen [Diener] Frohreich gehabt, nehme dich doch auch des
Schmerzenreichs an, der dir angenehm werden wird. Wahrhaftig
ich zittere vor Berlin.«

Selbstmitleid, Werbung um Gegenliebe und Beschwörung süßer
Erinnerungen sind in diesem Brief raffiniert gemischt. Am Schluß
kommt er noch einmal auf seinen Herzenswunsch zurück und
schreibt: »Lieber bester Bruder, nimm dich mit deiner Frau meiner
ein wenig an, ich will mich eurem Willen ganz unterziehen, ich will
euch nicht stören, ich will euch Freude machen auf alle Weise, ihr
sollt mich rufen und schicken auf alle Weise und Wege, eine gänz-

Wir Drei; Zeichnung von Philipp Otto Runge, 7. Februar 1805

liche Offenheit, eine deutliche Erklärung von beiden Seiten soll allem vorausgehen, alles was euch Unrecht scheint, will ich vermeiden, ich will beichten und bekennen, und einen Generalpardon verlangen, ich will fleißig sein, und euch meine Arbeiten, wie ein Pensum mittheilen, nur laßt mich bei Euch leben, damit ich mich wieder sammle und wieder auf die Bahn des Rechten komme, ich habe einen recht gründlichen Durst zu einer gewißen Reinheit der Seele zurückzukehren, aber ich fühle, daß ich es allein nicht vermag, daß ich Hülfe und Trost und Liebe und Aufmunterung bedarf, ihr werdet mir sie nicht versagen, da ihr nun zußammen so glücklich seid, warum wollt ihr in eurer Umarmung mich, der so lange zwischen euch stand, wie ein Janus euch beide ansah, jezt wie einen Keil heraustreiben. Keinem Menschen thut Liebe so wohl. als mir... Nur die Liebe vortrefflicher Menschen kann mir wieder Vertrauen geben, aber allein darf ich nicht mehr leben, es muß mich einer ganz in die Kur nehmen, ich muß in ein ideales Hospital.

Grüße und Küße Betinen, Gott segne ihre Frucht, ich habe euch immer lieber gehabt als alle Menschen
                    schreibe mir seelenkranken gleich dein
                    C. Brentano.«
Arnims pragmatische Antwort auf dieses Gesuch des »seelenkranken« Freundes, der ein »ideales Hospital« sucht und nicht versäumt, seine Bitte zum Schluß noch einmal mit »schlimmem Honigthau« zu versüßen, ist ein klares Nein. Nachdem er bereits in einem der vorausgehenden Briefe den Lebensstil seines Freundes scharf kritisiert und dem eher braven Eheleben mit der Schwester gegenübergestellt hatte, benutzt er nun die Gelegenheit, seinem Freund noch einmal den Kopf zu waschen: »Was sprichst du von heraustreiben aus unsrer Nähe, du bist uns willkommen, so oft du uns besuchst. Wenn wir dich in der letzten Zeit weniger sahen, so kam das von Zufälligkeiten, die zum theil aufhören; wenn du in der Hitze die Reisen nach dem Hallischen Thore und zu der Nichtjungfer gemacht hattest, so warst du nicht sonderlich aufgelegt zum Besuchen, das war natürlich; daß du ein paarmal meine Frau Deiner Laune aufgeopfert, ihr angedeutet, sie könne sich mit jener Geliebten gar nicht messen, das war eine Art Fühllosigkeit, die wir dir gern überhört haben, sie kam nicht von deinem Genius, sondern von deinem Dämon, der dich damals besetzt hielt ... Wenn du dem armen Kleist vorwirfst, seine poetische Decke sey ihm zu kurz gewesen, so ist dir deine vielmehr zu lang, oder du hast sie in der Eile verschoben und über die Augen geworfen, du machst Dir Bedingungen des Glücks, die dir niemals wesentlich waren und vergisst, daß dich gerade diese Freyheit von täglichem Lebenszwange immerdar gereizt hat ... daß aber von dem allen weder die Zufriedenheit, noch die Reinheit Deines Lebens abhängig ist, sondern von etwas, was kein Mensch dem andern seyn kann.« Obwohl die Kritik am Lebenswandel des Junggesellen Brentano hier kaum abgemildert ist und Arnim – gemessen an den anderen Freundschaftsbriefen – recht deutlich wird, fehlt es doch nicht an einem diplomatischen Schachzug in der Hauptfrage. Er schließt ein Zusammenleben in der Zukunft nicht grundsätzlich aus, läßt seinem Freund noch ein Hintertürchen offen, indem er die Enge der eigenen Wohnung als Hauptgrund für die Ablehnung nennt. Tatsächlich wird er mit dem Kind bei Voß auf Dauer nicht leben

können und zieht vorübergehend bei Savignys ein, um dann eine
Wohnung im Wiepersdorfer Gutshaus für die Familie herzurich-
ten.

»Und du meinst, du wolltest noch dazu einziehen? – Und das
Kind im April und die Wartfrau, – ich armer Corfiz. Lieber Clemens wenn mir nicht Voß ein Paar Zimmer in seinem Hause ein-
räumen kann, so muß ich selbst ausziehen, zwar hat er mir das
vorläufig versprochen, aber wer weiß, was daraus wird. – Ja, Lieber, etwas opfert der Mensch allerdings auf beym Heirathen, aber
es geschieht auch nichts Grosses und nichts Schönes ohne Opfer,
manche Umgangsberührung, in die du noch mit rechter Lustigkeit
eingehst, ist mir verschlossen, aber vor allem ist ein gewisses no-
madisches Zusammenleben, was im Junggesellenstand mich er-
freute, unmöglich, darum gräme dich nicht, wenn wir jezt nicht
zusammenziehen, vielleicht läst es sich künftig einrichten, wo ich
dennoch fürchte, du möchtest bald einen Ueberdruß an der Art
Lebenseinförmigkeit empfinden, die mein Glück ausmacht. Denk
nur daran, daß die ganze Klasse von Leuten, die dich [auf der
Gesellschaft] bey Ingenheim entzückte, in meine Wirthschaft gar
nicht mehr passen, und daß ich immer mehr Neigung in mir spüre
meiner eignen Einsamkeit thätig froh zu werden, und den geselligen Welteffeckt zu meiden … Vergiß doch ja nicht, daß vom Schlafen unter einem Dache, vom steten Zusammenfrühstücken, Mit-
tagessen die vertrauliche Annehmlichkeit des Lebens Dir nie
abgegangen, daß diese Einförmigkeit, der Du Dich nur ungern
unterwirfst, Dir ein Haupttrübsal bey Sophieen war, daß wir selten
so vergnüglich einander berührten, als da uns die piramidale Lich-
terstrasse in Cassel von einander trennte und daß wir in Berlin
nimmermehr mit einander frühstückten und selten mit einander
zugleich zum Essen gingen, als wir Zimmer an Zimmer wohnten
… sey versichert, wenn ich ein Zimmer irgendwo frey hätte, daß
ich es Dir gern einräumte, daß ich dich immer als meinen vertrau-
lichsten Freund gern sehen werde.«

In einem Brief an Savigny vom 27. Dezember wird Arnim auch
in diesem Punkt deutlicher, und es ist keine Frage, daß er eine
Aufnahme von Clemens in die Arnimsche Familiengemeinschaft
grundsätzlich ablehnt. Als dritten im Bunde möchte er den Junggesellen mit seinen wechselnden Liebschaften nicht im Hause ha-

ben: »er will durchaus bey mir wohnen und ich weiß nicht, wo ich selbst Platz finden soll und denk Dir dazu, alle kuriose Freundschaften, die er zu seinem Spas auf ein Paar Wochen schliest und die er sicher auch meiner Frau zuführen würde. Ich begreife nicht, daß er seine bequeme Lage in Pistors Haus nicht einsieht, wo er zwischen Dir und mir in bequemer Mitte wohnt.«

Grundsätzlich ist Arnim der – durchaus anfechtbaren – Auffassung, daß Clemens nicht in eine große, sondern in eine kleine Stadt gehöre; »ich habe gefühlt, daß er in Berlin nach seinen besten Anlagen immer mehr unter geht, während er immer mehr in die Effektmacherei ausartet, er hat unglaublich viel mit der guten Sophie verloren«, heißt es in seinem Brief an Savigny. Daß Sophie die einzige Geliebte in seinem Leben war, die Clemens zu nehmen verstand, die reif genug war, ihn zu verstehen, seine Exzesse zu ertragen und manchmal auch zu steuern, steht außer Frage. Auch der Beobachtung von Brentanos Neigung, sich in den Zirkeln der Großstadtgesellschaft gelegentlich etwas eitel zu inszenieren, ist kaum etwas entgegenzusetzen, doch bleibt offen, ob sich der Dichter auf Dauer in eine Kleinstadtidylle eingefügt hätte.

Eine unmittelbare Antwort Brentanos auf Arnims Absage an ein gemeinsames Leben in Berlin ist nicht überliefert. Möglicherweise ging ein Brief verloren, denn der nächste erhaltene Brief von Clemens ist ein Vierteljahr später, um den 24. März 1812 herum geschrieben und geht mit keinem Wort auf Arnims kritische Einwendungen gegen ein Leben zu dritt ein. Allerdings ist auch dieser Brief von Clemens nur fragmentarisch überliefert. Höchstwahrscheinlich war es Varnhagen von Ense, dessen Eingriffe hier wirksam werden. Durch seine Hände gingen diese Briefe, als Bettine daranging, den Nachlaß ihres Mannes zu ordnen und einen zweiten Band des *Frühlingskranzes* mit weiterer Korrespondenz von Clemens vorzubereiten – ein Projekt, bei dem Varnhagen mitarbeiten sollte. Bei dieser Gelegenheit entfernte er vermutlich einige Seiten, die Negatives über seinen Streit mit Brentano (oder auch über seine Braut Rahel) enthielten. Gerade in seinen Briefen aus Bukowan und Prag berichtet Clemens über die handgreiflichen Auseinandersetzungen, bei denen Varnhagen ihn geohrfeigt und sein Manuskript *Aloys und Imelde* konfisziert hatte. Überlieferte Briefe Brentanos aus dieser Zeitspanne weisen Lücken auf; Seiten sind zerschnitten oder fehlen, und zu einigen dieser fehlenden Passagen gibt es Abschriften Varnhagens.

Die Absage seines Freundes muß Clemens jedoch erreicht haben, und manches deutet darauf hin, daß er davon so getroffen war, daß er das Thema verdrängte. Es gibt größere Korrespondenzpausen, die Arnim beklagt. Doch dann lädt er Clemens mit einem Gedicht zur Taufe seines Kindes ein und erhält eine gereimte Antwort, in der sich der Freund artig bedankt und »die heilge Merge« und den Prager Nepomuk als Gevattern zur Taufe nach Berlin schickt. Danach schreibt ihm Arnim von einem Kuraufenthalt in Teplitz, und es kommt zu einem offensichtlich harmonischen Treffen in Böhmen, da sich Clemens noch immer im nahen Prag aufhält.

Damit sind die Zeichen wieder auf Versöhnung gestellt, und als Clemens, der im April 1814 in Wien logiert, erfahren hat, daß sein Freund beabsichtigt, ins Ländchen Bärwalde überzusiedeln, schreibt er ganz unbefangen: »Bist du wirklich nach Bärwalde, so suche ich dich im Sommer dort auf.«

Der Umzug der Arnims auf das Landgut ist schon vollzogen, als Clemens' Brief in Berlin eintrifft, und Arnim antwortet aus »Wiepersdorf im Ländchen Bärwalde bei Dahme den 22 April 1814«. Auf die Ankündigung des Freundes, ihn dort zu besuchen, geht er nur beiläufig im Konjunktiv ein: »Nächsten Sonntag haben wir Dankfest mit Clarinetten, Waldhörnern und Meyenbehängen in der Kirche, Du würdest dich sehr auszeichnen dabey, wärest du hier.« Der Hauptteil des Briefes beschreibt die provisorischen Verhältnisse in dem verwahrlosten Gutshaus und Arnims Bemühungen, zunächst die Grundbedingungen für ein einigermaßen bequemes Leben der jungen Mutter zu schaffen, die inzwischen zwei Kinder zu versorgen hatte. Die Mitwirkung von Clemens bei diesen Verschönerungsarbeiten könnte sehr hilfreich sein, und so nimmt er das Besuchsthema noch einmal in einem Nebensatz auf: »Die Wiederherstellung meines Hauses, worin seit jener Zeit, wo wir zusammen die Schränke mit dem Stiefelknechte und dem Katejeten aufbrachen, Franzosen, Zeit, Diebe und meines Bruders unvollendete Elegantierung viel verdorben haben, beschäftigt mich noch, ich male meiner Frau ein Zimmer, will aber die Kante noch frey lassen, wir wollen daran zusammen arbeiten, wenn Du

hieher kommst. Ersparniß hat mich hieherzugehen veranlasst, ungeachtet diese Ersparniß nicht so groß seyn kann wie bey dem
Leben in Bukowan, weil hier alles verpachtet ist und daher alles
vom Pächter, wenn gleich zu billigern Bedingungen gekauft werden muß. Wohnung, Holz und Einquartierung, die ich hier spare,
kann ich immer auf 600 rtl anschlagen, an Lebensmitteln vielleicht
200 rtl, die Erfahrung wird lehren, ob nicht ausserordentliche Ausgaben hier eintreten, ein übler Umstand ist, daß durch die Kriegs-
verwüstung in Sachsen die Preise der meisten städtischen Bedürfnisse zum Himmel gestiegen sind, vielleicht schafft die Leipziger
Messe Rath.«

Ein weiterer Brief Arnims aus Wiepersdorf ist vier Monate später, am 15. August 1814 geschrieben und beklagt das Ausbleiben
von Nachrichten: »Ein grösserer Brief den du an Savigny angezeigt
ist nicht angekommen. Daß du dich aus dem Morgenlande fort-
sehnst scheint mir nun wohl gewiß«, heißt es darin, und zum Abschluß signalisiert Arnim, daß sich die beiden nun auch nach gemeinsamen Gesprächen sehnen: »Bettine grüst dich und Christian
herzlich, so auch ich, sie ist mit dem Landleben zufrieden, dennoch
machen wir alle Tage neue Reisen in unsern Gesprächen, am liebsten verweilen wir in Frankfurt, es ist uns dort recht wohlergangen,
ungeachtet wir recht wohl wissen, wo es dort stinkt. Vielleicht
halte ich Vorlesungen, – hab sowas im Kopf! – Von Literaturzei-
tungen weiß ich hier so wenig wie von politischen, die bescheidne
Spenersche Berliner Zeitung ausgenommen. Gieb mir bald Nachricht von Dir«.

Doch erst im September dieses Jahres kehrt Clemens nach Preußen zurück. Am 14. September trifft er in Wiepersdorf ein, ohne
vorher nach Berlin zu reisen. Aus der ländlichen Idylle schreibt er
am 23. an Savigny, um ihm zur Geburt seines Kindes zu gratulie-
ren. Am folgenden Tag nimmt er auch die Korrespondenz mit
Charlotte Pistor wieder auf und beantwortet die Frage nach der
Rückkehr in die preußische Metropole so: »das kann noch immer
vier a 6 Wochen dauern, denn ich gedencke erst mit Arnim ein-
zutreffen.«

Über die Umstände des Zusammenlebens im Terzett erfahren
wir mehr von Arnim selbst, der bereits einen Tag nach Clemens'
Ankunft seinerseits Savigny berichtet und dabei auch die aben-

teuerlichen Lebenspläne seines Freundes mit sarkastisch-skepti-
schen Worten ausbreitet: »Seit voriger Nacht ist Clemens hier«,
schreibt Arnim, »er grüst herzlich, wir haben viel gesprochen
und wenig geschlafen. Er will jezt 5 Jahre studieren alles mögliche
um nachher zu allem brauchbar zu seyn, insbesondre aber bey
hohen böhmischen Fürsten Alles in Allem zu werden.« »Du
kannst wohl denken, daß die Anwesenheit von Clemens unsern
Lebenslauf hier sehr variirt, aus unserm Duett ist ein Terzett geworden«, ergänzt er vielsagend etwa eine Woche später und bereitet Savigny darauf vor, daß Clemens sich bei seinen vagen Le-
bensplänen mit ihm beraten will: »Clemens will jezt in fünf Jahren
sein übriges Vermögen aufzehren und dabey alles studieren. Du
sollst ihm guthen Rat geben, bereite Dich vor, mir scheint der Plan
in zweierlei thörigt, weil er doch eigentlich kein bestimmtes Fach
wählt, um drauf loszustudieren, was doch zum Erwerbe allein
führen kann, dann zweitens, weil ich durchaus nicht glaube, daß
er aus öffentlichen Vorträgen viel lernen wird, wie er es doch beabsichtigt, das Eine will ich gar nicht erwähnen, ob er seinem Plane
treu bleibt.«
    Im gleichen Brief stellt er Überlegungen zur eigenen Zukunft an,
die sehr viel realistischer sind. Ihm ist klar, daß ein Hineinarbeiten
in ein Staatsamt und »langes vergebliches Warten« für ihn als Familienvater nicht in Betracht kommt, weil er seine »Güter und
Vermögensangelegenheiten in erster Zeit ganz aus den Augen verlieren müste«.
    Mit einem Leben in Wiepersdorf beginnt er sich mehr und mehr
anzufreunden: »Wiepersdorf hat ausserdem eine sehr bequeme
Wirtschaft und sehr zuverlässigen Ertrag, bequem weil weder
Brauerei noch Brennerei noch große Viehwirtschaft dabey, sondern die Hauptsache Kornbau und Schafe ist, ich erspare die Kosten meiner eignen Haushaltung, die mit den Kindern wachsen.
Doch ist das Unternehmen noch nicht ausgemacht, kann ich sehr
vortheilhaft verpachten, so greife ich mit beyden Händen zu.«
    In einem Brief an Wilhelm Grimm wägt er ein halbes Jahr später
noch einmal die Vor- und Nachteile ab: »Du mußt es nämlich
ernstlich erwägen, was es in dieser Zeit, bei großer Beschränkung
der Mittel heißt, einen sehr verfallenen Wirthschaftshof, der mein
Haus von einer Seite mit Mist umgab, in mehrjähriger Anstren-

gung ... neu aufzubauen, insbesondere wenn die allmächtigen Geschicke über mich beschließen, daß ich die Wirthschaft übernehmen muß, wie es nun eben scheint. Was thut man nicht für seine Kinder, und denen solls fruchten. Ein größeres öffentliches Leben war mir unerreichlich, ein kleines Mitlaufen gestattet meine Lage nicht, so ist mir die Einsamkeit willkommen und das mühsame Erhalten dessen, worauf doch endlich das Ganze mitberuht, verliert von seiner Verdrießlichkeit.«

Mit dem Wiederaufbau des »verfallnen Wirthschaftshofs« hat Arnim begonnen, als Clemens ihn besuchte: »Clemens und ich wir sägen täglich Bäume zum Bau ab«, schreibt er an Savigny. Über diese handwerklichen Arbeiten hinaus gibt es jedoch poetische Aktivitäten zu dritt. Davon berichtet ein Brief vom 23. Oktober: »Seit einigen Tagen schreiben wir dreye hier alle Abend mit einander Biographieen, das heist Anekdoten, die wir erlebten und hörten.« Die dabei aufgezeichneten kleinen Geschichten haben sich in der Handschrift erhalten und wurden kürzlich auch in einem Bändchen separat veröffentlicht. Arnim berichtet über Großväter und -mütter. Insbesondere die Darstellung der deftigen Lebensart von Hans von Labes, dem Großvater mütterlicherseits, ist nicht ohne Reiz, zumal er dessen Umgang mit der Dichterin Karschin schildert:

»Von seinen Freundinnen, davon er wohl viele als ein wohlberufener Liebesritter hatte, nenne ich nur die später berühmte Karschin von der manche zärtliche Gedichte an ihn in seinem Nachlasse sich fanden. Er unterstützte sie in ihrem Emporkommen, ließ sie oft bey seinen Trinkgelagen improvisieren und so geschah es, wie sie denn dem Weine überhaupt sich gern erschloß, daß sie mitten in begeisterter Reimerei für welche sie mit Lorbeer gekrönt wurde völlig betrunken unter den Tische fiel. Er hatte im Nebenzimmer für alle Trunkene ein Paar Baaren stehen wie für Todte. Auch sie wurde mit dem Lorbeerkranze auf eine derselben gelegt, mit Gesang beygesetzt und in dem Tumult so gänzlich vergessen, daß man am andern Morgen einen Dieb argwohnte als sie erwacht und im Spiegel vor sich erschrocken mit Katzenjammer ihren Triumph beschlossen hatte.«

Bettine erzählt von den Versuchen ihres Bruders Franz, sie mit Hilfe von gestreuten Gerüchten zu einer Heirat mit Johann Isaak

Gerning zu bewegen: »ich schimpfte wie ein Rohrspaz, machte dem Franz die bittersten Vorwürfe mir so einen Esel als Mann anzutragen«, heißt es in dieser Episode. Streiche ihrer Brüder, von denen andere ihrer kleinen Geschichten handeln, weisen weiter in die Kindheit zurück und haben mit den Kirchgängen der Familie zu tun: »Mein Bruder Franz ging als ein Knaab von 8 Jahren an einem Hohen Feiertag mit dem Herrn Schwaab in den Dom auf den Chor während dem hohen Amte machte er die Hosen auf und pißte durch das Geländer einem Bogen auf die Gemeinde herab, der Herr Schwaab merckts noch zu rechter Zeit, läuft fort, und läßt den unschuldigen Franz ungewarnt stehen.«

Bettine kennt diese Geschichte nur vom Hörensagen – vermutlich vom Märchenerzähler ihrer Kinderstube, dem genannten und bei diesem Streich beteiligten Buchhalter Schwab –, denn sie war zum Zeitpunkt der erzählten Ereignisse noch gar nicht geboren. Doch offensichtlich ermöglicht ihr gerade dieser Abstand oder eben die Vermittlung durch Schwab, dem Genre der Anekdote ganz gerecht zu werden. Sie schreibt knapp und pointiert, weiß die Leser mehr zu fesseln als die beiden großen romantischen Poeten.

Clemens nämlich, der zunächst recht altväterisch über den »StiefGrosvater Brentano … väterlicher Seite« berichtet und dann langatmig eine Begegnung mit Henrik Steffens beim Studium in Jena schildert, ist der anekdotischen Form nicht gewachsen, er verfängt sich in Einzelheiten und versteht es nicht, seine Geschichten auf eine Pointe zuzuspitzen.

Die Fähigkeiten der Dichterfreunde entfalten sich in größeren Erzählungen, die damals ebenfalls in Wiepersdorf entstehen und nicht zu den »Biographieen« gehören. Viele der berühmtesten romantischen Erzählungen von Arnim und Brentano sind auf dem Gutshof geschrieben oder zumindest angeregt und begonnen worden. Beide sind zu diesem Zeitpunkt auf der Höhe ihrer komplexen Erzählkunst und inspirieren und stützen sich gegenseitig. In dichter Folge erscheinen zwischen 1815 und 1818 Erzählungen Brentanos in Zeitschriften.

Wenn Clemens gerade diese Gattung und Publikationsform wählt, hängt dies sicherlich unter anderem mit seiner Sorge zusammen zu verarmen, denn dieses Thema durchzieht seine Briefe, bis es gelingt, Bukowan zu verkaufen und damit einen beträchtlichen

Teil des Vermögens, dessen Zinsen ihm seinen unabhängigen Lebenswandel ermöglichen, zurückzugewinnen. Mit Erzählungen, die in Fortsetzungen in populären Zeitschriften wie *Der Gesellschafter oder Blätter für Geist und Herz* publiziert werden, ließ sich am schnellsten Geld verdienen. Brentano hatte sich zuvor den Zwängen des literarischen Marktes entziehen können, verachtete wohl auch die für Geld arbeitenden Literaten, aber nun plagten ihn Zukunftssorgen, und er wollte sich vermutlich selbst beweisen, daß er mit Schriftstellerei im Notfall seinen Lebensunterhalt verdienen konnte.

Stoffe für seine Erzählungen hatte er in Prag und Wien gesammelt, nun findet er weitere Motive und Anregungen in Wiepersdorf und dem Bücherschatz Arnims. Über die inspirierenden Aktivitäten und den Tagesablauf des Terzetts in Wiepersdorf berichtet Bettine am ausführlichsten dem Schwager in Berlin: »Lieber Alter! ... Arnim ist jetzt mit einem neuen Bau beschäftigt, auch wird er noch, wenn's die Zeit gestattet, vor unsrer Abreise [zurück nach Berlin] eine große Obstplantage anlegen. Clemens wirtschaftet auch hier recht friedfertig mit uns; nach dem Frühstück geht ein jeder in seine Stube, wo Clemens mehre Merkwürdigkeiten, die er aus der Bibliothek hervorgeschnuppert hat, wieder durchschnuppert. Nachmittags helfen wir beim Bauen; die beiden fällen große Bäume mit Hülfe einiger Arbeiter oder sie graben und karren Steine zum Fundament. Abends (wir essen um 7 Uhr zu Nacht) geht's an ein Erzählen und Aufschneiden, daß die Balken krachen. Clemens ist voller Geschichten und Seltsamkeiten.«

Brentano schreibt an der Novelle *Die Schachtel mit der Friedenspuppe*. Sein Stöbern in der Bibliothek des Freundes hatte zur Entdeckung der *Mémoires de la Jeunesse du Comte de Letaneuf* von 1740 geführt, aus denen er wesentliche Abschnitte seiner Erzählung gewinnt. Doch auch die Erlebnisse in Wiepersdorf gehen in den Novellentext ein, die Handlung spielt zum großen Teil in einer »Ebene von leichtem Sandboden« bei einem Gutshaus »dicht an der sächsischen Gränze«, das unschwer als Wiepersdorf zu erkennen ist. Für den Baron und seine Familie in der Erzählung haben Achim und Bettine und die Söhne Freimund und Siegmund Pate gestanden. Im Gegensatz zu Arnim hat der fiktive »preußische Edelmann« allerdings »die Schlachten auf der Katzbach, bey

Laon und auf dem Montmartre mitgeschlagen« und »geholfen, die entführte preußische Viktoria [vom Brandenburger Tor] nach Berlin ... zurück zu begleiten«.

Hier läßt Brentano seine Phantasie spielen und bringt zugleich aktuelle preußische Geschichte ein. Tatsächlich hatten etwa 30 bis 40 km von Wiepersdorf entfernt im August und September 1813 Gefechte stattgefunden, und Brentano hat offenbar vor Ort recherchiert, um seiner Erzählung einen historischen Hintergrund zu verleihen. Auch die Bauarbeiten am Stallgebäude von Wiepersdorf finden ihren Niederschlag in einer Schlüsselszene der *Schachtel mit der Friedenspuppe*: Der Baron versucht – unter Assistenz seines Amtsboten –, einen größeren Stein durch Hitzeeinwirkung zu zerlegen, ein praktikables Verfahren, um die in der Wiepersdorfer Gegend vorkommenden Findlinge zu zerlegen. Vermutlich karrten Arnim und Brentano nicht nur die Steine für das Fundament – wie Bettine berichtet –, sondern sprengten die größeren nach der beschriebenen Methode oder sahen dabei zu.

Während Clemens die Novelle konzipiert, die schon im Titel auf den erhofften Frieden anspielt, arbeitet Arnim an seinen Erzählungen weiter, unter anderem an dem kleinen Meisterwerk *Der tolle Invalide auf dem Fort Ratonneau*, das 1818 in Berlin erscheint. Auch in seinen Dichtungen dieser Zeit spielen Politik, Militär und die aktuellen Friedenshoffnungen eine große Rolle. Die beiden Freunde arbeiten wieder eng zusammen: »Clemens ist seit beinahe vierzehn Tagen bei mir, seitdem lesen wir einander unsre aufgehäuften Manuskripte vor«, berichtet Arnim am 1. Oktober 1814 auch den Brüdern Grimm, die einige gemeinsame Schaffensperioden der beiden miterlebt hatten: die Arbeit am *Wunderhorn* und die gemeinsame Zeit in Berlin, als Wilhelm die beiden chaotischen Literaten besuchte und ihre Stuben beschrieb.

Zu einer Art Kollektivarbeit, die von Literaturwissenschaftlern erst spät rekonstruiert werden konnte, kommt es auch in Wiepersdorf. Eine von Brentano bei diesem Aufenthalt entworfene Erzählung wurde als Fragment unter dem Titel *Der arme Raimondin* (oder auch *Fragment einer Erzählung aus der Französischen Revolution*) bekannt. Arnim korrigierte das Manuskript Brentanos und versuchte das Werk zu vollenden, indem er die Handlung fortsetzte. Seine im Nachlaß gefundenen Entwürfe gingen unter der

Bezeichnung »Melusinenfragmente« in die Literaturgeschichte ein und wurden erst im 20. Jahrhundert als geplante Fortsetzung zu Brentanos Raimondin-Fragment identifiziert.

Die lebhafte Produktion Brentanos setzt sich in Berlin fort – ungeachtet seiner Kassandrarufe zum »Satanismus der Welt« und dem Ende seiner »dichterischen Bestrebungen«, die sich in seinen Briefen Anfang 1815 verstärken. In rascher Folge erscheinen Erzählungen von ihm im *Gesellschafter*, dessen Verleger Gubitz er kannte, zunächst *Die mehreren Wehmüller und ungarischen Nationalgesichter*, dann *Die drei Nüsse* und schließlich die berühmte *Geschichte vom braven Kasperl und dem schönen Annerl*. Allesamt sind sie zwischen 1814 und 1816 in Wiepersdorf und Berlin entstanden und verarbeiten zugleich Reminiszenzen an die Aufenthalte in Böhmen.

Kunstvoll – wie bei der Komposition der Märchensammlung und deren Vorbild, dem *Pentamerone* Basiles – konstruiert er für seine Erzählungen jeweils einen Rahmen, in den einzelne mit der Rahmengeschichte verknüpfte Binnenerzählungen eingepaßt werden. In den *Mehreren Wehmüllern* erzählen drei verschiedene Personen, die auf die Auflösung eines Pestkordons warten, schaurige Geschichten. Die ganze Welt des Aberglaubens wird aufgeboten, Katzen und Hexen, wilde Jäger und Vampire bevölkern die vorgetragenen Geschichten, die dann mit dem Rahmen verknüpft werden.

Doch Clemens kann sich über seine Publikationserfolge mit den Erzählungen nicht mehr freuen. Seit sein Stück *Valeria oder Vaterlist* bei der Premiere im Burgtheater am 18. Februar 1814 gescheitert ist und die Hoffnungen auf eine dauerhafte enge Lebensgemeinschaft mit Arnim und Bettine trotz der anregenden Abende in Wiepersdorf verflogen sind, ist Clemens mit sich selbst zerfallen, findet er sein Gleichgewicht nicht wieder. Zeichen einer tiefgreifenden Krise, die zu einer Rückbesinnung auf die katholische Religion führen, deuten sich bereits in einem Brief an, den er am 15. Februar 1815 aus Berlin an Wilhelm Grimm richtet, noch bevor er 1816 die junge Luise Hensel kennenlernt. Er fühlt »das tiefe Bedürfniß an einem katholischen Orte zu sein, denn meine Sündenkluge Vernunft ist niedergeworfen von dem Glauben und ich schmachte nach vollem geistlichem Trost. Meine dichterischen Bestrebungen habe ich geendet, sie haben zu sehr mit dem falschen Wege meiner Natur zussammengehangen, es ist mir alles mislungen. Denn man soll das Endliche nicht schmücken mit dem Endlichen um ihm einen Schein des Ewigen zu geben ... Meine Bücher liegen alle auf dem Speicher, und manchmal sitze ich mit Thränen auf dem Schutte meiner Thorheit und weine das verlohrne Leben. Ich habe keinen Grund und Boden in nichts, und muß ihn im Leben und in Jesus zugleich suchen.«

Sogar eine grundsätzliche Absage an die Poesie läßt sich aus diesen Zeilen herauslesen. Es entsteht der Eindruck, Brentano habe nun der Dichtung endgültig Ade gesagt, während gleichzeitig einige seiner schönsten, kurz zuvor entstandenen Erzählungen veröffentlicht werden.

Ein weiterer zehntägiger Besuch in Wiepersdorf Anfang Juni 1816 kann diese Entwicklung zu einer religiös gegründeten Lebensführung bei Brentano, die insbesondere Bettine äußerst skeptisch betrachtet, nicht umkehren, zumal dieser zweite Besuch ein Krankenbesuch ist. Arnim hatte »neun Tage zwischen Leben und Tod gerungen«. »Die Krisis der Krankheit war diese Nacht, die für mich fürchterlich war«, schreibt Bettine Savigny: »Ich lag zu Arnims Füßen und hatte in der hülflosen Stille nichts als die grausamsten Fantasien anzuhören.« Savigny kommt bereits Anfang Mai, um den Kranken wieder aufzubauen, der die »nachwirkende heilende Kraft« dieses Besuchs zu schätzen weiß, denn »noch nie hat mich eine Krankheit so abgemattet, wie ich auch zum erstenmal in meinem Leben bey dieser Krankheit irre geredet habe, was man so gewöhnlich phantasieren nennt«. Wilhelm Grimm trifft am 23. Mai ein und bleibt etwa drei Wochen in Wiepersdorf, Clemens folgt am 30. Zu diesem Zeitpunkt ist die kritische Phase längst überwunden, aber die fröhliche, kreative Stimmung des ersten Besuchs von Clemens konnte in dieser Situation nicht aufkommen. Vermutlich hat diese Begegnung Brentanos mit seinem Freund seine düstere Stimmung noch verstärkt. An eine gemeinsame Zukunft in Berlin war jedenfalls nicht mehr zu denken, und Bettine sah die neue Orientierung ihres Bruders mit großer Skepsis. Im Februar hatte Clemens zum ersten Mal von der stigmatisierten Anna Katharina Emmerick in Dülmen gehört; ein Dreivierteljahr nach dem Wiepersdorfbesuch wird er seine Generalbeichte in Berlin ablegen.

XV
Die »geistreiche Tochter« als Mutter
Clemens als »Schreiber« Anna Katharina Emmericks

Das Wiepersdorfer Terzett von 1814 war ein Art Nachklang aus der Jugendzeit, als noch alle drei ihren poetischen Träumen nachhingen. Es war jedoch nur eine Harmonie auf Zeit. Zwar kehren die drei mit den Söhnen Freimund und Siegmund Anfang Dezember 1814 in einer Reisegemeinschaft nach Berlin zurück, doch wohnt die junge Familie danach in Savignys neuer Wohnung Pariser Platz 5, während Clemens wieder bei Pistors Quartier bezieht. So hatten Bettine und Arnim es gewollt, und so hatte Clemens es auch bereits in einem Brief an Charlotte Pistor aus Wiepersdorf angekündigt.

Clemens plagen Existenzängste: »Uebrigens zwingt mich meine Armuth hier zu leben, wo ich durch Pistors Güte freie Wohnung habe«, schreibt er Wilhelm Grimm. Der Berliner Kreis von Neupietisten, in dem er nun verkehrt, überschneidet sich kaum mit den bevorzugten Zirkeln des Arnim-Paares. Von einem »Kreise von trefflichen jungen Männern, welche mir hier ihre Liebe geschenkt«, spricht Clemens in einem Brief an Elisabeth von Stägemann vom 25. Januar und erwähnt einen der Brüder von Gerlach, die im Zentrum der protestantisch geprägten Berliner Erweckungsbewegung stehen. Bei Stägemanns lernt Clemens 1816 seine neue Freundin kennen, die protestantische Pfarrerstochter Luise Hensel, die ebenfalls zu den Neupietisten stößt, einen der Gerlach-Brüder sogar insgeheim liebt, während Clemens sie hofiert. Als Schwester des Zeichners Wilhelm Hensel und Autorin des Abendgebets »Müde bin ich, geh zur Ruh« ist Luise heute noch bekannt, doch ist sie im Vergleich zu Clemens und Arnim als Dichterin eher eine Dilettantin.

Arnim und Bettine sind im Stägemann- und Gerlach-Kreis nicht unbekannt, doch gehören sie nicht zum Innern dieser Zirkel, die sich mehr und mehr religiösen Themen zuwenden und dem ent-

wurzelten Clemens für eine kurze Spanne seines Lebens eine neue
Heimat bieten. Unter den prominenten Berliner Persönlichkeiten
sind es allenfalls Schinkel und August Graf Neidhart von Gneisenau, mit denen alle drei Umgang pflegen.

So ist ein Brief Gneisenaus an Bettine überliefert, der belegt, daß
sie sich auch als junge Mutter in der Berliner Gesellschaft in Szene
zu setzen wußte und dabei durch ihr unkonventionelles aber zugleich geistreiches Wesen auch skeptische Beobachter für sich ein-
zunehmen verstand. Vieles, was Gneisenau schildert, erinnert an
ihre provozierenden Auftritte als junges Mädchen. Gneisenau
schreibt am 26. April 1815: »Auch ich, ehe ich ihre nähere Bekanntschaft zu machen die Ehre hatte, teilte die Vorurteile, die gegen Sie
in der Gesellschaft umhergehen. Ihr tiefer philosophischer Blick,
Ihr fertiger und leichtfertiger Witz fesselten endlich meine Aufmerksamkeit. Die edle Art, wie Sie von Ihrem Mann mündlich und
schriftlich redeten, gewann endlich mein Vertrauen, und ich legte
jedes Vorurteil gegen Sie ab und hatte meine Freude an Ihnen, wie
ein Vater an seiner geistreichen Tochter, wenn ich auch nicht immer
Ihre Vernachlässigung der konventionellen Formen zu verteidigen
vermochte und Ihnen gerne zuweilen eine väterliche Vermahnung
gegeben hätte, wozu ich jedoch der Tochter so wie der Hoffnung
des Erfolgs entbehrte.« Bereits vor diesem Datum, am 9. Februar
1815, war die »geistreiche Tochter«, die konventionelle Formen
der höheren Gesellschaftskreise auch als Baronin von Arnim weiterhin ignoriert, zum dritten Mal Mutter geworden. Der dritte
Sohn wird, der politischen Entwicklung entsprechend, auf den
Namen Freimund getauft, denn die preußischen Truppen sind
mittlerweile in Paris eingezogen und Europa ist nun wieder frei
von napoleonischer Bevormundung.

Nach der Geburt zieht die nun fünfköpfige Familie Anfang
April wieder nach Wiepersdorf, wo sich der Gutsherr – folgt
man den Ausführungen Heinz Härtls – vom »feudalen landwirtschaftlichen Großproduzenten« zu einem »Agrarkapitalisten mit
einer Reihe feudaler Herrschaftsrechte (Patrimonialgerichtsbar-
keit u. a.)« entwickelt hat, dem allerdings »als Dichter und adligem
Frondeur ... zutiefst bewußt [ist], daß er einem Adel im Untergang angehört«. Mit solchen ideologisch eingefärbten Schlagwor-
ten wird verdeckt, daß sich die ökonomische Situation, wie sie

Wilhelm Grimm in seinem vielzitierten Brief aus dem Jahre 1816
erläutert, nicht grundsätzlich ändert. Arnim geht mit seinem Stand
nicht unter, doch das Ehepaar mit den drei Kindern lebt recht
bescheiden auf dem nach wie vor hoch verschuldeten Gut, das
kaum genug Gewinn erwirtschaftet, um ein bequemes Leben für
den Gutsbesitzer und seine Familie zu ermöglichen. Von April bis
Dezember 1815 halten sich die fünf wieder in der ländlichen Idylle
auf, primär, weil das Leben allemal preiswerter ist als in der preußischen Metropole. Nur für drei Wochen kehren sie im Winter
1815 aus ihrem Sommerquartier nach Berlin zurück – vom 28.
Dezember bis 20. Januar 1816. Danach leben sie wieder in Wiepersdorf.

Was Bettine in ihrem Familienleben bewegt, betrifft ihren Bruder Clemens nicht mehr; was Clemens innerlich beschäftigt und zu
einer radikalen Neuorientierung in seinem Denken und Dichten
führen sollte, berührt die Schwester nicht sonderlich. Bettine hat
dem katholischen Glauben ihrer Kindheit nie abgeschworen, aber
sie stand stets mit beiden Beinen auf der Erde und war jeglichem
Wunderglauben und Reliquienkult abhold, während Clemens gerade in wunderbaren Erscheinungen Zeichen für eine mögliche
innere Erneuerung des Christentums erkennen will und Hoffnung
schöpft, in der Gemeinschaft einer erneuerten Kirche neuen Halt
zu finden und auch seine Lebenskrise zu überwinden.

Die Geschwister gehen daher getrennte Wege und werden ihre
Lebensgemeinschaft niemals wieder erneuern. Allzu verschieden
werden Lebensinhalt und -ziele, wobei insbesondere Clemens eine
radikale Wende vollzieht und sogar die Poesie seiner frühen Jahre
zu verachten beginnt. Zu Auseinandersetzungen über die verschiedenen Lebensentwürfe der Geschwister kommt es allerdings nicht.
Bettine hört sich an, was ihr Bruder zu berichten hat, sie hat weiterhin ein offenes Ohr für seine Sorgen und Nöte. Es bleibt jedoch
eine innere Distanz. Darauf deutet z. B. ihr Rückblick in einem
Brief von 1835, in dem sie die gelegentlichen Treffen in der gemeinsamen Berliner Zeit beschreibt: »besinne dich doch lieber
Clemente, wie du noch in Berlin warst da kamst du manchmal
und sprachst über Religion über die Offenbarung Johannis über
die Hensel pp ich habe damals bescheiden zugehört ohne dich zu
verletzen ich habe deine Eigenthümlichkeiten gelten lassen, aber

ich war trotz deinen Mittheilungen die in so mannigfaltigen Reflexen sich brachen einsam und ohne Berührung, und grad diese Mittheilungen von dir *lieber* Clemen[s] waren der Widerhall mein[er] Einsamkeit.«

Tiefgreifende Zweifel am Sinn seines Literatendaseins plagen Clemens bereits nach dem Scheitern seiner Wiener Theaterhoffnungen im Sommer 1814. In seiner Verzweiflung und Orientierungslosigkeit scheint er sogar zu erwägen, Priester zu werden, und spricht in einem Brief aus Prag an Susanne Baronin von Hügel von einem »großen eingefleischten Satanismus der Welt« als »Ursache, warum in dieser Zeit sich so viele edlere und tiefsinnigere Geister zur Religion zurückwenden«. Er deutet an, daß er selbst diese Wendung als einzigen Ausweg für das weitere Leben sieht: »Nur in der Gottheit und ihrer Verehrung kann der Mensch noch Freiheit finden, diese aber Allein ist es, die ihn zum Ebendbilde Gottes macht, da aber ein Schwancken, eine Halbheit in seiner Erkenntniß uns nie ganz vom Anblick und der Einwirkung der dummen, verkehrten, und Hoffärtigen, ja recht abgeschmackten Welt abwendet, so ist kein Mittel zur Ruhe und Freiheit und zu einem Leben ohne Aegerniß zu gelangen, als durch ein gänzliches Eingehen in Gott und alle seine Äußerungen. Dieser Weg ist sehr schwer, da nur wenige auf Erden sind, die ihn zeigen können, und wir selbst mit tausend eitlen und thörichten Beziehungen an die Zeit gebunden sind, aber ich fühle täglich in meiner Seele einen lebendigeren Trieb, der mich forttreibt, ob ich je dahin gelange! Welches Leben ist auf Erden noch beneidenswehrt in dieser schmählichen wahnsinnigen verkehrten Zeit, als das eines wirklich frommen begeisterten und edlen Priesters, der die zertretenen, zerrissenen Halme aufrichtet zum Lichte, das uns allen abgewendet ist! Jeder Busen hat eine Heftige Sehnsucht, keiner weiß recht wornach, aber alle haben sie nach dem Licht, selbst die, welche sich nach dem Tode sehnen! Was hilft es die Welt mit Klagen zu erfüllen, die Klage selbst ist Sünde, und glücklich zu sein ist jedem vergönnt, der gerecht und tugendhaft und mit Gott sein will. O könnte je mein innerer Beruf recht lebendig werden, und fände ich einen väterlichen Freund, der sich meiner annähme und mich auf dem gerechten Wege leitete!«

In seinem Berliner Brief an Wilhelm Grimm, der als deutlicher

Hinweis einer tiefgreifenden Sprach- und Lebenskrise bei der
Diskussion um Brentanos Wende vielfach zitiert wird, treten seine
Selbstzweifel erneut deutlich zutage. Grundsätzlich verwirft er
nun jede Kunst, die sich nicht in den Dienst der Religion stellt:
»mir ist oft, ja meist, als gehöre ich nicht zu den lebendigen. Mein
ganzes Leben habe ich verlohren theils in Irrthum, teils in Sünde,
theils in falschen Bestrebungen. Der Blick auf mich selbst vernichtet mich, und nur wenn ich die Augen flehend zu dem Herrn auf-
richte, hat mein zitterndes zagendes Herz einigen Trost ... jedes
auch das gelungendste Kunstwerk, dessen Gegenstand nicht der
ewige Gott und seine Wirkung ist, scheint mir ein geschnitztes
Bild, das man nicht machen soll.«

Das überraschende Ergebnis für die eigene Lebensplanung ist
allerdings hier zunächst nicht eine neue Orientierung als Dichter
der Kirche oder die Entscheidung für den Priesterberuf, sondern
die Ausbildung in einem Fach, das ihn zur Selbstdisziplin zwingen
und seine Neigung zu frei schweifenden Phantasien zügeln soll.
Brentano beginnt – gegen seine Natur, wie er betont – Architektur
zu studieren: »Weil ich mich nun durch die falschen Bestrebungen
meines Geistes ganz misbraucht und einseitig nach der Fantasie hin
ausgebildet fühle, habe ich mit schwerem Kampf, und ganz gegen
meine Natur, mich dahin gewendet, wo ich am verlassensten bin,
nach der Mathematischen Erkenntniß. Ich lerne Rechnen und
Geometrie und laufe täglich vier Stunden mit einem schweren
Zeichenbrett und langen Lineal auf die Bauackademie, wo ich unter vielen jungen Burschen frage, wie spricht der Hund, und erfahre, Vitruv spricht, u.s.w. Da kann ich alle Gedult und Demuth
entwicklen, denn ich zeichne auf, was mir nicht gefällt und was
ich doch lernen muß und gar nicht kann.«

Der Versuch scheitert bereits im Laufe des Sommers. »Was du
mir prophezeiht hast, ist eingetroffen, ich bin nicht im Stand, Ar-
chiteckt zu werden und habe so etwa 100 rtl in Dreck geworfen.
Jeder bleib bei seinem Leisten«, meldet er am 29. Juli 1815 Arnim
aus Berlin, und entwickelt einen weiteren Plan, bei dem er auf
Zusammenarbeit mit Joseph Görres, Arnim und den Brüdern
Grimm hofft: »Eine Idee, die mir sehr im Kopf herum geht, ist
noch stets die deutsche Volksbuchhandlung, ich glaube, es wäre
nach diesem Krieg, wenn sich alles ein wenig gesetzt hätte, ein

herrlicher Zeitpunckt dazu, und zwar vom Rhein aus in verbindung mit Görres, der gewiß eingienge, wir müßen aber jezt noch schweigen, damit uns keiner zuvor kömmt. Die Sache müste so weit kommen, daß wir förmlich von der Regierung unterstüzt würden, der sehr daran liegen muß, daß die Lektüre des Volks tüchtiger und gründlicher würde welche jezt ganz in den Händen des lumpichten Littfas ist, der von manchem blatt 22 000 Abdrücke verkauft durch sein Colportiren. Das Volk ließt nichts anders und wie wäre auf es zu wirken, wenn dergleichen gründlich und tüchtig getrieben würde. Littfas ist in wenigen Jahr reich geworden, er hatte nichts, mit ein paar Tausend rtl ist entsetzlich viel zu machen auf diese Art. Mündlich mehr hievon. Das wäre etwas für uns zu Coblenz oder Cölln! – . Unsre manichfachen Sammlungen, eignen Gaben und Grimm und Görres könnten viel, und das Ganze könnte ehrenvoll werden. Gott stelle dich ganz her, und erhalte Weib und Kind gesund.«

Die Arnims plagen andere Sorgen: die notwendige Sanierung der Güter und ihrer Finanzen wird mit der Zahl der Kinder immer dringlicher, um den Lebensunterhalt aus den Erträgen dieser Güter auf Dauer zu finanzieren. Deshalb sieht Arnim sogleich die finanziellen Risiken in dem neuen Projekt seines Freundes und antwortet: »Du erneust unser altes Projekt mit der Volksbuchhandlung, damals hatte ich viel mehr Zutrauen zu der Einsicht der Regierungen, das schwindet mir immer mehr und ich sehe von der Seite nur Hindernisse, aber keine Unterstützung. Daß Görres einige Freyheit hat, etwas drucken zu lassen, was andern nicht erlaubt ist, wer weiß, wie lange es dauert, es ist ihm durch zufällige Umstände geworden; dann taugen wir beyde nicht zum Merkantilischen der Sache.«

Die Kooperation mit Arnim läßt sich also nicht wiederbeleben, zumal Clemens immer mehr von der Berliner Erweckungsbewegung erfaßt wird, die dem Ehepaar Arnim fremd bleibt. Bald ist er völlig in seine frustrierende Liebe zu Luise Hensel verstrickt, die zum Kreis der reform- und konversionswilligen Gläubigen gehört. Seine glühende Verehrung für das junge Mädchen findet kaum Erwiderung. Ende Dezembers hält er bereits um ihre Hand an und beklagt seitdem in wortreichen, mit Bibelzitaten gespickten Briefen seine Abweisung. So banal und bigott manche seiner aus

Luise Hensel, Zeichnung von Wilhelm Hensel, 14. Oktober 1828

der Frustration geborenen Briefe an die junge Freundin, die allenfalls eine Josephsehe mit dem faszinierenden, aber für sie auch
unheimlich wirkenden Bewerber erwog, auch klingen mögen:
Die eingelegten Gedichte, von denen die meisten eigens für die
junge Geliebte entworfen werden, gehören zu seinen ausdrucks-
stärksten. Er selbst ringt noch um den Glauben und versucht zugleich, seine Freundin zur Konversion zu bewegen.

Gewaltig ist das mit barocken Versatzstücken arbeitende *Wiegenlied eines jammernden Herzen*. Lange Zeit glaubte die Brentano-Forschung, dies sei ein allzu süßer Titel, den nachträgliche

Bearbeiter über sein Gedicht gesetzt hätten, das – ohne Titel – nur in einem Brief an Luise Hensel und einem separaten Entwurf, der ebenfalls keine Überschrift hatte, bekannt war. Erst in den siebziger Jahren des 20. Jahrhunderts fand sich ein Konvolut von Abschriften, die Brentano selbst für eine geplante Gedichtausgabe hatte anfertigen lassen, darunter auch die Abschrift mit der eigenhändig vom Dichter eingesetzten, pietistisch klingenden Überschrift.

Im Brief an die Freundin leitet Brentano das Gedicht mit Reflexionen über die Zukunft von Luise ein: »Es thut mir weh, unendlich weh, daß ich dein bin, und daß du doch eines andern seyn darfst und vielleicht einst auch seyn magst. Siehe, da wird das Schreckliche der einzige Trost, da mögte ich dem Ende aller Dinge ein Loblied singen.

> O schweig nur Herz! die rächende Sibille
> Die über deiner Zukunft. Wehe! Kreischt,
> Den giergen Geyer, der dich lang zerfleischt,
> Bannt ein gottseelig Kind, und deckt ganz stille
> Die schreinde Wunde dir mit Taubenflügeln,
> Weckt dir den Morgenstern auf stummen Hügeln.«

Ein düsteres, ein apokalyptisches Gedicht, dessen Ton zunächst in Resignation, dann in Erleichterung und Glücksgefühle umschlägt. Die eingeschobenen Briefpassagen beschreiben Brentanos Erlebnisse bei einem abendlichen Rendezvous mit Luise und zeigen die sehr persönlichen Aussagen, die sich in dieser Liebeslyrik an Luise verstecken: »Um neun Uhr konnte ich nicht mehr ruhen, ich zog mich an zu St[ägemanns?] zu gehen. Sie ist fort, dachte ich ... als ich so in der dunklen Treppenecke auf dich harrte und die Leute an der Thüre vorüber giengen, sang ich still vor mich folgenden lächerlichen Vers, bei dem ich schier weinte.

> Ach alles geht vorbei
> Selbst dieser Unverstand
> Den ich in einer wunderseelgen Stunde
> An einer Wand empfand
> Hat nicht Bestand.

Da kamst du, und ich war der aller glücklichste Mensch und der
Allerweiseste ... und so gieng ich bis 12 Spazieren; meine Brust
war frei, und ich sang fort

> Ja Alles geht vorbei,
> Doch daß ich auferstand,
> Und wie ein Irrstern ewig sie umrunde,
> Ein Geist den sie gebannt,
> Das hat Bestand
> ...
>
> Ja Alles geht vorbei,
> Nur dieser heiße Brand,
> In meiner Brust die bittre süße Wunde,
> Die ihre Hand verband,
> Die hat Bestand!«

Während dieses Gedicht nur im Kontext des Briefes für die Adressatin Luise Hensel vollkommen verständlich ist, finden andere
religiöse Texte, die Clemens um diese Zeit in Berlin schreibt, ihren
Weg in die Öffentlichkeit. Am populärsten wird das Gedicht *Die
Gottesmauer*. Die Ballade erzählt von dem »frommen Mütterlein«,
das sich in Kriegszeiten an Gott wendet mit dem Gesang: »Eine
Mauer um uns baue ... daß dem Feinde vor uns graue« und dann
über Nacht tatsächlich den erbetenen Schutz in Form einer un-
überwindlichen Schneemauer erhält.

Am 27. Februar 1817 legt Clemens in der Berliner St. Hedwigs-
Kirche eine Generalbeichte ab. Arnim weiß Ringseis darüber zu
berichten: »Klemens hat vor einigen Tagen eine Generalbeichte
von 10 Bogen eng geschrieben abgelegt. Sie geht von alten Jahren
an. Er versicherte mir, es sei ein ungeheurer Sündenhaufen gewesen.« Der Wortlaut dieser Abrechnung mit dem vergangenen Leben ist nicht überliefert. Clemens gab diese Beichte seiner jungen
Freundin, die er auf den rechten Weg führen wollte – Luise Hensel –, zum Lesen, und sie klagte später darüber, daß er sie durch
seine Schilderungen erst mit zahlreichen Sünden bekannt gemacht
und auf diese Weise verdorben habe.

Einen Monat nach der Generalbeichte in der Hedwigskirche, am
24. März 1817, wird dem Arnim-Paar der vierte Sohn geboren und

erhält den Namen Kühnemund. Bettine hat mittlerweile das länd-
liche Idyll satt, es zieht sie nach Berlin, und so kommt es auch unter
den Eheleuten zu immer längeren Phasen der Trennung, die in eine
Ehe auf Abstand münden.

Um den 20. Juni 1817 reist Arnim von Berlin aus allein nach
Wiepersdorf und bricht von dort aus zu einer Kur nach Karlsbad
auf, um sich von den Strapazen der Krankheit und der körperli-
chen Belastung bei der ungewohnten Arbeit in der Landwirtschaft
zu erholen. Derweil zieht Bettine innerhalb von Berlin in eine
eigene Wohnung in der Georgenstraße 3, die sie als »Feenpalast«
empfindet, weil nun mit einem eigenen Herd die Zeit der Unter-
miete bei der Savigny-Familie vorbei ist. Die alltäglichen Belastun-
gen, die sie als Mutter von vier Kleinkindern während der Zeit von
Arnims Abwesenheit zu tragen hat, werden in einem Brief an den
Ehemann deutlich, der am 24. Juli 1817 nach Karlsbad geht: »dies
ist mein dritter Brief nach Karlsbad in welchem ich Dich zum 3ten
Mal versichern kann, daß Kinder und Mutter gesund sind, letztere
aber sehr gequält ist: in diesem Augenblick stehen sie um mich her
und schreien ... Heut ist die Reihe an Siegmund, der schreit als ob
er am Spieß stäke; ich gestehe daß es eine große Schwäche von mir
ist, aber wenn ich manchmal so 24 Stunden habe Geduld haben
müssen, wenn das Kleine [Kühnemund] denn noch an der Brust
liegt, wenn das Essen noch verbrennt oder verdorben ist, wo ich
denn keine Milch für das Kind habe, dann denk ich auch als [frank-
furterisch für: immer] an die Zeit, wo man schläft und nicht wieder
aufwacht ... Wenig kann ich schreiben, ich bin müd von vieler Not,
heute sehr abgespannt. Das sei Dir gesagt, daß ich Dich im Herzen
so innig an mich drücke wie Du es gewiß nicht besser kannst ...
Kauf mir nichts, aber den Kindern bring etwas mit; ich hab schon
viel Geld ausgegeben, obschon ich nicht das geringste Unnötige
gekauft habe, die Miete hab ich bezahlt, Holz hab ich gekauft, das
Klavier hat 4 Taler Reparatur gekostet, 14 Taler hab ich noch von
140 – ich werde also wohl nicht langen, bis Du wiederkommst ...
hast Du in der Zeitung gelesen, daß man jetzt sein Vermögen frei
ohne Abzug aus Frankfurt herausziehen kann?«

Der letzte Absatz ist insofern für die weitere Lebensplanung von
Bedeutung, als Bettine auf ihren Anteil am Brentano-Erbe anspielt,
den sie später dazu einsetzen wird, um den getrennten Wohnsitz in

Berlin zu sichern, während Arnim in Wiepersdorf lebt. 1827 ließ
sie sich sogar bei einem Berliner Bankhaus einen jährlichen Kredit
auf ihr Frankfurter Erbteil einrichten, um stets ohne weitere For-
malien über dieses eigene Geld verfügen zu können; vorher war der
Schwager Savigny für Zahlungen in Berlin zuständig. Dennoch
wird sie in den folgenden Jahren – u. a. aus Kostengründen – noch
vielfach das Quartier wechseln, hält aber an ihrem Zweitwohnsitz
trotz der Belastung einer doppelten Haushaltsführung fest. Meist
ziehen die Kinder im Sommer zum Vater aufs Land nach Wiepersdorf, während die Mutter sie im Winter und während der Schulzeit
in Berlin allein betreut.

Über die Ehe der Arnims mit Trennung der Wohnsitze, die immerhin fast eine Tagesreise voneinander entfernt liegen, ist viel
spekuliert worden. Doch zeigt der Briefwechsel der Eheleute,
der vollständig erhalten und veröffentlicht ist und einen einmali-
gen Blick in den Lebensalltag der beiden ermöglicht, daß sie einander auch in der Ferne trotz gelegentlicher Spannungen innerlich
sehr nahe bleiben und bei kleinen ehelichen Fehden immer wieder
zusammenfinden. Es sind nicht nur die drei weiteren Geburten –
Bettine bringt nach den vier Söhnen noch drei Töchter zu Welt:
1818 Maximiliane, 1821 Armgart und als Nesthäkchen 1827 Gisela
– die für eine insgesamt glückliche Beziehung sprechen. Die Briefe
sind getragen von zärtlicher Fürsorge und immer wieder erneuerten Liebesbekundungen, wobei keiner der beiden sich der fami-
liären Verantwortung auch nur ansatzweise entzieht.

Insbesondere die Hingabe, mit der Bettine sich um ihre Kinder
kümmert, ihre aufopfernde Pflege, wenn die Säuglinge und Klein-
kinder von schweren Kinderkrankheiten geplagt werden und sich
gegenseitig anstecken, ihr Engagement, wenn es darum geht, Um-
züge zu organisieren, bei Schularbeiten der Kinder auszuhelfen
oder mit Näharbeiten für die standesgemäße Garderobe der Töchter zu sorgen, sind erstaunlich. Während sie als junges Mädchen das
philiströse Eheleben nur mit Verachtung betrachtet hatte, stellt sie
sich nun vorbildlich ihrer Verantwortung als Mutter. Das provozierend unkonventionelle Auftreten – ihre Selbststilisierung als
»Kind« – wird sie bis ins hohe Alter beibehalten, aber dabei handelt es sich zweifellos um bewußte Inszenierungen, die sie im Ge-
sellschaftsleben Berlins pflegt wie früher in Frankfurt oder Mün-

Armgart, Maximiliane und Gisela von Arnim; Aquarell über Bleistift,
nach Zeichnungen von Caroline Bardua, 1845

chen und später auch mit politischem Kalkül einsetzt. Im alltäglichen Familienleben nimmt sie ihre Pflichten sehr ernst, ist als Mutter zu jedem Opfer für die Kinder bereit.

Im Juli 1825 erkrankt die Kinderschar lebensgefährlich: »Die
Kinder haben die Nacht wieder fantasiert«, berichtet sie am 8. Juli
nach Wiepersdorf, »Siegmund hat 4 bis 5 Mal stark aus der Nase
geblutet, auch Freimund; Kühnemund am wenigsten, und der
scheint am kränksten zu sein. Siegmund hat von selbst gebrochen,
Freimund leidet fortwährend an Übelkeit.« Zwei Tage später
spricht sie von »Hirnentzündung«, die sich »zum Staunen« des
Arztes Wolfart »und zu meinem Schrecken« entwickelt habe,
»ein fortwährendes Nasenbluten, was beinah einem Blutsturz
glich ... war ihre Rettung. Sie sind noch nicht ganz vom Fieber
verlassen, ich muß Tag und Nacht Umschläge von kaltem Wasser

und Salmiak machen, das Fantasieren zwang mich sie auseinander-
zulegen ... Siegmund hat einen sehr starken Durchfall, der ihn Tag
für Tag auf den Beinen hält, oder vielmehr von den Beinen bringt,
denn er kann nicht mehr stehen ... Freimund leidet an Verstopfung, Kühnemund ist am abgespanntesten, aber es war weniger
gefährlich als bei den Andern. Das Zeichen der Hirnentzündung
ist fortwährende Übelkeit bis zum Erbrechen und Schwindel, so
daß alles im Drehen ist, worüber Freimund immer weinen mußte
und endlich in Ohnmacht fiel. Dies Alles machte mir in manchen
Augenblicken bang, ich kam in 5 Tagen in kein Bett ... von dem
Hin- und Herlaufen hast Du keinen Begriff, das fortwährende
Schreien um Hülfe ließ in drei Tagen nicht nach, es konnte sich
keiner regen, nicht einmal den Kopf emporheben, und noch jetzt
muß ich sie tragen auf den Nachttopf und von einem Bett ins andere. Freimund ist gar nicht leicht; die Savignys, welche heut Morgen abgereist sind, konnten nicht begreifen, wie ich es aushielt,
doch bin ich ganz wohl; sie nannten mich *wahrhaft großartig*
und *musterhaft*. Das Rätsel liegt eben darin, daß wenn [man] niemand hat, auf den man sich verlassen kann, so fühlt man sich stark
wie jede Bauerfrau«. Am 14. Juli ist die gefährliche Infektion immer noch nicht überstanden, und Bettine setzt ihren Krankenbe-
richt fort: »Siegmund, der in seinen Fantasien immer nach Dir
schrie, und der erst seit vorgestern die Besinnung wieder hat, liegt
in Deinem Bett, denn da sie zu verschiedener Zeit ungeheuer pol-
terten, konnte ich sie nicht in einem Zimmer lassen. Dieser hatte
einen Durchfall, der so heftig war, daß er Tag und Nacht alle 4tel
Stund ja oft alle 5 Minuten kam, er ist auch jetzt noch nicht ganz
vorüber. Dieser und Kühnemund, der nichts wie Schimpfworte
sagte in seinen Fantasien, haben noch Fieber, aber es bessert sich
so regelmäßig, daß ich keine Besorgnis habe. Von der ungeheuren
Masse von Besorgungen, die auf mir lagen und auch noch jetzt,
hast Du keine Idee.«

Die Hilfe des Personals, über das Bettine auch in Berlin verfügt,
scheint kaum erwähnenswert, denn Bettine fährt fort: »Charlotte
war gleich, als ob sie simpel wäre, sie konnte oder mochte weder
gehen noch stehen sondern nur sitzen, alle Nachttöpfe habe ich
ausgeleert, alle Betten gemacht, die Stuben gereinigt, die Kinder
getragen ... 8 Tage habe ich nicht im Bett gelegen, heute Nacht zum

ersten Mal besser geschlafen, obschon ich zwei bis dreimal die
Ronde machte.« Erst am 17. Juli zeichnet sich bei einigen Kindern
Besserung ab: »Freimund ist seit 3 Tagen wieder auf den Beinen
und hat nach langem Fasten ungemein viele Bedürfnisse. Er trinkt
von Morgens bis Abends Weißbier, manchmal 3 Flaschen ... Siegmund machte mir die meisten Sorgen ... vor 4 Tagen warf sich die
Entzündung auf die Lungen bei ihm und Kühnemund, aber dieser
war nicht so angegriffen. Siegmund ließ mich die Nächte nicht von
sich, er glaubte bei seiner Heiserkeit und Husten zu ersticken, ich
mußte immer seine abgemagerten, brennenden Hände halten; seit
gestern hat das Fieber sehr nachgelassen ... und soeben habe ich
ihn auf Wolfarts Anordnung zum erstenmal gebadet.«

Karl Christian Wolfart, ein Freund Schleiermachers und Professor der Berliner Universität, war Bettines bevorzugter Fami-
lienarzt, der während der gefährlichen Krankheit der Kinder täglich dreimal ins Haus kam. Er vertrat die alternative Medizin der
Zeit, die auch »romantische Medizin« genannt wird, war u. a. ein
»begeisterter Verfechter des Mesmerschen Magnetismus«.

Was hat man sich unter dieser Bezeichnung vorzustellen? Mes-
mer hatte – wie auch Gotthilf Heinrich Schubert und Schelling –
die Existenz eines »tierischen Magnetismus« beim Menschen angenommen und versuchte Krankheiten durch »Magnetisieren« zu
heilen. In der heutigen Terminologie waren es eher Hypnose,
autogenes Training und Gruppentherapie, die von ihm und anderen »Magnetiseuren« zum Teil als Jahrmarktspektakel, zum Teil
als ernstzunehmende Therapie betrieben wurden. Bettine lehnte
die zu ihrer Zeit üblichen Heilmethoden ab, die sich im wesentlichen auf Aderlassen, Schröpfen und ähnliche Roßkuren be-
schränkten. Sie besaß selbst auch die Begabung, durch Handauf-
legen bei ihren Kindern eine »magnetisierende« therapeutische
Wirkung zu erreichen. Ansonsten bevorzugte sie Hausmittel
wie kühle Umschläge, Kamillen und Fliedertee, gab den Kindern
bei leichten Krankheiten gelegentlich auch Wein oder Weißbier,
um den Kreislauf anzuregen und sie zu beruhigen. Sofern sie ärzt-
lichen Rat brauchte, wandte sie sich an Wolfart oder den Homöopathen Stüler.

Erschwert wird Bettines Situation dadurch, daß Haushaltsgeld
knapp ist und sie bei ihrem Mann immer wieder um Geld betteln

muß. Der publizierte Briefwechsel enthält nur einen Bruchteil der Abrechnungen, mit denen sie ihrem Mann laufend Rechenschaft über ihre Ausgaben ablegt, um gegen den Verdacht anzukämpfen, sie gebe leichtsinnig Geld aus. Bereits in einem Brief vom Herbst 1820 schreibt sie an Arnim: »Du sollst nicht sagen und glauben, ich sei gleichgültig gegen die Vorräte und Wirtschaft; da ich Dir gern Geld sparen mag, so ist es mir schon in diesem Bezug wichtig. Allein Du denkst Dir meine lage nicht. Jakob Böhm[e] sagt: eine Frau die schwanger ist, trägt in der ersten Hälfte den Tod in ihrem Herzen, und alles was sie ansieht, erregt ihr Ekel und Ermüdung, und was sie anrührt, das durchschaudert ihre Nerven und ihr Gebein mit Todesschaudern, und was sie hört, das macht ihr Betäubungen im Kopf und beklemmt ihr Herz, und dieser Zustand dauert, bis das Kind Leben hat ... eine gütige Nachsicht verdien ich doch von Dir in dieser Hinsicht ... Ihr Männer hört wohl, die Frau hat heut Nacht nicht gut geschlafen, sie hat das Kind gewartet p. p., aber weil ihr so passabel geschlafen habt und keine Ermüdung fühlt, so ist das nicht weiter für Euch bedeutend; ich will es verantworten, was ich alles getan hab und was unterlassen. Der Husten vom Friedmund war ganz wie der Keuchhusten, nur daß er oft stundenlang anhielt und 4 bis 5 mal hinter einander brechen mußte, aber nicht keuchte ... in die Schule laß ich ihn aber noch nicht gehen. Ich kann Dich aber versichern, daß mir diese Nachtwachen eine harte Prüfung waren, geschrieben habe ich Dir nichts, weil es Dich in der Ferne doch sehr ängstigen könnte. Wolfart versicherte mir aber gleich, daß es vorüber gehen werde.«

Über ihre letzte Schwangerschaft ist Bettine nicht begeistert. Die Aufgaben wachsen ihr nun über den Kopf, und sie ist nicht mehr bereit, ihre Probleme vor dem Ehemann zu verstecken, um ihn zu schonen. Zärtliche und verständnisvolle Worte, die ihre Klagen über Jahre hindurch neutralisiert haben, fehlen nun, und es kommt sogar vor, daß sie ihrem Mann sarkastische Briefe schreibt. Das von ihm kurz vor der Entbindung geschickte Bettzeug ist fleckig und viel zu klein dimensioniert: »Wenn ich niederkomme, so ist es wahrscheinlich auch ganz notwendig, daß noch etwas Bett da ist, daß zum wenigsten ein Krankenwärter oder Arzt etwas hat. Ich kann zum wenigsten beteuern, daß ich jetzt so gebettet bin, daß ich nirgendwo eine Ruhestätte finde ... Vorgestern Nachmittag habe

ich mich über zwanzigmal erbrochen, ich wurde am Ende so matt,
daß ich über dem Gefäß, worin [ich] gebrochen hatte, einschlief...
kaum lag ich eine halbe Stunde zu Bett so fing [die neunjährige]
Maxe an über Zahnweh zu klagen, es wurde so arg, daß sie Fieber
bekam. Sie hatte nicht anders Ruhe als wenn ich ihr die Hand unter
den Backen legte, am Morgen hatte sich ein Zahngeschwür gebildet. Gegen 6 Uhr schliefen wir beide ein, um halb 8 Uhr kam der
Wagen, ich wurde geweckt. Dies alles sind Ereignisse, von denen
Du nichts ahndest und noch vieles, was zu langweilig ist, nimmt
Kräfte des Leibes und der Seele in Anspruch.«

In den Jahren 1822 und 1823 haben die Arnims eine schwere
Ehekrise zu überwinden. Bettine lernt bei Savignys einen jungen
Schweizer Studenten namens Philipp Hössli kennen. Ein schwär-
merisches Verhältnis verbindet sie mit diesem jungen Mann, der
mit ihr gemeinsam Lieder singt und sie im Sommer auch in Wiepersdorf besucht. Bettine selbst stufte später ihren Briefwechsel
mit dem Studenten als ein Gegenstück zu ihrem Briefwechsel
mit Goethe ein, was die Erwartungen der Literaturwissenschaftler
über Jahrzehnte sehr hoch spannte. Die Originale sind bis heute
verschollen, doch gelang es dem Schweizer Kurt Wanner Anfang
der neunziger Jahre Abschriften dieser Briefe und das Tagebuch
von Philipp Hössli in Graubünden aufzuspüren und zu publizieren.

Die Erwartungen der Germanisten wurden enttäuscht, denn
Bettines Angaben waren übertrieben. Die Briefe sind nur insofern
als Pendant zum Briefwechsel mit Goethe zu verstehen, als das
Verhältnis hier umgekehrt ist: Der junge Mann schwärmt für seine
geistreiche Mentorin – ähnlich wie die junge Bettine für den väterlichen Mentor Goethe geschwärmt hatte. Als mütterliche Berate-
rin entfaltet sie – ohne viel Erfolg – eine Art erotischer Pädagogik
gegenüber dem noch sehr jungen Studenten, der den ersten erhaltenen Brief unterschreibt: »Durchdrungen von wahrer Achtung
und kindlicher Erkenntlichkeit«. Das ist eine distanziert klingende
Formel im Vergleich zu Bettines Brief, auf den Hössli antwortet:
»Das geflügelte Roß trage Dich, der geflügelte Gott beherrsche
Dich, und Deine Gedanken seien geflügelte Boten, die zwischen
dem Morgen- und Abendroth Deines Lebens Kunde bringen: die
Sonne, die Deinen Genius erwekt mit freudiger Stimme, daß er

Philipp Hössli in reiferem Alter, Ölbild

jubelnd Deine Empfindung ausspreche, verzehre die Fleken des
früheren Tages.«

Im Tagebuch notiert Hössli zu seinem Besuch in Wiepersdorf,
bei dem er nur wenig Gelegenheit hat, mit Bettine allein zu sein,
nach einem gemeinsam erlebten Sonnenuntergang unter dem 22.
September 1822: »Abends nach der Ankunft sizen wir zusammen
auf dem Sopha, und nach einer langen Pause fragt sie: Wollen wir

einander rechtes Vertrauen schenken? – Ja! – Solls aber kein anderer Mensch wissen? – Nein – Ich habe dich im ersten Augenblick erkannt als Bruder … Als ich dich sah, schaute mir gleich aus dir entgegen die ganze Schweiz mit all' ihren Bergen, Thälern, Hütten und Menschen. Halte dich rein, Freund, und verliere nie den Ausdruk der Unschuld auf deinem Antlitz.«

Zwei Tage später heißt es: »Sie erscheint mir als eine Seele, die als himmlischer Geist in leichter aetherischer Hülle über die Erde schwebt, und nirgends eine andere findet, die sie zu verstehen rein und hell genug ist. Sie meint, durch das heirathen und Kinder gebären abgestorben zu sein, und hoft wieder aufzuleben … Sie sizt auf dem Boden und umfaßt meine Füße; wünscht einzuschlafen wie sie es bei Goethe gethan.«

Am Tage vor dem Abschied aus Wiepersdorf, am 29. September 1822, notiert er: »In reinster, innigster Liebe beisammen. Über Freundschaft gesprochen … Schildert ihre Freundschaft und Liebe, die nichts fordert und nichts für sich erwartet auf die Zukunft und doch innig liebt. Wieder eine der seligsten Stunden. Scherzend und singend heim … Während ich so [im Stammbuch Arnims] lesend und sinnend der Mitternacht mich nähere, öfnet sich die Thüre, und Bettina bleibt auf der Schwelle stehen, mich zum Abschied erwartend. Seufzend leg' ich das Buch beiseite und trete still und ruhig ihr entgegen. Sie faßt mich tief bewegt, villeicht für immer Lebewohl zu sagen. Knie vor ihr nieder, sie küßt Stirn, Augen und Wangen.«

Als Treuebruch oder gar Seitensprung wird man Bettines Umgang mit dem jungen Schweizer nicht werten können, zumal der Ehemann die romantischen Stunden – von einigen Spaziergängen in Wiepersdorf und musikalisch-erbaulichen Stunden in Berlin abgesehen – persönlich miterlebte, ohne daß es zu Eifersuchtsszenen kam. »Arnim äußerst freundlich mit mir, wie Bettina vorausgesagt, er würde bei längerer Bekanntschaft mit mir innig befreundet werden, wenn das auch bei ihm sehr selten sei«, schreibt er am 29. September in sein Tagebuch.

Doch nicht nur der liebevolle Umgang Bettines mit dem jungen Schweizer signalisiert, daß Bettine ehemüde ist. Sie fühlt sich zeitweise miserabel, neigt zu Depressionen. Zu ernsteren Verstimmungen und einer starken Abkühlung in der Ehe kommt es in diesem

Jahr 1822 auch deshalb, weil Arnim starken Druck auf seine Frau ausübt, die Berliner Wohnung – insbesondere der Kosten wegen – aufzugeben und endgültig wieder nach Wiepersdorf überzusiedeln. Das jedenfalls schließt Konstanze Bäumer aus dem Ehebriefwechsel und weiteren Zeugnissen dieser Zeit. Ein erschütternder Brief Bettines an Savigny zeigt den immensen Druck, der auf ihr lastet: »Ich habe die 12 Jahre meines Ehestands leiblich und geistigerweise auf der Marterbank zugebracht und meine Ansprüche auf Rücksicht werden nicht befriedigt. Die Kinder, um deren irdischen Vorteil alle Opfer geschehen, werden in allem, was sich nicht mit der Ökonomie verträgt, versäumt ... Mir aber sind (ich schäme mich zu sagen) die Hände gebunden, und ich kann nichts befördern, wozu ich mich bei jedem Nachdenken aufgefordert fühle. Was ich stets mit Geduld ertrug, weil ich mich kräftig genug fühle, das trag ich jetzt mit Ungeduld, weil ich schwach genug bin. *Mein Perspektiv ist das End aller Dinge.*«

Doch auch nach diesem seelischen Tiefpunkt finden die Eheleute einen Modus vivendi. 1824/25 feiert die Familie wieder gemeinsam Weihnachten und Neujahr. Allerdings, so stellt Konstanze Bäumer fest: »Die Phase des bewußt voneinander getrennt Wohnens, die bis zu Achims Tod bestand, begann zu diesem Zeitpunkt und konnte nach außen hin nun auch mit Berechtigung als ›notwendig‹ in Hinsicht auf die geregelte Schulausbildung der Söhne begründet werden. Achim verbrachte meist mehrere Wochen oder sogar Monate der kalten Jahreszeit in Berlin, während Bettina von nun an in der Regel die Söhne in den Schulferien zu ihrer Entlastung aufs Land schickte und mit den Töchtern allein in der Stadt zurückblieb.«

Clemens lebte zu dieser Zeit bereits fern von Berlin im westfälischen Städtchen Dülmen. Am 22. September 1818 hatte er sich dorthin aufgemacht, um die stigmatisierte Anna Katharina Emmerick, eine ehemalige Augustinernonne, zu besuchen. Zunächst war es der Bruder Christian, der dorthin gereist war und Clemens berichtete. Seine Entwicklung läuft um diese Zeit parallel zu der des Älteren, denn auch er legte – wenige Tage vor Clemens – in Berlin eine Generalbeichte ab. Mit seinem Aufbruch nach Dülmen folgt Clemens erneut seinen Spuren, läßt es jedoch nicht bei einem

Kurzbesuch bei der Bettlägerigen bewenden. Sechs Jahre lang wird er sich fast ohne Unterbrechung in Dülmen aufhalten, um die »Gesichte« Anna Katharina Emmericks aufzuzeichnen. Er verläßt das kleine Städtchen erst, als sein Medium 1824 stirbt.

Clemens versteht sich nun als »Schreiber«, der das Wunder von Dülmen protokolliert. Aus seinen Tagebuchnotizen entwickelt er ein Epos, das aus den Teilen *Marienleben*, *Lehrjahre Jesu* und *Bitteres Leiden* besteht. Nur der letzte Teil wird zu seinen Lebzeiten erscheinen und als Erbauungsbuch eines der meistverbreiteten Bücher des deutschen Katholizismus im 19. und 20. Jahrhundert werden. Auf die Publikation der anderen Teile dieser Trilogie verzichtet Brentano, vermutlich wegen des Anklangs, den die ganz andere Sicht von David Strauß' *Leben Jesu* gefunden hatte. So hielt er das *Marienleben* und die *Lehrjahre Jesu*, die er ebenfalls in mühsamer Kleinarbeit nachträglich ergänzt und mehrfach überarbeitet hatte, zunächst zurück.

Von den ursprünglichen Äußerungen Anna Katharina Emmericks blieb in der Endfassung aller drei Teile so gut wie nichts erhalten. Die ehemalige Augustinernonne sprach nur westfälisches Platt, und es war der romantische Dichter Brentano, der nach ausführlichem Studium von apokryphen Texten, Reiseführern und -karten von Palästina sowie den Heiligenviten Stigmatisierter die »Visionen« der ekstatischen Nonne mitgesteuert hatte und sie nachträglich unter Assistenz gelehrter Freunde korrigierte und überformte.

Für die Berliner Literaten war Brentano seit seiner Abreise nach Dülmen verschollen. Bis zum Erscheinen des *Märchens von Gokkel Hinkel und Gackeleia* wird er nicht mehr als Dichter genannt, allenfalls einige katholische Publizisten aus dem Umfeld von Vater und Sohn Görres in München wußten, wer sich hinter einigen anonym veröffentlichten Beiträgen des *Katholiken* und der *Historisch-politischen Blätter* verbarg. Das *Bittere Leiden*, das in Regensburg zu Brentanos Lebzeiten siebenmal wieder aufgelegt wurde, brachte man in Berlin gar nicht mit seinem Namen in Verbindung, denn auch in diesem Werk wird der Autor nicht genannt. Statt dessen kursierten Gerüchte, er sei nach Rom gegangen, vermißt oder gar gestorben.

Doch Arnim und Bettine wußten wohl, wo sich Clemens auf-

Dülmen, zeitgenössische Federzeichnung unbekannter Hand

hielt. Der verständnisvolle Freund aus der Jugend ist denn auch einer der ersten, der einen missionarischen Brief aus der westfälischen Kleinstadt erhält und sich zu einem Besuch nach Dülmen aufmacht. Clemens' erste erhaltene Nachricht an Arnim – im Druck 24 Seiten umfassend – datiert vom Ende April bis 26. Mai 1820 und nimmt auf zwei Briefe seines Freundes Bezug, die leider verloren sind. Aus dem Jahre 1819 ist nur von einem einzigen Brief Arnims ein Exzerpt erhalten. Die überlieferten Zeilen deuten darauf hin, daß Arnim dem Freund bei seiner kritischen Sicht auf die Gegenwart durchaus folgen kann. In einem Sudelbuch notiert er als zentralen Gedanken seines Briefs an Clemens vom 12. Juli 1819:
»An C B
C. [?] der Hohlspiegel, der wenn er sich kaum die Hände am Aergsten gereinigt hat, wo er hineingefalen, die ganze Erleuchtung d. Welt dem Segen seiner Hände zuschreibt,

> Ja denk an sie und weine,
> D[u] kannst nichts bessres thun
> Ja denk an sie alleine
> Und laß die andern ruhn.«

Die erste überlieferte Epistel von Clemens aus Dülmen zeigt – trotz aller Freundschaftsbekundungen – die radikale Wendung, die er mit seiner Reversion zum Glauben seiner Kindheit vollzieht.

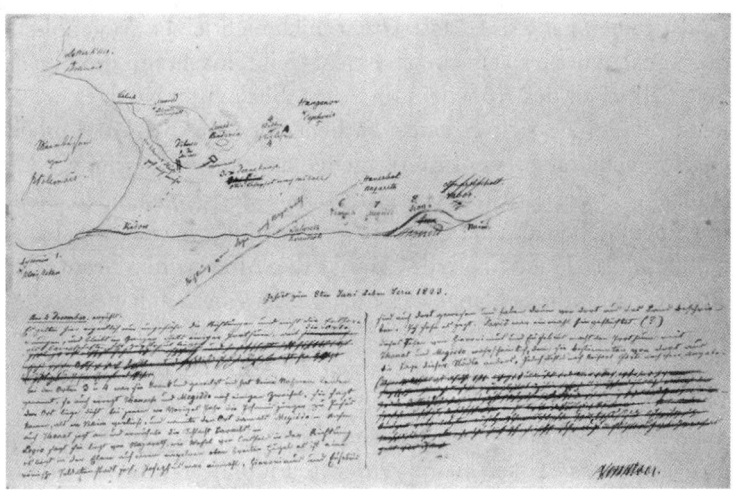

Clemens Brentano: Aufzeichnungen zu den »Gesichten«
Anna Katharina Emmericks

Die bisherige Freundschaft scheint ihm nun eine Art Götzen-
dienst: »lieber Bruder, ich habe immer gefühlt, es sey Gutes und
Göttliches in uns, das gern beißammen seyn möchte, aber das keine
Form finden könne, in der es sich würdig opfern könne, keinen
Altar, keinen Gott. So haben wir dann lange manichfaltig mehr
oder weniger irrend allerlei Götzen geschmückt, mit Gedanken,
Wort und Werk, aber wir haben uns doch geliebt und lieben uns
noch. Das ist die Geschichte aller Freundschaft und Liebe der
durch die erste Sünde zerstreuten Menschen, wenn sie sich nicht
vereinen in dem einen, der sie alle gesammelt, Jesus Christus, durch
seine heilige Katholische Kirche. Lass dich den Beinahmen nicht
stören, ich bin viel zu schwach und unwissend um mit diesem
Beinahmen polemisch auf den Tisch klopfen zu wollen, ich habe
nur keinen anderen Weg gefunden, der meinen Unglauben, meine
Sünde, meine Verderbtheit und alle meine verirrten Fähigkeiten
gesammelt gerichtet und geführt hat, auf daß ich sagen kann, ich
habe nichts verlohren, nichts vergeudet, denn ich habe die Kirche
gefunden, in welcher Alles ganz und unvergänglich ist, und in der
selbst der Tod geheilt wird.«
    Radikal bricht er mit der Dichtkunst seiner ersten Lebenshälfte,
die er als Ergebnis menschlicher Hybris interpretiert: »Daß ich das

Kunsttreiben habe seyn lassen, reut mich nicht einen Augenblick,
die Kunst, wie sie so ein einzelner jezt treibt, macht nur die Eigen-
heit, Selbstheit des Künstlers für Augenblicke ihm weniger drük-
kend, indem sie sich mit den Farben einer allgemeinen Einheit
anschminckt, aber sie füttert nichts als eine ewig hungernde
Schlange in der Brust des Künstlers und der genießenden Welt,
mit einem Leben, das der geopfert werden muß, welche der Schlange allein das Haupt zertritt, Maria, der Mutter, der Braut, der
Kirche, damit die Schlange getödtet werde. Aber ich habe bei diesem Aufgeben des Dichtens kein Verdienst, es überfiel mich schon
lange ein Eckel davor, ich mußte mir eingestehen, daß mich diese
Beschäftigungen manichfach schlechter machten, sie amüsirten
mein Gewissen und hielten es von Tag zu Tag hin, an Besserung
zu gedenken, sie rissen meine verderbte Einbildungskraft fortwährend in eine Welt, welche durch und durch vergiftet ist, und machten das Sündigen mit Gedanken zu einem scheinbar unschuldigen
Studium. Ach Mancher der ein schuldloses Gartenhäuschen zu
bauen glaubt, baut einen Tempel des Teufels, während dieser die
Materialien dazu aus dem Tempel Gottes im Dichter abbricht und
ihm hinreicht. Alles Schaffen des Menschen ist nothwendig vom
Fluche tingirt, der ihn traf, als er wie Gott seyn wollte, wenn er
nicht eingegangen in Jesum Christum, der wie die armen Menschen seyn wollte, um uns den Segen lehrend, sühnend, und auf-
erstehend wiederzubringen. Ich habe drum gern abgelassen von
einem Treiben, mit welchem ich nie Gott gedient, denn ich hatte
keinen heiligen Geist, ich hatte den bösen Geist der Welt. Manches
hätte mir besser gedient, ich wollte lieber, ich hätte ein wenig mah-
len oder Bildhauen gelernt, ich könnte dann den armen Bauern die
Kreuzwege flicken.« Brentanos Kehrtwende bei der Frage nach
den Zielen der Kunst ist erstaunlich. Während er die Rolle des
Poeten bislang nach den Ideen der Frühromantik als Kritiker des
philiströsen Zweckdenkens der Bürger begriffen hatte, läßt er in
diesem Brief nur eine dienende, christlich-naive Gebrauchskunst –
die Reparatur eines Kreuzwegs – als Aufgabe der Kunst zu.

Im Sinne dieser Neuorientierung gibt Clemens den Auftrag,
seine Bibliothek – sofern sie nicht dieser neuen Aufgabe der Kunst
entspricht – zu versteigern. Im Brief an Arnim berichtet er über die
»Aucktion meiner Mühsam gesammelten Bücher« im Dezember

1819 und behauptet: »Wie fremd mir alle diese Bücher waren, kannst du daraus ermessen, daß ich den Katalog nicht einmahl gelesen, ich habe die Empfindung der Ertrag des Verkaufs sey mir geschenckt, ein Kind, das sich die Mütze voll Hasselnüsse pflückt, hat sie theurer erkauft, als ich dies Geld mit dem ich allerlei Gottessegen stiften kann. Könnte ich alle unnütze, vergebliche Gedanken und Worte, die in ihre[r] Art eben so kostbar und kurios und leider noch viel theurer und mühsamer und unter ebenso täuschenden schönen Strebungen gesammelt sind, auch so gut los werden, ich wäre der glücklichste reichste und noch dazu einer der vollkommensten Menschen.«

Der gedruckte Katalog der Berliner Versteigerung hat sich erhalten, und so läßt sich ermessen, von welchen Schätzen sich Brentano trennt. Eine Abteilung heißt *Französische, holländische u. deutsche Volksbücher*, dann folgen *Deutsche Romane, Comica, Satyrica* und Büchergruppen aller europäischen Literatursprachen, schließlich einer Abteilung, die Brentano bereits mit der Überschrift im Katalog abwertet: *Robinsone, Abentheurer u. dergleichen lächerliche Romane*.

Einige wichtige und »poetische« Bücher, wie das Einsiedlerbuch Sadlers und wenige Emblembücher hält Clemens allerdings zurück – ungeachtet aller Beteuerungen, daß allein die christlich-katholische Ordnung das Maß aller Dinge sei und Weltliches ihn nicht mehr interessiere. Vielleicht ist dies einer der Gründe, warum die Freundschaft mit Arnim nicht ganz erlischt, obwohl Arnims Ehefrau Bettine ihren Spott über den missionierenden Bruder nicht zurückhält. Daß die Emmerick ein Kind von Brentano erwarte, will sie gehört haben, eine Nachricht, die sie rasch wieder dementieren muß und vielleicht als spöttische Legende selbst erfunden hat.

Arnim besucht seinen Freund drei Tage im November 1820 und berichtet der skeptischen Bettine betont selbstverständlich: »Mit Extrapost gings nach Dülmen. Im Posthause, wo ich abstieg, fand ich Clemens und Christian einquartiert, beide zu Hause ... Wir waren miteinander beim alten guten Vernehmen, es schien uns keine Zeit vergangen, ich befand mich auf einmal recht glücklich. Clemens geht fast nie aus der Stadt, er besucht die Emmerick zweimal des Tages, die übrige Zeit schreibt er. Diese Lebensmethode scheint seiner eisenfesten Gesundheit nicht zu schaden, er sieht unverändert aus. Am Elisabethstage führte mich Christian zur Emmerick und ich werde ihm dessen immerdar Dank wissen, eine fromme natürliche Seele, die in ihren Leiden gern für andere betet, damit sie ihnen einen Teil ihrer Sorgen abnehmen möge. Sie versprach mir auch für Dich zu beten, an diesem Tage, und wenn Du niederkömmst. Clemens sagte mir nachher, daß sie mich für ein gutes Herz erklärt hat und gesagt, wenn ich katholisch wär, ich hätte wohl ein Bischof werden können. Das mag wohl ein Scherz von ihr gewesen sein, vielleicht, weil er mich gerühmt, erzähle es niemand ... Ohne Begeisterung, ohne selbst den Wunsch zu haben, auf längere Zeit diesen Aufenthalt zu wählen, kann ich es doch nach meiner Überzeugung dem Clemens nicht verdenken, wenn er hier aushält. Er hat hier Umgang und Freunde, die durchaus keinen Anspruch machen, daß er sie unterhalten, ihnen Späße reißen soll.«

Bettine vermag die neue Orientierung ihres Bruders nicht ernst zu nehmen. Sie antwortet spöttisch: »Daß Du mit Segenswünschen die Gebete für meine Wohlfahrt begleitet hast, das hat sie eigentlich erst postfrei gemacht, und so bin ich überzeugt, daß sie dahin gelangen, wo sie erhört werden; aber sehr gut wird es sein, wenn wir die Zahl unserer Kinder zu vermehren meiden, und dies wird wunderbar zur Kräftigung aller Wünsche für mein Wohl einwirken; diese Kinder sind wie Windmühlen um mich her placiert, die wenn der Wind gehet, mich mit ihren Flügeln im Sturm einander zuschleudern, und es gehört eine eigene Philosophie dazu, sich mit Gelassenheit dem zu überlassen; ich kann mir manchmal so denken, wie gewiß den beiden Brüdern alle Nähte reißen würden und das Beten nebst manchen anderen würdigen Übungen beiseite gesetzt werden würde.«

Während der Tage in Dülmen beschließen die Freunde offensichtlich, Anna Katharina Emmerick als Patin für Arnims Tochter Armgart zu wählen, eine voreilige Entscheidung, die von der Mutter Bettine nicht mitgetragen wird. Das tut der Freundschaft jedoch keinen Abbruch, denn in zwei weiteren Briefen aus dem Frühjahr 1821 kommt Arnim auf seinen Besuch in Dülmen zurück und notiert in seinem Exzerpt: So »kann ich nun ohne Sorge an Dich denken ... Du hast deine Thätigkeit gefunden und bey der

Ausdauer deiner Arbeit einen so reichen Genuß, als ein Mensch
ihn sich nur träumen ließ. Bewahre rein und unvermischt mit dem
Deinen was du von ihr erhältst.«

Im zweiten Brief vergleicht er seinen eignen Lebenslauf mit dem
des Freundes und meint, Clemens habe das bessere Los gezogen:
»Wie oft ich nach deinem stillen Lande die Hände ausstrecke. So
wunderlig gehts nach höherem Willen. Du bist von der Welt geschieden, die in alles Augen Hände und Nase gesteckt, ich der ich
die ganze Welt wie ein zerbrechlig Ey säuberlich von fern betrachtete werde mit allen Welthände[ln] verflochten, daß ich mich der
Thränen über meine Zerstückelung nicht erwehren kann.«

Zu einer Begegnung Bettines mit Clemens kommt es 1824 in
Winkel, als Anna Katharina Emmerick bereits gestorben war
und Clemens bei seinen Verwandten missionierte. Spöttisch berichtet Bettine darüber ihrem Ehemann am 24. August 1824 aus
Schlangenbad: »er ist vielleicht jetzt noch eitler und inkonsequen-
ter wie sonst; er lügt sich selbst am meisten vor, ist überzeugt, daß
er durch den Umgang mit der Nonne ein halber Prophet geworden. Alles was geschehen will er vorher gewußt haben, er hat einen
ganzen Koffer voll blutiger Tücher und Binden der Nonne, die will
er jedermann zum Anrühren geben, und wer sich davor ekelt, der
kriegt eine tüchtige Salve; ans Übertreiben hat er sich so gewöhnt,
daß nichts wie Wunder und Wunder aus nichtsbedeutenden Dingen gemacht werden.«

Eine Woche später berichtet sie, wie Clemens mit »den Söhnen
von George und Guaita« in Schlangenbad erschienen sei und alle
drei auf Eseln nach Winkel zurückkehrten. Nach ihrer Darstellung
ist Clemens im Kreis der Verwandten isoliert und fällt durch fragwürdige »Prophezeiung« auf: Clemens »scheint mir wirklich sehr
bedauernswürdig, kein Mensch mag ihn leiden in der Familie, weil
er einen immer ausfragt, um es dem andern zu erzählen, was dieser
von ihm denke. Mit Prophezeiung und Vorauswissen giebt er sich
auch ab, aber nicht eher, als bis man es ihm gesagt hat, dann behauptet er, es längst gewußt zu haben, kein Mensch glaubt ihm ein
Wort, obschon er immer seine Seligkeit zum Pfande setzt, daß es
wahr sei ... Er möchte gar zu gern seine mühsam zusammenge-
brachten Beschreibungen des Lebens Christi p. p. vortragen; ich
habe mich gehütet, ihm den geringsten Lust dazu zu bezeigen,

obschon ich glaube, daß viel Interessantes sein wird, so traue ich
meinen reizbaren Nerven nicht zu, seine überspannte Lügenwelt
zu ertragen; er fühlt es, daß ich mich zurückziehe und ist ganz
böse.«

Wieder berichtet sie über die heiligen Utensilien, mit denen ihr
Bruder hantiert: »Er hat einen ganzen Kasten voll blutiger Lappen,
die durchaus keine Wunderkraft an sich haben, und daher nichts
mehr sind, als was sie scheinen ... Er hat allerlei bunte damastne
Lappen, wahrscheinlich von alten fürstlichen Sofas p. p. ... von
denen er behauptet, es sei von den Kleidern der 3 Könige und
der heiligen Magdalene; ich frug ihn wo er sie herhabe, ›die Nonne
hat sie gefunden‹ war die Antwort, die ganze Autorität liegt nun
darin, daß er diese Gott weiß wo gefundenen Lappen, die aber
noch nicht 100 Jahre alt sein können, ihr vorlegte, und daß sie
solche wahrscheinlich auf sein eigenes leuchtendes Antreiben tauf-
te. Er ist unruhig und schwankend in allem, was er tun soll, die
Lüge fliegt ihm immer vor der Wahrheit aus dem Munde.«

Am 9. September faßt sie dann zusammen: »Der geistlich Hoffart hat ihn überwachsen wie eine Schlingpflanze, daß heißt, ich
glaube, er ist nur davon umstrickt, nicht durchwachsen, denn er
fühlt sich zugleich so hülfsbedürftig, daß er dem ersten besten
Mahomedaner in die Arme sinken würde, der ihm Haus und
Hof anböte, jedoch wenn dieser eine schöne Fatima hätte, so würde er nicht umhin können, diese zu bekehren und ihr auch zugleich
Gelegenheit zur Buße zu geben.

Er war mit Franz und Tonie auf dem Johannisberg bei Mumm,
der sich oben ein Haus gebaut. Frau Mumm kam ohne Unterrock,
bloß in einem dünnen Muslinkleid zum Vorschein, weil es sehr
heiß war. Clemente fand den Aufenthalt so schön, so himmlisch,
daß er sich gar nicht trennen mag; ich vermute er wird an der
Mumm eine Proselytin machen und ihr seine Lappen und Grind-
chen zu küssen geben. Das Tollste ist, ich bin beinah überzeugt,
daß er einstens noch umsatteln wird und vielleicht die Lutheraner
noch protegiert.«

Mit den Vermutungen, daß Clemens in seinem missionarischen
Eifer immer wieder manipuliert und dabei auch seine verdrängten
erotischen Wünsche eine Rolle spielen, steht Bettine nicht allein.
Selbst Luise Hensel, die in Glaubensfragen mit Brentano lange Zeit

einig ging, erkennt später, daß sie ein Opfer von Brentanos Manipulationen wurde. In einem Brief an Pater Schmoeger berichtet sie am 9. Juni 1868, daß Brentano Passagen aus ihrem Tagebuch und ihrer Generalbeichte »später aus seinen Notizen als von der Emmerich gesehn irrig vorlas«. Das heißt, seinem Ziel, die »Gesichte« der Stigmatisierten als ein wunderbares, jeglicher rationalen Erklärung unzugängliches Phänomen erscheinen zu lassen, ordnet Clemens in diesen Jahren alles unter. Arnim war bereit, seinem Freund dies nachzusehen, doch Bettine überzog ihren Bruder mit beißendem Spott.

Wenn Bettine von »Grind« spricht, so ist dies keine Übertreibung, denn Brentano sammelte auch die Wundkrusten, den Schorf, der beim Abheilen der Wunden von Anna Katharina Emmerick entstand, und zeigte in Winkel und Schlangenbad die Tücher, auf denen sich die Wunden Anna Katharina Emmericks in Blutspuren abzeichnen. Einige dieser Emmerick-Reliquien haben sich bis heute erhalten und sind in einem kleinen Museum in Dülmen – zum Teil mit Beschriftungen Brentanos – zu besichtigen. Verschiedene Formen des Kreuzes zeichnen sich auf weißem Leinen ab. Clemens bildet sie auch in seinen Manuskripten nach. Zugleich behauptet er, daß andere Zeugen bereits seit 1812 die an bestimmten Tagen des Kirchenjahres erscheinenden Kreuze auf dem Körper der Nonne beobachtet hätten. So zitiert er aus Berichten des »Dr. Wesner«, des »Medizinalrath v. Druffel«, des »Paters Limberg« und einem Brief des Grafen Stolberg vom 23. Juli 1813: »Mit dem Kreuz auf dem Magen und dem starken Rinnen des Wassers aus demselben hat 1812 ihr bezeichneter Zustand begonnen. Es erschien so ✚ Das Kreuz auf dem Brustbein soll sie den 28 August, Augustinustag, dem Fest ihres Ordenspatrons empfangen haben. Als ich es zuerst sah, war es einfach ✝, später erschien ein kleineres wie daraus hervorwachsend ✷.« Mit dem Blick eines Arztes scheint Brentano den Körper der Stigmatisierten zu beobachten und den täglichen Befund zu protokollieren. Zum »Römischen Kreuz auf der Magengegend« heißt es: »Ich selbst sah unter andern Malen dieses Kreuz Freit. den 6 April 1821, wo es vieles Wasser ergoß. Es war unter der Herzgrube auf dem Bauch, und erschien an diesem Tage dunkel Leber Braun mit bestimmter Begränzung ... Sie war an diesem Tage sehr kranck ... Es rann das

Wasser, klar und heiß in Tropfen wie kleine Quellstrahlen, so starck
wie sie etwa ein irdnes Pfeifenrohr ergießen kann aus diesem Kreuze und auch aus dem Seitenmahle und wo es floss hatten sich kleine
gerissene Hautblasen gebildet von weisgelber Farbe. Man mußte
mehrere Tücher voll dieser Feuchtigkeit auswinden.«

Daß Bettine und andere Beobachter Ekel empfanden, wenn
Brentano unter derlei drastischen Schilderungen seine blutigen
Tücher auspackte und dazu aus seinen religiösen Schriften vorlas,
kann nicht überraschen. Dabei wird er seinen Zuhörern nicht einmal erzählt haben, daß er seine Freundin Luise Hensel dazu ver-
leitet hatte, Anna Katharinas Leichnam in einer geheimen nächtlichen Aktion zu exhumieren, um weitere Experimente
vorzunehmen und eine Gedenktafel unter ihrem Kopf zu plazie-
ren. Die schauerliche Aktion wurde abgebrochen, als Luise Hensel
Verwesungsspuren wahrnahm. Dennoch empfanden Clemens und
Luise den Vorgang als so bedeutungsvoll, daß sie ein Protokoll
dieser Leichenschändung anfertigten.

Andere Episoden, von denen Bettine nach ihrer Begegnung mit
dem Bruder berichtet, sind eher komisch und versöhnen den Leser,
weil das Kauzige des Poeten durchschimmert: »Letzt ließ er den
Schneider kommen, um sich einen feinen schwarzen Rock machen
zu lassen; er verlangte große, sehr große Taschen, denn er müsse
Eier darin herumtragen für die armen Leute; als der Schneider ganz
bekümmert war über die ungeheuere Taschengröße machte er's
immer ärger und verlangte eine hinten und eine vorn, wo kein
Mensch Taschen trägt, immer mit dem Bedeuten, daß er nicht
zur Ehre des Menschen, sondern zur Ehre Gottes den Rock machen lasse, und daß er durchaus bequem Eier darin transportieren
wolle ohne Risiko, sie zu zerbrechen. Der erstarrte Schneider wagte kein Wort vorzubringen und ließ sich die Taschen anempfohlen
sein; da er aber sichs gefallen ließ, die Taschen nach Befehl zu
machen und wegging, rief ihn Clemente zurück und sagte: Machen
Sie den Rock, daß er gut sitzt und nach der neuesten Mode, denn es
ist feines Tuch, und lassen Sie es vorderhand bei gewöhnlichen
Taschen bewenden.«

XVI
»Zum Besten der Armen«
Die Geschwister engagieren sich

Eitelkeit schwingt mit, wenn Clemens seinen Rock nach der
»neuesten Mode« anfertigen läßt, und Bettine, die diese Anekdote
verbreitet, kann nicht recht daran glauben, daß ihr Bruder sich
tatsächlich für die »armen Leute« engagiert. Sie wirft ihm indirekt
vor, daß er einen banalen Anlaß wie das Anmessen eines Klei-
dungsstückes dazu benutzt, sich als opferwilligen, wohltätigen
Menschen darzustellen, dem es nur um die »Ehre Gottes« geht,
während er sich in Wirklichkeit gar nicht um die sozialen Probleme
kümmert. Der Pointe wegen ist diese Darstellung übertrieben.
Clemens ist kein Hochstapler, der sich mit Taten für die Armen
brüstet, die er nie vollbracht hat, aber er gehört – anders als seine
Schwester – nicht zu den Menschen, die tatkräftig zupacken, wenn
sie mit Not und Elend konfrontiert werden.

So besucht er bei seinen Recherchen zur Geschichte der »Barmherzigen Schwestern« zwar die Krankenhäuser, in denen die
Schwestern dieses Ordens ihren schweren Dienst leisten, beschreibt die Atmosphäre und lobt die Wohltaten der Ordens-
schwestern in den Armenhospitälern sehr eindrucksvoll, aber
selbst wäre er sicherlich nicht auf die Idee gekommen, bei der
Hospitalbesichtigung in Koblenz seine Kleidung zu wechseln,
um bei der Pflege mitzuwirken – was seiner Schwester ohne weiteres zuzutrauen wäre. Clemens war der Typ eines weltfremden,
unpraktischen Literaten, und Bettine, die ihren Lieblingsbruder
kannte wie kein anderer, machte sich, was seine Hilfsleistungen
für Arme betraf, keine Illusionen. Sie wußte, Clemens war nicht
gerade lebenstüchtig und zupackend. Er konnte in seinem *Gok-
kelmärchen* viele Wortspiele über Eier produzieren, aber rohe Eier
zu transportieren oder gar in der Küche zu verarbeiten, dazu war er
sicher nicht willens und auch nicht in der Lage.

Auch Bettine hatte man solche Arbeiten im Haushalt des *Gold-*

nen Kopfes oder bei der Großmutter in Offenbach kaum zugemutet – Personal für die alltägliche Arbeit im Hause stand hier wie dort stets zur Verfügung –, aber sie wuchs als Mutter, die in Wiepersdorf und Berlin einem eher ärmlich ausgestatteten Haushalt vorstand, in ihre Aufgaben hinein und verließ sich insbesondere bei Erkrankungen ihrer Kinder nicht auf die häufig unzuverlässigen, wenig engagierten Hausangestellten.

Sogar außerhalb der Familie entwickelte sie ein erstaunliches soziales Engagement. Als im Sommer 1831 eine durch russische Truppen nach Westeuropa eingeschleppte Choleraepidemie Berlin erreichte, organisierte sie gemeinsam mit anderen Frauen Geldsammlungen zur Beschaffung von Kleidung, Nahrungsmitteln und Wolldecken. Bis zum Winter forderte die Epidemie in Berlin 1426 Opfer, ein hoher Prozentsatz, denn die preußische Metropole hatte damals noch keine 200 000 Einwohner. Und schlimmer als die hohe Zahl der registrierten Toten war die allgegenwärtige Angst, die grassierte und zu den absonderlichsten Präventivmaßnahmen Anlaß gab.

Bettines karitative Aktionen hatten durchaus einen politischen Aspekt, denn die Armenviertel von Berlin waren wegen mangelnder Hygiene stärker von der Seuche betroffen als die Wohngebiete der Reichen, und es war nötig, die öffentliche Meinung zu beeinflussen, um rasch Abhilfe zu schaffen. Nur durch spektakuläre Aktionen von prominenten Persönlichkeiten waren die Behörden zu außerordentlichen Hilfsmaßnahmen zu bewegen.

Ein hilfreicher Freund für Bettine war in dieser Zeit ein Mann der Kirche, Friedrich Daniel Ernst Schleiermacher. Als Freund von Friedrich Schlegel und häufiger Gast der Berliner Salons war Schleiermacher der romantischen Bewegung seit ihren Anfängen eng verbunden. Schlegels Roman *Lucinde* und die darin entwickelte Kritik der Institution Ehe hatte er mit einer kleinen Schrift vehement gegen Moralapostel verteidigt und die von Frauen geleiteten Salons der Romantik mit der Formulierung einer *Theorie der Geselligkeit* gestützt. Wie Bettine verstand er es, die antibürgerlichen Tendenzen der Frühromantik im restaurativen Berlin der dreißiger Jahre zu bewahren und dann auch politisch umzusetzen. Mit ihr war er auch deshalb innerlich verwandt, weil er unerschrocken und unkonventionell vorging und Auseinandersetzun-

Friedrich Ernst Daniel Schleiermacher, Radierung von Albrecht Fürchtegott
Schultheiß nach Ludwig Heine, 19. Jahrhundert

gen mit den etablierten politischen und kirchlichen Instanzen nicht
scheute.

Wie weit die Legenden zu den gemeinsamen Besuchen der beiden
in den Armenvierteln Berlins – angeblich teilten sie selbst Decken
aus und trösteten die Kranken – auf Tatsachen beruhen, ist im einzelnen schwer zu entscheiden. Bettines rückblickende Berichte, die
sie 1847 in einem Prozeß gegen den Berliner Magistrat für die Presse aufbereitete, geben vermutlich kein objektives Bild ihrer Aktivitäten. Sie zeichnet sich in dieser Notiz selbst als eine Frau, die zum
erstenmal mit »Proletariern« in Kontakt kommt, ein Wort des Vormärz, das 1832 noch gar nicht geläufig war und erst kurz vor der
Revolution von 1848 aufkam. Auf der Grundlage einer derartigen
Selbststilisierung bedurfte es nur einer Verstärkung der Legendenbildung, um Bettine in der DDR als Vorkämpferin von Sozialismus
und Kommunismus zu deuten, die aktiv für die »Proletarier« ge-
kämpft habe und damit eigentlich eine »Marxistin« gewesen sei.

In den von Gertrud Meyer-Hepner 1960 in Weimar veröffentlichten Materialien findet sich Bettines Darstellung von 1847, in
der sie im Hinblick auf die Verwendung der Notiz in der Presse
von sich in der dritten Person spricht: »Es war das Jahr der Cholera, wo sie zum ersten Mal und zwar ohne Vorbedacht mit den
verschiednen Gilden hiesiger Stadt in Berührung kam; dies geschah
auf so natürlichem Weg, daß sie gar nicht den bisher so beschränk-
ten Kreis, worin sie sich bis dahin bewegt hatte, verlassen zu haben
meinte, als die Proletarier der ganzen Stadt von dem verehrlichen
Müllergewerk an durch alle Farben hindurch bis zum Schornstein-
feger morgens vor Sonnenaufgang schon ihre Thüre belagerten, um
die wohlthätigen Mittel der Homöopathie, Bella Donna als Prä-
servativ gegen die Cholera sich zu holen … nach dieser Schrek-
kenszeit [schickten] verschiedne dieser Gilden ihr … Danksagun-
gen, weil kein einziger von ihnen von der furchtbaren und mehr
noch gefürchteten Krankheit befallen worden war!

Frau von Arnim zusammen mit mehreren Frauen dieser Stadt
hatten bald ohne weitere große Berathung eine ganz umfassende
Hülfe für alle Hülflosen organisirt … Man war übereingekommen,
Geldsammlungen zu machen und von diesen alle Bedürfniße der
Kleidung, des Nachtlagers und der Nahrung der Armen zu befriedigen … Der Prediger Schleiermacher übergab ihr damals alle ihm
in großer Menge zuströmenden Briefe der Armen, welche ihre
verzweifelungsvolle Lage schilderten. Sie ging an jeden Ort, sie
theilte Arbeit aus, sie beschwichtigte die unbezahlten Wirthe, indem sie von der gegebnen Arbeit immer ein Theil des Lohnes zurück behielt und diese dem Wirth einhändigte … Schleiermacher
hatte ihr vorgeschlagen, den Ankauf der Wollnen Decken bei dem
Stadtrath Pr: in der Fr:straße zu machen, der eine große Niederlage
von dieser Ware habe und der ein ganz trefflicher Berather für die
Armen sei und namentlich sich als Rechnungsführer und sorgfäl-
tiger Speculant für diese sehr accurat und genau immer ausgewie-
sen habe.«

Weitere Belege zur engen praktischen Zusammenarbeit Bettines
mit Schleiermacher scheint es nicht zu geben, und in dem zitierten
Entwurf Bettines heißt es auch zur Verteilung des gesammelten
Geldes: »Die Vertheilung wurde von Herrn von Savigny übernom-
men, er ließ die Commissionen der gesamten Bezirke kommen, um

das Nothwendige für ihre Armen auszunehmen!«< Dokumente, die Bettines frühzeitiges Engagement für die Armen Berlins in Form von Pressemeldungen oder Behördenberichten verifizieren, konnten auch für die Edition der politischen Schriften Bettines von 1995 nicht beigebracht werden. Dort wird in einzelnen Kapiteln des Kommentars zwar *Bettines Wendung zum Politischen* und *Die soziale Frage* ausführlich behandelt. Auch das von Bettine für ihr *Armenbuch* zusammengetragene Material wird zum erstenmal ausgebreitet, doch neue Dokumente zum gemeinsamen Engagement von Bettine und Schleiermacher im Cholerajahr sind nicht darunter.

Auffällig ist in diesem Zusammenhang, daß Schleiermachers Stiefsohn Ehrenfried von Willich, der in seinen Memoiren ausführlich *Aus Schleiermachers Hause* berichtet, in dem er selbst gelebt und von dem er Bettine nach ihren Besuchen häufig nach Hause geleitet hatte, die gemeinsame Choleraaktion mit keinem Wort erwähnt. Belegt ist, daß Bettine in Begleitung des Medizinstudenten Max Ring in den dreißiger Jahren das »Voigtland« besuchte, ein Armenviertel vor dem Hamburger Tor Berlins, in dem arbeitslose Weber, kranke und alte Menschen mit geringem oder gar keinem Einkommen lebten. »Das schlechte Gesindel sammle sich dort, ich könne leicht mißhandelt und geplündert werden. Dies zog mich gerade hin«, bekannte Bettine einmal. Die Besuche, bei denen sie sich gelegentlich mit einem Stock bewaffnete, ließen in ihr die Überzeugung reifen, daß nur über die öffentliche Meinung, also über Presse- und Buchpublikationen und ein dadurch ausgelöstes Umdenken bei den Regierenden, nachhaltige Hilfen für die Armen zu erreichen waren.

So entstand der Plan, den sie ein Jahrzehnt später verwirklichte. Nach den Recherchen eines befreundeten Schweizer Studenten publiziert sie im Anhang ihres *Königsbuchs* eine Dokumentation zur Situation der Bevölkerung im *Voigtland* und treibt die Planung eines *Armenbuchs* voran, das statistisches Material zur Armenfrage aus ganz Deutschland enthalten sollte.

Bettine hatte Schleiermacher vermutlich im Jahr ihrer Verlobung in Berlin persönlich kennengelernt. Glaubt man der Darstellung in ihrem Erinnerungsbuch *Die Günderode*, so war sie aber schon um

1805 mit Schleiermachers Schrift *Monologen* von 1800 vertraut.
Das ist nicht ganz unwahrscheinlich, weil Clemens in seiner Jenaer
Studentenzeit im Schlegelkreis sicher sehr viel über Schleiermacher
und seine Publikationen erfahren hatte. Der Freund Friedrich
Schlegels und seine Veröffentlichungen waren Gesprächsthema
der jungen Intellektuellen der Jenaer Frühromantik. Man kannte
und diskutierte Schlegels *Lucinde* und Schleiermachers Verteidi-
gungsschrift, und Clemens, der alles, was seine Mentoren ihm
empfahlen, aufsog und verinnerlichte, gab seine Lektüreempfehlungen häufig an seine Schwestern in Frankfurt weiter.

In einem Brief an Arnim vergleicht er 1806 »die kleine Sophie«
in Schleiermachers *Die Weihnachtsfeier* mit seiner Schwester Bettine: »Schleiermachers Weihnachts Abend, hat mir und Sophien
[Mereau] einen sehr langweiligen Werkeltags Abend gemacht;
wie ein Waffeleisen ist es allerdings, aber ohne Teich drinne, und
ohne Feuer drunter ... ich kenne keine so schlechte Darstellung,
wäre die kleine Sophie, von welcher man nicht weiß ob sie 6 oder
16 Jahre ist, nicht in gewisser Hinsicht Betinen, wie sie war unendlich ähnlich, so hätte ich das ewige Singen und Zubereiten witziger
Geschencke, von welchen beiden sich sehr leicht sprechen läßt,
nicht ausgehalten, einen Gedanken finde ich sehr schön und mir
neu ›es Gehörte zu Christi Leiden keinen rechten Vater zu haben‹
das ist sehr kindlich ausgesprochen.« Arnim hatte ihn auf *Die
Weihnachtsfeier* aufmerksam gemacht, weil er kurz zuvor in Berlin
eine Predigt des Theologen zum gleichen Thema gehört und in der
Publikation Teile der Predigt wiederentdeckt hatte.

Bettine besaß auch 1807 bereits Platon-Übersetzungen Schleiermachers, denn sie nennt sie ihrer Schwester Meline in einem Brief
vom Frühjahr dieses Jahres unter ihren in Frankfurt »zurückgebliebnen Büchern«. Einen Hinweis auf eine persönliche Bekanntschaft Bettines mit Schleiermacher gibt ein Brief Rahel Varnhagens
vom Dezember 1810, und in dem Ehebriefwechsel finden sich
zahlreiche Belege dafür, daß Bettine in Berlin die Predigten des
populären Pfarrers besuchte, seit sie dort lebte. »Schleiermacher
hat den Jänicke [einen anderen Pfarrer in Berlin] wieder angefah-
ren auf der Kanzel«, berichtet sie beispielsweise ihrem Mann im
Juni 1817.

Anfang der zwanziger Jahre schloß sie enge Freundschaft mit

dem 17 Jahre älteren Theologen, einem ›Frauenfreund‹, der in allen Berliner Salons gern gesehen war. Zu diesem Ruf paßt Bettines Bericht über Schleiermachers Versuch, ihr einen Kuß zu rauben. Im September 1820 erzählt sie Arnim davon: »Vorgestern war ich bei Schleiermacher, seine Frau ging einen Augenblick hinaus, da wollte er mich küssen, welches ich aber sehr geschickt und kaltblütig ausparierte, der Sappermenter; ich versicherte ihm auch ganz ruhig, daß ich nie gern geküßt habe, und wenn ich den Leuten sonst noch so gut wär, könne ich bei solcher Gelegenheit dem Ekel nicht widerstehen. Ich hab mich doch sehr geändert, sonst hätt ich ihm wahrscheinlich eine Rippe eingetreten.«

Schleiermachers unkonventionelles Auftreten – auch in der Öffentlichkeit – führte zu Verfolgungen und Gerüchten über seine bevorstehende Abberufung aus dem Kirchendienst: »Von Umtrieben gegen Umtriebe ist stark die Rede. Schleiermacher soll öffentlich beobachtet und heimlich beschlichen werden«, heißt es in Bettines Brief an Arnim vom 26. Februar 1822; er »befindet sich wohl, ihm wird aber arg mitgespielt, man glaubt, daß seine Absetzung beschlossen ist«, ergänzt sie wenig später (am 7. März). In dieser Zeit plante Bettine offenbar, sich an den preußischen Kronprinzen, den späteren König Friedrich Wilhelm IV., zu wenden, um die drohende »Absetzung« zu verhindern. Ihre Initiative erübrigte sich dann, weil Schleiermacher im Amt blieb, doch ist ein Entwurf von Bettines Brief erhalten. Vehement tritt sie in diesem Papier für den Prediger ein, der auf die Jugend »durch verklärte Anschauung, durch Reinheit des Gemüts, durch Vertrauen auf Wahrheit und Suchen nach ihr, eingewirkt hat«. Interessant an diesem Briefentwurf ist die später von Bettine weiter ausgebaute Idee, daß gerade die Könige von einem Nebel an Fehlinformationen umgeben sind, die ihnen den Einblick in die Wahrheit und die Bedürfnisse des Volkes versperren. Sie beginnt den Brief mit einem grandiosen Bild von einem majestätischen Berggipfel und formuliert dann die Deutung des Bildes: »ich wußte nicht, daß ein Heer von wunderlichen Berggeistern, deren jeder sein eignes Interesse haben mag, alle ängstlich beschäftigt seien diese Nebel zu bilden, und daß die Fürsten diejenigen seien, die am seltensten von ungeheuchelter Wahrheit berührt würden und das Licht nur durch den Schatten des Beleuchteten ihnen wahrnehmbar würde.«

Soweit bisher bekannt, hat sich Schleiermacher nur ein einziges Mal schriftlich über Bettine geäußert. Am 21. Juli 1824 schreibt er seiner Frau: »Heute Abend schon nach meinem Thee, ich war auch schon im Schlafrock, hat mir Bettina einen Abschiedsbesuch [vor ihrer Reise nach Weimar, Frankfurt und Schlangenbad] gemacht. Sie war aber sehr artig, sprach gescheute Sachen, war gar nicht kokett, sondern gab mir nur zum Abschied einen recht herzhaften unbedeutenden Kuß und blieb auch nur sehr kurz.« Von einem »durchaus freundlichen Verhältnis« zu seiner Mutter berichtet auch der Augenzeuge aus der Familie, Ehrenfried von Willich. Denn »auch *ihr* gewährte ihre geistreiche Unterhaltung immer von neuem Ergötzen und Anregung«. Allerdings vermerkt der Stiefsohn in diesem Zusammenhang: »Auch bei uns ging es nicht ganz ohne einige Verstimmungen ab. Doch das ging immer schnell vorüber, und es kam zu keinem ernstlichen Zwiespalt. Mein Vater hatte die Bettina gern und ließ sich, bei seiner großartigen Vielseitigkeit ... auch *ihre* Art gefallen.«

Die Beschreibung von Bettines »Art« in diesen Memoiren ist nicht frei von Allgemeinplätzen und Vorurteilen. Willich beobachtet ein »Walten des allgemeinen Naturgesetzes« im Alterungsprozeß, um dann über Bettine zu berichten: »Damals, 1830-1831, war Bettina nicht mehr ganz jung (besonders hübsch war sie überhaupt niemals), aber doch noch sehr jugendlich in der Fülle ihrer geistigen Kräfte. Sie hatte zeitlebens eine souveräne Verachtung aller konventionellen Formen, ließ sich in ihrer Genialität völlig gehen ... Gewöhnlich brachte sie die Unterhaltung schnell auf irgendeinen Gegenstand von Interesse, der sie grade beschäftigte ... und nun war sie wie ein großer Virtuose, sie präludierte und fuhr dann fort, ein wahres Feuerwerk, ein Zaubersprühen von geistreichen Bemerkungen in die Luft steigen zu lassen, was die Zuhörer fesselte und hinriß ... Besonders meinem Vater auf diese Weise Freude zu machen, war ihr höchstes Vergnügen. Dabei liebte sie es, sich vor ihm auf eine Fußbank zu setzen und dergleichen. Auch meines Vaters Predigten besuchte sie regelmäßig und glaubte ihnen viel zu verdanken. Aber sie faßte sie eben immer nur auf ihre Weise auf und legte hinein, was ihr gefiel. Das Christentum verstand sie gar nicht. Sie war eigentlich wie die ganze Brentanosche Familie katholisch, war es aber im Grunde ebensowenig, wie protestantisch. Sie machte sich gelegentlich selbst eine Religion zurecht in phantastischer Weise ... Mich zog sie ungemein an, und ich hörte sie gar gerne, obwohl ich darüber nie im Zweifel war, daß ihr das Beste fehlte.«

Auch von Besuchen Arnims weiß der Sohn des Hauses Schleiermacher zu erzählen, wobei er sich mit seinem Urteil über die Arnim-Ehe nicht zurückhält: »Es war eine kuriose, obwohl nicht gerade unglückliche Ehe. Beide gingen freundlich nebeneinander her. Beide waren viel in Gesellschaft, wenn sie aber zufällig zusammentrafen, so ging *er* fort, denn für ihn war es unbequem, wenn seine Frau, wie stets der Fall war, in seiner Gegenwart der Mittelpunkt eines huldigenden Kreises war, in dem sie stets fast ausschließlich das Wort führte.«

Nach dem Tode von Arnim werden Bettines Beziehungen zu dem Ehepaar Schleiermacher noch enger. In einem Brief vom 10. August 1831 – Arnim war am 21. Januar gestorben – berichtet sie Rahel Varnhagen, »daß mir noch nie so wohl war wie jetzt, und zwar durch das heimathliche Dasein in Schleiermacher's Familie, seine Gegenwart zuvörderst macht mich frei von allem Eigendünkel, ja von allen Prätensionen für und an meinen Geist, von allem Appeliren an mein eignes Urtheil; dann aber schenkt mir sein Wort jede Erleuchtung, jede Nahrung, die meiner Seele zukömmt, noch nie hat sein Mund etwas ausgesprochen, was nicht als tieffste Wahrheit mich durchforscht, oder als Segen mich genährt hätte, endlich elektrisirt mich seine persönliche Nähe zu einer freundlichen Regsamkeit aller meiner Kräfte, und ich bin glücklich, selbst auch in dem Schmerzlichen.«

Die hymnische Verklärung des Freundes, die auch seine »Frau in ihrer Großmuth« einschließt, findet damit in diesem Brief noch keinen Abschluß, und Sabine Schormann vermutet wohl mit Recht, daß Bettine »sich nach dem Tode ihres Mannes in einer Orientierungsphase befand, in der sie ... nach Kontakten suchte ... Schleiermacher war anscheinend derjenige, der zu diesem Zeitpunkt ihre Bedürfnisse am besten befriedigen konnte.«

Wenig später wird Fürst Pückler zur Projektionsfläche ihrer Liebesbedürfnisse, und Bettine formuliert den vielzitierten Satz: »Das nächste Leben geht aber Heute an.« Am 26. Februar 1832 lädt der Fürst sie ein und gibt sich ähnlich unkonventionell wie

Schleiermacher: »Kommen Sie doch öfter und sans façon zu uns, mit mir können Sie eben so ungenirt seyn, als mit Schleyermacher, ich scheue mich nicht vor Ihnen krank, oder nackt, oder dumm zu erscheinen, denn ich habe zu Ihnen Neigung und Vertrauen.« Doch Pücklers ungeniertes und provozierendes Betragen kann Schleiermachers Witz und Geist nicht ersetzen, und die Beziehung kühlt zunächst ab, als Bettine Pückler am 19. Juli 1832 einen fiktiven Dialog schickt, in dem sie sich mit Schleiermacher über Pückler, den »Unschuldigen«, unterhält. Der zum ersten Mal von Sabine Schormann veröffentlichte Dialog ist in roter und schwarzer Tinte geschrieben. Bettine (schwarz geschrieben) äußert darin: »Das Göttliche wirckt auf ihn ohne seine Entscheidung wie die Pflanze dem Licht so ist er der Weisheit anvertraut.«

Darauf antwortet Schleiermacher (rot geschrieben) unter anderem: »Diesem Licht sind wir doch wohl alle anvertraut und die Blüthenknospen die das Licht der Weisheit zu erwecken hat, sind doch wohl in eines jeden Busen verwahrt, und in so weit wären wir alle unschuldige PflanzenKinder und Dein Unschuldiger [Pückler] hätte es nicht vor andern voraus ... liegt das Böse nicht auch zuweilen in der Tiefe und ist es nicht seine gefährliche Seite gut zu scheinen, ja sich selbst für gut zu achten? ... was die Schönheit deines Lieblings gefährdet was ihn des göttlichen Lichts beraubt, was den idealen Menschen verläugnet, das ist auch Deiner Liebe feindlich ... Wenn ich das Schlechte in Deinem Freund antaste so ist es vielleicht weil ich das Hohe Göttliche in ihm nicht verläugne.«

Mit dieser Art von Dialektik in der Tradition der platonischen Gespräche konnte der ein wenig unbedarfte und eitle Pückler wenig anfangen. Er ist beleidigt und reagiert schroff: »Dein Gespräch hat mich im Anfang ergötzt, später heftiger bewegt.

Daß doch diese Pfaffen, und selbst die besten unter ihnen, wie verdammt sind in Lieblosigkeit und Intolerantismus unterzugehen! *Liegt das Böse nicht auch zuweilen in der Tiefe* ... Welche gräulichen Worte, eines Torquemada [dem Leiter der spanischen Inquisition] würdig! Kannst Du Pfaff damit vor Deinem Christus stehen und nicht vor Scham hundert Klafter tief in die Erde sinken!

Nein, ich bin nicht unschuldig, und Du Liebste, reine vollgesogene Schwärmerin, aber beyde sind wir keine Pfaffen ... Wir glauben, daß das Gute überall in der Tiefe liege, ja beym Räuber und Mörder und selbst beym Pharisäer...Ja *wir* glauben an das Gute in der Tiefe, auch bei uns selbst.« Darauf geht Bettine zunächst nicht ein, sie begibt sich wenig später auf ihre Reise in den Rheingau, schreibt dort den dritten Teil ihres *Goethebuchs*, das *Tagebuch*, und korrespondiert ausschließlich mit Schleiermacher. Leider sind ihre 14 Briefe, die sie damals an den Berliner Freund schrieb, verschollen, ihre Spur verliert sich auf einer Handschriftenversteigerung von 1929, und wir kennen nur Auszüge in Abschriften, die den Schluß zulassen, daß Bettine viele Ideen und Formulierungen ihrer Briefe an Schleiermacher in den dritten Band ihres *Goethebuchs* übernahm.

Als Bettine die »heißesten« Passagen aus diesem *Buch der Liebe* in Muskau vorlas, kam es zu einer »Bataille von Muskau«, die zu einer Distanzierung der beiden führte. Pückler verlangte danach, von Bettine in ihren Briefen wieder gesiezt zu werden.

Mit Schleiermacher bleibt Bettine bis zu seinem Tode 1834 ein Herz und eine Seele, denn nur mit ihm ist sie in politischen und sozialen Fragen völlig einig. Der gemeinsame Einsatz für die Cholerakranken mag in Einzelheiten zur Legende geworden sein, die Tatsache, daß Bettine in Berlin aktiv war, entspricht jedoch zweifellos der Wahrheit. Sogar in Frankfurt weiß man davon, denn Clemens berichtet seinem Bruder Christian am 7. Februar 1832 – nicht ohne auf die aus seiner Sicht falschen Predigten des Protestanten hinzuweisen: »Die Arnim ist in der Cholera die Bewunderung von ganz Berlin gewesen. Sie hat jetzt ihre Zeichnung zum Oktoberfest zum Besten der Cholerawaisen selbst radiert. Sie ist liiert mit Schleiermacher und sehr häufig in seinen Predigten; hoffentlich um sie ihm zu kritisieren.«

Die in dieser rhetorischen Formel ausgedrückte Hoffnung konnte Bettine nicht erfüllen. Wenn wir Karl Gutzkow glauben, wirkte sie indirekt sogar an Schleiermachers Reden mit. Er berichtet mit Bezug auf die Jahre 1832/33: Bettine »erzählte daß Schleiermacher, wenn dieser in der Akademie hätte über einen philosophischen Gegenstand lesen müssen, ihr sagte: ›Bettina, schreib mir über Musik, über Liebe, kurz über das, was ich abzuhandeln habe, einen Bogen voll von Deinem Zeuge auf!‹ ›Er brauchte es zwar nicht‹, sagte sie, ›aber es regte ihn an.‹«

Von dem engen Zusammenspiel der beiden zeugt auch ein Dialog in Gedichtform, den Bettine – wie zuvor den kritischen Prosadialog im Stil Platons – Pückler in einem Brief schickte. »Hier schreib' ich Ihnen zum Schluß zwei Gedichte ab, das eine als ich an einem Sonntag aus seiner Predigt kam, das andere seine Antwort, die er mir eine halbe Stunde darauf schickte:

> Ob ich Dich liebe, weiß ich nicht,
> Seh' ich nur einmal Dir in's Gesicht,
> Kann ich nicht sagen, wie mir geschicht.
> Ob ich Dich liebe, weiß ich nicht.

> Ob ich Dir traue, weiß ich nicht,
> Entgeht mir Deine Lehre nicht,
> Thu' ich auf eignen Geist Verzicht.
> Ob ich Dir traue, weiß ich nicht.

> Ob ich Dich kenne, weiß ich nicht,
> Ich glaub', was Deine Lippe spricht,
> Dein Geist ist mir das höchste Licht.
> Ob ich Dich kenne, weiß ich nicht.

> Ob treu Dein Kind bleibt, weiß es nicht,
> Daß nie ihm Deine Lieb' gebricht,
> Ist was sein Flehn zum Himmel spricht.
> Ob es Dir treu beibt, weiß es nicht.

Schleiermacher's Antwort:

> Ob Du mich liebest, weiß Du nicht?
> Ich weiß es wohl,
> Wenn so Dein Flehn zum Himmel spricht.

> Schaust Du mir offen in's Gesicht:
> So weißt Du wohl,
> Ob Du mir trauest oder nicht.

Glaubst Du, was meine Lippe spricht,
So weißt Du wohl,
Wie meine Liebe Dir nicht gebricht.

Ob Du mir treu bleibst, weiß ich nicht,
Doch weißt Du wohl,
Gleich bleib' ich mir und ändre nicht.

Entgeht Dir meine Lehre nicht,
So weißt Du wohl,
Mein Geist sei nicht Dein höchstes Licht.«

Das soziale Engagement von Clemens entwickelt sich nahezu parallel zu den Aktivitäten seiner Schwester, denn Anfang der dreißiger Jahre erscheinen von ihm die beiden Publikationen, mit denen er auf seine Weise den Armen zu helfen versucht. Im April 1830 veröffentlicht er das *Mosel-Eisgangslied von einer wunderbar erhaltenen Familie und einem traurig untergegangenen Mägdlein in dem Dorfe Lay bei Koblenz, am 10. Februar 1830.* »Der Ertrag gehört dem Frauenverein zu Koblenz«, verfügt der Autor in dieser kleinen Benefizpublikation, die 43 Strophen von je 12 Zeilen umfaßt und zu einer etwas mühsamen Gelegenheitsdichtung gerät.

Ähnlich lautet die Formel in der großen Veröffentlichung von 1831 »Zum Besten der Armenschule des Frauenvereins in Coblenz«. Bereits 1827 hatte Brentano mit seinen Freunden Sailer, Diepenbrock und Dietz den Plan gefaßt, eine Geschichte des wohltätigen Ordens der Barmherzigen Schwestern zu schreiben, die in Koblenz ein Armenhospital unterhielten. Mit Hermann Joseph Dietz, einem Fabrikanten in Koblenz und – wie es in der Widmung von Brentanos Buch heißt – »Einnehmer des Coblenzer Frauenvereins« und »Gastfreund« des Autors, brach er im Frühjahr 1827 nach Nancy auf und besuchte auch Paris. Dort nimmt er die »Gegenwelt« zum frommen Ordensleben wahr, das sündige Großstadtleben mit den – wie er meint – unseligen Nachwirkungen der Französischen Revolution. Seine Reiseeindrücke schildert er 1839 in einer Aufsatzreihe unter dem Titel *Bilder und Gespräche aus Paris* in den *Historisch-politischen Blättern*. Das gesamte auf dieser Reise gesammelte Material ging in die ersten Kapitel von

Ferdinand Fellner, Frontispiz von Brentanos Buch
»Die Barmherzigen Schwestern«, 1831

Brentanos Buch *Die Barmherzigen Schwestern in Bezug auf Armen- und Krankenpflege* ein, das im übrigen auch einen *Bericht über das Bürgerhospital in Coblenz* bietet.

Das Buch blieb nicht ohne politische Folgen, denn in Bayern entschloß man sich auf Initiative von Bischof Sailer und seines Mitarbeiters Diepenbrock, den wohltätigen Orden wieder einzuführen. Auch gelang es dem Autor, mit der Veröffentlichung stattliche Beträge für den von Dietz' Frau geleiteten Frauenverein zu erwirtschaften, doch läßt sich die Wirkung mit Bettines aufsehenerregenden Projekten, die der Choleraaktion ein Jahrzehnt später folgten – dem *Königs-* und dem *Armenbuch* – nicht vergleichen.

Bettine setzte sich engagiert mit den in ganz Europa spürbaren Folgen der industriellen Revolution und den Problemen des entstehenden Proletariats auseinander und nahm sich der konkreten Probleme der Armen und öffentlichen Armenpflege an. Clemens dagegen, der versuchte, die gesellschaftlichen Entwicklungen aus der Perspektive eines engen, wundergläubigen Katholizismus zu verstehen und zu ändern, wurde nur in einem kleinen Zirkel wahrgenommen. Heinrich Heine sah ihn um diese Zeit als verlängerten Arm einer von Rom ausgehenden katholischen Propaganda und erklärte ihn für »verschollen«, während er im Sinne der Ideen Bettines im Pariser Exil *Deutschland ein Wintermärchen* formulierte.

XVII
»Seinem Denkmal«
Die »leidige Bremse« schreibt das erfolgreichste Goethe-Buch der Zeit

Während Clemens den Tod seines Mediums Anna Katharina Emmerick zu verarbeiten hat und sich nach 1824 noch nahezu ein Jahrzehnt fast ausschließlich mit der Aufarbeitung der Emmerick-Papiere beschäftigt, entwickelt sich Bettine nach ähnlichen Erfahrungen zu einer der bekanntesten und erfolgreichsten Schriftstellerinnen ihrer Zeit. Am 21. Januar 1831 starb ihr Mann Achim von Arnim, der kurz zuvor erst seinen 50. Geburtstag gefeiert hatte, an einem Schlaganfall. Im Jahr darauf, am 22. März 1832, folgte der verehrte Goethe, den Bettines Sohn Siegmund noch eine Woche vorher in Weimar in ihrem Auftrag besucht hatte.

Goethes Eintrag in das Stammbuch Siegmunds gilt nach *Eckermanns Gesprächen* als »das Letzte, was er geschrieben«. Sein Vierzeiler ist allerdings für die Arnims nicht gerade schmeichelhaft; er dokumentiert den Tiefpunkt von Bettines Beziehung zu dem weltberühmten Dichter, denn Goethe formulierte:

> Ein jeder kehre vor seiner Tür,
> Und rein ist jedes Stadtquartier;
> Ein jeder übe sein Lektion,
> So wird es gut im Rate stohn.

Zweifellos spielt der Dichter damit auf Bettines Auftritte in Weimar an; höchstwahrscheinlich reagiert er auch auf Gerüchte, die von Bettine, nachdem sie immer wieder vergeblich in Weimar angeklopft und Schuldige für ihr Scheitern gesucht hatte, angeblich über seine Schwiegertochter Ottilie in Berlin verbreitet worden waren.

Goethe fühlte sich offensichtlich von Bettine bedrängt und belästigt; anders ist eine Notiz nicht zu erklären, die er schon 1826 für den Großherzog Karl August formuliert hatte: »Diese leidige Bremse ist mir als Erbstück von meiner guten Mutter schon viele Jahre sehr unbequem. Sie wiederholt dasselbe Spiel, das ihr in der Jugend allenfalls kleidete, wieder, spricht von Nachtigallen und zwitschert wie ein Zeisig. Befehlen Ew. H., so verbiet ich ihr in allem Ernst onkelhaft jede weitere Behelligung.«

Nach dem Tod von Goethes Frau Christiane war Bettine intensiv um eine Wiederbelebung der Beziehungen zu dem Weimarer Dichter bemüht. Sie schrieb ihm immer wieder bittende Briefe und nahm jede Gelegenheit wahr, auf dem Wege zu ihren Verwandten nach Frankfurt in Weimar Station zu machen. Als Goethe erwog, ihr die »weitere Behelligung« zu untersagen, hatte sie sich zehn Tage, vom 27. August bis zum 12. September 1826, in der Residenzstadt aufgehalten.

Schon am 28. Juli 1817, keine zwei Monate nach dem Tod von Christiane, versuchte sie mit einem Brief, die freundschaftlichen Beziehungen zu Goethe wieder aufzubauen: »Nicht geahndet hab ich es, daß ich je wieder so viel Herz fassen würde an Dich zu schreiben, bist Du es denn? oder ist es nur meine Erinnerung die sich so in der Einsamkeit zu mir laagert und mich allein mit ihren offnen Augen anblickt ach wie vielmal hab ich in solchen Stunden, Dir die Hände dargeboten daß Du die Deinige hineinlegen mögtest, daß ich sie beide an meine Lippen drücken könnte. – ich fühl es jezt wohl daß es nicht leicht war mich in meiner Leidenschaftlichkeit zu ertragen, ja ich ertrage mich selbst nicht, und mit Schauder wende ich mich von all den Schmerzen die die Betrachtung in mir aufwühlt.

Warum aber grad heute nachdem Jahre vorüber sind, nachdem Stunden verwunden sind wo ich mit Geistern zu kämpfen hatte, die mich zu Dir hin mahnten? heute bedachte ich es, daß vielleicht auch Du nie eine Liebe erfahren habest die bis ans End gewährt habe, heute hatte ich die Haare in Händen die Deine Mutter sich abschnitt um sie mir als ein Zeigen [Zeichen] ihrer Liebe nach ihrem Tode reichen zu lassen und da faßte ich Herz, einmal will ich Dich noch rufen, was kann mir wiederfahren wenn Du nicht hörst? ... Mir träumte vor 3 Jahren ich erwache aus einem ruhigen Schlaf auf Deinen Knieen sitzend an einer langen gedeckten Tafel Du zeigtest mir ein Licht was tief herabgebrannt war und sagtest

›So lange hab ich Dich an meinem Herzen schlafen lassen, alle Gäste sind von der Tafel weggegangen ich allein bin um Deine Ruhe nicht zu stöhren sitzen geblieben, nun werfe mir nicht mehr vor, daß ich keine Gedult mit Dir habe‹ – ja wahrlich das träumte ich ich wollte Dir damals schreiben, aber eine Bangigkeit die mir bis in die Fingerspizzen ging hielt mich davon ab; nun grüß ich Dich nochmals durch alle Nacht der Vergangenheit; und drücke die Wunden wieder zu, die ich so lange nicht zu beschauen wagte, und warte ab ob Du mich auch noch hören willst, eh ich Dir mehr erzehle. Bettine.«

In einer Nachschrift dieses Briefes beschreibt sie den Brand des Berliner Theaters, um dann noch einmal inständig werbend um Antwort zu bitten: »willst Du mir nun über all diesen Schutt die Hand wieder reichen willst Du bis ans End mich warm und liebend für Dich wissen so sag ein Wort aber bald, denn ich hab Durst

seit den langen Jahren hab ich das Schreiben verlernt die Gedancken arbeiten sich auf ungeebnetem Weg durch, und doch denck ich mich noch wie den schäumenden Becher in Deiner Hand aus dem Du gern nippen magst.

wenn das beigefügte Blatt noch seine Farbe hat so kannst Du sehen, welche Farbe meine Liebe zu Dir hat, denn immer kömmt mirs vor, als obs grad so innig roth und so ruhig, und der goldne Saamenstaub auch, so ist Dein Bett in meinem Herzen bereitet, verschmähe es nicht. meine Addresse ist Georgenstraße No. 17.«

Goethe beantwortet diesen und alle weiteren Briefe, die Bettine bis zu seinem Tode an ihn richtet, nicht. Die skandalöse Auseinandersetzung mit seiner Frau Christiane bleibt die einschneidende Zäsur der Korrespondenz, und aus der Zeit nach diesem Ereignis sind ausschließlich Briefe von Bettine an Goethe überliefert. Sie schreibt am 8. November 1821, am 29. Juni 1822, Silvester 1823, am 11. Januar 1824, nach dem 6. Juni 1825 und vor dem 26. Oktober 1826 sowie zwei kurze Briefe in der zweiten Jahreshälfte 1830 und einige weitere, die bislang nicht sicher datiert werden konnten.

Statt Bettines Briefe zu beantworten, vermerkt Goethe am 7. August 1830, als Bettine auf einer Durchreise noch einmal in Weimar Station gemacht hatte: »Fr. v. Arnims Zudringlichkeit abgewiesen«. Dennoch wendet sich Bettine erneut am 8. März 1832 an ihn und klagt: »Wenn du wüßtest, wie sehr weh du mir thust; in mein Leben kann ich hereinsehen wie ins klare Wellenspiel, aber in die Arme, die mich einzig mit Liebe umfaßt haben, darf ich mich nicht denken; die Wahrheit, die einzige, die den Werth ihrer Verwirklichung in sich trägt, ist aufgehoben von dir selbst, der doch Athem ihrem Leben eingehaucht.

Vergesse, vergesse und umfasse mich neu in diesem Kinde, was dir die gewagten Zeilen mit unbefangenem Vertrauen darbietet; es will Deutschland nicht verlassen, ohne von deinem Anblick gesegnet zu sein.« Dann schickt sie ihren Sohn nach Weimar und bereitet seinen Besuch vor, indem sie bei Goethes Schwiegertochter Ottilie um Vermittlung bittet: »Es ist mir zu bange, daß Haus zu betreten dessen Herr mich von sich gestoßen; so schreibe ich Ihnen lieber … Sie glauben nicht welche bittere Empfindung dieß über meine ganze Reise verbreiten … mußte … ich hätte es ihm unmöglich machen sollen sich von mir loßzusagen, durch mich mußte ihm nur harmonische Emfindung zuwachsen, und ich habe ihn vielleicht tausendfältig gestört, doch ich weiß nichts davon, und mir ist es eine Erleichterung von *Ihm* gestraft und zu schwehr gestraft zu empfinden sagen Sie ihm dieß, und auch: daß die Quelle seines Unwillens woher sie auch immer fliese verfälscht sey.« Zwar empfängt Goethe Bettines Sohn, aber sein Eintrag in das Stammbuch fixiert noch einmal die abweisende Haltung.

Doch Bettines Bemühen, Goethe zu gewinnen, war insgesamt nicht so erfolglos, wie diese deprimierende Abschlußlektion des Dichters und seine privaten Notizen vermuten lassen. Die Bilanz des Briefwechsels täuscht, denn als Antwortbriefe Goethes ausbleiben, findet sie Mittel und Wege, Goethe wieder persönlich anzusprechen, und sie ist mit Blitzbesuchen immer insofern erfolgreich, als es ihr gelingt, zu Goethe vorzudringen. Bereits im November 1821 war sie unangemeldet in eine Abendgesellschaft geplatzt. Goethe soll sich reserviert gezeigt haben. Doch Bettine ist hartnäckig und läßt sich nicht entmutigen. Fast drei Jahre später, am 27. Juli 1824, unternimmt sie erneut einen Vorstoß und führt dem Dichter auf der Reise nach Frankfurt ein Gipsmodell ihres Goethe-Denkmals vor, zu dem sie ihm vorher bereits Zeichnungen geschickt hatte.

Mit diesem Projekt, das dem alten Herrn schmeicheln muß, kann er die hartnäckige Verehrerin kaum abweisen. Sie verschafft

sich Zutritt, und so kann sie Arnim am 3. August 1824 stolz über
eine altväterliche Segnungsgeste des mittlerweile fast 75jährigen
berichten: »Goethe war wunderbar in seiner Erscheinung wie im
Betragen, mit großer, erhabner Feierlichkeit entließ er mich, er
legte mir beide Hände auf den Kopf und segnete mich mit folgenden Worten, indem er die ausgepackte Skizze betrachtete, an der
die Leier und Psyche zerbrochen war: ›Dies Werk hast Du nur aus
Liebe zu mir vollbringen können, und dies verdient wieder Liebe,
und darum sei gesegnet, und wenn mir's Gott vergönnt, so sei alles
Gute, was ich besitze, auf dich und deine Nachkommen vererbt‹.«

Die Erfahrungen auf der Rückreise sind noch positiver. Denn
wieder macht sie in Weimar Station. Ihr Bericht von Ende Oktober
1824 geht nun an die Verwandten in Frankfurt, die lebhaftes Interesse an ihren Plänen genommen hatten, war Frankfurt doch die
Geburtsstadt des großen Dichters, in der man bereits über ein
Denkmal nachdachte. Bettines launiger Bericht von den beiden
Abendbesuchen bei Goethe suggeriert, die ursprüngliche Vertrautheit mit dem großen Dichter sei längst wieder hergestellt. Denn
wie in alten Zeiten war sie dem berühmten Mann, der seine Mit-
tagsempfänge für ordentlich angemeldete Gäste aus aller Welt zu
zelebrieren pflegte, ohne Voranmeldung überraschend ins Haus
gefallen und wurde – glaubt man ihrem Bericht – mit aller Herz-
lichkeit zu einem Tête-à-tête jenseits aller Etikette empfangen:
»Abends 6 Uhr in Weimar eingetroffen, Goethe allein in weißem
Schlafrock von mir überrascht bei einer Karlsbader Wasserflasche
und einem eisernen Küchenleuchter, er unterhielt sich sehr gut bei
meiner Beschreibung von Rödelheim ... da ich ihm erzählte daß
man ihn dieß Jahr in Winckel [im Weingut von Franz Brentano am
Rhein] erwartet habe, und daß Toni [Antonia, Franz' Frau] express
ein Faß zweiundzwanziger habe anstechen lassen für ihn wurde er
Trocken im Halse, und beordete einen zimlich trinckbaren Ram-
baß, der seine Wirckung nicht verfehlte, er tranck die Gesundheit
meiner sämtlichen wunderlich liebenswürdigen Familie ... hiermit
befahl er mich zum Clavier wo ich ihm die Lieder die ich von ihm
Komponiert vorspielen sollte.«

Am folgenden Tag sucht sie ihn noch einmal auf: »erst knurrte er
mich an, dann liebkoste er mit den schmeichelhaftesten Worten um
mich wieder gut zu machen, die Weinflasche hatte er im Neben-

zimmer weil ich ihm Vorwürfe am vorigen Abend gemacht hatte über sein Trincken, er ging unter irgend einem Vorwand ungefähr 6 mal vom Theater ab um ein Glas zu trincken, ich ließ mir nichts mercken aber beim Abschied sagte ich ihm daß 12 Gläser Wein ihm nicht schaden würden und er habe doch am heutigen Abend nur 6 getruncken er sagte: woher weißt du das so bestimmt? – ich habe die Bouteille glucksen hören im Nebenzimmer, und dann das Glas in deine Gurgel und dann hast du es mir, wie Salomon im hohen Liede seiner Geliebten mit deinem Athem verrathen; du bist ein arger Schelm sagte er, mache daß du fort kömmst; und nahm das Licht um mir hinaus zu leuchten, ich aber nahm den Vorsprung und kniete mich an der Schwelle seines Zimmers, nun will ich sehen ob ich dich einsperren kann und ob du ein guter oder böser Geist bist wie die Ratte im Faust; ich küsse diese Schwelle und seegne sie, über die Täglich der herrlichste Menschen Geist und mein bester Freund hinausschreitet; über dich und deine Liebe schreite ich nicht hinaus sagte er sie ist mir zu theuer, und um deinen Geist schleiche ich mich so herum; (in dem er das Plätzchen sorgfältig umschritt), denn du bist sehr pfiffig; und es ist besser in gutem Vernehmen mit dir zu seyn; und so entließ er mich, mit Thränen in den Augen, ich blieb noch vor der Thür im Dunckeln stehen um meine Rührung zu verschlucken.«

Danach weist Bettine in ihrem Brief energisch die Gerüchte über das rasche Altern des Genies zurück: »ich kann nicht begreifen wie die Geistreiche Fräulein Loulou Kleist, ihn mit einer alten wacklichen Ruine verglich«, schreibt sie und betont: »wer ihm nahe ist kann nur bekennen daß sein Genie sich zum Theil in Güte aufgelöst habe, das Sonnenfeuer seines Geistes hat sich in mildes Purpurlicht beim Untergang verwandelt.«

Der Besuch Bettines bei den Frankfurter Verwandten diente auch dem Ziel, das Projekt des Goethe-Denkmals am Main voranzutreiben. Sie wollte bei den Stadtvätern die Aufstellung eines Denkmals nach ihrem Entwurf erreichen. Ihr Schwager, der Bürgermeister Georg Friedrich von Guaita, und ihr Bruder Georg sollten ihren Einfluß im Stadtstaat geltend machen, um dieses Ziel zu erreichen. Über die vorläufigen Ergebnisse dieser Initiative setzt sie auf ihrer Rückreise nun auch Goethe in Kenntnis: »Ihr könnt wohl dencken«, heißt es in dem Bericht für die Frankfurter,

»daß ich nicht vergessen habe, ihm auch von seinem Monument zu
erzählen und wie es den Franckfurthern am besten gefallen habe ...
er hörte mir mit sichtbarem Vergnügen zu wie ich ihm das enthu-
siastische Lob meines Schwagers Guaita der doch im ganzen nicht
für mich eingenommen zu seyn schien beschrieb, und wie ich ihm
sagte: er habe es am 18ten October bei einem feierlichen Dinée den
ausgezeichnetsten Mitgliedern des Senats vorgezeigt, belobte er
ihn sehr deswegen; er meinte dem Gedancken des Monuments
würde doch kein andrer vorgreifen und er wollte unter einen solchen Bild am liebsten in seiner Vaterstadt in Erinnerung bleiben; –
mir würde es eine ungemeine Freude seyn ja die bedeutendste
dieser Art, wenn es zur Ausführung käme, und wenn der gutmüthige Geschwisterliche Enthusiasmus von George nicht verraucht
so bezweifle ich es nicht. so wäre denn meine sehr kurz begonnene
Künstler Laufbahn auf das eklatanteste eröffnet und auch beschlossen, denn ich bin Troz meines Eigendünckels doch zu bedacht, daß ich bei dem zufälligen Gelingen eines Dinges mir ein-
bilden sollte, ich habe die Kunst nein ich will lieber bei diesem mir
wohl erworbenen Ruhm, verharren so wie ich nach Berlin komme
werde ich mich mit dem Künstler besprechen und dem George
darüber schreiben der wo möglich von mir bewogen werden soll
sich eifrig dafür zu verwenden wie er mir versprochen hat.«

Bettines Idee, selbst ein Denkmal zu entwerfen, war entstanden,
als sie 1823 in Berlin ein Modell von Christian Daniel Rauch gesehen hatte, das Goethe als Sitzfigur in der Tradition der antiken
Philosophenbilder darstellt. Dieser Entwurf in klassischer
Schlichtheit mit realistischen Gesichtszügen mißfiel ihr, und sie
verspottete das Werk als »alten Kerl im Schlafrock« und beschloß,
einen eigenen Entwurf dagegenzusetzen, bei dem ihr ein Götterbild vorschwebte. Der mit den Attributen des Apoll (Leier und
Adler) ausgestattete Dichtergott thront in ihrer Version des Denkmals über dem lorbeerumrankten Adler, den sie auch als Hinweis
auf das Frankfurter Stadtwappen versteht. Den ersten Band ihres
Goethebuchs, das im Titel den Zusatz *Seinem Denkmal* trägt, ziert
ein Kupferstich ihres Entwurfs, auf dem die Hauptgruppe – der
Goethe-Apoll mit der Leier und die geflügelte Psyche – zu erkennen ist.

Den Entwurfsskizzen folgt rasch ein Gipsmodell, von dem leider kein Abguß den Zweiten Weltkrieg überdauert hat. Wir kennen es jedoch aus Bettines detaillierten Erläuterungen und aus mehreren bildlichen Darstellungen. Im Wohnzimmer der Berliner Wohnung war ein Exemplar aufgestellt, und sowohl die Aquarelle von M. Hoffmann zu dieser Wohnung »In den Zelten« am Rande des Tiergartens als auch mehrere Porträts der Bettine – der Stich von Ludwig Emil Grimm und Carl Johann Arnolds Ölbild im Frankfurter Goethe-Museum – zeigen das Denkmal im Hintergrund.

Eine Art Selbstdarstellung ist die kindliche Psyche, die »zwischen seinen Knien, einen Fuß auf den seinen gesetzt« erscheint. Mit dieser Figur ist Bettines Rolle dargestellt, die sie beim größten deutschen Dichter spielen wollte. Die geflügelte Psyche inspiriert den gottähnlichen, genialen Dichter und gewinnt dabei selbst, wie sie Goethe erklärt, einen »höheren Standpunkt«. Im Brief vom 1. Januar 1823 erläutert sie ihm ihre beigefügte erste Skizze: »Der Göthe wie ich ihn hier mit zitternder Hand, aber mit feuriger muthiger Anschauung gezeichnet habe, weicht schon vom *graden Weg* der Bildhauer ab, denn er senkt sich unmerklich nach jener Seite wo die im Augenblick der Begeistrung vernachlässigte Lorbeerkrone in der losen Hand ruht. Die Seele von höherer Macht beherrscht, die Muse in Liebesergüssen beschwörend, während die kindliche Psyche das Geheimniß seiner Seele durch die Leyer ausspricht; ihr Füßchen findet keinen andern Platz, sie muß sich auf dem Deinen den höheren Standpunckt erklettern; der mächtige Leib bietet sich den Strahlen der Sonne, den Arm dem der Kranz anvertraut ist haben wir mit der Unterlage des Mantels weich gebettet. Der Geist steigt im Flammenhaar über dem Haupt empor... Die kleinen Genien in den Nischen am Rande des Sessels die aber mehr wie kleine ungeschickte Bengel gerathen sind haben ein jeder ein Geschäft für Dich, und sind gleichsam zu Deiner Bedienung ... Mignon an Deiner rechten Seite im Augenblick wo sie entsagt (ach und ich mit ihr für diese Welt, mit so tausend Thränen so tausendmal dieß Lied aussprechend und die immer wieder aufs neu erregte Seele wehmüthig beschwichtigend), Dieß erlaube daß ich dieser, meiner Liebe zur Apotheose den Plaz gegeben. jenseits die meinen Nahmen trägt im Augenblick wo sie sich überwerfen will, nicht gut gerathen, ich hab sie noch einmal gezeichnet wo sie auf dem Köpfchen steht da ist sie gutgelungen.«

Bettine von Arnim mit dem Modell ihres Goethedenkmals,
Ausschnitt aus einem Pastell von Carl Johann Arnold, 1859

Die Anspielungen auf Mignon und die, »die meinen Namen trägt«,
werden in *Goethes Briefwechsel mit einem Kinde* verständlicher.
Dort heißt es: »Auf der einen Seite der Thronlehne ist Mignon als
Engel gekleidet mit der Überschrift: ›So laßt mich scheinen bis ich

werde‹, jenseits Bettina, wie sie, zierliche kindliche Mänade auf
dem Köpfchen steht, mit der Inschrift: ›Wende die Füßchen zum
Himmel nur ohne Sorge! Wir strecken Arme betend empor, aber
nicht schuldlos wie Du.‹«

Der Kopfstand zeigt den Augenblick, in dem sie sich – nach der
Formulierung des zitierten Originalbriefs – »überwerfen« will,
nicht nur körperlich, sondern auch innerlich, im Sinne von »aufgeben«, »prostituieren«. Bettine bezieht sich damit nicht auf den
Wilhelm Meister und die Mignon-Figur, sondern auf Goethes *Ve-
nezianische Epigramme*, in denen der Name Bettine tatsächlich
vorkommt. In Nr. 38 und 39 lesen wir: »Kehre nicht, liebliches
Kind, die Beinchen hinauf zu dem Himmel; / Jupiter sieht dich,
der Schalk, und Ganymed ist besorgt« und »Wende die Füßchen
zum Himmel nur ohne Sorge! Wir strecken / Arme betend empor;
aber nicht schuldlos wie du«. Der unmittelbare Bezug auf Bettine
findet sich dann im Epigramm 47, wobei die Figur zu den Gauk-
lern gehört, die – so stellt es Goethe dar – mit den Dichtern verwandt sind und sich mit diesen »suchen und finden«:

›Welch ein Wahnsinn ergriff dich Müßigen? Hältst du nicht inne?
    Wird dies Mädchen ein Buch? Stimme was Klügeres an!‹
Wartet, ich singe die Könige bald, die Großen der Erde,
    Wenn ich ihr Handwerk einst besser begreife wie jetzt.
Doch Bettinen sing ich indes; denn Gaukler und Dichter
    Sind gar nahe verwandt, suchen und finden sich gern.

Es heißt, Goethe habe Bettines Denkmal »das wunderlichste Ding
von der Welt« genannt und »eine Art Beifall nicht versagen, ein
gewisses Lächeln nicht unterlassen« können, aber doch Rauchs
Entwurf favorisiert.

Auch in Frankfurt entschieden sich die Senatoren für einen anderen Entwurf, der Einfluß von Bettines Bruder Georg half nicht.
1844 entstand ein Denkmal, das Ludwig Schwanthaler entworfen
hatte. Es ziert noch heute den Anlagenring der Stadt nahe der
Europäischen Zentralbank.

In Weimar existiert jedoch eine monumentale Ausführung der
von Bettine skizzierten Figurengruppe (ohne den geplanten großen Sockel und die Thronlehne), den der Rauch-Schüler Karl

Steinhäuser nach Bettines Plänen realisierte. Steinhäuser beseitigte
allerdings die vermeintliche Respektlosigkeit, indem er die von
Bettine als »höheren Standpunckt« gedachte Position der Betti-
ne-Psyche auf Goethes Fuß korrigierte und auch auf die Darstellungen der Thronlehne verzichtete. Von den Ideen ihres Entwurfs
gehen damit wesentliche Aspekte verloren, und es wundert nicht,
daß Bettine von dieser Ausführung entsetzt war und in einen Wutanfall ausbrach, als sie das Denkmal in Augenschein nahm: »solch
ein Monstrum und solch einen Knirps soll ich erdacht haben?!«
Der Weimarer Großherzog Karl Alexander erwarb 1853 dieses
Marmordenkmal noch zu Lebzeiten Bettines. Im Innenhof des
Weimarer Landesmuseums überdauerte es – gegen Bombeneinwir-
kung durch eine Verschalung geschützt – den Zweiten Weltkrieg
und ist nach Restaurierungsarbeiten im modern gestalteten Trep-
penhaus des Gebäudes wieder zugänglich.

Die Bemühungen Bettines, den preußischen König für eine Rea-
lisierung des Projektes in Berlin zu gewinnen, von denen Varnhagens Tagebuch ausführlich berichtet, scheiterten, doch hielt sie an
ihren Plänen bis zu ihrem Tode fest. »In ihren letzten Lebensjahren
arbeitete und änderte sie fortwährend an ihrem Entwurf.«

Zu einem großen Erfolg wurde jedoch Bettines 1835 erschiene-
nes Buch mit dem Titel *Goethes Briefwechsel mit einem Kinde.
Seinem Denkmal.* Bald nach dem Tode des Dichters hatte sie den
Nachlaßverwalter Kanzler von Müller gebeten, ihr die eigenen
Briefe zurückzugeben, und dann begonnen, eine Veröffentlichung
des Briefwechsels vorzubereiten. Anfangs hatte sie daran gedacht,
den bereits als Schriftsteller mit seinen *Briefen eines Verstorbenen*
1830 sehr erfolgreichen Hermann Fürst von Pückler-Muskau als
Herausgeber zu gewinnen, doch blieb zum Schluß nur eine Wid-
mung des ersten Bandes übrig, in der sie auf das Zerwürfnis mit
ihm anspielt: »Haben sie von Deinen Fehlen / Immer viel erzählt«,
zitiert sie am Anfang aus dem *Westöstlichen Divan*, um dann am
Schluß dieser Widmung für eine Versöhnung zu plädieren: »Lassen
Sie uns einander gut gesinnt bleiben, was wir auch für Fehler und
Verstöße in den Augen Anderer haben mögen«, heißt es in der auf
August 1834 datierten Widmung.

Die seltsame Freundschaft mit dem exaltierten Fürsten, die
Bettine unmittelbar nach dem Tode ihres Mannes begonnen hatte,

Hermann Fürst von Pückler-Muskau,
Kupferstich von Georg François Louis Jaquemont, 1839

war nicht von Dauer. Die Phase der gegenseitigen Faszination fand bald ein Ende – vermutlich, weil hier zwei Menschen mit ähnlichem Naturell aufeinandertrafen. Enid Gajek geht davon aus, daß die Initiative von Pückler ausging, »der heftig ihre Freundschaft suchte«; »seine großen Reisen durch Europa lagen schon eine Weile zurück ... und so schien auch sein Leben in einer Art Schwebe nach neuer Orientierung zu suchen ... So kam er am Anfang ihrer Bekanntschaft Bettine entgegen: Eine männliche Idealgestalt, schillernd, geistreich, seine Schönheit und sein Geist waren es, die Bettine in Bann zogen. Und in der Tat warb er mit allen Mitteln um sie. Im Sommer kam er in orientalischer Tracht, barfuß, in rosaseidenen Hemden und phantastischen Uniformen.«

Pückler bestätigt sie in ihrer Goetheverehrung und ermutigt sie zum Schreiben: »Du *bists* – eine ächte Dichterin – und schöner kann sich des Weibes Gemüth nicht aufthun als in Deinen letzten

Briefen. Fahre ja mit Göthe aus Deinem Leben fort, und verschweige nichts, thue Dir auch nicht den leisesten Zwang an,
schreibe als sprächest Du zu Dir selbst, je schleyerloser Du da-
stehst, je mehr kannst Du nur bey mir gewinnen.« Die beiden
entwickelten einen regen, zum Teil anzüglichen Briefwechsel, bei
dem sie in wechselnde Rollen schlüpften. »Pückler selber steckte
Bettine sogleich in viele Rollen: eine hohe Seherin, eine Pythia auf
dem Orakelsitz, eine Sklavin, die dem Sultan, ihm, zu dienen habe,
indem sie ihm die unverhüllte Wahrheit sage und ihn zu seinem
besseren Selbst entwickle, später nannte er sie sogar arme Sappho,
Dein Geliebter ist ein rechter Peter (was sich auf Goethe bezog).
Zu Anfang aber verstand sich Bettine als Ceres ... Oder sie betete
seine Fußsohlen an, dem indischen Mythos gemäß ... sie sah sich
auch wieder als Psyche ... schließlich teilte Pückler ihr die Rolle
des Mannes zu in ihrem Briefwechsel: Sie sei das männliche, weil
schaffende Prinzip, er nur das weibliche, weil empfangende.«

Beide waren Meister von Selbstinszenierungen und wußten zum
Schluß ihres Briefwechsels offenbar selbst Spaß und Ernst kaum
noch zu unterscheiden, denn Bettine fuhr im September 1833 mit
großen Erwartungen nach Muskau, um dort mit dem Hausherrn
komplizierte Scheingefechte zu veranstalten und letztlich die »Bataille von Muskau« zu verlieren. Unangemeldet war sie auch bei
diesem Besuch aufgetaucht; angeblich in der Annahme, der Hausherr sei auf Reisen, begann sie einen Erholungsurlaub im Badeort
von Pücklers Besitz, in Hermannsbad.

Doch Pückler »saß krank auf dem Schlosse, geschwächt, ver-
drießlich, mit der Fürstin Lucie, dem Novellendichter Leopold
Schefer ... und mehreren Lakaien. Er erfuhr von Bettines Spaziergängen im Park ... und schrieb nachts um vier ein launiges Billet ...
mit dem er sie aufs Schloß bat, sie möge ihn mit ihren homöopa-
thischen Methoden kurieren. Übermütig schrieb sie an Pückler:
›Ich hab' nichts anderes vorzulesen, als grad' das Heißeste, und
das nur Dir, und nicht dem verdammten Novellendichter.‹« Sie
lehnt die Einladung zunächst ab, kommt aber dann doch, um vermutlich gerade die »heißesten Stellen«, die sie kurz zuvor bei ihrem
Aufenthalt im Rheingau niedergeschrieben hatte und später in das
Tagebuch ihres *Goethebuchs* aufnahm, vorzulesen.

Die Hofgesellschaft hat dafür keinen Sinn, Pückler versucht

mehrfach, die für die Zuhörer offenbar peinliche Lesung zu unter-
brechen und vom Thema abzulenken – vergeblich: ein kleiner
Skandal, gegenseitige Vorwürfe in den folgenden Briefen und eine
Abkühlung und Distanzierung sind die Folgen. Denn als Bettine
sich in einem Brief über die prüde Hofgesellschaft in Muskau lustig
macht, schreibt Pückler: »Du schreibst mir, liebste Seele, lauter
unvernünftiges Zeug, und machst noch tolleres. Vorwürfe die ich
gar nicht verdiene sind mir aber ein Gräuel. Ich bin Dein Freund,
aber nicht Dein Liebhaber.« Hellsichtig teilt er seine Analyse des
Verhältnisses mit und erkennt, daß ihre »überfeurigen Briefe«, die
er anfangs so geschätzt hatte, »mehr eigne Phantasieen als an mich
gerichtet« waren und er selbst »nur als Vehikel dabey dient, oder
als hölzernes Instrument um Dir angenehme Begeisterung darauf
zu spielen. Das Instrument ist aber durch zu rücksichtsloses Anfassen jetzt etwas verstimmt und gebrechlich geworden, weshalb es
bedarf einige Zeit in den Schrank gestellt zu werden.«
   Im gleichen Brief vom 23. oder 24. September 1833 vergleicht er
in beleidigender Weise die Briefe der immerhin 48jährige Bettine
mit einer »dithyrambischen Raserei einer achtzehnjährigen Ba-
chantin, mit bloßer Gehirnsinnlichkeit, die noch obendrein nur
künstlich heraufgeschraubt ist«. Damit ist der Höhenflug der
Freundschaft dieses eigenwilligen Paares beendet. Bettine reagiert
heftig und verwendet nun das Material ihrer Pückler-Briefe selbst
in *Goethes Briefwechsel mit einem Kinde* und läßt es bei der Widmung bewenden, während Pückler offensichtlich froh ist, »diese
Herausgebertätigkeit los zu sein«.
   Der in drei Bänden erschienene Briefwechsel wurde ein Bestsel-
ler, ein Kultbuch der Goethe-Verehrung, aber auch der Goethe-
Kritik. Denn die euphorischen Rezensionen von Vormärz-Auto-
ren behaupten, daß die Schwächen des Klassikers und die Überlegenheit der jungen Verehrerin Bettine in diesem Werk deutlich
werden. So schrieb Ludwig Börne 1835 im *Literatur-Blatt*, einer
von Wolfgang Menzel redigierten Beilage zum *Morgenblatt für
gebildete Stände*: »Goethe schlug Mignon todt mit seiner Leyer
und begrub sie ... Aber Mignon war keine Sterbliche ... Nach
vierzig Jahren kam sie wieder und nannte sich Bettina ... Wie aber
nahm sie Goethe auf? Bettinens Gefühle fand er oft zu natürlich,
ihre Gedanken zu roh, und dann schickte er sie ihr gekocht zu-

rück ... Bettina ist ein reichbegabtes, gottgesegnetes Kind, das wir
lieben und verehren müssen ... Ihr Buch, bekannt gemacht, zur
Verherrlichung Goethe's, hat seine Blöße gezeigt, hat seine geheim-
sten Gebrechen aufgedeckt.«

Ähnlich urteilt Rainer Maria Rilke, wenn er Bettine in den *Aufzeichnungen des Malte Laurids Brigge* würdigt: »Eben *warst* du
noch, Bettine ... deine Liebe war allem gewachsen. ... Du selber
wußtest um deiner Liebe Wert, du sagtest sie laut deinem größesten
Dichter vor, daß er sie menschlich mache; denn sie war noch Element. Er aber hat sie den Leuten ausgeredet, da er dir schrieb. Alle
haben diese Antworten gelesen und glauben ihnen mehr, weil der
Dichter ihnen deutlicher ist als die Natur. Aber vielleicht wird es
sich einmal zeigen, daß hier die Grenze seiner Größe war. Diese
Liebende ward ihm auferlegt, und er hat sie nicht bestanden.«

Bei den Jungdeutschen sind auch politische Aspekte des *Goethebuchs* Grund für die begeisterte Aufnahme, da Bettine über den
»Heldenmuth der Tyroler, und ihren Schmerz und Zorn bei Hofers
Tod« schreibt und vergeblich auf eine Erwiderung ihrer Gefühle
durch den politisch indifferenten Goethe hofft, der bekanntlich
zeit seines Lebens Napoleon hochschätzte und dessen Orden auch
nach den Befreiungskriegen gerne trug.

Bettine hatte sich bereits in Landshut von der Begeisterung für
den Kampf Hofers gegen den übermächtigen Napoleon und seine
bayrischen Verbündeten anstecken lassen. Bei den Rezensenten der
Jungdeutschen fand sie für diese Hofer-Begeisterung, die ausschließlich in der für die Publikation überarbeiteten Fassung ihrer
Goethe-Briefe deutlich wird, viel Verständnis, auch wenn es nun
nicht mehr darum gehen konnte, gegen einen übermächtigen Napoleon zu kämpfen, sondern gegen die Macht der zahlreichen Fürsten in einem restaurativ erstarrten Deutschland. Goethe hatte einem dieser Fürsten, dem Großherzog Karl August in Weimar, als
Minister gedient und war in den Augen der Liberalen damit eine
Art Fürstenknecht. Dieses Bild schien Bettines Buch indirekt zu
bestätigen.

1837 veröffentlicht ein anderer Vertreter des Jungen Deutschland, Karl Gutzkow, seine Reportage *Besuch bei Bettinen* und
schwärmt von der »märchenhaften Erscheinung ... die mitten in
dem enggeschnürten Dasein unserer modernen Beziehungen den

Muth gehabt hatte, ein *Kind* zu bleiben ... Diese Vielseitigkeit, diese Gedankensprünge, diese geistreiche Formgebung im Momente, dieses neckische Spiel mit der Wahrheit oder mit dem Schein derselben – es bezauberte.«

Doch es gab sehr bald auch scharfe Kritik an Bettines »Spiel mit der Wahrheit«. Es war Friedrich Wilhelm Riemer, Goethes ehemaliger Schreiber, der 1841 *Mittheilungen über Goethe* veröffentlichte, die Bettines *Goethebuch* als »überwiegend fiktional hinstellten und der Verfasserin die Verfälschung ihrer Beziehung zu Goethe nachsagten, der als bloß *Angeliebter* sich ihr gegenüber lediglich *passiv verhielt*«, wie Riemer behauptet. Danach wurden Germanisten des 19. und 20. Jahrhunderts nicht müde, die Lügen und Verfälschungen Bettines herauszustellen, um das hehre Bild des Klassikers von dem vermeintlichen Makel einer Affäre mit dem frechen, respektlosen »Kind« zu befreien. »Man bezichtigte sie nun sogar, Goethes Sonettenzyklus von 1815 für ihr Werk *aufgedröselt* und auch *Dichtung und Wahrheit* für ihre Zwecke exzerpiert und damit Goethes *Verdienst* um diese Dichtungen *geschmälert* zu haben.«

Da inzwischen alle bekannten Brieforiginale, die seit dem Zweiten Weltkrieg in einer New Yorker Bibliothek aufbewahrt werden, veröffentlicht sind, kann sich heute jeder Leser selbst ein Bild von Bettines Verfahren in ihrem *Goethebuch* machen. Aber es wäre verfehlt, die Ziele und Ansprüche einer modernen wissenschaftlichen Briefedition als Maßstab bei der Beurteilung dieses Buchs anzulegen. Solchen Idealen, die im Verlauf des 19. Jahrhunderts erst entwickelt wurden, fühlte sich die Autorin nicht verpflichtet. Sie schreibt vielmehr ein Brieferinnerungsbuch, das den Vorstellungen einer breiten Leserschicht entsprach, vergleichbar heutigen Memoiren oder Biographien Prominenter. Bettine stellt ihre Beziehung zu Goethe dar und benutzt bei dieser Selbstdarstellung Briefe von Goethe, seiner Mutter und Beethoven ebenso als Material wie das eigene, rückblickend geschriebene Tagebuch und ihre Erinnerungen an Gespräche mit dem Dichter und Frau Rat Goethe.

Nur zu einem Bruchteil bestehen Bettines Bände überhaupt aus überarbeiteten Briefen, die sie mit dem Dichter wechselte. Der dritte, mit der Überschrift *Tagebuch* versehene Band enthält ausschließlich philosophierende Phantasien und Erinnerungen, die sie im Rheingau – sich an die Begegnungen mit Goethe erinnernd – formulierte. Einmontiert sind ferner in den ersten beiden Bänden Briefe und Briefbruchstücke, Gespräche und Gesprächsfetzen anderer berühmter Persönlichkeiten: Goethes Mutter kommt zu Wort, wobei Bettine sich zum Teil an die mit ihr gewechselten Briefe hält, jedoch auch Briefe erfindet; die Korrespondenz mit Beethoven wird verarbeitet. Das zeitgenössische Lesepublikum ist begeistert über diese Enthüllungen, die einen Blick hinter die Kulissen des klassischen Weimar erlauben und die Nähe der Autorin zu den weltbekannten Künstlern spüren lassen.

Als Publizistin beschreitet Bettine mit dieser Veröffentlichung neue Wege. Ihr Buch steht am Anfang einer Reihe von Kultbüchern des 19. Jahrhunderts. Varnhagens Buch über seine Frau mit dem Titel *Rahel. Ein Buch des Andenkens für ihre Freunde*, das bereits 1834 erscheint, ist – ebenso wie Pücklers *Briefe eines Verstorbenen* von 1830 – ein in mancher Hinsicht vergleichbares Buch, führt allerdings, da Rahel nur einem relativ kleinen Freundeskreis bekannt war, nicht zu einem Erfolg im Buchhandel, wie ihn Bettine bereits mit der ersten, in einem Jahr fast restlos ausverkauften Auflage ihres *Goethebuchs* erzielt. 81 Rezensionen zählte Bettine bis zum April 1838, und Theodor Mundt registriert ein »leidenschaftliches Pro und Contra ... durch den genialen, romantischen, mystischen, prophetischen, wundersam herumirrlichternden Kobold Bettina, die Sibylle der romantischen Literaturperiode.«

Noch zu ihren Lebzeiten erschienen auch Übersetzungen, 1837 eine englische, im April 1838 eine russische Teilübersetzung von 50 Seiten aus der Feder des Anarchisten Michael Bakunin und 1843 eine französische Version. Dabei blieb der erhoffte Ertrag der englischen Fassung, den Bettine zur Finanzierung des Goethe-Denkmals erhofft hatte, weit hinter ihren Erwartungen zurück. Vermutlich ist Bettine durch ihr Engagement bei der Übersetzung zum Teil für diesen Mißerfolg mitverantwortlich, denn sie zerstritt sich mit der professionellen Übersetzerin und machte sich bei der Übertragung des besonders schwer zu übersetzenden *Tagebuchs* mit einem Lexikon ans Werk, ohne die Sprache zu beherrschen: »ich hab mein Tagebuch ins Englische übersetzt weil kein Engländer und kein Deutscher mit zu Stand kommen konnte«,

schreibt sie Wilhelm Grimm am 6. April 1836. »Da ich selbst nicht
Englisch konnte so war es ein Wagnis von großer Gefährde was mir
unsägliche Mühe gemacht, und jetzt da ichs vollendet habe wie ein
Wunder der Unmöglichkeit vorkommt. Ich hatte manchen Wort-
wechsel mit den Übersetzern des Briefwechsels die wie die Hart-
traber mit ihrer Sprache über meinen Text liefen, es gefiel mir nicht
aber sie hörten nicht auf mich wenn ihre Worte mir so unkoscher
vorkamen, sie meinten man könne auf englisch nicht anders sagen.
Eines Nachts dachte ich mit Schmerzen daß mein Tagebuch nun
auch so hartlautig solle gemacht werden; ich überlegte ob nicht in
den einfachsten Worten so hübsch nebeneinander der ganze Text
könne übersetzt werden, die Sprache kam mir so einfach vor daß es
mir ein leichtes schien. Ich holte den dictionair und noch in der
Nacht übersetzte ich ein paar Zeilen, die kamen mir am andern Tag
so schön vor, ich blieb dabei, jedes Wort hat ich im dictionair auf-
gesucht und verfolgt in allen seinen Anwendungen, da ich in keiner
Sprache grammatikalische Kenntnisse habe, so konnte ich mich
darin nicht beraten mit Engländern deren Widerspruch mir oft viel
zu schaffen machte.« Wilhelm Grimm antwortet darauf noch aus
Göttingen: »Ich freue mich auf ihr englisches Tagebuch, wie es ist
wird es schön sein, denn wo sie den Felsen berühren, springt auch
der lebendige Quell heraus; Ihre englische Sprache, wenn sie auch
dem Engländer fremd klingt, wird ihm doch Dinge sagen, von
welchen er nicht gewußt hat.«

Dem Engländer muß es in der Tat fremd klingen, wenn Bettine
Satzstellung und redensartliche Wendungen des Deutschen imi-
tiert, falsche Präpositionen und Vokabeln wählt oder sich in philosophischen Begriffen versucht. Ihre eigenen Briefe an Goethe
scheint sie im zweiten Band auch selbst übersetzt zu haben, denn
kein Engländer würde schreiben: »I was on the Rhine, and later,
travelled with a merry company of friends and relations, by water
to Köln; when I was returned I spent the last days of your mother
with her, in which she was more friendly, more affable than ever.«
In der Vorlage dazu heißt es: »ich war am Rhein und reiste später
mit einer heiteren Gesellschaft von Freunden und Verwandten zu
Wasser bis Köln; als ich zurückgekommen war verbrachte ich noch
die letzten Tage mit deiner Mutter, wo sie freundlicher, leidseliger
war wie je.«

Die ersten beiden Bände der englischen Fassung, in denen
Bettine lediglich Goethes Sonette selbst übersetzt haben soll, wurden in gediegener Ausstattung ab Oktober 1837 in London verkauft. Als Neuheit gegenüber der deutschen Ausgabe sind Stahl-
stiche mit Porträts von *Goethe's Mother* und vom jungen *Author
of Werther* vorangestellt. Ein Bild seines Frankfurter Zimmers
trägt die Unterschrift *Where he wrote Werther*. Auf diese Weise
hoffte Bettine an den internationalen Erfolg von Goethes Früh-
werk anknüpfen zu können. In der zweiten Jahreshälfte 1838,
spätestens aber im Januar 1839, lag dann der dritte englische Band,
das *diary*, vor. Zu diesem Zeitpunkt zeichnete sich bereits der
»eklatante Mißerfolg des ganzen Unternehmens ab«, und es war
klar, daß »nicht einmal auf einen Ersatz wenigstens der Herstel-
lungskosten irgend zu hoffen war«. Sibylle von Steinsdorff sieht
den Grund dafür in dem »radikalen Wandel des englischen Urteils
über Goethe« nach der »Goethe-Kritik der jungen deutschen
Dichtergeneration« und in der Prüderie der beginnenden Victo-
rianischen Ära.

In Amerika entfielen diese Gründe, und auch die Fehler der
dilettantischen Übersetzung des dritten Bandes dürften dort nicht
so aufgefallen sein, weil man es mit der Sprache nicht so genau
nahm wie in Oxford oder Cambridge. Bettines Übersetzung wurde jenseits des Atlantiks besser verkauft als in England. Gerade das
von großem Gefühl getragene *diary* mit Bettines Liebesphiloso-
phie, die populär und zugleich geheimnisvoll wirkt, verfehlte seine
Wirkung nicht. »Genuine love is conscious of the spirit also in the
sensual appearence of beauteousness. Beauty is spirit, having a
sensual body. All spirit proceeds from self-subduing. Self-subduing is, when thy genius gains that power over the spirit, which
the loving yields to the beloved«, liest man in Bettines englischer
Fassung. Im Deutschen klingt diese Passage, als gehörte sie zu
einer Aphorismensammlung des *Athenaeum*: »Die echte Liebe
empfindet den Geist auch im Leib, in der sinnlichen Schönheit.
Schönheit ist Geist, der einen sinnlichen Leib hat.

Aller Geist geht aus Selbstbeherrschung hervor.

Selbstbeherrschung ist, wenn Deinem Genius die Macht über
Deinen Geist gegeben ist, die der Liebende dem Geliebten über
sich einräumt.«

Aus der englischen Ausgabe von Bettines Goethebuch

Doktoranden, die sich mit den Werken Bettines befassen, sind daran gescheitert, präzise Quellen für die – im Deutschen wie im Englischen – kühnen Formulierungen Bettines zu finden. Bettine benutzt Gedankensplitter und Philosopheme von Schleiermacher und Novalis, Schelling und Schlegel und bringt dabei immer wieder eigene Lebens- und Liebeserfahrungen ein, ohne sich gründlich mit den genannten Autoren zu befassen und deren Terminologie und systematische Ansätze aufzunehmen. Oft erfindet sie auch – ähnlich wie Goethes Mutter – eigene, originelle Naturbilder, um ihre Gefühle und Gedanken darzustellen. In der Liebe zu Goethe kulminiert ihr romantisches Lebensgefühl, das allergisch ist gegen alles Philiströse, alles Engstirnige, alles Zweckdenken, aber auch gegen jede präzise Begrifflichkeit einer ausformulierten, eigenständigen Philosophie.

Einzig der Glaube an die göttlichen, schöpferischen Kräfte des Menschen, die sich in Phantasien und Kunstwerken entfalten, ist ein relativ stabiles Fundament ihrer Weltanschauung, und sie glaubt sich darin mit dem Genie Goethe ebenso einig wie mit Novalis oder Schleiermacher.

Als Bettine mit ihrem Kultbuch in Deutschland einen unerwartet großen Erfolg hat und binnen eines Jahres zu einer der bekanntesten deutschen Schriftstellerinnen aufgestiegen ist, läßt sie weitere, aus ihren Briefwechseln abgeleitete Bücher folgen. Nach dem Muster der Goethe-Briefe verarbeitet sie 1840 ihre Jugendkorrespondenz mit der Schriftstellerin Karoline von Günderrode und nennt ihr Werk, das sie – wie *Goethes Briefwechsel mit einem Kinde* – einem Briefroman annähert, *Die Günderode*. Später – nach dem Tode des Bruders – folgt 1844 *Clemens Brentano's Frühlingskranz*. Allerdings verzichtet sie im *Frühlingskranz* ganz auf ergänzende Zwischen- oder Zusatztexte, läßt die Briefe allein sprechen, die sie nachträglich so anreichert und gruppiert, daß eine lesbare Geschichte daraus wird.

Ähnlich verfährt sie dann auch in ihrem letzten Buch dieses Typs. Unter dem Titel *Ilius Pamphilius und die Ambrosia* erscheint in zwei Bänden 1848 ein weiterer Briefwechsel. Die drei Namen – hinter der »Ambrosia« verbirgt sich Bettine selbst, und nach dem »Ilius« ist ein Komma zu denken – und der ursprünglich erwogene Titel *Briefe an zwei Demagogen* deuten darauf hin, daß sie in diesem Werk die Korrespondenz mit zwei jungen Freunden veröffentlichen wollte, mit Philipp Nathusius (geboren 1815) und Julius Döring (geboren 1817). Die zwei erschienenen Bände ihres Werkes bieten jedoch ausschließlich den Briefwechsel mit Nathusius. Vermutlich hatte Döring der Veröffentlichung seiner Briefe nicht zugestimmt.

Den Erfolg von *Goethes Briefwechsel mit einem Kinde* konnte Bettine mit keinem dieser Korrespondenzbücher wiederholen. Es war wohl doch der Name Goethe, der mit dafür verantwortlich war, daß ihr erstes Buch so gut verkauft wurde. Erst als sich Bettine entschlossen hatte, ein politisches Buch zu schreiben, konnte sie einen vergleichbaren Erfolg erzielen und den Gipfel ihres Ruhms als Schriftstellerin erreichen.

XVIII
»Die echte Politik muß Erfinderin sein«
Bettines Durchbruch als politische Schriftstellerin

Bedeutender als die Brieferinnerungsbücher Bettines sind ihre
politischen Publikationen aus der Zeit des Vormärz. Vielleicht tragen die positiven Rezensionen des *Goethebuchs* in den Zeitungen
der liberalen Bewegung dazu bei, daß sie ihre Kraft als politische
Schriftstellerin entdeckt, nachdem sie während der Berliner Choleraepidemie bereits die Auswirkungen der sozialen Frage in den
Armenvierteln Berlins wahrgenommen hatte. Doch ist der eigentliche Auslöser, der sie zum Agieren und Publizieren in der politischen Szene Berlins veranlaßt, die Entlassung der Brüder Grimm
in Göttingen.

Im Jahre 1837 hatte dort Ernst August die Thronfolge im Königreich Hannover angetreten, ein Monarch, der als Sohn des englischen Königs Georg III. in England aufgewachsen war und nun
als 67jähriger nach Hannover kam. Ihm eilte der Ruf voraus, ex-
trem konservative Auffassungen zu vertreten. Tatsächlich erließ er
bereits am 1. November 1837 ein *Königliches Patent*, in dem er
erklärte, »*daß die verbindliche Kraft des Staatsgrundgesetzes
vom 26. September 1833* von jetzt an *erloschen*« sei. Gegen diese
Aufhebung der gültigen Verfassung, auf die die Beamten des Kö-
nigreichs bis zu diesem Zeitpunkt vereidigt wurden, formierte
sich Widerstand, unter anderem an der einzigen Universität des
Landes, in Göttingen, dessen Student Ernst August selbst in den
Jahren 1786 bis 1791 gewesen war.

Anfangs war ein großer Teil des Lehrkörpers von der Idee erfüllt, sich dem neuen Regenten und seinem *Patent* entgegenzustel-
len, das einen Rückfall in den Absolutismus bedeutete. Die juri-
stische Basis einer Anfechtung der königlichen Verfügung war
jedoch unsicher, und schließlich waren nur sieben aus dem Pro-
fessorenkollegium der Universität – die berühmten »Göttinger
Sieben« – tatsächlich bereit, ein Protestschreiben an das Hohe Kö-

nigliche Universitäts-Kuratorium zu richten. Darin wird die Un-
gültigkeitserklärung der Verfassung angefochten und darauf hingewiesen, daß das von Ernst August aufgehobene »Staatsgrundgesetz dieses Königsreichs in ganz *Deutschland* das Lob weiser
Mäßigung und Umsicht gefunden« habe und »seiner Errichtung
und seinem Inhalte nach gültig« sei, und daß sie, »ohne ihr Gewissen zu verletzen, es nicht stillschweigend geschehen lassen«
könnten, daß es »allein auf dem Wege der Macht zugrunde gehe«.
Das Kuratorium verhört daraufhin die Professoren und berichtet
dem König, der bereits am 11. Dezember 1837 ein *Entlassungs-
Reskript* erläßt, in dem behauptet wird, mit ihrem Festhalten an
dem auf der ungültigen Verfassung gründenden Diensteid hätten
sich diese Professoren quasi selbst entlassen. Am folgenden Tag
weist der König den Prorektor der Universität an, drei der Sieben
auch des Landes zu verweisen.

Zum Verhängnis wurde den drei besonders Bestraften – Friedrich Christoph Dahlmann, Jacob Grimm und Georg Gottfried
Gervinus – daß sie beim Verhör zugegeben hatten, eine Kopie der
Protestation an Freunde weitergeleitet zu haben. Damit waren sie
vom vorgeschriebenen Dienstweg einer Beamteneingabe abgewi-
chen, und das Papier hatte rasch seinen Weg in die Öffentlichkeit
gefunden. Der Inhalt des Schreibens ist nach heutigen Maßstäben
relativ harmlos und rechtfertigt Entlassung und Landesverweis
kaum, doch wollte Ernst August offenbar zu Beginn seiner Regent-
schaft ein Exempel statuieren. Stolz berichtet er ein Jahr nach der
Inthronisation nach England: »I have cut the wings of this demo-
cracy«, eine Formulierung, die noch nachträglich das Vorgehen der
Göttinger Sieben als eine notwendige, mutige Tat erscheinen läßt.

Jacob Grimm hatte nur drei Tage Zeit, um das Land zu verlassen,
er brauchte auch nicht weit zu reisen, um in das kaum 50 km
entfernte Kassel zurückzukehren, wo die Brüder sich zu Hause
fühlten und freundlich wieder aufgenommen wurden. Doch war
die Absicherung einer Professur verloren, und – schlimmer noch –
aus Solidarität mit dem König von Hannover war zunächst kein
Fürst in Deutschland bereit, einen von den sieben derart Geächte-
ten wieder als Universitätslehrer anzustellen. Angeblich wollte
man die deutsche Jugend nicht dem schädlichen Einfluß der politischen Oppositionellen aussetzen: »Die beiden Gebrüder sind vor

Jacob und Wilhelm Grimm auf der Gartenbank, Lithographie von Franz Seraph
Hanfstaengl nach einer Zeichnung von Ludwig Emil Grimm, 1829

ganz Europa *unaufgefodert* mit Grundsätzen vorgetreten, nach
deren Veröffentlichung ihre weltliche Obrigkeit es für eine heilige
Pflicht hielt ihnen die Leitung der Jugend nicht länger anzuver-
trauen«, heißt es in einem Schreiben von Karl Freiherrn von
Müffling vom 13. April 1838, das Jacob Grimm zugespielt wurde.
Der Verfasser war Gouverneur von Berlin und Präsident des
Staatsrates, ein altgedienter preußischer Militär, der zu Kompro-
missen nicht geneigt war. An wen sich seine Stellungnahme richtet,
die auf »Euer Wohlgeboren gefälliges Schreiben« Bezug nimmt, ist
unklar, doch spiegelt sich in seinen Worten die allgemeine Auffassung des preußischen Hofes. Man erwartet eine öffentliche Distanzierung der Brüder – statt dessen sollte Jacobs Rechtfertigungsschrift folgen und die Situation noch verschlimmern! –,
und Müffling läßt keinen Zweifel daran, daß eine Anstellung in
Hannover oder Preußen ohne Widerruf der Göttinger Resolution
nicht in Frage kommt: »Finden die Gebrüder Grimm sich aus
innerm Drang bewogen eine Versöhnung mit den Menschen herbeizuführen, so kann die Reue nur ebenso öffentlich sein, als ihr
unberufenes Vortreten war, *abgesehen von allem irdischen Erfolg.*

Daß sie *jetzt,* und in der nächsten Zukunft weder in Hannover noch in Preußen ... angestellt werden können, ist selbstredend.« Dabei hatte es zunächst eine Welle der Solidarität gegeben, denn gerade die Brüder Grimm waren nach der Veröffentlichung ihrer *Kinder- und Hausmärchen* in Deutschland die bekanntesten Gelehrten unter den Göttinger Sieben. Schon bald nach dem Erscheinen dieser Sammlung waren die beiden bescheiden auftretenden Herausgeber überall in Deutschland beliebt. Mit viel Geschick hatten sie ihre Quellen einheitlich aufbereitet, ergänzt und bearbeitet, und man empfand die *Kinder- und Hausmärchen,* obwohl sie zum Teil auf italienische und französische Kunstmärchen zurückgehen, als typisch deutsche Märchen, die – ähnlich wie Gesangbücher und Bibeln – zum Schatz vieler Haushalte wurden. 1837 war diese Märchensammlung bereits in der dritten Auflage erschienen.

Auch als Sprachforscher hatten sich die Brüder einen Namen gemacht, und so entschlossen sich die Leipziger Buchhändler, das Projekt des *Deutschen Wörterbuchs* ins Leben zu rufen, um den stellungslosen Wissenschaftlern eine Existenzgrundlage zu verschaffen. Der Beifall für die Göttinger Aktion kam jedoch – angesichts der sich zuspitzenden politischen Verhältnisse in Deutschland – zum Teil aus der falschen Ecke. Die Brüder Grimm waren nach der Protestaktion in den Geruch geraten, zu den regierungskritischen Linken zu gehören – was durchaus nicht der tatsächlichen politischen Position der Brüder entsprach.

Jacob hatte – wie er in seiner Rechtfertigungsschrift noch einmal im einzelnen dargelegt – darauf beharrt, daß sein Eid auf die Verfassung weiter gültig war. Wilhelm formuliert in einem Brief an Bettine: »Ich ehre die königliche Gewalt, und es freut mich, wenn sie in Herrlichkeit ausgeübt wird, aber sie vermochte nicht einen Eid zu lösen, der so lange Kraft hatte, als das Grundgesetz, auf dessen Erhaltung er abgelegt war, nicht auf dem Weg Rechtens erloschen war.« Als konsequente Demokraten, denen es um die Abschaffung der Monarchie ging, verstanden sich die Brüder keinesfalls, und mit den radikalen Linken, die eine Revolution erhofften, hatten sie nichts im Sinn. Sie wollten lediglich verhindern, daß man in Hannover das Rad der Geschichte zurückdrehte und willkürlich mit absolutistischer Geste eine gültige Verfassung stornierte.

Die damit angeschnittene Verfassungsfrage aber war von den Oppositionellen neben der Pressefreiheit längst zum zentralen Thema der politischen Diskussion erhoben worden, und jeder, der eine Verfassung verlangte, wurde der oppositionellen Linken, den Liberalen, zugeordnet und nach den Karlsbader Beschlüssen von den Staatsorganen mit Mißtrauen als »Demagoge« beobachtet und verfolgt. Ihrer Gesinnung und ihren wissenschaftlichen Zielen nach paßten die Brüder Grimm zwar nicht zu diesen politischen Gruppen, sie wurden jedoch bei der politischen Polarisierung, die in Deutschland nach der französischen Revolution von 1830 eingesetzt hatte, als Gesinnungsgenossen der Liberalen angesehen. Die Staatsorgane ordneten die Brüder geradezu als gefährliche Oppositionelle ein, womit man die eher apolitische Haltung der Brüder gründlich – und vermutlich absichtlich – mißverstand.

Bettine war mit den Brüdern Grimm spätestens seit ihrem Aufenthalt in Kassel während der zweiten Ehe ihres Bruders eng befreundet. Alle Auflagen der *Kinder- und Hausmärchen* – von der ersten im Jahre 1812 angefangen – hatten die Grimms mit freundlichen Worten ausdrücklich Bettine gewidmet. Und so nahm sie lebhaften Anteil an dem Schicksal der beiden und begann einen regen Briefwechsel. »Den Heroen ihrer Zeit kann weder Furcht noch Hoffnung ein Sporn sein oder ein Zügel, der Freund, wie der Feind muß sie gewähren lassen«, schreibt sie Anfang Januar 1838 an Wilhelm und adelt die beiden für ihre mutige Tat: »Lieber Wilhelm! Das ist der reine Adel der sich selbst ausprägt durch die reine Handlung; damals hatte Euer Herz zugesagt und Euer Geist blieb dem Herzen treu. Schön und gewaltig ist dies.«

Die Situation in Berlin beschreibt sie mit einem drastischen Bild: »Hier scheint zwar alles grün von weitem aber es ist nur Sumpf auf dem Wasserlinsen wachsen und die Ultra Staatspolitik schnappert sich wie eine Entenschar auf diesem Sumpf dick und fett. Nein hier blüht kein edler Weizen aus dem Ihr Eure reine Nahrung bereiten könntet. Aber ich sehne mich recht wieder einmal bei Euch zu sein.«

»Ihr Brief hat mir so wohlgetan als wenn ich hinaus gehe und mir die Brust in tiefen Zügen mit Sonnenluft erfülle. Ich lege ihn oben hin zu denen, die mir sagen ›du hast getan was du mußtest, ich hätte es ebenso gemacht‹«, antwortet Wilhelm am 18. Januar und

schließt mit den Worten: »Nochmals tausend Dank für Ihre treue
Freundschaft, liebste Bettine, sein Sie von uns allen herzlich umarmt und geküßt.«

Zunächst waren die beiden sehr zuversichtlich, planten nach
Leipzig zu gehen und fühlten sich durch die »ehrende Teilnahme«
und »herzliche oft rührende Liebe«, die aus vielen Zuschriften aus
allen deutschen Ländern eintrafen, bestätigt und gestützt. »Stehen
wir etwa allein? So weit ich hier im Lande sehen kann, sind alle
redlichen Menschen, wie bescheiden sie sonst denken, unserer
Meinung zugetan. Sie sind in uns verletzt und gekränkt, wie jeder
in Deutschland, der natürliches Rechtsgefühl hat ... Die Universität hat ihre Ehre verloren, in dem Schlamm, der zurückbleibt,
wenn der edle Strom sich ein anderes Bett suchen muß, kann sich
ihr guter Stern nicht spiegeln; es sind Lumpen und ein paar ganz
Nichtswürdige.«

Aber diese positive Stimmung sollte nicht lange anhalten; die
Presse hatte das Thema der Göttinger Sieben nach einer kurzen
Phase allgemeiner Empörung bald wieder vergessen, und die Brüder in Kassel begannen zu resignieren. Bettine spürte diese Ver-
änderung und nahm sich der Sache an: »Ich schwöre, Euch treu zu
sein, und für Euch herzhaft in die Dornen der Zeit zu greifen«,
formulierte sie in einem Brief an Wilhelm Grimm und setzt bescheiden hinzu: »Ich fühls wohl es ist recht närrisch von einer Frau,
die doch nichts kann, daß sie so anmaßende Reden führe, aber ist
doch so in meiner Seele, und eine heimliche Stimme ist in mir, die
mich mahnt ich soll der ganzen Welt gegenüber auftreten, und die
Euch mit Bewußtsein verleugnen, oder die von andern verführt
sind zu irriger Anschauung, die soll ich belehren und zurecht-
weisen.«

Zu ihrer Überraschung und Enttäuschung verhielt sich der
Schwager Savigny, der zu dieser Zeit ein einflußreicher Berater
des preußischen Königshauses war, äußerst zurückhaltend, als es
um die berufliche Zukunft der Brüder Grimm ging. Immerhin war
auch er mit den beiden eng befreundet, Jacob gehörte zu seinen
Schülern und hatte ihn 1805 auf einer Forschungsreise nach Paris
begleitet. Bei Preußens König Friedrich Wilhelm III. sondierte der
erfahrene, diplomatische Jurist, welche Aussichten für eine Anstellung der Grimms in Berlin bestanden, und brachte in Erfah-

rung, daß der König für eine Beschäftigung im preußischen Staatsdienst keine Möglichkeit sah. Offensichtlich wollte Friedrich Wilhelm III. den Regenten in Hannover, der zugleich mit ihm ver-
schwägert war – Ernst August hatte eine Schwester von Königin
Luise geheiratet – nicht bloßstellen. Auch unter den Fürsten in
Deutschland bestand eine Solidarität, mit der man die Angriffe
der demokratischen Kritiker abzuwehren suchte.

Mit der vorsichtigen Anfrage beim König und dem abschlägigen
Bescheid war für Savigny die Angelegenheit erledigt. Ein energischer Vorstoß hätte vermutlich auch seine bis dahin unangefoch-
tene Position in der Nähe des preußischen Throns gefährdet, und
so handelte er diplomatisch und zugleich opportunistisch, indem
er die Sache auf sich beruhen ließ, denn auch die Frage, ob Jacob
sein Recht als Mitglied der Berliner Akademie einfordern solle,
eine Vorlesung in Berlin anzubieten, wurde von ihm verneint.
Das Vorlesungsverzeichnis sei ja vom König zu genehmigen und
damit, so seine Meinung, das Recht eines Akademiemitglieds fak-
tisch nicht durchsetzbar.

Bettine war für derlei diplomatisches Verhalten nicht zu gewinnen, und als alle Freunde der Grimms aus dem Lehrkörper der
Berliner Universität, die sie angesprochen hatte, sich ähnlich vorsichtig verhielten, wandte sie sich an den Kronprinzen Friedrich
Wilhelm, der sich liberal gab und sofort für Bettines Anliegen Verständnis zeigte. Sein Versprechen, den Brüdern in Berlin eine Möglichkeit zu eröffnen, konnte er erfüllen, als sein Vater starb und er
1840 dessen Nachfolge als Friedrich Wilhelm IV. antreten konnte.
So gehörte es zu seinen ersten Amtshandlungen, die beiden
Grimms an der Berliner Königlichen Bibliothek einzustellen. Eine
Berufung an die Universität wagte auch er nicht, Jacobs Mitglied-
schaft in der Akademie ermöglichte eine diplomatische Lösung.
»ich habe ihnen die zur Herausgabe ihres Werkes [des Wörter-
buchs] nötigen Fonds zu beschaffen versprochen, aber auch *das*
nur so lange bis ihr Werk fertig sein wird, damit jeder Schein eines
Gehaltes oder einer Anstellung verschwinde«, heißt es in einem
Brief Friedrich Wilhelms vom 23. Mai 1840.

Bis zum Abschluß der Verhandlungen über das Gehalt, die mit
dem zuständigen Minister unter Beteiligung des Beraters Alexander von Humboldt zu führen waren, und der Suche nach einer

geeigneten Wohnung in Berlin war Bettine an dieser Entwicklung
maßgeblich beteiligt. Die Brüder danken ihr ausdrücklich dafür in
der – gedruckten – Widmung der Ausgabe von 1843: »Liebe Bettine, dieses Buch kehrt abermals bei Ihnen ein, wie eine ausgeflo-
gene Taube die Heimat wieder sucht und sich da friedlich sonnt.
Vor fünfundzwanzig Jahren hat es Ihnen Arnim zuerst, grün eingebunden mit goldenem Schnitt, unter die Weihnachtsgeschenke
gelegt ... Diesmal kann ich Ihnen, liebe Bettine, das Buch, das
sonst aus der Ferne kam, selbst in die Hand geben. Sie haben uns
ein Haus außerhalb der Mauern [Berlins] ausgesucht, wo am Rande des Waldes eine neue Stadt heranwächst ... Ich bringe Ihnen
nicht eins von den prächtigen Gewächsen, die hier im Tiergarten
gepflegt werden, auch keine Goldfische aus dem dunkeln Wasser,
über dem das griechische Götterbild lächelnd steht: warum aber
sollte ich Ihnen diese unschuldigen Blüten, die immer wieder frisch
aus der Erde dringen, nicht nochmals darreichen? Habe ich doch
selbst gesehen, daß Sie vor einer einfachen Blume still standen und
mit der Lust der ersten Jugend in ihren Kelch schauten.

Berlin, im Frühjahr 1843   *Wilhelm Grimm*«.

Bei ihrem Einsatz für die Brüder hatte Bettine nicht nur eine Lektion für die Entwicklung ihrer politischen Strategie erhalten, sie
stand auch in direktem Briefkontakt mit dem regierenden Monar-
chen Preußens, einem der mächtigsten Herrscher in Europa. Erstaunlich, daß Friedrich Wilhelm IV., der anfangs mit »F W K P«
(Friedrich Wilhelm Kronprinz), später mit »Friedrich Wilhelm«
oder »FW« unterschrieb, alle Briefe an sie ohne Diktat und Etikette
eigenhändig beantwortete.

Zwar enttäuschte dieser Regent Preußens sehr bald alle Hoffnungen auf eine Liberalisierung, doch wurde er – gerade wegen
seiner Unfähigkeit, die politischen und sozialen Probleme dieses
Staates zu lösen – bald als Romantiker auf Preußens Thron angesehen. Ähnlich wie Bayerns Ludwig II. hatte er sehr viel Sinn für
die Literatur der Romantik und deren Vertreter. Der preußische
König holte nicht nur die Märchensammler nach Berlin, er ermöglichte auch dem Nestor der Jenaer Romantik, dem ergrauten Ludwig Tieck, die Uraufführung des *Gestiefelten Kater* und setzte ihm
eine Ehrenpension aus. Mit Bettine, die er anfangs in seinen Briefen

Friedrich Wilhelm IV. von Preußen in seinem Arbeitszimmer (1846),
Ölbild von Franz Krüger

mit romantisierenden Umschreibungen wie »Huldvollphantasiebildanredende Anonyma« oder »liebe, gnädige, RebenGeländer
Entsprossene, SonnenstrahlenGetaufte Gebietherinn von Bärwalde« umschmeichelte, pflegte er ganz unkonventionell Briefkontakt. Das alles änderte allerdings nichts an seiner konservativen
Grundhaltung und politischen Unbeweglichkeit. Er dachte nicht
daran, das Verfassungsversprechen seines Vaters zu erfüllen, und

hielt es in dieser Hinsicht mit dem romantischen Dichter Joseph von Eichendorff, einem Beamten aus dem preußischen Staatsdienst, der eine schriftliche Fixierung der Verfassung für unnütz hielt und als totes Papier betrachtete.

Daß Bettine mittlerweile aus der romantischen Philisterschelte eine scharfe Kritik an den politischen Verhältnissen im restaurativen Preußen entwickelt hatte, war ihm sicher noch nicht zu Ohren gekommen, als er ihr gestattete, ihm ein Buch zu widmen. *Dies Buch gehört dem König* nannte sie dieses 1843 erschienene Werk und sicherte es damit auch gegen die Zensur untergeordneter Instanzen des preußischen Staates ab. Wie brisant sein Inhalt war, ist daraus erkennbar, daß die Publikation in Bayern sofort verboten wurde.

Friedrich Wilhelm IV. ist nach der Lektüre der ersten Seiten sehr angetan und teilt dies der Verfasserin auch sogleich in einem launigen Brief mit: »Darf ich mich als Eule darstellen? Das schönwortige Gleichniß aus dem Anfange Ihres Geistbrausenden Briefes gelte mir oder einem anderen – gleichviel – ich gefalle mir in dem Bilde … Ich antworte also als Eule oder vielmehr mit Verlaub: als Uhu, maaßen ich ein Mannsbild bin und da ich Ihnen *schreibe* und nicht mit Ihnen *rede* so mach' ich's kurz.

Ich habe Ihr Buch empfangen. –
Ich *danke* Ihnen für das Buch. –
Ich fühle mich durch Ihr Buch geehrt;
…

Ich hab' Ihr Buch nicht allein erhalten sondern es auch noch nicht gelesen; dasselbe aber angeschaut und zweyerley schon begriffen 1) daß es *dem Könige* gehört, 2) daß es die Offenbarungen ihrer Muttergottes enthält. Beydes steigert meinen Dank«. Offensichtlich spielt er damit auf Goethes Mutter und ihre im ersten Teil geschilderte Begegnung mit seiner eignen Mutter an, denn er betont, daß er »eben erst mit der Frau Rath in die Kirsch-Gärte und nacher Darmstadt bin und den schwachen Prediger und die starke Atzel [die Elster, aus der Bettine im Buch selbst spricht] noch vor mir habe. Nehmen Sie drum den frischen, guten Dank, wie er eben ist, gütig auf von

Ihrem ganz ergebnen Uhu FW«.

Was enthält dieser Eingangsteil des Buches, der den König Preußens zu einer derart positiven Aufnahme von Bettines politisch brisantem Buch veranlaßt? Bettine knüpft an die Erfolge ihres *Goethebuchs* an und läßt Frau Rat Goethe zu Wort kommen. Aus deren Erzählungen hatte sie als 22jährige erfahren, daß es zu einer legendären Begegnung mit der Mutter von Friedrich Wilhelm IV., Königin Luise, gekommen war. Was Frau Aja Bettine im einzelnen von dieser Begegnung erzählte, wird sich nicht rekonstruieren lassen. In ihrem Buch erscheint Catharina Elisabeth Goethe sehr zutreffend als Frau aus dem Volke, die dem Gehabe der höfischen Gesellschaft äußerst skeptisch gegenübersteht, aber von dem Prunk und dem Geschenk aus der Hand Luises doch sehr beeindruckt ist. Bettine versteht es, zur Legendenbildung um die preußische Königin Luise beizutragen, verbindet sie mit den Legenden um die Mutter des berühmten deutschen Dichters und schmeichelt damit auch dem Preußischen Regenten, dem Sohn von Preußens Luise, dem sie ihr Buch widmet.

Beim Lesen der weiteren Teile dieses Buches muß Friedrich Wilhelm IV. jedoch in Rage geraten sein, und die freundschaftliche Beziehung zu Bettine hat eine erste schwere Belastungsprobe zu bestehen. Denn in den weiteren Teilen ihres *Königsbuches* baut sie Frau Rat zu einer demokratisch gesonnenen Figur aus, die in Gesprächen mit einem Pfarrer und einem Bürgermeister ihr politisches Credo entwickelt.

Die von Bettine überwiegend frei erfundenen Gespräche werden in Frankfurt geführt. Goethes Mutter, die hier das Wort führt und ihre Kontrahenten als dümmlich-beschränkte Philister vorführt, ist auch nie in Berlin gewesen. Dennoch mußte ihr Plädoyer für den vergleichsweise demokratischen Stadtstaat innerhalb der Vormärzdiskussionen auch in Preußen äußerst provozierend wirken, denn Bettine legt der Frau Rat Vorschläge in den Mund, die direkt an den Preußischen König gerichtet sind.

So nimmt sie Bezug auf die Kaiserkrönung, die bis zur Auflösung des Reiches in Frankfurt am Main stattfand, und betont, daß sich der Souverän bereits vor dem Einzug in die Stadt eine Legitimation der Bürger dieser Freien Reichsstadt einholen mußte: »Also denk ich, daß Frankfurt der größte Staat, zwar nicht an Territorium, denn das ist nicht über die Maßen, sondern im Geist

ist. Und mit Recht haben die Kaiser es respektiert als Zentrum des
freien Willens, daß wenn sie zur Krönung hier anlangten, sie die
Erlaubnis einholen ließen dazu, und der Frankfurter Rat erst zusammen kam, um im Namen der Bürgerschaft zu beschließen, daß
er zur Krönung eingelassen werde. Und wenn sie aber dies nicht
zugaben, so drückten sie den Gesamtwillen dadurch aus, daß er
nicht zum Kaiser sei angenommen.«

In Frankfurt und seiner Bürgerschaft sieht Bettine das Modell
einer neuen freien Gesellschaft, und so läßt sie in ihrem *Königsbuch*
Frau Aja entsprechende Vorschläge formulieren, die auch für Preußen gelten könnten: »Ja, man rufe mich zum Kaiser aus! – Ich
werde meine Kammern und gesetzgebenden Körper und wie die
Regierungsgemächer als immer heißen mögen aus lauter ehrlichen
Gemütern und fähigen Köpfen zusammen setzen, die hier in der
republikanischen Pflanzschule sich für das Reich erziehen. Frankfurt wird mein Absteigquartier sein, in Frankfurts Mauern werd
ich mich für mein deutsch Reich krönen lassen. Aus der Frankfurter Mitte werd ich meine Staatsdiener wählen; und das wird mir
das ganze Heer von Vorurteilen, von Verblendung, Blödsinn, tö-
richtem Eigensinn, Bosheit, Hoffart und Selbstsucht, und was dergleichen Laster, die sich um den Thron lagern, in die Flucht schlagen in seiner politischen Unschuld, und ich müßte ja den Teufel im
Leib haben, wenn ich Frankfurt nicht wollt das Prädikat des ersten
Staats in der Welt zugestehen.«

Ein weiteres, insbesondere in Preußen brisantes Thema, das
Frau Rat in den Diskussionen des Buches behandelt, sind die »Demagogen«, die sie als edle, redliche Intellektuelle verklärt, und die
Methoden, mit denen der Staat sie verfolgt und bestraft. Auch die
vermeintlichen Hilfen der Kirche in Zeiten politischer Spannung
werden kritisiert. Der Pfarrer, mit dem Frau Rat diskutiert, vertritt
nicht die *vox populi*, sondern stiehlt sich mit fadenscheinigen
Gründen aus der Verantwortung.

Nach Meinung von Bettine hat die Kirche mitzuwirken an einer
Erziehung zum »Gemeinsinn«, zu einem »öffentlichen Geist«.
Vorläufig, so ist ihre Meinung im Hinblick auf den preußischen
Staat von 1840, die sie Frau Rat in den Mund legt, steht dieser
Prozeß der Volkserziehung noch aus, und der in Restauration er-
starrte Staat erzieht die Bürger nicht zur Freiheit, sondern zu Un-

Frankfurter Römerberg, kolorierter Kupferstich
von Friedrich Wilhelm Delkeskamp, 1836

tertanengeist, zu Sklaverei, zu »Knechtsinn«. Frau Rat fragt: »Ist
der Staat dem Volk ein treuer Vater, entwickelt er seine Kräfte,
respektiert er seine natürlichen Anlagen, betätigt er seine Energie,
sichert er ihm sein Recht der Freiheit und freut sich seiner Stärke,
oder rügt er vielmehr an ihm seine Entwicklung ins Freie, Große,
Göttliche ... Was ist der Staat dem Volke?« Die Antwort lautet:
»Ein herrischer Sklavenhändler, der Tauschhandel mit ihm treibt,
und darum den Knechtsinn ihm einquält; der Machtansprüche
verhängt über es.«
    Nach Bettines Meinung ist die Entwicklung »ins Freie, Große,
Göttliche« in jedem Menschen – und damit im Volke – angelegt. Es
bedarf nur der Unterstützung und Freisetzung dieser im Menschen
wohnenden positiven Kräfte, um die Gesellschaft zu verändern.
Der Drang zum Licht, zur eigenen Veredelung, zum Göttlichen
– so ist Bettines vielfach belegte Auffassung – ist jedem menschlichen Individuum angeboren, es muß nur Gelegenheit erhalten,

sich frei zu entfalten, dann ergeben sich neue, freie Formen menschlichen Zusammenlebens.

Im Frankfurter Stadtstaat – so ist das Fazit des *Königsbuches* – hat sich diese Selbstveredlung des Bürgers bereits weitgehend vollzogen, dort hat keine Macht von oben diese Entwicklungen gestört, deshalb ist hier die republikanische Pflanzschule der Nation. Im Preußen von 1840 aber steht diese Entwicklung noch aus, und dort erhofft sich Bettine den neuen Geist und die Stärkung der bürgerlichen Freiheit im Rahmen der bestehenden Monarchie mit Hilfe des 1840 an die Macht gekommenen Königs.

Unmittelbar wird dies im Begleitbrief deutlich, den sie Friedrich Wilhelm IV. mit dem *Königsbuch* übermittelt: »die Volksbegeisterung [ist] ein Flügelpferd ... das mit seinem Feuerhuf die Wolken zerstampft, um sich Licht zu verschaffen ... Wie groß ist es, Fürst zu sein einem Volk das in Anlage im Willen und im Zweck der Geschichte einen großen Fortschritt zu thun berufen ist und das nicht mehr durch den getrübten Widerschein seiner Begriffe kann an sich irre werden. Der Beruf eines so kritischen Momentes flöst Ehrfurcht ein vor dem König der ihn zu lösen hat, und Liebe ... Dem Volk Genius sein, es umfassend stärken und erleuchten zur kühnen That, das ist des Königs Beruf ... Die echte Politik muß Erfinderin sein, sie muß die Bedürfniße wecken durch neue höhere Begabung ... Der Genius nur kann Fürst sein! und unser König – Wollte der unumschränkter Genius sein! Stieg das Ideal der Zeiten in seinem Geist uns auf! – All dies ist mir durch den Kopf gegangen, als ich mein Buch schrieb.«

Das erste Bild, das Bettine benutzt, zeigt schon, daß sie die Rolle des Volkes keineswegs als eine passive einschätzt: Mit einem Flügelpferd, einem Pegasus, der auf dem Wege zum Licht ist, wird die Volksbegeisterung verglichen. Der Monarch sollte sich von dieser Begeisterung tragen lassen, dann wird er zum Genius des Volkes, heißt es weiter in diesem Brief, er stärkt das Volk zu kühner Tat. Zugegeben: Sehr präzise Vorstellungen vom Zusammenwirken von Volk und König, die sich zu einem Verfassungsmodell destillieren ließen, enthalten diese emphatischen Darlegungen Bettines nicht. Wenn Bettine von »Volksbegeisterung« spricht, so geht sie offensichtlich von einem emotional bestimmten Identifikationsprozeß aus. Das heißt, an eine radikale Demokratisierung denkt sie ebensowenig wie an eine Revolution. Sie will lediglich eine Stärkung der konstitutionellen Komponente und zugleich dem König klarmachen, daß er sich nicht auf den preußischen Beamtenapparat verlassen darf, sondern den direkten Draht zu seinem Volk gewinnen muß.

Im letzten Teil ihres Buches bedient sich Bettine nicht mehr der Form fiktiver Gespräche über ein vermeintlich weit entferntes Land oder ein europäisches Kaiserreich, sondern nennt die aktuellen sozialen Probleme in Preußen beim Namen. *Erfahrungen eines jungen Schweizers im Vogtlande (Als Beilage zur Socratie der Frau Rath.)* ist dieser Teil überschrieben, den man heute als Dokumentation bezeichnen würde. Für Bettine hatte der Schweizer Heinrich Grunholzer, geboren 1819 im Kanton Appenzell, recherchiert, der als Schüler Savignys in Berlin studierte. Bei den Grimms hatte sie ihn kennengelernt und ihm – nach seinem Besuch in ihrem Salon, den Grunholzer im Tagebuch mit einem kleinen Bildchen darstellt – den Auftrag gegeben, Material zu sammeln. »Vor dem Hamburger Tore, im sogenannten Vogtland, hat sich eine förmliche Armen-Kolonie gebildet«, beginnt sein Bericht. Damit ist klar, daß die Situation im Herzen Preußens vor den Toren der Metropole Berlin beschrieben wird.

Unter Angabe der Straßen und Hausnummern gibt der Schweizer eine Beschreibung der Familiensituation in den einzelnen Zimmern der Armenhäuser dieses Viertels: Zu »Nr. 42 in der Langen Gartenstraße« heißt es beispielsweise: »Der Weber *Weber* ist achtundfünfzig Jahre alt, seit Mitte November vorigen Jahres ohne Arbeit. Hausgeräte und Kleider sind verkauft. Die Kinder sind vor Hunger blaß.

Der Weber *Beneke* ist vierzehn Wochen ohne Arbeit. Er liegt krank im Bette. Die vier Kinder scheinen großen Mangel zu leiden. Die Frau gestand mir, daß sie durch Betteln die Ihrigen ernähre. Von der Armendirektion hat sie einmal 2 Thlr. bekommen.« Von anderen Familien, die durch Arbeitslosigkeit und Krankheiten im Elend leben und von der preußischen Armendirektion nur wenig Unterstützung erhalten, sind Zahlenangaben zu Einkünften und Miete genannt. Insbesondere die Weber sind Opfer der technischen Entwicklung und finden kaum noch Arbeit oder werden schlecht bezahlt. »*Urbich* und sein Sohn machen Schlafrockzeug.

Für 66 Ellen werden 2¹/₂ Thlr. bezahlt. Der Sohn arbeitet für sich
und kann den Vater nicht unterstützen. Dieser versicherte mir, daß
er mit dem größten Fleiß nur so viel verdiene, als Miete und
Lebensunterhalt kosten; er könne sich kein Hemd anschaffen.
Übrigens sei er noch im Vorteile gegen andere Weber: mit Rücksicht auf sein hohes Alter gebe ihm ein Fabrikant, dem er schon
zweiundvierzig Jahre gearbeitet habe, regelmäßig zu verdienen,
obschon er die Ware wohlfeiler auf mechanischen Webstühlen ver-
fertigen lasse.«

Damit ist ein Problem ausgesprochen, das zu Arbeitslosigkeit
und Verarmung einer großen Berufsgruppe und schließlich zur
Ausbildung eines Lumpenproletariats in Preußen führt. Der me-
chanische Webstuhl setzt sich durch, die Heimarbeit der Weber an
den kleinen Webstühlen in ihren Häusern ist nicht mehr gefragt
oder wird nur noch mit kleinen Beträgen honoriert, die zum
Lebensunterhalt einer Familie nicht hinreichen. Die Berliner
»Armendirektion«, die – wie Grunholzer berichtet – Inspekteure
schickt, die bei den armen Leuten gefürchtet sind, weil sie über die
wenigen zur Verfügung stehenden Armengelder des Staates zu verfügen haben, kann keine Hilfe bieten, die dem heutigen sozialen
Netz auch nur annähernd entspräche.

Doch will man diese Situation in den oberen Schichten Berlins
nicht wahrhaben. Selbst der Lehrer des Informanten, Bettines
Schwager Savigny, verschließt die Augen davor, daß sich vor den
Toren der prosperierenden Stadt Berlin eine soziale Tragödie an-
bahnt. Er vermutet eher Agitation hinter den Berichten im Buch
Bettines, und es kommt zu Verstimmungen innerhalb der Familie.
Zur Haltung Savignys berichtet Grunholzer im November 1843:
»Was der Minister von Savigni über die Erfahrungen im Voigtlande
gesagt hat, werden noch Viele nachsprechen. Es gibt keine höhere
Politik, als sich selbst zu belügen ... Allein von ihren Combina-
tionen will ich weiter Nichts wissen, und solange ich lebe nur der
Wahrheit Zeugniß geben«. Ähnlich undiplomatisch äußert sich
auch Bettine und wird damit in den Augen des Ministers Savigny
und seiner Frau – Bettines Schwester Gunda – nun wieder so etwas
wie das schwarze Schaf der Familie.

In der Vormärzphase bis 1848 kommt es sogar innerhalb von
Bettines Familie zur Ausbildung verschiedener politischer Lager,

da die Töchter sich den Savignys anschließen, auf Hofbällen debü-
tieren und sogar mit den preußischen Prinzen anbändeln, während
im Salon Bettines die politische Opposition aus- und eingeht.
Sorgfältig achtet man darauf, daß die Besucher der beiden Salons
einander in Bettines Wohnung nicht begegnen, als sich die politische Lage Ende der vierziger Jahre immer mehr zuspitzt.

Doch bereits ein Jahr nach Erscheinen von Bettines *Königsbuch*
zeichnen sich die Positionen ab. Die Kritik der liberal gesonnenen
Jungdeutschen hatte auch diese Publikation mit großem Beifall
aufgenommen. Insbesondere eine Rezension von Gutzkow, die
das Reizwort »Communismus« enthält, erregt Aufsehen. Zwar
wird das Kommunistische Manifest erst 1848 von Marx und Engels
veröffentlicht, aber die soziale Frage und die Bezeichnung »Communismus« waren mit dem 1842 erschienenen Buch *Der Socialismus und Communismus des heutigen Frankreich* von Lorenz Stein,
das auch Bettine kannte, in Deutschland bereits eingeführt worden. Gutzkow bezieht daher dieses »sonderbare Neuwort« auf
Bettines Buch: »Man hat diese Parthie des Buches [den zweiten
Band: *Socratie der Frau Rath*] communistisch genannt. Man höre,
was er enthält, und erstaune über dies sonderbare Neuwort: Communismus. Ist die heißeste, glühendste Menschenliebe Communismus, dann steht zu erwarten, daß der Communismus viele An-
hänger finden wird. – Dieser zweite Band ist den Verbrechern und
Armen gewidmet. Man hat schon drucken lassen, Bettina wolle die
Verbrecher zu Märtyrern stempeln und zöge die Diebe den ehrlichen Leuten vor. Das letzte ist kindisch, das erste wahr.« Mit Bezug
auf den Anhang von Bettines Buch fordert Gutzkow: »Nicht nur,
daß die Berliner Armendirection, eines der unpopulärsten Institute
der Residenz, einer gründlichen Reorganisation unterworfen werden muß, auch die höhere, den ganzen Staat umfassende, ja ich
nenne sie die communistische Frage: was soll geschehen, um den
Menschen dem Menschen zu retten, das Band der Bruderliebe
wieder anzuknüpfen und einer unheilschwangern, furchtbar drohenden Zukunft vorzubeugen?«

»Das Spektrum der publizistischen Reaktionen reicht von
schroffster Ablehnung bis zu bedingungsloser Zustimmung; es
überwiegt allerdings die positive Aufnahme«, heißt es als Fazit in
der Klassikeredition von Bettines politischen Schriften. Dabei

kommt die Zustimmung aus dem liberalen Lager: »Auffallend ist
besonders die intensive und meistenteils zustimmende Rezeption
durch Liberale, Junghegelianer oder diesen nahestehenden Personen sowie einige Autoren des Jungen Deutschland.«

Die positive Bewertung in diesem Kreis der zeitgenössischen
Linksintellektuellen führte dazu, daß ein Geheimbericht für Metternich angefertigt wurde, der festhält: »Bettinas Dies Buch gehört
dem König macht in der literarischen Masse großes Aufsehen. Man
wundert sich, daß so etwas in Preußen und in Berlin gesagt werden
darf.« Auch eine Eingabe des Preußischen Innenministers Arnim-
Boitzenburg an den König ist überliefert, in der es heißt: »Ohne
Zweifel ist die in der Schrift dargelegte Weltansicht aus einem ex-
centrischen an Fanatismus grenzenden Eifer für die abstracte Idee
des Rechts hervorgegangen … Wäre das Buch, statt in dem nur für
einen kleinen Leserkreis geeigneten Tone prophetischer Exstase, in
der einem größeren Publikum zugänglichen Form einfacher Logik
und verständiger Reflexion geschrieben … so würde dasselbe, den
gesetzlichen Bestimmungen nach, vermöge der … Irreligiosität
und vermöge des darin gepredigten Radicalismus für eine der ge-
meingefährlichsten Schriften erklärt werden müssen.«

Alexander von Humboldt konnte ein Verbot des Buches durch
die Zensurbehörden in Preußen abwenden, doch wurde das Werk
in Bayern sofort verboten, und eine knappe, aus Zitaten des *Königsbuchs* zusammengesetzte Fassung, die Adolf Stahr unter dem
Titel *Bettina und ihr Königsbuch* noch 1843 erscheinen ließ, wurde
vom Berliner Oberzensurgericht ebenfalls auf den Index gesetzt.
Das entsprach der Logik der Eingabe von Arnim-Boitzenburg,
denn eine leicht faßliche Zusammenfassung von Bettines Grund-
forderungen konnte eine gefährliche politische Wirkung auslösen,
die »prophetische Extase« der Frau Rat, in der Bettine ihr politisches Credo versteckte, konnte einen unmittelbaren politischen
Effekt bei den unteren Schichten der preußischen Gesellschaft dagegen nicht entfalten. Das dicke Buch von über 300 Seiten, mit dem
die Verfasserin die Obergrenze für die Pflicht zur Vorzensur bewußt überschritten hatte, wurde von den unteren Klassen ohnehin
nicht gelesen.

»20 Bogen sind gefährlich / 21 machen ehrlich«, hatte der Volks-
mund gereimt und damit angedeutet, was das preußischen Zensur-

gesetz auslöste. Bettine wollte das Buch, zu dem sie vom König selbst ermutigt worden war, den unteren Zensurbehörden nicht vorab zu lesen geben, und sie wollte ihre Auffassungen ehrlich und möglichst offen vermitteln, wobei sie es auch vermied, sich vor den Karren einer politischen Partei oder Gruppierung spannen zu lassen.

Trotzdem scheiterte sie mit einem weiteren Buchprojekt bereits ein Jahr später, als sie das Thema Armut noch einmal aufnehmen wollte. Grunholzer hatte es in seiner Notiz zum Anhang des *Königsbuchs* (im November 1843) bereits verraten: »wenn auch Alles wahr ist, was ich erzählt habe, so ist das entworfene Bild doch nur ... dazu gut, das große Werk einer gründlichen Untersuchung des Armenwesens anzudeuten.« Bettine nimmt nun das »große Werk« in Angriff, läßt Aufrufe zu ihrem Projekt, die zur Übersendung von dokumentarischem Material einladen, in zahlreichen Zeitungen veröffentlichen, und so wußte man bald überall in Deutschland, daß die bekannte Schriftstellerin von Arnim ein *Armenbuch* plante.

Der Staat kann diese politischen Aktivitäten nicht verbieten, zumal Bettine sich auf eine Preisfrage bezieht, die der regierungsnahe Schwanenorden in Preußen 1842 selbst veröffentlicht hatte: »Ob die Klage über zunehmende Armuth gegründet sei? – Was die Ursachen und Kennzeichen sind der Verarmung? Durch welche Mittel der Staat einer überhandnehmenden Armuth steuern könne?« Bettine bekommt auf die lancierten Zeitungsmeldungen zu ihrem Projekt umfangreiches statistisches Material, insbesondere aus Schlesien, zugeschickt, wo eine große Zahl von Webern lebte und ganze Landstriche in Armut versanken. Meist waren es Lehrer oder Gerichtsschreiber, die Bettine Listen der ortsansässigen Armen übermittelten, die im wesentlichen den Kurzberichten Grunholzers entsprachen, meist jedoch in Tabellenform gefaßt waren.

Bettine gab das Material, das zu einem großen Teil in handschriftlicher Form überliefert ist und heute im Freien Deutschen Hochstift (Frankfurter Goethe-Museum) aufbewahrt wird, sogleich in Satz. Darauf deuten jedenfalls die Rötelmarkierungen der Setzer hin, die verraten, daß die eingesandten Armenlisten die Bögen 5 bis 16 des Buches umfassen. Das entspräche dann

einem Umfang von 16 mal 16, also 256 Seiten, die bereits gesetzt
waren.

Vorgesehen waren neben den Listen auch Denkschriften sowie
ein Vor- oder Nachwort, in dem Bettine selbst zu Wort kommt und
das *Märchen vom Heckepfennig* erzählt. Zu diesem Teil sind
mehrere Fassungen in ihrer Handschrift überliefert, doch ist der
Text nicht bis zum Schluß ausformuliert.

Während der Vorarbeiten zu diesem *Armenbuch*-Projekt, das
Bettine möglichst im Geheimen vorantrieb, um die Zensurbehörden gar nicht erst auf den Plan zu rufen, trafen am 9. Juni 1844 in
Berlin die »Nachrichten vom Hungeraufstand der schlesischen Weber und von der Entsendung des Militärs in das Aufstandgebiet«
ein. Daraufhin gibt Bettine ihr Buchprojekt zunächst auf, denn
schon am 27. Juni schreibt sie dem befreundeten Publizisten Adolf
Stahr: »Mein Armenbuch habe ich einstweilen abgebrochen, denn
der Druck würde hier nicht gestattet werden, indessen sammeln
sich jeden Tag noch merkwürdige Belege dazu. Traurig ists zwar,
daß es nicht zu rechter Zeit kommt. Allein, den Hungrigen helfen
wollen heißt jetzt Aufruhr predigen, hat mir jemand geschrieben
und mir damit den Rath verbunden den Druck hier nicht fortzu-
führen.« Es war vermutlich Alexander von Humboldt, einflußreicher Berater und Fürsprecher Bettines am preußischen Hof, der
schon beim *Königsbuch* seine schützende Hand über die Autorin
gehalten hatte und nun dringend vor einer Fortsetzung des *Armenbuch*-Projekts warnt. In Berlin hatte man Bettine bezichtigt, den
Aufruhr der Weber mit ihren Recherchen geschürt zu haben.

So muß sie erkennen, daß die Reaktion des Staates auf eine Veröffentlichung des Materials kaum so glimpflich ausgefallen wäre
wie beim *Königsbuch*. Ein Verbot der Publikation und empfindli-
che Strafen bei einer Mißachtung drohten der Verfasserin. Und so
sammelte sie weiter ihre Materialien, zu denen auch Augenzeu-
genberichte zum schlesischen Aufstand gehören, ohne den Plan
einer Publikation je zu verwirklichen.

Dieser Rückzug war jedoch eher taktisch motiviert, Bettine re-
signierte nicht, sondern kämpfte weiter für ihre politischen Ziele.
»Die echte Politik muß Erfinderin sein« war ihre Parole, die sie
bereits im Begleitbrief des *Königsbuchs* an den preußischen König
formuliert hatte, und so versuchte sie weiterhin auf unkonventio-

nellem Wege ihre politischen Ziele durchzusetzen. Mit zahlreichen
Oppositionellen stand sie in regem Kontakt, traf sogar einmal Karl
Marx, hielt aber stets Abstand zu den organisierten Parteien, die
sich damals formierten. Sie blieb eine selbstbewußte Einzelgänge-
rin, die ihre romantisch geprägten Vorstellungen von einem freien,
schöpferischen Menschen in die Zeit des Vormärz herübergerettet
hatte und nie verriet.

Im Briefwechsel mit dem preußischen König nimmt sie kein
Blatt vor den Mund und setzt sich für zahlreiche Freiheitskämpfer
ein, z. B. für den Revolutionär Gottfried Kinkel. Die Antwort von
Friedrich Wilhelm IV. vom 9. Juli 1849 zeigt, wie hilf- und macht-
los dieser König inzwischen geworden war: »Ihrem kühn-menschenfreundlichen Verlangen stellen sich Gattungen von Hinder-
nissen in den Weg, die Sie, gnädige Frau, nicht berechnet haben
dürften«, schreibt der König und bezeichnet sich selbst als »*Ein*
Mensch, der essen, trinken, schlafen und *nicht seyn* darf«, seine
Minister als »Spuckkasten und Koth-Ziele Aller« und das Volk
als »Helden und Heilige ... in welchen die Gottheit zur Selbst-
Erkenntniß ringt und jährlich im Parlamente dazu gelangt«. Sein
Fazit in der Sache Kinkel lautet: »Nun müssen Sie mir's glauben
(wenn Sie mir noch irgend etwas glauben können) – daß ich keinen
Minister finde der meinen GnadenBrief für Professor Kinkel
zeichnen würde – und weder Sie noch ich dürfen ihn deswegen
tadeln.« Das ist die Bankrotterklärung eines Königs, der das Parla-
ment verachtet, auf die Stützung durch Minister und Beamte angewiesen ist und dennoch an den überkommen Gesellschafts-
strukturen um keinen Preis etwas ändern will.

Während des Aufstands von 1848 beobachtet Bettine alle Vorgänge im Zentrum Berlins, berichtet ihren Söhnen Friedmund und
Siegmund Einzelheiten zu den politischen Versammlungen, die in
den Zelten nahe ihrer Wohnung am Rande des Tiergartens statt-
fanden, und übermittelt ihnen sogar Nachrichten, die von anderen
Zentren des Aufstands in Deutschland nach Berlin gelangten. Ihre
Sympathien sind bei den Aufständischen, und während ihr Schwager, der preußische Justizminister Savigny, resigniert und im Verlauf der Ereignisse zum Rücktritt gezwungen wird, sieht sie einen
Hoffnungsschimmer und erwartet eine Umwälzung in Preußen,
die jedoch zu ihren Lebzeiten ausbleibt.

Ihre politischen Auffassungen artikuliert sie nach dem Scheitern der Revolution in einem Buch, das sie im Untertitel als zweiten Teil des *Königsbuchs* bezeichnet. 1852 erschien das Werk unter dem Titel *Gespräche mit Dämonen*. Als »Dämon« – hier im antiken Sinne als ein halbgöttliches Wesen positiv gemeint – flüstert sie selbst dem preußischen König ihre Wahrheiten ins Ohr, die darauf hinauslaufen, daß der König selbst »revolutionär« werden und sich damit an die Spitze des Volkes setzen müsse. Auch dieses Buch enthält – wie das *Goethe-* und das *Königsbuch* – fiktive, von Bettine erfundene Gespräche, und einem »Proletarier« legt sie die Forderung nach einem starken König in den Mund: »Das Volk sehnt sich nach Großem und hoffte es zu finden in dir. In der Auferstehung des Rechts in deiner Brust, in deiner gleichübenden Menschlichkeit an Freund und Feind sollte die Volksfreiheit sich begründen. Deutsche Volkswürde, deutsche Freiheit und Treue sollten nicht mehr in leerem Schall aufgehen. Auf unsern souveränen Platz der Völkereinheit wollten wir uns schwingen, dann war es dir möglich, mit starkem Arm und beruhigend die Erde zu fassen und uns zu führen, wohin du willst, wenn du gewährst, daß wir uns dein fühlen.«

Bettine huldigt weiterhin dem Ideal eines Volkskönigs, wenn sie formuliert: »König ist Ideal der Volksgesamtheit, das zeigt, was das Volk vermag, gestützt von einem Mann, und was ein Mann vermag, getragen vom Volk.« Mit solchen Ideen setzt Bettine sich politisch gleichsam zwischen alle Stühle. Bei Liberalen und Proletariern wird der Sturz des Königs mehr oder weniger offen gefordert, die Royalisten können Bettines Vorstellungen von einem König mit »revolutionärem Geist« kaum akzeptieren. Noch dazu stand Bettine mit ihrer Einschätzung der Person Friedrich Wilhelms IV. nahezu allein da. Gerade dieser Romantiker auf Preußens Thron hatte immer wieder bewiesen, daß es ihm an Entschlossenheit und Stärke mangelte und er ohne Unterstützung durch die preußische Kamarilla kaum überleben konnte. Bettines Appell, sich unter Umgehung der philiströsen, intriganten Beamten Preußens mit dem Volk zu verbünden, konnte gerade von diesem König kaum umgesetzt werden, den Bettine selbst einmal als »Madensack« bezeichnet hatte und in ihrem Buch als schlafend darstellte. Die *Gespräche mit den Dämonen* von 1852 blieben denn auch ohne erkennbare politische Wirkung, und selbst einflußreiche Freunde, die Bettines Projekt *in statu nascendi* kennenlernten und zu beeinflussen suchten – namentlich August Varnhagen von Ense –, finden kaum ein positives Wort über dieses Werk.

Aus heutiger Sicht ist allein die erstaunlich hellsichtige Darstellung der Judenfrage in diesem Spätwerk bemerkenswert. Von Alexander von Humboldt hatte Bettine erfahren, daß in Preußen diskriminierende Gesetze geplant wurden. Juden sollten als Hochschullehrer ausgeschlossen werden. Bettine votierte in ihrem Buch nicht nur gegen diese geplanten Gesetze, sie forderte darüber hinaus, daß Juden und Christen voneinander lernen und ihre je eigene religiöse Tradition bewahren sollten. Damit distanzierte sie sich entschieden von der üblichen Aufforderung auch der aufgeklärten Zeitgenossen, die Juden mögen sich taufen lassen, um sich damit vom Makel ihrer Religion zu befreien. Bettine nimmt eine Haltung ein, wie sie im 18. Jahrhundert Lessings Nathan der Weise in der Ringparabel formuliert hatte, und weist zugleich auf die multikulturellen Ansätze des 20. und 21. Jahrhunderts voraus.

XIX
»Liebste Bettine, sehen wir uns nie wieder?«
Goethebuch und *Wunderhorn*
bringen die Geschwister einander wieder näher

Als Bettine 1835 ihr *Goethebuch* publiziert, hält sich Clemens in München auf. Zwei Bücher von ihm waren seit dem Tode von Anna Katharina Emmerick erschienen, beide anonym: die Ordensgeschichte *Die Barmherzigen Schwestern*, die Brentano »zum Besten der Armenschule des Frauenvereins in Coblenz« nach einem längeren Aufenthalt in seiner Geburtsstadt 1831 veröffentlicht hatte, und ein Band der geplanten Emmerick-Trilogie, *Das bittere Leiden unsers Herrn Jesu Christi*, zwei Jahre später in Regensburg. Auch dort hatte sich Clemens eine Zeitlang aufgehalten, bevor er sich im Oktober 1833 entschloß, nach München überzusiedeln.

In der bayerischen Hauptstadt hatte sich ein spätromantischer Kreis von Literaten, Malern und Publizisten gebildet, zu dem einige alte Freunde von Clemens gehörten. Joseph Görres kannte er bereits seit der gemeinsamen Schulzeit am Gymnasium in Koblenz. In Heidelberg, als Görres ihn nach dem Tode von Sophie Mereau tröstete, war ihm dieser Schulfreund besonders ans Herz gewachsen, der nun gemeinsam mit seinem Sohn Guido im katholisch geprägten Münchener Zirkel eine herausragende Rolle spielte. Zusammen mit George Philipps gaben Vater und Sohn Görres die Zeitschrift *Historisch-politische Blätter* heraus, die sich rasch zu einem der führenden Blätter der kämpferischen katholischen Presse entwickelte. Brentano veröffentlichte darin seine *Bilder und Gespräche aus Paris*, später folgten in dieser Zeitschrift Beiträge über ihn aus der Feder von Eichendorff und Guido Görres.

Auch der Akademieprofessor Joseph Schlotthauer, bei dem Clemens in München Quartier bezog, und Johann Nepomuk Ringseis, der als junger Student in der von Arnim und Brentano herausgegebenen Heidelberger *Zeitung für Einsiedler* veröffentlicht hatte, gehören zu den alten Bekannten, die Clemens im Münchner Görres-

München, zeitgenössische Radierung

Kreis wiederfindet. Über seinen Einzug bei Schlotthauers in der Glockengasse 11 (heute Herzog-Wilhelm-Straße) gibt es differierende Berichte. Manches deutet darauf hin, daß Frau Schlotthauer diesen Untermieter zunächst ablehnte und sich das gastfreundliche und hilfsbereite Ehepaar von Clemens überfahren fühlte. Trotz höflicher Abwehr soll der eloquente Besucher am folgenden Tag unaufgefordert mit seinem gesamten Gepäck erschienen sein: »Kein Protest Frau Schlotthauers habe ihn davon abhalten können, und ›die gutmüthige Hausfrau räumte ihm endlich ihr bestes Zimmer ein, aus welchem er am nächsten Morgen die guten Meubles entfernte und tannene Tische, Büchergestelle u. s. w. statt derselben aufschlug‹«, heißt es in der Kurzbiographie, die Brentanos Schwägerin Emilie nach gründlichen Recherchen in Kontakt mit Guido Görres 1855 in den *Gesammelten Briefen* veröffentlichte.

Brentano selbst stellt seinen Einzug in einem Brief an Apollonia Diepenbrock ganz anders dar: »Ueberhaupt erwießen alle meine Freunde, oder Bekannte hier mir mehr Herzliche Freude an meinem Hierseyn als ich nur je hätte erwarten können ... Vor allem aber war dies bei Professor Schlotthauer, an der hießigen Mahler Akademie der Fall ... Er nahm mich eines Abends mit in seine

Wohnung ... Ich sprach unter anderm davon, wie ich nicht in München bleiben würde, wenn ich nicht Hausgenosse einer christlichen Familie werden würde. Die gute Frau war still. Als ich am folgenden Tag noch keine angemessene Wohnung hatte, sagte mir Schlotthauer, den ich in der Akademie besuchte, mit Schüchternheit, seine Frau habe ein solches Vertrauen zu mir gewonnen, wenn ich mit ihnen vor Lieb nehmen wolle, so wolle sie suchen ... mir eine Wohnung einzuräumen; ich nahm es mit großem Dank an. Als ich aber einzog, wie staunte ich, als ich sah, daß die gute Frau mir den besten Raum ihrer Wohnung, ja sogar ihre Schlafstube eingeräumt.«

Für das seelische Gleichgewicht von Clemens und seine neu aufkeimende Schaffenskraft war allerdings die Begegnung mit der Baseler Malerin Emilie Linder wichtiger als die »herzliche Freude« der alten Bekannten. Einige Parallelen zur Begegnung mit Luise Hensel sind auffällig, denn auch Emilie ist eine Protestantin, die auf dem Wege zur Konversion ist (und später auch konvertieren wird). Wieder widmet Clemens seiner Freundin werbende Liebesgedichte und wird mehr oder weniger deutlich in seine Schranken gewiesen. »Es wird Ihnen nie Etwas bei mir gelingen, als höchstens ein Lied«, äußert Emilie Linder, als Brentano für sie zum Geburtstag einen symbolträchtigen »Lebensbaum« entworfen und ihr die Bilddeutung vorgetragen hatte.

Doch im Gegensatz zu der unerfahrenen Luise Hensel aus einer eher ärmlichen Pfarrersfamilie hatte er es bei Emilie Linder mit einer 36jährigen Malerin aus reichem Hause zu tun, die nicht auf Erträge ihrer Kunst angewiesen war und in München als vermögende Sponsorin in Erscheinung trat. Zwar war sie bereits als 15jährige zum Waisenkind geworden, doch hatte sie 1824 das Erbe ihres Großvaters angetreten. Beträchtliches Vermögen und eine umfangreiche Kunstsammlung gingen in ihren Besitz über. So konnte sie noch im gleichen Jahr ihr Studium im Fach Landschaftsmalerei an der Münchner Kunstakademie beginnen und auch eine zweijährige Kunstreise nach Italien finanzieren.

Brentano lernt sie als Privatschülerin Schlotthauers kennen und beginnt einen regen, vertraulichen Briefwechsel mit ihr. Denn einen Teil des Jahres wohnte sie nicht in ihrer prominenten Wohnung am Karlsplatz (Stachus), sondern lebte in Basel und Karlsbad.

Emilie Linder; Kreidezeichnung von Wilhelm Ahlborn, 1830/31

Clemens' Briefe und Gedichte sind erhalten und wurden 1969 von
Wolfgang Frühwald zum ersten Mal veröffentlicht, ihre Gegenbriefe hat Emilie vernichtet, lediglich zwei Billette von ihr an Clemens sind erhalten. Eine Probe ihrer Kunst ist das bekannte Ölporträt von Brentano, das sie vermutlich 1835 malte und später der
Münchener Abtei St. Bonifaz stiftete. Eine Kopie, die sie möglicherweise selbst für die Brentano-Familie anfertigte, hat sich ebenfalls erhalten. Das Bild ist mit Sorgfalt gemalt, verrät aber zugleich
den distanzierten Blick einer professionellen Malerin, die weit davon entfernt ist, dem Objekt ihrer Kunst zu verfallen. Sie behielt
offensichtlich immer freundschaftliche Distanz zu ihrem Verehrer,
den sie als genial-skurrilen Dichter bewunderte, nicht aber als Heiratskandidaten oder Lebenspartner akzeptieren konnte.

Brentano muß in München seine radikale Ablehnung aller weltlichen Kunst rasch vergessen haben; denn für die »schwarzlaubige
Linde« schrieb er nun wieder Verse, originelle und schöne Verse in
einem neuen Ton:

> Ein Süßlieb, schwarzlaub'ge Linde
> Schwüle, kühle, süße Glut,
> Feuerwerk in Eises Rinde
> Hüpfend Kind in freud'gem Blut

Was er wenig später seiner Schwester vorwirft – die Verherrlichung
einer irdischen Liebe, die das Kreuz und die Gnade und Liebe
Gottes in den Hintergrund treten läßt – findet sich auch in seiner
Linder-Lyrik. Daß Clemens dabei auch Gedichte, die er zunächst
Luise Hensel gewidmet hatte, nun für sie überformte und manchmal nur wenig veränderte, konnte Emilie nicht ahnen, zumal sehr
viele neue, aus der Situation geborene Liebesgedichte hinzukamen,
die sein Verlangen und seine Sehnsucht nach dem »armen« oder
»lieben Lind« in schlichten Reimen artikulieren und – anders als
die Hensel-Dichtung – ohne barocke Anleihen und aufdringliche
Bibelzitate auskommen.

Oft bezeichnet die Überschrift Anlaß oder Datum. So können
wir unter dem Titel *22. Juni 1834 nach Karlsbad* sehr viel mehr
über die neue Liebe erfahren als aus den erhaltenen Bruchstücken
der gleichzeitig nach Karlsbad geschickten Briefe:

Den ersten Tropfen dieser Leidensflut,
In der ich wehrlos, elend bin ertrunken,
Und auch von dieser grimmen Glut,
Die all mein Sein verzehrt, den ersten Funken,
Des Traumes Blumenrand, wo ich geruht,
Eh' in des Schmerzes Abgrund ich gesunken.
Das erste Tröpflein von dem Feuerblut,
In das ich wagt', den Finger einzutunken,
Um wehe mir! mit irrer Wut
An Leib und Seele liebeszaubertrunken
Von mir zu schleudern, weh! mein letztes Gut,
Und weh! mit meinem Elend noch zu prunken
Vor meiner Seele, arger Übermut!

Darauf folgt im gleichen Gedicht die Antwort, die er seiner Geliebten in den Mund legt:

Die Hand, die mich getauft, genährt mit Zaubertrank,
Sie hebt sie drohend – es schallt zu meinen Ohren:
»Mein armer lieber Freund! Wie krank! wie krank!
Horch! Schlummerlied vom Schicksal eines Toren,
Viel hättest du mir helfen, nützen können,
Nun muß die Flut, die uns umarmt, uns trennen,
Die Woge die mich kühlet, dich verbrennen!«

Dann schließt sich – immer noch aus der Perspektive der Geliebten – das in anderem Versmaß gehaltene »Schlummerlied« an. Eine frivole Schlußstrophe zeigt an, daß die Beziehung zu diesem Zeitpunkt wohl kaum mehr rein platonischen Charakter hat:

Und als sie so gesungen
Ein bißchen süß gekaukelt,
Und sich herumgeschwungen
Geschlungen und geschaukelt
Rief sie: »Gut' Nacht mein Brüderchen
Addio! schreib, mach Liederchen.«

Nun streifet mein Gebieterchen
Schon ab das feine Miederchen
Und streckt die reinen Gliederchen,
O Engel seine Hüterchen,
Deckt sie mit dem Gefiederchen,
Und singt ihr kleine Liederchen,
Baut eure keuschen Nesterchen
Und legt ein englisch Pflästerchen
Ans Herz dem neuen Schwesterchen,
Daß es, was gut es eingeschnürt,
Nun aufgeschnürt nicht gleich verliert!

In dichter Folge entstehen ähnliche Liebesgedichte, die in ihren
Bildern und sprachlichen Nuancen weitaus origineller sind als
die Berliner Lieder an Luise Hensel. Für das Jahr 1834 ergibt die
poetische Ausbeute eine lange Liste.

Am Schluß des gleichen Jahres erscheint (schon mit der Jahres-
zahl 1835 versehen) Bettines Buch *Goethes Briefwechsel mit einem
Kinde*, und Clemens – durch die Begegnung mit Emilie Linder von
seinem verengten Blickwinkel wieder befreit – schreibt am 17. Juni
1834, nach einer Korrespondenzpause von zwanzig Jahren, wieder
einen Brief an seine Schwester. Aus der Perspektive des Münchener
Kreises schildert er zunächst den gemischten Eindruck, den Bettines Buch in München hervorruft, nicht ohne zwei Freunde namentlich zu nennen, die auch seine Schwester seit langem kannte
und schätzte. Allerdings waren in München zu diesem Zeitpunkt
lediglich die ersten 64 gesetzten Seiten des ersten Bandes bekannt,
die Bettines Sohn Friedmund übergab, als er auf seiner Bildungs-
reise in München Station machte. Clemens schreibt: »Ich habe die
vier ersten Bogen deines Buchs über Göthe, die du Friedmund
gesendet mit groser Freude und einiger *Sorge* gelesen, *welche* auch
Görres und Ringseis, (erster aber ganz besonders) theilen.«

Bevor er den Grund der »Sorge« nennt, äußert er seine »große
Freude«, die Bettines Jugenderinnerungen bei ihm ausgelöst haben. Und sogleich gerät er ins Schwärmen und Reimen: »*Freude*
brachte mir die Erinnerung der eignen Jugend in diesen Briefen, ich
fühlte Etwas drinn, was in gewissem Maaße auch mich bewegt
hatte, zwar anfangs in Unschuld später doch in so vieles Leidens-

kraut, und Krautleiden geschoßen, daß es mir davor graut. Es kommt mir da ein bunter Traum, wohlunter dem Hollunder baum, und als ich wieder munter kaum, lag ich auf aller Wunder Saum, es war die Welt ein runder Raum und drinn ein Kunter Bunter Schaum, vor dem ich roch den Zunder kaum u. s. w. – Also diese bunten Schwalben aus einer JugendInsel machten mir viele Freude und erregten mir bei öfterer Wiederholung einen gewissen frischen Muth. Ich verstand dich wohl, und hatte dich lieb, und fühlte von meinem Fleisch und Bein in dir.«

Danach nennt er den Stein des Anstoßes in München: »*Sorge*, brachte mir, das Ärgeniß ohne alle Noth gegeben, pag. 11 wird dem ganzen dadurch irgend ein Nutzen gebracht? daß alle Menschen in Europa wissen, daß du nicht wohlerzogen auf dem Sopha sitzen kannst, und dich übelerzogen auf eines Mannes Schoos setzest, und daß dieser die Würde eines armen närrischen Mädchens nicht achtend, es duldet, u. s. w. – dann ist die ganze Scene so seltsam skitziret und abgerissen, daß jeder Leser sie mit Unwill zu ergänzen gedrungen ist.«

Mit einem Vergleich, der auf Bettines Untertitel *Seinem Denkmal* anspielt, rundet er sein Urteil ab und kommt anschließend ausführlich auf die familien- und rufschädigende Wirkung zu sprechen, die Bettines Nachkommen angeblich bei einer Veröffentlichung zu fürchten hätten: »Es könnte dem Rezensenten einfallen zu sagen, das Monument der F. v. A. auf Göthe wird im ägyptischen Style werden, so wie Rhodope die Piramiden baute, sie giebt die Ehre preis. Thun diese Urtheile dir Unrecht, so ist dies ohne Noth durch deine Schuld. Dann ängsten mich deine Kinder, die Söhne in der Fremde, in öffentlicher Stellung, gezwungen die Ehre der Familie zu erhalten, können durch irgend eine Schmähung, aus diesen Confidenzen hervorgehend, gezwungen werden, in Händel und Duelle zu gerathen, die Töchter können in schiefe Richtung gerathen oder die Achtung für dich verlieren.«

Bei der Formulierung dieser Sorgen, die Clemens nach Poetenart mit dem Hinweis auf drohende Duelle der Söhne und Sittenverderbnis der Töchter grotesk übertreibt, greift er weit in die Zukunft, denn Bettines Sohn Friedmund war nicht einmal 20 Jahre alt und hatte gerade seine Ausbildung an der Berliner Gewerbeschule abgeschlossen, als ihn eine bescheidene Kavalierstour durch deutsche Länder nach München führte und er die ersten Bogen von Bettines *Goethebuch* übergab.

Auch seine zwei und drei Jahre älteren Brüder waren nicht »in öffentlicher Stellung«. Clemens' Befürchtungen konnten allenfalls für Siegmund gelten, der später eine Laufbahn als Diplomat einschlug. Es sollte noch ein Jahrzehnt vergehen, bevor sich Bettine zu einem Besuch bei Friedrich Wilhelm IV. entschloß – es blieb ihr einziger direkter Kontakt mit dem preußischen König –, um ihrem Sohn den Weg in eine öffentliche Stellung zu ebnen. Ganz im Gegensatz zu den düsteren Prognosen von Clemens sollte sich jedoch herausstellen, daß die Publikation des *Goethebuchs* bei diesem Vorstoß der Mutter zugunsten ihres Sohnes eher förderlich war.

Bettine gelang es, mit diesem Buch ihren Ruf als bedeutende Schriftstellerin Deutschlands zu begründen, und auch der höchste Repräsentant des preußischen Staates nahm – bereits als Kronprinz – ihre Stimme wahr, auch als es um Familienehre und die Förderung von Bettines Kindern ging. Auf Hofbällen verkehrten die Töchter mit preußischen Prinzen, und Clemens' Unkenrufe zum schlechten Ruf der Mädchen erwiesen sich als ebenso unsinnig wie die Rede von drohenden Duellen der Söhne.

Allerdings meint es Clemens mit seiner Kritik an Bettines Buch vermutlich auch nicht gar so ernst, wie es zunächst scheint. Mehrfach beruft er sich in seinem Brief auf den Münchner Zirkel, als sei er von seinen konservativen Freunden fast wider Willen beauftragt, deren Bedenken vorzutragen: »Ich mache mir keine besondere Hoffnung, daß meine arme Sorge dir irgend wichtig genug seyn könne, eine Änderung in der Herausgabe zu veranlassen, ich wollte auch nicht schreiben, aber Görres u Frau und auch Friedmund forderten mich einfach auf, und dann meine ich doch auch für mich beruhigend, wenn ich es dir gesagt habe, umsomehr, da mir das Ganze recht viel Vergnügen macht.«

Bei diesem »Vergnügen« stört Clemens offensichtlich auch der Gedanke nicht, daß Goethe selbst – und Bettines Mann Achim von Arnim – das Projekt vermutlich abgelehnt hätten, wie er behauptet: »Ich glaube weder Arnim, noch Göthe würden eine solche Veröffentlichung gebilligt haben, und wie Savigny als Vormund der Kinder es konnte, weiß ich auch nicht. Es wird mancherlei Hohn und Spott daraus hervorgehen.«

Clemens Brentano, Lithographie nach dem Porträt von Emilie Linder, 1857

Bettine nimmt derlei Andeutungen im Brief ihres Bruders nicht allzu ernst, obwohl sie sicherlich davon erfahren hat, daß ihre Schwester Gunda alles unternimmt, um die Publikation zu verhindern. Von Clemens allerdings war nicht zu befürchten, daß er die Geschichte ihrer Geschwisterliebe völlig aus den Augen verlieren und seine Schwester aus weltanschaulichen oder politischen Gründen ernsthaft unter Druck setzen könnte. All seinen brieflichen Vorwürfen zum *Goethebuch* folgt die Versicherung der fortbeste-

henden Zuneigung und der Hoffnung auf ein Wiedersehen in
München oder Berlin.

Auch der radikale Vorschlag, die Problematik des *Goethebuchs*
durch Heraustrennen des fraglichen Blattes 11 zu lösen, versteht er
selbst nur als Kompromißlösung, die eine Publikation des Buches
ermöglichen soll, und Bettine beeindruckt es wenig, wenn er vorschlägt: »Es giebt nur das Mittel das Blatt 11 aus allen Bogen aus-
zuschneiden und unärgerlich umgedruckt einzulegen. Das Ausge-
schnittene aber sorgsam zu vernichten, oder den ganzen Bogen
zurückzunehmen und neu zu drucken, der Vortheil wiegt die Un-
kosten überflüßig auf.« Dann beschwört er noch einmal den drohenden »Skandal« und weist wie ein Spießbürger darauf hin, daß
»Göthe ein verehlichter Mann gewesen« ist, rät der Schwester erneut: »vertilge das höchst Anzügliche«, um dann die Darstellung
des »Schicksals der Günterode« als »trefflich« zu loben und um
Übersendung weiterer Bogen zu bitten: »Du kannst mir eine große
Freude machen, wenn du mir ... alle fertigwerdenden Bogen ...
mit der Post senden läßt.«

Der Brief schließt mit einer Schilderung seines Münchener Lebens und einer Einladung zu einem Besuch: »Ich wohne und lebe
hier als familienglied mit dem seelenvollen, Gottesfürchtigen,
Menschenfreund Professor der Akademie Schlotthauer ... Ein
Mann voll Talent, Demuth, Kunstsinn und Einfalt, arm und allver-
ehrt ... Kommst Du wohl einmahl hierher, es ist allerlei Schönes
hier ... Leb wohl nimm mir nichts Uebel, behalt mich lieb, und
thue, was Ersprieslich zu irgend Gutem seyn kann! Dein treuer
Bruder Clemens«.

Was steht auf dieser Pagina 11 von Bettines Buch, die Clemens
unbedingt zu eliminieren vorschlägt? Geschildert wird die erste
Begegnung des jungen Mädchens mit dem großen Dichter in Weimar: »Ich sagte plötzlich: hier auf dem Sopha kann ich nicht bleiben, und sprang auf. – Nun! sagte er, machen Sie sich's bequem;
nun flog ich ihm an den Hals, er zog mich auf's Knie und schloß
mich an's Herz. – Still, ganz still war's, alles verging. Ich hatte so
lange nicht geschlafen; Jahre waren vergangen in Sehnsucht nach
ihm, – ich schlief an seiner Brust ein; und da ich aufgewacht war,
begann ein neues Leben.« Bettine auf dem Schoß Goethes an seiner
Brust schlafend: Clemens befürchtet, daß dieses Bild Aufsehen

erregen und den Ruf Bettines schädigen könnte. Bettine aber sieht keinen Grund zur Verheimlichung der harmlosen Annäherungsszene, sie geht auf den Münchener Vorschlag, den Bogen des noch nicht fertiggestellten Bandes einzustampfen, nicht ein.

In ihrem Antwortbrief an ihren Bruder – »seit 20 Jahren und länger haben Wir einander nicht geschrieben«, heißt es im ersten Satz – vergleicht sie ihr »wunderschönes Buch« mit Milch, die »besonders in der Hitze« [des Skandals?] einen »Schmand oder Rahm oder Sahne (ich weiß nicht wie man in München sagt)« ansetzt: »so ist es mit meinem Buch auch jezt hat es erst einen kleinen Stich wann es erst recht sauer ist und die Sahne ausgetreten ist da wird man es fressen vor Lust aber just was du tadelst das ist das wahre Fundament alles heiligen und himmlischen in diesem wunderschönen Buch; hier braucht die unschuldige Sele sich nicht zu verbergen sie kann unbefangen aussprechen was ihre höchste Seligkeit ist, und braucht dem ganzen Publicum nicht weiß zu machen das was wahr ist sei unwahr. Ich 18jähriges Kind (denn daß ich ein Kind war wie heute weißt du wohl) hab auf Goethes Schoos gesessen und bin gleich an seinem Herzen eingeschlafen vor seliger Ruh und habs in trunkener Freude an Goethes Mutter geschrieben, und dabei bleibts; was wäre dabey zu verläugnen?«

Daß sie als Autorin des Buches planmäßig und geschickt vorgeht und die geschilderte Eingangsszene bewußt am Anfang einbringt, erhellen die folgenden Sätze: »ich will dir nur sagen daß dies die Wurzel des ganzen Stammes ist voll herrlicher Blüthen der sich in den 3 Bänden verduften wird; ohne Wurzel ist kein Leben, ohne dies Ereigniß würde mein Geist nicht geblüht haben durch diese Liebe. es ist meine höchste Lust und wie ich durch die ganze Reihe von leidenschaftlichen Briefen immer wieder diesen einen Moment erwähne das rührt mich so tief, und ich habe so fest für Ihn meine Begeisterung eingewurzelt emfunden daß ich überzeugt bin dieser Moment ist die Versetzung meiner Seele *aus dem groben irdischen Reich unverständiger lügenhafter Menschen, die einen närrischen Handel mit Tugend treiben,* in jenes überirdische Reich wozu sie keinen Witz haben es zu begreifen … Gehe Guter Bruder und jubilire aus dem Fundament deiner Seele, über alle die Lustige Leidenschaft, und über das Kind das unbefangen in *ihr* sich zur Gottheit erhebt.«

Selbstbewußt weist sie die beleidigenden Äußerungen ihres Bruders zurück: »Du frägst ob ich keine sittliche Frau zur Freundin
habe; ich bin eine vollkommen sittliche Frau; und habe tiefen Ernst
und Muth, und großen Entscheidungsgeist über das was Recht ist.«
Dann beruft sie sich auf Schleiermacher, der gesagt hätte: »Lasse
dies Buch ja ganz drucken wie es ist und ändre nichts dran.« Den
Vorwurf, ihre Kinder mit ihrer Publikation ins Unglück zu bringen, weist sie weit von sich und betont noch einmal: »hätte ich
dieser Correspondenz aus Furcht vor Scandal etwas geändert oder
ausgelassen so hätte ich ein bös Gewissen ich habe aber ein freudiges Gewissen.«

Am nächsten Tag setzt sie diesen Brief fort, betont zunächst, daß
sie ihrem Bruder nicht alles sagen könne, um dann doch erneut
ihrer Empörung Ausdruck zu verleihen: »du würdest gewiß bös
werden wenn ich sagte daß du eine alte Schlafmütze bist mit deinem verehlichten Goethe und mit deinem wohlerzognen Frauenzimmer auf dem Sopha, ja du bist wirklich nicht recht gescheut,
aber das wollte ich dir ja nicht schreiben nehms für ungelesen. Der
alte Schleiermacher, der herrliche Mensch voll Güte der sagte oft
zu mir: Bettine dich hat Gott bei guter Laune recht con amore
geschaffen verläugne dich nicht, damit du allenfalls sein Werk nicht
verpfuschest. – Nein ich fühle auch daß in mir nichts zu verläugnen
ist; ich kann alles aussprechen und thun denn alles hat einen schönen Grund den Gott in mich gelegt hat. ich werde aufrichtig erscheinen bis in die tiefste Seele in diesem Buch.«

Ein zweiter Brief Bettines, der auf den 4. Juli 1834 datiert ist,
dürfte zusammen mit dieser Stellungnahme nach München gegangen sein, denn er beginnt: »beiliegendes Blatt hatte ich gleich an
demselben Tag an Dich geschrieben da Dein Brief kam der mir
beweißt wie theilnehmend Du die paar Blätter gelesen hast, wofür
ich Dir sehr dankbar bin.« Allerdings macht Bettine ihrem Bruder
keine Hoffnung, die Fortsetzung ihres Werkes vor der Publikation
in München vorzulegen: »Dies Buch von 3 Bänden zu Ordnen und
zu durchlaufen ist eine große Epoche meines Lebens. Daß ich zwar
auf Deine gute Meinung alle Rücksicht nehme nicht aber auf Deine
Ansichten Rücksicht nehmen kann das wirst Du einsehen wenn
Du das ganze haben wirst ... Die Bogen würde ich Dir gerne schikken allein ich habe mich verpflichtet das ganze nicht aus Händen

zu geben eh ein gewißer Handel darüber abgeschlossen ist; und dann muß ich Dir auch gestehen würde Dein Erschrecken über die Dinge die da noch kommen nicht für mich angenehm seyn. wenn Du das ganze in Händen haben wirst so wirst du anders drüber denken; oder Du wirst gar vor Schrecken in Ohnmacht fallen, dann ist es doch mit einemmal abgemacht.«

Trotz des kritischen Gegenwinds aus München hält sie an ihrer Prognose zur Aufnahme ihres *Goethebuchs* in der Öffentlichkeit fest. Zieht man einige Übertreibungen ihres Briefes ab, so sollten sich ihre Erwartungen im großen und ganzen auch erfüllen. Sie schreibt an Clemens, daß »dieses Buch etwas auserordentliches ist was in diesem Jahrhundert und wohl auch in dem vergangnen kein gleiches finden wird ist meine wahre Meinung und da irre ich nicht, wohl aber vielleicht alle andre Menschen die dies nicht zugestehen wollten. ich würde es auf keinen Fall heraus gegeben haben wenn es etwas gewöhnliches wär; Du wirst da in dem Spiegel sehen den Charackter einer unverfälschten Natur, die sich giebt als eine merkwürdige ausländische Pflanze die noch keiner gesehen hat, von der man aber nichts böses sagen kann weil sie ohne Tadel ohne Fehl ist in ihrem Glanz in ihrer Einfachheit. hätte ich frech die Hände angelegt und es für die Welt zurecht machen wollen so hätte ich die Kriticker wohl fürchten müssen; aber so brauch ich niemand zu fürchten weil dies Buch schöner und besser ist wie alle die es zu tadeln geneigt sein würden.«

Angesichts dieses Eigenlobs ist es allerdings nicht überraschend, daß der Bruder auf diese Darstellung mit Hohn reagiert und Bettine nach der Lektüre des gesamten Werks mangelnde Demut vor dem Kreuz und der göttlichen Liebe vorwerfen und damit indirekt einer Todsünde – der Hybris – bezichtigen wird, ein Vorwurf, den er jedoch mit Lobeshymnen verbrämt: »Sieh! liebe Betine, ich möchte auch kein Wort sagen, was dich verletzte, du mußt mir glauben, wenn ich dir sage, daß ich nichts Schöneres und Wahrscheinenderes im zeitlichen Leben kenne, als was du alles für den Geliebten geschrieben und gefühlt, und gedacht, gedichtet, geträumt hast, und auch für ihn gestohlen, Gott und dir und vielen lieben Seelen. Du hast ihm eine gewaltig schöne Heerde geschlachtet. Wahrhaftig du hast ihm ein Monument mit dir selbst aufgemauert, was braucht es eines von Marmor, du selbst läufst ja als

Solches in aller Welt herum ... Göthe thut mir Leid und Schleiermacher und du arme, liebe Schwester«.

Bereits die herablassende Anrede seines Briefes zeigt, daß er
selbst nicht frei ist von Überheblichkeit. »Meine liebe, arme
Schwester!« beginnt er und behauptet, daß »die arme Bettine ...
wohl eigentlich übel dran, einsam und verlassen seyn oder alles das
bald werden« könnte. Seine Kritik beginnt er jedoch wieder mit
Schmeicheleien: Das Buch habe ihn »unendlich ergötzt«, behauptet er, und er habe »viel für das Buch gestritten und auch gelitten«.
»Ich habe alles das verstanden, ja getheilt, ja mitgefühlt, ja ähnli-
ches erlebt, wenn gleich meine Flügel nicht so schimmernd, meine
Blumen nicht so bunt und gewürzig, meine Tage nicht so sonnig
waren. Ich verstehe solches Daseyn mehr, als ein Mensch, mein
Daseyn war nie ein anderes, ist noch ein Solches – wenn es noch
Eines wäre! – Du hast mir gütig nach 20 Jahren gleich geantwortet
und, wenn ich nicht das Herz kennte, dessen Art auch in meiner
Brust wirthschaftet, hätte ich sagen können, die Frau Phönix da auf
dem Scheiterhaufen aller Gewürze sich dem zeitlichen Seelenbräu-
tigam verweihräuchernd, thut recht mitleidig herablassend mit ihrem kranken armen Bruder, dem ruppichten Hahn Petri. Ich habe
aber nicht so gesagt.« Dann wird Görres, der mittlerweile eine
Rezension veröffentlich hat, als Kronzeuge gegen das Buch auf-
gerufen, während Clemens sich selbst zum »ganz einsamen Bruder« stilisiert. »Selbst Görres hat ... mir das Buch, das bereits seine
ganze Familie gelesen bis zum 13. April vorenthalten, nachdem
seine Kritik im Morgenblatt erschienen. Ich habe das Tagebuch
[den dritten Band] von ihm erhalten und gelesen ... Schön erscheint mir das über alle Maaßen, was Recht und Unrecht darin
ist, möge Gott gnädig richten ... Das Ganze ist nicht von dir, es ist
an dir geschehen, darum ist es ungemein schön, ohne dich zu ver-
schönen.« Dann fällt er in einen pastoralen Ton, wird formelhaft
frömmelnd: »Von ganzer Seele wünsche ich dir Trost, Ruhe, Be-
friedigung, vollkomne Aussöhnung mit Gott, dem Leben und Gewissen, das Gedeihen und die Liebe deiner Kinder bis zum Rande
des Grabes.«

Ob die weiteren Kommentare, die Clemens zu Bettines Werk in
diesem zwischen Bewunderung und Verdammung changierenden
Brief formuliert, ernst oder höhnisch gemeint sind, ist schwer zu

entscheiden »Wie gesagt«, schreibt er, »ich habe nur zu danken für das große Vertrauen, mit welchem du mir für 10 Gulden das Geheimniß deines Lebens auf gezeigt hast, ich finde es zum Entzükken schön und deswegen eine Geschichte bis zum Beweinen wahr ... Niemand, liebe Bettine, hat vielleicht von allen deinen Lesern dein Buch so durch und durch gefühlt und verstanden und entschuldigt, als ich ... Dein Buch ist mir lieber, als alle Göthische Poesie sammt und sonders ... Du hast Göthens Herz nicht besiegt mit deiner Liebe, aber seinen Genius hast du erbleichen gemacht!«

Immer wieder bezieht er sich selbst in seine Kritik mit ein und stellt Parallelen zur Schwester her, die darauf hinauslaufen, daß beide wie in Kindertagen einsam und arm dastünden, Bettine aber in ihrer religiösen Ignoranz wahrhaft arm dran sei, während er selbst sein Dasein allein in die Hand Gottes und seiner Gnade gestellt habe – eine Behauptung, die er nur aufrechthalten kann, weil Bettine seine Liebeslyrik für Emilie nicht kennt. Insgeheim bekennt er der Freundin, die er so weltlich liebt, wie nahe er Bettine steht: »Ich mische Abschriften aus Betinens Buch über Göthe bei, weil ihr Wesen sehr verwandt mit dem Meinen in der Jugend war, nur trauernder.«

In seinem Brief an Bettine kommt Clemens auch auf die zeitgenössische Goethe-Rezeption zu sprechen und beobachtet durchaus zutreffend: »Die Leidenschaft für Göthe ist in Deutschland sehr erkaltet ... Als Göthe anfing zu schillern, hat er nicht mehr geblüht und gedichtet!« Selbst die Beobachtung, daß Bettine mit ihrem Buch das allgemeine Interesse wieder verstärkt auf Goethe lenken würde, wird sich als richtige Prognose erweisen, doch übertreibt Clemens, wenn er behauptet, ihre Texte überträfen Goethes Poesie: »Wenn ich dein Buch lese, kömmt es mir vor, als ob seine Poesie, sobald sie dich kennen gelernt, ihn verlassen und in dich hineingefahren, und deine Liebe ist wie die Musik, welche in die Violinform eines leeren Geigenkastens hinein schmiegt und der Kasten sagt immer: Mehr! mehr! – Musik liegt krumm, der Kasten bleibt stumm und ich schwätze dumm.«

In Bettines Entwürfen zu einer Antwort – ein ausformulierter Brief ist nicht erhalten –, zeigt sie sich in jeder Hinsicht ihrem Bruder gewachsen. Auf das selbstmitleidige Klagen über Einsamkeit und die Forderungen, nun endlich dem irdischen Treiben völlig zu entsagen und allein Gott zu dienen, reagiert sie, indem sie ihm ihre Lebensprinzipien empfiehlt, wobei sie dezent auf ihre eher pantheistischen Vorstellungen hinweist: »bleibe ohne Vorurtheil für und gegen jede Erscheinung, und glaube daß es nur eine einzige menschliche Berührung giebt, die im Geist. – Der Geist aber ist kein unsein er ist lebendiges Leben das alle Aufregungen der Natur in sich aufnimt und zu Offenbarungen Göttlicher Weisheit macht, er darf enthusiastisch zum Himmel tanzen und Namen und Klänge erschallen lassen, denn alles Jauchzen ist Lob Gottes, und wenn die Pflanze aus der Erde und aus der Luft ihre Nahrung saugt warum sollte sie der Begeisterung der Liebe die aus dem Herzen strömt und zum Himmel jauchzt versagt sein? – Du sagst du willst dein Mitleid mir bewahren bis ich es brauche, und hoffst ich werde es nicht verachten wenn ich es je bedarf!«

Die Beleidigungen des Bruders wischt sie mit wenigen Worten vom Tisch: »Ei Clemens Du thust mir nicht weh, wenn Du sagst ich habe das heiligste Geheimniß meines Lebens für 10 fl. jedem feilgeboten, ich laufe als Goethes Monument in der ganzen Welt herum, ich habe eine Hexenbrühe aus meiner Natur und Gottes Gnade gemacht, so thut mir Görres auch nicht Weh mit dem Unheil das er mit seiner Rezension gemacht.«

Vermutlich wird aus diesem Entwurf kein Brief, den sie abschickt. Sie zieht es vor, knapp und spöttisch zu reagieren und antwortet auf Clemens' Anrede »arme Schwester« sogleich mit dem Hinweis auf ihre konkreten, akuten Geldprobleme: »Lieber Clemente! Ich hab mich sehr über Deinen lieben, dicken Brief gefreut, der so voll Mitleid und Bedauerns ist was ich gar nicht brauchen kann, aber es freut mich doch daß Du zu eigner musikalischer Unterhaltung mich Deine arme Schwester nennst; arm bin ich, ich geh schon 14 Tage damit um neue Vorhänge zu kaufen und die Stuben malen zu lassen, da kommt eine unerwartete Rechnung für Kleider Hosen und Weste von 71 Tlr: und ich muß in meinem verräucherten Nest sitzen bleiben.«

Kein Zweifel, Bettine versteht es, ihren Bruder zu nehmen, wie er ist, auf seinen Angriff, der weit über das Ziel hinausschießt, reagiert sie mit Spott, und beide entdecken schließlich bei allen Diskussionen über das *Goethebuch*, Gott und die Welt, daß sie trotz aller Differenzen im einzelnen doch innerlich sehr verwandt sind. Attacken des anderen nehmen sie nicht wirklich übel, weil sie einander immer noch und wieder »lieb haben«.

Dennoch entsteht zunächst kein regelmäßiger Briefwechsel zwischen Berlin und München, und auch ein Wiedersehen der Geschwister ist vorerst nicht geplant, denn besonders Clemens wird nicht müde, die Unterschiede in Glaubensfragen hervorzuheben. *Heidnische Antwort auf ein †* ist der Titel eines als Zwiesprache angelegten Gedichts, das er Emilie Linder gemeinsam mit dem Buch Bettines am 19. Oktober 1835 überreicht. Es ist die heidnische Stimme Bettines, die in diesem Lied spricht:

> Was mich betrifft, gesteh' ich ein, ich will
> Der Welt noch mehr, als ihrem Herrn gefallen,
> Und schwiegen auch all meine Reitze still,
> Lehrt ich doch selbst die Stummen, süß zu lallen.

Und in der letzten Strophe beschreibt Clemens die Gegenposition, die von Clemens und Emilie Linder eingenommen wird:

> Mich kreuzigte die Liebe, die ich fand
> Du kreuzigest die Liebe, die dich suchet,
> Sprich, wer von uns dem Kreuze näher stand,
> Ich hab den Kelch geleert, du ihn versuchet.

Trotz aller Bedenken gegen Bettines Ästhetik, die Clemens hier als Lehre vom »süßen Lallen« umschreibt, war ihr *Goethebuch* vermutlich Auslöser für seinen Entschluß, die eigene dichterische poetische Potenz in der Liebeslyrik an Emilie Linder wieder zu erproben und die zum Teil fragmentarischen Werke, die er eine Zeitlang als »Faßelei aus den Heidnischen Studentenjahren in Jena« oder »geschminkte, duftende Toilettensünden unchristlicher Jugend« verachtet hatte, zu revidieren und fertigzustellen.

»Es war mir, als sähe ich mich am Pranger einer dünnen weltlichen leeren Eitelkeit, welche den Abtritt möblirt«, hatte er noch am 5. Februar 1827 an seinen Freund Böhmer in Frankfurt geschrieben, als dieser ohne Genehmigung des Autors ein Kapitel aus den Märchen veröffentlicht hatte. Nun verspricht er Böhmer, »Lieder und Trümmer« für eine geplante Sammelausgabe seiner

Werke freizugeben. Im Herbst 1834 verlangt er von dem Frankfurter Freund eine Liste der Handschriften, die sich noch in dessen
Obhut befinden. Daraufhin erneuert Böhmer seinen Vorschlag,
eine Werkausgabe unter Einschluß der Märchen zu veranstalten.
»Gerade jetzt ist dafür eine günstigere, stillere Zeit eingetreten«,
behauptet er. Clemens beginnt mit der Überarbeitung seiner Märchen, hat jedoch noch Bedenken, Gedichte zu veröffentlichen:
»Ich besitze zwar noch einige dutzend Lieder, habe sie aber seit
30 Jahren unter so speziellen Irren und Leiden geschrieben, daß ich
sie kaum zu lesen, viel weniger abzuschreiben wage, was eine Ver-
rätherei an mir und dem Leben sein würde ... ich habe eine krank-
hafte Angst vor aller Öffentlichkeit. Es ist eine solche Vortrefflichkeit in der Poesie eingerissen, daß ich mich schäme mit meinen
Hobelspänen her vor zu treten, man wird sie anzünden und mich
auslachen.«

Noch im gleichen Brief ändert er jedoch seine Meinung und
macht bereits konkrete Vorschläge zur Auswahl: »Schreiben Sie
einmahl die Titel zussammen, viel wird nicht da sein. Vielleicht
könnte man auch die poetischsten Stellen aus der Gründung von
Prag, welche ein abgeschloßenes Bild aussprechen, ohne dramatisch zu seyn dazu nehmen, suchen Sie dieselben einmahl aus, eben
so die Romanzen aus Godwi – ob die vom Rosenkranz auch? – Ich
erwarte Ihre Antwort!« Am Schluß des Briefes listet er noch einmal auf: »die besseren Lieder aus Godwi, Ponce, lustigen Musikanten« und das Gedicht »St. Meinrad aus dem Wunderhorn«; von
seinen neueren Gelegenheitsdichtungen scheinen ihm die Stamm-
buchverse für Marianne von Willemer und Leberecht Guaita besonders geeignet. »Haben Sie Abschrift«, fragt er und schließt:
»Bitte um Verzeichniß, was Sie haben.«

Brentano beauftragt in München die Professorenwitwe und
Mutter mehrerer Kinder Anna Barbara Sendtner, der er durch seine Kopieraufträge zu einigem Verdienst verhilft, Gedichte abzuschreiben. Zahlreiche Gedichte aus verschiedenen Lebensperioden
Brentanos sind in ihrer Abschrift erhalten. Neben der *Lureley* der
Frühzeit finden wir Gedichte an Luise Hensel wie *O schweig nur
Herz* und die an Emilie Linder gerichtete Alhambra-Dichtung
sowie die *Legende der heiligen Marina*. Wenige Korrekturen und
eigenhändig von Brentano eingefügte Gedichtüberschriften (wie

das berühmte *Wiegenlied eines jammernden Herzen*) zeigen, daß er die Sammelausgabe vorantreibt und einige dafür angefertigte Kopien durchsieht.

Falls Anna Barbara Sendtner auch eine Reinschrift des *Märchens von Gockel, Hinkel und Gackeleia* anfertigte, so ist sie nach dem Satz des Werkes verlorengegangen. Als Brentano sein Quartier bei Schlotthauers räumen muß, zieht er zu dieser Freundin, die ihm spontan ein Zimmer zur Verfügung stellt. Doch dann geschieht etwas für Brentano Schockierendes. Nur wenige Tage nach seinem Einzug stirbt seine Wirtin einen plötzlichen Herztod: »ich saß zwischen meinen Büchern und Geräthen an der Erde«, berichtet er seinem Bruder Christian am 1. November 1840, »sie begann mit den liebvollsten Trostworten zu ordnen, ich staunte sie an in ihrem hohen Christenmuth ... sie ging zur Thüre hinaus, fiel in Ohnmacht – nach 3 Tagen war sie todt!!! Sie starb in Folge eines Herzfehlers, der in der Familie erblich ist, höchst erbaulich; so lag ich plötzlich in der höchsten Verwirrung mitten in einer wehklagenden sich auflösenden Familie von 7 Kindern.«

Ein weiterer Editionsplan, der schließlich von Bettine verwirklicht wird, kommt in der Münchner Zeit auf. Der Buchhändler Mohr, der in der Heidelberger Zeit die Publikationen der Romantiker verlegt hatte, plante eine Neuauflage von *Des Knaben Wunderhorn* und hatte sich an Clemens gewandt, der im März 1839 sehr positiv reagierte. Nach Brentanos Vorstellungen soll die Liedersammlung nun in erweiterter Form erscheinen, und er wendet sich sofort an Bettine, die das Erbe des einstigen Mitherausgebers Arnim zu vertreten hat. Am 13. März 1839 schreibt er ihr von dem Plan des »redlichen Buchhändler Mohr«, das Werk »als doch immer anmuthigsten deutschen Liederschatz« wieder erscheinen zu lassen. »Er bittet mich um die Erlaubniß und die Redaktion ... Einiges Weniges müßte aus der alten Ausgabe weg gelassen, Vieles eingeschaltet werden, sie aber durchaus denselben Charakter behalten. Ich glaube, daß ich das Gefühl allein ganz kenne, in welchem wir diesen Kranz geflochten.« Da seine Überlegungen zu einer Erweiterung der Ausgabe erheblichen Arbeitsaufwand bedeuten würden, bietet er den Söhnen von Bettine die Mitarbeit an: »Ist einer Deiner Söhne reif und bemuset, nicht mit Muß von Pflaumen, sondern von den Musen, und will mit mir bemoosten

Oheim die Arbeit des Vaters noch mals beginnen, so bin ich, wenn er *fleißig* und deutlich ist, bereit.« Dann bietet er Bettine selbst die Mitarbeit an und stellt ihr auch frei, einen anderen jungen Gehilfen zu empfehlen: »Hast Du vielleicht Jemand anders, der nicht durch Kritik unberufen ist, so schreib mir doch recht bald … willst Du die Herausgabe Selbst mit mir unternehmen, desto besser.« Mit den Wendungen im letzten Absatz findet er endgültig zum Ton der Frühzeit zurück: »Adieu liebste Betine! Sehen wir uns nie wieder?«

Am 2. April antwortet Bettine und trägt ihre Idee vor, das *Wunderhorn* in die Arnim-Ausgabe zu integrieren, die sie gemeinsam mit Wilhelm Grimm erarbeitet: »In diesem Augenblick sind die zwei ersten Bände einer Gesammt Ausgabe von Arnims Werken und Nachlaß unter der Presse und werden in 6 Wochen erscheinen, *Grimm* geben sie heraus. – Wir hatten gleich beim Beginn daran gedacht das Wunderhorn diesen auch einzuverleiben weil es für viele einen ganz bedeutenden Reitz haben wird … Was meine Söhne anbelangt so sind sie zur Theilnahme an einer solchen Arbeit wie Du ihnen anbietest schon durch manche Anforderung ihrer Lage und Geschick nicht dazu geeignet, wenn auch die Musen den Vorrang vor dem Muß haben dürften … Du fragst ob ich einen Andern weiß, ja da wär wohl einer der jezt ungefehr so alt wie Arnim damals als Ihr Euer Werk in Überlegung nahmt, der eine herrliche Seele hat, einfach und groß … er sizt jezt leider auf dem Familienschooß des Philisterlebens; und muß groß sein, im Entsagen alles dessen was seinem Herzen und Geist genügen dürfte. – vielleicht würde dies Geschäft für ihn der leichte Anstoß der sein ganzes Dasein ins rechte Gleis brächte. wie schön wär das! – schreib mir doch wies anzufangen wär.« Mit dem Hinweis auf das Projekt ihres Günderode-Buchs macht sie ihrem Bruder deutlich, daß sie dieses gegenüber dem *Wunderhorn*-Plan – »wie gern wollt ich auch dies« – vorziehen würde: »ich bin entzückt darüber ich schwimme im Genuß während ich sie [die Günderode-Materialien] ordne. ich bin ganz glücklich an Dich werd ich dabei viel erinnert, denn Du bist häufig drinn erwähnt.«

Im Zusammenhang mit dem Projekt des Goethe-Denkmals und einer eventuellen Zusammenarbeit mit »Schwanedahler«, auf den sie Clemens aufmerksam gemacht hatte, kommt sie erneut auf die

Idee einer Wiederbegegnung mit dem Bruder zurück: »wär er [Schwanthaler] großartig genug sich mir hinzugeben? – so würde beides vielleicht sich vereinigen lassen und wenn Du schreibst: Adieu liebste Bettine, sehen wir uns nie wieder? – so könnt ich am End gar antworten: ja ich komme. Ach könnt ich Goethes Monument mit dem Schwanedahler zusammen machen dann wär das schon so was.«

Der Brief Bettines geht dann in eine Hymne an die Jugend über. Bettine verehrt nicht nur die Vertreter des Jungen Deutschland, sie hat sich auch in den Kopf gesetzt, mehrere ihrer jungen Freunde in ihrem Sinne zu erziehen, nicht ohne vorher gegen die Berliner Hofgesellschaft zu wettern, die sich während ihrer politischen Kämpfe und namentlich bei ihrem Einsatz für die Brüder Grimm als hemmend erwiesen hatte: »Die Grimm lieb ich. und bin ohne Furcht und Menschenscheu, und der tiefgewurzelte Adelstamm meiner echten Raċe macht daß ich mit plebeischer Genialität Nahrung sauge aus dem reinen Willen zur Menschheit – und die aristokratische Aufgeblasenheit wie eine Fischblase unter meinem Fußtrit platzt, und dazu rechne ich alle philosophische Hoffart, alle Religionsspeculation, alle Selbstliebe alle Eigenmacht in der Wissenschaft alles Selbstbesitzen der selben, alle Kunstverbiesterung. Alles Loslegen und Gegautze mit oder gegen die alte Staatsmaschine und absonderlich das Hofgeschmeiß diese Leeren Flaschen mit der Etikete Vom Besten … und selbst die Religion ist mir als Hofstaat zuwider, – Sei Denker und Du erfüllst alle Religionen. und Christus ist die heilige Organisation eines zukünftigen Instinkts in mir, und mein Cultus ist daß ich der Nachkommenschaft die Füsse Küsse, in derem unbetheiligten elecktrischen Geistesfeuer, des Flückewerdens [Flügge-Werdens] harrend, sich der Genius unschuldsvoll nährt. bis er über die Zeiten sich hinausschwingt und Freiheit herablacht … die Jugend ist durch und durch elecktrisch. und dies ihr nicht zugestehen wollen, heist sie hinterlistig entmannen. – Nein ich ruf ihnen zu, Seid doch was ihr seid, und die Hefe wird schon vor Euch niedersincken.«

Ob Clemens ihr bei diesem Höhenflug folgen, ob er die indirekte Kritik an seiner vergleichsweise engen Religiosität tolerieren konnte? Indem Bettine noch einmal auf die gemeinsame Erinnerung an die Zeit mit der Günderrode zurückkommt, versucht sie den Bruder einzufangen, kommt aber doch zu dem Ergebnis, daß dies wohl nicht gelingen wird: »da fiel mirs ins Herz, ob ich vielleicht mit Gewalt, die von der Liebe ausgeht, Dich hätte bewegen können aber nein! – nicht wahr Nein Clemens, Du hättest mir nicht gehorcht? – Du hättest mir nicht geglaubt. Du bist noch derselbe der den Wahnsinn der Lüge nicht will schwinden sehen im Licht, weil er die Finsterniß für die Wolke hält die ihn aufwärts trägt.«

Das ist herbe Kritik. Aber es kommt noch viel schlimmer. In der Fortsetzung des Briefes, die sie eine Woche später beginnt, steigert sie sich in eine Abrechnung mit den Regierenden und den Opportunisten hinein, die sie in Berlin kennengelernt hatte, und rechnet auch mit dem falschen »Christentum« ab. Zwar war Preußen mit Bayern, und die in Berlin dominierende evangelische Kirche mit der in München vom Staat gestützten katholischen Kirche nicht unmittelbar zu vergleichen. Auch hatte der Bruder seinerseits Vorbehalte gegen die Amtskirche. Dennoch dürften Bettines Anwürfe indirekt auch auf die Auffassungen ihres Bruders gemünzt sein, dessen Frömmigkeit ihr nicht behagte. Sie zweifelt, ob sie den Bruder überhaupt noch kennt: »Lieber Clemens dieser Brief liegt nun schon 8 Tage hier auf meinem Tisch, ich bin zweifelhaft ob ich Dir ihn schicke, denn ich kenne Dich ja nicht mehr und weiß nicht, ob ich Dich anrede oder einen Andern ... sey gewiß daß ich gut mit Dir bin, es mag auch sein wie es will, ich bin nur manchmal so überrascht über alles was in der Welt vorgeht. Denn hier ist die Verkehrtheit am Tag, aller Orten und Enden, und sie wollen immer eine Christliche Kirche haben in der das Volk angepredigt wird aber einen Christlichen Staat haben sie nicht, in dem Gerechtigkeit und Großmuth gepflegt werde. Wie Heillos ist alles was man hört und sieht, wie verwahrlost das Edle ... Lieber Clemens leb wohl und bleib mir gut, lese diesen Brief im guten Sinn lege Dir alles gut drinn aus, denn wahrlich ich will nur gutes thun Allen, selbst die gegen mich sind. kann ich ihnen das Christenthum nicht auf meine Weise einprägen nähmlich alles zu verlassen um der Wahrheit willen ... so will ich nicht streiten.«

Dann kommt wieder die Idee eines Wiedersehens auf, und sie bietet an: »wolltest Du herkommen so kannst Du in meinem Hause wohnen und Leben; aber freilich wärs wohl besser bei Dir, oder willst Du mir schreiben was es kosten könnte wenn ich selbst in München ein paar Monate zubrächte? – schreib mir von allem ... Wie es sich nun auch füge lieber Clemens, sollen Wir uns wieder sehen, so wollen wir im Sinn unserer jugendlichen Geschwisterliebe mit einander sein.« In der Schlußformel des Briefes taucht sogar der Wunsch nach Ausschließlichkeit dieser Geschwisterbeziehung wieder auf: »schreib, ich bin zufrieden mit allem was Du willst, berede Dich aber nicht mit *anderen* nur mit *mir*.«

Als Clemens nicht antwortet, mahnt sie ihn und preist noch einmal den »Sohn eines Justizbeamten aus einem Städchen im Magdeburgischen« [Julius Döring] – als möglichen *Wunderhorn*-Bearbeiter an. Vor einer Reise nach München scheint sie zurückzuschrecken, offensichtlich, weil sie fürchtet, daß dann die unterschiedliche Bewertung des *Goethebuchs* zu Auseinandersetzungen führen könnte und damit die Erneuerung der Geschwisterliebe bedroht war: »Meine eigne Reise nach München ist eine Bedrohung die ich nicht erfüllen werde, was in meinem Brief steht und dir nicht zusagt streiche aus und setze dafür herzliche wahrhafte Theilnahme ... und bleib ohne große Umstände gut Freund mit Deiner Schwester Bettine«.

Am 7. Mai 1839 präzisiert Clemens daraufhin seine Vorstellungen zum *Wunderhorn*-Projekt, geht allerdings auf Bettines dithyrambischen ersten Brief im einzelnen nicht ein. Eine Reaktion auf die politischen und polemischen Tendenzen ihres Briefes steckt jedoch in seinen Leitlinien zur Überarbeitung der Liedersammlung. Politisches will er aus dem *Wunderhorn* grundsätzlich verbannen und merkt zur Auswahl der Lieder an: »Alles langweilig lederne und auch das Polemische soll heraus bleiben, eben so das Moderne ... Meine Meinung wäre, man solle das Wunderhorn ganz neu zusammenstellen ... Alle seitdem erschienenen Sammlungen ... sind dabei auszubeuten, wie auch die Bibliotheken und Privatsammlungen ... Vor allzuvielen historisch politischen Liedern ist sich zu hüten, sie sind auch damals wie heut zu Tage, außer wenigen, kaum gelesen und nicht gesungen worden, nur was so kurz dauert wie die Liebe wird gesungen, weil es ewig wiederkömmt. – Hat nun dein erwählter Wunderhornist mit Sinn und Fleis eine leserliche reine Sammlung solcher Lieder zusammengeschrieben, so mag er hieher kommen und ich will, so Du mich dazu

fähig hältst, helfen, wo ich kann ... Grüße Deine Mädchen herzlich, bringe sie mit, sie können allerlei lernen hier. Adieu liebe
Betine, Gott mit Dir. Dein treuer Bruder Clemens«.

Den »erwählten Wunderhornisten« Julius Döring, der nach dem
Studium in Berlin zu seinen Eltern nach Wolmirstedt bei Magdeburg zurückgekehrt und nun Gerichtsreferendar ist, hat Bettine
längst angeschrieben. Ihm stellt sie den Bruder Clemens in einem
Brief von Anfang April 1839 als »tiefes Criterium der reinen Tonleiter in der Poesie« vor und bietet dem jungen Freund an, »mit
ihm zusammen die Schätze der Volkspoesie, die sich noch in Arnims Nachlaß befinden, als einen 4ten Band zum Wunderhorn
auszuarbeiten«. »Ich hatte mir gedacht es sei wichtig für Deine
Zukunft wenn Dein Name mit dem von Clemens und Arnim in
einem Buch was durch die ganze Welt geht zu erst in die Welt
käme«, ergänzt sie in einem Brief vom 28. April.

Doch Döring hat anderes zu tun, und schließlich sollten Rudolf
Baier und Ludwig Erk die Überarbeitung vornehmen. Sie konnten
allerdings die hohen, kaum realisierbaren Ansprüche, die Brentano
formuliert hatte, nicht annähernd erfüllen.

XX
»Aus Jugendbriefen ihm geflochten«
Bettine legt ihrem Bruder einen Frühlingskranz
aufs Grab

Die Diskussion über den Wunderhorn-Plan führt zu einer weiteren Annäherung der Brentano-Geschwister, obwohl Clemens'
energisches Plädoyer für das Ausscheiden zeitgebundener politischer Lieder die unter der Oberfläche schwelenden Differenzen
des Geschwisterpaars aufscheinen läßt. Mit der Bemerkung gegen
polemische Texte und politische Lieder zielt er auf die Aktivitäten
seiner Schwester, die gerade im Jahre 1839 bei ihren Bemühungen
um die Wiedereinstellung der Brüder Grimm ihre Fähigkeiten als
politische Publizistin entdeckt und erprobt. In München nahm
man diese Orientierung Bettines ebenso kritisch wahr wie ihre
Verklärung des »Heiden« Goethe und die Nähe zu dem protes-
stantischen Theologen Schleiermacher, bei dem Bettine – nimmt
man ihre Berichte an Clemens wörtlich – bis zu seinem Tode täglich ein- und ausging. Auch die konfessionellen Bedenken brechen
immer wieder auf, insbesondere wenn es um Kindererziehung
geht. Bereits kurz nach dem Tode von Arnim hatte Clemens seine
Befürchtungen Apollonia Diepenbrock gegenüber geäußert: »daß
Gott sich doch der Seele meines trefflichen Schwagers H. v. Arnims, der am 20ten Jenner plötzlich gestorben, erbarmen möge,
und seine Frau erleuchten möge, daß sie zum Christenthum zu-
rückkehre, und doch wenigstens ihre Töchter katholisch werden
laße, es ist dieses eine entsezliche Nachlässigkeit und betrübt mich
sehr.« Am 26. Mai 1839 ist es Steinle, dem er seine Bedenken vorträgt: »Möchte er [Christian] auch die Kinder ihr [Bettine] allzu
katholisch zu dressiren scheinen, so sind es vielleicht Hündlein um
ihr allzu heidnischevangelisch gefreites Wildprätt zu jagen u. s. w.
Es dürfte eine Zeit kommen, wo die gute Schwester selbst die
Brosamen ihrer eignen Jugenddressur zussammenlesen wird bei
den Hündlein unter dem Tisch des Herrn.«

Doch die geschwisterlichen Liebesbekundungen, die vom *Goethebuch* wiedergeweckten Erinnerungen an die gemeinsamen Ziele in der Jugend und die neue Liebe von Clemens ließen bei beiden die politischen und religiösen Differenzen immer wieder in den Hintergrund treten. Clemens war wieder bereit, das alte Bündnis mit der Schwester zu erneuern, darauf deutet nicht nur sein Vorschlag, einen Sohn Bettines bei der Aufarbeitung des *Wunderhorns* zu beteiligen, sondern auch der Plan zu einem Wiedersehen und die wiederholte Beteuerung, er könne alles, was Bettine veröffentlicht habe, verstehen und mitfühlen: »ich hatte dich lieb, und fühlte von meinem Fleisch und Bein in dir«, wie er spontan nach der Lektüre des *Goethebuchs* formulierte.

Friedmund, der seinen Onkel Clemens in den dreißiger Jahren zweimal in München besuchte und ihm kurz vor seinem Tode – im Jahre 1841 – noch einmal in Frankfurt begegnete, entwickelt zunächst Aversionen gegen den alten Herrn, die sich zum Teil aus dem aufkommenden Kulturkampf zwischen dem preußisch-protestantischen Berlin und dem bayerisch-katholischen München erklären lassen. Sein Bericht aus München ist zwiespältig: Mit Görres und seinem Sohn Guido – dort wohnte er in München – schließt er offensichtlich über alle politisch-konfessionellen Gräben hinweg Freundschaft, und auch Ringseis scheint er spontan zu mögen, aber der Onkel Clemens ist ihm unheimlich. Seiner Mutter berichtet er in seinem einzigen Brief aus München am 30. Mai 1834: »Ich war beim Rinxeis, was der mich liebhat. Ueberall ist er mit mir hingegangen, wenn er nur einen Augenblick Zeit hatte … Anfangs war Görres und die ganze Familie verreißt, kam aber den folgenden Tag zurück, wo ich und Rinxeis sie am Abend noch besuchten. Die Frau Görres erkannte mich. Jetzt wohn ich bei ihnen und bin als Sohn angenommen, – und lebe so glücklich, daß ich nicht wieder fort möchte. Doch nein, denk dir ich habe den Clemens hier getroffen: Ich weiß nicht, wie mir zu Muth ist, manchmal möchte ich mich freuen ihn gesehn zu haben, dann möchte ich wieder aus München, um ihn nicht zu sehen; Nun will ich warten, wie sich, die Sache wenden wird. Wenn Du mir Dein Buch zuschicktest, oder wenigstens soviel Bogen als fertig sind, würde ich Dir getreulich alles, schreiben, was man hier davon denkt.« Zu diesem Bericht über die Münchener Reaktion auf das

Friedmund von Arnim, Federzeichnung Gisela von Arnims
im Brief Friedmunds an Bettine vom 26.-30.6.1837

Goethebuch Bettines kam es nicht, denn Friedmund reiste bald aus
München nach Süden weiter. Der folgende Brief an die Mutter, der
überliefert ist, trägt die Ortsangabe Padua.

Doch 1839 ist Friedmund noch einmal in München und schreibt
an seine Mutter, von der er annimmt, daß sie in der bayerischen
Hauptstadt allenfalls nur »einige Augenblicke« Frau Görres und
dem Bruder Clemens widmen würde. Friedmunds Eindruck von

seinem Onkel ist nun jedoch positiver. Er berichtet nach Berlin:
»In diesem Augenblick am 4ten Oct 1839 bin ich in München,
wozu mich, den Clemens zu besuchen, und das Octoberfest zu
sehen, es verleitete ... Du würdest auf deine Weise hier schauend
umgehen, die Kunstwerke betrachten, dich mit *der* Görres und
dem Clemens einige Augenblicke angenehm unterhalten und
schnell suchen wieder fortkommen. Wohl kann man auch sagen
daß diese Frömmigkeit, die Menschen von Gemeinheit zurückhält. Vielleicht brauchen sie diese Stütze ... Wenn diese Masse
dabei auch dumm bleibt, so sind doch einige, die so lange es ihnen
Vergnügen macht sie leiten ... Der Onkel ... ist sehr viel älter
geworden seit den vier Jahren, sehr stark und nicht viel mehr
weiße Haare. Aber desto würdevoller und angenehmer macht er
sich. Er würde sich prächtig auf einem Sessel in Bronçe ausneh-
men.«

1841 kommt es in Frankfurt zu einer neuerlichen Begegnung
Friedmunds mit seinem Onkel Clemens, und er lernt den Kreis
der Frankfurter Verwandten näher kennen. Sein Bericht an die
Mutter vom 4. November 1841 zeigt, daß er keinen Zugang zu
den katholischen Kreisen findet, in denen Georg und Clemens
damals verkehrten. Ihm fällt das Künstliche, Erzwungene des Katholizismus in der Diaspora Frankfurts auf. Bettines selbstver-
ständliche Art – gerade in Glaubensfragen – ist für ihn aufgrund
seiner Erziehung und Erfahrung im Hause der Arnims in Berlin
der Maßstab, und so schreibt er seiner Mutter: »hier unter allen
Katholicken vorzüglich aber dem Clemens, findet man eine außer-
ordentliche Besorgniß, daß man nicht den rechten Weg gehe. Denn
bei der angezwungenen Demuth ohne Liebe, glauben sie mit der
katholischen Religion doch immer etwas voraus zu sein. Bei alle
dem kommen sie aber doch zu keinem innerlichen Frieden.«

Offensichtlich fragte Clemens seinen Neffen auf einem Spaziergang aus; er interessierte sich für die Vermögensverhältnisse von
Bettine und erkundigte sich – wie Friedmund im Brief berichtet, ob
»wir dich [Bettine] denn lieb hätten und ob ich dein Buch gelesen«.
Friedmunds Antwort war: »Aus deinen Briefen [an Goethe und
seine Mutter] hätten mich die Erzählungen oft sehr rührend ange-
zogen indessen die Liebeleien im Anfang der Briefe vorzüglich
hätte ich als erzwungene Schmeichelei nicht lesen mögen«, ein

Urteil, das Clemens als Bestätigung seiner Kritik an der ominösen »pagina 11« und entsprechenden Passagen in Bettines *Goethebuch* empfunden haben dürfte. Wolfgang Bunzel und Ulrike Landfester vermuten in ihrem Kommentar zu Friedmunds Brief, daß Friedmund den Brief seiner Mutter vom 1. März 1807 an Frau Rat Goethe als peinlich empfand. Darin berichtet Bettine, »daß Jérôme Bonaparte ... ihr ›liebenswürdiger Verehrer‹« sei, und schildert auch ihren »unbefangenen Umgang mit dessen Adjutanten und mit dem Frankfurter Bankier Anselm Meyer Rothschild«.

Der Brief Friedmunds aus Frankfurt enthält eine sehr lebendige Schilderung der Brentano-Familie. Da die Hochzeit von Carl von Guaita bevorsteht, treffen zu dieser Zeit sechs Geschwister aus der Generation von Bettine und Clemens in Frankfurt zusammen: Franz, Georg, Clemens, Meline, Lulu und Christian. Da geht es zu wie in einem Taubenschlag, als »zur Feier von dem Karl seiner Hochzeit« gemeinsam Schattenspielfiguren hergestellt werden. Christians Frau Emilie bewährt sich als Friedensstifterin in dieser Runde und beruhigt insbesondere den verletzlichen und hochfahrenden Christian, den Autor des Schattenspiels, immer wieder: Das Schattenspiel ist nach Meinung von Friedmund »recht hübsch ich werde ein gedruktes Exemplar mitbringen, bedeutend witziger würde es freilich bei uns [im Kreis der Arnim-Familie] geworden sein. Jetzt aber bei der Bearbeitung giebt dies viel Streit und Zank u Versöhnung zwischen der Loulou u dem Christian. Ich seh daraus nur, daß wir doch schon so viel jünger, weiter sind in gegenseitiger Verträglichkeit ... der Christian etwas krank an Rückenschmerzen ist empfindlich fühlt sich beschuldigt, obgleich er seinen guten Willen weiß ärgert sich über die Einwürfe, die oft auch nicht recht sein mögen. Man disputirt. Der Christian, sagt, daß er kein Vertrauen mehr zu sich habe, geht von der Arbeit, die Tante [Emilie] bedauerts giebt nach bittet, man versöhnt sich, man disputirt wieder der Onkel geht zur Thür hinaus Loulou weint Emilie tröstet Christian meine es nicht so; Es wird dem Christian gesteckt, daß die Loulou betrübt sei u wünschte sie hätte das Schattenspiel gar nicht angefangen. Christian kömmt wieder. Sie kleben wieder zusammen. Die Tante sagt es thut ihr leid, daß der Christian mit all den Sachen gequält wird um ihm zu schmeicheln, Christian sagt, die Arbeit mache gerade Vergnügen; Ich lache, – man frägt, – nur kein Vergnügen wenn ihr euch alle Tage so streitet man ist vergnügt und alles geht weiter.

Clemens ist jetzt bei mir. Ich kann nicht weiter schreiben.«

Ähnliche Erfahrungen muß Marianne von Willemer mit dem Familienleben der Brentanos gemacht haben, denn sie beschreibt »scharf ausgesprochene Charaktere«, die »sich gegenseitig so viele Püffe und Hiebe [versetzen], daß sie es nicht lange miteinander aushalten«. Für Friedmunds Vater war das Beispiel dieser »Familie« so abschreckend, daß er, wie anfangs geschildert, auf den französischen Ursprung dieses Wortes hinwies und beschloß, es nicht mehr zu benutzen: »In meiner Familie sollte mir der Name Familie gar nicht ausgesprochen werden, es ist ein verruchtes Wort«, heißt es in einem Brief an Clemens aus Heidelberg.

Als Arnim dieses Urteil über die Brentanos am 22. März 1808 an seinen Freund Clemens schickte, war dieser gerade mit den Seinen zerstritten. Nach Friedmunds Beschreibung scheint es, als sei der Onkel nun – 33 Jahre später – abgeklärt genug, um sich aus der streitenden Bastelgemeinschaft fernzuhalten. Tatsächlich hatte sich ja in seinem letzten Lebensjahrzehnt auf der Grundlage des Katholizismus eine Wiederannäherung von Clemens an die Frankfurter Brüder vollzogen. Georg zeigte sich interessiert an Clemens' Emmerick-Publikation der Leidensgeschichte Christi und bestellte einige Exemplare, Clemens beriet ihn und seinen Halbbruder Franz, wenn es um geeignete Pfarrer oder Lektüreempfehlungen in den katholischen Gemeinden von Frankfurt und Rödelheim ging. Seit Steinle in Frankfurt lebte und Dorothea Schlegels Sohn, der Nazarener Philipp Veit, zum Städeldirektor in Frankfurt ernannt worden war – eine Berufung, bei der die Brentano-Familie vermittelnd tätig war –, gab es auch im Bereich der Kunst eine katholisch geprägte Gruppe, der sich Clemens persönlich verbunden fühlte. Er hatte es in Frankfurt nun nicht mehr ausschließlich mit den kommerziell orientierten Brüdern zu tun, zumal diese beiden als Kaufleute nicht mehr aktiv waren und mit Ende des Jahres 1841 die Firma in Frankfurt auflösten.

Doch Friedmund versuchte bei seinem Frankfurter Besuch im Sinne seiner Mutter, den Onkel Clemens gerade aus dem katholischen Frankfurter Zirkel, der in der Freien Reichsstadt eine Minderheit bildete, vorsichtig herauszulösen. Er unternahm es, den

Dichter der katholischen Spätromantik mit einem Vertreter der jüngeren Generation bekannt zu machen, der eine konträre links-liberale Linie vertrat, mit Ferdinand Freiligrath. Auf Hinweis von Bettine hatte Clemens bereits eine Liedersammlung von ihm ge-lesen und dem jungen Kollegen einen begeisterten Brief geschrie-ben, der so gar nicht zu seiner generellen Verurteilung »historisch politischer Lieder« paßt, wie Freiligrath sie ja gerade schrieb. Auf Brentanos Brief hatte er überhaupt nicht reagiert, und nun besuch-te ihn Friedmund in Darmstadt, um ihn zu einem Besuch in Frank-furt zu bewegen. Tatsächlich kommt es zu einer Begegnung der beiden Dichter, und Clemens äußert sich nach diesem Treffen positiv über den »stämmigen gutmüthigen Gesell, mit der Phisio-nomie eines Bootsknechts«, doch die politischen Differenzen blei-ben. Freiligrath publiziert wenig später *Zeitgedichte*, die ihn in Opposition zur preußischen Regierung bringen, und arbeitet zeit-weise als Redakteur der *Neuen Rheinischen Zeitung* von Karl Marx. Damit steht er politisch Bettine sehr nahe. In seiner Lyrik geht es um die politisch-nationale Freiheit, die im Denken des bayrisch-katholischen Görreskreises keine wesentliche Rolle spielt, aber Freiligrath ebenso beschäftigt wie Bettine.

In politischen und konfessionellen Fragen bleibt Clemens dem konservativ-katholischen Kreis in München verhaftet, und auch in Fragen der Ästhetik kehrt er nicht zu den radikal-artistischen Ideen der Frühromantik mit ihrer Forderung nach einer Domi-nanz des Poetischen auch im alltäglichen Leben zurück. Lediglich die extreme Forderung an den Dichter, sich auf die Funktionen eines »Schreibers« beziehungsweise katholisch-konservativen Pu-blizisten zu beschränken, wird zurückgenommen. Kunst, die sich der eignen Phantasie bedient und nach deren Gesetzen entfaltet, läßt er nun wieder gelten, eine christliche Orientierung ist ihm dabei jedoch selbstverständlich und wichtig.

Am deutlichsten wird die neue Freiheit des Poeten bei der Über-arbeitung der Märchen, die Clemens etwa 20 Jahre zuvor entwor-fen hatte. Als er die Neuedition des *Wunderhorn* erwägt und seine Lyrikausgabe vorbereitet, ist das bedeutendste Werk dieser späten Münchener Schaffensperiode, das *Märchen von Gockel, Hinkel und Gackeleia*, bereits im Buchhandel. Brentano hatte sich ent-schlossen, »die Mährchen *nach und nach* und nicht auf einmahl drucken zu lassen«, denn, so gegenüber Böhmer, »es ist durchaus eine Revision nöthig«.

Diese »Revision« geht über Korrekturen und kleinere Einschübe weit hinaus. Die erste Fassung Brentanos – basierend auf der nur etwa 10 Seiten umfassenden Quelle bei Basile – umfaßt im Erstdruck von 1846 130 Druckseiten. Daraus wird in München ein selbstständiges Buch mit fast 350 Seiten. Darin eingeschlossen ist allerdings die an das »Großmütterchen« Marianne von Willemer gerichtete *Herzliche Zueignung* (14 Seiten) und der 108 Seiten umfassende Anhang *Aus dem Tagebuch der Ahnfrau*. Diese beiden dem eigentlichen Märchentext hinzugefügten Abschnitte enthalten neben biografischen Anspielungen auch die Essenz der Kunstauffassung des späten Brentano.

Doch auch der Haupttext ist gewachsen, insbesondere durch zahlreiche Liedeinlagen. Brentano verbindet seine phantastischen Bilder zu einem rankenartig wuchernden Gebilde, das nur schwer in die Gattungsraster der Literaturwissenschaftler einzuordnen ist. Als »autobiographisch akzentuierten märchenhaften Arabesken-Roman« hat man Brentanos Werk bezeichnet, und die Frage, ob der Dichter das *Gockelmärchen* mit seinen wuchernden Anhängseln tatsächlich verbessert hat, bleibt umstritten.

Zweifellos greift er bei der Erweiterung des Märchens auf Elemente der Frühromantik zurück und revidiert die karge Ästhetik der Emmerick-Periode, doch schlägt das Pendel nun weit in die entgegengesetzte Richtung aus: Phantasie umschlingt und überwuchert das eigentliche Märchen, das sich bereits im Haupttext von den schlichten Formen der Grimmschen Tradition weit entfernt, und droht, den Kerntext zu ersticken. Jedes Detail des komplexen Kunstmärchens setzt in dem vorgeschalteten und angehängten Teil des Gesamtwerks neue Assoziationen und Deutungen frei. Nur mühsam hält der Autor diese Einfälle in Zaum, ordnet sie einer fortschreitenden Handlung unter oder deutet sie im Sinne seiner christlich-katholischen Vorstellungen und ästhetischen Theorien.

Die *Zueignung* und das *Tagebuch der Ahnfrau* sind der Versuch, Grenzen und Ziele einer neuen Kunstmärchenästhetik zu definieren und damit eine Art stützendes Gerüst in das blumige Rankenwerk einzuziehen. Doch auch diese Begleittexte zum Märchen

Illustration zum »Märchen von Gockel Hinkel und Gackeleia«,
aus dem Erstdruck, 1838

werden von Brentanos skurril-satirisch eingefärbter Bilderwelt
durchwuchert, und auch kleine Differenzen zur reinen Lehre der
katholischen Spätromantik tun sich in diesem Entwurf seiner
Münchener Poetik auf.

So ist Goethe, auf den an prominenter Stelle am Eingang der
Zueignung Bezug genommen wird, für den Linder-Kreis ein pro-
blematischer, geradezu geächteter Dichter. Auf dem Hausaltar,
den Konrad Eberhard für Emilie Linder anfertigt, ist das Programm der Münchener Gruppe unter dem Titel *Triumpf der Kirche* bildlich dargestellt. Goethe erscheint in der Gruppe der Abtrünnigen, der Heiden, während Clemens zur Gruppe der
Bekehrten gehört.

Doch der Bekehrte, der nach dem simplen Altarbildprogramm
des Münchener Kreises für die abtrünnigen, abseits stehenden Heiden dieses Altarbilds nichts als Verachtung übrig haben sollte,
richtet seine *Herzliche Zueignung* ausgerechnet an eine Freundin
des späten Goethe, an Marianne von Willemer. Ihr »weiht« er
»dieses Paradieschen, diese Rarität, diese Kunst, diese verspäteten
Schmetterlinge, dieses Adonisgärtchen, dieses Märchen«. Dann
schildert er ausführlich sein Kinderphantasiereich »Vadutz«, um
ausgerechnet Frau Rat – Goethes Mutter – mit den Prognosen
zur eignen Künstlerlaufbahn zu zitieren:

Wo dein Himmel, ist dein Vaduz
Ein Land auf Erden ist dir nichts nutz.

Auch den wohlformulierten Rat, wie Irdisches und Himmlisches,
Phantasie und Realität zusammenkommen könnten, soll Frau Rat
Goethe Clemens mit auf den Weg gegeben haben: »Ich wünsche
einen gesegneten Regenbogen. Bis dahin baue deine Feenschlösser
nicht auf die schimmernden Höhen unter den Gletschern, denn die
Lawinen werden sie verschütten, nicht auf den wandelbaren Herzen der Menschen unter den Gletschern, denn die Launen werden
sie verwüsten; nein, baue sie auf die geflügelten Schultern der
Phantasie.«
    Bei der Erklärung des oft im Märchen variierten Reims:

Keine Puppe, sondern nur
Eine schöne Kunstfigur

spielt Brentano nicht nur auf den Harlekinauftritt der Tänzerin
Marianne Jung (spätere Willemer) an, sondern nennt erneut Frau
Rat und ihren Sohn Wolfgang als Gewährsleute.
    Diese Anekdoten der *Zueignung* lassen sich kaum als Kritik an
Goethes Kunstanschauungen interpretieren, und sie werden Bettine gefreut haben, die im *Goethe-* und *Königsbuch* auf ihre Weise
zur Legendenbildung um die Frau Rat Goethe und ihren großen
Sohn beiträgt. Clemens hat sich nicht nur von den radikalen Thesen seiner Dülmener Phase abgewendet, er distanziert sich mit
seinem *Gockelmärchen* auch vorsichtig vom Münchener Görres-
Kreis und nähert sich mit der Verklärung der Frankfurter Jugendzeit wieder den Themen an, die auch Bettine in dieser Zeit beschäftigen.
    In einem seiner letzten Briefe an den Freund Böhmer bietet er
eine weitere, bis heute noch nie veröffentlichte Anekdote aus der
Kinderzeit. Er schildert eine Kutschfahrt im »Phaëton«, einem
»zierlich gebauten, hochhängenden, vierrädrigen Wagen zu Spa-
zierfahrten«, wie ein zeitgenössisches Lexikon verrät. Die Reisegesellschaft, zu der Clemens' Eltern, Herr von Willemer und Frau
Rat Goethe gehören, ist zu einem Ausflug in die Gerbermühle
unterwegs, als ein Schwarm Maikäfer den sechs- oder achtjährigen

Clemens erschreckt: »als die holdseligen Engerlinge im Frühling 1784 oder 86, die anno 83 nicht alle er- u. versoffen waren, den Lunten rochen, welchen die Maiblüthen Kartätsche los brennen sollte, u. als der Hr. Resident Brentano mit seiner Frau Maximiliane u. Frau Rath Göthe u. Hrn Willemer im gelben Phaëton zum Erstenmal mit zurückgeschlagenem Verdeck nach der Gerbermühle fuhr, da stand der kränkliche, weinerliche Knabe Clemens Brentano zwischen den Füßen der Fahrenden u. stellte Vergleiche an zwischen der Flora seiner Mutter, u. der Pomona, der Frau Rath ... Es war sonnig warm. Frau Rath schlug das Verdeck ihres Phaëtons auch zurück, damit der Maiblumenstrauß an ihrer Fülle nicht ersticken möge. Willemer begann das neueste Lied zu singen: ›Alles liebt u. paart sich wieder, Blumen schmücken Chloes Mieder, Daphnes Lamm hüpft auf der Flur.‹ Da parodirte der Herr Resident etwa die Zeile hinzu: ›Und Maikäwwer mack l'amour.‹ – Das aber war die Signalparole, die holden Engerlinge brachen als geflügelte Maikäferlein aus allen Ecken, Hecken u. Decken hervor u. fuhren niederplumpsend gegen die Frau Rath, welche sich mit geöffnetem Fächer deckte u. vertheidigte, indem sie sagte: ›Was mer die galante Maikäwwer meine Reize bestürme!‹ Der Knabe Clemens aber fing über die Maikäfer fürchterlich an zu weinen, man mußte das Verdeck des Wagens zumachen u. ihn mit Mänteln u. Schürzen bedecken«.

Auf einer »Savoyardenleyer«, die – wie Clemens behauptet – zunächst in einer »Paillegelben Wertherhose« eingewickelt war, begleitet Herr von Willemer dann »das Geplärr des Knaben mit dem Spottlied: ›Clemens flenn eens, flenn eens, auf der Geige, kannst du geschweige‹ u. s. w.«

Die zahlreichen Anspielungen, die Clemens in der großen Fassung seines Gockelmärchens versteckt – besonders in den neu hinzugekommenen Abschnitten –, wirken wie eine private Mythologie, die, ohne den Zugang zu den Quellen, die die moderne Forschung bereitstellt, nur von einem sehr kleinen Leserkreis von Zeitgenossen vollständig zu entschlüsseln war. Selbst Bettine konnte die Freundinnen ihres Bruders nach der Berliner Zeit nicht kennen, so daß ihr verdeckte Hinweise auf Apollonia Diepenbrock und Emilie Linder zunächst unverständlich bleiben mußten. Nur bei den Reminiszenzen an die Frankfurter Kindheit, insbesondere

wenn auf Goethe, Frau Rat und Marianne von Willemer angespielt
wird, konnten die Geschwister aus der gemeinsamen Erinnerung
schöpfen.

Und so ist es nicht verwunderlich, daß Bettines Töchter Maxe
und Armgart aus Anlaß der Märchenpublikation auf Bettines Anregung eine Kollage mit einem bunten Federkranz für Marianne
von Willemer anfertigten und damit den Faden der *Zueignung*
aufnahmen. Im Innern des Kranzes ist als Aquarell das Schloß
Bärwalde erkennbar, und die Inschrift lautet: »DEM GROSSMÜT-
TERCHEN Die BAERWALDER Gockel, Hinkel und Gackeleien.
1838«. Bei seinem letzten Besuch in Frankfurt suchte Clemens
auch Marianne von Willemer auf und bekam diesen Kranz zu Gesicht. Emilie Linder berichtet er nach München: »Die gute Frau
Willemer hatte eine große Freude, als ich sie besuchte, Max[imi-
liane] und Armgard von Arnim haben ihr einen Kranz von Pfauen,
Hüner und hahnenfedern mit einem Gockel Hinkel, Gackeleia
Reim darin über ihren Sitz gehängt.«

So können Bettine und ihre Töchter im *Gockelmärchen* zwar die
Anspielungen auf »die treue, dunkellaubige Linde« nicht ohne
weiteres verstehen, aber alles, was sich in der *Zueignung* auf die
Frankfurter Kindheit und das Spielparadies im *Haus zum Goldnen
Kopf* bezieht, auf das »Ländchen Vaduz« in der Galerie, weckt
gemeinsame Erinnerungen der Geschwister. »Eine Prozession allerliebster kleiner Wachspüppchen« und das »Modell eines Kriegsschiffes« erwähnt Clemens zu Beginn seiner *Zueignung*. Die
gleichen Utensilien auf dem Speicher des Handelshauses beschreibt Bettine in einem frühen Brief an den Bruder, der ihr bei
der Arbeit am *Frühlingskranz* wieder in die Hände fällt: »In unserem Haus war alles voll Sonnenschein und erinnerte mich sehr an
unsere Kindheit, wo wir uns als [immer] in die Gallerie versteck-
ten, um dort das kleine Seeschiff zu betrachten, und die unzähligen
kleinen Wachspüppchen von allen Ordensgeistlichen, vom Papst
an bis zu den Bettelmönchen und Nönnchen.«

Als Clemens 1841 seine Heimatstadt aufsuchte, konnte er mit den
älteren Brüdern, den Geschäftsführern der Firma, mit seiner
Schwester Meline, der Frau des Frankfurter Patriziers Guaita
und den aus Aschaffenburg und Wasserlos angereisten Geschwi-

stern Christian und Lulu Wiedersehen feiern, doch Gunda und Bettine hielten sich im fernen Berlin auf. In Frankfurt kommt es in geselliger Runde nicht nur zur Verfertigung der Schattenspielfiguren, sondern auch zu einer Dichterlesung. Clemens las seine Erzählung *Die mehreren Wehmüller* vor, und Edward von Steinle, mit dem er in seinen späten Jahren regen Briefkontakt pflegte, zeichnete ihn während der Lesung. Einmal erscheint sein Kopf neben dem Zigeunergeiger Michaly, einer Figur aus der Erzählung, und einmal sehen wir ihn mit dem Buch, das der offensichtlich kurzsichtige Autor und Vorleser dicht vor seine Augen hält.

Brentano hatte Steinle 1837 in München kennengelernt, als der Maler von Rom nach Frankfurt übersiedelte. Er hoffte in dem Nazarener einen Künstler zu finden, der bereit war, mit ihm zusammenzuarbeiten, »der ihm den so früh gestorbenen Philipp Otto Runge ersetzen« könnte. Tatsächlich kommt es zur Planung eines illustrierten Gebetbuchs und weiterer gemeinsamer Projekte. Vorgesehen sind Ausgaben der *Lehrjahre Jesu*, der *Rheinmärchen* und der *Romanzen vom Rosenkranz*, doch entstehen die meisten Entwürfe Steinles zu diesen Texten erst nach Brentanos Tod – zum Teil als Auftragsarbeiten für die Frankfurter Brentano-Familie, die sich Erinnerungsräume mit Motiven zu Brentanos Dichtungen schmücken läßt. Ein Fries von insgesamt fast 18 Metern Länge mit Motiven der *Rheinmärchen* wird im Frankfurter Städel aufbewahrt; zum Bestand des Freien Deutschen Hochstifts gehören ein großformatiges farbiges Bild zu den *Romanzen vom Rosenkranz* und ein Karton zu den *Mehreren Wehmüllern*.

Am bekanntesten ist vielleicht die Loreley-Darstellung Steinles in der Münchener Schack-Galerie. Das in mehreren Ausführungen überlieferte Bild zeigt eine gewaltige Frauenfigur, mit ausgestrecktem Arm an einem Felsenhang stehend. Verführerisch und beherrschend, ist sie mit der Germania-Figur des späten 19. Jahrhunderts verwandt, wie sie das Rüdesheimer Denkmal zeigt. Tatsächlich schuf Steinle auch dieses Ölgemälde erst 1864, mehr als sechzig Jahre nachdem Brentano die Loreley-Figur erfunden hatte. Steinles Darstellung entspricht aber insofern Brentanos Ballade von 1801, als er der Frau tragische Züge verleiht. Denn Brentanos Loreley entfaltet ihren Männerhaß, nachdem ihr Liebster sie verlassen hat. Sie ist über ihre magischen erotischen Kräfte, die von ihren

Loreley, Aquarell und Bleistiftzeichnung von Edward von Steinle, 1863

Augen ausgehen und die Männer »zu Schanden« bringen, höchst unglücklich, verlangt vom Bischof, von ihrem zwanghaften Verhalten befreit zu werden. Erst der spätere Kult reduziert die Loreley auf einen lasziven Vamp, der ohne tieferen Grund mit seinem Gesang und dem Kämmen der Haare Männer ins Unglück stürzt.

Am 14. September 1841 besucht Brentano Steinle in seinem Frankfurter Atelier und fährt dann gemeinsam mit dem Künstler und seinem Bruder Georg zu dessen Besitz in Rödelheim. Auch Franz, der sich gerade auf seinem Weingut in Winkel aufhält, stattet er einen Besuch ab. An den Verkehrsmitteln wird deutlich, wie sich die Zeiten seit der 40 Jahre zurückliegenden legendären Rheinfahrt mit Arnim geändert haben, denn bis Mainz benutzt Clemens die Eisenbahn, von dort geht es mit dem Dampfschiff weiter. In drei Stunden ist er in Winkel: »Gestern früh fuhr ich mit Dampfwagen 8 Uhr nach Mainz war um 10 Uhr auf dem Dampfschiff und 11 Uhr im Rheingau bei Franz«, berichtet er am 25. September Emilie nach München.

Am 4. November ist er zum letzten Mal bei Steinle zu Gast. Der Künstler widmet ihm später ein Gedenkblatt, das seine Vorbilder in der Nazarener-Tradition nicht verleugnen kann: Es zeigt Clemens als Pilger, der mit flehendem Blick gen Himmel ein Kreuz am Wegesrand umarmt. In seiner lebensfrohen Phase in München hätte Brentano dieses Bild kaum gefallen. Die zu dieser Zeit entstandenen Illustrationen zum Gockelmärchen etwa sind völlig frei von dieser frömmelnden Tradition. Sie folgen einem additiven Prinzip und verarbeiten Anregungen von Philipp Otto Runge ebenso wie von Hieronymus Bosch, Albrecht Dürer und William Hogarth. Zugleich sind die fertigen Kompositionen der von Brentano inspirierten Stiche des Gockelmärchens auch mit modernen Bildwerken der Surrealisten verwandt und weisen damit auf die Moderne voraus.

Nach München zurückgekehrt, klagt Brentano am 30. Dezember 1841 Emilie Linder gegenüber, »er fühle es durch und durch, daß er bald zusammenbreche«. Im Januar 1842 scheint sich sein Gesundheitszustand rapide zu verschlechtern, denn der Arzt verbietet ihm, die Wohnung zu verlassen. Er hat geschwollene Füße, Symptome seiner Herzschwäche, die zu Ödemen führte. Im Februar kommt es noch einmal zu einer Besserung, und der Dichter

kann wieder an der Messe teilnehmen und besucht überraschend
seine Freundin Emilie. Im Mai verordnet ihm sein Arzt jedoch
erneut Bettruhe, und Clemens bittet Christian, von Aschaffenburg
nach München zu kommen.

In seinem Testament, das Clemens unter Assistenz von Görres
dann aufsetzt, wird Christian als Universalerbe genannt. Ferner
wird verfügt: »Von einem Drittel seines Vermögens erhält seine
Schwester Bettine von Arnim die Nutznießung, von einem weiteren Drittel erhalten die Barmherzigen Schwestern in Koblenz und
München, das von Apollonia Diepenbrock geleitete Krankenhaus
in Regensburg und andere Institutionen einmalige Spenden. Alle
Aufzeichnungen aus der Zeit seiner Begegnung mit Anna Katharina Emmerick sollen Daniel Bonifaz Haneberg, die Handschriften der Märchen Guido Görres übergeben werden, die beide je für
die ihnen anvertrauten Nachlaßteile als Herausgeber verantwortlich werden sollen.« Bemerkenswert an dieser Auflistung ist, daß
Clemens seiner Schwester Bettine einen großen Teil seines Gutes
überläßt, nämlich ein Drittel.

Christian schildert seiner Frau Emilie seinen Eindruck von dem
kranken Bruder und berichtet auch über eine vom Arzt angeord-
nete Roßkur, die angeblich Besserung bringt, vom Kranken jedoch
als ungeheure Quälerei empfunden wird: »Zu meinem großen
Trost scheint es wirklich zur Beßerung gekommen zu seyn, wenigstens in der Richtung. Ja wir meinen schon seit gestern ein nicht
unbemerkbares Stüfchen höher zu stehen, und dies zwar in Folge
von Spritztouchen mit kaltem Wasser, die ich Cl alle 1 a 2 Stunde
nach Vorschrift des Arztes auf den Kopf beibringe, jedes mal 5 Minuten lang. Es ist dieses aber keine leichte Sache, denn es hat jedes
mal die größte Noth bis man ihn dahin bringt sich der Sache zu
unterziehen und vor meiner ist es noch Niemand geglückt ... sein
Gehirn scheint freier u darin besteht eben die Beßerung, deren wir
uns freuen. Sein Puls aber geht traurig regellos, einzelne Schläge
folgen so träg aufeinander, daß es Schrecken einjagt, dann folgen
sie wieder schneller, doch nicht fieberhaft. Auch ist der Puls an den
beiden Armen verschieden.«

Am 6. Juli wird der problematische Entschluß zu einer Reise
nach Aschaffenburg gefaßt: »Da Clemens immer schwächer u
schwächer wird, so habe ich heute mit dem Arzte gesprochen,

daß es wohl beßer sein möchte, mit den Arzneien, mit welchen er bisher (fast immer dieselben) drei Monate lang behandelt ist, da es Giftmittel [Digitalis] sind welche eine endliche Zerstörung der Kräfte herbeizuführen nicht verfehlen können, auszusetzen, und ihm zugleich zu erklären, daß ich morgen mit ihm abzureisen entschloßen sei. Er könnte meine Gründe bezüglich der Reise nicht mißbilligen und gab das Verhalten für dieselbe an. – Ich denke also unter Gottes Beistand Morgen in der Frühe abzureisen.«

»38 Centner Bücher 3¹/₂ Ctr Manusskripte« werden eingepackt, dann beginnt am 12. Juli ein Wettlauf mit dem Tod: »des andern Morgen gegen 7 Uhr« wird Tauberbischofsheim erreicht, drei Stunden später Miltenberg. Dort läßt sich eine Übernachtung nicht mehr vermeiden, und Christian schickt in der Nacht einen Boten nach Aschaffenburg, um seine Frau zu alarmieren. Emilie Brentano holt die Brüder am folgenden Tag ab. »Hofnung ihn zu erhalten ist keine. Das Ende aber auch noch nicht zu bestimmen«, schreibt Christian seiner Schwester Gunda.

Am 27. Juli, »als gerade Edward Steinle und August van der Meulen aus Frankfurt eintreffen«, nimmt ein Priester die letzte Ölung vor. Am Abend des gleichen Tages finden sich auch Apollonia Diepenbrock und Emilie Linder ein, um Abschied von dem Todkranken zu nehmen. Am darauffolgenden Morgen, dem 28. Juli, um neun Uhr stirbt Brentano; am 30. Juli wird er in Aschaffenburg beigesetzt. »Das Aussehen von Cl nach dem Tode war wunderschön«, schreibt Christian seiner Schwester Gunda, »wir stellten Lorbeer und Granatbäume um sein Bett; da lag der liebe Bruder so milden so ernsten Angesichts, daß er ohne Tiefste Rührung nicht angeblickt werden konnte.«

Einen bleibenden Kranz stiftet Bettine, die nicht nach Aschaffenburg anreisen kann, zwei Jahre später. Sie veröffentlicht ihren Jugendbriefwechsel mit dem geliebten Bruder. Dabei hatte sie zunächst einen Strauß mit Christian auszufechten, weil dem jüngeren Bruder der literarische Nachlaß testamentarisch zugesprochen war. Bettine verfügte zwar über die Briefe, die sie von ihrem Bruder erhalten hatte, aber die Gegenbriefe waren in der Obhut von Christian, der sie zunächst nicht für eine Publikation freigeben wollte und eigene Pläne einer Gesamtausgabe verfolgte, zu der zwei Bände *Gesammelte Briefe* gehörten.

Doch Bettine setzte sich mit der Idee eines Geschwisterbriefwechsels durch und berief sich auf einen schriftlichen Auftrag von Clemens – sogar in der Titelei des 1844 erschienenen Bandes. Denn der vollständige Titel des Briefwechsels lautet: *Clemens Brentano's Frühlingskranz aus Jugendbriefen ihm geflochten, wie er selbst schriftlich verlangte.* Dann folgen zwei Briefzitate, die Clemens' schriftlichen Auftrag an Bettine belegen sollen. Den ersten Briefausschnitt versieht die Herausgeberin mit der Angabe »Heidelberg 1805«: »Und liebes Kind bewahre meine Briefe, lasse sie nicht verloren gehen, sie sind das Frömmste, Liebevollste, was ich in meinem Leben geschrieben, ich will sie einstens wieder lesen, und in ihnen in ein verschloßnes Paradies zurückkehren. Die Deinigen sind mir heilig!«

Orts- und Zeitangabe passen zueinander, denn zu Neujahr 1805 kehrte Brentano nach einem Berlinbesuch nach Heidelberg zurück und hielt sich dort bis zum April und dann wieder am 13. Mai auf, als sein zweites Kind in Heidelberg zur Welt kam. Die Quelle des Zitats wurde jedoch von der Brentano- und Bettine-Forschung bis heute vergeblich gesucht.

Das zweite Briefzitat mit der Angabe »Holland 1808« lautet: »Verliere keinen meiner Briefe, halte sie heilig, sie sollen mich einst an mein besseres Sein erinnern, wenn mich Gespenster verfolgen, und wenn ich todt bin so flechte sie mir in einen Kranz.«

Eine Reise nach Holland hatte Clemens mit seinem Bruder Georg im Mai/Juni 1807 unternommen, ein Brief an Bettine mit dem zitierten Wortlaut aus den Jahren 1807 oder 1808 ist jedoch ebenfalls nicht überliefert. Den angegebenen Jahreszahlen und dem Inhalt nach passen die beiden Zitate nicht in den Zeitraum des *Frühlingskranzes*. Bettine hätte sie aber sicherlich in dem geplanten Fortsetzungsband zum Jugendbriefwechsel untergebracht, um ihren Anspruch zu untermauern. Die Frage, ob sie authentisch sind, wäre damit aber auch nicht beantwortet. Wörtlich zitierte und ergänzte Briefe sind gerade im *Frühlingskranz* derart raffiniert ineinander verwoben, daß eine sichere Trennung nur möglich ist, wenn ein Originalbrief zum Vergleich zur Verfügung steht, was nur bei wenigen Briefen der Fall ist; die Originale sind im Zweiten Weltkrieg verbrannt.

Unbestritten ist, daß Bettine eine Fortsetzung des Briefwechsels

plante. Denn sie ließ am Schluß des Buches »Ende des ersten Bandes« ausdrucken und begann gemeinsam mit Varnhagen, Teile des
Arnim-Brentano-Briefwechsels dafür aufzubereiten. Ihre eigenen
Briefe an Clemens sind nach der Phase des *Frühlingskranzes* nicht
so zahlreich, daß sie einen weiteren Band gefüllt hätten. Der Briefwechsel mit dem Bruder wächst nach dieser frühen Phase nicht
mehr zu einem dichten Kranz zusammen; nur vereinzelte Briefe
ohne direkten Bezug sind bekannt.

So war es eine kluge Entscheidung, die frühen Briefe, die mit der
Hochzeit von Clemens enden, als bleibende Erinnerung an den
geliebten Bruder zusammenzufügen. Auch mit der nachträglichen
Überarbeitung und kunstvollen Ordnung der Briefe, die den wissenschaftlich orientierten Herausgebern unserer Tage soviel Kopf-
zerbrechen bereiten, dient sie zweifellos ihrem Ziel, der Nachwelt
einen Erinnerungskranz zu dieser Geschwisterliebe zu überliefern.
Denn sie versteht es, aus den Briefen ein dichtes und frühlingsbun-
tes Geflecht zu schaffen, das dem Leser den Geist dieser Geschwisterliebe vergegenwärtigt. Für Clemens ist dieser Kranz ein letzter
Gruß der Schwester, die ihn bis zu seinem Tode mehr als alle anderen Geschwister geliebt hat.

Anhang

Zeittafel

1778	9. September: Clemens Brentano wird als drittes Kind des Frankfurter Kaufmanns Peter Anton Brentano und seiner zweiten Frau Maximiliane, geb. von La Roche, in Ehrenbreitstein geboren. Er wächst zunächst im Frankfurter »Haus zum Goldnen Kopf« auf.	
1784	Zur Tante Luise Möhn in Koblenz.	
1785		4. April: Bettine wird als siebtes Kind in Frankfurt am Main geboren.
1787 bis 1790	Im Pensionat bei Heidelberg; ab Herbst wieder in Koblenz; dort Besuch des Gymnasiums.	
1791 bis 1793	Im Mannheimer Erziehungsinstitut von Winterwerber.	
1793	19. November: Maximiliane Brentano, die Mutter der Geschwister, stirbt in Frankfurt.	
	Ende November: Clemens reist über Koblenz nach Bonn, wo er ein Studium der Mineralogie beginnt.	
1794	April: Rückkehr nach Frankfurt.	Im Frühjahr kommt Bettine mit ihren Schwestern Lulu und Meline ins Ursulinen-Pensionat nach Fritzlar.
1796	Ab Juni: Lehrling in Langensalza	
	August: Abbruch der Lehre und Rückkehr nach Frankfurt.	

1797   Januar: Zum Onkel Karl von La
       Roche nach Schönebeck bei Magde-
       burg. Der Bergrat soll ihn auf das
       Studium der Bergwissenschaften
       vorbereiten.

       9. März: Peter Anton, der Vater der Geschwister, stirbt in Frankfurt. Sein Sohn
       aus erster Ehe (Franz, geb. 1765) führt die Geschäfte der Firma und wird
       Vormund der unmündigen Geschwister.

       19. Mai: Immatrikulation als Student   Ende Juli: Gemeinsam mit der
       der Cameralwissenschaft an der   Schwester Lulu kommt Bettine nach
       Universität Halle.   Offenbach zur Großmutter Sophie
                                                von La Roche.

1798   Ostern: Clemens verläßt Halle.

       Vor Beginn von Clemens' Studium in Jena oder in einer der ersten Ferien
       entdecken die Brentano-Geschwister ihre besondere gegenseitige Zuneigung.
       Der später im »Frühlingskranz« von Bettine veröffentlichte Briefwechsel
       beginnt. Clemens versucht seine jüngere Schwester zu einem schöpferischen
       Naturkind nach dem Vorbild von Goethes Mignon zu entwickeln, schirmt sie
       von der kommerziellen Welt der Frankfurter Brüder ab.

       5. Juni: Immatrikulation an der
       Universität Jena im Fach Medizin.
       Clemens schließt sich der Jenaer
       Frühromantik (Schlegel-Tieck-Kreis)
       an und verliebt sich in die verheiratete
       Schriftstellerin Sophie Mereau.

1799   Bekanntschaft mit Friedrich Karl von
       Savigny.

1800   Mai/Juni: Entfremdung in der
       Beziehung zu Sophie Mereau. Die
       Erzählung »Der Sänger« und die
       Satire »Gustav Wasa« erscheinen.

1801 Januar/November: Die beiden Bände
des Romans »Godwi oder Das steinerne Bild der Mutter« mit Porträts
seiner Geschwister und Widmung an
Bettine (2. Band) erscheinen.

21. Mai: Beginn eines Gastsemesters
in Göttingen, in dem Clemens Achim
von Arnim kennenlernt.

Mitte September: Clemens sendet das
aufgrund eines Preisausschreibens
entworfene Lustspiel »Ponce de
Leon« an Goethe.

Dezember: Erster überlieferter Brief
Arnims von dessen Kavalierstour.
Der Freundschaftsbriefwechsel
beginnt.

1802 Februar: Clemens empfiehlt seinem   Anfang Juni: Bettine lernt Arnim
Freund die Schwester Bettine, die   kennen.
ihm »täglich lieber wird«.

Juni: Rheinreise der Freunde mit
Besuch von Bingen, Rüdesheim und
Abschied auf der »fliegenden
Brücke« in Koblenz. Danach setzt
Arnim seine unterbrochene Kava-
lierstour mit einer Reise nach Frank-
reich, England und Schottland fort.

Dezember: Im Auftrag von Clemens   Bettine siedelt von Offenbach in das
schreibt der Bruder Christian einen   Frankfurter »Haus zum Goldnen
Brief an die inzwischen geschiedene   Kopf« über; enge Freundschaft mit
Sophie Mereau.   Karoline von Günderrode.

1803 Mitte Mai: Versöhnung mit Sophie
Mereau in Weimar. Gegen Wider-
stände der Familie und Zweifel von
Sophie Mereau wird schließlich der
Plan gefaßt, in Marburg zu heiraten.

Savigny und Sophie bekennt Brentano, ohne Einverständnis von Bettine nicht
heiraten zu wollen, und setzt zugleich Bettine unter Druck, die betont, die
Entscheidung zur Ehe müsse er allein fällen. Clemens dagegen empfiehlt der
Schwester, sich einen braven Ehemann zu suchen.
Eine idealisierende Büste, die er als Geschenk »für Bettine« bei Friedrich
Tieck in Auftrag gegeben hat, eignet er nun auch Sophie und Arnim zu.

---

9. September: Mit seinem 25. Geburtstag wird Clemens majorenn
(mündig).

---

29. November: Heirat in Marburg.

1804   11. Mai / 20. Juni: Geburt und Tod des
Sohnes Joachim Ariel.

Anfang September: Umzug nach
Heidelberg.

Ende Oktober bis Ende Dezember:
Clemens allein bei Arnim in Berlin;
Pläne zu einer Volksliedersammlung.

1805   13. Mai/17. Juni: Geburt und Tod der   Spätherbst: Bettine zieht mit ihrer
Tochter Joachime Elisabetha Claudia   Schwester Meline zu Savigny nach
Carolina Johanna.   Marburg, der seit dem 17. April 1804
                                          mit ihrer Schwester Gunda ver-
                                          heiratet ist.

Ende des Jahres: Der erste Band mit   Bettine ist beim Sammeln der Lieder
restaurierten und romantisierten   beteiligt.
Volksliedern erscheint unter dem
Titel »Des Knaben Wunderhorn«.
Vom 16. bis zum 20. Dezember ist
Arnim in Weimar und Jena und be-
spricht mit Goethe die einzelnen
Lieder der Sammlung.

1806   21./22. Januar: Goethe veröffentlicht   26. Januar: Beginn von Bettines
eine euphorische Rezension des   Korrespondenz mit Arnim.
Wunderhorn und fordert die Her-
ausgeber auf, weitere Bände zu veröffentlichen.

Februar: Besuch bei ihrer Schwester Lulu in Kassel, die seit dem 22. Juli 1805 mit dem Bankier Karl Jordis verheiratet ist.

Mai/Juli: Aufforderung zur Einsendung von Volksliedern mit einem Zirkularbrief und Zeitungsannoncen.

Juli: Bettine besucht Goethes Mutter in Frankfurt und freundet sich mit ihr an.

31. Oktober: Geburt und Tod eines Kindes. Auch die Mutter Sophie stirbt. Clemens wird von Görres und – nach Frankfurt zurückgekehrt – von Bettine getröstet.

1807

24. Februar: Bettine zieht zum Ehepaar Jordis in Kassel.

April: Lulu und Bettine begleiten Karl Jordis in Knabenkleidern auf einer Geschäftsreise nach Berlin.

23. April: Auf der Rückreise erster Besuch Bettines bei Goethe in Weimar.

22. Juli: Vor dem Palais Thurn und Taxis in Frankfurt kommt es bei der Huldigungsfeier für Napoleon zu demonstrativen Zärtlichkeiten der sechzehnjährigen Auguste Bußmann (Mündel und Nichte von Moritz von Bethmann) mit Clemens, der sie wenig vorher kennengelernt hatte. Bettine ist von Napoleon so beeindruckt, daß sie diese Vorgänge kaum wahrnimmt. Wenig später kommt es zu einer abenteuerlichen »Flucht« des Liebespaares zum Wohnsitz der Jordis nach Kassel.

21. August: Auf Druck der Familien Brentano und Bethmann heiraten Clemens und Auguste in Fritzlar, obwohl das junge Paar sich schon in den ersten Tagen des Zusammenlebens heftig streitet.

Bettine berichtet Savigny und Arnim über die Ereignisse.

23. Oktober bis November: Clemens
läßt Auguste (gegen Proteste aus
Frankfurt) allein und trifft sich mit
Arnim in Giebichenstein (bei Halle).
Von dort reisen beide nach Weimar,
wo sie am 8. November eintreffen.

1. bis 10. November: Zweiter Besuch
Bettines in Weimar (gemeinsam mit
Meline). Sie erwirbt die Duzfreund-
schaft Goethes, ist angeblich täglich
bei ihm.

Savignys treffen am 3. November aus
Wien in Weimar ein.

10. November: Gemeinsam reisen Bettine, Clemens, Meline, Arnim und die
Savignys nach Kassel. Dort arbeiten bei der Fortsetzung der Wunderhorn-
Sammlung neben den Herausgebern auch Bettine und die Brüder Grimm mit.
Auguste fühlt sich ausgeschlossen, die Eheauseinandersetzungen nehmen an
Schärfe zu. Auguste versucht durch Selbstmordinszenierungen Clemens an
sich zu binden.

1808   März: Auguste willigt in eine vor-
       läufige Trennung von Clemens ein
       und wird von der Pfarrersfamilie
       Mannel in Allendorf (bei Marburg)
       aufgenommen.

       Juni: Clemens und Auguste schreiben
       einander wieder Liebesbriefe und
       verabreden ein Treffen in Allendorf.
       Schon dort kommt es jedoch erneut
       zu Auseinandersetzungen.

       12. September. Aufbruch nach Landshut, wo Savigny einen Lehrstuhl erhalten
       hat. Auguste reist gemeinsam mit Bettine in einer Kutsche. Bis Aschaffenburg
       begleitet Arnim die Gruppe. In Landshut und München sind Clemens und
       Bettine wieder ein Herz und eine Seele. Auguste steht abseits.

1809   Januar: Mit Streit um Inventar und Unterhalt geht die Auseinandersetzung
       von Clemens und Auguste in die Trennungsphase über.

       Februar: Auguste schreibt einen verzweifelten Abschiedsbrief an Clemens,
       will sich das Leben nehmen. In Gegenwart von Bettine simuliert sie einen
       Selbstmord. Clemens versteckt sich in Stallwang vor seiner Frau. Auguste reist
       schließlich nach Frankfurt ab.

       28. Juli: Clemens reist nach Berlin   Reger Briefwechsel mit Goethe.
       und lebt dort mit Arnim im Hause   Liebesbeziehung zu Max Prokop von
       der Familie Pistor in schöpferischer   Freyberg
       Gemeinschaft.

1810

4. April: Mit ihrem 25. Geburtstag
wird Bettine majorenn (mündig).

2. Mai: Gemeinsam mit den Savignys
verläßt Bettine Landshut. Die Reise
geht über Wien, wo Bettine Beethoven kennenlernt, und Bukowan, dem
Landgut der Brentanos bei Prag.

Juni: Clemens und Arnim reisen nach Bukowan und treffen dort mit Bettine
zusammen. Arnim hat sich offenbar entschlossen, Bettine einen Heiratsantrag
zu machen, reist aber unverrichteter Dinge mit Clemens wieder nach Berlin ab
und schreibt von dort seinen Werbebrief. Bettine antwortet hinhaltend, pflegt
weiterhin ihre intensiven Briefwechsel mit Freyberg und Goethe.

9. bis 12. August: Bettine besucht
Goethe, der zur Kur in Teplitz weilt.
Von dort geht es mit Savignys weiter
nach Berlin.

4. Dezember. Heimliche Verlobung
mit Arnim.

1811

11. März. Hochzeit mit Arnim, von
der Clemens erst nachträglich erfährt.
Ende März: Das Ehepaar bezieht eine
Wohnung beim Vossischen Palais im
Zentrum Berlins.

Clemens fühlt sich verraten und
»exiliert«. Die vorübergehende Verstimmung unter den Freunden ver-
fliegt jedoch rasch.

Die Hoffnungen von Clemens, als Dritter in die Ehegemeinschaft aufgenommen zu werden, wird von Arnim enttäuscht. Clemens sucht die
Freundschaft von Karl Friedrich Schinkel.

Ende Juli: Clemens wendet sich nach Süden, und hält sich in den folgenden Jahren in Bukowan, Prag und Wien auf.

25. August bis 21. September: Bettine und Arnim in Weimar. Am 13. September kommt es bei dem Besuch einer Kunstausstellung zu einer spektakulären Auseinandersetzung mit Goethes Frau Christiane. Das Verhältnis zu Goethe ist seitdem nachhaltig gestört, Briefe Bettines beantwortet Goethe seit diesem Zeitpunkt nicht mehr.

Ab 28. September: In Frankfurt.

1812

21. Januar bis 4. Februar: Rückreise nach Berlin mit Station in Weimar. Goethe empfängt die Arnims nicht.

5. Mai: Geburt von Freimund

14. Juli bis 10. September: In Teplitz. Wiederbegegnung mit Beethoven. Goethe geht den Arnims aus dem Weg.

August: Wiedersehen von Clemens, Bettine und Arnim in Teplitz.

1813

17. März: Aufruf des preußischen Königs zum Widerstand gegen Napoleon. Arnim wird Hauptmann und Vizechef eines Landsturm-bataillons, das jedoch nach kurzer Zeit wieder aufgelöst wird. Während viele Familien Berlin verlassen, harrt Bettine aus.

5. Juli: Clemens siedelt nach Wien über, versucht vergeblich, dort in der Theaterszene Karriere zu machen.

2. Oktober: Geburt von Siegmund.

1814   18. Februar: Am Wiener Burgtheater   13. April: Die Arnims begeben sich
fällt Brentanos Stück »Valeria oder   mit ihren beiden Kindern auf ihr Gut
Vaterlist« (Bühnenbearbeitung des   Wiepersdorf im Ländchen Bärwalde.
»Ponce«) durch. Clemens verläßt
enttäuscht Wien.

14. September bis 12. November: Aufenthalt von Clemens in Wiepersdorf. Im
»Terzett« schreiben sie Anekdoten und tauschen Erinnerungen aus.
Bedeutende Erzählungen von Clemens und Arnim entstehen.
Mit Clemens gemeinsam geht es zurück nach Berlin, wo getrennte
Wohnungen bezogen werden. Clemens durchlebt eine Existenzkrise. Er ver-
kehrt im Kreise von Neupietisten. Gelegentliche Begegnungen mit Bettine
können seine Verzweiflung und Vereinsamung nicht aufhalten.

1815   9. Februar: Friedmund wird geboren.

5. April bis 28. Dezember: Die Arnims wieder in Wiepersdorf.

1816   Clemens im Bann der Erweckungs-   Ab 20. Januar wieder in Wiepersdorf.
bewegung.

4. Februar: Erste Nachricht von der   April: Lebensgefährliche Erkrankung
stigmatisierten Anna Katharina   Arnims.
Emmerick in Dülmen.

23. Mai bis 10. Juni: Besuch von
Wilhelm Grimm in Wiepersdorf.

30. Mai bis 10. Juni: Besuch von Clemens bei dem genesenden Arnim in
Wiepersdorf. Kein Wiederaufleben des »Terzetts«.

10. Oktober: Clemens lernt die
18jährige Pfarrerstochter Luise
Hensel in Berlin kennen.

Ende Dezember: Vergebliche
Werbung um Luise.

1817   17. Februar: Generalbeichte von   24. März: Geburt von Kühnemund.
Clemens in der St. Hedwigs-Kirche.

20. Juni: Arnim zieht allein nach
Wiepersdorf.

		Anfang Juli: Bettine bezieht eine Wohnung in der Berliner Georgenstraße.
		28. Juli: Nach dem Tod von Christiane bemüht sich Bettine brieflich, ihre Freundschaft mit Goethe zu erneuern, erhält jedoch keine Antwort.
		Anfang September: Arnim wieder in Berlin.
1818		Während Bettine in Berlin bleibt, kümmert sich Arnim um seine Güter.
	14. September: Clemens reist zu Anna Katharina Emmerick in Dülmen und hält sich dort fast ununterbrochen bis zu ihrem Tode (1824) auf, um als »Schreiber« ihre Visionen aufzuzeichnen.	
		23. Oktober: Geburt von Maximiliane.
1819	Januar bis Mai: Clemens in Berlin. Erneut vergebliche Werbung um Luise.	Mitte April bis Ende Oktober: Bettine mit ihren Kindern in Wiepersdorf.
	13. Dezember: Clemens läßt seine umfangreiche Bibliothek mit »weltlicher Literatur« in Berlin versteigern.	
1820	18. November: Besuch Arnims bei Clemens in Dülmen.	
1821		4. März: Geburt von Armgart. Anfang September bis Anfang November: Reise Bettines zu den Frankfurter Verwandten.
		8. November: Auf der Rückreise besucht sie unangemeldet Goethe.

1822	Ab Juli: Bettine in Wiepersdorf, Besuch des Studenten Philipp Hössli, Zeichen einer Ehekrise.
1823	Entwürfe zu einem Goethe-Denkmal.

1824 9. Februar: Anna Katharina Emmerick stirbt. Clemens arbeitet danach intensiv an den Dülmener Papieren, um eine geplante Trilogie (Marienleben, Leben Jesu, Leidensgeschichte) zu erarbeiten.

27. Juli: Auf der Reise nach Frankfurt und ins Rheingau wird Bettine in Weimar von Goethe empfangen, dem sie ein Gipsmodell ihres Denkmals mitbringt.

Im August begegnet Bettine in Winkel und Schlangenbad dem Bruder Clemens. In Briefen an Arnim spottet sie über das missionarische Gebaren von Clemens, der mit einem Koffer voll »blutiger Tücher« mit Abdrücken der Stigmata angereist ist und sich mit »Prophezeiungen« hervortut.

19./20. Oktober: Auf der Rückreise nach Berlin erneut Besuch bei Goethe.

1825 Von Koblenz aus reist Clemens nach Straßburg und Lothringen, engagiert sich mit Görres in einem Bücherverbreitungsprojekt.

1826 27. August bis 12. September: Aufenthalt in Weimar. In einer internen Notiz bezeichnet Goethe Bettine als »leidige Bremse«.

1827 März/April: Reise nach Nancy und Paris auf den Spuren der »Barmherzigen Schwestern«.

30. August: Geburt von Gisela.

1829		26. bis 29. Oktober: Auf der Durchreise nach Frankfurt, wo sie ihre Töchter Maximiliane und Armgart für fünf Jahre bei Georg Brentano in Pension geben wird, besucht sie Weimar. Goethe empfängt sie nicht.
1830	Februar/März: Das »Moseleisgangslied« zugunsten Hochwassergeschädigter erscheint.	6. August bis 5. November: Bettine reist mit Gisela nach Frankfurt. Auf der Durchreise empfängt Goethe sie nicht.
		November/Dezember: Letzter Besuch Arnims in Berlin.
1831		21. Januar: Arnim stirbt plötzlich in Wiepersdorf.
	Oktober: Brentanos Ordensgeschichte »Die Barmherzigen Schwestern« erscheint anonym.	Sommer: Choleraepidemie in Berlin. Bettine engagiert sich gemeinsam mit dem befreundeten Ernst Daniel Schleiermacher.
1832	17. April: Die zweite Frau von Clemens, die inzwischen wieder verheiratete Auguste, die vier Kinder zur Welt gebracht hatte, begeht Selbstmord in Frankfurt.	Ab Januar: Briefwechsel mit Hermann von Pückler-Muskau.
		15. März: Siegmund bei Goethe, der ihm ins Stammbuch schreibt: Ein jeder kehre vor seiner Tür ...
		22. März: Tod Goethes.
		Anfang April: Bettine bittet Kanzler von Müller um Rückgabe ihrer an Goethe gesandten Briefe. Dezember: Sie erhält die Briefe.

1833 August/September: Brentanos Leidensgeschichte Jesu »nach den Betrachtungen der gottseeligen Anna Katharina Emmerich« erscheint anonym.

September: Besuch Bettines bei Fürst Pückler in Muskau, der zu einem Eklat führt, als sie in geselliger Runde die »heißesten Stellen« aus dem »Tagebuch« (später 3. Band des *Goethebuchs*) vorliest. Der Briefwechsel mit Pückler, der ihr »Gehirnsinnlichkeit« vorwirft, kühlt ab.

22. September: Clemens zieht von Regensburg nach München, wo er bis kurz vor seinem Tod im spätromantisch-katholischen Görres-Kreis lebt. Die späte Liebe zu der Basler Kunstmalerin Emilie Linder beginnt.

1834 Clemens schreibt zahlreiche Liebesgedichte an Emilie Linder.

12. Februar: Schleiermacher stirbt in Berlin.

Mai: Der Druck von »Goethes Briefwechsel mit einem Kinde« beginnt.

Ende Mai: Bettines Sohn Friedmund trifft Clemens in München und übergibt die ersten 4 Bogen (64 Seiten) von Bettines *Goethebuch*. In München regt man sich insbesondere über die Schilderung von Bettines erstem Goethebesuch auf »Pagina 11« auf.

17. Juni: Clemens teilt der Schwester die Bedenken der Münchner Spätromantiker gegen das Buch mit. Seine »Sorgen« werden jedoch durch die »Freude« an den gemeinsamen Jugenderinnerungen aufgewogen. Bettine zieht es vor, keine weiteren Leseproben nach München zu schicken, und verteidigt vehement ihr Werk, das sie für epochal hält.
Die Briefe der Geschwister enthalten in dieser Spätphase immer wieder Liebesbekundungen und Pläne zu einem gegenseitigen Besuch, die jedoch nicht ausgeführt werden.

Mitte Februar: Die ersten beiden Bände von »Goethes Briefwechsel mit einem Kinde« erscheinen.

März: Der dritte Band »Das Tagebuch« folgt.

19. Oktober: Clemens übergibt Emilie Linder sein Gedicht »Heidnische Antwort auf ein †« zusammen mit Bettines *Goethebuch*.

März bis Dezember: Überwiegend positive Rezensionen von Bettines *Goethebuch* erscheinen. Verfasser sind u. a. Ludwig Börne, Karl Gutzkow, Theodor Mundt und Jacob Grimm.

Dezember: Clemens arbeitet an der erweiterten Fassung seines Gockel-Märchens.

1836 November: Clemens geht auf die Vorschläge seines Freundes Böhmer ein, eine Sammelausgabe seiner Werke zu planen.

Mitte Dezember: Er stellt die Überarbeitung des Gockel-Märchens fertig.

1837 März: Clemens läßt Gedichte für die geplante Sammelausgabe von Anna Barbara Sendtner abschreiben.

Frühjahr: Bettine beginnt mit einer Übersetzung des *Goethebuchs* ins Englische. Die Bände erscheinen im Oktober, finden jedoch keinen nennenswerten Absatz.

November: »Das Märchen von Gockel, Hinkel und Gackeleia« mit einer Zueignung an Marianne von Willemer und dem Anhang »Tagebuch der Ahnfrau« erscheint.

November: Die Brüder Grimm, die zu den Göttinger Sieben gehören, werden in Göttingen entlassen.

1838 Eine russische Teilübersetzung des *Goethebuchs* von Michael Bakunin erscheint.
Bettine setzt sich in Berlin vergeblich für die Wiedereinstellung der Brüder Grimm ein.

1839 13. März: Clemens berichtet Bettine vom Plan einer erweiterten Neuausgabe von »Des Knaben Wunderhorn« und bittet um Zustimmung und Mitarbeit.

4. November: In einem Brief an Savigny beklagt sie sich über dessen indifferent-passive Haltung bei den Bemühungen um Einstellung der Brüder Grimm. Es kommt zu einer Verstimmung im Verhältnis zu ihrem Schwager.

4. Dezember: Nach Übersendung eines Bandes der Arnim-Ausgabe schreibt ihr der Kronprinz Friedrich Wilhelm.

1840

12. April: In einem Brief an den Kronprinzen setzt sich Bettine für die Brüder Grimm ein und erhält die Zusage der Unterstützung.

Mai: Der erste Band des Brieferinnerungsbuchs »Die Günderode« erscheint.

7. Juni: Friedrich Wilhelm III. stirbt. Der Kronprinz tritt die Nachfolge an und leitet in einer seiner ersten Amtshandlungen die Anstellung der Brüder Grimm in Berlin in die Wege. Beginn des intensiven politischen Briefwechsels Bettines mit dem preußischen König.

5. Oktober: Die Abschreiberin Brentanos, Anna Barbara Sendtner, stirbt in München. Die Vorbereitung der Gesamtausgabe stockt.

1841   Bettine hat über Alexander von
                                                  Humboldt anfragen lassen, ob sie
                                                  dem preußischen König ein Buch
                                                  widmen dürfe, und erhält vorab die
                                                  Genehmigung.

Ende August bis 28. November:
Clemens in Aschaffenburg und
Frankfurt. Dort Zusammentreffen
mit Friedmund, der ihn im Auftrag
Bettines mit Freiligrath bekannt
macht.

1842 Januar: Clemens ist todkrank, bittet
seinen Bruder Christian nach München und setzt sein Testament auf.

12. Juli: Gemeinsam mit Christian
reist er nach Aschaffenburg.

28. Juli: Tod in Aschaffenburg.

1843   Juli: »Dies Buch gehört dem König«
                                                  mit einer Dokumentation über die
                                                  Armenvorstadt Berlins erscheint. Die
                                                  Reaktion des Königs nach oberfläch-
                                                  licher Lektüre der ersten Abschnitte
                                                  ist positiv. Nach Varnhagens Tage-
                                                  buchnotizen vom 13. November soll
                                                  bei der weiteren Lektüre »seine
                                                  Stimmung wahrer Unwille« gewor-
                                                  den sein. Das Buch wird in Öster-
                                                  reich und Bayern verboten.

1844 Mai: Mit der Veröffentlichung des Buches »Clemens Brentano's Frühlingskranz«, in dem der Jugendbriefwechsel mit dem Bruder in überarbeiteter
Form erscheint, setzt Bettine Clemens ein Denkmal.

                                                  Bettine plant die Veröffentlichung
                                                  eines »Armenbuchs«, in dem insbe-
                                                  sondere die Situation der schlesischen
                                                  Weber mit statistischem Material
                                                  dargestellt werden soll.

4. Juni: Aufstand der schlesischen
Weber. Bettine wird beschuldigt, den
Aufruhr zu unterstützen, und gibt ihr
Projekt auf Anraten Humboldts auf,
obwohl bereits ein großer Teil des
Bandes gesetzt ist.

1848

Bettine beobachtet mit Sympathie die
Aufstände in Berlin, korrespondiert
auch weiterhin mit dem preußischen
König und setzt sich für einzelne
Oppositionelle ein.
Ein weiteres (unpolitisches) Kor-
respondenzbuch erscheint: »Ilius
Pamphilius und die Ambrosia«.

1852

»Gespräche mit Dämonen«, ein
Buch, in dem Bettine als »Dämon«
dem schlafenden König ihr politisches Programm einhaucht, erscheint,
bleibt jedoch ohne politische Wirkung, da sie ihre Kritik mit dem
Plädoyer für einen starken König
verbindet.

1859

20. Januar: Bettine, bereits durch
wiederholte Schlaganfälle geschwächt, stirbt in Berlin.

Abkürzungs- und Literaturverzeichnis

AM	Die Andacht zum Menschenbild. Unbekannte Briefe von Bettine Brentano. Hg. von Wilhelm Schellberg † und Friedrich Fuchs, Jena 1942
Anekdoten	Ludwig Achim von Arnim, Bettina von Arnim, Clemens Brentano: »Anekdoten, die wir erlebten und hörten«. Hg. von Heinz Härtl, Göttingen 2003
Arnim-Kat.	Achim von Arnim 1781-1831, Ausstellungskatalog des FDH, bearbeitet von Renate Moering und Hartwig Schultz, hg. von Detlev Lüders, Frankfurt 1981
Arnim, Werke	Achim von Arnim: Werke in sechs Bänden, hg. von Roswitha Burwick, Jürgen Knaack, Paul Michael Lützeler, Renate Moering, Ulfert Ricklefs und Hermann F. Weiss, Frankfurt 1989-1994
Auf Dornen oder Rosen	Auf Dornen oder Rosen hingesunken? Eros und Poesie bei Clemens Brentano: Mit Beiträgen von Bernhard Gajek, Sabine Claudia Gruber, Michael Grus, Renate Moering und Hartwig Schultz, hg. von Hartwig Schultz, Berlin 2003.
Bäumer/Schultz	Konstanze Bäumer/Hartwig Schultz: Bettina von Arnim, Stuttgart/Weimar 1995
Baumgart	Hildegard Baumgart: Bettine Brentano und Achim von Arnim. Lehrjahre einer Liebe, Berlin 1999
Bettine, Briefwechsel Söhne	Bettine von Arnims Briefwechsel mit ihren Söhnen. Hg. von Wolfgang Bunzel und Ulrike Landfester; erschienen: Band 1: Du bist mir Vater und Bruder und Sohn. Bettine von Arnims Briefwechsel mit ihrem Sohn Freimund, Göttingen 1999 Band 3: In allem einverstanden mit Dir. Bettine von Arnims Briefwechsel mit ihrem Sohn Friedmund, Göttingen 2001
Bettine-Chronik	Bettina von Arnim 1785-1859. Eine Chronik. Daten und Zitate zu Leben und Werk. Zusammengestellt von Heinz Härtl. Herausgeber: Kulturfonds der DDR, o. J.
Bettine-Kat.	Herzhaft in die Dornen der Zeit greifen. Bettine von Arnim 1785-1859, Ausstellungskatalog des FDH, hg. von Christoph Perels, Frankfurt 1985
Bettine, Werke	Bettine von Arnim, Werke und Briefe, hg. von Walter Schmitz und Sibylle von Steinsdorff, 3 Bde., Frankfurt 1986-1995 [Briefband im Druck]
Betz	Bettine und Arnim. Briefe der Freundschaft und Liebe, hg., eingef. und komm. von Otto Betz und Veronika Straub, Band 1. 1806-1808, Frankfurt 1986 Band 2. 1809-1811, Frankfurt 1987

Brentano-Chronik	Konrad Feilchenfeldt: Brentano Chronik. Daten zu Leben und Werk, München, Wien 1978
Brentano-Kat.	Clemens Brentano. 1778-1842. Ausstellungskatalog des FDH, Katalogtexte: Jürgen Behrens, Werner Bellmann, Wolfgang Frühwald, Renate Moering, Heinz Rölleke, Hartwig Schultz, hg. von Detlev Lüders, Frankfurt 1978
Brentano, Werke	Clemens Brentano: Werke, hg. von Wolfgang Frühwald, Bernhard Gajek, Friedhelm Kemp (Bd. 1), Friedhelm Kemp (Bde. 2-4), München 1963-1968; 2. Aufl. 1978
Briefe Frau Rath	Die Briefe der Frau Rath Goethe, hg. von Albert Köster, 2 Bde., Leipzig 1923
Christian-Biographie	Emilie Brentano: Biographie, in: Christian Brentano, Nachgelassene religiöse Schriften, München 1854, Bd. I, S. V-XLVIII
Diel/Kreiten	Clemens Brentano. Ein Lebensbild nach gedruckten und ungedruckten Quellen von P. Johannes Baptista Diel S. J. Ergänzt und hg. von Wilhelm Kreiten S. J., 2 Bde., Freiburg im Breisgau 1877 f.
Dietz	Alexander Dietz: Frankfurter Handelsgeschichte, 4. Band, Frankfurt am Main 1925
Eckhardt	Wilhelm A. Eckhardt: Bettines Bericht über ihren letzten Besuch bei Goethe. Ein Brief an die Frankfurter Brentanos, in: »Die echte Politik muß Erfinderin sein«. Beiträge eines Wiepersdorfer Kolloquiums, hg. von Hartwig Schultz, Berlin 1999, S. 387-404
Eichendorff, Werke	Joseph von Eichendorff: Werke in sechs Bänden hg. von Wolfgang Frühwald, Brigitte Schillbach und Hartwig Schultz, Frankfurt 1985-1993
Enzensberger	Requiem für eine romantische Frau. Die Geschichte von Auguste Bussmann und Clemens Brentano. Nach gedruckten und ungedruckten Quellen überliefert von Hans Magnus Enzensberger, Frankfurt 1996
Feilchenfeldt/Zagari	Die Brentano. Eine europäische Familie. Hg. von Konrad Feilchenfeldt und Luciano Zagari, Tübingen 1992
FBA	Clemens Brentano: Sämtliche Werke und Briefe (Frankfurter Brentano-Ausgabe). Historisch-kritische Ausgabe, veranstaltet vom Freien Deutschen Hochstift, hg. von Konrad Feilchenfeldt, Wolfgang Frühwald, Ulrike Landfester, Christoph Perels und Hartwig Schultz, Stuttgart u. a. 1975 ff.
FDH	Freies Deutsches Hochstift/Frankfurter Goethe-Museum
Frankfurter Brentano-Familie	Hartwig Schultz: »Zum Kaufmann taugst du nichts...«. Die Frankfurter Brentano-Familie und ihre Auseinandersetzungen mit Clemens, in: »Frankfurt aber ist der Nabel dieser Erde«. Das Schicksal einer Generation der Goethezeit. Hg. von Christoph Jamme und Otto Pöggeler, Stuttgart 1983, S. 243-257
Frankfurter Brentanos	Hartwig Schultz: Die Frankfurter Brentanos, Stuttgart, München 2001

Freundschafts- briefe	Achim von Arnim und Clemens Brentano: Freundschaftsbriefe. Vollständige kritische Edition von Hartwig Schultz, 2 Bde., Frankfurt 1998
Freyberg– Briefwechsel	Der Briefwechsel zwischen Bettine Brentano und Max Prokop von Freyberg. Hg. und komm. von Sibylle von Steinsdorff, Berlin, New York 1972
Frühwald, Spätwerk	Wolfgang Frühwald: Das Spätwerk Clemens Brentanos (1815-1842). Romantik im Zeitalter der Metternich'schen Restauration, Tübingen 1977
Goethes Gespräche	Goethes Gespräche, hg. von Wolfgang Herwig, Bd. 2, Zürich 1969
Grimm- Briefwechsel	Der Briefwechsel Bettine von Arnims mit den Brüdern Grimm 1838-1841, hg. von Hartwig Schultz, Frankfurt 1985
GS	Clemens Brentano's Gesammelte Schriften, Bd. 1-7: hg. von Christian Brentano, Frankfurt 1852; Bd. 8/9: Gesammelte Briefe [hg. von Emilie Brentano, Joseph Merkel und Johann Friedrich Böhmer], Frankfurt 1855
GSA	Goethe- und Schiller-Archiv, Weimar
Günderodebuch	Bettine Brentano: Die Günderode, Frankfurt 1983
Günzel	Klaus Günzel: Die Brentanos. Eine deutsche Familiengeschichte, Zürich 1993
HA	Johann Wolfgang von Goethe: Hamburger Ausgabe
Hs.	Handschrift
Jb Bettina-Ges.	Internationales Jahrbuch der Bettina-von-Arnim-Gesellschaft, hg. von Wolfgang Bunzel und Uwe Lemm, Berlin 1987 ff.
Jb FDH	Jahrbuch des Freien Deutschen Hochstifts, Frankfurt am Main 1962 ff.
Kat. Goethe – Romantik	»Ein Dichter hatte uns alle geweckt«. Goethe und die literarische Romantik, hg. von Christoph Perels, Frankfurt 1999
Königsbuch	Bettine von Arnim: Dies Buch gehört dem König, hg. von Ilse Staff, Frankfurt am Main 1982
Linder-Briefe	Clemens Brentano: Briefe an Emilie Linder. Mit zwei Briefen an Apollonia Diepenbrock und Marianne von Willemer, hg. und kommentiert von Wolfgang Frühwald, Bad Homburg u. a. 1969
Mereau- Biographie	Dagmar von Gersdorff: Dich zu lieben kann ich nicht verlernen. Das Leben der Sophie Brentano-Mereau, Frankfurt 1984
Mereau- Briefwechsel	Lebe der Liebe und liebe das Leben. Der Briefwechsel von Clemens Brentano und Sophie Mereau, hg. von Dagmar von Gersdorff, Frankfurt 1981
Meyer-Hepner	Gertrud Meyer-Hepner: Der Magistratsprozeß der Bettina von Arnim, Weimar 1960
Nienhaus	Stefan Nienhaus: »Vaterland und engeres Vaterland. Deutscher und preußischer Nationalismus in der Tischgesellschaft«, in: Die Erfahrung anderer Länder. Beiträge eines Wiepersdorfer Kolloquiums zu Achim und Bettina von Arnim, hg. von Heinz Härtl und Hartwig Schultz, Berlin, New York 1994, S. 127-151

Pückler-Briefwechsel	Bettine von Arnim – Hermann von Pückler-Muskau: »Die Leidenschaft ist der Schlüssel zur Welt« Briefwechsel 1832-1844. Hg. und erl. von Enid und Bernhard Gajek, Stuttgart 2001
Püschel	»Die Welt umwälzen denn darauf läufts hinaus«. Der Briefwechsel zwischen Bettina von Arnim und Friedrich Wilhelm IV., hg. und komm. von Ursula Püschel, 2 Bde., Bielefeld 2001
Savigny-Briefwechsel	Arnims Briefe an Savigny 1803-1831, hg. und kommentiert von Heinz Härtl, Weimar 1982
Schnack	Der Briefwechsel zwischen Friedrich Carl von Savigny und Stephan August Winkelmann (1800-1804), hg. von Ingeborg Schnack, Marburg 1984
Schormann	Sabine Schormann: Bettine von Arnim. Die Bedeutung Schleiermachers für ihr Leben und Werk, Tübingen 1993
Schwarzer Schmetterling	Hartwig Schultz: Schwarzer Schmetterling. Zwanzig Kapitel aus dem Leben des romantischen Dichters Clemens Brentano, Berlin 2000
Steig I-III	Achim von Arnim und die ihm nahestanden. Hg. von Reinhold Steig und Herman Grimm. I: Achim von Arnim und Clemens Brentano, Stuttgart 1894; II: Achim von Arnim und Bettina Brentano, Stuttgart/Berlin 1913; III: Achim von Arnim und Jacob und Wilhelm Grimm, Stuttgart/Berlin 1904
UL	Das unsterbliche Leben. Unbekannte Briefe von Clemens Brentano. Hg. von Wilhelm Schellberg † und Friedrich Fuchs, Jena 1939
Vordermayer	Martina Vordermayer: Antisemitismus und Judentum bei Clemens Brentano, Frankfurt, Berlin u. a. 1999
Vordtriede	Achim und Bettina in ihren Briefen. Briefwechsel Achim von Arnim und Bettina Brentano, hg. von Werner Vordtriede, Frankfurt 1961
WA	Johann Wolfgang von Goethe: Weimarer Ausgabe
Wanner	Bettina von Arnim: Ist Dir bange vor meiner Liebe? Briefe an Philipp Hössli, nebst dessen Gegenbriefen und Tagebuchnotizen, hg. von Kurt Wanner, Frankfurt 1996

Anmerkungen

9 *Meine alte Puppe:* FBA 30, S. 47.

9 *April 1798:* Zu den im Text angegebenen Daten vgl. die Zeittafel.

9 *mit allen Zeichen:* FBA 16, S. 229.

11 *Frankfurter Brentanos:* Vgl. die ausführliche Darstellung der Familiengeschichte (mit Stammbaum und Vorstellung aller zwanzig Kinder in meinem Buch *Die Frankfurter Brentanos*, Stuttgart, München 2001).

11 *Selbstbiografie:* FBA 10, S. 1-15.

12 *ob sich gleich:* 13. Buch, HA 9, S. 586 f.

15 *dummstolze Familie:* 22. Oktober 1807; Freundschaftsbriefe II, S. 565.

15 *so gehts am Ende:* Freundschaftsbriefe II, S. 527.

15 *jedes ist in seiner Art:* Zit. nach Günzel, S. 82.

16 *Es war einmal:* FBA 30, S. 97.

17 *Einsiedelei eines leeren Zuckerfasses:* Brentano, Werke III, S. 620 f.

18 *in Deinem Zimmer:* Bettine, Werke I, S. 310-312.

19 *Die von Peter Anton:* Dietz, S. 250.

21 *Die Tante:* FBA 30, S. 38 f.

21 *alten, sehr frommen Ex-Jesuiten:* GS 9, S. 427.

21 *da ich auf dem Berg:* FBA 31, S. 165.

21 *Im achten Jahre:* Brentano trug das Lied Ende November 1793 in das Haushaltsbuch seiner Mutter ein. Der Text erscheint vollständig in FBA 1,1 (2005) und ist hier nach der Handschrift der Stadtbibliothek Mainz (Dauerleihgabe der Universitätsbibliothek Mainz) wiedergegeben.

23 *die ersten überlieferten Briefe:* Vgl. FBA 29, S. 9-24.

23 *Elend zu klagen:* An Carl Brentano, Mannheim, um den 20. Oktober 1793; FBA 29, S. 25 f.

24 *Der Vater kanns nicht:* Undatierter Brief aus dem Geschwisterbriefwechsel *Frühlingskranz*, FBA 30, S. 100.

24 *Der Vater hatte:* FBA 30, S. 92.

26 *hochbeinigen, durchs Stoppelfeld:* UL, S. 56.

26 *zum Kaufmann taugst:* Frankfurt, den 8. April 1797; zit. nach der Hs. im FDH.

26 *Er malte zur Seite:* Die gesamte Anekdote ist nur in der Biographie von Diel/Kreiten (I, S. 65 f.) überliefert; der Verbleib der Briefe ist unbekannt.

27 *Peter Anton erzürnte:* Diel/Kreiten I, S. 65 f.

27 *mit Entschiedenheit:* Diel/Kreiten I, S. 66.

27 *Clemens Wenceslaus Brentano:* Eintrag in der Immatrikulationsurkunde.

27 *sogleich legte ich:* FBA 29, S. 114.

28 *Wenn dein holdes Bild:* FBA 16, S. 261-271 und 706-709.

29 *geistvolle, genialische Zueignung:* FBA 16, S. 706.

29 *jetzt bin ich:* FBA 29, S. 306 f.

30 *Noch einmal leb wohl:* FBA 30, S. 17.

32 *ungeheuren Werkstatt der Goldmacherkunst:* An Sophie Mereau, 20. September 1803; FBA 31, S. 191.

32 *Ich werde nicht glüklich:* Ende Februar 1799; FBA 29, S. 161.

33 *Lieber Clemens:* FBA 30; S. 18 f.

34 *Il s'est enfermé:* UL, S. 151.

34 *Hinunter mit der:* FBA 29, S. 288; FBA 16, S. 164.

35 *Zirkel der aus:* FBA 31, S. 216 f.

36 *Clemens! Weist du:* Zitat im Brief von Clemens an Arnim, bald nach dem 4. Mai 1802; Freundschaftsbriefe I, S. 14.

36 *unsre Liebe zu einander:* FBA 30, S. 211.

36 *Schau mir in die Augen:* FBA 30, S. 288.

36 *diesen Krämern:* Freundschaftsbriefe I, S. 118.

36 *Drama Cecilie:* FBA 12, S. 227-338.

37 *tiefer innerer Betrübniß:* Freundschaftsbriefe I, S. 117 f.

37 *dieser Mann habe:* Anekdoten, S. 41 f.

38 *Lehren die jene:* FBA 30, S. 24.

38 *Und du predigst:* FBA 30, S. 34.

38 *Am Generalbaß hab ich:* FBA 30, S. 127 f.

38 *nicht umsonst habe ich:* FBA 30, S. 34.

38 *Gestern hab ich:* FBA 30, S. 35.

39 *Lieber Clemens ich hab:* FBA 30, S. 36.

39 *Abends, wenn Alles:* FBA 30, S. 27.

40 *Ich schicke Dir:* FBA 30, S. 41.

40 *Clemente! Die Sonne:* FBA 30, S. 42 f.

40 *Ich habe heute:* FBA 30, S. 27 f.

41 *Stelle Dir vor:* FBA 30, S. 164, 166.

42 *Geschichte studieren:* FBA 30, S. 169 f.

42 *Auch im Geist:* FBA 30, S. 128 f.

42 *Ich hab dem Buchhändler:* FBA 30, S. 87.

43 *Die ästhetischen Briefe:* FBA 30, S. 94.

43 *Sei fleißig:* FBA 30, S. 17.

44 *Ich bitte Dich:* FBA 30, S. 22 f.

44 *vergiß die Muse nicht:* FBA 30, S. 42.

44 *schreibe viel:* FBA 30, S. 45.

44 *Du hast mir:* FBA 30, S. 80 f.

44 *Ach, manchmal möcht ich:* FBA 30, S. 93 f.

45 *Der Bruder Peter:* FBA 30, S. 97 f.

45 *Da wars einmal:* FBA 30, S. 98.

46 *Ich wollte Dir:* FBA 30, S. 110.

46 *O ihr Bienen:* FBA 30, S. 110 f.

46 *Ach, was brauchst Du:* FBA 30, S. 102 f.

48 *Ich soll doch:* FBA 30, S. 127.

49 *Ach Clemens:* FBA 30, S. 24 f.

49 *Ach und wenn:* FBA 30, S. 24.

49 *Festung der Convenienz:* FBA 30, S. 39.

49 *Früh um vier:* FBA 30, S. 26.

51 *Vous n'avez:* FBA 30, S. 25.
51 *étourdi und leichtfertig:* 4. Juni 1803 an Clemens, AM, S. 17.
51 *Bettine kann gut werden:* 10. Februar 1802; AM, S. 17.
53 *Sage Clemens Folgendes:* Schnack, S. 137.
53 *Das Täschchen hat:* Vgl. Jb FDH 1969, S. 350 f. und 369.
54 *Ich weiß nicht:* FBA 30, S. 212 f.
54 *Du siehst nun:* FBA 30, S. 213.
54 *Ich habe unlängst:* FBA 30, S. 213.
55 *Lernen sie sie kennen:* September 1800; FBA 29, S. 277.
55 *O ich bin:* FBA 29, S. 283.
56 *schreiben Sie mir:* AM, S. 13.
57 *Savigny verstummt dann:* FBA 30, S. 144.
57 *Ich habe heute:* FBA 30, S. 148 f.
57 *Der Savigny kann:* FBA 30, S. 149.
57 *schreiben sie meiner Schwester:* FBA 29, S. 321.
58 *Gott gebe:* FBA 29, S. 323.
58 *Die Bettine ist:* FBA 29, S. 308.
58 *Ich kenne keinen Menschen:* AM, S. 12.
58 *Schreibe dem Savigny:* FBA 30, S. 179.
59 *Savigny, weine ich:* AM, S. 14.
59 *Clemens schreibt von Entsagen:* AM, S. 14 f.
59 *keine Antwort:* AM, S. 15.
59 *Du bist überhaubt mein:* Überlieferte Handschrift; FBA 30, S. 342.
60 *Schreibe dem Savigny alles:* FBA 30, S. 180.
60 *Ich war bei:* FBA 30, S. 181.
61 *Ich bitte dich:* Überlieferte Handschrift; FBA 30, S. 344.
62 *Dagegen hilft oft:* FBA 30, S. 165.
62 *Du könntest mir:* Überlieferter Brief; FBA 30, S. 346 f.
62 *da kannst Du gleich:* FBA 30, S. 168-172.
63 *Gute Nacht:* FBA 29, S. 444-446.
64 *hinter all dem:* FBA 30, S. 180.
64 *Dein Gespräch:* FBA 30, S. 50 und 53.
65 *Clemente Du bist närisch:* FBA 30, S. 180.
66 *Sein Briefwechsel mit Bettina:* Eichendorff, Werke VI, S. 284 f.
66 *Überall aber:* Eichendorff, Werke VI, S. 285.
67 *meine Seele ist:* FBA 30, S. 70; zit. in: Eichendorff, Werke VI, S. 282.
67 *Wir jedoch:* Eichendorff, Werke VI, S. 282.
69 *Ich habe soviel:* FBA 29, S. 149 f.
70 *In der izzigen Welt:* FBA 29, S. 147 f.
70 *die ungeheuer theuren:* FBA 29, S. 150.
70 *Clemens ist hier:* UL, S. 100.
71 *in seinen Zeitschriften:* Vgl. Schwarzer Schmetterling, S. 104 f.
72 *o! Clemens, Clemens:* Mereau-Briefwechsel, S. 75.
73 *Sie haben nicht:* Mereau-Briefwechsel, S. 75.
73 *ein kaltes strenges Urteil:* FBA 29, S. 160.
74 *Es ist sonderbar:* FBA 29, S. 174 f.

74 *daß ich nie:* Mereau-Briefwechsel, S. 79.

75 *du mir nahe:* FBA 29, S. 179.

75 *Am Dienstage Nachmittage:* FBA 29, S. 180 f.

75 *Du hängst noch:* FBA 29, S. 181 f.

76 *der Freund ist krank:* Mereau-Briefwechsel, S. 85.

76 *Ihre Schwester ist:* Mereau-Briefwechsel, S. 85.

76 *Ein schöner Morgen:* Mereau-Briefwechsel, S. 85.

77 *Festeres Verhältnis mit S:* Gersdorff, Biographie, S. 212.

77 *Auf Dornen oder Roßen:* FBA 29, S. 285.

78 *unnatürlichen Geschwister:* FBA 29, S. 284.

79 *Jenaer »Hexe«:* Freundschaftsbriefe I, S. 15.

79 *Mich mit ihr:* FBA 29, S. 288.

79 *kleinen Schwester Bettina:* FBA 29, S. 306.

79 *nur dieses Engels Liebe:* Freundschaftsbriefe I, S. 14 f.

79 *Das Herrlichste und Traurigste:* FBA 29, S. 320.

79 *feierliche, oeffentliche, freundliche Trennung:* FBA 29, S. 323.

80 *von der Scheidung erfährt:* Vgl. Brentano-Chronik, S. 30.

80 *Du kannst nicht:* FBA 29, S. 325.

80 *Es giebt kein Weib:* FBA 29, S. 334.

80 *Zwischen Betinen und mir:* FBA 31, S. 66.

81 *Von einer Schauspielerin:* Zit. nach Mereau-Briefwechsel, S. 36.

81 *die alle ihre Gemüthsevolutionen:* Freundschaftsbriefe I, S. 117.

81 *mit Füssen soll sie:* Freundschaftsbriefe I, S. 102; FBA 31, S. 41.

81 *Merkwürdigkeiten meines Lebens:* Freundschaftsbriefe I, S. 101 f.

81 *Adieu liebe, liebe Sophie:* FBA 31, S. 27.

82 *Es ist nicht unmöglich:* Mereau-Briefwechsel, S. 121.

82 *Nun – so geschehe es:* Mereau-Briefwechsel, S. 128.

82 *Gott gebe, daß?:* Freundschaftsbriefe I, S. 117.

82 *ich bin NB wie:* FBA 31, S. 65.

83 *Mein Streit ist aus:* Freundschaftsbriefe I, S. 159-161.

83 *Dein Verhältniß zur Mereau:* Freundschaftsbriefe I, S. 111.

83 *kannst Du es:* Freundschaftsbriefe I, S. 130.

84 *Meine Liebe an Sophien:* Freundschaftsbriefe I, S. 175-177.

85 *sie liebt mich:* Freundschaftsbriefe I, S. 179 f.

85 *London Christnacht 1803:* Freundschaftsbriefe I, S. 181.

86 *Grüße die Gundel:* FBA 30, S. 250.

86 *Etwas betrübt mich:* FBA 31, S. 67.

86 *Jetzt, da es geschehen:* Mereau-Briefwechsel, S. 128.

86 *Lieber Clemens. Hier ein Brief:* FBA 30, S. 265.

87 *Betinens Brief nochmals:* FBA 31; S. 97.

87 *Betinens Herz mußt du:* FBA 31, S. 107.

87 *nur aus Betinens Händen:* FBA 31, S. 105.

87 *Betine hasst die Dichterinn:* Erste Aprilhälfte 1803; FBA 31, S. 65 f.

87 *Sophie wird täglich liebevoller:* FBA 31, S. 113.

87 *mein Blut kocht:* Mereau-Briefwechsel, S. 201.

88 *Ich habe nicht geschlafen:* FBA 31, S. 124 f.

88 *diese Pläne enthüllen:* Vgl. S. 107.

88 *ich glaube mehrere:* FBA 31, S. 127.

89 *um Betinens willen:* FBA 31, S. 133 f.

89 *Ja es ist wahr:* FBA 31, S. 131.

89 *O der wunderschöne:* FBA 31, S. 128.

89 *wie ich aussehen würde:* 23. August 1803; Freundschaftsbriefe I, S. 162.

89 *für Betinen gemacht:* Freundschaftsbriefe I, S. 162. Vgl. den Brief an Savigny vom 17. Juni 1803; FBA 31, S. 115.

89 *für Betinen, Sophien:* Freundschaftsbriefe I, S. 171.

90 *du bist befangen:* FBA 31, S. 129.

91 *An die Mereau:* FBA 30, S. 272.

91 *Übertrage meine Liebe:* FBA 30, S. 280.

91 *Ich bin sehr betrübt:* FBA 30, S. 280 f.

92 *Liebe Bettine, ich habe:* FBA 30, S. 281.

92 *Liebes Kind, wir werden:* FBA 30, S. 282.

92 *Liebe Seele! Schon viele:* FBA 30, S. 283.

93 *Was hat Dein Brief:* FBA 30, S. 287.

93 *Ich sage Dir:* FBA 30, S. 288.

93 *wenn Du es verlangst:* FBA 30, S. 290 f.

93 *krank gewesen:* FBA 30, S. 300.

94 *Lieber Clemens. Nur ein Wort:* FBA 30, S. 299.

94 *Sophie weint oft Tage lang:* FBA 30, S. 302.

95 *Liebster Clemente:* FBA 30, S. 310 f.

95 *An Clemenz habe ich:* Wende Juni/Juli 1803; AM, S. 19.

97 *Zu dir lieber:* Freundschaftsbriefe I, S. 118, 126.

98 *laß mich ein wenig:* Zitiert nach: Frankfurter Brentano-Familie, S. 252.

98 *Ich will es:* Zitiert nach: Frankfurter Brentano-Familie, S. 252.

98 *Christian, der in Marburg:* Freundschaftsbriefe I, S. 160 f.

99 *Von der Infamie:* FBA 31, S. 114.

100 *jungen schon vortheilhaft:* FBA 29, S. 149.

100 *Unsre Freiheit ist:* FBA 31, S. 196.

101 *Ich zeige Ihnen:* FBA 31, S. 127 f.

101 *Liebe Sophie! Mein Herz:* FBA 31, S. 151-155.

101 *Ich bin wieder:* FBA 31, S. 157 f.

102 *Ich habe nun:* Mereau-Briefwechsel, S. 183 f.; korrigiert nach der Handschrift.

102 *Vom heurathen sprich:* Mereau-Briefwechsel, S. 185; korrigiert nach der Handschrift.

102 *ich habe die ernstliche:* FBA 31, S. 165-169.

103 *Bedenke, wie ich die Zucht:* FBA 31, S. 166 f.

103 *Die Zucht deiner Geschwister:* Mereau-Briefwechsel, S. 201; korrigiert nach der Handschrift.

103 *zweimahl schon hörte:* FBA 31, S. 188.

104 *Vorgestern Abend:* FBA 31, S. 188 f.

104 *Die Angst und Noth:* FBA 31, S. 189.

105 *ungeheuren Werkstatt:* FBA 31, S. 191.

105 *ihrer Reise vom Buttermarkt:* Zur Philistersatire vgl. Schwarzer Schmetterling, S. 76-79.

105 *ich mußte heftig:* FBA 31, S. 191.

105 *Betine ist dir:* FBA 31, S. 195.

105 *Dein Widerwille:* FBA 31, S. 195 f.

105 *Ueber Betinen kann ich:* FBA 31, S. 199 f.

107 *Wenn du nun:* FBA 31, S. 210.

107 *o ich habe:* FBA 31, S. 224.

107 *Clemens, ich werde dein:* Weimar, etwa 28. Oktober 1803; Mereau-Briefwechsel, S. 285.

107 *Wärst du:* Mereau-Briefwechsel, S. 285.

108 *Ich bin zu sehr:* Mereau-Briefwechsel, S. 205.

108 *schneidenden, verachtenden, schrecklichen Worte:* Mereau-Briefwechsel, S. 205.

108 *er verschmäht sie:* Mereau-Briefwechsel, S. 206.

108 *Ich habe alle:* FBA 31, S. 216.

109 *Ich bin wohl krank:* Mereau-Briefwechsel, S. 207.

110 *Ich habe deinetwegen:* Mereau-Briefwechsel, S. 285 f.

110 *wunderbar überrascht:* FBA 31, S. 275.

111 *Sage Betine:* FBA 31, S. 297.

112 *In der selben Stunde:* FBA 31, S. 319.

112 *Ich gehe:* FBA 31, S. 321.

113 *das Kind weint wenig:* FBA 31, S. 323.

113 *Ich habe ein Kind:* FBA 31, S. 325.

113 *Eine rechte Freude:* FBA 31, S. 329.

114 *Lieber Arnim! Ich komme:* FBA 31, S. 338.

115 *Ein anderes Wort:* Freundschaftsbriefe I, S. 237

115 *muthlos bin ich:* Freundschaftsbriefe I, S. 239.

115 *Ein Jahr ist es:* Freundschaftsbriefe I, S. 239 f.

116 *Sie fühlt das:* Freundschaftsbriefe I, S. 241.

116 *lange habe ich:* FBA 31, S. 354 f.

117 *ich kenne dich:* FBA 31, S. 358 f.

117 *Soll ich weinend:* Mereau-Briefwechsel, S. 324.

118 *Ach daß mich Gott:* FBA 31, S. 367.

118 *gesundeste kindischste Kind:* FBA 31, S. 447.

118 *Was du von Savigny:* Mereau-Briefwechsel, S. 354.

118 *auf Trages gefeiert:* Vgl. Schwarzer Schmetterling, S. 142 f.

118 *Schon vor Juli 1805:* FBA 9,3, S. 798.

119 *Lieber Clemens ich habe:* Stadtarchiv Stralsund; zit. nach FBA 9,3, S. 798.

119 *Vorlagen Bettines:* Vgl. FBA 9,3, S. 797.

119 *Ach Sophie:* FBA 31, S. 470 f.

120 *ich bete alle Tag:* Mereau-Briefwechsel, S. 359.

120 *Ich kann dir:* Mereau-Briefwechsel, S. 375.

121 *Sie war froh:* FBA 31, S. 601-605.

121 *Alles, alles ist hin:* FBA 31, S. 592.

121 *der Clemens weint:* Freundschaftsbriefe II, S. 874.

123 *sie hat den Wilhelm Meister:* FBA 31, S. 483.

123 *Ich habe vergessen:* AM, S. 44.

124 *ich habe mir:* AM, S. 45.

124 *Ich bin täglich:* AM, S. 45 f.

125 *Anekdotenmaterial:* Vgl. Brief an Goethe vom 14. Nov. 1810; Bettine, Werke II, S. 707.

125 *Aristeia der Mutter:* Von Goethe war ein Text unter diesem Titel als Ergänzung zu *Dichtung und Wahrheit* vorgesehen, von Eckermann dann jedoch erst postum 1836/37 – nach Erscheinen von Bettines *Goethebuch* – veröffentlicht worden.

125 *Gute – Liebe – Beste Betina:* Briefe Frau Rath II, S. 157 f.

126 *ersten Pfingstfest:* Briefe Frau Rath II, S. 157.

127 *Eine Schachtel wird:* Bettine, Werke II, S. 575.

127 *Hirbey kommt:* Briefe Frau Rath II, S. 156 f.

127 *Du bist beßer:* Briefe Frau Rath II, S. 158.

128 *Mitte Juni in Kassel:* Vgl. ihren Brief an Goethe vom 15. Juni, Bettine, Werke II, S. 575-577.

128 *Liebe – Liebe Tochter:* Briefe Frau Rath II, S. 158. Diesen Brief verarbeitet Bettine Jahrzehnte später in ihrem Buch *Goethes Briefwechsel mit einem Kinde*; vgl. Bettine, Werke II, S. 86 und 575.

128 *vorigen Winter hatte:* Brief Frau Rath II, S. 155.

129 *Anhang zum Briefwechsel:* Bettine, Werke II, S. 16-19.

129 *Liebste Frau Rat:* Bettine, Werke II, S, 16.

129 *Nach dem Wolfgang:* Bettine, Werke II, S. 18.

129 *Geh' Sie doch:* Bettine, Werke II, S. 18 f.

129 *Zuweilen sehe ich:* Betz I, S. 107.

130 *Aber das muß:* Bettine, Werke II, S. 19.

130 *von Berlin kann ich:* Hs. FDH 7196.

131 *Nach Frankfurth:* Hs. FDH 7196.

132 *Den einzigen Gefallen:* Hs. FDH 7196.

132 *komme bald:* Hs. GSA Weimar, zit. nach den Materialien der Brentano-Redaktion im FDH.

133 *Du weißt ja:* Juni 1807 an Savigny, AM, S. 64.

134 *da ging die Tür:* Bettine, Werke II, S. 25.

137 *ich höre im Moment:* Freundschaftsbriefe I, S. 449-451.

138 *in Weimar ward:* Betz I, S. 99 f.

138 *mit welcher Freude:* Betz I, S. 101.

138 *Gestern erhielt ich:* Betz I, S. 102.

139 *so ist mein ABC:* Betz I, S. 95.

139 *ich weiß nur:* Betz I, S. 102.

139 *Und da strahlt:* Betz I, S. 104 f.

139 *Nein wahrlich:* Betz I, S. 116.

140 *täglich bei Goethe:* Bettine-Chronik, S. 10.

141 *Ich empfange Ihren Brief:* Betz I, S. 122.

141 *in der herzoglichen Bibliothek:* Bettine-Chronik, S. 11 f.

141 *während seiner gleichzeitigen Zuneigung:* Bettine-Chronik, S. 13.

143 *War unersättlich:* Bettine, Werke II, S. 107 f., vgl. auch S. 994 f.

144 *entschloßen wie ein Mann:* Freundschaftsbriefe II, S. 463 f.
146 *Demoiselle Busmann:* Briefe Frau Rath II, S. 165.
146 *durch einen Fußfall:* Freundschaftsbriefe II, S. 464.
147 *Nun dachte ich:* Freundschaftsbriefe II, S. 464 f.
148 *Marburg 29 Juli Mittag:* FBA 31, S. 615 f.
148 *Ich hoffe dich glücklich:* Enzensberger, S. 18 f.
149 *Du wünschest etwas:* Hs. FDH 11263.
149 *Ihren Brief, lieber Arnim:* Betz I, S. 105-110.
151 *Clemens versicherte mich:* Betz I, S. 110.
152 *Ihre Nachrichten von Clemens:* Betz I, S. 120.
152 *die ganze Woche:* Enzensberger, S. 28 f.
153 *Wenn Ihr und Moritz:* Enzensberger, S. 31.
153 *Das schlimste:* Enzensberger, S. 32.
153 *Nach Haus:* Enzensberger, S. 33.
154 *An Clemens schreib ich:* Betz I, S. 192.
154 *Daß dein bisheriges Leben:* Enzensberger, S. 69 f. mit der Datumsangabe: Früh-
     jahr 1808.
154 *Auguste wiederstrebt:* Enzensberger, S. 70.
157 *An mein durch Ausartung:* Enzensberger, S. 21-24.
159 *Gesetze und Blutsverwandtschaft:* Enzensberger, S. 25 f.
160 *Er glaubte mich lieben:* Enzensberger, S. 40.
161 *In meinem grosen Elend:* Freundschaftsbriefe II, S. 520.
162 *Bettina ist in Frankfurt:* Enzensberger, S. 25.
163 *Meine erste Sorge:* Hs. FDH 11263.
164 *Auguste hat mich:* Freundschaftsbriefe II, S. 466 f.
166 *Schicken Sie mir Clemens:* Enzensberger, S. 45.
166 *Arnim lassen Sie:* Enzensberger, S. 43.
168 *Du bist von Caßel:* Enzenberger, S. 44.
169 *Savigny, retten Sie:* Enzensberger, S. 45.
169 *Die Sache hat:* FBA 31, S. 627 f.
170 *Acht Tage vorher:* FBA 31, S. 628 f.
171 *Gestern habe ich:* Enzensberger, S. 48.
171 *Auguste ist endlich:* Betz I, S. 195.
171 *zweymal bei Bettmann:* Freundschaftsbriefe II, S. 474.
171 *Ich war noch:* Freundschaftsbriefe II, S. 469.
172 *Die Grundempfindung:* Enzensberger, S. 59.
173 *Etwas geschehen muß:* Enzensberger, S. 64 f.
173 *an welchen sich Auguste:* Enzensberger, S. 66.
174 *an Scheidung ist:* Freundschaftsbriefwechsel II, S. 523-525.
175 *Verwirrung seines Lebens:* Betz I, S. 189.
176 *ich blicke den:* Betz I, S. 106 f.
177 *sich in Cassel eingerichtet:* Betz I, S. 106.
177 *wenn Clemens sich:* Betz I, S. 109.
177 *ich war oft:* Betz I, S. 116.
177 *Ich bin Ihnen:* Betz I, S. 119.
177 *Da liegen schon:* Betz I, S. 122, 124 f.

178 *Wie wenig kennst:* Betz I, S. 127 f.

179 *Gestern habe ich:* Betz I, S. 130.

179 *Wie Stammernde plötzlich:* Bettine-Kat., S. 62.

179 *Wär ich doch:* Betz I, S. 137.

179 *Ich hab mir:* Bettine-Kat., S. 62.

180 *Es ist mir zuweilen:* Bettine-Kat., S. 62.

181 *Wir haben Briefe:* Betz I, S. 128.

181 *Zeitung von und für Einsiedler:* Freundschaftsbriefe II, S. 507.

181 *Auguste Grüst sehr:* Freundschaftsbriefe II, S. 485.

182 *Auguste wird besser:* Freundschaftsbriefe II, S. 488.

182 *Auguste grüßt:* Freundschaftsbriefe II, S. 495.

182 *Mir geht es:* Freundschaftsbriefe II, S. 511, 513.

182 *Von Clemens hab:* Betz I, S. 161.

182 *Er sagt mir:* Betz I, S. 146.

183 *Verkehrtheit und mannigfaltige Verirrungen:* Enzensberger, S. 55-57.

183 *Mit Clemens ist:* Betz I, S. 163.

184 *Du sprichst von Scheidung:* Betz I, S. 165 f.

184 *Mit Auguste konnte:* Enzensberger, S. 71.

185 *Gestern Morgen früh:* Enzensberger, S. 72.

185 *Sollte sich der Mannel:* Enzensberger, S. 73.

186 *das grund böße Weib:* FBA 32, S. 61 f.

186 *Unter Peitschenhieben:* FBA 32, S. 62.

187 *Auguste wurde freudig:* Enzensberger, S. 84.

187 *Christian erzählt mir:* Betz I, S. 249.

187 *Freytag Morgen:* Hs FDH 7817; zit. nach: Auf Dornen oder Rosen, S. 124.

188 *Ich denke jetzt:* Enzensberger, S. 86 f.

190 *Vernichtungsaktion der Familie:* Vgl. Schwarzer Schmetterling, S. 190-193.

190 *du lieber Dichter:* Enzensberger, S. 88.

190 *Verzweiflung in der Liebe:* Vgl. S. 77 f. sowie Enzensberger, S. 88.

190 *Wiederholung tragischer Liebessituationen:* Vgl. die drei Fassungen in: Auf Dornen oder Rosen, S. 28 f., 106 f. und 204 f. sowie hier S. 77 f.

190 *Ich bin ein bischen:* Enzensberger, S. 88 f.

191 *Es steht übrigens:* Betz I, S. 257.

191 *Brentano ist seit:* Enzensberger, S. 91.

191 *Es ist ganz wahrscheinlich:* Betz I, S. 270; vgl. auch Enzensberger, S. 92.

191 *Wie ich den ersten:* Enzensberger, S. 125.

192 *sehr viel von:* Betz I, S. 289.

192 *Während Ihr alle:* FBA 32, S. 78.

192 *daß ich nach Landshut:* FBA 32, S. 79.

192 *Mir ist ganz seelig:* Enzensberger, S. 96 f.

193 *Und nun sein Wunsch:* Enzensberger, S. 97-99.

193 *Als ich dich:* Enzensberger, S. 100-102.

194 *das nach nur einjährigem:* Enzensberger, S. 114.

195 *Frankfurt ist mir:* AM, S. 66.

197 *Warst Du schon:* Bettine, Werke II, S. 166-171.

198 *Wir gingen den Abend:* Betz I, S. 253.

199 *in der brieflichen Urform:* Vgl. Bettine, Werke II, S. 613 f.
199 *Hier bin ich:* Betz I, S. 265.
199 *Ich habe auf:* Frankfurt, 5. Juli 1808; Betz I, S. 270.
199 *das seltsamste:* Betz I, S. 285.
200 *zu jeder Stunde:* Betz I, S. 292 f.
200 *Arnim ... hielt es nicht lange:* Bettine, Werke II, S. 618 f.
200 *Kukuksuhr in der:* Bettine, Werke II, S. 216.
202 *Ich marschierte also:* Bettine, Werke II, S. 216 f.
202 *Über die Günderode:* Bettine, Werke II, S. 63-75.
204 *die idealen Ansichten:* Kat. Goethe – Romantik, S. 103.
204 *Man zeigte mir:* Kat. Goethe – Romantik, S. 102.
204 *Guitarre mehrere Präludien:* FBA 30, S. 317.
206 *Gestern war ich:* Betz I, S. 296.
206 *aus Heidelberg nach Frankfurt:* Betz I, S. 299.
206 *Da bin ich:* Betz II, S. 25.
206 *Es war an:* Arnim-Kat., S. 59.
209 *Liebesbriefe an Arnim:* Betz II, S. 25-33.
209 *Die Gegend in Landshut:* Betz II, S. 41.
209 *ich möchte verzweiflen:* Freundschaftsbriefe II, S. 542 f.
209 *Mit Clemens und Auguste:* Betz II, S. 63.
210 *Auguste, welche jetzt:* Betz, II, S. 108 f.
210 *jezt ist es:* Bettine, Werke II, S. 625 f.
211 *Seine beiden Schwestern verpalisadieren ihn:* Bettine, Werke II, S. 232.
212 *Die untergehende Sonne:* Bettine, Werke II, S. 276-278.
213 *kleinen satirischen Drama:* FBA 12, S. 909-920.
214 *auf die Zähne:* Freundschaftsbriefe II, S. 556.
214 *Grimm sizzt seit:* Freundschaftsbriefe II, S. 556.
214 *Hier ist die Universität:* Freundschaftsbriefe II, S. 557.
215 *Von Folianten rings:* FBA 10, S. 280-283.
217 *bedencke aufrichtig:* FBA 32, S. 158 f.
217 *Du magst es:* Bettine-Chronik, S. 15; ergänzt und korrigiert nach der Hs. im GSA.
218 *Du irrst Dich:* Hs FDH 6100 mit Poststempel vom 30. Juni 1809.
218 *bedeutendste[n] unter allen:* Freyberg-Briefwechsel, S. 23 f.
220 *Liebe Freundin:* Freyberg-Briefwechsel, S. 53-56.
220 *i[ch] liebe, was Sie:* Freyberg-Briefwechsel, S. 56-58.
221 *Freyberg ihr Bräutigam:* Vgl. S. 271.
221 *du hast mich:* Enzensberger, S. 116.
222 *Es ist sehr brav:* FBA 32, S. 133.
222 *wenn du doch:* Enzensberger, S. 122 f.
222 *Du weist wohl:* FBA 32, S. 134.
222 *Du Armer:* Enzensberger, S. 127.
222 *laße mir nur:* FBA 32, S. 135.
222 *Wenn du es:* Enzensberger, S. 129.
222 *Wenn du unter:* FBA 32, S. 135.
222 *Die dreyhundert Gulden:* Enzensberger, S. 130.

223 *alle Mühe:* Enzensberger, S. 135; Übersetzung eines französischen Briefes, vgl. FBA 32, S. 137.

223 *Und doch, doch:* Enzensberger, S. 138 f.

224 *Clemens ist wieder:* Enzensberger, S. 140.

224 *Auguste hat hier:* Enzensberger, S. 140 f.

225 *sollte das nicht:* FBA 32, S. 143 f.

225 *Es ist hier nicht:* Enzensberger, S. 147.

226 *einem Kabinett voll Blattläusen:* FBA 32, S. 142 f.

226 *im Gebirg 2 Stunden:* Freundschaftsbriefe II, S. 571.

226 *Verballhornung des Dialektausdrucks:* Enzensberger, S. 150.

226 *in Mannskleidern als Uhlane:* Brentano an Görres; FBA 32, S. 245.

226 *satirische Zeichnung:* Wilhelm an Jacob Grimm, Enzensberger, S. 186.

226 *aus der Zwischenzeit:* Vordtriede I, S. 227.

227 *Die unglückliche Auguste:* Enzensberger, S. 247 f.

227 *Nachtrag zu meinem:* Vgl. Schwarzer Schmetterling, S. 225.

228 *zwei Küssen:* Betz II, S. 102.

229 *so viel Zeilen:* Betz II, S. 106 f.

229 *daß Humboldt mir:* Betz II, S. 144.

229 *Auch an den Achim:* Betz II, S. 146.

229 *kuriose Geschichte:* Vgl. Savigny-Briefwechsel, S. 237.

230 *Ich könnte Dir:* Bettine, Werke II, S. 678.

230 *Deine Liebe leuchtet:* Freyberg-Briefwechsel, S. 72 und 74.

231 *nur ein Flugblatt:* Betz II, S. 203.

231 *Wenn ich verliebt wäre:* Betz II, S. 204 f.

232 *Liebe Bettine! Es ist:* Betz II, S. 208-210.

233 *Ach Arnim, wenn:* Betz II, S. 227-231.

233 *Was soll ich:* Betz II, S. 292.

233 *Lieber Arnim! Jetzt:* Betz II, S. 302.

233 *Der Gräfin Dolores Armut:* Betz II, S. 308.

234 *Ich hatte eine Wohnung:* Betz II, S. 162.

234 *Clemens will nun:* Betz II, S. 216.

234 *Grimm wird mit:* Betz II, S. 241 f.

235 *Seit fünf Tagen:* Betz II, S. 248.

235 *Viel hat er:* Betz II, S. 248.

235 *richtete sich:* Zit. nach Freundschaftsbriefe I, S. XV.

236 *Im Februar besuchte:* Eichendorff, Werke V, S. 285.

236 *Das plötzl. (Brentano so gefallende):* Eichendorff, Werke V, S. 287 f.

237 *Sodann ist:* FBA 32, S. 230.

237 *verfluchten Luischen:* Vgl. Renate Moering in: Auf Dornen oder Rosen, S. 131 f.

238 *Reisen nach dem Hallischen:* Freundschaftsbrief II, S. 630.

238 *daß das Angeklebte:* Freundschaftsbriefe II, S. 609.

238 *ich glaube nichts:* FBA 32, S. 351.

238 *Von seinem letzten Aufenthalt:* Varnhagen, Werke IV, S. 351.

239 *Wohlan so bin ich:* Brentano, Werke I, S. 264.

239 *Mein lieber Jäger:* Brentano, Werke I, S. 267-272.

240 *Treulieb, Treulieb sie sitzt:* Brentano, Werke I, S. 273.

241 *Du drohst:* Brentano, Werke I, S. 264 f.
241 *Du kannst Dir dencken:* FBA 32, S. 182.
242 *sie mag übrigens:* FBA 32, S. 182.
242 *vier Simbolischen Blätter:* Brentano, Werke II, S. 1039-1042, korrigiert nach dem Erstdruck.
243 *Verschiedene Empfindungen:* Vgl. Brentano, Werke II, S. 1034-1038 sowie Jb FDH 1991, S. 113 f.
243 *Nicht alle wissen:* Vgl. Jb FDH 1991, S. 113 f.
244 *Der Aufsatz:* Berliner Abendblätter, 19. Blatt, 22. Oktober 1810, S. 78.
244 *Es ist herrlich:* Brentano, Werke II, S. 1034-1036.
245 *Diese Rede gefiel mir:* Brentano, Werke II, S. 1038.
246 *Ich bin im Begriff:* An Runge; FBA 32, S. 275.
246 *In Bukowan:* FBA 32, S. 280 f.
248 *Altmann sagte mir:* FBA 32, S. 329 f.
248 *da die Runkelrüben:* FBA 32, S. 332.
248 *Es war mir:* FBA 32, S. 331.
250 *übrigens sagte mir:* FBA 32, S. 331.
250 *ein zweiräderichtes:* FBA 32, S. 333.
250 *Zu den vielen Mirackeln:* FBA 32, S. 280.
251 *wurde ich ganz anders:* Betz II, S. 359.
251 *Meine Großmutter entriß:* Betz II, S. 358 f.
252 *Da weckte mich:* Betz II, S. 367-370.
252 *was dem einen Jahrhunderte:* Freyberg-Briefwechsel, S. 131.
252 *Ich habe mir vorgenommen:* Freyberg-Briefwechsel, S. 132.
252 *deine ganze Natur:* Freyberg-Briefwechsel, S. 133.
253 *Vor allen Dingen:* Bettine-Chronik, S. 17.
253 *in Töpplitz anno 10:* Hs. FDH, vgl. Bettine-Kat., S 28.
253 *Töplitz-Fragmente:* Bettine, Werke II, S. 800-809.
254 *Es war in:* Bettine, Werke II, S. 803-807.
258 *Aber von jenem Abend:* Bettine, Werke II, S. 807-809.
261 *Vorbehalte ihres Bruders:* Vgl. S. 418-420.
261 *fleißig gelesen:* Bettine, Werke II, S. 688.
261 *einen großen Gefallen:* Bettine, Werke II, S. 689.
262 *was Du verlangst:* Bettine, Werke II, S. 692 ff.
264 *am 4ten December:* Bettine, Werke II, S. 712.
264 *warme Glanzweste:* Bettine, Werke II, S. 716.
264 *die notwendigen Papiere:* Vgl. Bettine-Kat., S. 63.
264 *vor einem Haus:* Baumgart, S. 412 mit einem Zitat aus den Erinnerungen von Fanny Lewald.
265 *Um 1800 hatte sich:* Petra Wilhelmy: Der Berliner Salon im 19. Jahrhundert (1780-1914), Berlin/New York 1989, S. 719.
265 *in der Juden Hände:* Caroline von Labes an Arnim, 18. Oktober 1808; zit. nach Savigny-Briefwechsel, S. 270. Die folgenden Angaben nach Härtl. In Berlin gab es 1807 30 jüdische und 22 christliche Bankiers; »ihr wirkliches Übergewicht war vielleicht noch größer, da die christlichen teilweise das Geldgeschäft nur als Anhängsel des Waren-, Kommissions- und Speditionshandels betrieben« (Hu-

go Rachel: »Die Juden im Berliner Wirtschaftsleben zur Zeit des Merkantilismus«, in: Zeitschrift für die Geschichte der Juden in Deutschland 2, 1930, S. 194).

266 *Ein junger Jude:* Steig III, S. 130.

266 *Ich sass im Badehause:* Freundschaftsbriefe II, S. 604; vgl. Brentano-Chronik, S. 83.

267 *In der Tischgesellschaft:* Viele Namen finden sich allerdings ausschließlich auf der Subskribentenliste für Brentanos Philistersatire. »Da keine Präsenzliste erhalten ist und wohl auch keine solche geführt wurde, ist es unmöglich, eine genaue Angabe über die Zahl der regelmäßigen Besucher zu machen.« (Nienhaus, S. 128 f.)

267 *mit allen Juden:* Brentano, Werke II, S. 963 und S. 1007 sowie ebd., Abb. 4.

268 *jubelte und schrie:* Brentano-Chronik, S. 81.

268 *welscher Teufel:* Vgl. Vordermayer, S. 202.

268 *Kantate auf den Tod:* Brentano, Werke I, S. 205 f.

269 *Auftragsarbeit zur Eröffnung:* Vgl. Brentano, Werke I, S. 219 f. und 1085 f.

270 *Ursach meiner Aengstlichkeit:* Freundschaftsbriefe II, S. 599 f.

271 *Ich bin nicht:* Freundschaftsbriefe II, S. 600 f.

271 *Daß meine Äußerungen:* Freundschaftsbriefe II, S. 602 f.

272 *Ich fuhr mit Bettinen:* Freundschaftsbriefe II, S. 603 f.

273 *Sooft ich Deiner:* Vordtriede I, S. 3.

273 *Brief von 1815:* Vgl. Bettine-Kat., S. 185.

273 *An Fräulein Bettine Brentano:* Bettine-Kat., S. 64.

274 *informiert Bettine Goethe:* Bettine, Werke II, S. 716.

274 *Nach der Trauung:* Bettine-Chronik, S. 18.

274 *der Weg zu uns:* Bettine-Chronik, S. 19.

275 *herrlichen kindlichen ernsten:* FBA 32, S. 318.

275 *Geliebte Mitgenößin:* FBA 32, S. 320.

275 *Schöne und tugendhafte:* FBA 32, S. 326.

276 *wunderlichen Aufenthalt:* An Savigny; FBA 32, S. 328.

277 *daß Christian Buckowan verläst:* FBA 32, S. 335 f.

278 *heftigen und pöbelhaften Streit:* 23. Oktober, zit. nach Bettine-Chronik, S. 19.

278 *es wäre eine Blutwurst:* Marie Helene von Kügelgen an die Familie Volkmann, 12. Oktober 1812; zit. nach Bettine-Chronik, S. 19.

278 *ich hätte es:* Ende Jan. 1812; zit. nach Bettine-Chronik, S. 19.

278 *an entsetzlichen Uebelkeiten:* Freundschaftsbriefe II, S. 608.

279 *Meine Frau:* Freundschaftsbriefe II, S. 617.

280 *Ich muß damit anfangen:* Savigny-Briefwechsel, S. 54 f.

281 *lediglich ein Konzept:* 20. Sept. 1811, vgl. Steig im Jb FDH 1904, S. 348 f.

281 *Das Ehepaar von Arnim:* Härtl, Goethebuch, S. 649.

282 *Lieber Freimund:* Bettine, Briefwechsel Söhne I, S. 85 f.

282 *Lieber Clemens:* Freundschaftsbriefe II, S. 643 f.

283 *Ich gesteh Dir:* Bettine-Chronik, S. 19 f.

283 *Göthe und Beethoven:* Savigny-Briefwechsel, S. 62.

283 *Von Arnims:* Savigny-Briefwechsel, S. 262.

284 *Den Zudringlichen:* Härtl, Goethe-Buch, S. 649.

284 *in zwei Zeitschriften:* Vgl. Jb Bettina-Ges. 15, 2003, S. 52 f.

285 *Darstellung Oscar Fambachs:* Eine Brieffälschung der Bettina von Arnims als Nachklang des Beethovenjahrs, Deutsche Vierteljahrsschrift für Literaturwissenschaft und Geistesgeschichte 45, 1971, S. 773-778.

285 *Am 19., 20., 21.:* Jb Bettina-Ges. 15, 2003, S. 56.

285 *Legende vom ›tiefgebückten‹ Goethe:* Jb Bettina-Ges. 15, 2003, S. 54.

286 *Während der Brief:* Bettine, Werke II, S. 848.

286 *C. Edward Walden:* Die Briefe Beethovens an Bettina von Arnim, Jb Bettina-Ges. 15, 2003, S. 47-66.

286 *Briefe von Beethoven:* Vgl. Bettine, Werke II, S. 848-855 und Jb Bettina-Ges. 15, 2003, S. 49.

286 *Bettine Brentano hat:* Briefe an Goethe, hg. v. Karl Robert Mandelkow, Bd. 2, München 1988, S. 84.

286 *Die gute Bettine:* WA IV, 22, S. 116.

286 *zusammengefaßter, energischer, inniger:* Gräf 2, S. 712.

287 *Göthe behagt die Hofluft:* Zit. nach Jb Bettina-Ges. 15, 2003, S. 55.

287 *Bettine, die wahrscheinlich:* Bettine, Werke II, S. 852.

287 *Liebste, gute Bettine:* Drei Briefe von Beethoven [Mit Erlaubniß des Eigenthümers abgedruckt], in: Athenäum für Wissenschaft, Kunst und Leben. Eine Monatsschrift für das gebildete Deutschland, Februar 1839, S. 1-7; hier S. 5-7; zit. nach Bettine, Werke II, S. 853 f.

289 *ich bin herrlich:* Bettine, Werke II, S. 688.

289 *Beethoven, von dem ich:* Bettine, Werke II, S. 345 f.

290 *Zelter läutet und bummelt:* Bettine, Werke II, S. 696.

291 *ein heimliches Gewahr-werden:* Bettine, Werke II, S. 713.

291 *Beethoven hat mir geschrieben:* Bettine, Werke II, S. 717.

292 *Einsamkeit, du Geisterbronnen:* Brentano, Werke I, S. 308-310.

293 *Wie ich aus:* Bettine, Werke II, S. 187.

294 *Sonderbares Schicksal:* Bettine, Werke II, S. 401.

295 *Alles hat zwei Seiten:* Freundschaftsbriefe I, S. 326-328.

296 *Nun kam die Zeit:* Bettine-Chronik, S. 20.

296 *ein Ehrendenkmal:* Steig I, S. 314.

297 *Wer zuletzt lacht:* Freundschaftsbriefe II, S. 679.

297 *Der Prediger Rietschel:* An ihren Mann, 16. Nov.; Bettine-Chronik, S 20.

297 *Meine Vermögensumstände:* Freundschaftsbriefe II, S. 689.

298 *wenn Du mit:* Freundschaftsbriefe II, S. 678.

298 *Wesel, Appelmänner und Auerhahn:* Freundschaftsbriefe II, S. 679 f.

299 *Waß den Wesel:* Freundschaftsbriefe II, S. 686.

299 *Wärst du hier:* Freundschaftsbriefe II, S. 687.

301 *groses Festspiel:* Freundschaftsbriefe II, S. 693 f.

301 *mit der Bearbeitung:* Freundschaftsbriefe II, S. 693 f.

301 *Diese Siegsfeier:* Vgl. Michael Grus im Jb FDH 1995, S. 120. Wieweit es mit dem Werk, das Brentano nach Überschreitung des Flusses durch Blücher am 1. Januar 1814 angeblich »in wenigen Stunden« niederschrieb, übereinstimmt, bleibt unklar. Vgl. Brentano-Chronik, S. 93.

301 *Die Befreiung von Wesel:* Freundschaftsbriefe II, S. 693 f.

302 *Wo ich mich:* Freundschaftsbriefe II, S. 693 f.
303 *Sehr bald denke:* Bettine-Chronik, S. 20.
304 *wenn seine Frau Bettine auftauchte:* Vgl. S. 361.
305 *fühlt sich wohl:* 13. Juni 1816, zit. nach: Vordtriede I, S. 37 f.
307 *Für deine Briefe:* Freundschaftsbriefe II, S. 614 f.
308 *Wenn ... ein älterer:* Hs FDH; zit. nach: Neue Tendenzen der Arnim-Forschung,
hg. von Roswitha Burwick und Bernd Fischer, Bern u. a. 1990, S. 165.
309 *sehr hat mich:* Freundschaftsbriefe II, S. 618.
310 *Schinkels Freundschaft:* Freundschaftsbriefe II, S. 618 f.
310 *Lieber bester Bruder:* Freundschaftsbriefe II, S. 621 f., 627.
312 *Was sprichst du:* Freundschaftsbriefe II, S. 629-631.
314 *er will durchaus:* Savigny-Briefwechsel, S. 60.
314 *Aloys und Imelde konfisziert:* Vgl. Schwarzer Schmetterling, S. 304-316.
315 *der Freund artig bedankt:* Freundschaftsbriefe II, S. 659.
315 *Bist du wirklich:* Freundschaftsbriefe II, S. 707.
315 *Wiepersdorf im Ländchen:* Freundschaftsbriefe II, S. 708.
316 *Ein grösserer Brief:* Freundschaftsbriefe II, S. 712.
316 *das kann noch:* FBA 33, S. 135.
317 *Seit voriger Nacht:* Savigny-Briefwechsel, S. 101; dort wohl irrtümlich auf »Anfang September« datiert.
317 *Du kannst wohl denken:* Savigny-Briefwechsel, S. 101 f.; dort datiert »7. September«.
317 *Du mußt es nämlich:* Steig III, S. 327.
318 *Clemens und ich:* Savigny-Briefwechsel, S. 102.
318 *Seit einigen Tagen:* Savigny-Briefwechsel, S. 107.
318 *Von seinen Freundinnen:* Anekdoten, S. 10.
319 *ich schimpfte:* Anekdoten, S. 42.
319 *Mein Bruder Franz:* Anekdoten, S. 36.
319 *StiefGrosvater Brentano:* Vgl. Anekdoten, S. 47-58.
320 *Lieber Alter:* AM, S. 199.
320 *dicht an der:* FBA 19, S. 315.
321 *Clemens ist seit:* FBA 19, S. 753.
322 *Satanismus der Welt:* An Susanne von Hügel, Prag, vermutlich 7.-12. Juli 1814;
FBA 33, S. 129.
322 *dichterischen Bestrebungen:* An Wilhelm Grimm, 15. Februar 1815; FBA 33,
S. 142.
322 *das tiefe Bedürfniß:* FBA 33, S. 142-145.
323 *neun Tage zwischen:* Bettine an Wilhelm Grimm, 23. April 1816; zit. nach Bettine-Chronik, S. 22.
323 *Die Krisis der Krankheit:* Bettine an Savigny, 21. April; AM, S. 210 f.
323 *nachwirkende heilende Kraft:* 4. Mai an Savigny; Savigny-Briefwechsel, S. 137.
324 *in Savignys neuer Wohnung:* Bettine-Chronik, S. 20.
324 *Brief an Charlotte Pistor:* FBA 33, S. 134 f.
324 *Uebrigens zwingt mich:* FBA 33, S. 142.
324 *Kreise von trefflichen:* FBA 33, S. 140.
325 *Auch ich:* Bettine-Chronik, S. 20 f.

325 *feudalen landwirtschaftlichen Großproduzenten:* Bettine-Chronik, S. 22.
326 *vielzitierten Brief:* Vgl. S. 305 f.
326 *besinne dich doch:* 1835; Hs. FDH 20203.
367 *großen eingefleischten Satanismus:* 8. Juni 1814; FBA 33, S. 129.
328 *mir ist oft:* FBA 33, S. 145.
328 *Was du mir:* FBA 33, S. 159 f.
329 *Du erneust unser:* Freundschaftsbriefe II, S. 719.
331 *Es thut mir:* FBA 3,1, S. 114-117 und 525 f.
332 *Eine Mauer um uns:* FBA 3,1, S. 11 f.
332 *Klemens hat:* Berlin, 25. April 1817; zit. nach Brentano-Chronik, S. 106.
333 *Feenpalast:* An Arnim, 24. Juni; Vordtriede I, S. 45.
333 *dies ist mein dritter:* Vordtriede I, S. 77-79.
334 *dieses eigene Geld:* Bäumer/Schultz, S. 54 f.
335 *Die Kinder haben:* Vordtriede II, S. 539.
335 *Hirnentzündung:* Vordtriede II, S. 540 f.
336 *Siegmund, der in:* Vordtriede II, S. 543.
337 *Freimund ist seit:* Vordtriede II, S. 545.
337 *täglich dreimal:* Vgl. Vordtriede II, S. 540.
337 *begeisterter Verfechter:* Vordtriede II, S. 985.
337 *Kamillen und Fliedertee:* Vordtriede I, S. 213.
337 *Homöopathen Stüler:* Vgl. Vordtriede II, S. 981.
338 *Du sollst nicht:* Vordtriede I, S. 212 f.
338 *Wenn ich niederkomme:* Vordtriede II, S. 642.
339 *Tagebuch von Philipp Hössli:* Vgl. Wanner.
339 *Durchdrungen von wahrer Achtung:* Wanner, S. 60.
339 *Das geflügelte Roß:* Wanner, S. 45.
340 *Abends nach der Ankunft:* Wanner, S. 164.
341 *Sie erscheint mir:* Wanner, S. 168.
341 *In reinster, innigster Liebe:* Wanner, S. 175 f.
341 *Arnim äußerst freundlich:* Wanner, S. 176.
342 *Konstanze Bäumer:* Vgl. Bäumer/Schultz, S. 55.
342 *Ich habe die:* AM, S. 233 f.
342 *gemeinsam Weihnachten:* Vordtriede II, S. 495.
342 *Die Phase des:* Bäumer/Schultz, S. 58.
344 *An C B:* Freundschaftsbriefe II, S. 741.
345 *lieber Bruder, ich habe:* Freundschaftsbriefe II, S. 743 f.
345 f. *Daß ich das Kunsttreiben:* Freundschaftsbriefe II, S. 749 f.
346 *Aucktion meiner Mühsam gesammelten:* Freundschaftsbriefe II, S. 745 f.
347 *Der gedruckte Katalog:* Einen fotomechanischen Abdruck publizierte Bernhard
     Gajek (zusammen mit dem Katalog der postumen Versteigerung von 1853) un-
     ter dem Titel: Clemens und Christian Brentanos Bibliotheken. Die Versteige-
     rungskataloge von 1819 und 1853, Heidelberg 1974.
347 *wichtige und »poetische« Bücher:* Vgl. Schwarzer Schmetterling, S. 385.
347 *Mit Extrapost gings:* Vordtriede I, S. 253 f.
348 *Daß Du mit Segenswünschen:* Vordtriede I, S. 256.
348 *kann ich nun:* Freundschaftsbriefe II, S. 767.

349 *Wie oft ich:* Freundschaftsbriefe II, S. 767.

349 *er ist vielleicht:* Vordtriede II, S. 474.

349 *den Söhnen von George:* Vordtriede II, S. 476 f.

350 *Der geistlich Hoffart:* Vordtriede II, S. 482.

351 *später aus seinen Notizen:* Zit. nach Frühwald, Spätwerk, S. 386 f.

351 *Mit dem Kreuz:* FBA 28,1, S. 467.

351 *Römischen Kreuz:* FBA 28,1, S. 464 f.

352 *Protokoll dieser Leichenschändung:* Vgl. FB 28,2, S. 401-404.

325 *Letzt ließ er:* Vordtriede II, S. 477 f.

354 *absonderlichsten Präventivmaßnahmen:* Vgl. Bettine-Kat., S. 126 f.

356 *Es war das Jahr:* Meyer-Hepner, S. 167 f.

356 *Die Vertheilung wurde:* Meyer-Hepner, S. 1679.

357 *Aus Schleiermachers Hause:* Die Memoiren von Willich erschienen 1909 in Berlin unter dem Titel: Aus Schleiermachers Hause. Jugenderinnerungen seines Stiefsohnes.

357 *Das schlechte Gesindel:* Bettine-Kat., S. 127.

357 *Material zur Armenfrage:* Vgl. S. 407 f.

358 *Schleiermachers Schrift Monologen:* Schormann, S. 216.

358 *Schleiermachers Weihnachts Abend:* Freundschaftsbriefe I, S. 379.

358 *zurückgebliebnen Büchern:* Schormann, S. 217.

358 *Schleiermacher hat:* Vordtriede I, S. 45.

359 *in allen Berliner Salons:* Vgl. Schormann, S. 219.

359 *Vorgestern war ich:* Vordtriede I, S. 214 f.

359 *Von Umtrieben gegen:* Vordtriede I, S. 344.

359 *befindet sich wohl:* Vordtriede I, S. 348.

359 *durch verklärte Anschauung:* Schormann, S. 225.

359 *ich wußte nicht:* Schormann, S. 224.

360 *Heute Abend schon:* Schormann, S. 229.

360 *auch ihr gewährte:* Schormann, S. 236 f.

361 *Es war eine kuriose:* Schormann, S. 238.

361 *daß mir noch nie:* Schormann, S. 239 f.

361 *sich nach dem Tode:* Schormann, S. 239.

361 *Das nächste Leben:* 28. Dezember 1833; Pückler-Briefwechsel, S. 267.

362 *Kommen Sie doch:* Pückler-Briefwechsel, S. 17.

362 *Das Göttliche wirkt:* Schormann, S. 245 f. Vgl. auch Pückler-Briefwechsel, S. 164-167.

362 *Dein Gespräch hat:* Pückler-Briefwechsel, S. 167 f.

363 *Briefe an Schleiermacher:* Vgl. Schormann, S. 251-264.

363 *Distanzierung der beiden:* Vgl. S. 380 f.

363 *Die Arnim ist:* Schormann, S. 241.

363 *erzählte daß Schleiermacher:* Schormann, S. 266.

364 *Hier schreib' ich:* Schormann, S. 288 f.; Schormann weist auch auf die Datierungsproblematik und den Goethe-Bezug hin. Der Brief an Pückler jedenfalls datiert vom 3. März 1834; vgl. auch Pückler-Briefwechsel, S. 309 und 497 f.

365 *Einnehmer des Coblenzer Frauenvereins:* Vgl. FBA 22,1, S. 13.

365 *besuchte auch Paris:* Vgl. Renate Moering: Die Reise nach Frankreich, FBA 22,2, S. 32-40.

365 *Bilder und Gespräche:* Vgl. Schwarzer Schmetterling, S. 418-423.

367 *Orden wieder einzuführen:* Vgl. Schwarzer Schmetterling, S. 416.

367 *Frauenverein:* Vgl. Renate Moering: Erlös und Schenkungen und Sozialgeschichtliche Wirkung, FBA 22,2, S. 147-156.

368 *das Letzte:* Bettine-Chronik, S. 30.

368 *Ein jeder kehre:* Bettine-Chronik, S. 30.

368 *Gerüchte, die von Bettine ... angeblich:* Vgl. Bettine, Werke II, S. 838.

369 *Diese leidige Bremse:* Bettine-Chronik, S. 26.

369 *in der Residenzstadt aufgehalten:* Vgl. Bettine-Chronik, S. 26.

369 *Nicht geahndet hab:* Bettine, Werke II, S. 719 f.

370 *willst Du mir:* Bettine, Werke II, S. 721.

370 *Sie schreibt am:* Vgl. Bettine, Werke II, S. 722-753.

370 *Fr. v. Arnims Zudringlichkeit:* WA III/12, S. 285; vgl. Bettine, Werke II, S. 837 f.

370 *Wenn du wüßtest:* Bettine, Werke II, S. 747.

371 *Es ist mir:* Bettine-Kat., S. 50.

371 *reserviert gezeigt haben:* Bettine-Chronik, S. 24.

372 *Goethe war wunderbar:* Vordtriede II, S. 462 f.

372 *Abends 6 Uhr:* Eckhardt, S. 391-396.

373 *Ihr könnt wohl:* Eckhardt, S. 398.

374 *Frankfurter Stadtwappen:* Vgl. Bettine-Kat., S. 214 f. und Bäumer/Schultz, S. 140.

375 *zwischen seinen Knien:* Bettine, Werke II, S. 733 f.

376 *Auf der einen Seite:* Bettine, Werke II, S. 569.

377 *Rauchs Entwurf favorisiert:* Vgl. Bettine-Kat., S. 215 und Bäumer/Schultz, S. 141.

378 *solch ein Monstrum:* Bericht von Adelheid von Schorn; zit. nach Bettine-Kat., S. 215.

378 *In ihren letzten Lebensjahren:* Bettine, Werke II, S. 847.

378 *Haben sie von:* Bettine, Werke II, S. 11-13.

379 *der heftig ihre Freundschaft:* Bettine-Kat., S. 253 f.

379 *Du bists – eine ächte:* 26. März 1832, Pückler-Briefwechsel, S. 49.

380 *Pückler selber steckte Bettine:* Bettine-Kat., S. 255.

380 *Bataille von Muskau:* April 1834, Bettine-Chronik, S. 30.

380 *saß krank:* Bettine-Kat., S. 258.

381 *sind die Folgen:* Bettine-Kat., S. 258.

381 *Du schreibst mir:* Pückler-Briefwechsel, S. 235.

381 *mehr eigne Phantasieen:* Pückler-Briefwechsel, S. 238.

381 *Bettine reagiert heftig:* Pückler-Briefwechsel, S. 239-242.

381 *diese Herausgebertätigkeit:* Bettine-Kat., S. 259.

381 *Goethe schlug Mignon:* Zit. nach Bettine-Kat., S. 105 f.

382 *Eben warst du noch:* Insel Taschenbuch, Frankfurt 1994, S. 62.

382 *märchenhaften Erscheinung:* Zit. nach Bettine-Kat., S. 106.

383 *überwiegend fiktional:* Sibylle von Steinsdorff, in: Bettine-Kat. S. 251.

383 *Man bezichtigte sie:* Sibylle von Steinsdorff, in: Bettine-Kat. S. 251.

384 *restlos ausverkauften Auflage:* Vgl. Bettine-Kat., S. 251.
384 *bis zum April* 1838: Bettine-Kat., S. 251.
384 *leidenschaftliches Pro und Contra:* Bettine-Kat., S. 249.
384 *ich hab mein Tagebuch:* Grimm-Briefwechsel, S 29.
385 *Ich freue mich:* Grimm-Briefwechsel, S. 34.
385 *I was on:* Goethe's correspondence with a child. For his monument, 3 Bde. o. J.
     [erschienen 1837/1838], Band 2, S. 1.
385 *ich war am Rhein:* Bettine, Werke II, S. 231.
386 *Where he wrote Werther:* Vgl. Bettine-Kat., S. 54 f.
386 *eklatante Mißerfolg:* Bettine-Kat., S. 57.
386 *Genuine love is conscious:* Band 3, S. 121.
386 *Die echte Liebe empfindet:* Bettine, Werke II, S. 489.
388 *Ilius Pamphilius und die Ambrosia:* Vgl. Bettine-Kat., S. 154-156.
389 *Königliches Patent:* Grimm-Briefwechsel, S. 332, 334.
389 *Student Ernst August:* Vgl. Grimm-Briefwechsel, S. 329.
390 *Staatsgrundgesetz dieses Königsreichs:* Grimm-Briefwechsel, S. 340 f.
390 *I have cut:* Grimm-Briefwechsel, S. 331.
390 *Die beiden Gebrüder:* Grimm-Briefwechsel, S. 126.
391 *Finden die Gebrüder:* Grimm-Briefwechsel, S. 127.
392 *Ich ehre die königliche:* Grimm-Briefwechsel, S. 32.
393 *Den Heroen ihrer Zeit:* Grimm-Briefwechsel, S. 23.
393 *Hier scheint zwar:* Grimm-Briefwechsel, S. 23 f.
393 *Ihr Brief hat mir:* Grimm-Briefwechsel, S. 25.
394 *ehrende Teilnahme:* Grimm-Briefwechsel, S. 32 f.
394 *Ich schwöre, Euch treu:* 25. März 1838; Grimm-Briefwechsel, S. 77.
395 *ich habe ihnen:* Grimm-Briefwechsel, S. 215.
396 *Liebe Bettine, dieses Buch:* Brüder Grimm: Kinder- und Hausmärchen, hg. von
     Heinz Rölleke, Stuttgart 1980, I, S. 11-13.
397 *Huldvollphantasiebildanredende Anonyma:* Püschel I, S. 28, 97.
398 *Darf ich mich als Eule:* Püschel I, S. 97.
399 *Also denk ich:* Königsbuch, S. 372.
400 *Ja, man rufe:* Königsbuch, S. 373.
401 *Ist der Staat:* Königsbuch, S. 264.
402 *die Volksbegeisterung:* Püschel, S. 95 f.
403 *Heinrich Grunholzer:* Vgl. Bettine-Kat., S. 128 f.
403 *einem kleinen Bildchen:* Vgl. Bettine-Kat., S. 130.
403 *Vor dem Hamburger Tore:* Königsbuch, S. 405.
403 *Nr. 42:* Königsbuch, S. 440.
403 *Der Weber:* Königsbuch, S. 443.
403 *Urbich und sein Sohn:* Königsbuch, S. 433.
404 *Was der Minister:* Bettine-Kat., S. 129.
405 *Der Socialismus und Communismus:* Vgl. Bettine-Kat, S. 127.
405 *Man hat diese Parthie:* Bettine-Kat., S. 107 f.
405 *Das Spektrum:* Bettine, Werke III, S. 855.
406 *Bettinas Dies Buch gehört:* Bettine, Werke III, S. 847.
406 *Ohne Zweifel ist:* Bettine, Werke III, S. 850 f.

406 *Bettina und ihr Königsbuch:* Bettine-Kat., S. 131 f.

407 *wenn auch Alles:* Bettine-Kat., S. 129.

407 *Ob die Klage:* Bettine-Kat., S. 269.

408 *Nachrichten vom Hungeraufstand:* Wolfgang Frühwald im Bettine-Kat., S. 275.

408 *Mein Armenbuch:* Bettine-Kat., S. 275.

408 *Die echte Politik:* Püschel I, S. 96.

409 *Ihrem kühn-menschenfreundlichen Verlangen:* Püschel I, S. 229.

410 *Das Volk sehnt sich:* Bettina von Arnim: Werke und Briefe, hg. von Gustav Konrad, Frechen 1963, III, S. 388.

410 *König ist Ideal:* Bettina von Arnim: Werke und Briefe, hg. von Gustav Konrad, Frechen 1963, III, S. 321.

413 *Kein Protest Frau Schlotthauers:* Claudia Sabine Gruber, in: Auf Dornen oder Rosen, S. 168 mit Zitat aus GS 8, S. 80.

413 *Ueberhaupt erwießen alle:* Auf Dornen oder Rosen, S. 168.

414 *Es wird Ihnen nie:* Vgl. Schwarzer Schmetterling, S. 441-444.

416 *lediglich zwei Billette:* Vgl. Auf Dornen oder Rosen, S. 214 f.

416 *Ein Süßlieb, schwarzlaub'ge Linde:* Hs FDH 8097, vgl. Auf Dornen oder Rosen, S. 209.

418 *eine lange Liste:* Vgl. Schwarzer Schmetterling, S. 440.

418 *Ich habe die vier:* Hs. FDH 6097.

420 *Ich mache mir:* Hs. FDH 6097.

421 *Publikation zu verhindern:* Karl Hartwig von Meusebach an Jacob Grimm, 2. Juni 1834; vgl. Bettine-Chronik, S. 31.

422 *Es giebt nur:* Hs. FDH 6097.

422 *Ich sagte plötzlich:* Bettine, Werke II, S. 25.

423 *seit 20 Jahren:* Hs FDH 7199.

424 *beiliegendes Blatt hatte ich:* Hs. FDH 7197.

425 *dieses Buch etwas:* Hs. FDH 7197.

426 *Meine liebe, arme Schwester:* Hs. FDH 6098.

427 *Ich mische Abschriften:* Frühwald, Spätwerk, S. 318.

427 *Die Leidenschaft für Göthe:* Hs. FDH 6098.

428 *bleibe ohne Vorurtheil:* Hs. FDH 20203.

428 *Ei Clemens Du:* Hs. FDH 7716b.

428 *Lieber Clemente:* Hs. FDH 7716a.

429 *Heidnische Antwort auf:* Hs. FDH 7743. Als »fiktives Gespräch zwischen Bettina von Arnim und Emilie Linder über Clemens Brentano« ist das Gedicht Werke I, S. 1180 gedeutet. Eine komplizierte Deutung Frühwald, Spätwerk, S. 319-323.

429 *Faßelei aus den Heidnischen:* Hs FDH 7954 und GS IX, S. 141.

429 *Es war mir:* GS 9, S. 174; korrigiert nach der Handschrift im FDH.

430 *Gerade jetzt ist:* Hs. FDH 7856.

430 *Ich besitze zwar:* Hs. FDH 7838.

430 *Schreiben Sie einmahl:* Hs. FDH 7838.

431 *ich saß zwischen:* Hs. FDH 13754.

431 *redlichen Buchhändler Mohr:* Hs. Varnhagen-Nachlaß Krakau; zit. nach den Unterlagen der Brentano-Redaktion im FDH.

432 *In diesem Augenblick:* Hs. FDH 7193.

433 *Die Grimm lieb ich:* Hs. FDH 7193.

434 *da fiel mirs:* Hs. FDH 7193.

434 *Lieber Clemens dieser Brief:* Hs. FDH 7193.

435 *Meine eigne Reise:* Hs. FDH 7194.

435 *Alles langweilig lederne:* Hs. Varnhagen-Nachlaß Krakau; zit. nach den Unterlagen der Brentano-Redaktion im FDH.

436 *tiefe[s] Criterium der reinen Tonleiter:* Jb FDH 1963, S. 370.

436 *Ich hatte mir:* Jb FDH 1963, S. 371.

437 *daß Gott sich:* Zit. nach einer Handschriftenkopie im FDH.

437 *Möchte er:* Zit. nach einer Handschriftenkopie im FDH.

438 *ich hatte dich lieb:* Hs. FDH 6097.

438 *Ich war beim Rinxeis:* Bettine, Briefwechsel Söhne III, S. 21 f.

440 *In diesem Augenblick:* Bettine, Briefwechsel Söhne III, S. 35 f.

440 *hier unter allen:* Bettine, Briefwechsel Söhne III, S. 40.

440 *Ob wir dich:* Bettine, Briefwechsel Söhne III, S. 41.

440 *Aus deinen Briefen:* Bettine, Briefwechsel Söhne III, S. 41.

441 *daß Jérôme Bonaparte:* Bettine, Briefwechsel Söhne III, S. 306.

441 *zur Feier von:* Bettine, Briefwechsel Söhne III, S. 42.

442 *sich gegenseitig:* Vgl. S. 15.

442 *In meiner Familie:* Freundschaftsbriefe II, S. 527. Vgl. S. 15.

442 *Firma in Frankfurt auflösten:* Vgl. Frankfurter Brentanos, S. 125-130 und 201-211.

443 *stämmigen gutmüthigen Gesell:* Linder-Briefe, S. 162.

444 *es ist durchaus:* München, den 9. Dezember 1839; Hs. FDH 7846.

444 *Quelle bei Basile:* Im Pentamerone des italienischen Dichters Giovan Battista Basile trägt das Märchen den Titel »La preta delo Gallo« (Der Hahnenstein).

444 *autobiographisch akzentuierten:* Vgl. Brentano, Werke III, S. 1119.

444 *bleibt umstritten:* Vgl. Hartwig Schultz: »Und das Märchen schien am Ende«. Zur Spätfassung von Brentanos »Märchen von Gockel, Hinkel und Gackeleia«, in: Goethezeit – Zeit für Goethe, Fs. für Christoph Perels, Tübingen 2003, S. 169-176.

445 *Gruppe der Bekehrten:* Vgl. Schwarzer Schmetterling, S. 453 sowie die Interpretation des Altarbilds von Christoph Perels im Kat. Goethe – Romantik, S. 110. Eine Abbildung des Altars ebd., Tafel XV, nach S. 136.

445 *dieses Paradieschen:* Brentano, Werke III, S. 627 f.

447 *als die holdseligen Engerlinge:* Hs. FDH 7974.

448 *DEM GROSSMÜTTERCHEN:* Vgl. Bettine-Kat., S. 91 und Brentano-Kat., S. 179.

448 *Die gute Frau Willemer:* Zit. nach Brentano-Kat., S. 179.

448 *die treue, dunkellaubige Linde:* Brentano, Werke III, S. 914 und 1128.

448 *Eine Prozession allerliebster:* Brentano, Werke III, S. 620.

448 *In unserem Haus:* FBA 30, S. 207.

449 *zeichnete ihn:* Vgl. die Abb. in der Brentano-Chronik (Abb. 8) und im Brentano-Kat (Abb. 10).

449 *der ihm den:* Wolfgang Frühwald, in: Linder-Briefe, S. 205.

451 *Männer ins Unglück stürzt:* Vgl. Auf Dornen oder Rosen, S. 1-10.

451 *Gestern früh fuhr:* Linder-Briefe, S. 158.

451 *auf die Moderne:* Vgl. Schwarzer Schmetterling, S. 457 f.

451 *er fühle es:* Brentano-Chronik, S. 176.

452 *Von einem Drittel:* Brentano-Chronik, S. 178.

452 *Zu meinem großen:* Zit. nach Heinz Härtl: Briefe Christian Brentanos über die letzten Lebenstage seines Bruders Clemens, in: Jb FDH 1989, S. 205.

452 *Da Clemens immer:* Jb FDH 1989, S. 220.

453 *38 Centner Bücher:* Jb FDH 1989, S. 228.

453 *als gerade Edward Steinle:* Aschaffenburg, den 30. Juli 1842; Jb FDH 1989, S. 231.

453 *Gesammelte Briefe:* Sie erschienen als Band 8 und 9 der *Gesammelten Schriften* erst nach dem Tod von Christian 1856.

454 *Und liebes Kind:* FBA 30, S. 9 und 11.

455 *Ende des ersten Bandes:* FBA 30, S. 327.

Personenregister

Bildnachweis

Freies Deutsches Hochstift (Frankfurter Goethe-Museum), Brentano- und Bild-archiv: S. 10, 13 f., 17, 22, 25, 29, 31, 52, 56, 61, 73, 78, 106, 111, 124, 126, 131, 135 f., 142, 150, 162, 167, 188, 196, 198, 205, 207, 210, 212, 216, 219, 247, 249, 254, 256, 263, 276, 305, 311, 330, 335, 344 f., 355, 366, 376, 379, 387, 391, 397, 401, 413, 415, 421, 439, 445, 450
Eva Kluge, Dresden: S. 90
Kurt Wanner, Splügen: S. 340
Alle übrigen Abbildungen stammen aus dem Archiv des Insel Verlages Frankfurt am Main.

Dank

Für die Möglichkeit, Handschriften und Bildmaterial des Brentano-Archivs im Freien Deutschen Hochstift (Frankfurter Goethe-Museum) in diesem Buch auszuwerten und zu veröffentlichen, danke ich der Direktorin des Hauses, Privatdozentin Dr. Anne Bohnenkamp. Wesentliche Unterstützung erhielt ich von den Mitarbeitern der Brentano-Redaktion, von Dr. Sabine Claudia Gruber und Christina Sauer. Marianne Iden, die bis Juni 2003 ebenfalls in der Redaktion tätig war, sah – bereits im Ruhestand – zahlreiche Kapitel des Buches durch und half mir mit Korrekturen und Anregungen – ebenso wie Regina Seidler, ohne deren Unterstützung das Buch kaum fertig geworden wäre.